京师法学文库

国家社会科学基金项目
“形式理性与实质理性的关系在刑法学中的展开研究”（21BFX009）成果

醉驾型
危险驾驶罪
专题研究

王志祥 等 著

本书撰稿人
（按撰写章节先后顺序排列）
王志祥　张圆国　融　昊　戚进松　敦　宁
席皓格　黄云波　安　冉　马　悦　柯　明

法律出版社 LAW PRESS · CHINA
——北京——

图书在版编目（CIP）数据

醉驾型危险驾驶罪专题研究 / 王志祥等著. -- 北京 : 法律出版社, 2024. --（京师法学文库）. -- ISBN 978 - 7 - 5197 - 9319 - 7

Ⅰ. D922.144

中国国家版本馆 CIP 数据核字第 2024YR6129 号

京师法学文库	**醉驾型危险驾驶罪专题研究** **ZUIJIAXING WEIXIAN JIASHIZUI ZHUANTI YANJIU**	王志祥 等著	策划编辑 陈 睿 责任编辑 陈 睿 装帧设计 汪奇峰

出版发行 法律出版社
编辑统筹 法律出版社
责任校对 王 丰
责任印制 胡晓雅
经　　销 新华书店

开本 710 毫米 × 1000 毫米 1/16
印张 32 **字数** 470 千
版本 2024 年 7 月第 1 版
印次 2024 年 7 月第 1 次印刷
印刷 唐山玺诚印务有限公司

地址：北京市丰台区莲花池西里 7 号（100073）
网址：www.lawpress.com.cn
投稿邮箱：info@lawpress.com.cn
举报盗版邮箱：jbwq@lawpress.com.cn

销售电话：010 - 83938349
客服电话：010 - 83938350
咨询电话：010 - 63939796

书号：ISBN 978 - 7 - 5197 - 9319 - 7　　**定价**：128.00 元

凡购买本社图书，如有印装错误，我社负责退换。电话：010 - 83938349

作者简介

王志祥

男，河南南阳人，法学博士。现任北京师范大学法学院暨刑事法律科学研究院教授、博士生导师。兼任中国刑法学研究会理事、中国法学会立法学研究会理事、中国行为法学会法律风险防控委员会常务理事。入选2013年度“教育部优秀人才支持计划”。

主要研究方向为：中国刑法学、外国刑法学、比较刑法学。在国内外出版学术著作40余部，其中代表性著作有：《危险犯研究》《犯罪既遂新论》《刑法问题探索》《刑罚问题专论》《〈刑法修正案（八）〉解读与评析》《刑事和解制度的多维探究》《拐卖妇女儿童犯罪专题研究》《财产刑适用的理论与实务》；在《中国法学》《法学家》《法商研究》《法律科学》《现代法学》《政治与法律》《中国刑事法杂志》《法学论坛》等国内外学术期刊发表论文240余篇。主持国家社科基金项目、最高人民法院司法调研重大课题、最高人民检察院检察理论研究课题、司法部国家法治与法学理论研究项目等多项项目。

总　序

法治兴，则民族兴；法治强，则国家强。中国社会主义现代化事业的成功和中华民族伟大复兴的实现离不开法治保障，而法治建设又有赖于卓越法治人才的培养和法学理论研究的繁荣。因此，以法学教育和法学研究为核心使命的法学院校注定在全面依法治国进程中扮演着重要角色。

北京师范大学法学院自成立之日起就以服务国家法治进步为己任，得益于国家法治建设提供的历史机遇，在较短时间内实现了跨越式发展。北师大法学学科的历史最早可追溯到1995年，当年哲学系所设法学专业，2002年成立法律系，2005年和2006年刑事法律科学研究院（以下简称"刑科院"）和法学院相继成立，翻开了北师大法学学科发展新的一页。依托于北京师范大学这一享誉海内外的百年学府，在社会各界大力支持下，经过全体师生的共同努力，北师大法学院的学科建设取得了令人瞩目的进步。法学院拥有一支实力雄厚的专任师资队伍，其中有长江学者特聘教授1人，青年长江学者2人，全国十大杰出青年法学家称号获得者3人，全国十大杰出青年法学家提名奖获得者4人。在全球QS大学排行榜2022年排名中，北师大法学专业位列中国大陆地区第10位、全亚洲第46位；在教育部第四轮学科评估中，北师大法学专业获评B+，在第五轮学科评估中再创佳绩。

法治人才培养是法学院的根本任务。北京师范大学法学院致力于培养具备深厚人文素养、现代法治理念、娴熟法律技能、富有创新能力和国际视野的卓越法治人才。法学院2012年入选首批应用型复合型法律职业人才教育培养基地和涉外法律人才教育培养基地;2018 年正式获批法学一级学科博士授权点;2019 年获批设立法学博士后科研流动站;2020 年入选首批国家级一流本科专业建设点,已经形成了从本科生、硕士生到博士生的三级人才培养格局。法学院高度重视与法治工作部门和海外高校研究机构的合作,为学生培养提供广阔的国内和国际交流渠道。目前已与最高人民法院、最高人民检察院、公安部、司法部等中央政法机关的相关业务庭室,以及北京市高级人民法院、广东省高级人民法院、上海市高级人民法院、北京市人民检察院、西藏自治区人民检察院等数十家地方司法机关建立合作关系;与美、德、日、法、英、意、西、加等国的五十多个高等院校与研究机构签订交流协议,与剑桥大学、巴黎第二大学、法兰克福大学等合作伙伴设立学生交换和暑期项目以及双学位硕士培养项目,不断探索涉外法治人才培养路径。学院还开设有中国法英文硕士项目,招收和培养外国留学生。

法学理论研究是法学院的重要职能。北师大法学院高度重视科研工作,为教师营造良好科研环境,取得了丰富的高水平成果。教师主持国家重点研发项目、国家自然科学基金项目、国家社会科学基金项目、教育部项目、司法部项目等纵向科研项目数百项,以及欧盟资助项目、加拿大国际发展署资助项目等国际合作项目数十项;在《中国社会科学》《中国法学》《法学研究》等中文权威期刊以及部分 SSCI 高水平期刊上发表论文近百篇,出版中外文教材著作数百部,获中央领导同志批示研究报告数百份;建设有 G20 反腐败追逃追赃研究中心、最高人民法院职务犯罪研究基地、人民法院社会矛盾综合治理研究基地、最高人民检察院未成年检察研究基地、北京教育法治研究基地等多个省部级科研平台;多位教师多人次担任全国性法学研究会的会长、副会长、秘书长以及国际学术组织副主席、副秘书长等职务;出版《刑法论丛》《刑法评论》《京师法学》等学术集刊,创设"当代刑法国际论坛""当代刑事司法论坛""企业家刑事风险防控高端论坛"等国内外具有重大影响的学术论坛。挂靠法学院运行的刑科院成功加入联合国刑事司法网络和国际反腐败学院联盟并成为联合国网络犯罪问题政府间专家组观察员,已经发展成为全国刑事法研究重镇、高层次刑事法培训基地、中外刑事法学界交流合作的重要平台以及中国刑事法治建设的智库和咨询服务基地。

北师大法学院和刑科院在成立初期,基于支持激励教师出版高水平著作和打造法学学术品牌的考虑,率先在刑事法领域创办"京师刑事法文库"、"京师国际刑事法文库"和"京师刑事法学博士文库",取得了良好的社会反响并积累了丰富经验。为了全面展示北师大法学院教师科研成果,经法学院党政领导班子集体研究决定,在法律出版社的大力支持下,决定继续通过文库形式鼓励教师出版专著,并将新的文库命名为"京师法学文库",涵扩法学所有研究领域。之前已经出版的刑事法领域系列文库继续保留其名称和连续编号,并纳入到"京师法学文库"进行统一管理。我们将努力推出更多质量上乘的法学佳作,不辜负广大读者的期待。

"潮平两岸阔,风正一帆悬。"北师大法学院将秉承"德育英才,法行天下"的院训精神,继续坚持高起点、研究型、国际化的发展特色,致力于把学院建设成为国内一流、国际知名的法学教学科研机构,为全面依法治国的宏伟事业做出应有的贡献。

是为序!

北京师范大学法学院院长　梁迎修

2024 年 3 月 20 日

前　言

自2011年全国人大常委会颁布的《刑法修正案(八)》将醉驾行为入罪后,醉驾案件的发案数量持续升高,2019年便以31.9万件的数量高居当年刑事案件发案数量之首,醉驾型危险驾驶罪成为名副其实的第一大罪。无论是醉驾型危险驾驶罪所采用的抽象危险犯的立法方式,还是司法机关秉持的"普遍入罪"的刑事政策,均令其成为学界研究犯罪圈扩张趋势的重要抓手。由此可见,关于醉驾型危险驾驶罪的针对性研究,不仅对其立法修正和司法适用有所裨益,能够实现更好的法律实施效果,还能够将研究的价值和意义延伸到对我国整体的犯罪化趋势及犯罪化实现方法的讨论之中。

本书共十八个专题,分别从理论角度、立法角度、司法角度和案例角度对醉驾型危险驾驶罪进行研究。

专题一探讨醉驾型危险驾驶罪增设的背景,明确了醉驾型危险驾驶罪所采用的抽象危险犯的立法方式是我国预防性犯罪化立法的实践表现之一。除此之外,我国预防性犯罪化立法的实践表现还包括预备行为犯罪化、持有行为犯罪化、煽动行为犯罪化。在该专题中,对预防性犯罪化立法问题进行具体分析,阐述了预防性犯罪化立法具有抵御日益积聚的刑事风险、实现刑罚双面预防目的、贯彻宽严相济刑事政策的重要刑法功能。但与之相伴的预防性犯罪化立法又存在引发刑法工具主义滥觞、冲击谦抑主义刑法精神的弊端。该专题的主要观点是,从整体的时代背景和立法趋势来看,刑法不能再一味地坚守过于强调谦抑原则的古典主义刑法观,而应当以相对积极的姿态更多地参与到社会治理事务之中。由此，在未来的一段时间内，预防性犯罪化立法还将呈现扩张趋势，探索预防性犯罪化立法的科学有效路径势在必行。就未来的预防性犯罪化立法而言，必须以《宪法》为引领，以《刑法》的基本原则为遵循，并采取相较于统一刑法典立法模式更为灵活的多轨制刑法立法模式。

专题二的内容系以醉驾行为入刑为切入点对我国犯罪圈扩张趋势及其合理性进行分析。自1997年《刑法》颁行以来，截至2024年1月，全国人大常委会通过了1部单行刑法和12部刑法修正案对《刑法》进行修订。《刑法》分则的罪名数量从412个增加到483个。由此不难看出，我国的犯罪圈正呈现不断扩张的趋势。就我国犯罪圈扩张的立法路径而言，无外乎基于以下两个大的方向，即创设新罪和调整原有犯罪的罪状。前一种路径包含以下三种具体方式：(1)将行政违法行为升格为犯罪；(2)创设独立的构成要件行为类型以形成新的犯罪类型；(3)将刑法的干预起点予以前置化，即通过预备行为实行化、帮助行为正犯化的具体路径创设新的犯罪类型。后一种路径主要由以下两种具体方式构成：(1)降低原有犯罪类型在犯罪成立方面的定量因素要求；(2)在原有犯罪的罪状中增加新的行为类型。从积极的一面来看，犯罪圈的扩张对社会整体治理与个人人权保障都有一定的助益。从消极的一面来看，对于社会而言，犯罪圈的大幅扩张会削弱刑法作为一项社会治理手段的有效性，还会导致司法资源的过度消耗，增加社会运转成本；对于公民个人而言，犯罪圈的大幅扩张会降低公民个人在社会生活中的安全感。另外，犯罪附随后果这一独特的法律现象在犯罪圈扩张带来的犯罪总量激增的催化下会对大量犯罪人及其近亲属的合法权利产生不正当的压制与剥夺的效果。但是，总的来讲，犯罪圈扩张符合风险社会背景下我国当前社会治理的需要，犯罪圈的划定与犯罪成立和反社会行为的制裁模式密切相关。当前，从我国特殊的法治现状、国民规范意识培养、对轻微反社会行为的治理效果以及司法资源的配置等方面来看，保留并完善现行的二元制模式优于彻底替换为一元制模式。并且，还应当积极探索完善微罪的出罪路径，在犯罪圈扩张的过程中坚持自由价值与安全价值并重，协调刑法与其他部门法之间的关系。

专题三的内容系从体系性思考的角度，以醉驾行为的司法认定问题

为切入点,对抽象危险反证理论进行了系统性的反思与重构。抽象危险反证理论是一种旨在对于构成要件符合性阶层限缩抽象危险犯成立范围的理论方案,围绕着该理论的争议主要集中在以下三个问题上:(1)抽象危险性质的界定问题;(2)抽象危险犯的合理处罚问题;(3)抽象危险反证方法的实践效果评估问题。必须在厘清抽象危险犯罪理论相关学理知识的基础之上才能明晰上述三个问题。通过相关梳理可知,抽象危险犯的不法依据以结果无价值论所主张的法益侵害为主,以行为无价值论所主张的规范违反为辅;抽象危险犯的不法内容是对于前置性集体法益与核心层个人法益的侵犯;抽象危险在体系地位上不具备独立的构成要件要素地位,不能被剥离出行为要素之外,因而其本身并不能直接构成反证方法的证否对象。由此,反证方法的直接作用对象应由抽象危险调整到实行行为,即专注于对客观构成要件中实行行为的各具体要素进行实质意义上的目的性限缩解释。而克制型实质解释方法对目的性限缩这一解释目标的实现,不只依赖实质解释,在特殊情况下也可以贯彻形式解释的方法。对于抽象危险犯的克制型实质解释,需要在构成要件符合性阶层对其抽象危险进行存在性判断,在违法性阶层根据《刑法》第 13 条但书,对其不法属性进行程度性判断。

专题四的内容系从危险驾驶入刑看立法的民主性与科学性。民主立法、科学立法的实质要求是切实提高立法质量,扩大立法的公众参与。刑法立法的民主性要求刑法立法充分反映民众的意志,有效保护民众的合法权益。危险驾驶入刑的立法全面贯彻了立法的民主性原则,危险驾驶入刑是对民意严惩危险驾驶呼声的回应,是刑法强化对民生保护的具体体现。刑法立法的科学性要求刑法立法的条文明确清楚,让人能够确切理解犯罪行为的内容,准确区分犯罪行为与非犯罪行为的界限,法定刑配置合理,与前后条文及其他法律的规定相协调。然而,危险驾驶入刑的立法在贯彻刑事立法的科学性原则方面存在诸多不足。例如,从醉驾行为是否应当一律入罪方面来看,现行条文表述所具有的模糊性导致关于该罪的入罪标准存在较多争议。从危险驾驶罪的法定刑配置来看,过低的法定刑可能会造成削弱刑法威慑功能、破坏刑罚体系统一性的问题。从危险驾驶罪与《道路交通安全法》的衔接方面来看,修正后的《道路交通

安全法》废除了关于醉驾行为拘留和罚款的规定,这不仅激化了关于醉驾行为一律入罪的争议,还阻碍了个案中对醉驾行为予以出罪的可能。由此,这种立法呈现出民主性有余、科学性不足的局面。

专题五是从处罚范围、罪状设计、法定刑配置和犯罪成立条件等方面对危险驾驶罪的多维思考。对危险驾驶行为是否应当入罪的探讨,针对的并不是应否弥补我国法律制裁体系的疏漏,其焦点在于是否应当将原本属于行政处罚范围的若干行政违法行为纳入刑事制裁的范围。受当前各种主、客观条件的限制,对危险驾驶行为的行政制裁明显乏力,因此,将若干情形的危险驾驶行为入罪具有一定的合理性。但是,必须要注意对入罪的范围和程度加以限制。同时,更要认识到,就对危险驾驶等交通违法犯罪行为的防治而言,关键在于形成多种社会治理手段的整体合力。对危险驾驶罪的立法设计应从罪状与法定刑两个方面同时加以改进:一方面,应在罪状中适当增加危险驾驶罪的行为方式,并对各种行为方式均设置“情节恶劣”或“情节严重”等限制性规定;另一方面,应在法定刑中增加“二年以下有期徒刑”、“管制”和“单处罚金”的刑罚配置。在危险驾驶罪的成立条件方面,行为人在主观上只要能够认识到自己是在“驾驶机动车追逐竞驶”或“醉酒驾驶机动车”而仍然为之,就已经满足了本罪主观故意的成立条件。在判断“醉酒驾驶机动车”的行为是否构成危险驾驶罪时,仍然应受到《刑法》第 13 条但书的制约。在对“情节恶劣”和“醉酒”的判断上,应注意主、客观标准的协调与统一。在危险驾驶罪与其他犯罪的关系方面,应着重明确危险驾驶罪与交通肇事罪和以危险方法危害公共安全罪的异同。对以危险方法危害公共安全罪的实害犯形态而言,行为人对实害结果的主观罪过形式只能是故意。对危险驾驶罪与其他犯罪发生竞合时“依照处罚较重的规定定罪处罚”应理解为:在通盘考虑犯罪诸情节的基础上,通过比较行为人在适用各不同罪名的情况下所可能受到的实际处罚的轻重来最终确定应适用何种罪名,并据此判处相应的刑罚。

专题六的内容是对治理醉驾行为刑事政策的反思与调整。在全国人大常委会通过《刑法修正案(八)》将醉驾行为入罪之后,删去了 2007 年修正的《道路交通安全法》第 91 条第 1 款中对醉驾者处以拘留和罚款的

行政处罚规定,自此形成了对醉驾行为一元制的刑事制裁模式,即对醉驾行为一律追究刑事责任,而不存在按照行政违法行为追究行政责任的余地。由此,我国将“普遍入罪”作为治理醉驾行为的主要对策。这一刑事政策,既有悖于刑法的谦抑性理念,与刑法的人权保障机能相抵触,又会削弱刑法规范的权威性,还会带来相当规模的负面治理效果。因此,有必要将其从“普遍入罪”向“合理分流”的方向予以调整。就合理分流刑事政策的贯彻而言,需要在实体法与程序法两个层面进行努力。对于实体法层面,在立法中需要恢复对醉驾行为的二元制的制裁模式,使刑事制裁与行政制裁相互配合发挥作用,从而织密治理醉驾行为的法治之网,避免对分流出犯罪圈的醉驾行为造成一放了之的负面后果。另外,在司法层面通过对构成要件进行严格认定、适用《刑法》第 13 条但书规定和认定正当化出罪事由的方式,对不符合犯罪成立条件的醉驾行为予以出罪。对于程序法层面,需要以酌定不起诉制度作为主要的程序化出罪分流途径,并应当积极运用我国《刑事诉讼法》中的证据制度,对证据不足的醉驾案件予以程序化出罪处理。

专题七的内容是醉驾行为制裁模式的论争及发展方向。关于我国法律对醉驾行为采取的是二元制的行政违法与刑事违法相区分的制裁模式还是一元制的刑事违法制裁模式的问题,在我国刑事司法实践和刑法理论中均存在争论,二者均存在相应的法律依据。前者以 1997 年《刑法》第 13 条但书的规定为依据,而后者则以 2011 年《道路交通安全法》第 91 条的规定为依据。笔者认为,对醉驾行为应当摒弃一元的刑事违法的制裁模式,而应当保留二元的行政违法与刑事违法相区分的制裁模式。这一方面能够与我国法律体系对危害行为所采取的通行的制裁模式相协调,另一方面也便利于对轻微醉驾行为的惩治,编织对醉驾行为的严密制裁法网,而不至于因缺乏前置法的规定使轻微危害行为本应受到的否定的法律评价有所遗漏。应对 2011 年修正的《道路交通安全法》第 91 条中一概追究醉驾行为刑事责任的规定予以修改,对醉驾行为恢复处以拘留和罚款的行政处罚规定,应当成为我国未来醉驾立法的发展方向。

专题八的内容是对于醉驾型危险驾驶罪客观要件要素的研究。通过对醉驾型危险驾驶罪罪状的分析,其客观的构成要件要素包括“道路”

“醉酒”“驾驶”“机动车”四个要素。在对“道路”的界定方面,不宜过于宽泛,必须考察某路段是否具有公共属性,从而判断醉酒后在此道路上行驶是否可能危害到公共安全,然后判断某路段是否应该被界定为“道路”。对公司、企业内的道路、施工工地内的道路、小区内的道路以及挪车入位中的“道路”都应据此原则进行分类讨论,不可一概而论。在对“醉酒”的界定方面,应该坚持“以主观标准为基准、兼采客观标准”的“折中说”,综合考虑主观方面和客观方面,既考虑行为人血液中的酒精含量,又考虑行为人的身体反应。先测酒精含量、再测身体平衡性、继而考察饮酒时间的“三步判断法”是实践中判断是否“醉酒”的可行路径。在对“驾驶”的界定方面,应采纳“运行说”,即只有车辆运行起来才是“驾驶”。“驾驶”这一概念本身就包含了“驾驭”和“行驶”两层意思,驾而不驶的,不是驾驶。另外,如果车辆仅仅处于发动引擎的阶段,尚未行驶,则根本不具有对公共安全的危险性,不宜界定为“驾驶”。禁止行为人醉酒后发动引擎,还可能会损害行为人的其他权益。在对“机动车”的界定方面,“超标”电动自行车的界定是目前亟待解决的问题,而目前无论将其解释为“机动车”还是“非机动车”都缺乏法律依据;本着罪刑法定原则,在目前法律规定下应当谦抑地认为“超标”电动自行车属于“非机动车”。而鉴于“超标”电动自行车上路存在的现实危险性,未来宜将其规定为“机动车”。

专题九通过对浙江 2019 年关于醉驾的司法文件六大变化的述评,对醉驾犯罪的司法争议问题进行研究。与原有的司法文件相比,浙江 2019 年有关醉驾的司法文件发生了六大变化。其中,该文件所规定的几类绝对出罪的情形拓宽了醉驾案件的实体出罪通道,但也存在违背上位解释和上位法的问题。关于醉驾案件的犯罪嫌疑人一律予以刑事拘留的修改,有利于强化醉驾入刑的刑法威慑效应。将“证明车辆行驶轨迹的相关材料”纳入诉讼证据的范围,具有对醉驾者个体的酒精反应程度加以考量的意蕴。对醉酒驾驶汽车案件的被告人缓刑的适用取消酒精含量的限制,体现了扩大缓刑适用的倾向,符合对微罪案件进行宽缓化处理的刑事政策要求。对醉酒驾驶汽车情形下不起诉或者免予刑事处罚的最高酒精含量标准由最初的 140mg/100ml 提升至 170mg/100ml 的做法,拓宽了醉驾案件的无罪处理通道,强化了对醉驾案件进行有罪处理前提下的轻缓

化处理,符合对微罪案件进行宽缓化处理的刑事政策要求。对于醉驾案件增加“不移送审查起诉”的规定,有利于节约宝贵的司法资源。浙江2019年有关醉驾的司法文件的六大变化大体上是值得肯定的。

专题十的内容是讨论立法定量模式下抽象危险犯处罚的司法正当性问题。醉驾型危险驾驶罪是典型的抽象危险犯,抽象危险犯的立法目的在于应对实害犯和具体危险犯均难以解决的疑难问题。抽象危险犯所产生的危险系行为的危险,其蕴含于行为之中;符合构成要件规定的行为实施完毕之时,抽象危险即得以存在。因此,对抽象危险犯的危险不能允许反证。在我国立法定量模式下应对犯罪构成作实质解释,抽象危险犯蕴含着侵犯人权的风险,需要对其成立范围予以合理限制,在承认行为实施之后危险必然存在的前提下,可以通过对犯罪构成要件进行实质解释限制抽象危险犯的成立范围,这是确保其处罚司法正当性的最为现实的路径。

专题十一的内容是醉驾治理的司法困境与破解之道。醉驾案件数量的快速增长,造成司法资源分配失衡、效率与公正冲突、前科负面效应扩大等一系列实践问题,由此使醉驾治理陷入了严重的司法困境。形成这一困境的根本原因并非“醉驾入刑”缺乏规制效果,而是“醉驾一律入罪、一律起诉”的政策导向架空了我国法律对违法犯罪行为所采取的双层次制裁体系,妨碍了不起诉制度应有的案件分流功能的发挥。因此,相应的破解路径是在醉驾案件办理过程中充分、有效地运用《刑法》第13条但书的出罪功能和不起诉制度的案件分流功能。就对醉驾行为通过适用《刑法》第13条但书予以出罪而言,需要明确其适用方式、考察因素与适用标准,并为其提供程序保障。就对醉驾案件通过适用不起诉制度予以分流而言,应合理运用酌定不起诉制度,适时构建成年人轻微犯罪附条件不起诉制度,并做好不起诉与后续行政制裁的衔接工作。为进一步提升醉驾治理的效果,应当在《道路交通安全法》中明确和完善对醉驾的行政处罚,并建立合理、有效的前科消灭制度。

专题十二的内容是醉驾行为出罪路径的教义学检视。目前,醉驾行为不必一律入罪的主张已为现有法律规范体系所确证。从醉驾行为入罪的教义内涵、经济性以及社会治理效果三个方面来看,为醉驾行为保留合理的出罪空间是具备正当性的。醉驾行为出罪的实体法路径主要有以下三条:一是行为不符合醉驾型危险驾驶罪的犯罪构成要件。其中,对于行为不符合客观构成要件的论证应否定抽象危险反证的研究范式,回归对于客观构成要件各要素的实质解释。对于以隔夜醉驾为代表的行为不符合主观构成要件情况的判断应聚焦于对故意要素的规范解读。二是行为符合《刑法》第 13 条但书之规定,即行为符合构成要件时,仅成立醉驾型危险驾驶的不法状态,若此时也符合但书规定,则可判断此种不法状态不涉及成立犯罪的问题。三是行为构成可以出罪的正当化事由,具体包括紧急避险、法令行为与自救行为三项不需具备具体物质损害结果的事由。醉驾行为的程序性出罪路径主要有以下两类:一是微罪不举;二是证据不足。前者是基于入罪必要性的功利考量而作出的,后者则立足于对正当程序价值诉求的维护。

专题十三是对醉驾行为适用不起诉制度予以出罪的思考。基于我国现存的犯罪附随后果现象,对醉驾行为的大规模入罪缺乏一定的必要性。同时基于司法的经济性和对犯罪嫌疑人权利保障的需求,醉驾案件作为微罪案件,就进行程序性出罪的主要方式而言,应当是审查起诉阶段的不起诉制度,而酌定不起诉制度则是不起诉制度中最合乎醉驾行为罪质特征的。就推进对醉驾行为积极适用酌定不起诉制度而言,应从以下两个方面入手:一方面,统一醉驾行为适用酌定不起诉制度的具体幅度标准;另一方面,做好酌定不起诉制度与认罪认罚从宽制度在适用层面的衔接。

专题十四是对醉驾行为在《刑法》分则中可独立构成的罪名——危险驾驶罪的特定情形归责问题所进行的类型化研究,即研究复数主体参与特定危险驾驶行为的类型化归责问题。机动车所有人、管理人作为一方责任主体参与超载超速类的危险驾驶行为和违规运输危险化学品类的危险驾驶行为时,应如何对每个参与主体进行精准归责的问题,本质上就是判断各参与主体所应承担的刑事责任的范围问题。这种判断,显然要在不同的参与形式下做具体分析,才能保证其准确性与全面性。具体来看,首先,就共同犯罪的参与形式而言,应具体厘清参与者成立教唆犯与成立帮助犯时应承担何种程度的刑事责任;其次,就间接正犯的参与形式而言,犯罪事实支配理论说服力更强,应以之为基础分析机动车所有人、管理人需要满足怎样的条件才能形成对驾驶员的意思支配,继而形成单独犯的刑事责任;最后,在过失犯的参与形式中,应引入客观归责理论,监督过失犯应作为单独犯承担刑事责任。

专题十五的内容是无证醉驾案件刑事处罚与行政处罚衔接问题的研究。《刑法修正案(八)》将"醉驾"纳入刑法的处罚范围,同时,司法解释将无证驾驶规定为醉驾案件的从重处罚情节之一。为此,有必要对无证醉驾行为所涉及的刑事处罚与行政处罚的衔接问题进行系统研究。首先,需要明确刑法中无证驾驶行为的含义及性质,行政法中关于无证驾驶行为的规定不能直接适用于刑法中无证驾驶的认定。在认定刑法中无证驾驶行为时,需要判断驾驶人是否具备相应的能力,即该行为是否会增加醉驾行为的社会危害性。其次,司法实务界对无证醉驾行为并未形成统一的处理意见。公安机关对无证醉驾案件的处理有以下两种方式:第一,将无证驾驶行为与醉酒驾驶机动车的行为一律交由法院进行处理。该种处理方式符合刑事程序优先原则的要求,但是缺乏明确的法律依据,并且在实务中难以完全排除行政机关的行政处罚权。第二,公安机关对无证驾驶行为处理后再将醉驾案件移交法院进行处理。该种处理方式在防止再犯、证据收集与审查的专业性等方面具有优势,但是,可能会出现行政执法权与刑事司法权相对抗的问题。就法院的处理方式而言,法院在审判时应对于未受行政处罚的无证驾驶行为统一进行考量和处理。对于已受行政处罚的无证驾驶行为应当作为量刑情节予以考量,并注意在判处的刑罚中进行折抵。再次,对无证醉驾案件的处理程序应当进行完善。一方面,公安机关既具有行政机关的职责,又具有司法机关的职责。因此,对无证醉驾案件,在发现无证行为时应予以行政处罚,并及时移交案件。法院作为审判机关独立行使审判权,因此,公安机关的行政处罚不影响法院对无证驾驶的情节进行审查。但是,对于已受行政处罚的无证醉驾行为,基于禁止重复评价原则的要求,需要在刑事处罚中予以折抵。对不起诉或者作无罪处理的醉驾案件,司法机关应当建议行政机关予以行政处罚。最后,以无证醉驾行为为切入点,就涉及刑事处罚与行政处罚衔接问题的案件而言,在程序方面,坚持及时移送原则。在实体方面,应当完善立法模式,按照"定性+定量"的立法模式,恢复对于醉驾案件的二元化制裁模式,完善行政法与刑法的衔接。同时,明确处罚手段的具体适用标准,并对罚款及罚金数额的确定进行进一步明确,且在处罚时应当坚持合并适用原则和有限的一事不二罚原则。

专题十六的内容是针对出罪后之醉酒行为的治理对策研究。对于出罪之后的特定醉驾行为,不能"一放了之",而是应将其降格评价为行政违法行为予以规制。首先,这一治理对策的合理性主要源自立足犯罪学中"破窗效应"理论的应用而对特定醉驾行为"出刑入行"所作的后果考量。具体而言,必须反思与重构目前针对醉驾行为的"一元制"制裁模式。其次,从司法层面来看,推动特定醉驾行为"出刑入行"的责任主体应是检察机关。而特定醉驾行为"出刑入行"的制度障碍就是对于出罪之后的特定醉驾行为施以限制人身自由的行政处罚措施缺乏明文规定的法律依据。填补这一法律漏洞的具体方案,即运用当然解释原理,将出罪之后的特定醉驾行为涵摄于《道路交通安全法》第 91 条第 1 款所规定的酒驾行为的范围内,从而可以顺理成章地实现对其进行拘留、罚款的行政处罚。最后,从立法层面来看,为了推进特定醉驾行为治理的"刑行衔接",第一,就是要恢复原有"二元制"制裁模式的立法规定;第二,应该完善刑事诉讼程序中的轻微罪分流程序;第三,要在行政法中引入充分满足特殊预防醉驾行为需求的新型制裁措施。

专题十七的内容是针对岳某某"隔夜醉驾"案的法理分析。首先,关于岳某某"隔夜醉驾"的主观罪过形式问题,在刑法理论学界,学者们主要持三种不同意见,即故意、过失、既可以故意也可以过失。笔者认为,过失说不具备合理性。从内容角度看,只有当某种危险驾驶行为的危害性与典型的危害公共安全罪如放火罪等行为危险程度处于相同或相似水平时,才可以放在一起进行类比,危险驾驶的行为才有可能构成危害公共安全罪的行为。所以,由此推断危险驾驶罪的主观罪过形式的方法并不可取。从处罚方式来看,不同罪名的罪过形式与法定刑之间并无必然的对应和联系,由法定最高刑判断主观罪过的方法并不科学;从罪状描述来看,危险驾驶罪并没有体现对危害结果的要求。由此可以推断,危险驾驶罪的主观罪过指向的不是危害结果,而是危险驾驶行为本身。也就是说,驾驶员明明知道自己处于醉酒状态,也清楚醉酒不能开车的事实,但是仍然实施了醉驾行为。由此可见,危险驾驶罪的主观罪过形式是故意。在此基础上，结合案件事实，应然认定岳某某并没有危险驾驶的故意。其次，就醉驾型危险驾驶罪抽象危险的判断而言，在判断抽象危险时不用再结合案情分析，仅仅满足形式上的要求即可，即实施了刑法规定的构成要件的行为，就认定具有抽象危险。具体来说，对醉驾型危险驾驶罪中抽象危险的判断，关键是要看驾驶员是否实施了醉驾型危险驾驶罪的成立所要求的客观构成要件上的行为，也就是在醉酒的状态下在道路上驾驶机动车的行为。由此，可以认定岳某某"隔夜醉驾"的行为具有抽象危险。最后，在认定醉驾行为是否真正成立危险驾驶罪时，还要充分考虑能否以《刑法》第 13 条但书之规定进行出罪处理。存在抽象危险不等于构成抽象危险犯；即使存在抽象危险，也可以适用《刑法》第 13 条但书之规定，对醉驾犯罪的成立范围进行限制。岳某某"隔夜醉驾"案的实际情况确实符合"情节显著轻微危害不大"的要求，对其应当适用《刑法》第 13 条但书之规定予以出罪。

专题十八是针对唐某某危险驾驶案的法理分析。抽象危险犯是处罚根据意义上的而非构成要件要素意义上的犯罪类型。在醉驾型危险驾驶罪中，通常只要行为人实施了醉酒驾驶的行为，就可以认定该行为造成了对公共安全的抽象危险；但是由于《刑法》第 13 条但书的存在，对于符合醉驾型危险驾驶罪构成要件、具备抽象危险的行为，仍可以因不满足定量因素的要求排除出危险驾驶罪的处罚范围。就醉酒驾驶而言，在行为人故意造成对公共安全的抽象危险时，以危险方法危害公共安全罪的未遂犯不成立。根据"文理规定说"，恰恰说明醉驾型危险驾驶罪的主观罪过不是过失。认为醉驾型危险驾驶罪的罪过形式应规范性地限缩评价为过失的观点，破坏了刑法保障人权和规制行为的功能，会造成新的漏洞。而将醉驾型危险驾驶罪的主观罪过认定为故意，也不会影响刑法体系的协调，故而醉驾型危险驾驶罪的主观罪过形式应为故意。就醉驾型危险驾驶罪的主观故意而言，只要行为人认识到自己是在醉酒驾驶后仍实施了醉酒驾驶的行为，就可以认定醉驾型危险驾驶罪的犯罪故意成立，而不需要对抽象危险存在认识或放任、希望。司法机关在对醉酒驾驶行为进行判断时，必须在认定行为不具有显著轻微的情节并且不是危害不大的情况下，才能认定构成危险驾驶罪。醉驾型危险驾驶罪的"情节显著轻微危害不大”，主要是指以极低的速度醉酒驾驶，醉酒程度极低时醉酒驾驶，在车流量极小、人流量极少的道路上醉酒驾驶，醉酒驾驶时间、路程极短以及存在客观上的紧急情况导致醉酒驾驶的。在唐某某危险驾驶案中，就唐某某醉酒后在道路上挪动车位的行为而言，其具有危险驾驶的主观故意和抽象危险，但因“情节显著轻微危害不大”，不构成危险驾驶罪。

本书选择采用分篇的方式，将研究内容归入理论研究、立法论、司法论、案例分析四篇，以明确各部分专题的研究侧重点。

在本书即将付梓之际，2023 年 12 月 13 日，最高人民法院、最高人民检察院、公安部、司法部联合印发了《关于办理醉酒危险驾驶刑事案件的意见》（以下简称《2023 年醉驾意见》）。《2023 年醉驾意见》自 2023 年 12 月 28 日起施行，2013 年 12 月 18 日最高人民法院、最高人民检察院、公安部联合印发的《关于办理醉酒驾驶机动车刑事案件适用法律若干问题的意见》（法发〔2013〕15 号）（以下简称《2013 年醉驾意见》）被同时废止。《2023 年醉驾意见》对《2013 年醉驾意见》的内容进行了诸多修改，并新增了一些内容。

关于醉驾犯罪案件的立案标准，《2023 年醉驾意见》在《2013 年醉驾意见》所规定的“在道路上驾驶机动车，血液酒精含量达到 80 毫克/100 毫升以上的”之外，增加了“不属于情节显著轻微、危害不大，不认为是犯罪的”这一条件，由此明确了对醉驾案件能够适用 1997 年《刑法》第 13 条但书规定予以出罪的条件。关于哪些情形可以被认定为“情节显著轻微、危害不大”的问题，《2023 年醉驾意见》从积极条件和消极条件相结合的角度进行了界定。（1）积极条件（醉驾具有以下情形之一）：①血液酒精含量不满 150 毫克/100 毫升的；②出于急救伤病人员等紧急情况驾驶机动车，且不构成紧急避险的；③在居民小区、停车场等场所因挪车、停车入位等短距离驾驶机动车的；④由他人驾驶至居民小区、停车场等场所短距离接替驾驶停放机动车的，或者为了交由他人驾驶，自居民小区、停车场等场所短距离驶出的；⑤其他情节显著轻微的情形。（2）消极条件（醉驾不具有以下情形之一）：①造成交通事故且负事故全部或者主要责任的；②造成交通事故后逃逸的；③未取得机动车驾驶证驾驶汽车的；④严重超员、超载、超速驾驶的；⑤服用国家规定管制的精神药品或者麻醉药品后驾驶的;⑥驾驶机动车从事客运活动且载有乘客的;⑦驾驶机动车从事校车业务且载有师生的;⑧在高速公路上驾驶的;⑨驾驶重型载货汽车的;⑩运输危险化学品、危险货物的;⑪逃避、阻碍公安机关依法检查的;⑫实施威胁、打击报复、引诱、贿买证人、鉴定人等人员或者毁灭、伪造证据等妨害司法行为的;⑬2 年内曾因饮酒后驾驶机动车被查获或者受过行政处罚的;⑭5 年内曾因危险驾驶行为被判决有罪或者作相对不起诉的;⑮其他需要从重处理的情形。同时满足以上积极条件和消极条件的,可以认定为情节显著轻微、危害不大,依照《刑法》第 13 条、《刑事诉讼法》第 16 条的规定处理。

关于醉驾案件中"道路"的认定问题,《2023 年醉驾意见》明确规定,对机关、企事业单位、厂矿、校园、居民小区等单位管辖范围内的路段是否认定为"道路",应当以其是否具有"公共性",是否"允许社会机动车通行"作为判断标准。只允许单位内部机动车、特定来访机动车通行的,可以不认定为"道路"。

关于醉驾案件中的紧急避险问题,《2023 年醉驾意见》明确规定,醉酒后出于急救伤病人员等紧急情况,不得已驾驶机动车,构成紧急避险的,依照《刑法》第 21 条的规定处理。

关于醉驾案件的收集证据问题,《2023 年醉驾意见》明确规定,办理醉驾案件,应当收集以下证据:(1)证明犯罪嫌疑人情况的证据材料;(2)证明醉酒检测鉴定情况的证据材料;(3)证明机动车情况的证据材料;(4)证明现场执法情况的照片;(5)犯罪嫌疑人供述和辩解。根据案件具体情况,如果在案件中存在就犯罪嫌疑人是否饮酒、驾驶机动车、道路属性有争议、发生交通事故、可能构成自首等情形,还应当另行收集相关证据。

关于醉驾案件中的免予刑事处罚、酌定不起诉的适用问题,《2023 年醉驾意见》明确规定,人民检察院可以综合考虑以下情节认定犯罪情节轻微,决定不予起诉:犯罪嫌疑人驾驶的动机和目的、醉酒程度、机动车类型、道路情况、行驶时间、速度、距离以及认罪悔罪表现等。

关于醉驾案件中的缓刑适用问题,《2023 年醉驾意见》以列举的形式明确规定了醉驾被告人存在以下情形之一的,一般不适用缓刑:(1)造成交通事故致他人轻微伤或者轻伤，且负事故全部或者主要责任的；(2)造成交通事故且负事故全部或者主要责任，未赔偿损失的；(3)造成交通事故后逃逸的；(4)未取得机动车驾驶证驾驶汽车的；(5)血液酒精含量超过 180 毫克/100 毫升的；(6)服用国家规定管制的精神药品或者麻醉药品后驾驶的；(7)采取暴力手段抗拒公安机关依法检查，或者实施妨害司法行为的；(8)5 年内曾因饮酒后驾驶机动车被查获或者受过行政处罚的；(9)曾因危险驾驶行为被判决有罪或者作相对不起诉的；(10)其他情节恶劣的情形。

关于醉驾案件中罚金数额的确定问题，《2023 年醉驾意见》将《2013 年醉驾意见》规定的"根据被告人的醉酒程度、是否造成实际损害、认罪悔罪态度等情况"修改为"根据醉驾行为、实际损害后果等犯罪情节，综合考虑被告人缴纳罚金的能力"。

关于醉驾案件中的犯罪竞合问题，《2023 年醉驾意见》明确规定，醉驾同时构成交通肇事罪、过失以危险方法危害公共安全罪、以危险方法危害公共安全罪等其他犯罪的，依照处罚较重的规定定罪，依法从严追究刑事责任。

关于醉驾案件中自首的认定问题，《2023 年醉驾意见》明确规定，犯罪嫌疑人醉驾被现场查获后，经允许离开，再经公安机关通知到案或者主动到案，不认定为自动投案；造成交通事故后保护现场、抢救伤者，向公安机关报告并配合调查的，应当认定为自动投案。

关于醉驾案件的定罪情节、量刑情节问题，《2023 年醉驾意见》明确规定，在以下情形中，可以将犯罪嫌疑人、被告人自愿接受安全驾驶教育、从事交通志愿服务、社区公益服务等情况作为作出相关处理的考量因素：(1)犯罪嫌疑人、被告人具有血液酒精含量不满 150 毫克/100 毫升、出于急救伤病人员等紧急情况驾驶机动车，且不构成紧急避险、在居民小区、停车场等场所因挪车、停车入位等短距离驾驶机动车、由他人驾驶至居民小区、停车场等场所短距离接替驾驶停放机动车，或者为了交由他人驾驶，自居民小区、停车场等场所短距离驶出或者其他情节显著轻微的情形且不具有从重处理情形，可以认定为情节显著轻微、危害不大的；(2)人民检察院依法决定不起诉的；(3)依法宣告缓刑的。

关于醉驾案件中行政处罚、处分的适用问题,《2023 年醉驾意见》明确规定,对犯罪嫌疑人、被告人决定不起诉或者免予刑事处罚的,可以根据案件的不同情况,予以训诫或者责令具结悔过、赔礼道歉、赔偿损失,需要给予行政处罚、处分的,移送有关主管机关处理。醉驾属于严重的饮酒后驾驶机动车行为。血液酒精含量达到 80 毫克/100 毫升以上,公安机关应当在决定不予立案、撤销案件或者移送审查起诉前,给予行为人吊销机动车驾驶证行政处罚。对于根据认定为"情节显著轻微、危害不大"作出处理的案件,公安机关还应当按照《道路交通安全法》规定的饮酒后驾驶机动车等相应情形,给予行为人罚款、行政拘留的行政处罚。人民法院、人民检察院依据认定为"情节显著轻微、危害不大""犯罪情节轻微"作出处理的案件,对被不起诉人、被告人需要予以行政处罚的,应当提出检察意见或者司法建议,移送公安机关给予行为人罚款、行政拘留的行政处罚。公安机关应当将处理情况通报人民法院、人民检察院。

关于醉驾案件的快速办理机制问题,《2023 年醉驾意见》明确规定,人民法院、人民检察院、公安机关一般应当在立案侦查之日起 30 日内完成侦查、起诉、审判工作。适用快速办理机制的条件是:(1)现场查获,未造成交通事故的;(2)事实清楚,证据确实、充分,法律适用没有争议的;(3)犯罪嫌疑人、被告人自愿认罪认罚的;(4)不具有《刑事诉讼法》第 223 条规定情形的。

关于醉驾案件中取保候审的适用问题,《2023 年醉驾意见》明确规定,在侦查或者审查起诉阶段采取取保候审措施的,案件移送至审查起诉或者审判阶段时,取保候审期限尚未届满且符合取保候审条件的,受案机关可以不再重新作出取保候审决定,由公安机关继续执行原取保候审措施。

此外,关于醉驾案件中缓刑适用涉及的调查评估问题,《2023 年醉驾意见》明确规定,对醉驾被告人拟提出缓刑量刑建议或者宣告缓刑的,一般可以不进行调查评估。确有必要的,应当及时委托社区矫正机构或者有关社会组织进行调查评估。受委托方应当及时向委托机关提供调查评估结果。

为在本书中反映《2023 年醉驾意见》中出现的以上变化,作者对部分有关书稿进行了相应的修改,以使得本书的内容能够与时俱进。

本书是在针对本人主持的最高人民检察院检察理论研究课题“醉驾犯罪实证研究”和司法部法治建设与法学理论研究部级科研项目“醉驾行为入刑后引发的问题研究”所撰写的结项成果的基础上,经修改和补充完善而成的。其中,多个专题已以论文的形式在我国众多刊物上得以发表。本书的具体写作分工如下:王志祥、张圆国(北京市纪委监委干部、法学博士)撰写专题一;王志祥、融昊(清华大学法学院助理研究员、博士后研究人员、法学博士)撰写专题二、六、十二、十三;王志祥、戚进松(北京市人民检察院第一分院干部、法学博士)撰写专题四;王志祥、敦宁(大连海事大学法学院教授、博士生导师、法学博士)撰写专题五;王志祥撰写专题七、九;融昊撰写专题三、十四、十六;席皓格(天津大学干部、法律硕士)撰写专题八;王志祥、黄云波(常州大学法学院副教授、法学博士)撰写专题十;敦宁撰写专题十一;安冉(北京市海淀区人力资源和社会保障局干部、法学硕士)撰写专题十五;马悦(北京师范大学法律硕士)撰写专题十七;柯明(四川省人民检察院干部、法学博士)撰写专题十八。

由于本书是多人合作的产物,行文有所差别实属在所难免,书中的观点及论证也难免有不足和疏漏之处。在此,敬请广大读者朋友批评指正。

王志祥

2024 年 1 月 28 日

目　录

理论篇

立法篇

司法篇

案例篇

理　论　篇

专题一

预防性犯罪化立法：路径、功能、弊端与完善*

内容摘要：预防性犯罪化立法作为我国近年来刑法立法的重要实践，在预防犯罪方面发挥了极其重要的作用。我国预防性犯罪化立法主要有预备行为犯罪化、持有行为犯罪化、煽动行为犯罪化、抽象危险犯的立法扩张四种实践方式，具有抵御日益积聚的刑事风险、实现刑罚双面预防目的、贯彻宽严相济刑事政策的重要刑法功能。然而，预防性犯罪化立法又存在引发刑法工具主义滥觞、冲击谦抑主义刑法精神的弊端。随着风险社会的到来，预防性犯罪化立法还将呈现扩张趋势，探索预防性犯罪化立法的科学有效路径势在必行。就未来的预防性犯罪化立法而言，必须以宪法为引领，以刑法的基本原则为遵循，并采取多轨制的刑法立法模式。

实体刑法中的预防性立法，是指将与实害结果有一段距离，但可能引发实害结果的风险行为予以犯罪化的立法。[①] 近年来，我国在刑法立法层面对预防性犯罪化立法进行积极实践，对于恐怖活动犯罪等犯罪的规制体现出明显的事先干预的趋势。这既贯彻了积极刑法立法观，体现

---

* 本文为王志祥、张圆国的同名论文，原载《河北法学》2021 年第 1 期，收入本书时有修改。

① 参见姜敏：《恰当选择规范位置优化刑法预防性立法》，载《检察日报》2018 年 10 月 24 日，第 3 版。

了刑法立法为抵制和预防风险社会环境下日益积聚的刑事风险、避免出现严重刑事危害后果而进行的积极应对,也展现了刑法预防功能的强化和罪责理论内涵由报应主义向预防主义的转变,是预防性刑法观在刑法立法实践中的具体表现,具有重大而深远的积极意义。然而,预防性犯罪化立法也在一定程度上突破了传统刑法的谦抑原则。正如有学者所指出的,刑法是其他部门法的保障法。如果基于刑法的这一定位,要求刑法始终保持"事后法"与被动式的干预状态,预防性刑法观与刑法保障法的理论定位将存在正面的价值冲突和教义立场的分化,在谦抑精神等质疑下甚至可能引发系统性的理论危机。[①] 申言之,如果不加限制地对预防性犯罪化立法采取扩张的立场,将背离人权保障的观念,对公民的权利造成不当侵害。由此可见,如何完善预防性犯罪化立法,实现刑事风险预防和人权保障功能的有机统一,已成为具有现实必要性的研究课题。在本文中,笔者拟归纳预防性犯罪化立法的实践路径,分析预防性犯罪化立法所具有的刑法功能,指出预防性犯罪化立法的弊端,并提出完善我国预防性犯罪化立法的建议,以期对我国未来的预防性犯罪化立法工作有所裨益。

一、预防性犯罪化立法的实践路径

考察我国预防性犯罪化立法的发展历史,可以发现,我国预防性犯罪化立法在刑法立法实践中呈现出不断扩张的趋势。我国预防性犯罪化立法的重要特征是刑法介入早期化,如同有学者所指出的,刑法立法为了预防严重犯罪危害后果的出现,而将原本刑法未规定为犯罪的预备犯、危险犯规定为独立的犯罪。[②] 总体而言,在我国刑法中,预防性犯罪化立法有以下四种实践路径。

(一)预备行为犯罪化

在我国长期的司法实践中,对犯罪预备行为进行处罚是极为个别的情形。然而,我国 1997 年系统修订的《刑法》将一些犯罪预备行为规定为

---

① 参见高铭暄、孙道萃:《预防性刑法观及其教义学思考》,载《中国法学》2018 年第 1 期。

② 参见刘志伟:《〈刑法修正案(九)〉的犯罪化立法问题》,载《华东政法大学学报》2016 年第 2 期。

独立的犯罪类型,有学者将这些犯罪界定为"独立预备罪"①。如我国《刑法》第107条规定的资助危害国家安全犯罪活动罪等的规定,就是如此。这些预备行为犯罪化的立法例正是贯彻预防性犯罪化立法思想的产物。近年来,随着2015年8月29日全国人大常委会通过的《刑法修正案(九)》将恐怖活动犯罪的预备行为规定为准备实施恐怖活动罪,②将尚处于预备阶段的网络犯罪行为规定为非法利用信息网络罪,③预备行为犯罪化的立法例得以进一步增多。预备行为犯罪化的立法例将与实害结果的发生尚有一段距离,但可能引发实害结果的犯罪预备行为作为独立的犯罪进行处罚,是预防性犯罪化立法在刑事立法领域的重要实践。

(二)持有行为犯罪化

我国《刑法》将一些故意支配或控制特定物品或财产的不法行为规定为犯罪,设置了非法持有宣扬恐怖主义、极端主义物品罪以及持有、使用假币罪等9种持有型犯罪。④ 这9种犯罪是持有行为犯罪化在我国立法

---

① 张明楷:《刑法学》(第5版),法律出版社2016年版,第334页。

② 《刑法修正案(九)》第7条增加的《刑法》第120条之二规定:"有下列情形之一的,处五年以下有期徒刑、拘役、管制或者剥夺政治权利,并处罚金;情节严重的,处五年以上有期徒刑,并处罚金或者没收财产:(一)为实施恐怖活动准备凶器、危险物品或者其他工具的;(二)组织恐怖活动培训或者积极参加恐怖活动培训的;(三)为实施恐怖活动与境外恐怖活动组织或者人员联络的;(四)为实施恐怖活动进行策划或者其他准备的。有前款行为,同时构成其他犯罪的,依照处罚较重的规定定罪处罚。"

③ 《刑法修正案(九)》第29条增加的《刑法》第287条之一规定:"利用信息网络实施下列行为之一,情节严重的,处三年以下有期徒刑或者拘役,并处或者单处罚金:(一)设立用于实施诈骗、传授犯罪方法、制作或者销售违禁物品、管制物品等违法犯罪活动的网站、通讯群组的;(二)发布有关制作或者销售毒品、枪支、淫秽物品等违禁物品、管制物品或者其他违法犯罪信息的;(三)为实施诈骗等违法犯罪活动发布信息的。单位犯前款罪的,对单位判处罚金,并对其直接负责的主管人员和其他直接责任人员,依照第一款的规定处罚。有前两款行为,同时构成其他犯罪的,依照处罚较重的规定定罪处罚。"

④ 我国《刑法》规定的9种持有型犯罪包括第120条之六规定的"非法持有宣扬恐怖主义、极端主义物品罪"、第128条第1款规定的"非法持有、私藏枪支、弹药罪"、第130条规定的"非法携带枪支、弹药、管制刀具、危险物品危及公共安全罪"、第172条规定的"持有、使用假币罪"、第282条第2款规定的"非法持有国家绝密、机密文件、资料、物品罪"、第297条规定的"非法携带武器、管制刀具、爆炸物参加集会、游行、示威罪"、第348条规定的"非法持有毒品罪"、第352条规定的"非法持有毒品原植物种子、幼苗罪"、第395条第1款规定的"巨额财产来源不明罪"。

层面的体现。通过分析这 9 种犯罪可以发现,持有行为犯罪化的立法可以分为三种类型:第一种类型是持有行为可能发展为某些犯罪的预备行为,对此可以界定为预备性持有型犯罪,如非法持有枪支、弹药罪中的持有行为就可能发展成为故意杀人罪等暴力犯罪的犯罪预备行为;第二种类型是持有行为可能是某些犯罪所造成的结果的表现,对此可以界定为结果性持有型犯罪,如巨额财产来源不明罪中的持有行为就可能是贪污罪、受贿罪等职务犯罪所造成的结果的表现;第三种类型是持有行为可能兼具以上两种情况,对此可以将其界定为混合性持有型犯罪,如非法持有毒品罪中的持有行为就既有可能发展成为贩卖毒品罪的预备行为,也有可能是该罪所造成的结果的表现。由于预防性犯罪化立法的主要目的是预防犯罪,而结果性持有型犯罪显然不符合预防性犯罪化立法的初衷,因此,只有预备性持有型犯罪和混合性持有型犯罪中的持有行为可能发展成为某些犯罪预备行为的犯罪,才能够成为预防性犯罪化立法的体现。《刑法修正案(九)》新增非法持有宣扬恐怖主义、极端主义物品罪这一预备性持有型犯罪,体现了持有行为犯罪化在立法领域的扩张态势。预备性持有型犯罪立法例和部分混合性持有型犯罪立法例将与实害结果尚有一段距离,但可能引发实害结果的持有行为作为独立犯罪予以规定,也是预防性犯罪化立法在刑事立法领域的重要实践。

(三)煽动行为犯罪化

我国 1997 年《刑法》规定了煽动分裂国家罪等 6 种煽动型犯罪。[①] 这 6 种煽动型犯罪中的煽动行为所可能指向的犯罪,如颠覆国家政权罪、分裂国家罪等,是社会危害性极大的犯罪。针对这些严重犯罪,刑法立法将比犯罪预备行为更早的煽动行为规定为独立的犯罪类型,是为了更早地预防其所带来的巨大刑事风险和可能造成的严重危害后果。《刑法修正案(九)》规定煽动实施恐怖活动罪,体现了煽动行为犯罪化在刑法立法

---

① 我国《刑法》规定的 6 种煽动型犯罪包括第 103 条第 1 款规定的"煽动分裂国家罪"、第 105 条第 1 款规定的"煽动颠覆国家政权罪"、第 120 条之三规定的"煽动实施恐怖活动罪"、第 249 条规定的"煽动民族仇恨、民族歧视罪"、第 278 条规定的"煽动暴力抗拒法律实施罪"和第 373 条规定的"煽动军人逃离部队罪"。

领域的扩展。煽动行为犯罪化立法例将与实害结果尚有一段距离，但可能造成实害结果的煽动行为规定为独立的犯罪，是预防性犯罪化立法在刑事立法领域的重要实践。

（四）抽象危险犯的立法扩张

抽象的危险犯，是将在社会一般观念上认为具有侵害法益的危险的行为类型化之后所规定的犯罪。[①] 这里的抽象危险，只是为立法者设定所谓的抽象危险犯提供理论上根据的非现实的、拟制的危险。这种危险是由构成要件的行为所蕴含的，而非行为所造成的现实状态。所以，在认定抽象的危险犯时，构成要件的行为一旦被实行，就意味着可以推定抽象危险的存在。[②] 在我国刑事立法领域，很早就规定了诸如盗窃枪支罪等抽象危险犯。近年来，在刑法立法领域又增设了一些抽象危险犯，由此使得抽象危险犯的范围在刑法立法领域得以大大扩张，这也成为我国刑法立法的特色之一。如就2011年2月25日全国人大常委会通过的《刑法修正案（八）》新增加的危险驾驶罪而言，成立该罪，不需要对法益产生实害结果或者对实害结果产生现实具体的威胁，而只要具有非现实的、拟制的危险即可。《刑法修正案（八）》还对生产、销售假药罪的规定作出修改，将其中的"足以危害人体健康"删去，由此使得该罪由具体危险犯变为抽象危险犯。抽象危险犯将抽象的风险行为作为单独设立犯罪的依据，是为了更好地预防犯罪的发生。抽象危险犯的立法例将与实害结果尚有一段距离，但可能引发实害结果的行为作为独立的犯罪予以规定，也是预防性犯罪化立法在刑事立法领域的重要实践。

二、预防性犯罪化立法的功能

预防性犯罪化立法作为我国刑法立法领域的重要实践，具有深刻的刑法法理基础，蕴含着丰富的内在价值。一方面，预防性犯罪化立法有利于抵御风险社会日益积聚的刑事风险；另一方面，其有利于实现刑罚双面

① 参见[日]大谷实：《刑法讲义总论》（第2版），黎宏译，中国人民大学出版社2008年版，第115页。

② 参见王志祥：《危险犯研究》，中国人民公安大学出版社2004年版，第142页。

预防的目的。此外，预防性犯罪化立法还有利于贯彻宽严相济的刑事政策。

（一）预防性犯罪化立法有利于抵御风险社会日益积聚的刑事风险

风险社会是指在后工业化时期，随着科学技术的迅猛发展，产生于人类实践活动的各种全球性风险和危机对整个人类生产生活乃至对人类的生存和发展造成严重威胁，而人类对此又失去掌控的一种状态。[①] 随着人类活动频率的增强、活动范围的扩大，特别是近代以来社会经济的飞速发展，产生了诸多对人类生存和发展存在严重威胁的社会风险，人类社会的发展已经进入风险社会阶段。风险社会所带来的刑事风险体现出与传统社会不同的特点。一方面，现代社会科技的飞速发展在给人类社会带来便利的同时，也带来了更大的刑事风险。科技的每次进步都伴随人类社会生产力的极大解放，同时也使得犯罪工具更加先进。随着工业革命的进行，人类发明了汽车、飞机等新型交通工具，发明了网络等信息传输工具。近年来，人工智能技术的发展更是大大方便了人类的生活。然而，在新兴科技给人类社会带来便利的同时，犯罪分子以其为媒介所实施的犯罪给人类社会所带来的社会危害也呈现出不断强化的趋势。犯罪分子以高科技产品为媒介所实施的犯罪往往比以传统技术为媒介所实施的犯罪具有更强的社会危害性。另一方面，随着各种文明、文化思想更为便捷的流行，一些诸如恐怖主义、极端主义等思想糟粕也得以广泛传播。这些思想所引发的恐怖主义犯罪、危害国家安全犯罪层出不穷，严重危害我国的国家安全、领土完整和公民的人身安全，带来了极大的刑事风险。

世异则事异，事异则备变。刑法学作为社会科学的一门学科，其理论发展也必须随着社会的发展变化而作出相应的调整。正如有学者所指出的，任何法律命题都是社会性存在。人们之所以要创造出一定的法律命题，是因为现实的社会生活提出了这种要求。如果现实中并不存在这种

---

① 参见陈晓明：《风险社会之刑法应对》，载《法学研究》2009 年第 6 期。

要求,就不可能为保障其实现而提出法律命题。[①] 预防性犯罪化立法为了保障社会安全,以严重刑事犯罪的风险为依据,秉承事先预防优于事后处置的理念,将具有产生严重刑事犯罪风险的行为作为独立的犯罪予以规定。如此一来,便在具有严重社会危害性的犯罪之前设置了一个缓冲预防带,这有利于对风险社会背景下具有严重社会危害性的犯罪行为进行预防,有利于实现刑法保护社会的机能,体现了刑法立法对风险社会背景下日益积聚的刑事风险挑战的积极应对。

(二)预防性犯罪化立法有利于实现刑罚双面预防的目的

预防性犯罪化立法将可能引发实害结果的风险行为按照独立的犯罪予以规定,并针对这些犯罪规定相应的刑罚,是为了发挥刑罚的作用,实现刑罚的目的。我国刑法理论的通说认为,刑罚的目的是指人民法院代表国家对犯罪分子适用刑罚所要达到的目标或效果,即预防犯罪。由于预防的对象有所不同,将刑罚的目的划分为特殊预防和一般预防两个方面,这在理论上被称为双面预防。[②] 而预防性犯罪化立法有利于实现刑罚双面预防的目的。

一方面,预防性犯罪化立法有利于实现刑罚特殊预防的目的。预防性犯罪化立法将可能引发实害结果的风险行为予以犯罪化,对实施该种风险行为的犯罪分子适用刑罚,有利于惩罚改造犯罪分子,预防其重新实施可能引发实害结果的犯罪行为,进而达到预防其实施造成实害后果的相关犯罪行为的目的。

另一方面,预防性犯罪化立法有利于实现刑罚一般预防的目的。刑罚的一般预防可分为积极的一般预防和消极的一般预防。消极的一般预防是指通过惩罚犯罪分子,从而威慑一般人,使其不敢犯罪;积极的一般预防则通过唤醒和强化国民对法的忠诚、对法秩序的存在力与贯彻力的信赖,从而预防犯罪。[③] 预防性犯罪化立法将可能引发实害结果的风险行

---

① 参见何荣功:《“预防性”反恐刑事立法思考》,载《中国法学》2016 年第 3 期。

② 参见高铭暄、马克昌主编:《刑法学》(第 5 版),北京大学出版社、高等教育出版社 2011 年版,第 223 页。

③ 参见张明楷:《刑法学》(第 5 版),法律出版社 2016 年版,第 512 ~ 514 页。

为规定为独立的犯罪并予以刑罚处罚，对一般民众产生威慑效果，使一般民众不敢实施此类犯罪行为，进而避免造成更严重的实害结果的相关犯罪行为的发生，最大限度地实现对法益的保护，这有利于实现消极的一般预防。而公民通过对刑法的学习，认识到预防性犯罪化立法将一些可能引发实害结果的风险行为规定为犯罪行为，从而引导公民的正确价值理念，为公民设立行为指南。从这个意义上来讲，预防性犯罪化立法有利于避免绝大多数守法公民实施看似没有实际危害，却极有可能引发严重实害结果的风险行为，进而避免他们实施具有更强危害性的相关犯罪行为，这有利于实现积极的一般预防。

（三）预防性犯罪化立法有利于贯彻宽严相济的刑事政策

宽严相济的刑事政策，意味着对刑事犯罪区别对待，做到既要有力打击和震慑犯罪，维护法治的严肃性，又要尽可能减少社会对抗，化消极因素为积极因素，实现法律效果和社会效果的统一。其内容应当包括：该严则严，当宽则宽；宽严互补，宽严有度；审时度势，以宽为主。[①] 宽严相济是我国目前普遍坚持的刑事政策基本原则，对刑事立法工作和司法工作具有极为重要的指导意义。申言之，刑法立法必须坚持以宽严相济的刑事政策为指导，在立法实践中充分贯彻宽严相济的刑事政策；对于一些社会危害性极大的犯罪，在兼顾“宽”的同时，必须以“该严则严”的刑事政策为主基调，从而实现从严打击的效果。

危害国家安全犯罪、恐怖主义犯罪等都是社会危害性极大的犯罪。要降低这些犯罪的实际危害，就必须在刑法立法层面对这些犯罪采取“以严为主”的刑事政策，从而有效预防和控制此类犯罪，而预防性犯罪化立法无疑为解决此类犯罪的防控问题提供了重要路径。例如，为了降低恐怖主义犯罪的危害，我国《刑法》对恐怖主义犯罪采用预防性犯罪化立法，一方面将预备行为予以犯罪化，将为实施恐怖活动准备凶器、危险物品或其他工具、组织恐怖活动培训或积极参加恐怖活动培训等预备行为规定为准备实施恐怖活动罪；另一方面将持有行为予以犯罪化，将明知是宣扬

① 参见卢建平主编：《刑事政策学》，中国人民大学出版社 2007 年版，第 164 ~ 165 页。

恐怖主义、极端主义的图书、音频视频资料或者其他物品而非法持有的行为规定为非法持有宣扬恐怖主义、极端主义物品罪。我国《刑法》对恐怖主义犯罪采用预防性犯罪化立法,将其预备行为和持有行为明确地纳入刑法的处罚范围,体现了刑法立法对宽严相济刑事政策的有力贯彻。一方面,通过对恐怖主义活动前置行为的从严打击,有利于避免恐怖主义犯罪的发生。另一方面,通过对恐怖主义犯罪的预防性犯罪化立法,能够在严惩恐怖主义犯罪分子的同时,使大批准备实施恐怖主义活动犯罪的恐怖分子受到震慑,从而不敢实施犯罪,进而实现预防犯罪的功能。这正是我国宽严相济刑事政策中"该严则严"的题中之义。

三、预防性犯罪化立法的弊端

预防性犯罪化立法作为风险社会背景下刑法承担法益保护机能的必然选择,在抵御社会风险方面发挥了巨大的作用,具有重要的刑法功能。然而,随着预防性犯罪化立法在我国刑法立法中的不断扩张,预防性犯罪化立法的弊端也逐渐得以暴露出来:预防性犯罪化立法容易引发刑法工具主义的滥觞,对公民权利造成一定程度的侵犯,在一定程度上冲击着谦抑主义的刑法精神。这些弊端引发了广泛的质疑和担忧。

(一)预防性犯罪化立法容易引发刑法工具主义的滥觞

预防性犯罪化立法有利于实现刑法的法益保护机能。然而,值得警惕的是,预防性犯罪化立法的扩张也有可能引发刑法工具主义的滥觞。正如有学者所指出的,预防刑法是国家在面对风险社会时向社会安全需求做出的妥协与让步,是国家以社会安全为有限价值考量的结果。预防刑法实质上体现出的政策思想是,为了使未来可控,法律放宽了对国家刑罚权的约束。如果没有新的约束机制,将很难保证国家刑罚权不会异化从而威胁公民自由。[①] 预防性犯罪化立法作为预防刑法观在刑法立法领域的重要实践,可谓一把"双刃剑":一方面,其扩张对于保护社会安全具有积极意义;而另一方面,其可能被作为国家滥用刑罚权的工具,从而对

---

① 参见何荣功:《预防刑法的扩张及其限度》,载《法学研究》2017 年第 4 期。

公民的权利形成严重威胁。

诚然，刑法以最严厉的法律制裁为基础，以恶制恶必然引发“工具化”的担忧，但由此并不能舍弃刑法的治理功能，使其遁入“无法作为”的消极状态。刑法的工具主义观念或者工具法制属性是自然形成的。[①] 但这绝不意味着可以滥用刑罚权，特别是不可随意对预防性犯罪化立法进行扩张。刑法对于犯罪的规制出自公民将部分自由权、人身权等个人权利让渡给国家，并承担不实施犯罪行为的刑法义务，从而使国家通过对极少数犯罪分子权利的剥夺，更好地发挥刑法的社会保护功能，以达到更好地保护正常社会秩序下大部分公民的权利的目的。而正如学者所担忧的，工具主义在刑法视域中的体现，正是形式法治的表征，究其根本是将刑法理解为开放的、空洞的容器。各种特殊性授权，无非是在确认其他价值观在安全名义之下应被妥协、减损。[②] 预防性犯罪化立法代表着刑法的严厉化，其每一步扩张都伴随公民对部分个人权利的让渡，随着公民需要承担刑法义务的增加。如果预防性犯罪化的立法例随意扩张，将会使公民承担更多的刑法义务，而有些刑法义务甚至超越了传统自然法观念下公民的心理预期范围。如果预防性犯罪化立法在扩张过程中过分强调对刑事风险的防控，忽视公民所需要承担的刑法义务的加重，将有可能使刑法更片面地侧重于社会保护功能的实现，过分减损刑法保障人权的功能，可能使刑法沦为国家控制社会的工具，导致“谈刑法色变”的人人自危局面的出现。

（二）预防性犯罪化立法在一定程度上冲击着谦抑主义的刑法精神

“谦抑主义”这一用语，系由来于日本刑法学者宫本英脩博士所著的教科书《刑法学纲要》。刑法的谦抑主义精神则由来已久，在罗马法和近代英国思想家边沁与米尔的刑罚理论中都有清楚的体现。关于刑法谦抑主义的内容，一般认为有三方面，即刑法的补充性、片面性和宽容性。正

---

① 参见高铭暄、孙道萃：《预防性刑法观及其教义学思考》，载《中国法学》2018 年第 1 期。

② 参见胡霞：《国家安全视阈下刑法的预防性路径研究》，载《中国刑事法杂志》2017 年第 5 期。

如德国刑法学者李斯特所指出的，刑法的补充性是指仅仅以刑法为手段不可能抑制犯罪，并且因为刑罚是剥夺人的自由、财产等极为苛酷的制裁，应当限于为了防止犯罪的最后的手段。刑法的片面性是指基于刑法的规制不应当涉及生活领域的各个方面，对维持社会秩序来说应当限于必要的最小限度的领域。刑法的宽容性是指犯罪即使是现行的，在衡量法益保护后，只要不能认为是必要不得已的情况，就应当重视宽容精神而慎重处罚。这样，谦抑主义是以刑法的补充性、片面性和宽容性为内容，成为刑法的立法和解释的原理。①

预防性犯罪化立法在一定程度上冲击着谦抑主义的刑法精神。具体而言，第一，预防性犯罪化立法将与实害结果尚有一段距离的风险行为作为独立的犯罪进行惩处。然而，这些危险行为并未产生实害，且其不必然产生实害结果，这种做法实则体现了刑法立法从结果本位向行为本位的转变。由此，刑法立法就将刑事惩罚的对象放在具有危险性的行为上，而非等到侵害结果出现后才予以惩罚。然而，根据谦抑精神的要求，刑法立法应当尽可能地对具有现实侵害的行为进行处罚。因此，预防性犯罪化立法并不契合谦抑主义所强调的刑罚应当限于防止犯罪的最后手段的实质要求，在一定程度上对谦抑主义所坚持的刑法的补充性造成了冲击。第二，预防性犯罪化立法将本应由相关行政法规所调整的管理义务和社会义务上升到刑法义务的层面，使一些违法行为上升为犯罪行为，从而使刑法介入本来应由其他部门法介入和调整的领域，这在一定程度上对谦抑主义所坚持的刑法的片面性造成了冲击。第三，预防性犯罪化立法将可能引发实害结果的风险行为规定为犯罪行为，并规定了刑罚处罚，而这些行为在过去只会被行政处罚。由此，实际上大大加重了对相关行为的处罚，在一定程度上对谦抑主义所坚持的刑法的宽容性造成了冲击。

值得注意的是，有观点认为，肯定积极刑法立法观，并不会否定刑法的谦抑性或最后手段性，但应将谦抑性原则的着眼点从主要钳制立法转向制约司法活动，即在实务上运用行政、民事方法足以抗制违法行为的，

① 参见马克昌主编：《外国刑法学总论：大陆法系》，中国人民大学出版社 2009 年版，第 42 ~ 45 页。

就不需要动用刑法(刑法的补充性);刑法对财产犯罪的认定(尤其是对财物概念、财物的他人性等的判断)必须与民法的立场一致(刑法的二次规范性)。只要在实务上贯彻好谦抑性原则,用好不起诉、定罪免刑或缓刑制度,即便立法上对增设轻罪持积极态度,立法功能化扩张所带来的危险也能够得到有效化解。[①] 笔者对此不敢苟同。刑法的谦抑性理应体现在刑法立法和司法两个层面,而并不能"厚司法"而"薄立法",否则很难符合刑法谦抑主义精神的要求。一方面,刑法立法具有指导意义。如果在刑事立法中贯彻积极刑法立法观而进行预防性犯罪化立法,那么在实践中就很难要求司法机关做出变通,否则就有滥用司法权力之嫌。另一方面,预防性犯罪化立法本就体现了刑法对社会危害性极大的犯罪的惩处贯彻"该严则严"的精神。司法机关在实践中贯彻宽严相济刑事政策的要求,就会对相关犯罪进行从严打击,否则就违背了宽严相济刑事政策的内在精神。由此可见,这种观点既没有法理基础,又不能达到其所希冀达到的化解立法扩张所带来的危险的目的。因此,我们并不能指望预防性犯罪化立法在刑法立法层面对谦抑精神有所突破的情况下,仅凭司法层面对谦抑精神的贯彻,就能够避免其对刑法谦抑精神产生的冲击。面对风险社会的诸多挑战,在积极预防、主动介入和固守传统的谦抑精神之间,预防性犯罪化立法必然偏重前者。从这个意义上来讲,预防性犯罪化立法对于谦抑精神在一定程度上的冲击是在所难免的。

四、预防性犯罪化立法的完善建议

预防性犯罪化立法的积极意义是不容否认的,其风险亦是不容忽视的。我国刑法学者针对现存的预防性犯罪化立法例进行深入剖析和解读,提出具有建设性的意见,对于刑法立法和司法具有重大的指导意义。然而,仅就现存的预防性犯罪化立法例进行分析解读,是远远不够的。随着当前科学技术突飞猛进的发展,未来社会将充斥着更大的风险。如何从法律层面防范这些风险,将越来越引发全社会的关注。刑法的重要任务是回应社会的重大关切,如何对预防性犯罪化立法进行完善,做到既不

---

① 参见周光权:《积极刑法立法观在中国的确立》,载《法学研究》2016 年第 4 期。

故步自封，避免让科学技术在没有预防性犯罪化立法约束的背景下恣意发展，进而酿成不可控制的巨大风险，又不放任不适当的预防性犯罪化立法侵害公民个人权利，阻碍社会发展进步，成为亟待解决的问题。对此，笔者认为，可以考虑从以下几个方面着手。

（一）预防性犯罪化立法必须以宪法为引领

全面贯彻宪法，是建设社会主义法治国家的首要任务和基础性工作。宪法是国家的根本法，是治国安邦的总章程，具有最高的法律地位、法律权威、法律效力，具有根本性、全局性、稳定性、长期性。预防性犯罪化立法作为刑法立法领域的重要实践，必须以宪法为引领。申言之，预防性犯罪化立法必须符合宪法对于刑法功能定位的要求，必须符合宪法自由、民主的内在价值，必须符合宪法比例原则的要求。

第一，预防性犯罪化立法必须符合宪法对刑法功能定位的要求。在依法治国的视域下，宪法关于刑法功能的总体定位主要体现在以下两个方面：一方面，刑法是治理社会不可缺少的组成部分。刑法具有调整对象的广泛性和调整手段的严厉性，是其他法律规范运行的保障。另一方面，刑法具有最后法的地位。中共中央《关于全面推进依法治国若干重大问题的决定》将建设中国特色社会主义法治体系作为全面依法治国的目标，强调健全行政执法和刑事司法衔接机制，这反映出理性认识刑法功能的意蕴。① 预防性犯罪化立法以维护社会安全作为立法的主要目的，体现了刑法立法对社会的保护主义倾向，对于社会治理具有积极作用。但是，从一定程度上来讲，预防性犯罪化立法把原属于其他部门法调整的行为作为犯罪进行处理，通过犯罪化这一严厉的方式保障其他法律规则的运行，并非刑法与其他部门法有效衔接的一般模式，也不契合刑法最后法的地位。由此看来，预防性犯罪化立法虽然有其积极意义，但不应成为我国刑法立法的主旋律。对预防性犯罪化立法必须秉承科学的态度，即只有当面对具有极端危害性相关风险的行为时，在其他法律法规不足以对其进行防控的情况下，在对各种利益进行全面、综合性衡量的基础上，才可以

---

① 参见张旭：《依法治国视域中的刑法功能研究》，载《吉林大学社会科学学报》2015 年第 1 期。

对相关风险行为进行预防性犯罪化立法。

第二,预防性犯罪化立法必须符合民主、自由的内在价值。我国《宪法》确立了我国的社会主义民主政体,其中蕴含着民主、自由的精神。刑法作为宪法的下位法,当然也需要体现民主、自由的精神。诚然,预防性犯罪化立法可能会过度影响个人自由,使其被迫从属于公共利益及国家需要。但是,这未尝不是宪法民主、自由精神的体现。随着风险社会的高速发展,诸如恐怖主义犯罪、环境污染犯罪等具有严重危害性的犯罪行为给社会公众的安全带来了极大威胁,也使社会公众的安全心理越来越难以得到满足。在这种情况下,社会公众自愿放弃一部分个人自由,希望将可能引起这些严重犯罪的风险行为在立法层面上升为犯罪行为,这是民意的表达,是无可厚非的。而现有的预防性犯罪化立法能够获得全国人大或全国人大常委会的通过,也说明现有的预防性犯罪化立法例符合宪法自由、民主的内在价值。在将来进行预防性犯罪化立法的过程中,依然应当尊重和顺应民主、自由的宪法价值,应先行通过调查问卷、实地走访等方式向社会大众公开征求意见,通过座谈、采访等方式向专家学者征求意见,在倾听全社会对预防性犯罪化立法意见的基础上,综合其他因素,考虑是否进行新的预防性犯罪化立法。值得警惕的是,极端的民粹主义有可能造成多数人暴政局面的出现,导致预防性犯罪化立法被民意裹挟,从而缺乏科学、规范的基础,这就需要我们结合刑法的各种原则和内在精神进行综合考量。

第三,预防性犯罪化立法必须符合比例原则的要求。一般认为,作为依法治国的原则之一,比例原则是指在立法、司法与执法过程中对国家的公权力与公民的基本权利之间的边界划分上起着指导与制约作用,并依据其自身的适当性、必要性与均衡性来判断公权力运行是否合法、合理的准则。在这一概念的界定之下,比例原则是把比较的因素限定为公权力和基本权利,把衡平性作为目的,从而延展出了适当性、必要性与法益均衡性的比较基准。其中,适当性是欲达成的目的与实现目的所采用手段之间的对称关系;必要性是指在存在多种实现目的的手段中,以什么标准来选择的问题;而法益均衡性则表明,当国家公共利益和公民个人自由之间发生冲突时,应如何权衡的问题。[①] 虽然在传统的刑法理论中并不存在"比例原则"这样的提法,但是,比例原则的三个子原则即适当性原则、必要性原则以及狭义的比例原则已然存在于刑法理论之中,或者更准确地说,早已存在于刑法之中,它们分别对应着法益保护原则、刑法谦抑原则以及罪刑均衡原则。[②] 由此可见,比例原则是宪法的重要原则之一。刑法作为宪法的下位法,在刑法立法和理论领域都必须遵循并体现比例原则的要求。比例原则为刑法立法提供了重要遵循,对预防性犯罪化立法具有重要的指导作用。这样,预防性犯罪化立法就既要适应社会和科技的发展进步,又必须遵循比例原则的要求,做到审慎稳妥。而要做到符合宪法比例原则的要求,就必须坚持罪刑法定、法益保护、谦抑的刑法原则。对此,笔者将在下文中加以展开。

从实践层面出发,要做到预防性犯罪化立法以宪法为引领,就应当在立法层面完善合宪性备案审查制度。

首先,应当将刑事立法纳入合宪性备案审查的范围。目前,合宪性备案审查的对象不包括《刑法》及其修正案。对此,有学者指出,合宪性备案审查的范围比较狭窄,只限于行政法规、地方性法规、自治条例、单行条例、经济特区法规和司法解释。在今后一段时间里,将所有规范性文件纳入合宪性备案审查的范围,既是合宪性备案审查制度完善的要求,也是推进合宪性备案审查工作的必经之路。[③] 这样,就应当将刑事立法也纳入合宪性备案审查的范围。

其次,应当设立单一型的"宪法委员会"。诚然,虽然有学者指出,现行审议过程中的合宪性空置所存在的局限很大程度上并不是全国人大及其常委会能够单方面克服的,很难说单纯成立一个"宪法委员会"就能够解决目前存在的问题,[④]但是,正所谓"工欲善其事,必先利其器",成立一

---

① 参见蔡宗珍:《公法上的比例原则初论——以德国法的发展为中心》,载《政大法律评论》1999 年第 62 期。

② 参见田宏杰:《比例原则在刑法中的功能、定位与适用范围》,载《中国人民大学学报》2019 年第 4 期。

③ 参见郭晖:《全面深化改革背景下宪法适应性问题探析》,载《河北法学》2019 年第 2 期。

④ 参见邢斌文:《论法律草案审议过程中的合宪性控制》,载《清华法学》2017 年第 1 期。

个专门的合宪性备案审查机构,一方面,有助于彰显我国完善合宪性备案审查制度的决心。譬如,在检视《刑法》应否将单位作为犯罪主体加以规定时,当时的一种声音认为,如果不将单位作为犯罪主体加以规定,也能够通过对相关责任人员处以自由刑和罚金刑实现打击犯罪的目的。然而,就《刑法》最终将单位规定为犯罪主体而言,考量的主要是彰显国家打击单位犯罪的决心。另一方面,有利于明确合宪性备案审查机关的职责边界,避免有关部门之间推卸责任。2018 年 3 月 11 日第十三届全国人大第一次会议通过的《宪法修正案》将“法律委员会”更名为“宪法和法律委员会”,更名后的“宪法和法律委员会”又在法规备案审查室外增设了宪法室。虽然专门的“宪法委员会”尚未得以成立,但此举无疑为推动合宪性备案审查制度的完善迈出了重要一步。

最后,应当秉承科学的立法价值导向,形成一体运行的合宪性备案审查制度。一方面,从实体角度出发,审查机关应当对预防性犯罪化立法的功能、价值等进行综合审查,考量其是否符合宪法精神。如果违背了宪法精神,审查机关就应当及时提请全国人大常委会对相关立法规定予以纠正。另一方面,从程序角度出发,应当扩大提请审查的主体范围,建立科学的审查程序,使审查工作做到既规范有序又顺畅高效。具体而言,一是扩大提请合宪性备案审查的主体范围。规定从司法机关、行政机关等国家机关到专家学者、受到预防性犯罪化立法影响的公民,乃至全体公民,均可对预防性犯罪化立法提出合宪性备案审查。徒法不足以自行,将提请合宪性备案审查的主体扩展到全体公民,有助于促进国家机关工作人员和全体公民增强法律意识,提高法律素质,推动整个社会形成崇尚宪法法律的良好法治氛围,从而使更多的机关、组织和个体结合本机关、组织或个人利益,从合宪性的角度审视预防性犯罪化立法是否与宪法精神相背离,并通过提请审查的方式,更好地帮助合宪性备案审查机关发现和纠正违背宪法精神的预防性犯罪化立法例。二是形成科学的审查工作程序。应理顺全国人大宪法和法律委员会与全国人大常委会其他部门之间的工作衔接,规定明确的审查时限,为全国人大宪法和法律委员会配备具有较高刑法专业水平的工作人员,以保障审查工作程序得以高效运行。

(二)预防性犯罪化立法必须遵循刑法的基本原则

预防性犯罪化立法除必须符合宪法的要求外,还必须遵循刑法的基本原则。有学者以刑法基本原则是否具有宪法意义为标准,将刑法基本原则分为两大类:第一类是具有法治与宪政基础性地位的原则,包括罪刑法定原则、法益保护原则、责任主义原则、无罪推定原则和比例原则;第二类是效力仅局限于刑法内部的原则,如行为要求、犯意与行为同在原则、因果关系原则等。其中,第一类原则具有宪法性的基础地位,无论如何都不应被突破;第二类原则不属于依法治国的基础,因而在特定情况下这一类原则可以被突破。[①] 笔者认为,这种以刑法基本原则是否具有宪法意义为标准对刑法基本原则做出的分类是科学的。由于无罪推定原则主要涉及犯罪嫌疑人在具体刑事案件中是否构成犯罪,责任主义原则主要要求预防性犯罪化立法具有主观要素,从而保证其所禁止的行为具有可罚性,讨论余地不大,笔者在此主要结合预防性犯罪化立法必须遵循罪刑法定原则、法益保护原则、谦抑原则进行讨论。

第一,预防性犯罪化立法必须符合罪刑法定原则的要求。罪刑法定原则是刑法上最重要的基本原则,其包括排斥习惯法、刑罚法规不溯及、禁止绝对不确定刑、禁止类推四项传统的派生原则以及明确性原则、实体的适当原则和禁止不利判例变更的溯及三项内容。[②] 预防性犯罪化立法必须遵从以上各原则,特别是明确性原则的要求,明确性原则强调刑罚法规必须具体且明确地规定犯罪与刑罚的内容。预防性犯罪化立法为实现社会保护的目的,将相关风险行为的定性从一般违法行为上升到犯罪行为,更应当充分贯彻明确性原则。预防性犯罪化立法符合刑法明确性的要求,就需要做到立法用语的明确化。这对于提高预防性犯罪化立法的质量,增强其在现实司法层面的可操作性与稳定性具有重要作用。而要做到用语的明确化,就需要注意以下三点:一是要注重实践性。预防性犯

---

① 参见劳东燕:《风险社会中的刑法:社会转型与刑法理论的变迁》,北京大学出版社 2015 年版,第 77 ~ 78 页。

② 参见马克昌主编:《外国刑法学总论:大陆法系》,中国人民大学出版社 2009 年版,第 32 ~ 42 页。

罪化立法不是空洞的文字,其用语应当联系具体司法领域的实践应用,所要表达的含义应在社会一般公民的预测范围之内,从而具有实践性。二是要注重综合性。预防性犯罪化立法的内容涉及风险社会各个领域的风险行为,其用语在体现刑法专业性的基础上理应兼顾所涉及各个领域用语的特点和习惯。三是要注重规范性。鉴于预防性犯罪化立法的严厉性,有必要对其所要规制的犯罪行为采取列举式规定,尽量避免过于笼统性的用语。

第二,预防性犯罪化立法必须符合法益保护原则的要求。就预防性犯罪化立法而言,需要充分地、明显地认识实质的处罚之必要和根据,充分厘清什么是所需要保护的法益。只有在有必要动用刑罚保护这种法益的条件下,才能够允许对法益可能产生危害的相关风险行为进行犯罪化立法。就预防性犯罪化立法遵循法益保护原则而言,具体来讲需要做到两个方面:一是预防性犯罪化立法应当限定于风险社会中对社会安全造成重大危害的领域,如恐怖主义犯罪、网络犯罪或者将来随着人工智能技术发展而产生的人工智能犯罪等领域,而不能应用于一般领域,否则将会对刑法的人权保障机能造成严重冲击;二是预防性犯罪化立法所规制的风险行为应当至少被确定为具有产生危害的巨大风险,即在一般人看来,并经过大量刑事案例验证,相关风险行为是实施严重危害公共安全犯罪的必要手段,且已经是为实施严重犯罪而采取的实质步骤。

第三,预防性犯罪化立法必须符合谦抑原则的要求。如前所述,预防性犯罪化立法在一定程度上对谦抑主义带来了冲击。然而,仅仅机械地强调根据谦抑精神而对预防性犯罪化立法进行苛责,又无法对风险社会背景下的严重社会危险进行预防,任其对公民的权益造成侵害,这样的立场是毫无意义的。况且,预防性犯罪化立法与谦抑主义并非不能共存。我国刑法学界具有代表性的观点认为,谦抑主义与当前立法形成的预防性刑法观之间并非真正"水火不容",究其理由在于:对刑罚权的限制本身并无不当,应始终为刑法套上内生性的防控机制,避免权力滥用和倾轧自由。然而,对刑罚权的限制,与保障人权、保卫社会的双重任务并不存在本质冲突,只是应当在合理的限制之内,并与犯罪形势、社会形态保持一致。如果刑法不顾现实需要,主动选择摒弃刑罚权的启动及其制裁效应,则使保障功能与保护机能纷纷丧失,刑罚权及其制裁也没有存在意义,更没有限制的必要。① 诚如斯言,预防性犯罪化立法作为预防性刑法观在立法领域的实践,与谦抑原则所要实现的最终目标是一致的,只不过在实现目标的手段和方法上勾勒了不同的方向和路径,二者之间是对立统一的关系。

笔者认为,在对于一种理论进行分析研判时,不应忽视其所产生、发展的时代背景和社会环境。谦抑原则作为大陆法系刑法的重要原则,随着欧洲资本主义革命和改革的产生而产生,随着资本主义革命和改革在欧洲乃至世界范围内的推进而发展完善。资本主义革命和改革的核心任务之一正是保障人权,限制封建君主专制特权的恣意性。在这种时代背景下,谦抑主义的刑法原则作为保障人权、限制公权的利器,担负起重要而又特殊的历史使命,理所应当地被刑法理论界奉为圭臬。然而,随着民主政体在世界范围内的大获全胜,专制独裁几乎已被世界各国所摒弃,自由、民主、人权等思想深入人心,谦抑主义的刑法原则已经很好地完成了自己的历史任务。而随着风险社会时代的来临,譬如网络等诸多新领域得以开拓并得到快速发展,如果不对这些新领域的发展进行规范,任其恣意发展,就会对一般人的权利带来不可预估的负面影响。为此,社会大众呼吁使用公权力规范这些领域的发展,这也导致近年来世界各国政府行政权的不断加强。刑法作为公法,在面对风险社会所带来的远超以往的风险和危害时,亦不能无动于衷,针对社会风险的预防具有积极作用的预防性犯罪化立法由此应运而生,这是刑法在立法领域抵御风险的一种伟大实践。而风险社会的到来也亟须谦抑原则做出因应时代发展的转变,谦抑原则只有对预防性犯罪化立法进行一定程度的妥协,才有利于与预防性犯罪化立法共生共存、相互促进,也才能更好地实现刑法的社会保护机能和人权保障机能。然而,预防性犯罪化立法与谦抑原则相统一的边界长着一张“普罗透斯的脸”,在不同的立法例中往往呈现出不同的面貌。在今后的预防性犯罪化立法工作中,我们应当怎样做才能使谦抑原则与预防性刑法观相统一呢？这的确是一个值得讨论的问题。

---

① 参见高铭暄、孙道萃:《预防性刑法观及其教义学思考》,载《中国法学》2018 年第 1 期。

为了对风险社会所带来的严重风险进行预防,在我国刑法学界出现了风险刑法、预防刑法、安全刑法等理论。风险刑法是指通过规制行为人违反规范的行为导致的风险,以处罚危险犯的方式更加早期地、周延地保护法益,进而为实现刑罚积极的一般预防目的而形成的一种新的刑法体系。[①] 风险刑法的观点虽然对预防风险具有积极意义,但是,其将目的更多地放在对个人的谴责上面,严重违背了刑法谦抑等原则,严重侵犯了人权,这无疑是风险刑法理论的"阿喀琉斯之踵"。正如有关学者所指出的,风险刑法观明显存在以下问题:一是违反刑法谦抑性原则,二是违背近代刑法保护公民自由的宗旨,三是为侵犯人权提供借口。[②] 预防刑法则侧重强调刑法的秩序价值,重视对犯罪的特殊预防和事先预防。其核心在于:刑事立法、司法和执法要对新的法益诉求进行回应并主动介入,以对熟视之下可能产生威胁的危害行为加以预防。[③] 由此来看,预防刑法也没有较好地解决风险刑法观所存在的问题。面对风险刑法和预防刑法的弊端,有学者提出,伴随着风险社会的来临,刑法体系面临着由罪责刑法到安全刑法的转变。风险社会的刑法应将安全作为基本的价值取向,考虑法益保护的早期化和处罚的预防性。具体而言,就是在立法上通过增加危险犯的规定、将某些预备、未遂性质的行为规定为独立的犯罪构成类型、增设持有型犯罪以及刑罚适用重心偏向人身危险性等来发挥刑法控制风险的功能。就此而言,安全刑法与风险刑法似乎一致,但不同之处在于,安全刑法的理念认为,刑法的目的不在于对个人的谴责,而是在于保证社会的安全,安全才是对刑法的最高指引。[④] 笔者认为,这种安全刑法的理论集中体现了预防性刑法观的要旨,既没有违反人权保障的精神兼顾了谦抑主义原则,又没有抱残守缺固守传统刑法的疆界,而是针对日益增加的风险作出相应的调整和恰当的反应,无疑是极为可取的。为此,在今后的预防性犯罪化立法过程中,要秉持安全刑法理论,以保证社会安全为指

---

① 参见卢建平:《风险社会的刑事政策与刑法》,载《法学论坛》2011 年第 4 期。

② 参见黎宏:《对风险刑法观的反思》,载《人民检察》2011 年第 3 期。

③ 参见苟震、黄晓丽:《"预防性":恐怖活动犯罪刑罚的一个转向》,载《河北法学》2019 年第 5 期。

④ 参见卢建平:《风险社会的刑事政策与刑法》,载《法学论坛》2011 年第 4 期。

引，兼顾谦抑原则，这样才能做到宽严得当、不枉不纵。

从实践层面出发，贯彻安全刑法理论，对预防性犯罪化立法进行完善，主要应树立积极、创新、系统的立法观。

一是树立主动预防的积极立法观，正确把握预防性犯罪化立法走向扩张的时代方向。任何一种理论和制度都不是完美无瑕的，都有其积极作用和消极作用，这要求我们坚持“两点论”与“重点论”相统一，[①]辩证地分析问题。预防性犯罪化立法的扩张固然在一定程度上冲击了谦抑主义原则，可能导致刑法工具主义和过度犯罪化，但随着风险社会背景下各种风险的接踵而至，凸显安全价值优先的理念、为法益提供积极保护成为更为迫切的需求，而预防性犯罪化立法的扩张则具有保障社会安全、保护法益的积极意义。就此而言，其积极意义远远超过消极意义。因此，应当把预防性犯罪化立法的扩张作为大方向，不能仅考虑到其消极意义就束手束脚、因噎废食。在此，应当强调的是，把预防性犯罪化立法的扩张作为大的方向，并非不顾及谦抑主义原则的要求，否则将陷入刑法“万能主义”的误区。对此，有学者指出，扩大刑法调整范围的立法冲动，与刑法谦抑性形成最直接的对立，必须对其严格加以控制。一方面，暂停犯罪化的刑事立法，对现有刑法及其相关法律进行严格清理，对新增加的某些不符合刑法谦抑性价值的罪名和量刑标准等坚决地予以删除或修正。另一方面，在《立法法》中对刑法的修改进行专门规定，要求立法者在刑法修法时必须按照刑法的谦抑性价值进行严格审查，并对公众进行相应的解释，防止滥用刑法对应当由普通法律规制的领域进行不当干涉。[②] 笔者认为，就预防性犯罪化立法工作而言，在《立法法》中对刑法的修改进行专门规定，要求立法者必须严格审查刑法谦抑性价值的观点是值得称道的，这种做法有利于促使立法者随时在谦抑精神的指导下进行立法工作。而暂停犯罪化的刑事立法则显得过于突出谦抑价值，有挂一漏万之嫌：对不符合刑

---

① “两点论”，就是在分析问题的具体矛盾时，不仅要看到矛盾双方的对立，而且要看到矛盾双方的统一；不仅要看到矛盾体系中存在主要矛盾、矛盾的主要方面，而且要看到次要矛盾、矛盾的次要方面。“重点论”，就是在实际工作中要着重把握主要矛盾、矛盾的主要方面，并以此作为解决问题的出发点。

② 参见叶亚杰：《论刑法谦抑性的价值与整合》，载《河北法学》2016 年第 12 期。

法谦抑价值的罪名和量刑标准进行删除或修正,并不必然以暂停犯罪化刑事立法为前提。果真如此,将不利于刑法对新出现的极可能导致严重社会危害的行为予以规制。而且,随着社会的发展,一些旧有的预防性犯罪化立法规定在将来也可能违背刑法谦抑精神的价值取向。在此情形下,就不应仅仅对新增加的不符合刑法谦抑性价值的罪名作出删除或修正。

二是树立与时俱进的创新立法观,根据社会实践的发展变化及时调整预防性犯罪化立法。立法不仅包括法律制定,还包括法律变动。应当根据客观社会条件的变化,在充分实践调研的基础上,因时因势制定、修改或废除预防性犯罪化立法例。譬如,醉酒驾驶行为在我国经历了由行政违法行为上升到犯罪行为的性质转变。其中的背景是,随着我国机动车驾驶人员和机动车保有量的增多,醉酒驾驶的行为给社会安全带来的风险越来越大,有必要将醉酒驾驶行为上升到犯罪行为的层面,动用刑罚进行打击,从而有效地防范重大交通事故风险。而随着人工智能技术的飞速发展,自动驾驶技术日臻成熟,假如在不远的将来,交通部门考虑到自动驾驶技术能够有效地避免交通事故的重大风险,在家用汽车中均装入自动驾驶程序,此时,醉酒者采取自动驾驶模式驾车,其诱发重大交通事故的风险就大大降低,由此就不宜再将醉酒驾驶作为犯罪进行处理,醉驾型危险驾驶罪这一预防性犯罪化立法例就可考虑予以废除。再如,随着人工智能技术的不断发展,立法者在应对人工智能挑战和把握新机遇方面应当积极通过各种方式和渠道“有所作为”。[①] 彼时,面对人工智能带来的新的风险挑战,刑事立法也应“有所作为”,针对人工智能犯罪采取预防性犯罪化立法。

三是树立统筹兼顾的系统立法观,促进预防性犯罪化立法与行政法规紧密衔接、有效协同。预防性犯罪化立法不仅要秉承科学理性的立法理论,采取严谨规范的立法技术,还要与相关行政法规紧密衔接。当前,我国刑法采取立法定性加定量的二元化立法模式。由此,对一些达不到犯罪定量要求但又具有社会危害性的行为一般由行政法规予以规制。譬

① 参见陈光:《论人工智能时代立法者的危机与生机》,载《河北法学》2020 年第 8 期。

如,就《刑法》规定的醉驾型危险驾驶罪而言,要求驾驶人员血液酒精含量达到80毫克/100毫升以上才可以构成犯罪;若驾驶人员的血液酒精含量大于或等于20毫克/100毫升,小于80毫克/100毫升,则按照《道路交通安全法》的规定给予行政处罚。法律之所以作出如此规定,是立法者基于对实践中不同血液酒精含量的驾驶者的驾驶行为给社会安全带来的危害程度的不同考量。在未来的立法中设立预防性犯罪化立法例时,也应当在综合考虑定量因素的基础上做好与行政法规的衔接:对于一经实施便极具给社会安全带来无可挽回的严重风险的行为,不宜再对其定量因素予以考虑;对于只有达到一定量的要求才足以给社会安全带来严重风险的行为,则在由立法设置为犯罪并以刑罚方式进行制裁时应明确相关具有社会危害性的行为具体达到何种"量",才足以给社会带来巨大风险;对于达不到犯罪定量因素要求的危害行为,则应由行政法予以规制。应当强调的是,就区别预防性犯罪化立法与行政法规界限的"量"而言,必须在综合运用实践调研、案例分析、大数据收集研究的基础上得出明确、可供实践操作的精确数字或准确程度。此举能够避免刑法在司法领域的恣意性,也是贯彻罪刑法定原则和刑法谦抑原则的必然要求。

(三)对预防性犯罪化立法在未来可考虑采取多轨制刑法立法模式

我国刑法应当采取何种立法模式才能够最大限度地发挥刑法的功能?这是刑法理论界争论不休、莫衷一是的话题。有学者支持统一的刑法立法模式,认为我国应继续采取统一的刑法立法模式,理由有三:第一,晚近二十年来我国刑法立法的经验表明,统一的刑法典模式是一种成功的刑法立法模式,应当予以坚持;第二,我国现代法治资源尚待积累巩固的现实国情要求我国刑法立法应采取统一的刑法典模式;第三,国外的立法实践表明,我国刑法立法应采取统一的刑法典模式。[①] 也有学者支持多轨制刑法立法模式,认为刑法典单轨模式的弊端日益凸显,应当构建刑法典与行政刑法的双轨模式。随着当代社会结构的多元化与社会变迁的加

---

① 参见赵秉志:《中国刑法立法晚近20年之回眸与前瞻》,载《中国法学》2017年第5期。

速，社会治理日益复杂化、功能化，传统上以自然犯为主体的犯罪结构已经逐渐被以法定犯、行政犯为主体的犯罪结构所取代。如果继续采取刑法典单轨模式，将大量的法定犯、行政犯纳入刑法典予以统一规制，不仅可能导致刑法典"臃肿肥大"、功能失调，而且必然会因为法定犯、行政犯不法与罪责内涵、程度的易变性而破坏刑法典的稳定性与权威性。[①]

应当说，采取统一刑法立法模式与采取多轨制刑法立法模式的观点各有其理论基础和现实依据，刑法理论界对两种立法模式可谓褒贬不一。笔者在此无意对两种刑法立法模式的优劣进行评价，只希望通过分析和比较两种立法模式对于预防性犯罪化立法的影响，为未来的预防性犯罪化立法探寻最优的立法模式。诚然，在统一的刑法立法模式下，采用修正案方式修改刑法具有其重大积极意义，尤其是符合我国现今国民法治意识尚待加强的现实情况。但是，这种观点也会对预防性犯罪化立法造成一定程度的消极影响。一方面，预防性犯罪化立法已涉及信息网络、环境保护、恐怖主义等诸多领域，未来还会涉及其他新领域。如果将这些预防性犯罪化立法的规定全部以刑法典为载体，将极有可能导致司法人员基于对统一刑法典的过分信赖而放松对相关行政法的参考，从而在司法中无法结合相关行政法规充分理解预防性犯罪化立法的本意，甚至曲解预防性犯罪化立法的规定，出现滥用预防性犯罪化立法的情况。另一方面，虽然在现有情况下采取统一刑法典的立法模式不会影响我国刑法修法的及时性，但是，风险社会背景下各种风险增长的速度比在传统社会背景下更快，将来很可能出现就亟待采取预防性犯罪化立法的危险行为而言，采取刑法修正案的方式不如采取特别刑法、附属刑法的立法例更为及时和灵活的情形。当然，从另一个角度来看，针对预防性犯罪化立法采取多轨制的刑法立法模式固然有利于弥补以上所分析的统一刑法立法模式所带来的不足，具有理论上的科学性，但其超前于我国法治社会尚未发展成熟的现实国情，在现实领域尚不具有可行性。

笔者认为，虽然现实情况下针对预防性犯罪化立法采取统一刑法立法模式足以防控风险，亦有利于被司法人员和民众所理解和掌握，但是，

---

① 参见梁根林：《刑法修正：维度、策略、评价与反思》，载《法学研究》2017 年第 1 期。

随着未来风险社会环境下各种风险的激增，统一刑法立法模式的弊端终将逐渐显现出来。而随着我国法治社会发展的车轮滚滚向前，司法人员的司法水平不断提升，民众的法治意识不断觉醒，针对预防性犯罪化立法所采取的立法模式也应当逐渐由统一刑法立法模式向多轨制刑法立法模式切换。当然，这一过程必须与我国法治社会的发展进程和风险社会发展的实际情况紧密结合，而绝不可一蹴而就。笔者由衷地相信，针对预防性犯罪化立法采取多轨制立法模式的时机会逐步成熟。

专题二

我国犯罪圈扩张的趋势及其合理控制

——以醉驾的刑法治理为切入点的思考*

内容摘要:晚近以来,我国刑法立法中犯罪圈扩张的趋势极为明显。1997 年《刑法》颁行以来,犯罪圈的扩张主要是通过创设新罪和调整原有犯罪的罪状两条路径进行的。犯罪圈扩张导致我国刑法结构开始出现轻重微分层的嬗变,虽然犯罪圈的扩张可能会带来对公民权利产生负面效果的问题,但是,总的来讲,其符合风险社会背景下我国当前社会治理的需要。犯罪圈的划定与犯罪成立和反社会行为的制裁模式密切相关。当前,从我国特殊的法治现状、国民规范意识培养、对轻微反社会行为的治理效果以及司法资源的配置等方面来看,保留并完善现行的二元制模式优于彻底替换为一元制模式。并且,还应当积极探索完善微罪的出罪路径,在犯罪圈扩张的过程中坚持自由价值与安全价值并重,协调刑法与其他部门法之间的关系。

一、问题的提出

自 1997 年系统修订的《刑法》颁布以来,全国人大常委会通过 1 部单行刑法和 12 部刑法修正案对《刑法》进行了修订。从刑法结构的角度来看,这些对《刑法》进行修订的内容主要体现在两个方面,即犯罪侧结构的

---

* 本文为王志祥、融昊的同名论文,原载《苏州大学学报(哲学社会科学版)》2022 年第 1 期,收入本书时有修改。

改革和刑罚侧结构的改革。[①] 从近年来的刑事立法活动进行观察，就犯罪侧结构而言，其改革的主旋律一直是犯罪圈的扩张。然而，随着犯罪圈的不断扩张，一系列的问题亦逐渐得以浮现。比如，对于轻微反社会行为的治理是坚持犯罪化的一元制裁模式还是应当恪守犯罪化与行政违法化相区分的二元制裁模式？对犯罪门槛的不断降低与有限司法资源之间的矛盾如何加以化解？对犯罪圈扩张后实施大量轻微犯罪的行为人接受制裁后仍面临的犯罪前科"标签效应"的问题应如何处理？基于此，笔者立足于以立法论为主、教义学为辅的研究范式，以醉驾型危险驾驶罪这一典型微罪的刑法治理为切入点，深入探究上述问题，以就教于方家。

二、1997 年《刑法》颁行以来犯罪圈变动的情况述评

事实上，1997 年《刑法》颁行以来，犯罪圈的不断变动确实引发了一定的现实问题和学界广泛的争鸣。其中，犯罪圈的扩张趋势和犯罪成立模式与反社会行为[②]制裁模式的应然向度这两个问题最为引人关注。接下来，笔者将围绕上述两个问题展开述评。

（一）犯罪圈扩张趋势述评

所谓犯罪圈，是指国家以刑事立法的方式确定的包含所有犯罪的范围和界限。[③] 自 1997 年《刑法》颁行至今的二十多年间，全国人大常委会颁布了 1 部单行刑法和 12 部刑法修正案，罪名数量从 412 个增加到 483 个。[④]

---

① 参见储槐植：《刑法现代化本质是刑法结构现代化》，载《检察日报》2018 年 4 月 2 日，第 3 版。

② 在我国的法治语境中，广义的违法行为包括民事违法行为、行政违法行为与刑事违法行为。前者较后二者而言更侧重于反映平等主体间权利义务关系出现的紊乱，而后两者的本质在于个人对于社会整体法秩序的对抗，可以统称为反社会行为。

③ 参见黄云波、黄太云：《论稳健型刑法立法观》，载《中国刑事法杂志》2019 年第 3 期。

④ 依据 2021 年 2 月 26 日公布的最高人民法院、最高人民检察院《关于执行〈中华人民共和国刑法〉确定罪名的补充规定（七）》，2020 年 12 月 26 日第十三届全国人大常委会第二十四次会议通过的《刑法修正案（十一）》新增 17 个罪名。该司法解释还对原有的 10 个罪名作了调整或者取消。至此，我国《刑法》中的罪名数量增加至 483 个。2023 年 12 月 29 日第十四届全国人大常委会第七次会议通过了《刑法修正案（十二）》。2024 年 1 月 30 日公布的最高人民法院、最高人民检察院《关于执行〈中华人民共和国刑法〉确定罪名的补充规定（八）》并未新增罪名，而仅仅将《刑法》第 169 条［《刑法修正案（十二）》第 3 条］的罪名由"徇私舞弊低价折股、出售国有资产罪"修改为"徇私舞弊低价折股、出售公司、企业资产罪"。因此，目前我国《刑法》中的罪名数量仍然为 483 个。

而无论是新罪的增设，还是已有旧罪内容的扩充，均反映出一个不争的事实——犯罪圈的不断扩张。

1. 犯罪圈扩张的背景

毋庸置疑，就导致我国犯罪圈不断扩张的根本动因而言，应归结于风险社会的时代大背景。德国学者贝克指出："现代性从经典工业社会的轮廓中获得了解放，并缔造了一种新的形态，也就是这里所称的风险社会。"①工业革命与现代科技在给人类带来各种物质便利的同时，也创造了众多新生的危险源，由此导致技术性风险如电子病毒、核辐射、交通事故、环境污染、恐怖主义等各种各样新型的人为风险日益扩散。② "灾难频发的现实与公众日益觉醒的忧虑合力，将风险控制植入政治议程的核心，政府被要求强化规划未来生活，提供安全保障的职责，而这一职责的扩张亦将引发法律的深刻挑战。"③换言之，"全球风险社会"所带来的发展变化不仅是经济、社会和政治领域的，它也会从根本上改变法律。④ 风险社会催生的各种新型犯罪所产生的危害后果常常是具有灾难性、难以挽回性的，以结果犯为本位构建的传统刑法难以应对这些风险。⑤ "风险不论是具体或抽象描述的事实状态，或者只是纯粹心理的恐惧感受，都会不断被转译成简化的安全概念。在概念转译过程中，当代社会同时也形成了一股股刑法应当积极扩张适用范围的压力。"⑥因此，风险社会要求刑法拓展其调整范围，要求法益保护提前化、刑事处罚前置化。⑦

---

① [德]乌尔里希·贝克：《风险社会：新的现代性之路》，张文杰、何博闻译，译林出版社2018年版，第2页。

② 参见劳东燕：《风险社会中的刑法：社会转型与刑法理论的变迁》，北京大学出版社2015年版，第16页。

③ 赵鹏：《风险社会的自由与安全》，载沈岿主编：《风险规制与行政法新发展》，法律出版社2013年版，第3页。

④ 参见[德]乌尔里希·齐白：《全球风险社会与信息社会中的刑法：二十一世纪刑法模式的转换》，周尊友、黄笑岩等译，北京大学出版社2012年版，第6页。

⑤ 参见郑延谱：《刑法规范的阐释与改造》，中国人民公安大学出版社2015年版，第25页。

⑥ 古承宗：《风险社会与现代刑法的象征性》，载《科技法学评论》2013年第1期。

⑦ 参见王永茜：《论现代刑法扩张的新手段——法益保护的提前化和刑事处罚的前置化》，载《法学杂志》2013年第6期。

当下,我国正逐渐步入风险社会,各种社会风险开始显露。而以往的“厉而不严”的刑法结构在犯罪侧结构的主要表现就是犯罪门槛过高,刑事法网不严密,这会导致刑法在应对各种层出不穷的新型犯罪时往往显得力不从心。基于此,在“严而不厉”的立法政策的导向下,织密刑事法网、扩大刑法的处罚范围就可谓迫在眉睫。

2. 犯罪圈扩张的具体路径

近年来,就我国犯罪圈扩张的立法路径而言,无外乎以下两个大的方向,即创设新罪和调整原有犯罪的罪状。

前一种路径包含以下三种具体方式:(1)将行政违法行为升格为犯罪。比如,2011 年 2 月 25 日全国人大常委会通过的《刑法修正案(八)》将原由《道路交通安全法》第 91 条所规定的醉酒驾驶机动车这一行政违法行为升格,规定为《刑法》第 133 条之一醉驾型危险驾驶罪。(2)创设独立的构成要件行为类型以形成新的犯罪类型。比如,2015 年 8 月 29 日全国人大常委会通过的《刑法修正案(九)》新增的《刑法》第 286 条之一拒不履行信息网络安全管理义务罪和第 287 条之一非法利用信息网络罪等。(3)将刑法的干预起点予以前置化,即通过预备行为实行化、帮助行为正犯化的具体路径创设新的犯罪类型。比如,《刑法修正案(九)》增设的《刑法》第 120 条之二准备实施恐怖活动罪、第 287 条之二帮助信息网络犯罪活动罪等。

后一种路径主要由以下两种具体方式构成:(1)降低原有犯罪类型在犯罪成立方面的定量因素要求。比如,《刑法修正案(八)》将《刑法》第 141 条第 1 款规定的生产、销售假药罪中的“足以严重危害人体健康”的表述予以删除,将《刑法》第 338 条规定的重大环境污染事故罪中的构成要件后果表述——“造成重大环境污染事故,致使公私财产遭受重大损失或者人身伤亡的严重后果”予以删除。(2)在原有犯罪的罪状中增加新的行为类型。比如,《刑法修正案(九)》将“多次抢夺”的行为增设为抢夺罪的行为类型之一。

3. 犯罪圈扩张的结构表现

随着犯罪圈的不断扩张以及《刑法》中犯罪类型总量的增加,在犯罪圈内部,各罪名之间也逐渐呈现出犯罪分层的结构表现。

所谓犯罪分层,是指根据犯罪的严重程度将所有犯罪划分为不同层次的犯罪分类方法,[①]也称犯罪的轻重分层。总体来看,在犯罪分层的标准上主要有三种观点:一是实质标准说,即主张根据犯罪性质、犯罪危害程度等犯罪的内在特质确定犯罪的轻重等级;二是形式标准说,即主张以刑罚的轻重为标准来划定犯罪的轻重等级;三是实质与形式标准综合说,即主张从实质和形式相结合的角度来划分犯罪的轻重等级。[②] 毫无疑问,罪行危害程度的不同是犯罪轻重层次之间最本质的区别。由此看来,实质标准说似乎更具有说服力。但是,就认识论的角度而言,刑罚与犯罪具有天然的对应关系,犯罪的危害严重程度最直观的外在表现就是其刑罚的轻重。基于此,采用形式标准说进行犯罪分层的判断显然就更具有可操作性。

在我国刑法学界,就犯罪分层而言,通常以 3 年有期徒刑的法定刑为界,法定刑在其上的犯罪称重罪,法定刑在其下的犯罪称轻罪。《刑法修正案(八)》增设的《刑法》第 133 条之一危险驾驶罪的法定最高刑仅为拘役,其制裁的严厉性程度远远低于 3 年有期徒刑,因此可以把法定最高刑系拘役的犯罪称为微罪。除了危险驾驶罪之外,《刑法修正案(九)》又增设了 2 个法定最高刑为拘役的犯罪,即代替考试罪与使用虚假身份证件、盗用身份证件罪。上述 3 种犯罪初步构建了目前我国《刑法》中的微罪体系。

值得强调的是,出于不断完善刑法结构的需要,对犯罪圈内的犯罪分层现象绝不能只停留在认识论层面,而是应由立法者推动其走上规范化、制度化的道路。也就是说,应当为重、轻、微不同层次的犯罪设立不同的制裁制度与制裁程序,从而有助于刑事政策的充分贯彻和司法资源的高效合理配置,以期实现我国刑事法治的高度繁荣。

4. 犯罪圈扩张的影响

(1)从积极的一面看,犯罪圈的扩张对社会整体治理与个人人权保障都有一定的助益。

就犯罪圈的扩张对社会整体治理具有一定的助益而言,从社会的治

---

① 参见卢建平:《犯罪分层及其意义》,载《法学研究》2008 年第 3 期。

② 参见郑丽萍:《轻罪重罪之法定界分》,载《中国法学》2013 年第 2 期。

理效果来看，犯罪圈的扩张确实在一定程度上发挥了刑法对于某些严重风险的预防作用，从而使某些棘手的社会问题得到了一定程度的解决。比如，自《刑法修正案（八）》将醉驾入刑以来，确实取得了一定的积极治理效果。公安部2012年5月的统计数据显示，从2011年5月1日至2012年4月20日，全国公安机关共查处酒后驾驶35.4万起，同比下降41.7%。其中，醉酒驾驶5.4万起，同比下降44.1%。[①] 同时，醉驾入刑也使得因酒驾、醉驾导致的交通事故数和死亡人数的明显下降。2014年，醉驾入刑三年之际的数据统计显示，全国因酒驾、醉驾导致交通事故数和死亡人数与醉驾入刑前相比分别下降25%、39.3%。[②] 到2016年醉驾入刑五年之时，上述两数据与醉驾入刑前相比分别下降18%、18.3%。[③] 由此可见，醉驾入刑的立法目的——预防和控制因醉酒驾驶机动车而导致的交通事故已得以初步实现。而且，"开车不饮酒、饮酒不开车"的观念在醉驾入刑之后已逐渐成为社会共识。

就犯罪圈的扩张对个人人权保障具有一定的助益而言，与行政处罚程序相比，在反社会行为被纳入犯罪圈之后，国家应对犯罪的刑事司法程序即刑事诉讼程序更有利于充分保障行为人的合法权益。具体而言，以对行为人人身自由的限制类处罚为例，刑事诉讼程序作为一种司法程序，与治安拘留程序相比，无论是在各参与机关的权力制约机制方面，还是在对被处罚者的辩护权利以及救济措施的保障方面，都具有更充分的优势。

（2）从消极的一面来看，对于社会和公民个人而言，犯罪圈的扩张亦会产生一定的负面影响。

就犯罪圈扩张对社会的负面影响而言，具体表现在如下两个方面：一方面，大幅扩张犯罪圈，可能会削弱刑法作为一项社会治理手段的有效性。如果每逢棘手的新型社会问题就适用刑法，以入罪的方式来追求"一了百了"式的解决，不仅会使国家在解决此类问题上存在体制机制层面治

---

① 参见新华社：《"醉驾入刑"这一年》，载《检察日报》2012年5月9日，第5版。

② 参见向阳、邹伟：《公安"醉驾入刑"三年，酒驾事故数下降25%》，载《新华每日电讯》2014年10月20日，第5版。

③ 参见汤瑜：《"醉驾入刑"五年　全国共查酒驾247万余起》，载《民主与法制时报》2016年5月5日，第1版。

理能力的短缺,更可能在治理效果上适得其反。这是因为,刑法本身具有鲜明的严肃性与谦抑性特征,其作为一种手段投入社会治理的过程中是要恪守一定的限度要求的。另一方面,犯罪圈的大幅扩张会导致司法资源的过度消耗,增加社会运转成本。具体来看,2011 年《最高人民法院工作报告》显示,2010 年全年各级法院审结一审刑事案件 779641 件,判处罪犯 1006420 人。而到了 2019 年,《最高人民法院工作报告》中披露的 2018 年全年审结一审刑事案件的数量竟达到了 119. 8 万件,判处的罪犯增长到 142. 9 万人。这无疑表明,自 2011 年《刑法修正案(八)》将犯罪圈扩张的幅度提升后,我国司法实践中的犯罪总量亦大幅增加,由此需要在刑事法治领域投入较以往而言规模更加庞大的司法资源。以醉驾入刑为例,数据显示,截至 2016 年危险驾驶罪的规定施行五年之际,全国公安机关共查处饮酒后驾驶机动车违法行为 247. 4 万件。[①] 2018 年《最高人民检察院工作报告》也显示,2013 年至 2017 年,全国检察机关共起诉 73. 7 万涉嫌危险驾驶罪的犯罪嫌疑人,占整个起诉案件的 10. 27%,且绝大部分案件系醉驾案件。而到了 2019 年上半年,根据 7 月 31 日最高人民法院公布的 2019 年上半年全国法院审判执行数据,在审结的刑事案件中,危险驾驶罪首次超越盗窃罪,排在第一位。[②] 众所周知,危险驾驶罪属于典型的微罪,而微罪行为所固有的社会危害性程度轻微的属性决定了其涉及的只是低烈度低强度的反社会行为,而为了解决这种低烈度低强度的反社会行为问题,投入大量宝贵的司法资源到刑事领域,就可能存在浪费的问题。这种浪费亦会使正处于社会主义初级阶段的我国增加社会运行的成本,甚至背上沉重的发展包袱。

就犯罪圈扩张对公民个人的负面影响而言,亦具体表现在两个方面:一方面,犯罪圈的大幅扩张会降低公民个人在社会生活中的安全感。具体而言,这种安全感的削弱不仅来源于公民个人因犯罪圈扩张引起的犯

---

① 参见汤瑜:《"醉驾入刑"五年 全国共查酒驾 247 万余起》,载《民主与法制时报》2016 年 5 月 5 日,第 1 版。

② 参见孙晨:《最高法发布 2019 年上半年审判执行工作数据》,http://baijiahao.baidu.com/s? id = 1640618168606146265&wfr = spider&for = pc。

罪总量激增而产生的成为刑事被害人概率提升的恐惧,也来源于公民个人对于刑事法网不断严密后自身的行为可能不慎触犯刑法的担忧。换言之,犯罪圈大幅扩张后,每个公民都面临着可能成为刑事被害人或刑事被告人的双重刑事风险。另一方面,犯罪附随后果这一独特的法律现象,在犯罪圈扩张带来的犯罪总量激增的催化下会对大量犯罪人及其近亲属的相关权利产生一定的不利影响。所谓犯罪附随后果,是指根据刑法之外的非刑事法律法规的规定,曾经受过刑事处罚的人及其近亲属,将承受被剥夺或者限制某些权利的不利后果,诸如在升学和就业等方面的限制。[①]由于我国尚未构建成熟完善的前科消灭制度,所以,犯罪附随后果对于犯罪分子及其家庭而言可能是伴随终身的。这可能在一定程度上违背了刑法中的罪责刑相适应原则以及罪责自负原则,甚至可能突破了广义上公法法域中规制法律制裁的比例原则。以醉驾入刑为例,据笔者在调研中了解的情况,自《刑法修正案(八)》将醉驾入刑以来,已经有 100 多万人因醉驾行为被法院判决有罪。这也就意味着有 100 多万个醉驾型危险驾驶罪的已决犯和其背后的各家庭正受到上述犯罪附随后果对其自身权利的不利影响,这无疑是犯罪圈大幅扩张所造成的一个值得关注的社会现象。

(二)犯罪成立模式与反社会行为制裁模式述评

研究犯罪圈的问题,离不开对犯罪成立模式和反社会行为制裁模式的探讨。在这部分的论述中,笔者将在厘清相关概念范畴的基础上,结合我国具体国情,对各个模式的优劣长短进行评析。

1. 犯罪成立模式、与反社会行为制裁模式的概念厘清

在我国刑法学界,在论及犯罪圈问题时,各种提法总会层出不穷,诸如定性定量问题、一元制二元制模式等。然而,就这些概念之间的关系与指向的问题而言,至今却未有人进行过系统化的梳理。事实上,与犯罪圈相关的概念主要有三个,即犯罪成立模式、反社会行为制裁模式以及规制反社会行为的立法模式,它们的具体内容如下。

---

① 参见黄云波:《微罪犯罪附随后果有待科学优化》,载《检察日报》2017 年 7 月 12 日,第 3 版。

(1)犯罪成立模式。

众所周知,在判断犯罪是否成立时,一般要对以下两个方面的因素进行考察,一是行为是否符合《刑法》分则所规定的具体罪名的犯罪构成,即定性因素;二是行为在量上是否达到了应科处刑罚的程度,即定量因素。[①]而基于不同国家对定量因素的不同规定,犯罪成立模式又具体分为"立法定性+司法定量"和"立法定性+立法定量"两种类型。前者以德国、日本、法国、英国、美国等国为代表,即其刑事立法只对犯罪类型作出规定,至于量上是否达到了应科处刑罚的程度,则由司法机关进行判定。后者以俄罗斯、朝鲜、西班牙等国为代表,即刑事立法不仅对犯罪类型作出规定,而且就犯罪成立对量的要求也作出规定。[②]

(2)反社会行为的制裁模式。

区别对待轻微反社会行为和严重反社会行为,形成一定的权力分工与处置差异,此可谓现代刑事法治的通例。不过,这一通例所涉及的具体权力分工或处置方式却有很大不同,大体上而言可以分为两种类型:一种是一元制的制裁模式,其强调轻微的反社会行为与严重的反社会行为,即行政违法行为与刑事违法行为,均由司法机关依照刑事诉讼程序进行处理。例如,在英美法系国家和地区,无论是普通犯罪还是轻微犯罪都由法院进行处理。在法国,刑法典也根据刑罚轻重将犯罪分为重罪、轻罪和违警罪,对于轻微反社会行为的违警罪由治安法院进行审判。[③] 另一种是二元制的制裁模式。在这种模式下,犯罪即刑事违法行为由司法机关依照刑事诉讼程序进行处理,而作为轻微反社会行为的行政违法行为则由行政机关依照行政处罚程序进行处理。

(3)规制反社会行为的立法模式。

就对反社会行为进行规制而言,亦存在两种对立的立法模式。分立式立法模式强调刑事违法行为与一般违法行为在行为类型上完全不同,

---

① 参见储槐植:《刑事一体化论要》,北京大学出版社2007年版,第115页。

② 参见李会彬:《传统刑事责任与民事责任关系的理论反思及其重新界定》,载《政治与法律》2019年第7期。

③ 参见[法]卡斯东·斯特法尼等:《法国刑法总论精义》,罗结珍译,中国政法大学出版社1998年版,第188页。

如果某类行为被规定为犯罪,无论是多么轻微的反社会行为,也不会转变为一般违法行为,反之亦然。交叉重合式立法模式则是指同类型行为主要依据行为危害程度的轻重不同划分为刑事违法行为与一般行政违法行为。①

根据对上述概念的梳理,显然可以看出,上述三个概念本质上是从犯罪成立的要素层面、犯罪的对称关联层面(制裁模式)以及犯罪圈立法的技术层面(立法模式)三个不同的向度来描述同一个问题——在与行政违法行为范畴的关系层面诠释不同类型犯罪圈的特征。根据我国《刑法》第13条但书规定②以及《治安管理处罚法》第2条的规定③,我国的犯罪成立模式是"立法定性+立法定量"模式,反社会行为的制裁模式是二元制的制裁模式,规制反社会行为的立法模式是交叉重合式立法模式。因此,从总体来看,我国犯罪圈的规模仍然较小,我国刑法在世界范围内可称得上是典型的"小刑法"。④ 为了下文论述的方便,笔者将"立法定性+立法定量"的犯罪成立模式、一元制的反社会行为制裁模式以及交叉重合式立法模式统称为一元制模式,将立法定性与司法定量结合的犯罪成立模式、二元制的反社会行为制裁模式以及分立式立法模式统称为二元制模式。

2. 一元制与二元制之争述评

如前所述,我国法律目前对于反社会行为采取的是二元制模式。晚近以来,随着我国犯罪圈的扩张以及刑法知识的转型,以一元制模式代替二元制模式的呼声呈高涨之势。而这一呼声引发了一场旷日持久的争论,争论的核心问题即在于在我国刑法立法中对于反社会行为的调整能否以一元制模式代替二元制模式。

---

① 参见王彦强:《犯罪成立罪量因素研究》,中国法制出版社2018年版,第105页。

② 但是情节显著轻微危害不大的,不认为是犯罪。

③ 扰乱公共秩序,妨害公共安全,侵犯人身权利、财产权利,妨害社会管理,具有社会危害性,依照《刑法》的规定构成犯罪的,依法追究刑事责任;尚不够刑事处罚的,由公安机关依照本法给予治安管理处罚。

④ 参见卢建平:《犯罪门槛下降及其对刑法体系的挑战》,载《法学评论》2014年第6期。

(1)一元制与二元制之争简述。

在就二元制模式的利弊形成初步共识的基础上,晚近以来,持一元制模式的论者提出了一些新的观点来论证实行二元制模式的消极影响以及一元制相对于二元制的优越之处。这些观点的内容主要集中在以下两个方面:

一方面,有学者认为,二元制模式在犯罪成立模式向度上虽然主张"立法定性 + 立法定量",但未能实现对犯罪行为的真正定性。[①] 换言之,二元制模式仅仅是以定量因素,即行为的社会危害程度来区分犯罪行为与一般的行政违法行为,而并未从本质上阐述出刑事违法行为不同于其他违法行为的定性特征究竟是什么。这样的立法模式是以结果中心主义为导向的,会导致所有可能被评价为有一定社会危害性的人类行为都有被纳入犯罪圈的概率,[②]这无疑使国民很难对自身行为是否构成犯罪进行准确预测,极不利于刑法人权保障机能的贯彻。而一元制模式则是以构成要件行为的形式特征作为犯罪行为的定性标准,具有高度的明确性,适合对刑事违法行为与其他违法行为作清楚的界分,[③]从而不会出现上述二元制模式因不能真正定性而带来的消极影响。

另一方面,也有学者指出,二元制模式忽视了刑法作为行为规范的行为规制机能,不利于国民规范意识的形成。[④] 具体而言,二元制模式在行为是否被评价为犯罪的问题上坚持以立法上的定量因素而非行为本身的类型化特征为核心判断标准,这会向全体国民传递一种反社会行为只要在危害程度上未达到构成犯罪所需的量的要求就不值得被谴责(通俗所说的"小恶不是恶")的观念,这种观念无疑对于刑法本身以及其背后的国家整体法秩序的正义性与合理性而言有着极大的负面作用。在这种错误观念的影响下,即使通过刑罚的一般预防作用,国家也很难期待承担着

---

① 参见吴亚可:《我国犯罪定性定量立法模式检论》,载陈兴良主编:《刑事法评论》第 38 卷,北京大学出版社 2017 年版,第 306 页。

② 参见吴亚可:《我国犯罪定性定量立法模式检论》,载陈兴良主编:《刑事法评论》第 38 卷,北京大学出版社 2017 年版,第 310 页。

③ 参见沈海平:《犯罪定量模式检讨》,载《法学家》2015 年第 1 期。

④ 参见姜涛:《破窗理论与犯罪规制模式的重构》,载《国家检察官学院学报》2016 年第 1 期。

社会角色的法规范共同体成员能够将法规范自觉内化为自己的行为准则。因为“法律制裁问题，总的来说是同法律的秩序作用及其增进正义的目的联系在一起的。如果法律制度缺乏正义，那么依赖政府强制力的做法就不可能得到人们的普遍拥护”[①]。而从设定规则的角度来看，一元制模式对行为性质的评价是明确的。如果将盗窃设定为刑事违法行为，就不会因为其数额过小、情有可原而变成一般违法行为。这种方法对国民法规范意识的形成和确定是有益处的，因为刑法中规定的构成要件行为类型就与犯罪联系在一起，因而可以最大限度地将刑法规范中的命令性和禁止性要求清晰地传递给国民，引导国民形成良好的法规范意识与行为准则，[②]也使得法规范本身的正当性与正义性得到确证，社会规范共同体与整体法秩序的稳定得以维护。并且，这种“小恶不是恶”观念的传播还会引发社会整体道德的滑坡。对此，储槐植教授曾明确指出：“由于刑事法网不严，犯罪概念、犯罪构成有一个定量限制，达不到规定的量，那么就不构成罪，导致道德底线失守，这是个重大的问题。”[③]而这种道德滑坡势必使得刑法很难有效应对由此越发活跃的尚处于“小恶”阶段的反社会行为，无法提前预防其发展为“大恶”的犯罪行为。对此，“破窗理论”(broken window theory)早有论证。该理论认为，如若国家对轻微违法行为治理不力甚至置若罔闻，就会给民众造成一种负面的示范效应，即社会允许这种行为存在，那么民众将会对法规范的效力失去信心，从而导致犯罪激增。[④] 由此可见，倘若放松对国民规范意识的引导，助长“小恶不是恶”的观念，不仅无法发挥刑法的行为规制机能以预防潜在的犯罪，更会破坏现有的社会秩序与法治成果。

出于对二元制模式所具有的弊病的考虑，立法机关晚近也开始对一元制模式进行逐步的尝试和探索。最典型的例子莫过于醉驾入刑之后的

---

① [美]E. 博登海默：《法理学：法律哲学与法律方法》，邓正来译，中国政法大学出版社 2017 年版，第 370 页。

② 参见李洁：《论罪刑法定的实现》，清华大学出版社 2006 年版，第 161 页。

③ 储槐植：《走向刑法的现代化》，载《井冈山大学学报(社会科学版)》2014 年第 4 期。

④ 参见[美]乔治·凯林、凯瑟琳·科尔斯：《破窗效应：失序世界的关键影响力》，陈智文译，生活·读书·新知三联书店 2020 年版，第 25 页。

立法动态。具体而言,在将醉驾入刑的《刑法修正案(八)》生效(2011 年 5 月 1 日)之前的 2011 年 4 月 22 日,由全国人大常委会修正后的《道路交通安全法》第 91 条删除了对醉驾行为处以 15 日以下拘留并处罚款的行政处罚规定,并增加了对醉驾行为“依法追究刑事责任”的规定。由此,在《刑法修正案(八)》生效之后,《道路交通安全法》第 91 条对醉驾处罚措施的修正就意味着,起码在法规范层面,我国法律对醉驾的制裁模式已转变为一元制的刑事制裁模式。

(2)笔者对于上述争论的评析。

首先,基于我国实行的二元制的交叉重合立法模式,我国成文法规范虽然对行政违法范畴与刑事违法范畴设置了大量重叠的行为外观描述,但是就这些外观上看似重叠的行为描述而言,并不能抹杀行政违法行为与刑事违法行为在实质上的定性区别。这是因为,刑事违法行为即犯罪行为的定性因素是由其在《刑法》上被规定的构成要件行为特征所决定的。具体而言,这些特征就是包括但不限于行为人的主观意图、行为侵害法益的重要性、行为针对的对象以及行为手段等类型化特征。即使在行为的外观表述上趋同,基于犯罪构成要件行为的类型化特征,在对于反社会行为的实质定性表述方面,与刑事违法行为相比,行政违法行为的表述更具概括性,其定性表述所涵盖的范围不仅包括刑事违法行为本身的范畴,还比刑事违法行为定性表述所辐射的范围更为广泛。以寻衅滋事行为为例,1997 年《刑法》第 293 条规定的毁坏财物型寻衅滋事罪与《治安管理处罚法》第 26 条第 3 项规定的毁坏财物型寻衅滋事治安违法行为在行为的外观描述上是一致的。但是,2013 年 7 月 15 日公布的最高人民法院、最高人民检察院《关于办理寻衅滋事刑事案件适用法律若干问题的解释》(以下简称《寻衅滋事解释》)第 1 条第 3 款规定,行为人因婚恋、家庭、邻里、债务等纠纷实施的毁坏他人财物的寻衅滋事行为一般不能被认定为毁财型寻衅滋事犯罪行为。这也就意味着非因上述纠纷所推动是《刑法》中规定的毁财型寻衅滋事罪构成要件行为的一个类型化特征,即其成立犯罪所需的定性要求之一。而这一构成要件行为特征在《治安管理处罚法》及相关的具有法律效力的规范文件中并未得以体现。那么,在行为人基于上述纠纷的原因实施损毁他人财物的寻衅滋事行为的场合,其行为虽在定性因素上就被原则上排除了构成寻衅滋事罪的可能,却依然要受到《治安管理处罚法》的调整,构成治安违法行为。由此可知,二元制模式与一元制模式在犯罪成立的定性因素与定量因素层面都存在现实的区别,不存在所有被评价为具有一定社会危害的行为都可能被纳入犯罪圈的情况;二元制模式并未使犯罪构成超出罪刑法定主义所要求的国民预测可能性的范围。

其次,在二元制模式下,国家也可以合理期待公民形成遵纪守法、不实施反社会行为的规范意识;与一元制模式相比,二元制模式并不会助长"小恶不是恶"的观念。在二元制模式之中,就行政违法与刑事违法交叉重合领域内符合成立犯罪的定性要求但不符合定量要求的反社会行为的治理而言,并非"一放了之",而是使其受到作为行政违法行为应承受的行政处罚的制裁。根据法秩序统一的原理,无论是犯罪行为还是在定量因素方面尚不构成犯罪的行政违法行为,都是对整体法秩序的破坏、对整体法规范的不忠,[①]因而都应受到整体法秩序的否定性、谴责性评价。在二元制模式中,无论是发挥刑事制裁的作用还是发挥行政处罚的作用,都能对公民法规范意识的形成起到积极的影响。并且,一元制模式的设定初衷之一即在于通过"立法只定性不定量"的方式向国民传递一种"小恶也是恶"的观念,以促使其规范意识的形成。而一元制模式在立法层面对犯罪成立只提出定性要求,但这并不意味着在一元制模式下的司法实践中不考虑行为的具体危害程度。实际上,一元制模式正是通过"立法定性+司法定量"的配合方式共同决定犯罪是否实际成立。而实行一元制模式的国家大多系西方法治文明发达的国家,人权保护的价值观念早已成为法律共同体的共识。这在其刑事诉讼的过程之中的重要表现就是司法机关对于犯罪嫌疑人最终定罪的标准掌握得极为严格,由此使得其刑事诉讼的最终裁判结果的出罪率偏高。[②] 但是,在一元制模式下,则并不存在能够与刑事制裁相补充的行政制裁措施。这样,在司法实践中,一旦对轻

---

① 参见[德]京特·雅科布斯:《规范·人格体·社会:法哲学前思》,冯军译,法律出版社2001年版,第45页。

② 参见张明楷:《司法上的犯罪化与非犯罪化》,载《法学家》2008年第4期。

微反社会行为进行非犯罪化处理，对行为人便无计可施，而只有“一放了之”，这无异于对轻微反社会行为（小恶行为）的放纵。[①] 这种放纵，相当于向全体国民传递了“小恶不是恶”这种与一元制模式所追求的促进规范意识形成的初衷相背离的价值理念。相比之下，在处理反社会行为方面，二元制模式有着刑事制裁与行政制裁相互衔接、配合的法律制裁机制；与一元制模式相比，二元制模式更不会放纵对轻微反社会行为的处理。基于此，没有充分的理由认为，与实行一元制模式相比，实行二元制模式更易传递“小恶不是恶”的错误观念。

再次，就犯罪圈划定背后的国家权力配置而言，司法权力是否会膨胀到不受制约而具有产生罪刑擅断的风险，与选择一元制模式还是二元制模式之间并没有必然的联系。在二元制模式中，由于犯罪的成立遵循“立法定性 + 立法定量”的路径，对于立法上含义较为模糊且数量庞大的定量规定而言，需要最高司法机关作出相应的司法解释以发现其立法原意并明晰其内涵外延。因此，最高司法机关的司法解释权在二元制模式下可能会陷入过度膨胀的境地。而在一元制模式中，犯罪成立的进路是“立法定性 + 司法定量”。因此，就司法机关对于行为人实施的反社会行为是否构成犯罪在危害程度的判断上而言，有较大的不受立法制约的自由裁量权，即司法机关的司法裁量权亦过于膨胀。基于此，如何制约司法权的过度膨胀，在犯罪圈扩张的大背景之下协调好其所涉及的各项国家权力之间的制约平衡，与选择一元制模式还是二元制模式之间并没有必然关系。就真正的治本之策而言，恐怕还要寻求相关体制机制的构建与完善。

最后，结合我国当下法治建设的现状来看，贸然将二元制模式彻底替换为一元制模式，着实是不明智的。一方面，倘若将所有反社会行为全部纳入犯罪圈之中交由刑法进行处罚，可能会使得一些危害十分轻微的反社会行为只能按犯罪来处理。然而，我国目前尚不具备成熟完善的司法出罪机制，在这种情况下，犯罪总量便会在短时间内急剧增长。这就会使得我国陷入前述的社会治理过度依赖刑法而导致的困局之中，将有限的

---

① 参见王志祥：《醉驾行为制裁模式的论争及发展方向》，载《甘肃社会科学》2018 年第 4 期。

刑事司法资源过度消耗在处理低烈度低强度的轻微反社会行为之中。另一方面,我国目前存在的一定程度的犯罪附随后果现象以及其可能带来的罪犯身份标签化效应。因微罪行为而被定罪量刑的已决犯往往在服刑完毕后依然面临着制度或非制度上的对自身及近亲属的某些合法权利如升学、就业等的限制。如前所述,这可能突破了罪责刑相适应、罪刑自负等刑法基本原则,在实质上对一定数量的公民的相关权利产生了影响。基于此,对于醉驾行为进行刑法一元治理的尝试与探索很难说得上是完全成功的。正面例子则是立法机关在应对考试作弊犯罪层面对于二元制模式的坚守。2015 年 8 月 29 日通过的《刑法修正案(九)》规定了考试作弊犯罪,为了配合刑法的这一修正,2015 年 12 月 27 日第二次修改后的《教育法》第 79 条对考试作弊等违法行为根据危害程度的不同,界分了应给予行政制裁的行为与应给予刑事制裁的行为。[①] 由此,对考试作弊行为,应先由行政制裁措施予以处理,当其危害程度增大至行政手段难以发挥作用时,即符合成立犯罪的定量要求时,才会被纳入犯罪圈中受刑法处罚。这也就意味着,在恪守二元制模式后,就对考试作弊行为的治理而言,能够有效地节约刑事司法资源,并且能够避免犯罪数量的不当激增、犯罪附随后果的泛滥。

三、我国犯罪圈扩张趋势的合理控制

事实上,就合理控制犯罪圈的扩张而言,可以从立法与司法两个方面入手。与涉及现行法律变动的立法层面的控制措施相比较,不涉及现行法律变动的司法层面的控制措施可以更充分地维护法秩序的稳定性、法规范的权威性。具体而言,就是要在司法实践中通过教义学的方法论,充分激活出罪化解释的手段,从而实现对犯罪圈扩张之后入罪规模的合理限缩。结合本文的切入点——典型微罪行为的刑法治理来看,司法层面的控制措施显然更具备可操作性。当然,对司法层面的控制措施所具有的优势的强调,并不意味着对立法层面的控制措施的漠视或放弃。基于

① 参见王志祥:《醉驾行为制裁模式的论争及发展方向》,载《甘肃社会科学》2018 年第 4 期。

此,就对合理控制犯罪圈扩展的论证而言,应当遵循先具体再抽象、先司法再立法的分析路径,先后围绕完善轻微反社会行为的制裁模式、稳步推进犯罪圈的合理扩张两个问题来进行探讨。

(一)完善轻微反社会行为的制裁模式

如前所述,在我国,与实行一元制模式相比,实行二元制制裁模式能够更高效、更全面地治理反社会行为。并且,如前所述,一元制模式与二元制模式的一个显著区分点就在于各自对轻微反社会行为的处理方式不同。[①]然而,我国已开始了对一元制制裁模式的探索,即对于醉驾行为配置刑法一元制裁的模式,并由此出现了上述严重的负面后果。这意味着我国在对轻微反社会行为的制裁中,同时并行着一元制与二元制两种模式,由此无疑会造成一定程度的混乱。而随着我国犯罪圈的进一步扩展,将来势必有更多轻微反社会行为作为微罪被纳入犯罪圈之中。因此,完善我国目前较为混乱的对于轻微反社会行为的制裁模式就显得极有必要。

1. 微罪出罪路径的完善

事实上,以醉驾为代表的轻微反社会行为作为微罪大量得以入罪,无论是对个人人权的保障还是对社会整体的健康运行而言,确实会造成前述种种不合理的困局。基于此,有必要结合现行刑事法规范探索多元化的微罪出罪方式,构建科学化、体系化与合理化的微罪出罪机制,以实现对微罪犯罪圈过宽这一立法现象的司法层面的控制。对此,主要可以从实体与程序两个方面入手。

(1)实体层面的微罪出罪路径。

总的来讲,就是需要司法机关在司法实践中依照《刑法》中明确规定的定量因素要求,对情节显著轻微危害不大的微罪行为不作为犯罪处理。以醉驾型危险驾驶罪为例,虽然在规定其的分则条款之中并未有诸如"情

---

① 在一元制模式中,对犯罪成立采用"立法定性 + 司法定量"的方式,倘若某一轻微反社会行为符合立法上构成犯罪的定性要求,但在司法过程中因定量问题被非犯罪化处理,那么由于没有能够与刑事制裁相补充的行政制裁措施,这一轻微反社会行为就不会受到任何法律处理从而被放纵;与之相反,在二元制模式中,对犯罪成立采用"立法定性 + 立法定量"的方式,倘若某一轻微反社会行为符合立法上构成犯罪的定性要求但不符合立法定量要求,也不会得不到应有的法律制裁,而是被降格当作行政违法行为进行行政制裁处理。

节严重”“情节恶劣”之类的明确的定量因素要求，但是，司法机关仍可以发挥《刑法》第13条“但书”的出罪功能，根据“但书”条款对其危害程度进行判断。这是因为，《刑法》第13条“但书”条款属于总则条款，具有一般性的指导地位。换言之，《刑法》第13条“但书”规定本身就是关于犯罪成立的定量因素的规定。在这一点上，经过公检法机关多年的争论，最高人民法院在自2017年5月1日施行的《关于常见犯罪的量刑指导意见（二）（试行）》（以下简称《常见犯罪的量刑指导意见（二）》）中通过坚持“醉驾不必一律入罪”的立场无疑作出了正确的选择。[①] 另外，对于微罪的相关构成要件要素作严格解释，也可以防止不适当地扩大微罪的入罪范围。

由此可见，就微罪在实体层面的出罪而言，主要可以通过适用《刑法》第13条“但书”规定以及司法机关对微罪的构成要件要素进行严格解释的方式来得以实现，而学界亦可通过借鉴大陆法系国家盛行的社会相当性理论、可罚的违法性理论对上述实体出罪路径的合理性加以证成。

（2）程序层面的微罪出罪路径。

2018年10月26日，第十三届全国人大常委会第六次会议通过了《关于修改〈中华人民共和国刑事诉讼法〉的决定》，这标志着《中华人民共和国刑事诉讼法》（以下简称《刑事诉讼法》）迎来了第三次全面修订。根据2018年修改的《刑事诉讼法》中的相关规定，可以总结出如下微罪行为程序层面出罪的路径。由此，在我国，程序层面较为成熟完善的微罪出罪体系已得以形成。

第一，原则性出罪规定。依据2018年修改的《刑事诉讼法》第16条第1项的规定，情节显著轻微、危害不大，不认为是犯罪的，不追究刑事责任，已经追究的，应当撤销案件，或者不起诉，或者终止审理，或者宣告无罪。由此可见，当微罪行为的社会危害程度符合此项规定时，应作无罪化

---

① 根据《常见犯罪的量刑指导意见（二）》第1部分第1条第3款的规定，对于醉酒驾驶机动车的被告人，应当综合考虑被告人的醉酒程度、机动车类型、车辆行驶道路、行车速度、是否造成实际损害以及认罪悔罪等情况，准确定罪量刑。对于情节显著轻微危害不大的，不予定罪处罚；犯罪情节轻微不需要判处刑罚的，可以免予刑事处罚。

处理。

第二，微罪不立案。依据 2018 年修改的《刑事诉讼法》第 112 条的规定，人民法院、人民检察院或者公安机关对于报案、控告、举报和自首的材料，应当按照管辖范围，迅速进行审查，认为有犯罪事实需要追究刑事责任的时候，应当立案；认为没有犯罪事实，或者犯罪事实显著轻微，不需要追究刑事责任的时候，不予立案，并且将不立案的原因通知控告人。显然，符合上述规定时，对微罪可以通过不立案的方式予以出罪。

第三，微罪案件撤案处理。2018 年修改的《刑事诉讼法》第 163 条规定："在侦查过程中，发现不应对犯罪嫌疑人追究刑事责任的，应当撤销案件；犯罪嫌疑人已被逮捕的，应当立即释放，发给释放证明，并且通知原批准逮捕的人民检察院。"基于此，当微罪案件在侦查过程中出现应予撤案的情况时，亦可以以撤案的方式予以出罪。

第四，微罪案件不起诉。2018 年修改的《刑事诉讼法》第 177 条规定，犯罪嫌疑人没有犯罪事实，或者有本法第 16 条规定的情形之一的，人民检察院应当作出不起诉决定。对于犯罪情节轻微，依照刑法规定不需要判处刑罚或者免除刑罚的，人民检察院可以作出不起诉决定。由此可见，当实施微罪的犯罪嫌疑人满足上述不起诉条件时，对微罪行为也可以通过不起诉的方式予以出罪。另外，针对未成年人涉嫌实施微罪的情况，2018 年修改的《刑事诉讼法》保留了原有的未成年人附条件不起诉制度，[①]这为实施微罪的未成年人多留出了一条出罪路径。

第五，微罪案件认罪认罚从宽。2018 年修改的《刑事诉讼法》第 15 条规定："犯罪嫌疑人、被告人自愿如实供述自己的罪行，承认指控的犯罪事实，愿意接受处罚的，可以依法从宽处理。"据此，实施微罪的犯罪嫌疑人在刑事诉讼过程中认罪认罚后，是存在以不追究刑事责任的从宽处理方式来进行出罪的可能的。

---

① 《刑事诉讼法》第 282 条第 1 款规定："对于未成年人涉嫌刑法分则第四章、第五章、第六章规定的犯罪，可能判处一年有期徒刑以下刑罚，符合起诉条件，但有悔罪表现的，人民检察院可以作出附条件不起诉的决定……"

2. 二元制的保留

需要注意的是,在对微罪行为予以出罪之后,并不能对出罪后的微罪行为本体——轻微反社会行为不做任何法律处理地"一放了之"。而倘若对轻微反社会行为实行一元制的制裁模式,则会因某些微罪行为在司法实践中不符合成立犯罪的定量要求且相应的行政制裁又处于缺失状态而形成法律处理上的漏洞,导致惩治轻微反社会行为的法网出现缺损的局面。因此,在治理轻微反社会行为时,应与我国法律体系对反社会行为所采取的通行的制裁模式相契合,坚持二元制的模式,使刑事制裁与行政制裁相互配合发挥作用。具体就醉驾行为的法律治理而言,不应再对醉驾行为采取一元制的刑事违法制裁模式,而是应当对2011 年4 月22 日修正后的《道路交通安全法》第 91 条中一概追究醉驾行为刑事责任的规定进行再次修正。对醉驾行为恢复处以拘留和罚款的行政处罚规定,应当是我国未来醉驾立法的发展方向。这样,在醉驾行为因符合《刑法》第 13 条"但书"规定而不构成醉驾型危险驾驶罪的情况下,对于醉驾者便可以顺理成章地根据《道路交通安全法》第 91 条的规定对行为人处以拘留和罚款的行政处罚。[①] 由此,对醉驾的法律治理也就顺理成章地回归到了二元制模式的轨道之上。

3. 配套体制机制的合理建构

总的来讲,配套体制机制的合理建构就是为微罪的刑法治理设置独立的体制机制。这种做法也符合犯罪分层制度的应有之义——对轻重层次不同的犯罪区别对待,也即对其配置不同的制裁手段与制裁程序,有利于刑事政策的贯彻与司法资源的合理高效配置。[②] 具体而言,目前主要有以下三种举措:

第一,在《刑事诉讼法》规定的速裁程序的基础上,探索建立治安法庭制度,将体量庞大的微罪案件交由治安法庭进行审判。这样,可以促进微罪案件的早日审结,使被告人能够尽早地摆脱烦琐的诉讼程序的桎梏,并

---

① 参见王志祥:《醉驾行为制裁模式的论争及发展方向》,载《甘肃社会科学》2018 年第 4 期。

② 参见敦宁:《刑事制裁体系变革论》,法律出版社 2018 年版,第 191 页。

极大地节约国家司法资源。

第二,探索建立前科消灭制度,规范犯罪附随后果。在我国,基于犯罪前科制度的存在,已经接受过刑事制裁的犯罪人还会受到犯罪附随后果的影响。而对于危害程度十分轻微的实施微罪的犯罪人而言,让其承受部分合法权利的终身限制,显然是不合理的。基于此,为微罪建构配套的前科消灭制度就显得极有必要。详言之,实施微罪的犯罪人接受完刑事制裁后,需要经过一定的考验期间;只要实施微罪的犯罪人在考验期间内并未实行新的犯罪或严重的治安违法行为,就由原判司法机关作出前科消灭的决定。前科消灭之后,当事人在法律上就不再被当作曾经犯过罪的人。相应地,此时当事人就不需再承担任何犯罪附随后果;任何单位和个人不得以当事人有过犯罪前科为由,在就业、升学、经营等方面对其进行限制或予以歧视性对待,否则将构成民事侵权行为或行政违法行为。

第三,应根据微罪的具体情况为其配置各种能起到特殊预防作用的刑事制裁措施。比如,可以考虑增设社区服务、善行保证、公益劳动、周末拘禁等适合微罪特点的制裁措施。以醉驾型危险驾驶罪为例,对其犯罪人而言,与时间有限的短期剥夺自由刑——拘役相比,也许组织其定期收看重特大交通事故的纪实教育片或者要求其定期去医院照顾重特大交通事故中的伤患者的志愿活动,更能促使其发生思想上的深刻转变,从而深刻地认识到醉驾对己、对人、对社会有可能造成的严重危害,继而有效地降低自身再犯的可能性,实现刑罚的特殊预防目的。

(二)稳步推进犯罪圈的合理扩张

基于当代中国社会语境的特殊性、社会问题治理的复杂性,刑法立法活动不可避免地变得越发积极。相应地,犯罪圈的扩张也就成为一个顺应潮流的必然举措。然而,这种扩张应首先有其本身的合理性,否则非但不会获得社会治理的良好效果,可能还会导致对广大国民人权的侵害。因此,立法者有义务将扩张犯罪圈的立法活动纳入理性的轨道之上。

1. 犯罪圈理性扩张的应然方向

犯罪圈的扩张应以将在新时代危害程度显著提高或者可能带来较大

社会风险的行政违法行为纳入刑法的处罚范围为主要方向,从而使刑法在社会风险管控、集体安全维护方面通过自身作为行为规范的行为规制机能起到更有力的预防作用。比如,可以将《治安管理处罚法》第43条规定的殴打他人的治安违法行为纳入犯罪圈,即在刑法中增设殴打罪或暴行罪。殴打罪或暴行罪的增设不仅能表达刑法对这种"小恶行为"的否定与谴责,从而规制公民行为,促使公民形成"小恶也是恶"的规范意识,还可以有效地改善社会治安状况。

需要注意的是,犯罪圈对于行政违法行为的吸纳并不意味着将原有的对该行为的行政制裁规定废除而选择一元制的模式,而是应坚持刑事制裁与行政制裁相互配合的二元制模式,以织密法律对反社会行为的制裁法网,不疏不漏。但是,对刑事违法行为与行政违法行为交叉重合的部分,行政制裁体系应尽可能地将配套的自由罚措施纳入刑事制裁体系的范围,从而通过刑事司法程序更好地维护行为人的相关救济权利,以实现对人权的保障。

2. 犯罪圈理性扩张的具体策略

(1)在立法价值取向上坚持自由与安全并重。

当代中国的刑法立法活动不仅承担着前现代社会建构形式法治国、制约绝对主义的国家权力、确立国民个体自由保障机制的古典主义刑法的任务,而且面临由于全球风险社会、信息社会新型安全威胁的出现而承受着建设安全国家、保障集体安全的后现代压力。① 反映到犯罪圈扩张的立法趋向上,这些问题则集中表现为自由刑法观与安全刑法观的价值博弈。基于此,在刑法立法中扩张犯罪圈时,立法机关应在价值理念层面坚持自由与安全并重并平衡二者之间的关系。具体而言,就是在研判某一反社会行为是否应当予以入罪时,既要考察该行为在未入罪时可能引发的社会风险,也要预估将该行为入罪后对公民现有的权利与自由会造成何种程度、何种方式的限制。在经过合宪性与合目的性的双重考量之后,对该行为的入罪必要性作出最终的判断。

① 参见梁根林:《刑法修正:维度、策略、评价与反思》,载《法学研究》2017年第1期。

(2)在立法技术上协调刑法规范与其他部门法规范的衔接关系。

与其他部门法相比,刑法的制裁手段更具严厉性,其往往涉及公民最核心的权益。由这一特点所决定,在刑法立法活动中必须恪守谦抑精神。申言之,刑法的谦抑属性决定了在处理其与其他部门法之间的关系时必须坚持第二次规范的体系地位,发挥其他部门法的保护法作用。就犯罪圈的扩张而言,突出刑法的谦抑属性,要求对于某种反社会行为,国家只有在民事的、行政的法律手段和措施仍不足以抗制时,才能通过刑事立法将其规定为犯罪,处以一定的刑罚,并进而通过相应的刑事司法活动加以处理。[①] 进言之,对于社会热点问题,当通过民法手段、行政法手段甚至普通的行政决策手段就能够实现有效治理时,就不应再通过将反社会行为予以入罪的方式来进行刑事治理。

四、结语

党的二十大提出了国家治理体系与治理能力现代化的总体目标。而完善刑法立法工作,正是加强我国在刑事法治领域治理能力与治理体系现代化建设的应有之义。毋庸置疑,在今后相当长的一段时间内,犯罪圈的扩张将会是我国刑法立法工作的主要任务,而只有改革现有的二元制模式、完善微罪出罪等体制机制的建设,才能推动犯罪圈的扩张始终沿着理性的轨道前进。这样做,既能充分发挥刑法高效地应对风险社会中新型风险的功能,又能有效地规避过度犯罪化带来的相关负面效应,从而最大限度地实现刑法的积极治理效果。

---

① 参见陈兴良:《刑法哲学》,中国政法大学出版社2004年版,第7页。

专题三

抽象危险反证理论的体系性反思与重构*

内容摘要:抽象危险反证理论是一种旨在于构成要件符合性阶层限缩抽象危险犯成立范围的理论方案。围绕着该理论的争议,必须在厘清相关学理知识的基础之上才能得以澄清。抽象危险犯的不法依据以结果无价值论所主张的法益侵害为主,以行为无价值论所主张的规范违反为辅;抽象危险犯的不法内容是对于前置性集体法益与核心层个人法益的侵犯;抽象危险在体系地位上不具备独立的构成要件要素地位,不能被剥离出行为要素之外,因而其本身并不能直接构成反证方法的证否对象。反证方法的直接作用对象应由抽象危险调整到实行行为,即专注于对客观构成要件中实行行为的各具体要素进行实质意义上的目的性限缩解释。而克制型实质解释方法对目的性限缩这一解释目标的实现,不只依赖实质解释,在特殊情况下也可以贯彻形式解释的方法。对于抽象危险犯的克制型实质解释,需要在构成要件符合性阶层对其抽象危险进行存在性判断,在违法性阶层根据《刑法》第13条但书条款,对其不法属性进行程度性判断。

* 本文为融昊的论文——《由反证到解释:抽象危险反证理论的省思与匡正》,原载《政治与法律》2023年第9期,收入本书时有修改。

一、问题意识

抽象危险犯指的是侵害法益的危险只要达到抽象程度即可的犯罪类型,[①]它肇始于欧洲大陆十八九世纪逐渐开始兴起的警察犯。[②] 由于抽象危险犯对法益保护前置化的特点契合于预防刑法观的主张,所以基于国家在风险社会时代有效控制各类风险的需要,其被大量引入当代的刑法立法之中。虽然对抽象危险犯的规制实现了刑法对于社会生活的提前介入,似乎是对法益进行更为全面周延的保护,但是作为最严厉的法律制裁手段的刑事制裁,应该是国家在社会治理过程中穷尽其他手段都无法有效解决问题之后迫不得已的选择。对危害程度轻微的抽象危险犯大规模适用刑法处罚,显然有违反刑法最后手段性的嫌疑,会与刑法的谦抑原则相抵牾,[③]不利于发挥刑法的人权保障机能。因此,在抽象危险犯司法认定过程中,合理限缩其成立范围就显得十分必要了。这一点,在当前醉驾案件的司法实务工作中,得到了充分的体现。

众所周知,从犯罪既遂形态的角度来看,醉驾型危险驾驶罪属于典型的抽象危险犯。自 2011 年《刑法修正案(八)》增设了危险驾驶罪,并将"醉酒驾驶机动车"的行为规定为危险驾驶罪的行为类型之一以来,醉驾型危险驾驶罪已逐渐成为我国的"第一大罪"。依据 2021 年 1 月至 9 月全国检察机关的主要办案数据,从起诉罪名看,排在第一位的是危险驾驶罪,涉及 263281 人,同比上升 30.6%。[④] 而 2022 年最高人民法院工作报告则披露 2021 年全年审结的危险驾驶犯罪案件高达 34.8 万件,其中绝大多数都是醉驾型危险驾驶罪案件。目前,在全国刑事案件总数中,醉驾型危险驾驶罪仍属于排名第一的犯罪,其大约占 1/3 的比例,每年高达 30 余万

---

① 参见黎宏:《刑法学总论》(第 2 版),法律出版社 2016 年版,第 73 页。

② 参见于润芝:《抽象危险犯的解构:从法益关联和危险控制展开》,载《南大法学》2022 年第 3 期。

③ 参见陈家林:《外国刑法理论的思潮与流变》,中国人民公安大学出版社、群众出版社 2017 年版,第 158 页。

④ 《最高检发布 1 月至 9 月全国检察机关主要办案数据》,载中华人民共和国最高人民检察院官网,https://www.spp.gov.cn/spp/xwfbh/wsfbt/202110/t20211018_532387.shtml。

人因本罪被判刑。从世界范围看,非财产性犯罪成为“第一罪名”,这是不太正常的司法现象。[①] 为了合理控制醉驾案件的规模,我国司法机关开始在对醉驾行为的刑事治理过程中贯彻宽严相济刑事政策中的从宽侧面。2017 年 5 月 1 日施行的最高人民法院《常见犯罪的量刑指导意见(二)》第 1 部分第 1 条第 3 款明文规定:“对于醉酒驾驶机动车的被告人,应当综合考虑被告人的醉酒程度、机动车类型、车辆行驶道路、行车速度、是否造成实际损害以及认罪悔罪等情况,准确定罪量刑。对情节显著轻微危害不大的,不予定罪处罚;犯罪情节轻微不需要判处刑罚的,可以免予刑事处罚。”而自最高人民法院出台的《常见犯罪的量刑指导意见(二)》为醉驾行为原则性地保留了出罪空间之后,各省级司法机关密切跟进,作出了更具可操作性的细则规定。这些规定为对罪行轻微的醉驾行为进行非罪化处理提供了明确的规范依据,有利于合理限缩这一抽象危险犯的成立范围。

在学理层面,将这一通过考察抽象危险犯的犯罪情节程度,来证明抽象危险并不存在,从而实现对其进行出罪化处理的方法总结为“抽象危险反证”理论。[②] 由此不难看出,这一理论是以限缩抽象危险犯之成立范围为功能导向的。而在体系结构层面,由于主张这一理论的学者普遍恪守德日三阶层的犯罪论体系,所以将这一理论的适用场域界定在构成要件该当性阶层之中。[③] 近年来,围绕抽象危险反证理论的争议主要可以分为肯定说和否定说两种观点。前者主张应允许抽象危险犯因反证不存在危险而出罪,后者则对这一出罪路径持否定态度。而在这两种观点持续数十年的论战交锋中,其所争议的三个焦点因素也逐渐得以浮现出来,即关于抽象危险性质问题的争议、关于抽象危险犯合理处罚问题的争议以及关于抽象危险反证方法之实践效果问题的争议。

相应地,上述争议也对相关的司法实务工作造成了一定的困扰。例

---

① 参见刘嫚:《每年 30 万人醉驾入刑,人大代表周光权呼吁修法提高入罪门槛》,载搜狐网,https://www.sohu.com/a/455048679_120151774。

② 参见付立庆:《应否允许抽象危险犯反证问题研究》,载《法商研究》2013 年第 6 期。

③ 参见付立庆:《应否允许抽象危险犯反证问题研究》,载《法商研究》2013 年第 6 期。

如,2019 年 10 月,浙江省公检法联合发布《关于办理“醉驾”案件若干问题的会议纪要》(以下简称 2019《浙江纪要》)第 1 条第 2 款规定:“对于醉酒在广场、公共停车场等公众通行的场所挪动车位的,或者由他人驾驶至居民小区门口后接替驾驶进入居民小区的,或者驾驶出公共停车场、居民小区后即交由他人驾驶的,不属于刑法第一百三十三条之一规定的‘在道路上醉酒驾驶机动车’。”这意味着该规定通过限缩解释方法,将广场、公共停车场与居民小区道路排除在醉驾行为的空间场域要素之外,从而判定在此三种空间场域内的醉酒驾驶行为不符合醉驾型危险驾驶罪的构成要件,继而推动此类醉驾行为在构成要件符合性阶层实现实体法出罪的处遇。显然,这一解释结论,既与《道路交通安全法》中有关“道路”的明文规定相抵触,[①]又没有对空间场域要素是否具备关联于危险驾驶罪法益的“公共性”进行实质判断,因而不能成立。但是,不难看出,醉酒在广场、公共停车场等公众通行的场所挪动车位,或者由他人驾驶至居民小区门口后接替驾驶进入居民小区,或者驾驶出公共停车场、居民小区后即交由他人驾驶这三种醉驾行为的社会危害或法益侵害程度均十分轻微,因而可以通过认定其符合《刑法》第 13 条但书规定来作出罪化处理。[②] 申言之,2019《浙江纪要》对于“道路”的解释,显然是没有厘清在抽象危险犯司法认定过程中是否需要对危险程度进行判断又应如何进行判断的问题,而这一问题恰恰与抽象危险反证理论在犯罪论体系层面的争议紧密相连。

基于此,从体系性的角度出发,结合醉驾型危险驾驶罪这一抽象危险犯典型罪名的行为认定,在评析抽象危险犯反证理论相关争议,进而充分解构抽象危险反证理论中各个基本学理概念的基础上,全面反思这一概念的逻辑与效果问题,从而探索出合理控制抽象危险犯入罪范围的新通路,就显得十分必要了。

---

① 《道路交通安全法》第 119 条第 1 项规定:“‘道路’,是指公路、城市道路和虽在单位管辖范围但允许社会机动车通行的地方,包括广场、公共停车场等用于公众通行的场所。”

② 参见王志祥:《醉驾犯罪司法争议问题新论——浙江最新醉驾司法文件六大变化述评》,载《河北法学》2020 年第 3 期。

二、抽象危险反证理论的争议述评

通过对肯定说理论与否定说理论中各种理由的辨析,可以凝练出抽象危险反证理论的以下三个方面的核心争议点。

(一)关于抽象危险性质问题的争议

在关于是否应允许抽象危险反证的问题上,肯定说与否定说的第一个理论交锋点在于对抽象危险性质的界定问题,即抽象危险是否属于区分实行行为而独立存在的构成要件要素。

否定说旗帜鲜明地否定了抽象危险的独立构成要件要素地位。具体而言,持这一观点的学者认为,抽象危险从功能属性上来看只是法益保护范围前置化的立法理由或立法动机。例如,德国学者罗克辛教授认为,在抽象危险犯中"对一个行为进行惩罚的原因,并不在于在具体的场合现实发生了危险,而在于行为所具有的类型性的危险……所谓抽象危险犯,是指类型性的危险行为本身受到处罚,并不要求在具体的场合之下发生危险的结果,从而,防止具体的危险以及实际的侵害,不过仅仅是立法者的动机而已,其存在并非满足构成要件的前提"①。因此,在抽象危险犯的场合,只要实施了法条所规定的构成要件行为,就视为已经产生了法益侵害的危险。在此意义上,就可以认为抽象危险在本体性质上是一种蕴含于构成要件行为之中的"拟制"的危险,②对于其有无无须从司法上进行具体判断。③ 正如日本学者西原春夫教授所言,"抽象危险犯是指法律拟制其一般而言包含着法益侵害的危险并对之加以禁止的行为,因此,抽象危险犯并不一定以具体的法益侵害的现实化为必要。在这个意义上,只要以各种行为为例来看,就不能否定抽象危险犯与法益的关联性非常脆弱,其危险犯的属性不过徒有其表,而且最终近乎于形式犯了"④。而拟

---

① [德]克劳斯·罗克辛:《刑法总论》(第1卷),[日]町野朔、吉田宣之监译,日本信山社2003年版,第361~452页。

② 参见[日]山口厚:《危险犯研究》,日本东京大学出版会1982年版,第201页。

③ 参见王志祥、黄云波:《论立法定量模式下抽象危险犯处罚之司法正当性》,载《法律科学(西北政法大学学报)》2016年第3期。

④ [日]西原春夫:《犯罪实行行为论》,戴波、江溯译,北京大学出版社2006年版,第109页。

制本身在逻辑上是从无到有,因此拟制的危险不能也经不起现实的反证推敲。[①] 并且,一旦将抽象危险视为独立的构成要件要素且允许反证的话,便会使抽象危险犯与具体危险犯之间的界限出现模糊。对此,我国台湾地区学者黄荣坚也认为,在抽象危险犯的场合,“从客观不法范围上限缩抽象危险犯(和具体危险犯一样以具体危险为不法要件)和抽象危险犯的立法概念相抵触”[②]。

肯定说则倾向于承认抽象危险是一种独立的构成要件要素。其中,我国学者付立庆教授明确承认了这一观点。他基于结果无价值论所强调的法益保护主义理念主张,由于构成要件行为的发生不一定意味着事实上存在法益侵害的危险,所以,抽象危险犯不能等同于行为犯。抽象危险犯中的危险仍然是一种具备结果属性的独立构成要件要素,只不过其应归类为不成文的构成要件要素。因此,抽象危险犯与具体危险犯的区别并不在于各自的“危险”是否具备独立的构成要件要素地位,而是在于危险程度的大小方面。[③] 倘若认为抽象危险是一种拟制的、在客观上未实际发生的危险,则会使其在概念上沦为“行为被模仿的危险”。这不仅有悖于法益保护主义与行为刑法的基本思维,还会与我国《刑法》第 14 条所规定的犯罪故意的内容不相兼容。[④] 而黎宏教授则通过对抽象危险判断方式的阐释,默认了抽象危险应是一种由实行行为引发的具备结果属性的独立构成要件要素,从而确证了通过抽象危险反证

---

① 参见李川:《抽象危险犯自身谦抑机制研究——以醉驾案件具体危险犯化认定倾向为视角》,载《政治与法律》2013 年第 12 期。

② 黄荣坚:《基础刑法学》(下),台湾元照出版公司 2006 年版,第 620 ~ 621 页。

③ 参见付立庆:《应否允许抽象危险犯反证问题研究》,载《法商研究》2013 年第 6 期。

④ 抽象危险犯通常是故意犯罪。结合 1997 年《刑法》第 14 条的规定,成立故意犯罪,要求行为人明知自己的行为会发生“危害结果”即抽象危险。可是,在事实上不存在这种客观危险时,行为人也不可能存在这样的“明知”。以对行为的“明知”来代替对抽象危险的“明知”,既是偷换概念,也不符合犯罪故意的定义。因为在抽象危险犯的场合,相应的行为本身毕竟不能直接置换为 1997 年《刑法》第 14 条要求的“危害社会的结果”。在行为人对抽象危险的存在缺乏认识时仍然肯定犯罪的成立,应该说违反了责任主义原则。参见付立庆:《应否允许抽象危险犯反证问题研究》,载《法商研究》2013 年第 6 期。

的出罪效果。[①]

(二)关于抽象危险犯合理处罚问题的争议

肯定说与否定说的第二个理论交锋点在于对抽象危险犯的合理处罚问题,即允许抽象危险犯通过反证抽象危险并不存在而出罪的路径对抽象危险犯的合理处罚到底会产生何种性质的影响。

否定说认为,允许抽象危险反证,会不利于实现对抽象危险犯的合理处罚。详言之,倘若认为刑法的目的在于维护规范,[②]那么,根据一般预防理论(学习理论),即便在具体的场合不存在针对不特定人的危险,也应该能肯定其刑事可罚性。否则,立法者所努力追求的那种对确定行为方式(在这里,就是指在醉酒状态中驾驶汽车)的绝对禁忌,就会受到危害。[③]而允许抽象危险反证,则会导致对抽象危险犯的处罚疏漏,有悖于前述规范维护的刑法目的,损害了刑法规范的权威性。并且,否定说还认为,虽然不允许以抽象危险反证的方式来否定犯罪的成立,但是,对于那些在客观现实中并不存在相应危险的情况,完全可以在宣告有罪的情况下,通过调控刑罚的方式来实现对抽象危险犯处罚范围的合理控制。[④] 这样做,就可以避免在刑事规制抽象危险犯的过程中所存在的侵犯人权的风险。

肯定说则立足于抽象危险反证理论的出罪功能,主张为抽象危险犯保留一定的出罪空间,这样才可以使得对其的处罚趋于合理化。因此,允

---

① 黎宏教授指出,在抽象危险犯中,“只要实施了所规定的行为,就拟制性地认为具有危险。但是,从刑法的目的是保护法益,违法性即社会危害性的本质在于侵害或者威胁法益的立场来看,即便是抽象危险犯,也应具有某种程度的要求。在具体场合,由于特殊情况,在实施了法律上所规定的行为但根本不可能发生危险的时候,不能肯定成立犯罪”。参见黎宏:《刑法学总论》(第2版),法律出版社2016年版,第74页。

② 这一认知源于行为无价值论所倡导的规范违反说。该理论认为,犯罪行为的违法性基础在于对法规范或其他社会规范的违反,所以,刑法的目的应定位为对规范的维护,而非保护法益。

③ 参见[德]克劳斯·罗克辛:《刑法总论》(第1卷),[日]町野朔、吉田宣之监译,日本信山社2003年版,第455页。

④ 《德国刑法》第306条第a款第3项规定:“对于不具有严重危险的放火行为,所判处的刑罚可减轻至6个月以上5年以下监禁的幅度。”德国刑法学界和实务界的多数人均认为,如果行为人能够证明放火行为不会造成危险,那么可以适用该条减轻处罚的规定。参见谢杰、王延祥:《抽象危险犯的反思性审视与优化展望——基于风险社会的刑法保护》,载《政治与法律》2011年第2期。

许抽象危险反证会有利于实现对抽象危险犯的合理处罚。这一主张论据可以展开为以下两个方面:其一,就抽象危险犯处罚的公正性而言,在对危害程度较之于抽象危险犯更为严重的实害犯都可以通过对损害结果推定的反证来进行出罪的情况下,禁止抽象危险犯通过反证抽象危险不存在的方式而得以出罪,显然有悖于刑罚处罚的公正性;其二,从抽象危险犯处罚的人道性来看,禁止抽象危险反证的出罪通路,转而通过诸如定罪免刑或宣告缓刑等从宽量刑的手段来追求罪刑均衡的"和稀泥"式的做法,会导致一个客观行为全无法益侵害危险的人因其规范违反行为而被贴上"犯罪人"的标签,从而面临前述严重的犯罪附随后果。① 这样做,会使得对抽象危险犯的处罚失之于人道性,显然有悖于刑法的人权保障机能。

(三)关于抽象危险反证方法之实践效果问题的争议

肯定说与否定说的最后一个理论争议焦点在于抽象危险反证方法之实践效果。具体而言,就是以是否违反刑事诉讼法中"存疑时有利于被告"原则为评价标准,来衡量抽象危险反证方法的实践效果,即允许抽象危险犯通过反证抽象危险并不存在而得以出罪的方法是否会在诉讼过程中对被告方带来消极影响。

否定说认为,允许抽象危险反证会加重被告人的诉讼负担,有悖于"存疑时有利于被告"原则。倘若将抽象危险界定为独立的构成要件要素,那么,根据无罪推定原则,只要是属于构成犯罪的要素,均应当由控方承担举证责任。细言之,无论是成文的构成要件要素,还是不成文的构成要件要素,对于其存在与否,都不能要求由被告方进行反证。② 这是因为,"不允许控方将不构成犯罪的证明责任推给被告方,这是法治国家在人权保障和法益保护的冲突之间应该做出的有担当的选择"③。所以,按照这

---

① 参见付立庆:《应否允许抽象危险犯反证问题研究》,载《法商研究》2013 年第 6 期。

② 参见王俊:《销售无害违规药品行为的出罪机制重构——以违法性认识为视角的分析》,载《苏州大学学报(哲学社会科学版)》2021 年第 4 期。

③ 杜小丽:《抽象危险犯形态法定犯的出罪机制——以生产销售假药罪和生产销售有毒有害食品罪为切入》,载《政治与法律》2016 年第 12 期。

一逻辑进路,当公诉方已经成功履行了对实行行为的证明义务,而作为独立构成要件要素的抽象危险是否实际存在尚处于未知状态的情况下,依据抽象危险反证理论要求主张无罪的被告方承担抽象危险不存在的证明责任,而非直接根据“存疑时有利于被告”原则否定犯罪的成立,显然会不正当地加大其在诉讼过程中的辩护难度。

肯定说则主张,允许抽象危险反证,会为被告人开辟宝贵的出罪通路,有利于其充分行使辩护权,在实质精神上符合“存疑时有利于被告”原则。[①] 具体来看,在认定犯罪成立、被告人提出犯罪构成要件不存在(阻却要件事实)的主张,是在行使辩护权,而非承担证明责任。[②] 例如,在证明被告人不在犯罪现场时,如果控诉方提供的证据使被告人在场这一争点出现合理怀疑,就属于控诉方未能完成证明责任;即使被告人没有不在场的证据,指控的犯罪事实也不能成立。如果控诉方已经初步证明犯罪事实,此时,被告人提出不在场的证据或线索,那么,控诉方或者审判方都应本着客观义务和司法公正理念去调查核实。退一步讲,即便认为反证抽象危险不发生是强加给被告人的证明责任,较之完全没有免责的可能性而受到处罚而言,也是有利于被告人的。[③]

（四）对上述争议的初步评析

通过对于抽象危险反证理论相关学术争议的上述简要梳理,可以看出,肯定说与否定说之所以会在多个问题上形成如此激烈的争议,正是因为二者都未能厘清以下两个有关抽象危险反证理论的前提性命题,以至于各自的理论论证都看似逻辑自洽、功能自足,却依然有自说自话之嫌。

其一,肯定说与否定说都未能厘清抽象危险反证理论的研究范围。详言之,二者有关抽象危险犯合理处罚问题的争议,其实是混淆了抽象危

---

① 参见付立庆:《应否允许抽象危险犯反证问题研究》,载《法商研究》2013 年第 6 期。

② 参见李婕:《抽象危险犯研究》,法律出版社 2017 年版,第 183 页。

③ 在司法实务中被告人由于反证失败而承担不利的后果并受到惩罚,虽然从表面上看确实不利于被告人,但是由于允许反证毕竟为被告人提供了主张自己权利的机会,在此前提之下因反证失败而承受不利的后果,也是必须接受的;并且,即便是“不利后果”,较之不允许反证而直接接受来自立法的拟制(只要类型性的危险行为完成就一概视为危险存在),被告人承受不利后果的概率毕竟要小得多。

险反证问题与抽象危险犯出罪问题的研究范围。如前所述,倘若在实体法层面运用德日三阶层的犯罪论体系来审视以醉驾型危险驾驶罪为代表的抽象危险犯的出罪问题,就会发现,通过反证可能引起实害型法益侵害结果的抽象危险并不实际存在,而阻却构成要件符合性从而使得抽象危险犯得以出罪的方法,只是抽象危险犯出罪路径的一种而已,而并非唯一路径。即使这一路径未能被得以证成,抽象危险犯也依然存在其他的出罪路径。由此可知,抽象危险反证理论的研究范围已然被包含于抽象危险犯出罪问题的研究范围之中,不能将二者等同视之。而对于抽象危险反证方法是否有利于实现对抽象危险犯的合理处罚的问题,肯定说与否定说所展开的争论集中于处罚抽象危险犯的严密性、正当性与人道性方面,其本质上都是从宏观法理层面对于围绕是否应为抽象危险犯保留一定出罪空间问题展开讨论。但是,前文关于醉驾行为出罪之正当性依据的论证已然可以终结这一争论。质言之,对于应否允许抽象危险犯出罪这一问题而言,真正有价值的争议点应锚定在这一方法是否更有利于抽象危险犯出罪这一议题之上,而非纠结于应否为抽象危险犯保留一定出罪空间这一已经得到初步共识的宏观命题。因此,这一讨论在实质上已将应否允许抽象危险反证的问题等同于应否为抽象危险犯保留出罪空间的问题。这样做,错误地扩大了抽象危险反证理论的研究范围,使得理论界对其的研究流于一般化与空洞化,丧失了针对性研究的典型意义。因此,肯定说与否定说关于抽象危险犯合理处罚问题的争论对于应否允许抽象危险反证这一问题的研究而言也就没有必要了。

其二,肯定说与否定说都未能厘清抽象危险反证理论的基础性原理。具言之,肯定说与否定说关于抽象危险性质的争议以对抽象危险是否具备独立构成要件要素地位的讨论为切入点,涉及抽象危险犯的不法依据、不法内容以及抽象危险的体系地位三个问题;而肯定说与否定说关于抽象危险反证方法的实践效果的争议,则是从反证方法的运行过程中进行具体考量的,与服务于犯罪认定工作的反证方法问题密切相关。前者立足于抽象危险犯教义学知识的本体论层面,后者则专注于抽象危险犯具体认定过程的方法论层面,其共同构成了抽象危险反证理论的基础性原理。因此,为了解决上述学术争议,从而形成对抽象危险反证理论的正确认知,体系化地梳理清楚抽象危险反证理论的各项基础性原理就显得十分必要了。

三、抽象危险反证理论的基础原理

抽象危险反证理论的基础原理是该理论内具备普遍意义的基本规律,对于其能否构成有效的抽象危险犯出罪路径至关重要。正如马克斯·韦伯所指出的:“无论如何,确定‘规律’和‘因素’,是达到我们所寻求的许多工作中的第一步。”①展开来看,这一基本原理由以下四个方面构成,其分别是抽象危险犯的不法依据、抽象危险犯的不法内容、抽象危险犯的体系地位以及服务于犯罪认定工作的反证方法。

(一)抽象危险犯的不法依据:结果无价值为主,行为无价值为辅

刑法意义上的不法依据,是指行为事实被刑法评价为具备违法性的原因。在刑法学界内,围绕着行为违法性原因(根据)问题,形成了观点鲜明对立的两种学说,即结果无价值论与行为无价值论。前者主张,刑法的目的在于保护法益,违法性的本质在于对法益的侵害(“法益侵害说”),所以行为是否违法只能以行为所引起的法益侵害结果为基础加以判断;②后者则认为,刑法的目的在于维护规范,③违法性的本质在于对行为规范的违反(“规范违反说”),所以与结果切断的行为本身的样态之恶,包括客观行为之恶与主观罪过之恶,都是违法性的评价对象。④

众所周知,从法益保护的角度来看,抽象危险犯是对法益进行周延和提前保护的风险控制手段,是对法益保护前置化的措施。其立足于规避社会风险、维护公共安全的考虑,更适合保护关联群体性利益的普遍法益。⑤ 所以,抽象危险犯的创设正是这种变化的集中体现。但是,从行为

① [德]马克斯·韦伯:《社会科学方法论》,韩水法、莫茜译,商务印书馆2013年版,第30页。

② 包括实害结果与危险结果。参见黎宏:《结果本位刑法观的展开》,法律出版社2015年版,第3页。

③ 也可以被表述为确证规范效力。

④ 参见张明楷:《刑法的基本立场》,商务印书馆2019年版,第212页。

⑤ 参考李婕:《抽象危险犯研究》,法律出版社2017年版,第83页。

与法益的距离关系上来看,抽象危险犯是在具体威胁法益的前一阶段,以刑罚法规规制、保护法益的规定。与实害犯和具体危险犯相比,其距离实际侵害法益尚远,行为与法益之间的无价值关系更加稀薄。[①] 并且,由于其保护法益的抽象化与精神化,[②]也增加了判断的任意性,从而间接扩张了司法机关在定罪过程中的自由裁量权。在这种情况下,法益保护原则的内容就由"没有法益侵害就没有犯罪",变形为只要有法益保护的需求就可以认定为犯罪。[③] 这显然有悖于传统法益概念限制犯罪成立范围、制约刑罚权发动的功能属性,[④]也背离了其贯彻刑法谦抑原则的自由主义价值导向。因此,在抽象危险犯的不法依据问题上,越来越多的学者开始赞同行为无价值论所主张的行为规范违反是其被评价为刑法不法的主要甚至唯一依据。比如,我国学者周光权教授就认为:"在抽象危险的情况下,刑法实际上是在保护一种相当抽象的社会规范关系,而不是在保护法益。如果在抽象危险犯中,也认为有需要刑法保护的法益,实际上就是将法益概念高度抽象化、精神化。此时的法益概念,和行为规范违反说中的规范概念,几无二致。"[⑤]我国台湾地区学者林东茂教授也主张:"大多数的犯罪,我们既否定其行为方式,也否定此行为所引起的结果,换言之,行为非价与结果非价同时呈现。少部分的犯罪,我们的抑制重点是行为方式本身,即行为非价,例如抽象危险犯、未遂犯。"[⑥]

面对行为无价值论的挑战,结果无价值论也给出了有力的回击,其主要集中在以下两个方面:一方面,就行为无价值所主张的规范违反说的论证逻辑来看,以规范论取代法益论,既无法起到法益的立法批评机能从而

---

① 参见黎宏:《法益论的研究现状和展望》,载《人民检察》2013 年第 7 期。

② 已逐渐不具备可视性与有体性,现实性程度亦随之削弱。

③ 参见陈家林:《外国刑法理论的思潮与流变》,中国人民公安大学出版社、群众出版社 2017 年版,第 90 页。

④ 法益是为了避免将仅仅违规的行为作为犯罪加以处罚而发展起来的概念。其存在的意义在于通过实体的、可见的侵害,来限定犯罪的处罚范围。因此,成为法益,首先在该种利益受到侵害就可能引起社会生活上的不便的意义上,必须具备经验意义上的现实性的要求。参见黎宏:《结果无价值论之展开》,载《法学研究》2008 年第 5 期。

⑤ 周光权:《行为无价值论的法益观》,载《中外法学》2011 年第 5 期。

⑥ 林东茂:《刑法综览》,中国人民大学出版社 2009 年版,第 133 页。

导致人们对立法的盲从,又无法正确回答规范有效运作之目的何在的问题,有循环论证和本末倒置之嫌。[①] 另一方面,就普遍性法益的现实依托来看,其对于犯罪成立的制约作用依然可以得到确证。具体来讲,在德国刑法学界,以米歇尔·马克思(Michael Marx)和温弗里德·哈塞默尔(Winfried Hassemer)为代表人物的法兰克福学派所建构的"人的法益"理论,主张法益是与个人相关的、具体的、现实的利益,其应当以人为中心,所以,普遍法益亦不能脱离于个人法益而存在。[②] 这是因为,类似国家制度与公共安全这种普遍性法益虽然不是有形有体的对象,但确实是维系社会生活所必需的现实利益。长远来看,对它的损害,不仅危害社会效能,而且最终还会危及公民个人的生活。[③] 受其影响,日本学者西原春夫也主张,国家法益与社会法益这类超个人法益只有在其可以被还原为国民乃至居民的利益之时,才应受到刑法保护。[④] 换言之,在理解法益概念之时,应该确认个人法益是社会法益乃至国家法益这些超个人法益赖以存在的基础和判断标准。从个人法益的视角切入,就可以发现,抽象危险犯所保护的普遍法益并未超出传统法益论的初衷,[⑤]其仍是经验现实的组成部分。[⑥] 申言之,较之于法益保护说,规范维持说并不能使概念变得更清晰,因为规范概念比法益概念更为抽象化、精神化、空洞化。因此,抽象危险犯所保护的普遍法益依然具备限制犯罪成立范围的功能。所以,将抽象危险犯的主要不法依据应定位在结果无价值所主张的法益侵害之上,是逻辑自洽且功能自足的。

然而,即便法益侵害说作为抽象危险犯主要不法依据的定位得以确证,行为无价值论所主张的规范违反说也依然不能被完全排除在抽象危

---

① 参见黎宏:《法益论的研究现状和展望》,载《人民检察》2013 年第 7 期。

② 参见[日]伊东研祐:《法益概念史研究》,秦一禾译,中国人民大学出版社 2014 年版,第 317 ~ 318 页。

③ 参见[德]克劳斯·罗克辛:《刑法的任务不是法益保护吗?》,樊文译,载陈兴良主编:《刑事法评论》第 19 卷,北京大学出版社 2007 年版,第 151 页。

④ 参见[日]西原春夫:《刑法的根基与哲学》,顾肖荣等译,法律出版社 2004 年版,第 59 页。

⑤ 参见黎宏:《结果无价值论之展开》,载《法学研究》2008 年第 5 期。

⑥ 参见[德]克劳斯·罗克辛:《刑法的任务不是法益保护吗?》,樊文译,载陈兴良主编:《刑事法评论》第 19 卷,北京大学出版社 2007 年版,第 151 页。

险犯的不法依据之外。这主要是源于以下两个基于机能主义立场的思考:其一,承认规范违反是构成抽象危险犯不法依据的组成部分之一,有利于更充分地实现刑法的法益保护机能。这是因为,行为无价值论所主张的规范违反说倡导以积极的一般预防为导向的法益保护观,契合于抽象危险犯前置性、预防性保护法益的立法目的。具体来讲,二元的行为无价值论认为,刑法保护未来的、其他的、一般人的法益,而不是对已然受到犯罪侵害的具体法益的保护。所以,规范的存在自身不是目的,维持其有效性与稳定性从而预防未来发生法益侵害才是目的。[①] 也就是说,刑法的目的在于保障行为规范的效力,而行为规范的目的则在于保护法益。[②] 众所周知,为了匡正实害犯与具体危险犯在风险社会时代出现的保护法益不力和迟延的状况,刑法通过处罚法益实害结果出现前阶段的行为——抽象危险行为来培育公民的法忠诚感,从而使其按照行为规范指导自身行为,以达到周延保护法益的目的,显然是贯彻了刑罚的积极一般预防目的,符合行为无价值论所主张的规范违反说的理论逻辑。其二,承认规范违反是构成抽象危险犯不法依据的组成部分之一,亦有利于更全面地实现刑法的人权保护机能。虽然结果无价值论者一直强调法益在实质理性层面对于犯罪成立范围的限制作用,但辩证地来看,规范亦可以从形式理性方面对犯罪的成立起到一定的制约作用。申言之,当行为人之行为没有违反刑法所规定的行为规范之时,审判者不能以其行为已在事实上造成了法益侵害的结果或危险为由去对其适用刑法的制裁规范。例如,在一定条件下,吸食毒品驾驶机动车的行为(以下简称毒驾行为)与醉酒驾驶自行车的行为也会具备与醉酒行为相同的侵害道路交通领域内公共安全的抽象危险。但是,绝不能因为其实质上侵害了危险驾驶罪所保护的法益,就在其确实不违反危险驾驶罪行为规范的情况下将其类推解释为该罪行为规范所禁止的构成要件行为,否则就会超出国民预测的可能性,违背罪刑法定原则的要求,导致对行为人人权的非法侵犯。也就是说,如

---

① 参见周光权:《行为无价值论的法益观》,载《中外法学》2011 年第 5 期。

② 参见[德]乌尔斯·金德霍伊泽尔、陈璇:《法益保护与规范效力的保障——论刑法的目的》,载《中外法学》2015 年第 2 期。

果仅有法益侵害而没有规范违反也是不法，就势必将扩大处罚范围。[①]

因此，抽象危险犯的不法依据由结果无价值论所主张的法益侵害与行为无价值论所主张的规范违反共同构成。前者为主，后者为辅。

（二）抽象危险犯的不法内容：集体法益与个人法益并存的双层法益

在确定抽象危险犯的主要不法依据为法益侵犯之后，为了厘清抽象危险的体系地位，以便判断其是否可以被予以反证，有必要探讨抽象危险犯所侵害法益的具体形态。而针对这一问题的探讨显然应立足于抽象危险犯的主要（实质）不法内容——其所侵害的法益的具体内容而得以展开。

从抽象危险犯所侵害的法益内容来看，理论上存在单层法益说与双重法益说之争，这一争论在以醉驾型危险驾驶罪为代表的、危害公共安全类抽象危险犯的法益内容界定问题上体现得尤为激烈。单层法益说的主流观点主张危害公共安全类抽象危险犯所侵害的公共安全法益在司法判断中必须被还原为个人的生命健康权或财产权。[②] 这表明此类法益本质上仍属于个人法益，[③]其立法规定只是立足于对个人法益的提前介入性保护而已。[④] 当然，在单层法益说中还存在另一种观点，其主张抽象危险犯所侵犯的法益只是抽象的、包容的、不可分配的且独立于个人法益的集体法益（如公共安全、公共秩序）。[⑤] 但是，此种观点所强调的集体法益与个人法益相分离的论断又落入了前述将行为无价值论当作抽象危险犯唯一正当性依据的窠臼之中。所以，其目前已不被理论界视为单层法益说的主流观点。本文所论及的单层法益说仅包括其主流观点。双层法益说则认为，抽象危险犯侵犯了双层法益。其中，阻挡层法益（又称“侧防法益”

---

① 参见周光权：《行为无价值与结果无价值的关系》，载《政治与法律》2015 年第 1 期。

② 参见李婕：《论抽象危险犯的法益构造和界限》，载陈兴良主编：《刑事法评论》第 37 卷，北京大学出版社 2016 年版，第 365 页。

③ 参见黄荣坚：《基础刑法学》（第 4 版），台湾元照出版公司 2012 年版，第 26 页；李志恒：《集体法益的刑法保护原理及其实践展开》，载《法制与社会发展》2021 年第 6 期。

④ 参见陈金林：《现象立法的理论应对》，载《中外法学》2020 年第 2 期。

⑤ 参见王永茜：《论集体法益的刑法保护》，载《环球法律评论》2013 年第 4 期。

或"中间法益")是集体法益(秩序型法益),[①]背后层法益(又称"核心法益")是个人法益(利益型法益)。[②] 持此观点的学者强调,双层法益观并不是简单地把原本各自独立的两种法益并置在一起,而是在内容层面与结构层面促成两种法益有机融合的一体化建构。[③]

笔者认为,将抽象危险犯所侵害的法益仅定位成个人法益的单层法益说忽视了集体法益的独特价值,显然不值得提倡。具体理由如下:

其一,结合法益的基本机能,单层法益说不利于在抽象危险犯认定过程中充分发挥法益的解释指导机能。众所周知,法益的解释指导机能强调法益可以作为解释犯罪构成要件的目的,以确保符合犯罪构成要件的行为都是法益侵害行为。[④] 在实践层面,解释指导机能的强弱与法益侵害流程的可察性成正比。[⑤] 具体到抽象危险犯的场合,倘若将其所侵害的法益仅定位成较集体法益而言更为具体的个人法益,那么,由于没有发生实害性的法益侵害结果,所以法益侵害流程较难考察。[⑥] 这样,对于法益侵害是否发生的判断就有赖于对构成要件更为充分且有力的解释。然而,也正是因为在抽象危险犯的判断过程中个人法益的法益侵害流程的可考察性较弱,所以法益的解释指导机能也就难以充分发挥。而这一功能性障碍显然不利于在司法实践中对抽象危险犯的合理认定。此时,若承认

---

① 此处的"集体法益""秩序型法益"与前文提及的"普遍性法益""超个人法益"同义,下文统称为集体法益。

② 参见[日]金尚均:《危险社会与刑法——现代社会中刑法的机能与界限》,日本成文堂2001年版,第37~44页;蓝学友:《规制抽象危险犯的新思路:双层法益与比例原则的融合》,载《法学研究》2019年第6期。

③ 参见蓝学友:《规制抽象危险犯的新思路:双层法益与比例原则的融合》,载《法学研究》2019年第6期。

④ 参见张明楷:《法益初论》(上册),商务印书馆2021年版,第262页;高巍:《刑法教义学视野下法益原则的畛域》,载《法学》2018年第4期。

⑤ 参见蓝学友:《规制抽象危险犯的新思路:双层法益与比例原则的融合》,载《法学研究》2019年第6期。

⑥ 以醉驾型危险驾驶罪为例,倘若将其所侵犯的法益仅理解为不特定或者多数人的生命权、健康权、财产权等具体的个人法益,会导致法益侵害流程难以观察和把握,因为从行为人醉酒驾驶到最终出现生命权、健康权、财产权等法益受侵害的结果尚有很长一段距离。在具体个案中,醉酒驾驶最终是否可能造成生命、身体、财产损害,是难以准确观察和把握的。

抽象危险犯所侵犯的法益包括较个人法益更为抽象的集体法益，那么，法益侵害流程则更易考察，其对于构成要件的解释也就具备更为有效的指导意义。而对于醉驾型危险驾驶罪这类典型且高发的抽象危险犯而言，合理解释其构成要件较之于频繁变动立法而言，可以在尊重法秩序的安定性与权威性的基础上更为科学且高效地规制其处罚范围。

其二，从抽象危险犯的独立性特征来看，单层法益说可能会使抽象危险犯与其他犯罪类型发生混淆。事实上，法益除了立法批判与解释指导这两项基本机能之外，还可以根据侵犯形态的不同来区分不同的犯罪既遂形态。[①] 而法益作为构成要件的规范保护目的，其区分不同犯罪类型的功能也是通过构成要件之个别化机能得以具体化呈现的。[②] 倘若抽象危险犯所侵害的法益仅定位成个人法益，则其与实害犯以及具体危险犯体现在法益层面的区分就在于法益侵犯形态的不同，即抽象危险犯只是以抽象危险的方式侵犯了个人法益，并未对其造成实害结果或具体危险结果。然而，如前所述，抽象危险作为法益侵害之形态，在司法判断中难以直观考察，如果没有明确的限定条件，对其的具体判定就会存在较大的任意性。在这种情况下，实践中关于抽象危险犯法益侵害形态的判断结论，就有可能与具体危险犯甚至实害犯的法益侵害形态发生混同，进而损害分属不同犯罪既遂形态之罪名的构成要件个别化机能，使得某一抽象危险犯罪名无法区分于构成要件内容与其类似的实害犯罪名或具体危险犯罪名。因此，为了凸显抽象危险犯区别于其他犯罪形态的独立性特征，有必要对抽象危险犯的法益侵害形态赋予具体内容，以限定其判断过程中存在的任意性，从而使对抽象危险犯的司法认定更为精准。基于这一目的，双层法益说关于抽象危险犯法益侵害形态的界定显然更为适宜，这一学说主张抽象危险犯的法益侵害形态是行为通过对阻挡层集体法益的实

---

① 参见张明楷：《法益初论》（上册），商务印书馆 2021 年版，第 290 页。

② 构成要件主要是刑法分则对个罪设置的客观成立条件，对于区分此罪与彼罪，从而揭示犯罪的个别性特征具有重要意义。参见陈兴良：《教义刑法学》（第 2 版），中国人民大学出版社 2014 年版，第 161 页。

害而给背后层个人法益带来了抽象危险。[①] 可以说，对于集体法益的“前置性”侵犯，正是抽象危险犯与其他犯罪形态在法益侵犯形态方面的根本区别，集体法益的前置性设定也是抽象危险犯区别于其他犯罪形态的关键类型性特征，而这一区别也契合于抽象危险犯前置性保护个人法益的预防性立法目的。又因为集体法益立足于服务社会全体成员的规范制度，[②]在底层逻辑方面与行为无价值论所主张的规范违反说具有通约性，所以，抽象危险犯的次要不法依据——行为无价值论亦可在集体法益应被包含在抽象危险犯的不法内容中得以证成。

由此可知，无论从法益的基本机能方面来看，还是从抽象危险犯的独立性特征方面来讲，将抽象危险犯所侵害的法益界定为集体法益与个人法益并存的双层法益，都是妥当的选择。而在抽象危险犯的场合下，这两种法益之间究竟存在何种关系，则是涉及抽象危险犯不法内容的进阶性问题。

事实上，就围绕抽象危险犯不法内容中个人法益与集体法益之关系的争论而言，其核心争议点在于还原论问题。如前所述，“人的法益”理论为集体法益的确证提供了价值层面的正当性依据，但是，针对集体法益是否都能还原为个人法益的问题，学界目前存在一元论与二元论两种不同的观点。一元论认为，任何所谓的超个人的集体法益本质上都是个人法益；[③]只有当某种公法益与个人法益具有同质性，能够分解成或者还原成个人法益，是促进人类发展的条件且具有重要价值时，才是值得刑法保护的法益。[④] 二元论则主张，随着现代社会的发展，刑法除了保护个人法益之外，还肩负着建构秩序、塑造安全，以促进公众认同的职能。[⑤] 因此，集

---

① 参见蓝学友：《规制抽象危险犯的新思路：双层法益与比例原则的融合》，载《法学研究》2019 年第 6 期。

② 参见李志恒：《集体法益的刑法保护原理及其实践展开》，载《法制与社会发展》2021 年第 6 期。

③ 参见陈志龙：《法益与刑事立法》，台北，1997 年作者自版，第 136 页。

④ 参见张明楷：《宪法与刑法的循环解释》，载《法学评论》2019 年第 1 期；黎宏：《结果无价值论之展开》，载《法学研究》2008 年第 5 期。

⑤ 参见陈家林：《法益理论的问题与出路》，载《法学》2019 年第 11 期。

体法益的主体不仅包括“我”，还包括“我们”，其根本特征正在于自身不可分配性，即集体法益无法被精确地还原为某种特定的个人法益，[①]存在只侵犯集体法益的犯罪。总的来看，无论是一元论还是二元论，对于“还原”一词的认知都局限于体系结构层面，即在刑法教义学体系结构内，集体法益能否被拆分还原为个人法益，或者说集体法益能否由个人法益直接推导出。[②] 然而，即使是二元论，也不否认集体法益具有为个人利益提供制度性保障的价值目标。[③] 由此可见，在价值理念层面，集体法益和个人法益都可以被还原为受宪法所保护的公民基本权利与自由。所以，只要集体法益在价值理念上不与宪法所规定的公民基本权利和自由相偏离，即使不能在体系结构上被还原为个人法益，也不影响自身的证立。

就醉驾型危险驾驶罪这类危害公共安全的抽象危险犯而言，其所侵犯的集体法益——公共安全，只有在教义学体系结构内可以被还原成个人法益——不特定或多数人的生命健康权或财产权时，[④]才值得动用刑法加以保护。具体来看，二元论者倾向于将公共安全法益诠释为“安全感”这种主观精神化色彩强烈的心理状态，[⑤]以便与客观具体的个人法益相区分，此种安全感法益具体包括稳定权利行使的心理条件、[⑥]对法秩序的信赖感[⑦]以及对整体治安情势的心理状态（体感治安）。[⑧] 但是，无论采纳哪

---

① 参见马春晓：《现代刑法的法益观：法益二元论的提倡》，载《环球法律评论》2019 年第 6 期。

② 参见贾健：《人类图像与刑法中的超个人法益——以自由主义和社群主义为视角》，载《法制与社会发展》2015 年第 6 期。

③ 参见［德］乌尔斯·金德霍伊泽尔、陈璇：《法益保护与规范效力的保障：论刑法的目的》，载《中外法学》2015 年第 2 期。

④ 参见张明楷：《刑法学》（第 6 版），法律出版社 2021 年版，第 878～881 页。

⑤ 参见齐文远：《刑法应对社会风险之有所为与有所不为》，载《法商研究》2011 年第 4 期；吕英杰：《风险刑法下的法益保护》，载《吉林大学社会科学学报》2013 年第 4 期。

⑥ 参见周漾沂：《重新理解抽象危险犯的处罚基础——以安全性理论为中心》，载《台北大学法学论丛》2019 年第 1 期。

⑦ 参见陈家林：《德国的不能犯理论及对我国的启示》，载陈兴良主编：《刑事法评论》（第 20 卷），法律出版社 2007 年版，第 463 页。

⑧ 参见［日］大谷实：《刑事政策学：新版》，黎宏译，中国人民大学出版社 2009 年版，第 27 页。

一种对安全感法益的解读,都无法改变这一精神化法益所固有的主观性、模糊性与一般性特征。[①] 若将如此抽象的心理状态或感情因素界定为法益,则易导致刑罚范围的不确定性,[②]进而突破罪刑法定原则。这显然是不可取的。而根据规制抽象危险犯所保护的集体法益与保护的个人法益之间的“手段—目的”关系,可以将“公共安全”界定为以保护不特定或多数人的生命健康权或财产权为目标的、由法规范所后天创设的秩序型利益。又因为《刑法》分则条文所承载的秩序是由行为规范构成的,所以,在抽象危险犯的认定过程中,只要实行行为违反了行为规范,就可推定其侵犯了作为阻挡层法益的集体法益。此时,实行行为虽然还未使作为背后层法益的个人法益发生现实变化,但也预示着个人法益向遭受实害性侵害的方向发展的必然趋势。由此,此两种法益之间的还原关系可以得到初步确证。但是,如果通过具体考察案发时的行为事实,能够发现已经侵犯集体法益的行为客观上没有继续造成个人法益受到实害性侵害的可能性,那么,这两种法益的还原关系则会在司法适用层面被阻却,实行行为也就会因不符合抽象危险犯的构成要件而不被认定为犯罪。例如,某些醉驾驾驶机动车的行为虽然在形式违反了涉及交通安全的行为规范,侵犯了旨在保护道路交通领域内不特定或多数人生命健康权与财产权的秩序性利益,但也可因行为事实不具备造成人员伤亡或财产损失的任何可能性而被认定为没有针对个人法益的法益侵害性,从而得以出罪。

综上所述,抽象危险犯的不法内容是对于前置性集体法益与核心层个人法益的侵犯,前者在解释论体系结构上一般还可以还原为后者。而上述涉及的关于法益侵害状态判断方式的讨论则最终取决于抽象危险本身的体系地位。

(三)抽象危险犯的体系地位:并非独立的构成要件要素

抽象危险犯的体系地位不仅与对抽象危险犯法益侵害状态的判断方

---

① 参见刘炯:《法益过度精神化的批判与反思——以安全感法益化为中心》,载《政治与法律》2015 年第 6 期。

② 参见[德]克劳斯·罗克辛、陈璇:《对批判立法之法益概念的检视》,载《法学评论》2015 年第 1 期。

式密切相关,更是决定抽象危险本身能否被反证的关键命题。这是因为,抽象危险的体系地位可以从本质上揭示前述提及的抽象危险的性质。因此,对抽象危险体系地位的探讨应该聚焦于抽象危险在构成要件中与核心构成要件要素——实行行为的关系,即考察抽象危险是否可以被确证为一个独立于实行行为而存在的构成要件要素。针对这一问题,学界目前存在以下三种观点。

1. 附属说

附属说认为,抽象危险犯中的抽象危险是立法者类型性地赋予实行行为的一种抽象的行为属性。[①] 因此,规制抽象危险犯的《刑法》分则条文不再以实行行为在个案中确实招致一定的危险状态为构成要件要素;换言之,该附属于行为的抽象危险只是行为入罪的理由,而非独立的构成要件要素。由此可知,在判断抽象危险犯之构成要件符合性的场合下,仅需实行行为符合构成要件的描述即可推定其具备抽象危险性,从而确证抽象危险犯的构成要件符合性,[②]即在抽象危险犯的司法认定过程中,通常无须法官就个案中是否客观存在引起法益侵害的危险进行具体判断(实质判断),[③]只要能认定行为符合特定抽象危险犯之构成要件,就可以一般性、经验性地判断(形式判断)其具备引起法益侵害的典型危险[④]纵使具体个案不发生实际危险,亦不允许通过反证予以推翻。例如,血液中或呼气中的酒精含量超过一定程度而开车的,立法上推断为危险状态已经出现,不再就个案进行判断;纵然驾驶人酒量过人,亦无妨于犯罪的成立。[⑤]

另外,倘若赞同附属说,那么,根据抽象危险附属于实行行为这一论断,可以发现抽象危险与具体危险之间存在本质差异,即二者具有迥异的

---

① 参见梁根林主编:《当代刑法思潮论坛:刑法体系与犯罪构造》(第1卷),北京大学出版社2016年版,第407页。

② 参见林钰雄:《新编刑法总则》(第7版),台湾元照出版公司2019年版,第101~102页;[日]大谷实:《刑法讲义各论》(新版第2版),黎宏译,中国人民大学出版社2008年版,第343页。

③ 参见熊亚文:《抽象危险犯:理论解构与教义限缩》,载《中国刑事法杂志》2021年第5期。

④ 参见林钰雄:《新编刑法总则》(第7版),台湾元照出版公司2019年版,第102页。

⑤ 参见林东茂:《刑法综览》,中国人民大学出版社2009年版,第51页。

构成要件构造。详言之，无论是对法益的现实侵害还是具体危险，均属于犯罪构成中的结果要素，因而实害犯与具体危险犯同属结果犯的范畴。相反，基于抽象危险犯实行行为之典型的、一般的或普遍的危险性，立法者并未附加其他构成要件要素（尤其是结果要素），而是以一定之行为要件直接确认行为的危险性。因此，抽象危险犯可以被归属于行为犯的范畴。① 由此，二者的判断方法也就可以被显著地区分开来。就抽象危险的判断而言，只需一般的、类型性的判断；而就具体危险的判断而言，则需要进行个别的、具体的判断。具体而言，具体危险是"在司法上"以行为当时的具体情况为根据，认定行为具有实害结果发生的可能性；抽象危险则是以行为本身的一般情况或一般的社会生活经验为依据，认定行为具有实害结果发生的可能性。②

事实上，不难看出，抽象危险附属说有力地支持了前述抽象危险反证否定说的主张。其强调作为一种相对直观高效的法益侵害状态的判断方法，经验性与类型化的形式判断也契合于抽象危险犯阻挡层法益——集体法益之侵害状态的判断需求。但是，倘若对抽象危险犯之背后层法益——个人法益的侵害状态仍适用这一形式判断方式，则有失之于机械化司法之嫌，从而难以应对各种复杂的司法实践情况，进而导致抽象危险犯的处罚范围过度扩张，可能出现处罚不当罚行为的情况。③

2. 独立说

如前所述，抽象危险反证肯定说的基础性论据就在于抽象危险的构成要件要素属性，即承认抽象危险是独立于实行行为，且与实行行为之间存在刑法意义因果关系的结果性构成要件要素。独立说以合理限缩抽象危险犯的处罚范围为目的，力图克服附属说可能带来的对抽象危险犯司法认定过于机械化的弊端。具体来看，秉持结果无价值论的学者将抽象危险视作未在法律条文中明确阐明的犯罪构成的隐含要素，从而将之纳入客观犯罪构成结果要素，继而将抽象危险犯与具体危

---

① 参见黄荣坚：《基础刑法学》（下），中国人民大学出版社 2009 年版，第 382～383 页。

② 参见张明楷：《行为无价值论与结果无价值论》，北京大学出版社 2012 年版，第 83 页。

③ 参见熊亚文：《抽象危险犯：理论解构与教义限缩》，载《中国刑事法杂志》2021 年第 5 期。

险犯一样都视为结果犯,需要具体判断犯罪构成中抽象危险要素的存在。[①] 例如,在具有抽象危险犯性质的醉驾型危险驾驶罪中,可以认为造成人身伤害或财产损失的具体交通安全危险虽然未在罪状中提及,但可以从理论上视为隐含的危险结果要素或暗示的罪量要素加以引申得出。因此,就醉驾犯罪之成立而言,需考量个案中是否存在对人身和财产的具体危险。[②]

基于此,承认独立说,就意味着要在抽象危险犯的司法认定过程中采用实质判断的方法,具体认定作为结果性构成要件要素的抽象危险是否存在。换言之,就是要对抽象危险犯背后层法益——个人法益的侵害状态进行实质判断。在这种情况下,抽象危险与具体危险之间的差别就变得十分模糊。也就是说,抽象危险与具体危险之间已经不存在本质上的差异,二者之间的区别仅限于危险程度的层面,即具体危险犯是以法益侵害的高度可能性(迫在眉睫的危险)为成立要件的犯罪,[③]而就抽象危险犯的成立所要求的危险程度而言,只要有引起具体危险的盖然性(极其可能性)即可。[④] 由此,我国台湾地区学者许玉秀否定了抽象危险犯与具体危险犯的区分,认为对于法律而言,只有一种危险,即逾越应容许程度的危险。抽象危险犯与具体危险犯的危险程度是一样的,某些行为一旦可能造成法律不容许的危险,法律就会加以规范,只是有些行为必须加上一些具体的危险情况才能到达法律危险的临界点。前者可以称为抽象危险犯,后者则是具体危险犯。学界有人提出抽象具体危险犯这种概念,已经可以看出,没有办法将危险毫不费力地区分为抽象或具体,而事实上这种区分也没有实益。

虽然独立说旨在合理控制抽象危险犯的处罚范围,但是其先天具有

---

① Vgl. KurtO. Rabl, DerGefährdungsvorsatz, Keip, 1933, S. 16.

② 参见李川:《抽象危险犯自身谦抑机制研究——以醉驾案件具体危险犯化认定倾向为视角》,载《政治与法律》2013 年第 12 期;梁根林:《"醉驾"入刑后的定罪困扰与省思》,载《法学》2013 年第 3 期。

③ 参见[日]内藤谦:《刑法讲义总论》(上),日本有斐阁 1983 年版,第 206 页。

④ 参见[德]克劳斯·罗克辛:《德国刑法学总论——犯罪原理的基础构造》(第 1 卷),王世洲译,法律出版社 2005 年版,第 278 页。

的理论缺陷往往会带来事与愿违的结果。具体来看,一方面,承认抽象危险的独立构成要件要素地位,意味着放弃对抽象危险犯与具体危险犯的实质区分。这样做,有损于抽象危险犯构成要件的定型化机能与个别化机能,有悖于罪刑法定原则的明确性要求。质言之,如果认为抽象危险与具体危险之间仅存在危险程度方面的不同,那么,由于在我国目前司法实践中不存在衡量这一危险程度的统一标准,所以,就判断抽象危险犯的成立究竟需要何种程度的危险而言,势必就会陷入一种"无限细分"的不可知论的窠臼中,从而极大地增加司法认定工作的难度。另一方面,就作为独立构成要件要素的抽象危险而言,在司法认定过程中的判断依据仍是构成要件行为事实,而非客观上由其所引起的实害性结果事实或可以被现实观察到的危险状态事实,这也就意味着抽象危险的判断依据混同于抽象危险犯构成要件中另一独立构成要素——实行行为的判断依据。此时,即使对抽象危险的司法认定适用实质判断的方法,也会增加抽象危险行为入罪的可能性。

3. 折中说

由于附属说与独立说都各自面临着难以化解的实践困境,所以,近年来旨在弥补上述两种理论短板的折中说理论逐渐开始流行起来。该理论源自域外刑法学界对于传统抽象危险犯概念所进行的类型化解构。详言之,就是打破了传统危险犯理论中抽象危险犯与具体危险犯"二分并立"的格局,发展出第三种独立的危险犯类型——准抽象危险犯。[①] 然而,就这一理论对抽象危险体系地位的界定是否合理而言,则仍然需要结合其具体理论内容进行深入分析。在德国,通说的准抽象危险犯理论是在"具体危险性犯"(Konkrete Gefährlichkeitsdelikt)与"抽象—具体危险犯"(Abstrakt-Konkrete Gefährdungsdelikte)这两种理论的基础上提出的"适格犯"(Eignungsdelikt)理论。适格犯不仅包括《刑法》分则条文中以"足以"条款的形式明确标明行为危险属性的罪名,而且还包括虽未在分则条文中明确规定行为的危险属性,却在实质意义上存在将"'足以'产生一定的危险"作为不成文不法构成要件要素的罪名。由此可见,适格犯理论将

① 也被称作"具体危险性犯"、"抽象—具体危险犯"或"适格犯"。

成立抽象—具体危险犯所需的形式标准重构为兼具形式与实质意义的准抽象危险犯成立标准。[①] 值得注意的是,在我国学界,已经有部分学者支持将以适格犯为代表的德国准抽象危险犯理论引入我国。学者们认为,我国《刑法》第 133 条之一规定醉驾型危险驾驶罪,就是默认“足以”条款作为不成文构成要件要素的适格犯的典例。[②]

而在日本,通说理论在抽象危险体系地位的问题上倾向于独立说的理论主张,[③]而日本的准抽象危险犯理论正是衍生于对作为独立构成要件要素的抽象危险的类型化区分。具体而言,西田典之教授指出,有别于具体的危险犯,抽象性危险犯一般可以分为两种情况:一是类型性地存在危险的场合,这种危险犯类型又可称之为准抽象危险犯;二是存在拟制的危险的场合,这种危险犯类型属于抽象危险犯。[④] 大谷实教授也指出,抽象危险犯,可以分为不以发生抽象危险为要件的犯罪和以发生某种侵害法益的危险为必要的犯罪(即使可能性极低),后者可称为准抽象危险犯。[⑤] 山口厚教授则进一步指出,准抽象危险犯其实是具体危险犯和(典型的)抽象危险犯的中间形态,这种犯罪在对构成要件行为的适用评价中已经要求了某种程度的实质的危险判断。[⑥]

由此不难看出,德日的准抽象危险犯理论虽然强调准抽象危险是一种独立于行为要素之外的行为属性危险,但由于其主张将对于行为是否符合构成要件的判断前置于行为是否具备抽象危险性的判断,因而在实

---

① Vgl. Hoyer, DieEignungsdelikte, 1997, S. 19.

② 参见李婕:《限缩抑或分化:准抽象危险犯的构造与范围》,载《法学评论》2017 年第 3 期。

③ 根据日本刑法理论通说,具体危险犯以法益侵害的现实的、具体的危险的发生为必要,而抽象危险犯以抽象的危险发生为已足。在通说看来,具体危险犯和抽象危险犯均以实质的危险的发生作为犯罪构成要件要素,只不过,二者仅在危险程度方面存在差异。具体危险犯中的危险是一种高度的、紧迫的危险,而抽象危险犯中的危险则是一种比较缓和的危险。参见[日]前田雅英:《刑法总论讲义》,曾文科译,北京大学出版社 2017 年版,第 61 页。

④ 参见[日]西田典之:《日本刑法总论》(第 2 版),王昭武、刘明祥译,法律出版社 2013 年版,第 70 ~ 71 页。

⑤ 参见[日]大谷实:《刑法讲义总论》(新版第 2 版),黎宏译,中国人民大学出版社 2008 年版,第 115 页。

⑥ 参见[日]山口厚:《刑法总论》,付立庆译,中国人民大学出版社 2018 年版,第 46 页。

质上已经将准抽象危险要素从行为要素中分离出去。所以,这一理论在"危险"体系地位问题上又回到了独立说的论证逻辑之中,而日本的准抽象危险犯理论本身就建构在独立说的观点之上。由此可见,以准抽象危险犯理论为实质内容的折中说与独立说的理论主张并无本质区别。

综上所述,可以确定的是,抽象危险不具备独立的构成要件要素地位,不能被剥离出行为要素之外。但对于其司法认定,则应采用全面结合案件具体情况的实质判断方法。[①] 至于这一判断方法与抽象危险体系地位之间的矛盾问题,[②]则需要在方法论层面厘清刑事司法中反证方法基本原理的基础之上,通过精细化探究实质判断方法的具体内容来加以解决。

(四)刑事司法中的反证方法:被告人行使辩护权的基本方式

在刑事司法实践中,所谓的反证方法是指犯罪嫌疑人在刑事诉讼过程中通过反向证明自己所受指控的全部或部分犯罪事实不存在,从而排除自身刑事责任的出罪方法。从这一概念表述可以看出,反证方法借鉴了法逻辑学中反向推理的论证思维。[③] 在对抽象危险犯的研究中,最早倡导适用反证方法以实现出罪化处理的理论,均由德国刑法学者提出,其中包括诉讼反证说与法益反证说两种不同的进路。诉讼反证说由拉布尔(Rabl)提出,主张包括危险犯在内的所有犯罪,本质上应该都是对法所保护之诸利益的实质的攻击,而这种攻击在危险犯中主要体现为行为人实施可能引起实害结果之危险行为的故意。[④] 又因为抽象危险犯以实行行为为核心的立法模式,表明了只要证明实行行为存在就可以推定危险故意存在的主观罪过证明路径,所以,也应当允许在刑事诉讼过程中通过反向证明不存在危险故意的方式来否定抽象危险的存在。然而,抽象危险

---

① 如前所述,在抽象危险犯中,实行行为侵犯抽象危险犯所保护的背后层个人法益的方式是制造针对该法益的抽象危险。所以,对于抽象危险的判断方式即对抽象危险犯所保护的背后层个人法益之侵害状态的判断方式。

② 混淆抽象危险与具体危险的概念。

③ 反向推理的定义可以被表述为:从法律规则赋予特定情形以特定法律后果,推出该特定后果不适用于不为该法律规则所指涉的其他案件情形。参见雷磊:《类比法律论证——以德国学说为出发点》,中国政法大学出版社 2011 年版,第 276 页。

④ Vgl. KurtO. Rabl, DerGehährdungsvorsatz, Str. Abh. Heft312, 1933, S. 15f.

的判断与反证绝不只局限于主观故意层面;诉讼反证说希冀于通过证明主观罪过不存在的方式来排除客观的危险状态,显然会混淆犯罪构成的主观要素与客观要素,从而形成难以自圆其说的理论缺陷。法益反证说则由施罗德(Schröder)倡导,其对前者的主要理论进行了客观化与法益化的改造。具体而言,立法上对于实行行为只要符合抽象危险犯的犯罪构成要件就当然具备侵犯法益之抽象危险的推定,可以在司法程序中通过证明并不存在客观的危险状态来予以反向推翻。① 不难看出,无论是哪种反证理论,都与刑事诉讼法中的证明责任分配问题密切相关。因此,深入探析反证方法的运行逻辑,离不开对于相关证明责任分配理论的考察。

从比较研究的角度来看,刑事诉讼中的证明都受到了刑法规范中的犯罪构成体系的指导。大陆法系国家的有关学者在刑事举证责任的分配标准上都坚持了同一种思路,即通过梳理犯罪构成的体系脉络,以构成要件符合性、违法性及有责性的层次结构为基础来分配举证责任。其中,构成要件符合性标志着行为开始进入刑法评价的范围之内。在具备了第一要件之后,违法性及有责性两个要件就被推定成立。如果不具备特别的违法阻却事由或责任阻却事由,此种推定便可进一步坚定化。公诉方只有在为构成要件该当性履行提供证据之责任之后,方能暂时卸下其举证负担。随后,违法性及有责性要件之不具备,则必须由被告人承担提供证据之责任。犯罪构成的层层递进不但为考察犯罪的实体认定提供了逻辑性的思考脉络,而且也为形式举证责任之安排提供了稳定清晰的操作标准。② 由此可见,大陆法系的三阶层犯罪构成体系可以凭借自身强大的类型化功能,将待证对象予以清楚分类,从而完成合理分配举证责任的刑事司法任务。③

而在我国,无论是采取传统四要件的犯罪构成体系,还是采取德日三

---

① Vgl. Schröder, DieGefährdungsdelikteimStrafrecht, ZStW81(1969), S. 18.

② 参见[日]铃木茂嗣:《刑事证据法的若干问题》,载[日]西原春夫主编:《日本刑事法的形成与特色》,李海东等译,中国法律出版社、日本国成文堂 1992 年版,第 164~165 页;杜宇:《犯罪构成与刑事诉讼之证明——犯罪构成程序机能的初步拓展》,载《环球法律评论》2012 年第 1 期。

③ 参见杜宇:《犯罪构成与刑事诉讼之证明——犯罪构成程序机能的初步拓展》,载《环球法律评论》2012 年第 1 期。

阶层的犯罪构成体系，被告人均可以通过在法庭上证明存在排除犯罪成立事由的方式来否定犯罪成立。例如，在抽象危险犯中，行为人可以根据自己特别知道的事实提出危险根本不存在的主张。这不仅符合我国犯罪构成体系的内在要求，而且也符合举证责任分配的一般原理。然而，从实际操作层面来看，要在犯罪构成要件与证明责任分配之间建立关联，还需要借助刑事诉讼程序中的一种独特的证明方法——刑事推定加以完成。推定是以基础事实推断未知事实的一种证明方法，其功能是明确或转移举证责任的分配。通说认为，推定通常包含基础事实、推定事实以及从基础事实到推定事实的推论过程三个要素。[①] 具体来看，行为符合某一罪名的犯罪构成要件，在规范意义上就意味着行为落入刑法的视域范围，在逻辑意义上则意味着推定的"基础事实"的确立。如果没有特别的排除犯罪成立事由，则推定犯罪成立。如果行为人提出某特定事由主张排除犯罪成立，则之前的"推定"就被推翻。

关于推定所具有的明确或转移举证责任分配之功能，具体到刑事诉讼领域，"推定的后果，往往是把推定对之有利的一方的证明责任转移到另一方。因此，可以把推定作为证明责任的一部分加以考虑"[②]。概言之，推定具有沟通性的效果，不仅构成了犯罪构成体系的逻辑脉络，而且具有举证责任分配之功效，从而成为连接实体裁判体系与举证分配体系之间的桥梁。而反证方法的直接作用正是推翻公诉方推定犯罪成立的结论。所以，在抽象危险犯中，如果被告人提出排除犯罪成立事由且达到"优势证据"的程度，就完全可以否定公诉方的证据，排除犯罪成立。由此可见，反证方法是被告人充分行使自身辩护权的重要方式，它既没有增加被告人的诉讼负担，也没有增大被告人的败诉风险，反而与"存疑时有利于被告人"原则所贯彻的保护被告人合法权利的精神理念相契合。

另外，需要强调的是，随着犯罪构成理论的不断发展进步，构成要件符合性这一阶层早已不再具备价值无涉属性。换言之，对于行为是否符

---

① 参见易延友：《证据法学：原则　规则　案例》，法律出版社 2017 年版，第 511 ~ 512 页。

② Jack. H. Friedenthal & Michael Singer, *The Law of Evidence*, the Foundation Press Inc., 1985, p. 33.

合犯罪构成要件的判断,已由价值无涉(客观中性)的形式判断演进为包含价值评价内容的实质判断。[①] 因此,在三阶层的犯罪论体系中,被告人反证的内容不仅包括阻却违法性的事实和阻却有责性的事实,还可以包括经实质判断可以确证阻却构成要件符合性的事实。因此,在抽象危险犯的刑事诉讼过程中,控方在初步证明辩方实施了符合犯罪构成要件的行为后,辩方完全可以通过反向证明行为在实质意义上不符合构成要件而实现出罪。如前所述,抽象危险在体系结构中并不能独立于实行行为而存在,所以,其本身并不能直接构成反证方法的证否对象。

四、抽象危险反证理论的批判性重构:由反证到解释

通过对于抽象危险反证命题相关基础理论的梳理,不难发现,肯定说与否定说的实质争议主要集中于抽象危险犯背后层法益之侵害状态的判断方式(抽象危险的判断方式)与反证方法的直接作用对象两个深层次的问题之上。因此,对于传统抽象危险反证理论的批判与重构,必然要建构在针对这两个问题所进行的逻辑自洽且功能自足的阐释之上。

(一)对抽象危险反证理论核心争议的批判性解构

1. 对抽象危险之判断方式的解构

事实上,抽象危险的判断方式是串联起抽象危险反证理论所有争议点的线索性问题。它既与抽象危险犯的不法依据这一价值属性命题存在关联,也与抽象危险体系地位这一教义学理论命题存在关联,还涉及抽象危险犯相关案件的司法实践效果。具体而言,形式判断在价值取向层面倾向于行为无价值论,其肯定了抽象危险附随于实行行为的体系属性,但在实践效果层面则易导致机械司法,从而过度扩张抽象危险犯的入罪范围,进而有悖于刑法的人权保障机能;实质判断在价值取向层面倾向于结果无价值论,其以承认抽象危险的独立性构成要件要素地位为适用前提,在实践效果层面会造成个案之间裁判标准不统一的局面,从而损害抽象危险犯构成要件的定型性机能,使得抽象危险犯的入罪边界模糊化,未必

① 参见许玉秀:《当代刑法思潮》,中国民主法制出版社2005年版,第132页。

起到限制入罪范围的效果,甚至可能导致重复评价的问题。基于倡导出罪的立场,形式判断的方法显然是不可取的。实质判断较之于形式判断而言,虽然更接近于出罪化主张,但这一判断方法不仅面临前述实践层面的问题,而且由于其对于抽象危险独立性构成要件要素地位的承认,又会与抽象危险附随于实行行为的基本属性产生体系结构层面的矛盾。因此,无论是形式判断还是实质判断,在现有的理论框架内,都无法在满足有利于出罪的功能需求的同时,维护体系结构的融贯性与无矛盾性。因此,我们不妨对现有的抽象危险判断方式进行更进一步的类型化区分,从而提炼出最为适宜的新型判断方式。

具体来看,形式判断存在内容的单一性与逻辑的简单性的局限,已难有深入挖掘的理论空间。而实质判断因立足于对个案现实情况的具体分析,其所包罗的内容显然更为丰富,从而也就具备了理论层面的类型化延展空间。质言之,实质判断可以被细分为存在性判断与程度性判断。前者只需要判断特定情况下抽象危险是否现实存在,解决"有"或"无"的问题;而后者则需要考察"危险"的强弱程度以甄别其是否为区别于具体危险的抽象危险,解决"多"或"少"的问题。这一实质判断方式的类型化区分,源自逻辑哲学中"质"与"量"的区分问题,所谓的"存在"与"程度"只不过是对"质"与"量"概念的具象化诠释。对于这组概念的对立统一关系,黑格尔曾有过精辟的概括,"我们观察事物首先从质的观点去看,而质就是我们认为与事物的存在相同一的规定性。如果我们进一步去观察量,我们立刻就会得到一个中立的外在的规定性的观念。按照这个观念,一物虽然在量(程度)的方面有了变化,变成更大或更小,但此物却仍然保持其原有的存在"①。

而就现有的实质判断理论而言,之所以会面临前述实践效果与体系逻辑层面的双重挑战,其本质原因就在于对于抽象危险的考察本质上仍是一种程度性衡量,从而无法有效地与具体危险相区分。易言之,对于抽象危险的程度化判断,必然会强行将其剥离于实行行为进行独立考察,从而默认其具备独立的构成要件要素地位,继而导致其混淆于具体危险。

---

① [德]黑格尔:《小逻辑》,贺麟译,商务印书馆1980年版,第217~218页。

退一步讲,即便认为抽象危险与具体危险只具有程度性的区别,在抽象危险犯的司法认定过程中,适用这种程度性的实质判断方法也是没有规范依据的。这是因为,在我国的刑事立法中,抽象危险犯与具体危险犯最鲜明的区别就在于规定其的分则规范中并不存在类似于“足以危及……”或“情节严重”等表征其不法程度的罪量要素。[①] 因此,在构成要件符合性阶层,对于抽象危险的认定,不宜采用程度性的实质判断方式。[②]

相比之下,如果对抽象危险的判断采用存在性的实质判断方式,那么前述实践效果层面与体系逻辑层面所存在的适用实质判断方式的难题就会迎刃而解。具体而言,一方面,存在性判断并不关注危险的强弱程度,所以其对于抽象危险的认定未脱离实行行为本身,即法官在进行个案审理时,只要审查行为人的行为是否在实质上符合法条所规定的行为要件,而不必审查个案事实中是否的确出现所谓的危险结果。[③] 这样,因程度性判断而导致的法官自由裁量权恣意的风险便会得到明显降低。另一方面,存在性判断仍是立足于个案实际情况进行的实质判断,其否认抽象危险只是一种“无中生有”的法律拟制。这也就意味着,即使行为人所实施的行为在形式上符合抽象危险犯的构成要件,但在实质意义上不存在导致背后层法益受损的现实危险性,也可以据此否定其行为具备构成要件符合性。在这种情况下,抽象危险附随于行为的非独立属性并未被推翻,通过实质判断抽象危险来限制抽象危险犯入罪范围的通路也得以保留。因此,存在性的实质判断是最为适宜的抽象危险判断方式。

2. 对反证方法的直接作用对象

传统的抽象危险反证理论将抽象危险视为独立于实行行为的结果性构成要件要素,强调反证方法的直接作用对象系抽象危险本身。根据前述对于抽象危险附随于实行行为这一体系性特征的推导,传统的抽象危

---

① 罪量要素所表征的不法程度,在实害犯中是指实害性的法益侵害程度,在具体危险犯中是指可能造成实害性法益侵害结果之危险的程度。

② 当然,在构成要件符合性阶层的认定中不采用程度性判断的方式,并不意味着在对于抽象危险犯的认定过程中完全排除了程度性考量。笔者将在下文讨论因阻却违法性而予以出罪的内容中详述抽象危险犯认定过程中的程度性考量问题。

③ 参见黄荣坚:《基础刑法学》(下),台湾元照出版公司 2006 年版,第 620 页。

险反证理论对于反证方法直接作用对象的界定显然已不合时宜,但这并不意味着在抽象危险犯构成要件符合性的认定过程中不存在反证方法的适用空间。

如前所述,反证方法的核心内容在于通过证明全部或部分犯罪事实不存在来推翻公诉方推定犯罪成立的结论。那么,当抽象危险不能作为独立的构成要件要素被反证方法直接发生作用之时,仍可以通过实质判断行为不具备任何侵害背后层法益的可能性来反向证明不存在符合构成要件的实行行为,从而实现出罪化处理。由此可见,实行行为本体才是反证方法的直接作用对象,抽象危险作为附属于实行行为的行为属性只能被反证方法间接推翻。诚如马克思所言,“对于法律来说,除了我的行为之外,我是根本不存在的,我根本不是法律的对象,我的行为就是我同法律打交道的唯一领域”①。确证实行行为是反证方法的直接作用对象,不仅尊重了实行行为在构成要件中的核心要素地位,而且与直接反证抽象危险不存在这一画蛇添足式的判断逻辑相比,可以帮助司法机关更为直观高效地判断抽象危险犯的构成要件符合性,也使得抽象危险犯在构成要件符合性阶段的教义学出罪空间具备更强的体系性与逻辑性。

综上所述,就抽象危险反证理论的重构而言,关键就在于将反证方法的直接作用对象由实行行为外的抽象危险转向实行行为本身。当不具备实行行为时,基于抽象危险的实行行为附属性,自然就可以得出抽象危险不存在的结论。在这一意义上,反证抽象危险不存在与实质判断行为不符合构成要件,无论是在内涵层面还是功能层面都已趋同。因此,对于抽象危险犯因不符合构成要件而出罪的分析重点,也应由对抽象危险的反证,转向对于实行行为的实质判断,即对于构成实行行为各要素的实质解释。

(二)克制型实质解释方法的证立

法律的文本需要解释,这已经是学界的共识。“所有的成文法与不成

---

① 中共中央马克思恩格斯列宁斯大林著作编译局编译:《马克思恩格斯全集》(第1卷),人民出版社1995年版,第16~17页。

文法都需要解释。”[①]“如果有人认为法律在某个具体案件上的运用只是把个别置于一般之中的逻辑归属过程，那显然是一种外行的看法。”[②]“法律如果没有法院来详细说明和解释其真正意义和作用，就是一纸空文。”[③]“法典和制定法的存在并不使法官显得多余，法官的工作也并非草率和机械。会有需要填补的空白，也会有需要澄清的疑问和含混。”[④]这都说明了法律解释的重要性。而探索对于抽象危险犯构成要件中各构成要素的实质解释路径，则需要在厘清相关刑法解释问题之基础理论的前提下进行。

长久以来，学界对于刑法实质解释的研究焦点在于其与刑法形式解释之间的争论。从形式解释与实质解释的论争看，主要表现在司法逻辑与文本解读两个要素的对立上。就司法逻辑而言，形式解释论者坚持："就形式判断与实质判断之间的关系而言，先作形式判断，其后是可以再作实质判断。"[⑤]刑法实质解释则坚持，在疑难案件中应该遵循从价值判断到规范判断的思路，先考虑处罚的妥当性与合理性，并以此为导向来对个罪的构成要件进行刑法解释。就文本解读而言，实质解释论者认为，如果符合文义内涵，可以作出不利于被告人的扩大解释。对此，形式解释论者坚决反对，认为实质正义的考量只能遵循有利于被告人的思路，不能作出不利于被告人的扩大解释。[⑥]

基于限缩抽象危险犯成立范围的立场，选择实质解释的立场显然会更为高效。这是因为，形式解释论强调对于法条文义的忠诚。这样，对条文的解释就会采取较为严格的态度，对"刑法有明文规定"有着更严格的把握尺度。同时，形式解释论会更倾向于对刑法条文作一般国民所持的理解，强调立法原意，而对目的解释等代表灵活解释的诸多技

---

① [英]霍布斯：《利维坦》，黎思复、黎廷弼译，商务印书馆1985年版，第214页。

② [德]汉斯·格奥尔格·加达默尔：《真理与方法：哲学诠释学的基本特征》（下卷），洪汉鼎译，上海译文出版社1999年版，第685页。

③ [美]汉密尔顿等：《联邦党人文集》，程逢如等译，商务印书馆1980年版，第111～112页。

④ [美]本杰明·卡多佐：《司法过程的性质》，苏力译，商务印书馆2002年版，第4页。

⑤ 陈兴良：《形式与实质的关系：刑法学的反思性检讨》，载《法学研究》2008年第6期。

⑥ 参见邓子滨：《中国实质刑法观批判》，法律出版社2009年版，第187页。

术持本能的警惕态度。因此,当在实质意义上没有任何法益侵害属性的行为在形式层面符合分则条文所规定的构成要件之时,通过形式解释,就难以实现出罪化的结果。而由于倚重解释论来解决绝大多数的立法漏洞,实质解释论自然倾向于对条文的解释作灵活的处理,并由此对“刑法有明文规定”作不同于形式论者的宽泛理解,这显然更有利于实现形式上符合构成要件行为的出罪。例如,“在道路上”是醉驾型危险驾驶罪实行行为的空间场域要素。对于这里的“道路”,在司法裁判中,应以危险驾驶罪所保护的法益为指导来进行实质判断,对危险驾驶罪中“道路”的理解应重点把握驾驶行为的发生地是否具有“公共性”。而“公共”最本质的特征在于对象的不特定性,只要允许不特定的社会车辆自由通行,就属于道路;如果仅允许与管辖单位、人员有业务往来、亲友关系等特定事由的来访者的车辆通行,则不属于允许社会车辆通行的道路。[①] 不能将“道路”仅形式化地理解为面向社会开放的公路,从而将单位管辖内的道路机械地排除在外。2010 年 10 月 16 日,发生于河北大学新校区的“李某醉酒驾驶肇事案”就是发生在允许社会车辆及人员出入的大学校园。[②] 在这一案例中,尽管行为人醉酒驾驶的场所是在高校管理范围内的校园道路,但是,由于这样的道路允许社会车辆进出,并有不特定多数人在这样的道路上通行,直接关涉危险驾驶罪所保护的背后层法益,因而不能将允许不特定社会车辆进出的校园道路排除在危险驾驶罪成立的范围之外。

并且,需要注意的是,在具体的解释过程中,为了实现对条文的灵活

---

① 参见高贵君、马岩、方文军、曾琳:《〈关于办理醉酒驾驶机动车刑事案件适用法律若干问题的意见〉的理解与适用》,载《人民司法》2014 年第 3 期。

② 2010 年 10 月 16 日晚,李某驾驶一辆黑色迈腾轿车送朋友回河北大学新校区生活区,当行驶至河北大学新校区生活区一家超市门前时撞倒两名女生,后被保安和学生扣留。警方经对李某采血并对其所驾车辆进行检测,鉴定为醉酒超速驾驶。其中一名伤者陈某因抢救无效死亡。案发后,李某家属对受害者家属积极赔偿,赔偿死者陈某家属 46 万元,伤者张某 9.1 万元,取得了对方谅解。人民法院鉴于李某认罪态度较好,其亲属积极赔偿被害人损失,酌情从轻处罚,以交通肇事罪判处被告人李某有期徒刑 6 年。参见中华人民共和国最高人民法院刑事审判一、二、三、四、五庭主办:《刑事审判参考:办理危险驾驶类犯罪专集》(2013 年第 5 集),法律出版社 2014 年版,第1~2页。

处理，实质解释论必定青睐客观目的解释，因为只有强调刑法条文的意义会随客观情况的变化而变化，对刑法条文的目的作出新的解读，才可能对相关条文的意义按自身的偏好作出界定。① 目前，关于客观目的解释中法规范的客观目的由何种内容构成的问题在学界引起了广泛的争鸣。有的学者将法规范的客观目的诠释为对法益的保护；②也有学者基于目的理性理论将刑事政策引入刑法体系中来，将政策性因素作为指导刑法解释的客观目的；③还有学者主张将刑法规范的客观目的界定为刑法所保护的最低限度的社会秩序。④ 然而，无论是法益、刑事政策、社会秩序抑或在解释刑法条文时需要参照的刑罚预防目的，在本质上都是需要融入法律条文之外且存在于社会生活之中的价值理念才能充分阐释其规范内涵。质言之，客观的目的解释本质上就是一条输出解释者价值判断的表达进路。因此，也可以认为，目的解释是一种解释理由，而作为其下位概念的解释技巧则有两种，分别是目的性限缩和目的性扩张。⑤

然而，基于形式解释对刑罚权发动的制约作用，在特定场合下，其也能得出出罪式的解释结论，即当在实质意义上具备类型化法益侵害属性的行为，却在形式层面不严格符合分则条文的文义之时，适用实质解释的方法往往会过于强调对法益的保护，从而得出行为符合构成要件的解释结论，这有悖于实质解释的偏重出罪化的解释初衷。此时，与可能文义相比，坚持形式解释，会进一步限缩构成要件要素的含义范围，从而实现更

---

① 参见劳东燕：《刑法解释中的形式论与实质论之争》，载《法学研究》2013 年第 3 期。

② 参见［德］英格博格·普珀：《法学思维小学堂：法律人的 6 堂思维训练课》，蔡圣伟译，北京大学出版社 2011 年版，第 71 页；张明楷：《刑法理念与刑法解释》，载《法学杂志》2004 年第 4 期。

③ 参见［德］克劳斯·罗克辛：《德国刑法学总论：犯罪原理的基础构造》（第 1 卷），王世洲译，法律出版社 2005 年版，第 126 页。

④ 参见李凯：《刑法解释方法的体系建构——以目的论解释之限定为视角》，载《中国刑事法杂志》2014 年第 1 期。

⑤ 目的性限缩是指在法条用语可能的含义范围过宽时，为了达到处罚的合理性，根据相应法条的规范保护目的去限缩构成要件的适用范围；目的性扩张则是指在法条用语的字面含义可能过窄时，为了保证处罚的合理性，根据相应法条的规范保护目的，扩充法条用语的字面含义到其可能边界的一种解释方法。目的性限缩与目的性扩张最终的结论可能分别是限制解释（缩小解释）与扩大解释。参见付立庆：《刑法总论》，法律出版社 2020 年版，第 32 ~ 33 页。

有利于限缩抽象危险犯成立范围的价值诉求。这一解释过程完美契合于目的性限缩的内容。例如,如果以针对危险驾驶罪之背后层法益的抽象危险作为判断依据,超标电动自行车显然符合醉驾行为中驾驶工具要素——“机动车”的可能文义。因此,严格根据《道路交通安全法》第119条的规定将超标电动车排除在“机动车”文义范围之外的形式解释结论,在解释技巧上属于限缩解释对象可能文义的限缩解释,而这一限缩解释正契合于“积极引导醉驾行为出罪”的“目的”。由此可见,对于“机动车”这一要素的目的性限缩是通过形式解释而非实质解释的方式得以实现的。换言之,倘若此时仍坚持贯彻法益保护原则对机动车要素进行实质解释,那么,就不仅无法实现“积极引导醉驾行为出罪”的“目的”,反而会形成有利于醉驾行为入罪的扩张解释结论,这显然有悖于解释的初衷。这一解释路径目前已得到我国最高审判机关的肯定。①

由此可见,虽然实质解释更青睐于目的解释,但形式解释也并非与目的解释完全绝缘。虽然经由形式解释得出的出罪式解释结论可能会造成刑法在法益保护层面的漏洞,但持形式解释论观点的学者却认为这一不利于被告人的刑法漏洞应被委诸立法者去弥补。他们强调:“对于现代社会给我们提出的现代课题,虽说刑法理论不能袖手旁观,但是,将立法的缺陷转嫁给被告人承担,随便用解释论的方法对其进行弥补,反而会引起更大的问题。”②

综上所述,具体就实现抽象危险犯实行行为的出罪式解释问题而言,运用客观目的解释,需要解释者基于鼓励出罪的客观目的,在不违反罪刑法定原则的前提下,对构成实行行为的各要素之文义进行一定的目的性限缩。而就这一目的性限缩的具体实现路径而言,系以实质解释为主,形式解释为辅。所以,我们可以将解释论层面中限缩抽象危险犯构成要件该当性之范围的方法论称之为克制型实质解释方法。

---

① 参见中华人民共和国最高人民法院刑事审判一、二、三、四、五庭主办:《刑事审判参考:办理危险驾驶类犯罪专集》(2013年第5集),法律出版社2014年版,第10~16页。

② [日]曾根威彦:《刑法学基础》,黎宏译,法律出版社2005年版,第18页。

五、克制型实质解释方法的逻辑矛盾及其化解通路

克制型实质解释的方法须在克服了学理体系层面与法律规范层面的逻辑矛盾之后,才能有效限缩抽象危险犯在构成要件符合性阶层的成立空间。从体系逻辑的角度来看,上述克制型实质解释方法可能在以下两个方面遭遇阻碍其出罪功能发挥的矛盾。

(一)犯罪论学理体系内的矛盾及其化解

在三阶层的犯罪论体系中,对构成要件符合性的判断适用实质解释的方法,会面临违法性阶层判断提前化这一三阶层之间的体系结构矛盾。这是因为,在学界对于三阶层犯罪论体系的通常认知中,“构成要件符合性解决行为在形式上是否符合刑法分则各条规定的构成要件的问题。在肯定行为符合构成要件之后,再从实质方面考量行为的法益侵害性”①。倘若在对构成要件要素的解释过程中适用通常以法益侵害性作为实质判断标准的实质解释,就会使得对构成要件符合性的判断兼容了对法益侵害与否的判断,进而导致构成要件符合性阶层与下一阶层——违法性阶层的功能发生混淆。并且,陈兴良教授还指出,“实质判断过于前置带来的后果是消解了形式要件的限制机能,使构成要件从承担排除形式上不具备构成要件该当性行为的出罪机能,转向从实质上认定具有处罚必要性行为的入罪机能”②。由此可见,这一结构性矛盾得以成立的前提就在于三阶层犯罪论体系中的构成要件只是一种形式层面的行为类型,而对于构成要件符合性的判断也只能是摒弃实质判断的形式判断。然而,这一前提在三阶层犯罪论体系的学理渊源中显然会受到挑战。质言之,这一结构性矛盾的争议核心在于对三阶层犯罪论体系中构成要件性质的界定以及对构成要件符合性判断方法的选择。

事实上,对构成要件符合性之判断方法的选择问题只不过是对构成要件之性质界定问题在认识论层面的延伸,这也就意味着此二者之间的

① 王志祥:《犯罪构成的定量因素论纲》,载《河北法学》2007年第4期。

② 陈兴良:《形式解释论的再宣示》,载《中国法学》2010年第4期。

关系是一种"一体两面"的同一性关系。[①] 具言之,学界围绕构成要件符合性之判断方法争论,主要聚焦于是否可以使用价值判断的方法。从法益的基本原理来看,其具体内容正是能满足人民需求的利益,而对于什么是利益、法应当保护什么利益的问题,则应当依据一般人的价值观念来判断。[②] 由此可见,以法益侵害性作为判断标准的实质判断,显然在构成要件符合性的判断方面,应被归入价值判断的方法内。

从比较研究的角度来看,古典主义犯罪论体系与之后兴起的各式三阶层犯罪论体系,[③]对于构成要件符合性的判断方法是否应包含价值判断这一问题,给出了截然不同的答案。一方面,在古典主义犯罪论体系中,贝林的构成要件理论为之提供了基础性的贡献,因而最具代表性。他将构成要件定性为一种观念指导形象功能的行为类型,[④]并强调构成要件是事实的而非价值的、客观的而非主观的、形式的而非实质的,排斥规范性构成要件要素。[⑤] 由此可见,古典主义犯罪论体系主张构成要件是价值无涉的记叙性事实,不应使用价值判断(实质判断)的方法来判断构成要件符合性。另一方面,在古典主义之后发展起来的犯罪论体系逐渐开始认同在构成要件符合性的判断上引入价值判断的方法,这一转变也被称为"构成要件的实质化思潮"。具体来看,以梅茨格尔(Mezger)所提出的新

① 德国刑法学家贝林对构成要件与行为符合构成要件之间的关系作了生动的说明,指出:犯罪类型的首要构成要素不是法定构成要件,而是行为的构成要件符合性,法定构成要件只是规定了这种首要的构成要素。可以音乐作品与音乐会的关系来类比,演奏音乐作品不仅不同于音乐会,在更多情况下,音乐作品不是简单地构成音乐会的一个部分,而是构成了音乐会组织者的思想结晶。在他看来,如果说构成要件(也就是贝林所说的法定构成要件)是一场音乐会,那么,行为符合构成要件就是音乐作品。换言之,音乐会是为音乐作品提供表演场所的,而一场音乐会的风格是由音乐作品决定的。参见[德]恩施特·贝林:《构成要件理论》,王安异译,中国人民公安大学出版社2006年版,第6~7页。

② 参见张明楷:《法益初论》(上册),商务印书馆2021年版,第182页。

③ 包括新古典犯罪论体系、目的论犯罪论体系、功能性(目的理性)犯罪论体系等。

④ [日]小野清一郎:《犯罪构成要件理论》,王泰译,中国人民公安大学出版社2004年版,第5~6页;[德]恩施特·贝林:《构成要件理论》,王安异译,中国人民公安大学出版社2006年版,第27页。

⑤ 参见陈兴良:《构成要件论:从贝林到特拉伊宁》,载《比较法研究》2011年第4期;[日]小野清一郎:《犯罪构成要件理论》,王泰译,中国人民公安大学出版社2004年版,第5~6页。

构成要件理论为代表的新古典主义犯罪论体系证成了规范构成要件要素的存在。申言之,组成构成要件的要素,除可描述性、可感知的记叙性事实要素之外,还存在带有评价性色彩的规范性要素。对这一构成要件要素的认定需要结合当前社会的精神文化观念或援引其他法规范进行价值判断。[①] 基于此,构成要件便不能被定性为价值无涉的犯罪事实行为类型,而是一种具备推定违法机能的违法类型。[②] 易言之,在新古典主义犯罪论体系下,构成要件符合性阶层与违法性阶层共同承担了实质判断行为法益侵害性的任务。前者的判断是积极判断,后者的判断则是消极判断,前者是后者的存在依据。[③] 而在此之后,罗克辛、许内曼(Schünemann)、雅科布斯(Jakobs)等人共同缔造的功能性(目的理性)犯罪论体系,更是提出了使构成要件符合性具备浓厚价值判断色彩的客观归责理论,从而将对构成要件符合性的价值判断推演到了极致。[④]

不难看出,古典主义犯罪论体系在构成要件方面强调价值无涉的主张,深度贯彻了刑法谦抑主义理念,是基于"限制国家刑罚权,防止司法擅断"的依法治国思想而建构的。[⑤] 这是因为,价值判断的标准很大程度上取决于判断者的价值取向,因而具有一定的主观性,有导致无罪行为入罪的危险。[⑥] 申言之,古典主义犯罪论体系的支持者之所以强调对构成要件符合性的判断应该恪守价值中立,正是希冀于可以最大限度地实现构成要件的人权保障机能(罪刑法定机能),从而防止法官在犯罪认定的过程中滥用自由裁量权。[⑦] 由此可见,前述形式解释论正是国内刑法学界对于古典主义犯罪论体系中构成要件理论的继承与发扬。详言之,主张形式解释论的陈兴良教授,在有关将德日三阶层犯罪论体系引入我国的提议

---

① 参见周光权:《价值判断与中国刑法学知识转型》,载《中国社会科学》2013 年第 4 期。

② 参见马克昌:《比较刑法原理——外国刑法学总论》,武汉大学出版社 2002 年版,第 106 页;蔡桂生:《构成要件论》,中国人民大学出版社 2015 年版,第 118 ~ 119 页。

③ 符合构成要件的行为基本上就可以推断其具有违法性,除非具有违法阻却事由。

④ 参见周光权:《价值判断与中国刑法学知识转型》,载《中国社会科学》2013 年第 4 期。

⑤ 参见李立众:《犯罪成立理论研究——一个域外方向的尝试》,法律出版社 2006 年版,第 79 页。

⑥ 参见陈兴良:《教义刑法学》(第 2 版),中国人民大学出版社 2014 年版,第 149 ~ 150 页。

⑦ 参见刘艳红:《实质刑法观》(第 2 版),中国人民大学出版社 2019 年版,第 233 页。

之中，提出了中国式三阶层犯罪论体系的建构应该“回到贝林”的主张，[①]即“构成要件该当性是事实评价，为犯罪提供行为事实的基础；违法性是法律评价，排除正当防卫等违法阻却事由；有责性是主观评价，为追究刑事责任提供主观根据。以上三个要件，形成一个过滤机制，各构成要件之间具有递进关系，形成独特的定罪模式”[②]。显然，按照古典主义犯罪论体系的构成要件理论，前述违法性判断前置化的体系结构矛盾是无法避免的。

然而，即使要在以醉驾型危险驾驶罪为代表的抽象危险犯的出罪研究中适用三阶层的犯罪论体系，也不必选择古典主义犯罪论体系。具体原因有以下两点：

其一，从哲理思辨的角度来看，随着新康德主义哲学的兴起，其对于法学研究的渗透日益深入，因而作为刑法学研究对象的客观犯罪事实就无法脱离其背后的价值指涉而独立存在。康德认为：“和感性相比，知性和理性都属于高级认识能力，它们一起构成了先验逻辑……知性的认识功能就在于把感性所提供出来的直观认识对象在思维中综合统一起来，以构成具有客观普遍性的自然科学知识。”[③]基于此，新康德主义哲学家从中发展出一种价值哲学，认为哲学是作为价值的一般理论，其任务就是从价值的角度出发，对知识世界进行价值评估，从而建构起事实领域与价值领域的联系。[④] 在这一哲学理论的启发下，古典主义之后的犯罪论体系都开始反思刑法学对于构成要件及其符合性的原有认识。详言之，按照新康德主义哲学观的理念，所谓存在客观的犯罪事实的说法是不全面的，因为现实世界本身谈不上秩序和理性，必须通过客观事物之外的主体的评价和作用才能赋予世界以秩序和理性，不存在独立于评价主体价值观念意识之外的客观犯罪现实。[⑤] 因此，对于犯罪构成要件符合性的认定，完全是评价主体通过价值判断作用于客体的结果。其与存在论层面的犯

① 参见陈兴良：《构成要件论：从贝林到特拉伊宁》，载《比较法研究》2011 年第 4 期。

② 陈兴良主编：《刑法学》，复旦大学出版社 2003 年版，第 50 页。

③ 邓晓芒、赵林：《西方哲学史》，高等教育出版社 2014 年版，第 210 页。

④ 参见刘建伟：《新康德主义法学》，法律出版社 2007 年版，第 59 页。

⑤ 参见林东茂：《一个知识论上的刑法学思考》，中国人民大学出版社 2009 年版，第 27 页。

罪事实本身的关联性极其微弱,因而不能仅从客观的损害事实中当然地形成事实行为已经符合分则中特定罪名的构成要件。[①] 得益于新康德主义哲学观念高屋建瓴式地引领,贝林之后的犯罪论体系均将构成要件理解为与违法论紧密相关、其本身包含着价值的概念。[②] 由此可见,古典主义犯罪论体系在构成要件符合性阶层对价值判断的排斥,在哲理思辨层面是无法自圆其说的。

其二,从后果考量的角度来看,古典主义犯罪论体系在构成要件符合性阶层只作事实判断不作价值判断的判断方式,并不一定能实现其限制刑罚权的目的,反而有可能会不正当地扩张入罪范围。详言之,随着经济的不断发展与社会分工的不断细化,为了预防各种不确定的新型风险,刑法开始越发频繁地介入社会治理工作中去。其在刑法立法层面的表现,就是越来越多地需要裁判者进行价值判断才能得以认定的规范性构成要件要素,被引入新增的罪名之中。倘若恪守古典主义犯罪论体系的基本立场,拒绝在这些要素的司法认定过程中使用价值判断的方法,那么对构成要件符合性的判断就将陷入机械化与教条化的法律形式主义窠臼之中,从而很有可能将形式上符合分则构成要件但实质上不具备任何法益侵害属性的行为纳入犯罪成立的范围之内。这一点,也正是实质解释论者所担忧的因极端推崇形式解释论而衍生出来的负面后果。[③] 相反,构成要件阶层的价值判断操作存在一个"最高原则",即必须在"法益保护"这一刑法"规范目的"的支配下进行。[④] 例如,在醉驾型危险驾驶罪的构成要件符合性的认定过程中,倘若摒弃以是否威胁公共安全法益为标准的价值判断,那么就只能按照血液中酒精含量这一形式化的标准来认定"醉酒状态"要素。如此,即使行为人酒精耐受程度较高,案发前的饮酒情况也不足以降低其安全驾驶的能力,从而在行为时没有威胁道路交通公共安全的可能性,只要其血液酒精含量检测结果超过规定标准,其行为也会

---

① 参见周光权:《价值判断与中国刑法学知识转型》,载《中国社会科学》2013 年第 4 期。

② 参见[日]西原春夫:《犯罪实行行为论》,戴波、江溯译,北京大学出版社 2006 年版,第 34 页。

③ 参见苏彩霞:《实质的刑法解释论之确立与展开》,载《法学研究》2007 年第 2 期。

④ 参见杜宇:《合分之道:构成要件与违法性的阶层关系》,载《中外法学》2011 年第 4 期。

被认定为存在“醉酒状态”,进而极有可能符合醉驾型危险驾驶罪的构成要件。这显然会不适当地增加其入罪的可能性。并且,上述机械化与教条化的法律形式主义窠臼,并非危言耸听。近年来,我国刑事司法实践受司法克制的司法哲学影响颇深,在解释与适用刑法处理个案时,往往拘泥于对法条字面文义的形式主义理解,而忽视其所保护的法益对法条现实文义的诠释以及对个案处理结果之妥当性的制约,从而导致背离常识常理常情的个案裁判出现。[①] 因此,为了防止本就基于法益保护前置化需求而产生的抽象危险犯在司法适用中进一步无序扩张犯罪圈,显然不能承认在构成要件符合性阶层排斥价值判断的古典主义犯罪论体系。

综上所述,化解克制型实质解释方法所面临的“违法性判断前置化”这一犯罪论体系结构矛盾的根本途径,就是在抽象危险犯的实体法出罪的方法论选择层面排除古典主义犯罪论体系。进言之,就是要承认构成要件是实质化属性,肯定其违法推定机能,在构成要件符合性阶层中引入以法益侵害性为标准的价值判断的方法。

(二)刑法规范体系内的矛盾及其化解

《刑法》第 13 条中“但是情节显著轻微危害不大的,不认为是犯罪”这一但书规定是在犯罪概念定性的基础上,将定量分析纳入犯罪概念的具体体现。[②] 这“是对刑法分则诸多具体犯罪构成的数量要件的概括、抽象的规定,从而明确地把定量因素引进犯罪的一般概念之中。这种将定性因素和定量因素结合起来的犯罪概念的最直接效果就是缩小了刑法的打击面”[③]。由此也可以说,“我国《刑法》第 13 条但书规定系当前各国刑事立法例中极少数叙明刑法谦抑性之条款”[④]。简言之,但书的一大重要功能就是贯彻刑法之谦抑性,给予待评价行为出罪的空间。如果说《刑

---

① 参见梁根林:《罪刑法定原则:挑战、重申与重述——刑事影响力案件引发的思考与检讨》,载《清华法学》2019 年第 6 期。

② 参见储陈城:《“但书”出罪适用的基础和规范》,载《当代法学》2017 年第 1 期。

③ 刘艳红、周佑勇:《行政刑法的一般理论》,北京大学出版社 2008 年版,第 127 页。

④ 刘艳红:《目的二阶层体系与“但书”出罪功能的自洽性》,载《法学评论》2012 年第 6 期。

法》分则中构成要件的罪刑法定机能通过明确刑法规范、缩小犯罪圈而达到第一层出罪的效果的话，则《刑法》总则的但书则是通过一定程度的社会危害性的阙如来实现第二层出罪的保障功能。[①] 而就但书具有的出罪功能而言，已经在刑法学界得到普遍肯定。至于其在抽象危险犯案件的法律适用过程中发挥限缩入罪范围的具体方式，则是一个“见仁见智”的问题。[②]

目前，在学界中关于但书规定实现限缩犯罪成立范围功能之具体路径问题的探讨中，“解释依据论”的主张较为强势。该理论认为：但书规定是总则中的“提示性”或“宣示性”条文，[③]要将其作为实质解释犯罪构成要件的解释依据，[④]从而使其在构成要件符合性阶层起到出罪的作用。然而，倘若在以醉驾型危险驾驶罪为代表的抽象危险犯的出罪过程中承认“解释依据论”，则意味着默认抽象危险犯的构成要件中包含罪量要素，[⑤]对其构成要件符合性应适用程度性判断的方法。[⑥] 这一推论，显然与前述已经证立的抽象危险犯的罪质特点——“抽象危险犯的构成要件不包含独立的罪量要素，[⑦]对其构成要件符合性应适用存在性判断而非程度性判断的方法”产生矛盾。黎宏教授曾精辟地指出，如果认为醉酒驾驶是抽象危险犯，那么，就必须结合抽象危险犯的特征进行研究，不能泛泛地将但书规定作为醉酒驾驶的“出罪”理由。[⑧] 但是，如果为了

---

① 参见储槐植：《刑事一体化论要》，北京大学出版社 2007 年版，第 106 ~ 109 页。

② 参见马克昌主编：《百罪通论》，北京大学出版社 2014 年版，第 141 页。

③ 参见殷磊：《论刑法第 13 条功能定位——兼论(醉酒型)危险驾驶罪应一律入刑》，载《政治与法律》2012 年第 2 期。

④ 参见张明楷：《刑法分则解释原理》(第 2 版)，中国人民大学出版社 2011 年版，第 112 ~ 114 页；储槐植、张永红：《善待社会危害性观念——从我国刑法第 13 条但书说起》，载《法学研究》2002 年第 3 期。

⑤ 但书规定的内容为“……情节显著轻微危害不大的，不认为是犯罪”。由此可见，其规定内容本质上是一种消极的罪量要素，在犯罪认定过程中需要对其进行程度性判断。

⑥ 参见梁根林：《“醉驾”入刑后的定罪困扰与省思》，载《法学》2013 年第 3 期。

⑦ 如前所述，倘若承认应对抽象危险进行程度性判断，那么就等于承认其具备独立的构成要件要素地位，这一要素在性质上显然属于罪量(定量)要素。

⑧ 参见黎宏：《论抽象危险犯危险判断的经验法则之构建与适用：以抽象危险犯立法模式与传统法益侵害说的平衡和协调为目标》，载《政治与法律》2013 年第 8 期。

避免上述矛盾就不承认,但书规定的出罪依据功能显然又会与《刑法》总则对《刑法》分则的制约机能发生抵牾,甚至有违反《刑法》第 101 条规定之嫌。①

事实上,在抽象危险犯罪名的司法认定过程中,承认但书规定的适用空间也并不意味着一定要在构成要件符合性阶层的判断中适用。详言之,在犯罪认定过程中,但书规定的内容与分则规定的抽象危险犯构成要件之间的关系可以是相互独立的非同一性关系,在三阶层犯罪论体系中可以具象化为阶层递进式关系,即要在分别考察这两个条文内容的情况下,再综合判断犯罪是否成立。那么,在判断抽象危险犯是否成立时不仅要判断事实行为是否符合相关罪名的构成要件行为,还要在之后的违法性阶层另行判断该行为是否符合"情节显著轻微,危害不大"的情形。② 较之于前述的解释依据论,笔者更为支持这一方案,理由如下:

首先,在前文中,将抽象危险作为独立的构成要件要素予以反证的路径已被否定,倘若根据但书规定的指引来实质性分析醉驾行为是否蕴含对公共安全的抽象危险,无疑又会陷入一种程度性的判断之中。这样做,显然会混淆存在性判断与程度性判断,造成司法裁判逻辑的位阶性紊乱、体系性不自洽。并且,在醉驾型危险驾驶罪中,将但书规定的内容定义为仍位居于构成要件之中的涵摄的罪量要素的观点,显然会与罪刑法定原则所要求的法律主义相抵牾。因此,对于抽象危险犯的司法认定,并非完全排除程度性判断,而只是将这一判断的适用阶段由构成要件符合性阶层向后顺延到违法性阶层,③即可罚的违法性之判断。

---

① 我国《刑法》第 101 条规定:"本法总则适用于其他有刑罚规定的法律,但是其他法律有特别规定的除外。"

② 参见陆诗忠:《论"危险驾驶罪"司法适用中的几个疑难问题》,载《甘肃政法学院学报》2018 年第 2 期;刘艳红:《目的二阶层体系与"但书"出罪功能的自洽性》,载《法学评论》2012 年第 6 期。

③ 参见王志祥、融昊:《醉驾行为出罪路径的刑法教义学阐释》,载《北方法学》2022 年第 1 期。

其次,《刑法》第 13 条“但书”规定属于总则性规定,而醉驾型危险驾驶罪属于分则规定,所有分则罪名的适用原则上都必须受总则制约。这是因为,《刑法》总则对于刑法各论的特殊性、具体性(各个犯罪)的考察赋予体系性的方向;《刑法》分则对于《刑法》总则的一般性、原理性的考察提供丰富的材料。两者在内容上虽有其相异的独自性,然而总的来讲各论是以总论为前提的。[①] 因此,“但书”规定对于醉驾型危险驾驶罪是否成立而言不仅限于形式性或象征性的提示作用,而且具备实质性制约作用。正如有的学者指出的那样,在《刑法》分则中,有些罪名明确规定了犯罪成立所要求的“情节恶劣的”、“情节严重的”或者“数额较大的”条件,这样的立法语言只是把《刑法》总则第 13 条所说的“情节显著轻微危害不大的”表述得更为具体,仍未突破《刑法》总则的原则性规定;对于有些没有写明犯罪成立情节要求的罪名,同样也要受《刑法》总则第 13 条的现实约束。[②] 换言之,根据《刑法》总则的规定对《刑法》分则具有普遍的指导意义的原理,在判断某一行为是否符合《刑法》分则所规定的不包含定量因素的犯罪构成时,显然不能排除总则中但书规定发挥指导作用的可能性,否则,便会使但书规定形同虚设。[③]

最后,从刑事法治运行背后权力配置的角度来看,倘若在醉驾行为的刑事司法审判中认为“但书”规定仅具有提示性的象征意义,就会在无形之中使司法机关可以代替立法机关决定现行法律的效力,从而赋予司法机关选择性地适用实定法的权力。而这样做,无疑会导致司法权的不合理扩张,破坏现行法规范体系的普遍有效性和整体法秩序的权威性,侵犯公民的行为预测自由。[④]

基于上述论证,当醉驾行为从形式上看符合醉驾型危险驾驶罪的构成要件时,尚不能认定其已构成抽象危险犯。换言之,此时醉驾行为仅成

① 参见陈子平:《刑法各论》(上),台湾元照出版公司 2019 年版,第 5 页。

② 参见赵秉志、赵远:《危险驾驶罪研析与思考》,载《政治与法律》2011 年第 8 期。

③ 参见王志祥:《犯罪构成的定量因素论纲》,载《河北法学》2007 年第 4 期。

④ 参见王志祥、融昊:《醉驾行为出罪路径的刑法教义学阐释》,载《北方法学》2022 年第 1 期。

立醉驾型危险驾驶的不法推定状态。如果其符合《刑法》第13条"但书"之规定,则可判断此种不法推定状态不成立,而是成立可罚的违法性阙如这一违法性阻却事由,醉驾行为也就会因违法性阶层的阻却而实现实体法层面的出罪。

另外,需要再次强调的是,"但书"规定中的"情节"应被诠释为"行为过程中影响不法程度的各种情况,如法益的性质、行为的危险与实害结果等"[1],而不应包括与行为的违法程度(或严重程度)无关的一些主客观事实情况,否则就意味着脱离构成要件对"情节"的内容予以评价。例如,行为人醉驾前后的表现、行为人的个人情况、行为人醉驾的动机或目的等,均不能作为认定醉驾行为是否属于"情节显著轻微危害不大"的考察因素。[2] 当然,如果行为人为了逃避不法侵害或抢救危重病人而醉驾并构成紧急避险的,也可以阻却违法,从而不构成犯罪。但是,这并不是"但书"意义上的"出罪"(仅排除刑事可罚性),而是"阻却违法事由将行为的所有违法性都带走了"[3]。由此来看,根据显著轻微情节的具象表征,因情节显著轻微且危害不大而不构成犯罪的醉驾行为可以分为几种类型:(1)醉酒状态情节显著轻微类,即醉驾时血液中酒精含量超标但超标幅度较小的;[4](2)驾驶行为情节显著轻微类,即醉驾距离较短的,例如距离较

---

① 张明楷:《刑法学》(第6版),法律出版社2021年版,第118页。

② 参见敦宁:《醉驾治理的司法困境及其破解之策》,载《法商研究》2021年第4期。

③ [德]许迺曼:《区分不法与罪责的功能》,彭文茂译,载许玉秀、陈志辉合编:《不疑不惑献身法与正义——许迺曼教授刑事法论文选辑》,台北,春风煦日论坛2006年版,第448页。

④ 关于这一点,各地出台的实施细则中已有相关的量化规定。如2019《浙江纪要》规定:"醉酒驾驶汽车……酒精含量在100毫克/100毫升以下,且无上述8种从重情节,危害不大的,可以认为是情节显著轻微,不移送审查起诉。醉酒驾驶摩托车……酒精含量在180毫克/100毫升以下,危害不大的,可以认为是情节显著轻微,不移送审查起诉。"再如,2013年12月5日江苏省高级人民法院、江苏省人民检察院、江苏省公安厅联合公布的《关于办理醉酒驾驶案件的座谈会纪要》(以下简称《江苏纪要》)亦规定:"在农村人员稀少、偏僻道路上醉酒驾驶摩托车,行为人血液酒精含量未超过醉酒标准20%,且未发生事故,或者虽然发生交通事故但仅造成自伤后果或者财产损失在2000元以内的,可以认定为犯罪情节显著轻微,不作为犯罪处理。"

短的挪车行为;[①](3)空间场域情节显著轻微类,即醉驾行为的空间场域较为偏僻,例如夜深时在人烟稀少的道路上醉驾等。[②]

质言之,以醉驾型危险驾驶罪为代表的抽象危险犯并非没有罪量要素,对该罪的司法认定也并不完全排斥程度性判断,只不过罪量要素不存在于构成要件之中,程度性判断也就不能在构成要件符合性阶层的认定中适用。在这一理论前提下,上述因证立克制型实质解释方法而引发的关涉但书规定的刑法规范体系矛盾就自然化解了。

六、余论

目前,在我国刑法学界关于犯罪论体系问题的研究中,尤以传统通说四要件犯罪构成理论、德日三阶层体系与日本两阶层体系最为流行。而分别支持这三种理论的学者也就在司法实践中究竟应使用哪一种犯罪论体系的问题进行了将近二十年的学术论战。笔者无意从本体论的层面对此二者作出任何带有褒贬性质的评价,毕竟宏观视域内对犯罪论体系进行抉择的命题实在太过宏大,已超过了本文研究对象——抽象危险反证问题的学理承载能力的极限。但是,这并不意味着在具体个罪问题的研究中,我们不能基于一定的功能需求去选择更为适宜的犯罪论体系。诚如梁根林教授所言,犯罪论体系归根结底只是指导司法者适用刑法决定

---

① 2018 年 9 月 11 日重庆市高级人民法院、重庆市人民检察院、重庆市公安局联合印发的《关于办理危险驾驶犯罪案件法律适用及证据规范问题的座谈会综述》(以下简称《重庆综述》)指出,因急救病人、见义勇为、仅为短距离挪车或出入库、隔夜醒酒后开车及其他特殊情形的醉酒驾驶机动车行为符合《刑法》第 13 条但书规定的"情节显著轻微危害不大"情形的,检察机关可以作法定不起诉处理,已经提起公诉的,法院可以判决宣告无罪。而依据《刑事审判参考》所刊载的唐某某危险驾驶案的裁判理由,就为挪车而短距离醉驾的案件而言,如果没有发生实际危害结果或者仅发生轻微碰、擦后果的,可以根据具体情节,认定犯罪情节显著轻微,适用但书条款,不作为犯罪处理或者作免予刑事处罚处理。如果仅发生轻微的交通事故,致使车辆刮擦、致人轻微伤等,且行为人认罪、悔罪,积极赔偿被害人损失并取得谅解的,也可以不作为犯罪处理或者作免予刑事处罚处理。如果发生致人轻伤以上的交通事故,一般不宜认为犯罪情节显著轻微,但结合具体案情,行为人的认罪、悔罪表现和赔偿情况,为体现从宽处罚精神,可以对被告人适用缓刑。参见中华人民共和国最高人民法院刑事审判一、二、三、四、五庭主办:《刑事审判参考:办理危险驾驶类犯罪专集》(2013 年第 5 集),法律出版社 2014 年版,第 19 页。

② 参见陈兴良:《但书规定的法理考察》,载《法学家》2014 年第 4 期。

是否定罪以及如何定罪的理论思想模型。不同的犯罪论体系反映着不同的法律文化传统和法律价值追求，各有其现实合理性，并非你死我活、水火不容的关系。它们之间完全可以相互借鉴，取长补短，共生共存，在相互批评中不断完善。①

然而，由于支持三阶层犯罪论体系的学者一直强调其理论体系具备更为优越的逻辑自洽性与衔接性，可以通过其理论体系自身的运转，在犯罪认定的过程中层层过滤，从而更为充分地实现刑法的人权保障机能。那么，在学理研究中，对于其体系逻辑的周延程度也应提出更为严格的要求，正所谓“欲戴王冠，必承其重”。可是，关涉在本文的研究对象——抽象危险反证理论的学术探讨之中，部分支持三阶层论的学者所提出的观点却很难在其理论体系内部做到自圆其说。甚至，因为没有认识到存在性判断与程度性判断在抽象危险犯的认定过程中应分属不同阶层，导致其在解释抽象危险犯构成要件要素时遭遇了无法进行程度性衡量的困难，从而提出了修改立法将醉驾型危险驾驶罪由抽象危险犯变更为具体危险犯的激进方案。② 这显然与他们始终强调的教义学初衷相违背。

因此，笔者之所以立足于德日三阶层犯罪论体系对抽象危险反证进行研究，正是为了在匡正该体系下相关逻辑谬误的基础上，对抽象危险犯的成立范围进行更为合目的且合逻辑的限缩。

---

① 参见梁根林：《刑法总论问题论要》，北京大学出版社 2018 年版，第 175 页。

② 参见周光权：《论刑事一体化视角的危险驾驶罪》，载《政治与法律》2022 年第 1 期。

立　法　篇

专题四

从危险驾驶入刑看立法的民主性与科学性*

内容摘要：民主立法、科学立法的实质要求是切实提高立法质量，扩大立法的公众参与。刑法立法的民主性要求刑法立法充分反映民众的意志，有效保护民众的合法权益。危险驾驶入刑的立法全面贯彻了立法的民主性原则，危险驾驶入刑是对民意严惩危险驾驶呼声的回应，是刑法强化对民生保护的具体体现。刑法立法的科学性要求刑法立法的条文明确清楚，让人能确切理解犯罪行为的内容，准确区分犯罪行为与非犯罪行为的界限，法定刑配置合理，与前后条文及其他法律的规定相协调。危险驾驶入刑的立法在贯彻刑事立法的科学性原则方面存在诸多不足，这种立法由此呈现出民主性有余、科学性不足的局面。

为遏制近年来日益严重的醉酒驾驶机动车、飙车的行为，凸显法律对生命的尊重和对公共安全的重视，2011年2月25日全国人大常委会通过的《刑法修正案（八）》顺应民意，将危险驾驶纳入刑法的处罚范围。自2011年5月1日《刑法修正案（八）》施行以来，随着对醉驾案件查处的深入，公检法机关在醉驾入刑问题方面出现分歧。时任最高人民法院副院长张军大法官于2011年5月10日在全国法院刑事审判工作座谈会上表

* 本文为王志祥、戚进松的同名论文，原载《山东警察学院学报》2012年第3期，收入本书时有修改。

示，各地法院在对醉酒驾驶机动车的行为追究刑事责任时，应当慎重稳妥，不应仅从文义上理解《刑法修正案（八）》的规定，认为只要达到醉酒标准驾驶机动车的就一律构成刑事犯罪。也就是说，虽然《刑法修正案（八）》在规定追究醉酒驾驶机动车的刑事责任时，没有明确规定情节严重或情节恶劣的前提条件，但根据《刑法》总则第 13 条规定的原则，危害社会行为情节显著轻微危害不大的，不认为是犯罪。对在道路上醉酒驾驶机动车的行为需要追究刑事责任的，要注意与行政处罚的衔接，防止可依据《道路交通安全法》处罚的行为直接诉至法院追究刑事责任。① 随后公安部、最高人民检察院相继表态：公安部表示对经核实属于醉驾的一律刑事立案；②最高人民检察院表示，醉驾案件只要事实清楚、证据充分，一律起诉。③ 上述分歧引发了关于危险驾驶入刑的进一步讨论。本文拟对危险驾驶罪立法的科学性和民主性问题进行讨论，以就正于学界同人。

一、立法的民主性与科学性概述

党的十七大报告明确提出，要坚持科学立法、民主立法，完善中国特色社会主义法律体系。作为立法的基本原则，科学立法、民主立法的实质要求是切实提高立法质量，扩大立法的公众参与。提高立法质量，就是要遵循立法的客观规律，使立法原则与内容符合社会发展的客观规律，符合人民的根本利益。《立法法》第 7 条第 1 款明确地将科学立法作为一项立法基本原则加以规定："立法应当从实际出发，适应经济社会发展和全面深化改革的要求，科学合理地规定公民、法人和其他组织的权利与义务、国家机关的权力与责任。"具体地说，科学立法的要求是：首先，法律要反映社会发展的客观规律；其次，能够体现党的政策主张和广大人民的共同

---

① 参见张伟刚、谢晓曦：《正确把握危险驾驶罪构成条件》，载《人民法院报》2011 年 5 月 11 日，第 1 版。

② 参见邢世伟：《公安部：警方对醉驾一律刑事立案》，载《新京报》2011 年 5 月 18 日。

③ 参见邢世伟：《最高检：醉驾案证据充分一律起诉 不论情节轻重》，载《新京报》2011 年 5 月 24 日。

意志；再次，法律要符合我国的实际；最后，法律要有可操作性。[①] 而扩大立法的公众参与，就是要在立法过程中充分吸收民意，反映群众的呼声。这种参与有助于广大人民群众感受立法、了解立法，深刻认识法律的权威与价值，从而提高法律实施的效果，也有助于多元利益诉求通过立法程序得到合理的平衡，从制度源头上预防与减少社会矛盾冲突。[②] 就科学立法与民主立法的关系而言，民主立法是科学立法的前提，只有充分发扬民主，集中民智，立法的科学性才能有保障；只有广集民意，立法机关才可以确认法律所需要解决的问题并尽量在法律中回应这些意见和需求。但反过来说，立法是一项在要求上十分精细的工作，过分追求立法的民主，过分关注一般民众的情绪，也不能有效地保障立法的质量。

就刑法立法而言，只有体现出科学性、民主性和结合实际，才能保证创制出科学有效的刑事法律规范，也才能为刑事司法和整个刑事法治奠定良好的法律基础，进而为整个社会全面、协调、可持续的科学发展提供法律保障和制度支撑。[③] 一方面，在刑法立法的过程中，要十分注重广泛征求包括专家学者在内的社会公众各方面的意见，保护社会公众的整体利益，这既是我国人民代表大会制度的基本要求，也是充分发挥社会各阶层、各群体力量的体现，有利于提高刑法立法的科学性和社会效果。另一方面，刑罚在本质上是以国家的名义予以威吓的感性的恶害，在创制刑法立法时必须将这种恶害限定在必要的范围和限度内，规定犯罪必须依赖严谨与科学，不能掺杂任何非理性的激情与私利，不能将刑法视为推行社会政策的简单工具，这是刑法自身的人权保障机能与社会保护机能的必然要求。

二、危险驾驶入刑立法的民主性之考察

刑法立法的民主性要求刑法立法充分反映民众的意志，有效保护民

---

① 参见李飞：《从七方面科学立法民主立法　提高立法质量》，http://news.qq.com/a/20110310/002074.htm。

② 参见韩大元：《在科学立法民主立法方面迈出新步伐》，载《人民日报》2011 年 3 月 4 日。

③ 参见赵秉志：《以科学发展观引领刑事法治建设》，载《法制日报》2007 年 10 月 30 日。

众的合法权益。危险驾驶入刑的立法全面贯彻了立法的民主性原则。

（一）危险驾驶入刑是对民意严惩危险驾驶呼声的回应

当前我国正处于社会快速发展的转型时期。随着城市化进程的加快和汽车拥有率的大幅提高，酒后驾驶行为引发的交通事故急剧增加。据统计，2008年全国酒后驾驶共导致交通事故7518起，造成3060人死亡[①]；2009年1月至8月，全国酒后驾驶共导致交通事故3206起，造成1320人死亡；[②]仅2010年上半年，全国酒后驾驶共导致交通事故3262起。[③] 酒后导致的交通事故持续高发，造成了重大的人身和财产损失，引起了社会大众的广泛关注。酒后驾驶由此迅速成为各大媒体舆论的焦点。民众、媒体、律师、学者纷纷参与到这场声势浩大的论战之中，危险驾驶问题被推上风口浪尖。许多人将危险驾驶的高发归因于刑事立法的缺陷，即刑法没有将危险驾驶行为本身规定为犯罪，进而要求将没有造成严重后果的危险驾驶行为入罪，以刑法规制危险驾驶行为的呼声日益高涨。凤凰网曾就增设危险驾驶罪问题对16341人进行了在线调查，结果显示："支持的"15042票，占92.1%；"不支持的"1059票，占6.5%；"说不清楚的"240票，占1.5%。[④]

基于回应民众严惩危险驾驶行为的呼声，满足民众对于惩处危险驾驶行为的需求，加大对严重危害人民群众安全行为的惩处力度，《刑法修正案（八）》增设了危险驾驶罪。正如时任全国人大常委会法制工作委员会主任李适时在第十一届全国人大常委会第十六次会议上作的说明中所言"近年来，一些全国人大代表多次提出议案、建议，要求对一些严重损害广大人民群众利益的行为，加大惩处力度"，"对一些社会危害严重，人民群众反响强烈，原来由行政管理手段或者民事手段调整的违法行为，建议规定为犯罪，主要是醉酒驾车、飙车等危险驾驶的犯罪，不支付劳动报酬

---

① 参见颊红雯：《关于酒后醉酒驾驶的立法思考》，载《公安研究》2010年第3期。

② 参见白龙：《驾车犯罪呈多发态势》，载《人民法院报》2009年9月9日。

③ 参见张兵：《风险时代的风险思考——以危险驾驶为视角》，载《福建法学》2010年第4期。

④ 参见凤凰网：《刑法或单设危险驾驶罪调查》，http://survey.news.ifeng.com/result.php?surveyId=7920。

的犯罪，非法买卖人体器官的犯罪等”。

（二）危险驾驶入刑是刑法强化民生保护的具体体现

危险驾驶入刑之前，司法机关主要依据《道路交通安全法》和刑法规定的交通肇事罪、以危险方法危害公共安全罪对危险驾驶行为予以规制。比如，就醉驾行为而言，对没有造成严重后果的醉驾行为依据《道路交通安全法》处罚；对造成重大财产损失和人员伤亡的醉驾行为则以交通肇事罪或者以危险方法危害公共安全罪处理。但是，面对危险驾驶案件的高发态势，法律在保护民众生命权、健康权和财产权等民生权益方面已凸显出严重不足。

一方面，行政处罚威慑力不足，难以有效遏制危险驾驶行为。以对醉驾行为的惩治为例，根据 2007 年《道路交通安全法》第 91 条第 1 款的规定，醉酒后驾驶机动车的，最高可处 15 日拘留和暂扣 6 个月机动车驾驶证，并处最高 2000 元的罚款。针对可能造成严重危害后果的醉驾行为处以行政拘留和罚款对醉驾者来说违法成本显然太低，难以引起其高度重视，也不能教育其本人。对一般社会公众来说，醉驾者受到的惩罚与醉驾行为可能造成的严重后果之间存在比例失调的现象，这不仅不符合公众的心理期待，更不能充分发挥惩罚的威慑功能，无法有效减少醉驾肇事案件的发生。中国青年报社会调查中心的网上调查显示，有 96.6% 的人承认身边存在酒后驾驶现象，有 81.3% 的人认为我国对酒后驾驶处罚“过轻”，有 69.8% 的人认为“违法成本过低”是酒后驾驶现象屡禁不止的主要原因。[①] 可以说，行政处罚的威慑力低已成为醉驾行为难以遏制的一大原因。但是，基于种种原因，任何制裁措施在实践中的适用都会存在空隙，不可能所有的违法犯罪行为都不可避免地受到法律的惩罚。在对醉驾行为的行政处罚不可能实现不可避免性的情况下，对醉驾通过增设刑事制裁的规定强化惩罚的严厉性，无疑是治理醉驾的一种有效的途径。自“醉驾入刑”以来，公检法机关分工协作、密切配合，用严格规范公正文明执法、司法维护了法律的生命力和权威，取得了很好的效果。醉驾行为

---

① 参见叶良芳：《危险驾驶罪的立法证成和规范构造》，载《法学》2011 年第 2 期。

的发生率明显下降,“醉驾入刑”的预防威慑作用可谓显著。2020年醉驾比率(每排查百辆车的醉驾比例)比“醉驾入刑”前减少70%以上。自“醉驾入刑”以来,全国酒后代驾订单近18亿笔,年均近2亿笔。醉驾比率下降、酒后代驾数量呈井喷式增长,这从不同维度验证了酒驾醉驾违法犯罪行为大幅减少,醉驾“犯罪黑数”明显下降。“醉驾入刑”减少了大量伤亡事故,为维护安全形势稳定发挥了重要作用。自2011年“醉驾入刑”至2020年,全国机动车增加1.81亿辆,驾驶人增加2.59亿,年均增长1800万辆、2600万人,但十年来全国交通安全形势总体稳定,减少了2万余起酒驾醉驾肇事导致的伤亡事故,使上万家庭免于破碎、致贫。①

另一方面,现行刑事立法不足以全面评价危险驾驶行为。仍以对醉驾行为的惩治为例。交通肇事罪是过失犯罪,从犯罪形态上看是结果犯,只有造成严重后果才构成犯罪。对于尚未造成严重后果的醉驾行为,显然不能以交通肇事罪论处。而以危险方法危害公共安全罪是故意犯罪,要求行为人主观上对行为引起危害公共安全的结果持直接故意或间接故意的心理态度,对所有的醉驾行为都以危险方法危害公共安全罪定罪明显与罪刑法定原则相悖。对于大部分醉驾者而言,主观方面一般是过于自信的过失,如基于自己对酒精承受度高的特殊体质、自己车技好、车辆性能好等客观条件的自信而实施醉驾行为。因此,对于醉驾行为一般也不能以以危险方法危害公共安全罪定罪处罚。

将危险驾驶入刑是刑法对这一高风险行为的提前介入,是对人民的利益提前予以保护,是民生法治观在刑事立法中的反映,是刑法加强民生保护的具体体现。通过将危险驾驶入刑,可以从刑法的角度全面评价危险驾驶行为,从而充分发挥刑罚的警示和威慑作用,预防危险驾驶行为的发生,提前保障民众的生命权、健康权和财产权。

三、危险驾驶入刑立法的科学性之辨析

刑事立法的科学性,要求刑事立法的条文明确清楚,让人能确切理解

---

① 参见刘宇鹏:《“醉驾入刑”十年成效显著 治理酒驾醉驾任重道远》,载《人民公安报》2021年4月30日,第4版。

犯罪行为的内容,准确区分犯罪行为与非犯罪行为的界限,法定刑配置合理,与前后条文及其他法律的规定相协调。笔者危险驾驶入刑的立法在贯彻刑事立法的科学性原则方面存在以下不足。

(一)关于危险驾驶罪的处罚范围

《刑法修正案(八)》第 22 条第 1 款以叙明罪状的形式规定了危险驾驶罪的罪状,即“在道路上驾驶机动车追逐竞驶,情节恶劣的,或者在道路上醉酒驾驶机动车的”。这一条文采用完全列举式规定将危险驾驶罪的行为类型限定为醉驾和飙车,而没有采用概括式的兜底性规定,这样就从理论上排除了通过司法解释的方式将其他危险驾驶行为入罪的可能性。危险驾驶行为的范围极为广泛,除醉驾和飙车外,还包括吸毒后驾驶、超载驾驶、无证驾驶、超速驾驶、疲劳驾驶、驾驶明知存在安全隐患的车辆等。纵观国际社会的刑事立法,大部分国家和地区的危险驾驶包括酒驾以及吸食毒品、精神药品后驾驶,在我国香港特别行政区还包括无驾驶资格驾驶和超速行驶,在德国和我国澳门特别行政区还包括身体存在缺陷的情况下驾驶和疲劳驾驶等。[①] 其中,与醉驾和飙车相比,部分危险驾驶行为的危害性固然小一些,但是吸毒后驾驶机动车、驾驶明知存在安全隐患的机动车、无证驾驶等危险驾驶行为的社会危害性并不亚于醉驾和飙车。而《刑法修正案(八)》并没有将吸毒后驾驶机动车、驾驶明知存在安全隐患的机动车、无证驾驶等危险驾驶行为纳入刑法的处罚范围,这既不利于全面规制可能造成严重后果的危险驾驶行为,也导致了我国刑法在对危险驾驶行为处罚上存在空隙。

(二)关于醉驾是否一律入罪的问题

关于醉驾是否一律入罪,主要有肯定说与否定说之争。肯定说认为,只要醉驾,不论是否具有其他恶劣情节,只要不具有其他出罪要素(如无故意或者紧急避险等情形)的,均构成犯罪,醉酒驾驶机动车的行为本身就应当解释为属于“情节恶劣”的危险驾驶行为之一,对此行为定罪根本

---

① 参见张磊:《危险驾驶入罪评析——以〈刑法修正案(八)(草案)〉为视角》,载《法学杂志》2011 年第 3 期。

就不存在另外的“情节恶劣”这个要素的限制。[①] 否定说认为，不应仅从文意理解危险驾驶罪的规定，认为只要达到醉酒标准驾驶机动车的，就一律构成刑事犯罪，要与修改后的《道路交通安全法》相衔接。对醉驾情节显著轻微危害不大的，不按犯罪处理。[②]

笔者认为，《刑法》第13条以“但书”的形式强调情节显著轻微危害不大的，不认为是犯罪。作为规定醉驾的《刑法》分则条文当然要接受《刑法》第13条但书这一总则条文的指导和制约。实践中，行为人醉驾的时空环境、醉酒人血液中的酒精含量、醉酒原因、行为人对酒精的忍受力均因人因案不同，反映出的行为的社会危害性和行为人的主观恶性也会有所不同。如果将所有醉驾行为一律认定为犯罪，则显然没有考虑到实际情况的复杂多样性，将某些本应处以行政处罚的行为升格为处以刑事处罚，导致刑事打击面的过广。

对醉驾是否一律入罪之所以会产生如此大的争议，究其原因在于危险驾驶罪条文的表述不够精细，以至于在现行条文中，无论是肯定说和否定说都能找到存在的空间，二者与危险驾驶罪的条文含义也都不存在根本性的矛盾。因此，为解决上述争议，统一司法实践，有必要在今后的司法解释中明确情节严重是醉酒驾驶机动车构成危险驾驶罪的要件之一。至于“情节严重”的内容，可以在司法解释中一并予以规范，如醉驾者血液酒精含量超过临界值50%的、1年内因醉驾受到刑事处罚或两次以上行政处罚又醉驾的、超过限定时速50%以上的等。

（三）关于危险驾驶罪的法定刑配置

《刑法修正案（八）》第22条规定的危险驾驶罪的法定刑为“拘役，并处罚金”。这一过低的刑罚配置可能会造成如下问题：

其一，削弱刑罚的威慑功能，破坏刑罚体系的统一性。一方面，个罪法定刑的配置应当具有足够的威慑性，即通过明确规定犯罪和刑罚，借助依法惩治犯罪人的过程，彰显刑罚带给犯罪人的痛苦，从而阻止已然的犯

---

① 参见魏东：《醉驾入罪问题讨论》，http://weidong1111.fyfz.cn/art/973092.htm。

② 参见张伟刚、谢晓曦：《正确把握危险驾驶罪构成条件》，载《人民法院报》2011年5月11日，第1版。

罪者再次实施犯罪或潜在的犯罪者实施犯罪。纵览其他国家和地区关于危险驾驶罪的立法例中法定刑的配置,基本上都有有期徒刑的规定,如《德国刑法典》规定的最高刑为2年自由刑,《日本刑法典》第198条规定的最高刑为3年禁锢,《西班牙刑法典》第384条规定的最高刑为4年有期徒刑。但是,我国《刑法》规定危险驾驶罪的法定最高刑仅为拘役6个月,且为单一主刑,这不仅与危险驾驶行为的社会危害性不相适应,也没有满足国民期望,进而严重削弱了刑罚的威慑功能。另一方面,个罪法定刑的配置,还应当与类似犯罪的刑罚乃至整个刑法典的法定刑体系相平衡。刑法典中与危险驾驶罪类似的犯罪包括交通肇事罪、以危险方法危害公共安全罪和过失以危险方法危害公共安全罪,这些犯罪均无一例外地被配置了不同梯次的有期徒刑,而刑法中的其他犯罪的主刑也都包含了有期徒刑。但是,危险驾驶罪的主刑仅为单一拘役,这一《刑法》分则中仅有的配置,不仅有损刑罚适用的灵活性,而且也破坏了刑罚体系的统一性。①

其二,在查办危险驾驶案件时不能适用逮捕这一强制措施,不利于保障刑事诉讼的顺利进行。我国《刑事诉讼法》规定适用逮捕这一强制措施必须同时具备三个条件,即有证据证明有犯罪事实、可能判处徒刑以上刑罚以及采取取保候审、监视居住等方法,尚不足以防止发生社会危险性。《刑法修正案(八)》规定的危险驾驶罪的法定最高刑为拘役6个月,这不符合逮捕这一强制措施的适用所要求的"可能判处徒刑以上刑罚"这一条件,故在查办危险驾驶案件时不能适用逮捕强制措施。危险驾驶罪由此成为《刑法》分则中唯一不能适用逮捕强制措施的犯罪。当然,在查办危险驾驶案件时仍然可以适用刑事拘留强制措施,但刑事拘留的最长期限仅为30天,而对于不具有"多次作案、结伙作案、流窜作案"情形,拘留期限最长仅为7天。在当前司法资源紧缺的环境下,在刑事拘留的期限内完成侦查、起诉、审判三个环节,无疑意味着是对司法机关提出了新的挑战。

---

① 参见叶良芳:《危险驾驶罪的立法证成和规范构造》,载《法学》2011年第2期。

(四)关于危险驾驶罪与《道路交通安全法》的协调问题

在危险驾驶入刑后,全国人大常委会于2011年4月22日通过了《关于修改〈中华人民共和国道路交通安全法〉的决定》,对醉驾的法律责任进行了修正。[①] 通过对比修正前后规定的变化可以发现,为与《刑法修正案(八)》第22条将醉驾纳入危险驾驶罪处罚范围的规定相衔接,修正后的《道路交通安全法》第91条删去了对醉酒后驾驶机动车的行为人处以拘留和罚款的规定,而改为一律追究刑事责任,同时将暂扣机动车驾驶证的处罚改为吊销机动车驾驶证,且5年内或10年内甚至终生不得重新取得机动车驾驶证。

有学者认为,《刑法修正案(八)》对危险驾驶罪没有规定资格刑,这不利于刑罚个别预防功能的实现。[②] 实际上,修正后的《道路交通安全法》规定对醉驾者吊销驾驶执照,并区分情况规定一定期限或终身禁驾,这实际上等于变相增加了醉驾的法定刑种类,有利于弥补醉驾法定刑中缺失资格刑这一不足,使《刑法修正案(八)》和《道路交通安全法》在惩治醉驾行为方面互为补充,以充分实现刑罚的个别预防功能。但是,《道路交通安全法》只增加了醉驾的处罚方式,而没有增加飙车的处罚种类,对飙车就不能适用《道路交通安全法》中规定的适用于醉驾的处罚方式。飙车是与醉驾类似性质的行为,并且与醉驾被共同规定在危险驾驶罪之中,

---

① 2011年修正前的《道路交通安全法》第91条规定,醉酒后驾驶机动车的,由公安机关交通管理部门约束至酒醒,处15日以下拘留和暂扣3个月以上6个月以下机动车驾驶证,并处500元以上2000元以下罚款;饮酒后驾驶营运机动车的,由公安机关交通管理部门约束至酒醒,处15日以下拘留和暂扣6个月机动车驾驶证,并处2000元罚款;1年内有醉酒后驾驶机动车的行为,被处罚2次以上的,吊销机动车驾驶证,5年内不得驾驶营运机动车。2011年修正后的《道路交通安全法》第91条则规定,醉酒驾驶机动车的,由公安机关交通管理部门约束至酒醒,吊销机动车驾驶证,依法追究刑事责任,且5年内不得重新取得机动车驾驶证;醉酒驾驶营运机动车的,由公安机关交通管理部门约束至酒醒,吊销机动车驾驶证,依法追究刑事责任,且10年内不得重新取得机动车驾驶证,重新取得机动车驾驶证后,不得驾驶营运机动车;饮酒后或者醉酒驾驶机动车发生重大交通事故,构成犯罪的,依法追究刑事责任,并由公安机关交通管理部门吊销机动车驾驶证,终生不得重新取得机动车驾驶证。

② 参见张磊:《危险驾驶入罪评析——以〈刑法修正案(八)(草案)〉为视角》,载《法学杂志》2011年第3期。

对其理应与醉驾配置相同的处罚,否则便有同罪不同罚之嫌。之所以会出现同罪不同罚的情况,原因在于危险驾驶罪的法定刑没有配置资格刑,而对该种犯罪配置资格刑在国际上是一种通行做法。如果《刑法修正案(八)》规定了危险驾驶罪的资格刑,或者《道路交通安全法》对醉驾和飙车的处罚同时加以规定,那么上述问题便不复存在。

应当说,对醉驾者规定吊销其驾驶执照,并区分情况规定一定期限乃至终身的禁驾,是对《刑法修正案(八)》中关于危险驾驶罪的法定刑规定的发展,能够弥补《刑法》在对危险驾驶罪的惩治方面资格刑缺失的缺陷,有利于使《刑法》与《道路交通安全法》在惩治和预防醉驾行为方面形成合力,强化对醉驾的防治效果。但是,2011 年修正后的《道路交通安全法》第 91 条对醉驾不分情节轻重一概追究刑事责任,是值得认真推敲的。

一方面,在醉驾入刑之前,通常只有在醉驾行为造成实际损害发生的情况下刑法才能够予以介入。由此,《刑法》在一定程度上就变成了"马后炮"。而一旦醉驾行为尚未造成实际损害,则通常只能够根据《道路交通安全法》第 91 条的规定给予一定的行政处罚。这样,对醉驾行为就谈不上予以有效的惩治,对潜在的醉驾违法者就不足以形成强有力的震慑。因此,在《刑法修正案(八)》通过之前,以刑事手段对尚未造成实际损害的醉驾行为加以规制,已成为广大民众的强烈愿望。《刑法修正案(八)》第 22 条和 2011 年修正后的《道路交通安全法》第 91 条规定了醉驾的刑事责任,这是对广大民众严惩醉驾呼声的回应。

另一方面,与世界上绝大多数的国家和地区对违法行为的处罚所采取的单一制裁模式不同,我国在对违法行为的处罚上采取的是多元制裁模式。在单一制裁模式之下,一种违法行为要么属于刑法的制裁对象,要么属于刑法以外的其他部门法的制裁对象,而不存在同一种违法行为基于社会危害程度的不同而被分别纳入刑法和刑法以外的其他部门法处罚范围的现象。而在多元制裁模式之下,一种违法行为基于其不同的社会危害程度会被分别纳入刑法和刑法以外的其他部门法的处罚范围,能够以刑事手段予以规制的只能是那些在社会危害性方面达到严重程度的违法行为。比如,我国 1997 年《刑法》和《治安管理处罚法》分别对介绍卖淫的行为规定了刑事制裁和行政制裁。尽管在这两部法律中对介绍卖淫的行为采取的都是“介绍他人卖淫的”这样的表述,而均没有情节上的要求,但不能由此认为纳入这两部法律处罚范围的介绍卖淫行为在社会危害程度上是可以同日而语的。显然,能够纳入《刑法》处罚范围的只能是具有严重社会危害性的介绍卖淫行为。

同理,只有那些具有严重社会危害性的醉驾行为才能够纳入危险驾驶罪的处罚范围。而对于那些在社会危害性上尚未达到严重程度的醉驾行为,则仍然应当为其保留适用行政制裁的余地。2011 年修正后的《道路交通安全法》第 91 条除将暂扣机动车驾驶证的处罚改为吊销机动车驾驶证外,本来完全应当为醉驾者保留处以拘留和罚款的规定,这样,在醉驾行为因情节显著轻微危害不大而不构成危险驾驶罪的情况下,对于醉驾者便可以顺理成章地根据《道路交通安全法》第 91 条的规定对行为人处以拘留和罚款的行政处罚。因此,《道路交通安全法》第 91 条因没有为拘留和罚款预留适用的余地而显得过于严苛。这样看来,对醉驾不分情节轻重一概追究刑事责任的规定便因不符合我国在对违法行为的处罚上所采取的多元制裁模式而并非妥当。

另外,根据 2011 年修正后的《道路交通安全法》第 91 条的规定,行为人醉驾的,均应依法追究刑事责任。正如前文所述,醉驾是否一律追究刑事责任,理论和实践中均有较大争议,而且都可以通过解释使之与刑法条文含义相符合。在刑法领域对醉驾是否一律入罪未有定论之前,《道路交通安全法》直接规定对醉驾均应追究刑事责任,如何协调这两部法律的适用就成为一个难题。再者,《刑法修正案(八)》和《道路交通安全法》均是由全国人大常委会制定的,二者处在同一级别的法律位阶,如果要解决这一问题,只能先对醉驾是否一律入罪作出定论,之后修改《刑法修正案(八)》或《道路交通安全法》的规定,以协调二者在实践中的适用。

由此可见,2011 年修正后的《道路交通安全法》第 91 条在对民意严惩醉驾呼声的回应方面显得“过了头”,由此在科学性方面有所欠缺。对醉驾行为恢复处以拘留和罚款的规定,应是我国未来醉驾立法的必然趋势。

四、结语

立法是一门学问，既要尊重民意，又要适当独立于民意，讲究科学精细，不能被公众的情绪所左右。危险驾驶罪的立法在民主性方面走得太远，而在科学性方面则存在不足。为此，其需要在民主性与科学性不断博弈的过程中最终走向完善，实现民主立法与科学立法的高度统一。

专题五

危险驾驶罪的多维思考

——以《刑法修正案(八)》的通过为契机*

内容摘要:对危险驾驶行为是否应当入罪的探讨,针对的并不是应否弥补我国法律制裁体系的疏漏,其焦点在于是否应当将原本属于行政处罚范围的若干行政违法行为纳入刑事制裁的范围。受当前各种主客观条件的限制,对危险驾驶行为的行政制裁明显乏力,因此将若干情形的危险驾驶行为入罪具有一定的合理性,但是必须要注意对入罪的范围和程度加以限制;同时,更要认识到,就对危险驾驶等交通违法犯罪行为的防治而言,关键在于形成多种社会治理手段的整体合力。对危险驾驶罪的立法设计应从罪状与法定刑两个方面同时加以改进:一方面,应在罪状中适当增加危险驾驶罪的行为方式,并对各种行为方式均设置"情节恶劣"或"情节严重"等限制性规定;另一方面,应在法定刑中增加"二年以下有期徒刑"、"管制"和"单处罚金"的刑罚配置。在危险驾驶罪的成立条件方面,行为人在主观上只要能够认识到自己是在"驾驶机动车追逐竞驶"或"醉酒驾驶机动车"而仍然为之,就已经满足了本罪主观故意的成立条件。在判断"醉酒驾驶机动车"的行为是否构成危险驾驶罪时,

* 本文为王志祥、敦宁的论文——《危险驾驶罪探析》、《危险驾驶行为入罪的合理性及其立法改进》等的整合篇,原载《中国刑事法杂志》2011 年第 7 期、《河南大学学报(社会科学版)》2012 年第 2 期,本书收入时有修改。

仍然应受到《刑法》第13条“但书”的制约。在对“情节恶劣”和“醉酒”的判断上应注意主、客观标准的协调与统一。在危险驾驶罪与其他犯罪的关系方面，应着重明确危险驾驶罪与交通肇事罪和以危险方法危害公共安全罪的异同。对以危险方法危害公共安全罪的实害犯形态而言，行为人对实害结果的主观罪过形式只能是故意。对危险驾驶罪与其他犯罪发生竞合时的“依照处罚较重的规定定罪处罚”应理解为：在通盘考虑犯罪诸情节的基础上，通过比较行为人在适用各不同罪名的情况下所可能受到的实际处罚的轻重来最终确定应适用何种罪名，并据此判处相应的刑罚。

随着《刑法修正案(八)》的通过，危险驾驶罪作为一种独立的犯罪已被正式纳入我国刑法，关于醉驾、飙车等危险驾驶行为应否入罪的诸多争议看似也已经尘埃落定，然而，对于危险驾驶罪的思考却远不能就此停止。指望通过在刑法中增加一个罪名便可以一劳永逸地解决所有相关的社会问题，只是一种不切实际的幻想。就危险驾驶罪而言，反对危险驾驶行为入罪的诸多意见如不能得到慎重的考量，在危险驾驶罪的具体司法适用过程中可能产生的诸多疑难问题如不能得到合理的解决，甚至如果不对这一罪名本身的立法设计作出进一步的评价与反思，则这一罪名在遏制危险驾驶行为方面究竟能够起到多大的作用就是值得怀疑与追问的。基于此，本专题重点针对以上问题对危险驾驶罪展开多维度的思考，以期对危险驾驶行为的有效治理有所裨益。

一、危险驾驶行为应否入罪：争鸣与评析

(一)关于危险驾驶行为应否入罪的学术争鸣

近年来，在我国，随着城市化进程的加快和汽车拥有率的大幅提升，机动车辆在极大地便利人民群众生产生活的同时，因违法驾驶机动车辆而引发的交通安全事故也日趋严重。其中，因酒驾、飙车等危险驾驶行为而引发的重、特大交通事故案件更是层出不穷，如2008年“12·14成都交

通肇事案”,2009 年“南京 6 · 30 特大交通肇事案”、“杭州 5 · 7 飙车肇事案”等案件,都引起了强烈的社会反响。基于此,2010 年 4 月 28 日,时任国务委员、公安部部长孟建柱在向全国人大常委会作报告时郑重建议研究在刑法中增设“危险驾驶机动车罪”,将醉酒驾驶机动车、在城镇违法高速驾驶机动车竞逐等严重危害公共安全的交通违法行为纳入刑法的处罚范围,并提高交通肇事罪的法定最高刑。[①] 全国政协委员施杰也认为应在刑法中增设“危险驾驶罪”,将醉酒、超速、吸毒等状态下的驾驶行为纳入刑法规制范围。[②] 在此次刑法修正过程中,全国人大常委会经慎重考虑,决定采纳此类意见,并最终在《刑法修正案(八)》中将醉酒驾车及追逐竞驶两种危险驾驶行为纳入刑法的处罚范围。

然而,在刑法理论界和实务界,关于是否应将危险驾驶行为入罪的意见却并不统一,在讨论过程中大体形成了肯定论与反对论两类意见的学术争鸣。

其中,肯定论者赞成将危险驾驶行为入罪,其理由主要有以下几点:第一,当前我国危险驾驶行为高发、多发,危险驾驶的行政治理力度有限,我国刑法在惩治危险驾驶肇事行为方面又存在一定的疏漏和缺陷,并且国际社会上有不少动用刑法惩治危险驾驶行为的做法,我国也应当尽快将危险驾驶行为入罪。[③] 第二,随着风险社会的到来,传统的罪责刑法已不能满足法秩序共同体在风险社会中对安全保障的现实需要。按照罪责刑法,只有在应受处罚的行为造成客观侵害的时候作出反应才被认为是合理的。在风险社会中,这不能适应减少、限制风险的客观需要,而应提倡强调维护社会安全的安全刑法。安全刑法以行为的危险性为前提,只要应受处罚的行为具有威胁法秩序共同体的危险,刑法就应当在该危险变成现实之前提前介入。对具有人身危险性的行为人,只要其危险性威胁到法秩序共同体的安全,刑法同样应当对其作出一定的反应,从而降低

---

① 参见毛磊、秦佩华:《孟建柱向全国人大常委会报告道路交通安全管理工作情况 建议增设“危险驾驶机动车罪”》,载《人民日报》2010 年 4 月 29 日。

② 参见唐琳:《建议在刑法中增设“危险驾驶罪”》,载《人民公安报》2010 年 3 月 7 日。

③ 参见赵秉志:《〈刑法修正案(八)(草案)〉热点问题研讨》,载赵秉志主编:《刑法论丛》2010 年第 4 卷,法律出版社 2010 年版,第 44 页。

社会风险。[①] 因此,顺应“犯罪化”“处罚的早期化”等刑事立法发展的潮流,将刑法防卫的视线提前,把危险驾驶行为犯罪化,阻遏和警戒危险驾驶犯罪,是我国交通犯罪立法成熟的表现,也是建设和谐社会的需要。[②] 第三,单独设立危险驾驶罪有利于实现刑罚的预防目的。刑罚是犯罪的法律后果,其目的在于对已经实施犯罪的人及潜在犯罪人产生心理威慑效果,预防犯罪人重新犯罪,预防尚未犯罪的人实施犯罪。只有将危险驾驶设为独立的罪名,以刑罚来威慑危险驾驶的行为人,使其理性地约束自己的行为,才能有效地控制危险驾驶这一对公民生命、健康和财产安全构成重大威胁的行为,达到刑罚的预防目的。[③] 第四,增设危险驾驶罪是对民意的回应,是立法民主化的体现。近来社会公众对酒后驾驶违法行为关注度较高,社会普遍呼吁加强对酒后驾驶的处罚,应该通过立法增设“危险驾驶机动车罪”来回应公众的呼声,这也反映了立法的民主化。[④]

而反对论者则主要从以下几个方面对危险驾驶行为的犯罪化予以批评和质疑:第一,将危险驾驶入罪有违刑法的谦抑性原则。刑法的谦抑性原则是指刑法在介入社会生活时应当尽可能地控制其广度和深度,可以用民事、商事、经济或者其他行政处罚手段来有效控制和防范时,就没有动用刑事立法的必要性。从近期公安部对危险驾驶行为进行专项治理所取得的成果来看,通过行政处罚等相关非刑罚手段已经能够较好地防范此类行为的发生。就下一步的工作而言,关键在于如何将相关非刑罚处罚措施用足、用好,而不是进行盲目的刑事立法。[⑤] 第二,遏制犯罪行为实施的根本力量不是惩罚的严厉性,而是惩罚的不可避免性。惩罚的方式不一定是刑罚,行政处罚也是一种惩罚,尤其是在我国“违法”和“犯罪”

---

① 参见李安:《社会风险的容忍边界——闹事飙车肇事案的刑法反应》,载《政法论丛》2009年第6期。

② 参见李朝晖:《危险驾驶行为独立犯罪化刍议》,载《江西社会科学》2010年第9期。

③ 参见张建中、郑创彬:《我国刑法增设危险驾驶罪之法理思考》,载《中国检察官》2010年第10期。

④ 参见徐伟、林燕:《酒后驾车行为严查之下仍时有发生　专家热议是否增设危险驾驶罪》,载《法制日报》2009年9月24日。

⑤ 参见黄明儒、余运红:《醉驾入罪,就能管住醉驾吗?》,载《民主与法制》2010年第24期。

二元评价的制裁模式之下,行政处罚的价值不容忽视,也不宜随意舍弃。因此,强化对酒后驾车、醉酒驾车等危险驾驶行为的行政处罚,特别是强调行政处罚的普遍性和不可避免性,是解决问题的根本之道。简单地期望通过修正刑法增设新罪,加大刑法打击力度,虽然说具有一定的震慑效果,但是在存在侥幸心理或者过于自信的犯罪分子面前并不具有应有的强制力,反而会对刑法的规范性和确定性产生很大冲击。第三,将单纯的醉驾、飙车行为规定为犯罪,在处罚上将有悖于刑法的基本理论。假设单纯的醉驾行为可以直接独立入罪,那么在司法实践中就可能处罚其预备或未遂行为,这将显得过于苛刻。更何况,将喝酒的行为认作犯罪的"预备",继而处罚,也不近情理,有违犯罪的基本特征。反观之,如果有了这些立法新规定,但又不对以上这些类似的"未遂""预备"等行为定罪处罚,则与行为犯处罚的理论不符,乃至会造成立法初衷难以在司法中实现的尴尬。因此,对危险驾驶还是以不入罪为妥。[①] 第四,醉驾、飙车入刑,对为数众多的行为人贴上罪犯的标签,推到社会的对立面,显然不利于社会的稳定,而且监狱也有可能人满为患。[②] 第五,国外关于危险驾驶的刑事治理模式并不统一,增设危险驾驶罪并非改善交通安全的唯一出路。从国外的情况来看,将危险驾驶行为规定为独立的犯罪仅为刑事治理模式之一,因循该模式的德、加、日等国及地区的交通秩序较好,但采取其他模式的法、荷、意等国的交通状况也并不逊色。由此可见,增设危险驾驶罪并非改善交通安全的唯一出路,关键在于因地制宜,采取适当的治理模式。[③] 第六,对民意或民愤需要进行理性的分析和判断。在立法过程中坚持民主化、注意倾听民众的呼声是必要的,在一系列重大恶性交通事故发生后,人民群众表示出极大的愤慨,纷纷提出应当设立新的罪名以便有效打击此类行为也是可以理解的。但是,民愤"是一个模糊而抽象的概念"。如何衡量民愤的大小程度?谁的呼声才能被认为是民愤,是被害人、被害

---

① 参见史丹如:《危险驾驶行为:入罪未当时》,载《检察日报》2010 年 10 月 18 日。

② 参见黄明儒、余运红:《醉驾入罪,就能管住醉驾吗?》,载《民主与法制》2010 年第 24 期。

③ 参见刘沛谞、杨毅伟:《创制新罪并非治理危险驾驶唯一方法》,载《检察日报》2010 年 8 月 9 日。

人的家属，抑或被告人的家属是否都包括在内？对这些问题都不能给出准确的回答。这就需要我们冷静行事，用法律理性去分析判断一种社会情绪，而不应成为这种情绪的弄潮儿。①

（二）关于危险驾驶行为应否入罪的评析意见

就对危险驾驶行为的整体制裁体系层面而言，我国原有的对危险驾驶行为的法律制裁体系并不存在疏漏。对于因醉驾、飙车等危险驾驶行为造成重大危害结果的情形，可根据具体的犯罪情况分别以交通肇事罪、以危险方法危害公共安全罪或其他相关的犯罪加以制裁；对尚未造成重大危害结果但对公共安全造成重大危险的，可以以危险方法危害公共安全罪加以制裁；对不构成上述犯罪的危险驾驶行为可依据相应的行政法规对其进行行政制裁。因而，对危险驾驶行为是否应当入罪的探讨，实际上针对的并不是是否应当弥补我国法律制裁体系的疏漏，其焦点在于是否应当将原本属于行政处罚范围的若干行为纳入刑事制裁的范围。这一点是我们在讨论这一问题时需要明确的基本前提。② 在此基础上，笔者就这一问题发表如下评析意见：

首先，笔者并不反对将若干情形下的危险驾驶行为作犯罪化处理。刑事政策在对犯罪的防治对策上可分为犯罪预防与犯罪压制两部分。就犯罪预防层面而言，合理有效的社会治理才是预防犯罪的治本之策，这已经成为共识。③ 然而，由社会治理的复杂性与社会秩序形成的渐进性和缓慢性所决定，面对犯罪直面而来的汹涌浪潮，我们仍然要依赖对犯罪的直接压制措施来实现对犯罪现象的有效遏制。犯罪压制的措施可分为以下几种：（1）诉诸社会制裁或道德制裁，借由伦理的社会谴责，使其产生心理强制力，而达到防治犯罪的目的；（2）民事上的制裁，借由损害赔偿责任等民事上的制裁，使其产生心理强制力，而达到防治犯罪的目的；（3）行政上

---

① 参见黄明儒、余运红：《醉驾入罪，就能管住醉驾吗？》，载《民主与法制》2010 年第 24 期。

② 就以上正反两方面的意见来看，在这一问题上是并不存在分歧的，但是明确这一点对全文的探讨仍然具有积极的意义。

③ 无论是李斯特所倡导的“最好的社会政策就是最好的刑事政策”，还是菲利所宣称的“一个真正文明的立法者，可以不过多地依赖刑法典，而通过社会生活和立法中潜在的救治措施来减少犯罪的祸患”，在当前都已经取得了广泛的认同。

的制裁,借由罚款、停止营业等行政上的制裁,使其产生心理强制力,而达到防治犯罪的目的;(4)刑事上的制裁,借由预先告知的刑罚制裁,使其产生心理强制力,而达到防治犯罪的目的。[①] 在以上措施中,行政上的制裁与刑事上的制裁无疑是更加直接有效的犯罪压制措施。就刑法谦抑性的角度而言,当依赖行政制裁能够基本上有效地实现犯罪压制的情况下,就不宜诉诸刑事制裁。而在行政制裁明显乏力的情况下,也应当毫不犹豫地诉诸刑事制裁。当前,随着我国城市化和工业化进程的不断加快,机动车辆的使用不断增多,各类严重交通违法行为和交通事故也逐渐呈高发、多发态势。但与之相对的却是,我国道路交通科学管理的理念、机制、手段、方法以及管理人员的素质、能力还不适应经济社会发展的需要,交警警力不足的问题还相当严重,因而通过行政制裁来压制交通违法犯罪明显让人感觉软弱和乏力。"在这种情况下,刑事立法不想跟上也得跟上,否则交通秩序和社会反应会变得更糟。"[②]因此,当前将若干严重情形的危险驾驶行为入罪,通过加大制裁力度以实现在短期内对交通违法犯罪的有效遏制,实属无奈之举,但也是当然之举。以醉驾入罪为例,自《刑法修正案(八)》施行以来,很多地方的醉驾案件数量大幅度下降。以北京为例,2011 年 5 月 1 日至 5 月 30 日,北京市交警查获酒驾行为 1024 起,同比去年下降 81%,其中醉驾 89 起,同比去年下降 79.2%。"醉驾入刑"显示出良好的社会效果。[③]

其次,对危险驾驶行为的犯罪化必须在范围和程度上予以限制。笔者并不反对在风险社会的背景下应将刑法的防卫手段提前,但是,在是否将某种或某类行为予以犯罪化时,必须同时考虑两方面的因素:一方面,某种或某类行为是否具备犯罪的本质特征,即是否具有严重的社会危害性;另一方面,对此种或此类行为是否有必要动用刑罚来抑制。由于刑罚这种制裁具有强制力,它同药效大的药物一样伴有副作用(资格限制与作为犯罪人的烙印),因此,在判断以什么作为刑罚的对象时,必须慎重考察

① 参见许福生:《刑事政策学》,中国民主法制出版社 2006 年版,第 70 页。

② 刘远:《危险驾驶的刑事责任问题探究》,载《法学论坛》2009 年第 6 期。

③ 参见刘洋:《醉驾查处:执法要求更高、程序要求更严》,载《人民公安报》2011 年 6 月 4 日。

对某种行为是否有必要动用刑罚来抑制。[①] 只有同时满足了以上两方面的要求,才能真正实现刑法干预社会生活的适度性。[②] 就危险驾驶行为而言,不仅行为种类众多,如酒驾、醉驾、飙车、疲劳驾驶等都可归入危险驾驶之列,而且各行为种类的危险程度也并不一致。因此,在将危险驾驶行为予以犯罪化时,应当考虑刑法干预社会生活的适度性。在这一方面,笔者认为,应当重点对危险驾驶罪成立的两个"边界"即范围边界和程度边界作出限制。也就是说,危险驾驶罪调整的行为范围必须也只能限于那些具有高度危险性的驾驶行为[③],同时,这类行为一旦实施,也并不意味着一概要以危险驾驶罪加以制裁,对那些危险程度相对较低的情形也并不排除继续采用行政制裁的手段加以处理的可能性。否则,不但在理论上将与犯罪化的基本要求直接相左,而且在实践中也必将陷入诸多难以摆脱的困境。[④] 同时,即便在刑事立法上需要倾听民众的呼声,但正如迪尔凯姆所言,一种行为只有触犯某种强烈、十分鲜明的集体情感时才能构成犯罪,[⑤]对于那些并不十分严重的危险驾驶行为,如非严重性超速、违章变道、闯红灯[⑥]等,是否已达到触犯民众强烈集体情感的程度?民众是否真的要求将其规定为犯罪?对这些问题,我们恐怕并不能得出绝对肯定的答案。

---

① 参见[日]西田典之:《日本刑法总论》,刘明祥、王昭武译,中国人民大学出版社 2007 年版,第 23 页。

② 所谓刑法干预社会生活的适度性,是指刑法干预社会生活既不能过度也不能不足,在保障社会维持所需最基本秩序的前提下,最大限度地不干预社会的自由发展。它一方面要求刑法应本着自身的性质调整社会生活,另一方面也要与社会生活相适应,保障社会在有序的状态下自由而协调地发展。参见周宜俊:《刑法增设新罪的适度性分析——以危险驾驶、恶意欠薪入罪为例》,载《东方法学》2010 年第 5 期。

③ 同时,在对这类行为范围进行设定时也应当考虑到刑事立法的类型性,对那些极端个别或难以复制的行为种类则并无纳入的必要。

④ 在当前交通违法犯罪行为的态势还相当严峻的情况下,如果刑罚过度适用,且不说由于刑罚的标签效应可能带来诸多社会问题,仅就我国当前的司法成本和监禁成本而言,其能否承受住这一巨大的刑罚投入也是值得怀疑的。

⑤ 参见[法]E. 迪尔凯姆:《社会学方法的准则》,狄玉明译,商务印书馆 1995 年版,第 85 页。

⑥ 全国政协委员施杰建议将闯红灯也纳入危险驾驶罪的范畴。参见吉祥:《闯红灯为什么不能入罪》,载《齐鲁晚报》2011 年 3 月 3 日。

最后,就对危险驾驶等交通违法犯罪行为的防治而言,其关键在于形成多种社会治理手段的整体合力。社会发展与社会管理的历史事实和实践经验一再表明,对违法犯罪行为的治理从来就是一项庞大的社会系统工程。在这一社会系统工程之内,我们不仅要重视民事、行政、刑事等法律手段的协调配合和综合运用,同时,更加重要的还在于,应通过大力加强社会主义精神文明建设以尽快促进公民整体道德素质的提升和良好社会风俗习惯的养成。因为社会中的习惯、道德、惯例、风俗等社会规范从来都是一个社会的秩序和制度的一个部分,因此也是其法治的构成性部分,并且是不可缺少的部分。如果没有内生于社会生活的这种自发秩序,没有这些非正式制度的支撑和配合,国家正式的制度也就缺乏坚实的基础,缺乏配套的制度。由此,不仅谈不上真正有社会根基的制度化,甚至难以形成合理的、得到普遍和长期认可的正当秩序。[①] 所以,在对危险驾驶等交通违法犯罪行为的治理过程中过分强调或忽视任何一种手段都是错误的。只有综合运用法律、制度、习惯、道德等多种手段,并使多种社会治理手段形成整体合力,才能冀求这一严峻的违法犯罪现象随着时间的推移而逐步得到缓解。

二、危险驾驶罪之成立:条件与标准

(一)必要的前提——危险驾驶罪性质的认定[②]

某种犯罪的成立条件与标准往往与其犯罪的性质直接相关,因此,探讨危险驾驶罪成立条件与标准的前提是对危险驾驶罪的性质作出准确的认定。在这一问题上,有论者认为,危险驾驶罪的设置是在法益还未现实受到侵害之构成要件前这一阶段刑法就予以介入,通过刑事惩罚的手段避免侵害法益的结果发生。因此,从刑法理论上看,这是一种危险犯的立法模式。[③] 从广义上讲,笔者也并不反对将危险驾驶罪纳入危险犯之列。

---

① 参见苏力:《道路通向城市——转型中国的法治》,法律出版社 2004 年版,第 26 页。

② 所谓危险驾驶罪的性质,也就是危险驾驶罪属于哪种犯罪类型的问题。

③ 参见戴有举:《危险驾驶罪初论——对〈中华人民共和国刑法修正案(八)(草案)〉第 22 条之解读》,载《中国刑事法杂志》2011 年第 1 期。

但是，根据不同的犯罪表现形式，危险犯又可被进一步被划分为具体的危险犯与抽象的危险犯两种类型。而不同的危险犯类型，对犯罪成立条件的要求又是不同的。具体的危险犯，是指以发生侵害法益的具体危险作为构成要件要素的犯罪。[①] 也就是说，成立此类犯罪，不仅要求行为人实施了具有危险性的行为，而且这种行为还必须对某种法益形成了现实的、具体的危险。而抽象的危险犯，则是将在社会一般观念上认为具有侵害法益的危险的行为类型化之后所规定的犯罪。[②] 这里的抽象的危险，只是为立法者设定所谓的抽象危险犯提供理论根据上的非现实的、拟制的危险，这种危险是由构成要件的行为所蕴含的，而非行为所造成的现实状态。所以，在认定抽象的危险犯时，构成要件的行为一旦被实行，就意味着可以推定抽象的危险存在。[③] 而从《刑法修正案（八）》第 22 条第 1 款对危险驾驶罪的具体规定来看，一方面，在罪状设计上，“驾驶机动车追逐竞驶”与“醉酒驾驶机动车”两类行为，明显是将被社会一般观念认为具有危险性的驾驶行为类型化之后所作的规定，而且也并没有明确要求这两类行为的实施足以对某种法益形成现实的、具体的危险；同时，这一条文也并没有进一步对危险驾驶罪的结果犯作出规定。另一方面，在刑罚配置上，立法者还为该罪配置了“处拘役，并处罚金”这一《刑法》分则中最轻的法定刑。这些所有的特点都明显不同于我国刑法对具体危险犯的规定方式，[④]因此危险驾驶罪无疑应属于抽象的危险犯。相应地，对该罪成立条件的探讨就必须以其抽象危险犯的性质为依托。

---

① 参见[日]大谷实：《刑法讲义总论》（第 2 版），黎宏译，中国人民大学出版社 2008 年版，第 115 页。

② 参见[日]大谷实：《刑法讲义总论》（第 2 版），黎宏译，中国人民大学出版社 2008 年版，第 115 页。

③ 参见王志祥：《危险犯研究》，中国人民公安大学出版社 2004 年版，第 142 页。

④ 我国刑法在规定具体危险犯的同时，一般都相应规定了该罪的实害犯，并多以“尚未造成严重后果”标示该具体危险状态，在有的犯罪中还通过规定“足以使……危险”等以进一步表明该危险状态的具体性与现实性；同时，对具体的危险犯，我国刑法一般都配置了“三年以上十年以下有期徒刑”等较重的法定刑，以突出体现刑罚对该类犯罪的威慑和预防作用。关于以上特点，可参见我国 1997 年《刑法》第 114 条至第 119 条等条文的具体规定。

(二)危险驾驶罪的成立条件

危险驾驶罪的成立条件,也就是构成危险驾驶罪所需要的构成要件的问题。按照我国传统的四要件犯罪构成体系,构成某一犯罪需要同时具备主体、主观、客体、客观四个方面的要件。鉴于危险驾驶罪的主体和客体要件并不难以确定,所以本专题将其略去不谈,而重点探讨该罪主观方面和客观方面的相关问题。①

1. 危险驾驶罪的主观方面

危险驾驶罪的主观方面是故意,对此在目前是不存在异议的。但是,由于本罪在性质上属于抽象危险犯,因而对其主观故意的认识内容问题,在当前仍然是存在争议的。在主观故意的认识内容方面,对结果犯而言,要成立故意,必须对危害结果有认识,这一点理论上没有分歧,与刑事立法也没有冲突。但是,对成立危险犯的故意是否需要对危险有认识,在日本刑法理论上则存在不同的观点:第一种观点认为,无论是具体的危险犯还是抽象的危险犯,都不需要对危险有认识。第二种观点认为,具体的危险犯中的危险是构成要件要素,所以需要认识;而抽象的危险犯中的危险是拟制的危险,所以不需要认识。第三种观点认为,无论是具体的危险犯还是抽象的危险犯,都需要对危险有认识。一般认为,第一种观点忽略了具体的危险犯中的危险是构成要件要素,所以难言正确。第二种观点长期以来是日本的通说。但现在也有不少学者认为抽象的危险犯不是形式犯而是实质犯,因而危险的存在并非拟制而也是构成要件的内容,因而提倡第三种学说。②

笔者认为,第二种观点是正确的。在抽象的危险犯中,所谓的抽象危险,与其说是由某类行为所产生,倒不如说其是某类行为的固有属性,即危险性本来就是这类行为的性质和特点。因此,行为人只要实施了此类

---

① 即便按照国内一些学者所倡导的三阶层犯罪论体系(构成要件符合性、违法性、有责性),对危险驾驶罪成立条件的讨论重点也仍然在于对其客观行为与主观责任形式的分析与判断上。同时,鉴于本罪的预备、未遂等未完成形态一般并不具有刑事可罚性,所以本专题对危险驾驶罪成立条件的探讨是在围绕既遂层面展开的。

② 参见陈家林:《外国刑法通论》,中国人民公安大学出版社2009年版,第216页。

行为,也就必然同时使蕴含其中的危险得以外露。同样,只要行为人在主观上能够认识到此类行为的性质,也就必然能够同时认识到其中所蕴含的危险。据此,抽象的危险犯基本上等同于我国刑法理论中的行为犯。[①]就危险驾驶罪而言,行为人在主观上只要能够认识到自己是在“驾驶机动车追逐竞驶”或“醉酒驾驶机动车”而仍然为之,就已经满足了该罪主观故意的成立条件。除此之外,还要求行为人必须认识到所谓的抽象危险,不但没有任何必要,而且在司法实践中也是难以证明的。

在司法实务中,对“隔夜醉驾”性质的判定涉及对危险驾驶罪主观方面的具体理解。在“隔夜醉驾”的场合,行为人在前一天醉酒但并未驾驶机动车,在隔一个夜晚后的第二天才驾驶机动车,但是仍被查明属于醉酒驾驶机动车。对此,有观点认为,一般而言,在“隔夜醉驾”的情况下,机动车驾驶人认识不到自己是在醉酒驾车的,不应以危险驾驶罪追究其刑事责任,否则将有客观归罪之嫌。但是,如果驾驶人明知自己仍处于醉酒状态而执意驾驶车辆的,则应按危险驾驶罪追究其刑事责任。[②] 这种观点在考察“隔夜醉驾”行为的定性问题时,合理地区分了行为人主观方面的不同情况,是较为妥当的。在我国,很多食品或饮料的生产者为了使其产品更加可口、独特,而在产品中添加了一定量的酒精或含有酒精的制品。[③]在这种情况下,若没有明确的标识等告知消费者,其在食用或饮用后又去驾驶机动车辆,则由于行为人在完全不知情的情况下食用或饮用了含有酒精的食品或饮料,所以不能认定其在明知自己处于醉酒状态的情况下而仍执意实施驾驶机动车的行为,不能以危险驾驶罪论处。对此,我国台湾地区学者也指出,驾驶人可能不知道自己呼气中的酒精含量超过标准值,属于过失酗酒驾车,不成立犯罪。例如:某款漱口水的酒精含量很高,假设驾驶人开车前使用大量的漱口水,呼气中的酒精含量就可能超过标

---

① 而具体的危险犯则与结果犯无异。因此,根据行为要素与结果要素之间关系的不同,区分出行为犯和结果犯,就可以将基本犯的所有类型概括无疑了。参见王志祥:《危险犯研究》,中国人民公安大学出版社 2004 年版,第 163 页。

② 参见洪常森:《危险驾驶罪的司法认定及刑事处理原则》,载《检察日报》2011 年 3 月 18 日。

③ 参见赵秉志主编:《刑法修正案(八)理解与适用》,中国法制出版社 2011 年版,第 191 页。

准，但由于主观上出于过失，刑法不干涉。在行为人饱食姜母鸭之后，其血液中也可能含有浓厚的酒精，如果开车遇上路检，也许通不过检测。驾驶人很可能不知道自己是酒后驾车，主观上出于过失，则理论上不能处罚。[①] 此外，在以机动车运送病人、处理紧急特殊事务等的场合，机动车驾驶者的行为可能在表面上符合“追逐竞驶”的要求，但由于其在主观上缺乏超越其他机动车的意思，所以其行为也不符合危险驾驶罪的主观方面的要求，不能以危险驾驶罪论处。

2. 危险驾驶罪的客观方面

根据《刑法修正案（八）》第22条第1款的规定，危险驾驶罪的客观方面表现为两种行为类型：一种是“在道路上驾驶机动车追逐竞驶，情节恶劣的”；另一种是“在道路上醉酒驾驶机动车的”。因此，对危险驾驶罪客观要件的正确认定，关键在于对这两种行为类型作出准确的解读。其中，必须重点解决以下几个问题。

（1）对“道路”的理解问题。有学者认为，该条在此并未使用“公路”一词，证明追逐竞驶行为不一定局限于通常的街道、公路、高速路等。只要是供不特定人、车等使用的可通行路段均可纳入这里的“道路”的范畴。[②] 笔者认为，随着我国道路交通的迅速发展，“道路”的种类和形式也随之增多，因此对“道路”作适度扩大化的理解也是合理的。但是，由于本罪毕竟属于危害公共安全类的犯罪，受这一犯罪客体性质的制约，对“道路”又不能做过于扩大化的理解。对于那些地处偏远、人迹罕至的乡间路段来讲，虽然其在性质上也属于供不特定人、车使用的可通行路段，但行为人在该路段上“追逐竞驶”或“醉酒驾车”的行为是否就一定具备了危害公共安全的性质，是不无疑问的。据此，笔者认为，对本款规定的“道路”还是应当按照《道路交通安全法》第119条的规定来理解，即此处的“道路”应当是指公路、城市道路和虽在单位管辖范围但允许社会机动车通行的地方，包括广场、公共停车场等用于公共交通的场所。

---

① 参见林东茂：《刑法综览》，中国人民大学出版社2009年版，第391～392页。

② 参见莫洪宪、杨文博：《〈刑法修正案（八）〉“危险驾驶罪”之具体认定》，载《检察日报》2011年3月14日。

(2)“机动车”的认定问题。根据《道路交通安全法》第119条第3项的规定,“机动车”是指以动力装置驱动或者牵引,上道路行驶的供人员乘用或者用于运送物品以及进行工程专项作业的轮式车辆。尽管在实践中,经常会有人(尤其是所谓的“飙车族”)对一些机动车辆进行一定的改装或改造,但只要其在性质上仍然具备法律规定的“机动车”的相关基本特征,就不影响仍然将其认定为“机动车”。

(3)“追逐竞驶”的认定问题。“追逐竞驶”就是平常所说的“飙车”,是指在道路上,以同行的其他车辆为竞争目标追逐行驶。“追逐竞驶”不以超速驾驶机动车为前提。一方面,法条本身没有规定构成追逐竞驶必须以超速行驶为前提;另一方面,在部分情况下,行为人没有超过规定时速追逐竞驶,但是具有其他恶劣情节的,同样可以构成本罪,否则有违法律本意,放纵犯罪。[①] “追逐竞驶”的具体情形包括在道路上进行汽车驾驶“计时赛”、若干车辆在同时行进中互相追赶等,既包括超过限定时速的追逐竞驶,也包括未超过限定时速的追逐竞驶。[②] 同时,还需要注意的是,“追逐竞驶”并不等于“高速行驶”。高速危险驾驶行为并不一定具有追逐竞驶的特征,其可以在没有追逐竞驶对象的情况下单独完成;而追逐竞驶则必须要求有一个以上的追逐竞驶对象,至于驾驶者之间有无事先的意思联络在所不问。[③] 据此,追逐竞驶既可能发生在二人以上事先具有意思联络而相互追逐竞驶的情况下,也可能发生在二人以上事先不具有意思联络而相互追逐竞驶的情况下,还可能发生在行为人单方面同他人追逐竞驶的情况下。在第一种情况下,各方的行为均属于追逐竞驶。如果各方的行为均构成危险驾驶罪,则应根据共同犯罪的原理追究刑事责任。在第二种情况下,各方的行为也均属于追逐竞驶,但基于意思联络的缺失,在各方的行为均构成危险驾驶罪的情况下,便不可能成立共同犯罪,对各方应按照单独犯追究刑事责任。在第三种情况下,其他车辆的驾驶

---

① 参见于文广:《追逐竞驶不必以超速驾驶为前提》,载《检察日报》2011年5月18日。

② 参见全国人大常委会法制工作委员会刑法室编:《中华人民共和国刑法修正案(八)条文说明、立法理由及相关规定》,北京大学出版社2011年版,第72页。

③ 参见莫洪宪、杨文博:《〈刑法修正案(八)〉“危险驾驶罪”之具体认定》,载《检察日报》2011年3月14日。

者并没有认识到行为人在与其进行竞赛,因而其行为不属于追逐竞驶,而只有行为人的行为属于追逐竞驶。另外,“追逐竞驶”还必须达到“情节恶劣”的程度,才能以犯罪论处(关于“情节恶劣”的判断标准问题,下文将予以详述)。

(4)“醉酒驾驶机动车”的认定问题。顾名思义,“醉酒驾驶机动车”,就是行为人在醉酒的状态下驾驶机动车的行为。认定这一行为,关键在于确证以下两点:其一,行为人当时处于醉酒状态(关于醉酒状态的判断标准问题,下文将予以详述);其二,行为人必须实施了驾驶行为。而所谓驾驶行为,也就是行为人启动并运行机动车的行为。因此,行为人在酒后但非醉酒状态下驾驶机动车的行为,以及行为人处于醉酒状态并进入了机动车的驾驶室,但只要未启动机动车或虽已启动机动车但并未使之运行的,都不能被认定为“醉酒驾驶机动车”。

另外,由于《刑法修正案(八)》第 22 条第 1 款本身并未对“醉酒驾驶机动车”规定任何情节上的限制条件,因此,是否所有“醉酒驾驶机动车”的行为在司法实践中都应当以犯罪论处,是存在疑问的。对此,一般认为,醉酒驾车行为构成犯罪无须再具备任何其他条件。① 而有观点则认为,完全没有危险的行为不可能成立危险驾驶罪。例如,在没有车辆与行人的荒野道路上醉酒驾驶机动车的,因为不具有抽象的危险,所以不应以本罪论处。② 时任最高人民法院副院长张军大法官于 2011 年 5 月 10 日在全国法院刑事审判工作座谈会上表示,各地法院在对醉酒驾驶机动车的行为追究刑事责任时,应当慎重稳妥,不应仅从文义上理解《刑法修正案(八)》的规定,认为只要达到醉酒标准驾驶机动车的,就一律构成刑事犯罪。也就是说,虽然《刑法修正案(八)》在规定追究醉酒驾驶机动车的

---

① 参见全国人大常委会法制工作委员会刑法室编:《中华人民共和国刑法修正案(八)条文说明、立法理由及相关规定》,北京大学出版社 2011 年版,第 72 页;莫洪宪、杨文博:《〈刑法修正案(八)〉“危险驾驶罪”之具体认定》,载《检察日报》2011 年 3 月 14 日;戴有举:《危险驾驶罪初论——对〈中华人民共和国刑法修正案(八)(草案)〉第 22 条之解读》,载《中国刑事法杂志》2011 年第 1 期;王凯:《醉酒者发动车子就算犯罪》,载《江淮晨报》2011 年 4 月 20 日。

② 参见张明楷:《危险驾驶罪及其与相关犯罪的关系》,载《人民法院报》2011 年 5 月 11 日,第 6 版。

刑事责任时没有明确规定情节严重或情节恶劣的前提条件，但根据《刑法》总则第 13 条规定的原则，危害社会行为情节显著轻微危害不大的，不认为是犯罪。对在道路上醉酒驾驶机动车的行为需要追究刑事责任的，要注意与行政处罚的衔接，防止可依据《道路交通安全法》处罚的行为直接诉至法院追究刑事责任。①

笔者注意到，在《刑法修正案（八）（草案）》审议的过程中，就有常委委员提出，对醉酒后驾驶机动车一律追究刑事责任的规定在实践中可能涉及面过宽，建议增加"情节严重"等限制条件。对此，公安部、原国务院法制办等部门研究后认为，将在道路上醉酒驾驶机动车这种具有较大社会危险性的行为规定为犯罪是必要的，如果再增加规定"情节严重"等限制性条件，具体执行中难以把握，也不利于预防和惩处这类犯罪行为，建议维持草案的规定。②《刑法修正案（八）》最终在立法层面对"醉酒驾驶机动车"的行为未规定任何情节上的限制条件，但是，这并不意味着在司法层面对此类行为入罪亦不应作任何情节上的限制。理由是：

其一，与世界上绝大多数的国家对违法行为的处罚所采取的单一制裁模式不同，我国在对违法行为的处罚上采取的是多元制裁模式。在单一制裁模式之下，一种违法行为要么属于刑法的制裁对象，要么属于刑法以外的其他部门法的制裁对象，而不存在同一种违法行为基于社会危害程度的不同而被分别纳入刑法和刑法以外的其他部门法处罚范围的现象。而在多元制裁模式之下，一种违法行为基于其不同的社会危害程度会被分别纳入刑法和刑法以外的其他部门法的处罚范围，能够以刑事手段予以规制的只能是那些在社会危害性方面达到严重程度的违法行为。比如，我国 1997 年《刑法》和《治安管理处罚法》分别对介绍卖淫的行为规定了刑事制裁和行政制裁。尽管在这两部法律中对介绍卖淫的行为采取的都是"介绍他人卖淫的"这样的表述，而都没有情节上的要求，但不能

---

① 参见张伟刚、谢晓曦：《正确把握危险驾驶罪构成条件》，载《人民法院报》2011 年 5 月 11 日，第 1 版。

② 参见全国人民代表大会法律委员会《关于〈中华人民共和国刑法修正案（八）草案〉审议结果的报告》（2011 年 2 月 23 日）。

由此认为被纳入这两部法律处罚范围的介绍卖淫行为在社会危害程度上是可以同日而语的。显然，能够被纳入《刑法》处罚范围的只能是具有严重社会危害性的介绍卖淫行为。同理，只有那些具有严重社会危害性的醉驾行为才能够被纳入危险驾驶罪的处罚范围，而对于那些在社会危害性上尚未达到严重程度的醉驾行为，则仍然应当为其保留适用行政制裁的余地。

其二，《刑法》第 13 条“但书”明确规定，“情节显著轻微危害不大的，不认为是犯罪”。这一规定的基本精神在于通过将定量因素引入到犯罪概念当中，把犯罪限定为具有严重社会危害性的行为，从而从社会危害性的量上区分犯罪与一般违法行为，把大量仅具有轻微社会危害性的行为排除在犯罪圈之外，以限制我国刑法的处罚范围。《刑法》第 13 条“但书”是对犯罪行为社会危害性程度的补充说明，其表明只有社会危害性达到严重程度的行为才能认定为犯罪。可见，如果可以认为某一行为的社会危害性尚未达到使该行为应当被追究刑事责任的程度，那么，就应当将该行为排除在犯罪的范围之外。换句话说，只有某一行为的社会危害性超出了“情节显著轻微危害不大”的程度时，才能将该行为认定为犯罪并按照分则的规定进行处理。例如，“抢劫罪最低法定刑为 3 年，最高可判处死刑，实际认定中尚且要考虑具体的情节和危害，不是对所有抢劫行为一律定罪量刑。而危险驾驶罪最高只能判处 6 个月的拘役，在刑法分则所规定的 400 多个罪名中是处罚较轻的一种犯罪，实际认定时无疑更应当考虑具体的情节和危害，并不能对所有危险驾驶行为一律定罪判刑”[①]。就“醉酒驾驶机动车”的行为是否构成危险驾驶罪而言，不能依据《刑法》分则条文对该行为未设定任何情节限制即认为该行为成立犯罪不需要受到《刑法》第 13 条“但书”的约束；根据《刑法》总则条文指导、制约《刑法》分则条文的原理，在判断该行为能否一律入罪时，依然要受到《刑法》第 13 条“但书”规定的约束。据此，对情节显著轻微危害不大的“醉酒驾驶机动车”的行为，应依法排除犯罪的成立。对此，有的学者认为，80

① 杨维汉：《理性看待醉驾入罪标准　依法惩治醉酒驾车行为》，载《人民法院报》2011 年 5 月 12 日，第 1 版。

毫克/100毫升的醉驾标准本身已是客观标准，已经把饮酒仅达50毫克/100毫升、60毫克/100毫升等情节显著轻微的情形排除在外了。[①] 其实，实践中醉酒驾驶机动车的情形是极为复杂的：有的行为人之前就因酒后驾驶受过行政处罚或因醉酒驾驶受过刑事处罚，或虽未因酒后或醉酒驾驶受过行政或者刑事处罚，但有证据证明其有酒后驾驶的恶习或以酒后驾驶为常态，有的行为人则一贯表现良好，属于初次醉酒驾驶；有的行为人是自己主动狂饮、事后又执意醉酒驾驶，有的行为人则是在他人力劝下醉酒，事后因未找到代驾者而自己醉酒驾驶；有的行为人是在车辆、行人较多的路段长时间醉酒驾驶，有的行为人则是在车辆、行人非常稀少的路段短时间醉酒驾驶；有的行为人已经造成了车辆追尾等事故，有的行为人则尚未肇事；有的行为人到案后仍然毫无悔意，有的行为人则是追悔莫及，等等。可见，同样的醉酒驾驶，不同的情形对公共安全造成的威胁以及所反映出的行为人的主观恶性和人身危险性具有很大的差别。因而，在目前情况下，对于那些“情节显著轻微危害不大”的醉驾行为不应作为犯罪处理，而应通过行政处罚加以制裁。[②]

其三，在当前醉驾现象还相当严峻的情况下，如果将所有的醉酒驾驶机动车的行为都纳入刑事制裁的范围，我国的刑事司法成本和监禁成本是否能够承受得住这一重大负荷则也是不无疑问的。[③]

其四，将醉酒驾驶机动车的行为一律入罪，是不符合宽严相济刑事政

---

① 参见高健等：《北京市检察机关："80毫克"是醉驾入刑唯一标准》，载《北京日报》2011年5月26日。

② 参见刘宪权：《醉驾入刑应杜绝“模糊地带”》，载《法制日报》2011年5月17日。

③ 仅就杭州一个地级市而言，其在2010年所查处的醉驾案件便多达2775起。参见陈浩、马进：《杭州今年醉驾2775起，100%拘留》，载《杭州日报》2010年12月22日。而我国共有三百多个地级市。考虑到地区差异等各种因素的影响，即便是按每市每年平均800起计算，全国每年要查处的醉驾案件也将多达20万余起。而从最高人民法院的统计数据来看，全国法院在2009年所受理的全部危害公共安全罪的一审案件是86987起，所受理的全部刑事一审案件是768507起。参见最高人民法院：《2009年全国法院司法统计公报》，载《最高人民法院公报》2010年第4期。这也就意味着，如果对醉驾入罪不作任何情节限制，则危险驾驶罪（醉驾仅为此罪之一种情形）这一个罪名每年的一审收案数就不仅将远超其他危害公共安全罪的总和，而且还将接近于全年全部刑事案件的1/3。

策的精神的。宽严相济刑事政策是我国现阶段的基本刑事政策,其核心要求是区别对待,即综合考虑行为的客观危害、行为人的主观恶性和人身危险性,区别不同情况,对行为人依法予以不同处理。而在醉酒驾驶机动车的场合,在行为的客观危害、行为人的主观恶性和人身危险性上存在复杂的情况,无视这种复杂情况的客观存在,对醉酒驾驶机动车的行为一刀切地以危险驾驶罪论处,显然是背离区别对待这一宽严相济刑事政策的核心要求的。

由此看来,在司法实践中,对醉驾行为是否入罪考虑情节方面的要求,存在理论、现实以及政策方面的多重根据。至于主张对醉驾行为一律入罪的人所提出的"醉驾非一律入刑"会导致司法不公这一问题,笔者认为,对本该入罪的醉驾行为予以入罪,将情节显著轻微危害不大的醉驾行为予以出罪后纳入行政处理的范围,是司法公正的体现;而对醉驾行为不考虑情节轻重如何,一概地予以入罪,则恰恰会基于对罪与非罪之间界限的混淆而造成司法不公。所谓的权力、关系、金钱等法外因素影响对醉驾行为处理的情形并非仅仅存在于"醉驾非一律入刑"的情况之下,即便将醉驾行为一律入罪,这样的情形也同样是不能避免的。由此可见,"醉驾非一律入刑"与司法不公之间并不存在必然的因果联系。认为"醉驾一律入刑"便有助于在一定程度上消除在处理醉驾行为方面的司法不公,无疑是一种奢望。

不过,在一部分醉驾行为由于符合《刑法》第 13 条"但书"的规定而不能以危险驾驶罪论处的情况下,从 2011 年 4 月 22 日第十一届全国人大常委会第二十次会议对《道路交通安全法》第 91 条中醉驾行为的法律责任所作的修正来看,在行政处罚和刑事责任之间并不能顺利实现衔接。就醉驾行为的法律责任,修正前的《道路交通安全法》第 91 条规定,醉酒后驾驶机动车的,由公安机关交通管理部门约束至酒醒,处 15 日以下拘留和暂扣 3 个月以上 6 个月以下机动车驾驶证,并处 500 元以上 2000 元以下罚款;醉酒后驾驶营运机动车的,由公安机关交通管理部门约束至酒醒,处 15 日以下拘留和暂扣 6 个月机动车驾驶证,并处 2000 元罚款;1 年内有醉酒后驾驶机动车的行为,被处罚 2 次以上的,吊销机动车驾驶证,5 年内不得驾驶营运机动车。修正后的《道路交通安全法》第 91 条则规定,醉酒驾驶机动车的,由公安机关交通管理部门约束至酒醒,吊销机动车驾驶证,依法追究刑事责任,且5年内不得重新取得机动车驾驶证;醉酒驾驶营运机动车的,由公安机关交通管理部门约束至酒醒,吊销机动车驾驶证,依法追究刑事责任,且10年内不得重新取得机动车驾驶证,重新取得机动车驾驶证后,不得驾驶营运机动车;醉酒驾驶机动车发生重大交通事故,构成犯罪的,依法追究刑事责任,并由公安机关交通管理部门吊销机动车驾驶证,终生不得重新取得机动车驾驶证。

通过对以上修正前后的规定加以比较,不难发现,为与《刑法修正案(八)》第22条将醉驾行为纳入危险驾驶罪处罚范围的规定相衔接,修正后的《道路交通安全法》第91条删去了对醉酒后驾驶机动车的行为人处以拘留和罚款的规定,而改为一律追究刑事责任。同时,将暂扣机动车驾驶证的处罚改为吊销机动车驾驶证,且5年内或10年内甚至终生不得重新取得机动车驾驶证。应当说,对醉驾行为规定吊销其驾驶执照,并区分情况规定一定期限乃至终身的禁驾,是对《刑法修正案(八)》关于危险驾驶罪的规定的发展,能够弥补《刑法》在对危险驾驶罪的惩治方面资格刑缺失的缺陷,有利于促进《刑法》与《道路交通安全法》在惩治和预防醉驾行为方面的配合,提高其防治醉酒驾驶的效果。[①] 但是,修正后的《道路交通安全法》第91条对醉驾行为不分情节轻重一概地追究刑事责任因没有为拘留和罚款预留适用的余地而显得过于严苛。其实,对醉驾行为,修正后的《道路交通安全法》第91条除将暂扣机动车驾驶证的处罚改为吊销机动车驾驶证外,本来完全应当为其保留处以拘留和罚款的规定。这样,在醉驾行为因符合《刑法》第13条"但书"规定而不构成危险驾驶罪的情况下,对于行为人便可以顺理成章地根据《道路交通安全法》第91条的规定对行为人处以拘留和罚款的行政处罚。由此看来,全国人大常委会就《道路交通安全法》第91条中醉驾行为的法律责任所作的修正并非完全是妥当的。

---

① 参见袁彬:《吊销醉驾者驾照并禁驾:合理衔接新刑法修正案》,http://news.163.com/11/0421/07/7256KT7A00014JB6.html。

(三)追逐竞驶“情节恶劣”与“醉酒”的判断标准

对追逐竞驶“情节恶劣”以及“醉酒”状态应如何判断,不仅直接关系到危险驾驶罪的合理认定,更直接关系到该罪的适用效果,因此在当前是一个亟待厘清的问题。

1. 追逐竞驶“情节恶劣”的判断标准

根据《刑法修正案(八)》第22条第1款的规定,在道路上驾驶机动车追逐竞驶,只有达到“情节恶劣”的程度,才能构成犯罪。有意见认为,对这里的“情节恶劣”应当综合行为的危险性与危害结果来判断。① 还有观点认为,情节恶劣的基本判断标准,是追逐竞驶行为的公共危险性。对此,应以道路上车辆与行人的多少、驾驶的路段与时间、驾驶的速度与方式、驾驶的次数等进行综合判断。在没有其他车辆与行人的荒野道路上追逐竞驶的行为,不应认定为情节恶劣。②

笔者认为,对于竞驶型危险驾驶罪而言,追逐竞驶行为在客观上所造成的危害程度以及危害后果确实在很大程度上反映了行为的危险性及其相应的社会危害性,因此将其作为判断行为是否属于“情节恶劣”的主要参考依据是合理的,但是将其作为唯一的或全部的判断标准则是片面的。从《刑法修正案(八)》第22条第1款对竞驾型危险驾驶罪的规定方式来看,其明显属于情节犯的范畴。所谓情节犯,就是指以《刑法》分则中明确规定的“情节严重”(情节恶劣)作为基本犯既遂形态犯罪构成的定量因素的犯罪。而立法者之所以将某些犯罪规定为情节犯,主要是因为,某些行为的社会危害性在通常情况下并未达到应当追究刑事责任的程度,而除了增加“情节严重”或“情节恶劣”这一概括性的规定之外又无法或很难通过强调犯罪构成的某一方面使之达到这种程度。③ 因此,这里的“情节”必然不可能被犯罪构成的某一方面所完全容纳,而是体现为一种包含

---

① 参见赵秉志主编:《〈刑法修正案(八)〉理解与适用》,中国法制出版社2011年版,第191页。

② 参见张明楷:《危险驾驶罪及其与相关犯罪的关系》,载《人民法院报》2011年5月11日,第6版。

③ 参见王志祥:《犯罪既遂新论》,北京师范大学出版社2010年版,第269、271页。

多种主、客观因素的综合指数。也正基于此,对犯罪情节的把握,应当从犯罪的主观与客观两个方面进行全面的考量。具体来讲,反映犯罪主观方面的情节主要包括犯罪的动机、目的、是否有预谋,以及罪过的形式及其程度等;反映犯罪客观方面的情节主要包括犯罪的方式、手段、犯罪结果,以及犯罪的时间、地点等。由此,在对追逐竞驶行为是否属于"情节恶劣"的判断上,仅将追逐竞驶造成的危害程度与危害后果等客观方面的因素作为判断标准的观点,显然是不可取的。在司法实践中,对于那些为寻求刺激、炫耀车技或发泄怨气等而追逐竞驶,并对公共交通安全形成较大危险的行为,认定为属于"情节恶劣"是没有问题的,但对那些主观恶性程度相对较低的追逐竞驶行为,尽管其也可能对公共交通安全造成较大危险,却不宜一概认定为属于"情节恶劣"。例如,对于那些由于受到其他"飙车"者的围追堵截而被迫进行追逐竞驶的,或者出于运送紧急病人或处理紧急事务而在客观上与其他车辆形成追逐竞驶状态的,就不宜一概认定为属于"情节恶劣"而以犯罪论处。总之,在对追逐竞驶行为是否属于"情节恶劣"的判断上,必须要坚持主客观相统一的标准,这一点在今后是需要引起相关司法实务部门注意的。

2."醉酒"的判断标准[①]

由于个体的体质差异导致每个人对酒精的耐受能力不同,所以当前在"醉酒"的判断标准上主要面临的是应遵从主观标准还是客观标准的问题。所谓主观标准,就是要根据行为人对酒精的不同耐受力而确立相应的"醉酒"标准;所谓客观标准,就是不考虑行为个体对酒精耐受力的不同,而统一以行为人血液中的酒精含量达到或超过一定标准作为"醉酒"的判断标准。放眼全球,许多国家和地区基本上采用客观标准,即在刑法或其他法规中明确规定醉酒的统一标准,只要血液中或呼出的气体中酒精含量达到或超过一定标准,就推定行为人处于醉酒状态,而并不允许嫌疑人以自身酒量大为由提出辩解。[②] 我国当前的权威意见也同样认为,对

① "醉酒"在理论上可分为生理性醉酒与病理性醉酒两类情况。由于病理性醉酒属于精神病的范畴,所以这里讨论的醉酒的判断标准问题是专指生理性醉酒而言的。

② 参见邓定远:《危险驾驶罪比较研究及其对中国的启示》,载《刑法论丛》2010年第4期。

“醉酒”的判断应采用客观标准，即应以《道路交通安全法》的相关规定来明确区分饮酒和醉酒两种情形。根据原国家质量监督检验检疫总局2004年5月31日发布的《车辆驾驶人员血液、呼气酒精含量阈值与检验》(GB 19522—2004)的规定，饮酒驾车是指车辆驾驶人员血液中的酒精含量大于或者等于20毫克/100毫升，小于80毫克/100毫升的驾驶行为；醉酒驾车是指车辆驾驶人员血液中的酒精含量大于或者等于80毫克/100毫升的驾驶行为。[①] 在我国目前的司法实务中采取的也是客观标准。如针对引起广泛争议的“醉驾慎刑”问题，北京市检察机关表态：80毫克/100毫升即醉驾入刑标准，无须考虑其他因素。[②] 不过，全国人大常委会部分委员在立法审议时提出，醉酒标准应当因人而异，即应综合个人的身高、体重、健康状况、平时的酒量、醉酒的表现等因素确定究竟摄入多少酒精才属于醉酒。[③] 有学者主张，饮酒后对机体神经的麻痹有必然的客观影响，但是每个人对酒精的反应不一致，对酒精的耐受程度也有较大差异，不能不考虑行为人对酒精的耐受程度，对于醉酒驾驶还应当出台更为完善的检验措施。[④] 有律师认为，醉驾入刑后，认定醉驾的标准必须统一，这是毋庸置疑的，但不宜直接套用行政执法的认定标准。醉驾与否是具体个体内在的机体反应，不是外在的标准强加于他的，也不是外在标准能够客观准确判定的。对醉驾与否必须结合个体的具体情况进行综合判断。比如有的人喝一两斤白酒也能照常做事，而有的人喝5毫升或10毫升酒可能就不省人事。据此，判定醉驾的标准应坚持以血液中的酒精含量为主，辅以体现个体差异的“人体平衡试验”。这样既体现了统一性，又照顾到了差异性。[⑤]

笔者认为，目前司法实践中以车辆驾驶人员血液中的酒精含量大于

---

① 参见全国人大常委会法制工作委员会刑法室编：《中华人民共和国刑法修正案(八)条文说明、立法理由及相关规定》，北京大学出版社2011年版，第72页。

② 参见高健等：《北京市检察机关：“80毫克”是醉驾入刑唯一标准》，载《北京日报》2011年5月26日。

③ 参见赵秉志主编：《〈刑法修正案(八)〉理解与适用》，中国法制出版社2011年版，第190页。

④ 参见莫洪宪、杨文博：《〈刑法修正案(八)〉“危险驾驶罪”之具体认定》，载《检察日报》2011年3月14日。

⑤ 参见苏显龙：《“醉驾入刑”半月 专家称执法严密比严厉重要》，载《人民日报》2011年5月17日。

或者等于80毫克/100毫升作为“醉酒”的判断标准，意味着将过去行政执法中判断“醉酒”的标准与刑法中的危险驾驶罪中的“醉酒”的判断标准等同视之。问题是，行政执法中并不关注醉酒状态是否具有对法益造成侵害的危险的问题，而刑法是法益保护法，刑法将醉酒状态下驾驶机动车的行为纳入其处罚范围，其法理上的根据就在于这种行为具有对公共交通安全这一法益造成侵害的危险。在确立危险驾驶罪中的“醉酒”的判断标准时，如果完全不考虑个体酒精耐受体质的差异，而仍然套用过去行政执法中的客观标准，在具体行为人的酒精耐受力极低的场合就可能出现把对法益已造成侵害的危险的行为排除出刑法的处罚范围的现象。这显然是有失公正的。当然，主张对刑法中“醉酒”的判断应完全因人而异，也会造成法律适用的混乱局面，破坏司法的统一性。

据此，在确立“醉酒”的判断标准时，不仅应当考虑到这一标准在适用上的统一性，同时也应当考虑到醉驾所属的危险驾驶罪本身的犯罪性质。这样看来，一方面，将客观标准作为判断醉酒状态的主要标准是合理的。因为在醉酒状态下，人的生理、心理和精神变化大致可分为兴奋期、共济运动失调期和昏睡期三个时期，[①]而对一般人来讲，在血液中的酒精含量达到80毫克/100毫升[②]的情况下，其行为都会在不同程度上受到酒精的影响，或表现为兴奋冲动，或表现为共济失调，或表现为昏昏欲睡。即便行为人对酒精的耐受力确有不同，也主要是表现为其所处的醉酒状态的时期不同，而并不能否认其行为在很大程度上已经受到了酒精的影响。[③] 根据有学者的介绍，国家标准委在发布酒驾标准时确认80毫克/100毫升为醉驾临界值，其出发点是该值以上的驾车人可能丧失理智，对社会具有较大危险性。该标准依据统计学一般规律计算得出，目的就

① 参见赵秉志主编：《刑法新教程》，中国人民大学出版社2001年版，第106页。

② 这一标准大致相当于行为人饮下了三两低度白酒或者两瓶啤酒。

③ 在实践中，确实也不能否认可能存在行为人酒精耐受力超强，在血液中的酒精含量达到80毫克/100毫升的情况下，可以基本上不受酒精影响的情况存在。但是，一方面，这一情况毕竟具有个别性；另一方面，将这一情况统一认定为醉酒状态也未必一定会导致在定罪上的不公正现象的出现。因为，正如上文所述，醉酒驾驶机动车构成犯罪同样存在情节的限制。在行为人不存在其他严重情节的情况下，完全可以根据《刑法》第13条“但书”的规定对其不以犯罪论处。

是保护大多数公众的利益。[①] 因而,就在此状态下实施的驾驶行为而言,其危险性是显而易见的。另外,从诉讼便宜的角度来看,采取统一的客观标准可以避免在个案中事后对个体的最大酒精容忍力进行检测验证,这不但简化了诉讼程序,使警察和检控方能够从烦琐的鉴定和举证程序中解脱出来,而且也节约了司法资源。[②] 另一方面,也不能完全排除主观标准的适用。在行为人的酒精耐受力显著低下的情况下,其可能在还未达到醉酒的客观标准时便已经表现出明显的神志不清、极端兴奋或共济失调状态。在此情况下,其驾驶行为的危险性同样是客观存在的。此时,根据主观标准将其认定为醉酒状态,不但并不背离危险驾驶罪的犯罪性质,而且也更加符合刑事司法的公平公正原则。

三、危险驾驶罪与其他相关犯罪:比较与适用

在《刑法修正案(八)》未设立危险驾驶罪之前,对因危险驾驶而引发的犯罪主要是以交通肇事罪和以危险方法危害公共安全罪来定罪处罚。在危险驾驶罪设立之后,司法实践中如何正确区分这三种犯罪便成为一个值得探讨的问题。另外,《刑法修正案(八)》第22条第2款规定:"有前款行为,同时构成其他犯罪的,依照处罚较重的规定定罪处罚。"对这一条款究竟应当如何理解和适用,也是一个需要重点讨论的问题。基于此,本部分主要围绕以上问题展开讨论,以求对司法实践有所助益。

(一)危险驾驶罪与交通肇事罪之比较

交通肇事罪是指违反交通运输管理法规,导致发生重大事故,致人重伤、死亡或者使公私财产遭受重大损失的行为。由于危险驾驶罪与交通肇事罪共同规定在同一个法条之中,因此两罪的犯罪客体是一致的。因而,对两罪的比较,重点在于其主体、主观方面和客观方面。

1. 犯罪主体

就直接实行犯的角度而言,两罪的犯罪主体都属于一般主体,即凡是

---

① 参见高健等:《北京市检察机关:"80毫克"是醉驾入刑唯一标准》,载《北京日报》2011年5月26日。

② 参见邓定远:《危险驾驶罪比较研究及其对中国的启示》,载《刑法论丛》2010年第4期。

达到刑事责任年龄、具备刑事责任能力的自然人均可成为两罪的犯罪主体。但是,由于两罪的主观罪过形态并不一致,所以在共犯主体方面还是存在一定差异的。由于危险驾驶罪属于故意犯罪,所以该罪的犯罪主体不仅包括直接实行犯,对直接实行犯进行教唆和帮助的教唆犯和帮助犯还可以成为该罪的共犯。而交通肇事罪属于过失犯罪,从理论上讲原本不可能存在共犯,但是由于相关司法解释的特殊规定,该罪在一定范围内仍然可能存在共犯。根据 2000 年 11 月 10 日最高人民法院通过的《关于审理交通肇事刑事案件具体应用法律若干问题的解释》第 5 条第 2 款的规定,在交通肇事后,单位主管人员、机动车辆所有人、承包人或者乘车人指使肇事人逃逸,致使被害人因得不到救助而死亡的,以交通肇事罪的共犯论处。据此,两罪在犯罪主体方面都可能存在共犯,但是共犯的成立范围却是不尽相同的,这一点应当引起注意。

2. 犯罪主观方面

危险驾驶罪的主观方面是故意,即行为人明知自己的追逐竞驶行为或醉酒驾车行为会对公共交通安全形成危险,并且希望或放任这种危险发生的心理态度。而交通肇事罪的主观方面则表现为过失,即行为人应当预见到自己的行为可能发生致人重伤、死亡或者使公私财产遭受重大损失的严重后果,但由于疏忽大意而没有预见,或者已经预见而轻信能够避免,以致发生严重后果的心理态度。两罪在主观方面的主要区别在于:一方面,两罪在认识内容上并不完全一致。危险驾驶罪要求行为人必须明确地认识到自己正在实施追逐竞驶或醉酒驾车这类具有一定公共危险性的行为。而交通肇事罪则要求行为人应当认识到自己的行为可能发生严重后果,在实践中行为人则可能已经认识到这种严重后果发生的可能性,也可能由于疏忽大意而并没有认识到,但无论如何行为人是应当认识到的。同时,构成危险驾驶罪,还要求行为人必须实施违章行为。而对于自己的违章行为,行为人可能已经明确地认识到,也可能由于疏忽大意而没有认识到,但是,同样地,行为人是应当认识到的。另一方面,两罪在意志内容上也是不同的。危险驾驶罪的行为人对自己行为所导致的危险状态持希望或放任的态度,即这种危险状态的形成并不违反行为人的本意。而交通肇事罪的行为人对自己行为所导致的危害结果则并不希望也不放任，而是表现为否定危害结果发生的心理态度，即这一危害结果的发生在根本上是违反行为人的本意的。

3. 犯罪客观方面

危险驾驶罪的客观方面表现为行为人实施了在道路上驾驶机动车追逐竞驶的行为，或者在道路上醉酒驾驶机动车的行为，并由此对公共交通安全形成了一种抽象的危险状态。而交通肇事罪的客观方面则表现为行为人违反交通运输管理法规，因而发生重大交通事故，致人重伤、死亡或者使公私财产遭受了重大损失。两罪在客观方面的共同点在于，其客观行为都存在一定的违规或违章性质。其不同点主要在于：一方面，两罪客观行为的成立范围并不相同。成立危险驾驶罪只限于两种客观行为，即追逐竞驶行为和醉酒驾车行为。而交通肇事罪的客观行为则包括所有可能引发重大交通事故的违规或违章行为。另一方面，两罪对行为后果的要求不同。成立危险驾驶罪并不要求一定有实害结果的出现，①而成立交通肇事罪则要求必须出现致人重伤、死亡或者使公私财产遭受重大损失等严重实害结果，且这类严重实害结果又必须与行为人违反交通运输管理法规的行为之间存在因果关系。

---

① 有的学者认为，醉酒驾驶行为属于危险犯，以没有造成实害结果为界限。参见苏永生：《醉酒驾驶行为的界定》，载《河北大学学报（哲学社会科学版）》2011 年第 4 期。实际上，在危险驾驶罪的场合并非不可能出现一定的实害结果。恰恰相反，一定实害结果的出现往往更加证实了行为所具有的危险性。但是，这类实害结果又必须以没有达到相应的实害犯所要求的严重程度为限，否则，犯罪的性质将可能发生转化。而对危险犯来讲，之所以出现危险状态与实际损害同时存在的现象，主要是由于刑法往往对与危险犯相对应的实害犯的实害结果有比较严格的要求，因此在危险状态已经发生且造成了一定实际损害的情况下，如果实际损害没有达到一定的严重程度，就不可能认为相应实害犯的实害结果已经出现。参见王志祥：《危险犯研究》，中国人民公安大学出版社 2004 年版，第 42 页。高晓松危险驾驶案是上述情形的适例。2011 年 5 月 9 日 22 时 32 分，交管部门接到报警，在北京市东城区东直门外大街十字坡路口东 50 米处发生交通事故。交警赶到现场后，发现一辆北京牌照的白色英菲尼迪越野车与前方 3 辆车发生事故。经交警现场询问，白色越野车驾驶员自称高晓松，口中带有明显的酒气。交警按照规定对高晓松进行血液酒精检测，经过专业机构鉴定，高晓松血液中酒精含量为 243.04 毫克/100 毫升，已经超过醉酒驾车标准。北京市东城区人民法院 2011 年 5 月 17 日对高晓松醉驾案作出一审判决，以危险驾驶罪判处高晓松拘役 6 个月，并处罚金 4000 元。参见李京华：《高晓松醉驾被判处拘役 6 个月》，http://news.xinhuanet.com/legal/2011-05/17/c_121427542.htm。

(二)危险驾驶罪与以危险方法危害公共安全罪之比较

以危险方法危害公共安全罪是指使用与放火、决水、爆炸、投放危险物质等危险性相当的其他危险方法,危害公共安全的行为。危险驾驶罪与以危险方法危害公共安全罪侵犯的同类客体都是公共安全,犯罪主体都是一般主体。因此,在对两罪进行比较时,关键在于把握其犯罪主观方面与客观方面。

1. 犯罪主观方面

危险驾驶罪的主观方面是故意,即行为人明知自己的追逐竞驶行为或醉酒驾车行为会对公共交通安全造成危险,并且希望或放任这种危险发生的心理态度。而由于以危险方法危害公共安全罪同时包括危险犯(具体的危险犯)与实害犯两种犯罪形态,所以对其主观方面应当区分情况加以讨论。

在成立危险犯的情况下,以危险方法危害公共安全罪的主观方面表现为故意是没有疑问的,即行为人不仅对这种具体的公共危险具有认识,而且希望或放任这种危险的发生。但在成立实害犯的情况下,应当要求行为人对这种实害结果持何种心理态度,则是存在争议的。有观点认为,《刑法》第 115 条第 1 款既包含普通的结果犯,也包含结果加重犯。在行为人实施危害公共安全的行为,造成不特定或者多数人的伤亡实害结果,并且对该结果具有认识且持希望或者放任态度时,属于普通的结果犯,其主观方面表现为故意。而在行为人仅对具体的公共危险存在故意,但是也发生了相应的实害结果的情况下,构成结果加重犯,此时行为人对这一加重结果在主观上可以表现为过失。因为成立结果加重犯,不要求行为人对加重结果具有故意,但根据责任主义的要求,行为人对加重结果必须具有预见可能性(过失)。既然《刑法》第 115 条第 1 款包含了结果加重犯,当行为人实施危害公共安全的危险驾驶行为,认识到并且希望或者放任具体的公共危险时,在行为人对现实发生的伤亡实害结果具有预见可能性的前提下,即使其对伤亡实害结果没有持希望与放任态度,只承认过失的结果加重犯,也应当适用《刑法》第 115 条第 1 款。[①] 但也有观点认为,我国刑法中基本犯罪和加重结果的罪过组合形式有下列几种情形:(1)“故意基本犯 + 过失重结果”;(2)“故意基本犯 + 故意重结果”;(3)“故意基本犯 + 故意或过失重结果”;(4)“过失基本犯 + 过失重结果”。但对与故意的危险犯相对应的实害犯来讲,对加重结果的罪过形式只能出于故意,即应当将其归入上述第(2)种情形。因为,在行为人对实害犯形态中的作为构成要件要素的实害结果出于过失的情况下,对行为人的行为没有作为故意犯罪认定的可能性,否则,便违背了以行为人对构成要件结果的心理态度认定罪过形式的原理。[②]

笔者认为,就第一种观点而言,认为《刑法》第 115 条第 1 款既包含普通的结果犯,也包含结果加重犯,是合理的;同时,在构成以危险方法危害公共安全罪普通结果犯的情况下,行为人在主观方面表现为明显的故意,这也是没有疑问的。但是,认为在构成结果加重犯的情况下,行为人对加重结果可以表现为过失,则是明显不合理的。一方面,从罪种设定的角度来讲,以行为人对构成要件结果的心理态度为依据来确定某种犯罪的罪过形式是一个基本原则,这一点可以从我国《刑法》的相关规定中得到证实。我国《刑法》不但在总则中以行为人对危害结果的心理态度为依据明确区分了犯罪故意与犯罪过失,而且在分则中也是以此标准来设定相关故意犯罪与过失犯罪的,如故意杀人罪与过失致人死亡罪、故意泄露国家秘密罪与过失泄露国家秘密罪等。同样,《刑法》分则中规定的以危险方法危害公共安全罪与过失以危险方法危害公共安全罪也是以此标准来划分的。据此,如果既认为以危险方法危害公共安全罪的结果加重犯仍然属于以危险方法危害公共安全罪这种故意犯罪,又认为行为人对这一加重结果(实害犯的构成要件结果)可以出于过失,那么,试问我们将如何区分以危险方法危害公共安全罪的故意犯罪与过失犯罪?这明显是一个悖论。另一方面,以危险方法危害公共安全罪的基本犯是一种具体的危险犯。在行为人已经明确认识到自己的行为会对公共安全形成一种紧迫的

① 参见张明楷:《危险驾驶的刑事责任》,载《吉林大学社会科学学报》2009 年第 6 期。

② 参见王志祥:《论结果加重犯的构造》,载《北方法学》2009 年第 1 期。

现实危险的情况下，而仍然继续为之并最终导致严重危害后果的出现，在实践中也很难想象行为人对这一严重危害后果会是出于一种过失。由此，在这一问题上，上述第二种观点是较为合理的，即对以危险方法危害公共安全罪的结果加重犯来讲，行为人对加重结果的主观罪过形式只能是出于故意。

2. 犯罪客观方面

如前文所述，危险驾驶罪的客观方面表现为，行为人实施了在道路上驾驶机动车追逐竞驶的行为或者在道路上醉酒驾驶机动车的行为，并由此对公共交通安全形成了一种抽象的危险状态。而以危险方法危害公共安全罪则区分不同的犯罪形态，在客观方面分别表现为：行为人实施了除放火、决水、爆炸、投放危险物质以外的其他危害公共安全的行为，并由此对公共安全形成了一种具体的现实危险状态；行为人实施了除放火、决水、爆炸、投放危险物质外的其他危害公共安全的行为，并由此发生了致人重伤、死亡或者使公私财产遭受重大损失的实害结果。两罪的共同之处在于，行为人所实施的客观行为对公共安全都具有一定的危险性。其不同之处则主要在于：第一，危险驾驶罪在客观方面并不要求产生一定的实害结果；而以危险方法危害公共安全罪在成立实害犯的情况下，则要求必须发生致人重伤、死亡或者使公私财产遭受重大损失的严重实害结果。第二，危险驾驶罪的客观行为仅限于两种，即追逐竞驶与醉酒驾车；而以危险方法危害公共安全罪客观行为的成立范围要比危险驾驶罪更加广泛。第三，在客观行为的危险程度方面，危险驾驶罪客观行为的危险性要低于以危险方法危害公共安全罪客观行为的危险性。由于以危险方法危害公共安全罪与放火罪、决水罪、爆炸罪以及投放危险物质罪规定在同一法条之中，所以该罪中的“以其他危险方法”仅限于与放火、爆炸等相当的方法，而不是泛指任何具有危害公共安全性质的方法。也就是说，“以其他危险方法”只是《刑法》第 114 条、第 115 条的“兜底”规定，而不是《刑法》分则第二章的“兜底”规定。[①] 当然，这也并不意味着以危险方法危害公共安全罪的“其他危险方法”不可能包括“追逐竞驶”或“醉酒驾车”行

---

① 参见张明楷：《危险驾驶的刑事责任》，载《吉林大学社会科学学报》2009 年第 6 期。

为，而是关键要看这两种行为所达到的危险程度。[①] 如果这两种行为的危险性已达到与放火、爆炸等相当的程度，就已经不再属于单纯的危险驾驶行为，而是具有了“其他危险方法”的性质，从而应当以以危险方法危害公共安全罪定罪处刑。对此，有的学者正确地指出，在有众多车辆行驶的公共交通区域相互穿插追逐“飙车”，与放火、决水、爆炸、投放危险物质的行为具有相似性。但许多以竞技、追求刺激为目的的“飙车”，是在夜深人静、行人和车辆稀少的区域进行的，这种“飙车”与放火、决水、爆炸等危险方法就有很大差别。因为所有危险方法的一个共同特点是，一经实施就会造成多人（包括不特定或特定多人）重伤、死亡或者公私财产广泛且重大的损失，而在夜间行人和车辆稀少的区域“飙车”，则不可能造成多数人死伤或者广泛且重大的财产损失，因而，对该行为不能视为“危险方法”，也不可能构成以危险方法危害公共安全罪。就醉酒驾车引发交通事故的情况而言，不同程度的醉酒对“醉驾”者驾驶车辆的影响程度会有很大差异，并且，不同的人醉酒的反应也各不相同，驾驶技术、行车速度、道路状况等对事故发生有重要影响。因此，不能认为所有“醉驾”行为，都与放火、爆炸等危险方法具有相当性，都可视为以危险方法危害公共安全的行为。[②] 当然，在“醉驾”行为因与放火、爆炸等危险方法在危险程度方面具有相当性而可视为以危险方法危害公共安全行为的情况下，即使其没有造成任何实害结果的发生，也可认定为构成以危险方法危害公共安全罪。[③] 第四，

---

① 对此，有论者指出，由于危险驾驶罪是抽象的危险犯，《刑法》第 114 条规定的以危险方法危害公共安全罪是具体的危险犯，第 115 条第 1 款规定的以危险方法危害公共安全罪是第 114 条基础上的结果加重犯，并且危险驾驶罪和以危险方法危害公共安全罪都是故意犯罪，所以，就具体的危险犯和抽象的危险犯的区分标准而言，可以认为二者只是危险程度的不同，即抽象的危险犯是具体的危险犯的前一阶段，也即侵害意味着发生实害，具体的危险意味着侵害的可能性，抽象的危险意味着具体的危险的可能性。参见张健：《危险驾驶罪与以危险方法危害公共安全罪区分》，载《检察日报》2011 年 8 月 10 日。

② 参见刘明祥：《有必要增设危险驾驶致人死伤罪》，载《法学》2009 年第 9 期。

③ 有的学者认为，醉酒后故意在道路上驾驶机动车，没有造成任何实害结果的，构成《刑法修正案（八）》第 22 条第 1 款规定的犯罪即危险驾驶罪。参见苏永生：《醉酒驾驶行为的界定》，载《河北大学学报（哲学社会科学版）》2011 年第 4 期。这种观点排除了没有造成任何实害结果的情况下对“醉驾”行为认定为构成以危险方法危害公共安全罪的可能性，是过于绝对的。

在行为所形成的危险状态方面,危险驾驶罪中的“危险”与以危险方法危害公共安全罪中的“危险”也并不相同。危险驾驶罪中的“危险”在性质上是一种抽象的危险,是立法者根据某类行为所具有的危险属性而设定或拟制的一种危险状态,即只要此类行为一经实施,这种危险状态便随之出现。而以危险方法危害公共安全罪中的“危险”则是一种具体的危险,是由行为人的危害行为所直接导致的一种现实危险状态,这种危险状态不但具有造成实害结果的紧迫性,而且也可以根据案发当时的实际情况加以具体认定。所以,从这一角度来讲,危险驾驶罪中的“危险”更加具有“行为”的属性,而以危险方法危害公共安全罪中的“危险”则更加类似于“结果”。

(三)危险驾驶罪与其他相关犯罪竞合时的法律适用问题

《刑法修正案(八)》第 22 条第 2 款对危险驾驶罪与其他相关犯罪竞合时的法律适用问题作出了明确的规定,即“有前款行为,同时构成其他犯罪的,依照处罚较重的规定定罪处罚”。对于司法实践中这一条款的法律适用问题,值得进行深入的探讨。

1. 危险驾驶罪与其他相关犯罪之间竞合的形式

根据我国的刑法理论,一种犯罪与其他相关犯罪可能存在的竞合形式大致有以下三种:第一,想象竞合形式;第二,法条竞合形式;第三,牵连竞合形式。因此,此处的问题实际上就是,这里的“有前款行为,同时构成其他犯罪的”可以表现为以上三种竞合形式中的哪一种或哪些种。

根据危险驾驶罪本身的特点,笔者认为,危险驾驶罪与其他犯罪的竞合存在如下情况:首先,危险驾驶罪与其他犯罪的既遂形态之间不可能出现想象竞合的情况。所谓想象竞合(犯),是指一个犯罪行为触犯数个罪名的情形。[①] 其中,“犯罪行为”是对犯罪构成客观要件的概括性表述。而之所以会将行为人的一个犯罪行为同时认定为数个犯罪,主要是由于行为人对这一犯罪行为同时持有数个不同的具体罪过,从而触犯了数个不同的客体。例如,行为人只实施了一个盗窃电缆的行为,却可能同时触

① 参见陈兴良:《刑法适用总论》(上卷),法律出版社 1999 年版,第 655 页。

犯盗窃罪与破坏电力设备罪两个罪名。想象竞合形式的成立,始终是建立在对一个犯罪行为的独立评价基础之上的,而并不附加任何其他客观条件。也正因如此,危险驾驶罪才不可能与其他犯罪的既遂形态形成想象竞合。因为,在缺少其他客观条件(如结果条件)的情况下,危险驾驶罪的客观行为无论如何也不能被单独评价为其他犯罪的既遂形态。[①] 但是,危险驾驶罪与其他犯罪的预备形态之间往往能够形成想象竞合关系。例如,行为人携带凶器醉酒驾车,准备到某地去实施杀人行为,等等。其次,危险驾驶罪与其他犯罪之间可能会出现法条竞合的情况。所谓法条竞合,通常是指一种犯罪行为因刑事立法对法条的错综规定,导致数个法条规定的犯罪构成要件在其内容上发生重合或交叉的情形。[②] 因此,法条竞合的成立,并不是建立在对一个犯罪行为的独立评价的基础之上的。只要某一种犯罪的相关构成要件可以成为另一种犯罪构成要件的一部分,就会形成法条竞合的情况。例如,危险驾驶罪的客观构成要件完全可以成为交通肇事罪客观构成要件的一部分,[③]因此危险驾驶罪与交通肇事罪之间必然会形成法条竞合关系。最后,危险驾驶罪与其他犯罪之间可能会出现牵连竞合的情况。所谓牵连竞合(牵连犯),是指行为人以实施某一犯罪为目的,而其犯罪的方法行为或者结果行为又触犯了其他罪名的情形。[④] 危险驾驶罪与其他犯罪之间形成牵连竞合的情况相对较为普遍。例如,在行为人醉酒后驾驶机动车运输毒品的场合,就会在危险驾驶罪与运输毒品罪之间形成牵连竞合关系;在行为人醉酒后驾驶机动车故意撞毁交通设施的场合,就会在危险驾驶罪与破坏交通设施罪之间形成牵连竞合关系;而如果行为人为帮助犯罪嫌疑人逃匿而驾驶机动车与其他车辆追逐竞驶,则会在危险驾驶罪与包庇罪之间

---

① 即便是在危险驾驶罪与以危险方法危害公共安全罪之间也是如此。因为两罪对客观行为危险程度的要求是不同的,所以在两罪之间并不存在对某一客观行为进行同时评价的基础,而往往只会涉及是构成此罪还是彼罪的判断问题。

② 参见司法部法学教材编辑部编审,高铭暄、马克昌主编:《刑法学》(上编),中国法制出版社 1999 年版,第 330 页。

③ “追逐竞驶”与“醉酒驾车”本身即属于违反交通运输管理法规的行为。

④ 参见陈兴良:《刑法适用总论》(上卷),法律出版社 1999 年版,第 696 页。

形成牵连竞合关系;等等。

2."依照处罚较重的规定定罪处罚"的适用

"依照处罚较重的规定定罪处罚",是《刑法修正案(八)》第22条第2款明确规定的对危险驾驶罪与其他犯罪竞合时的处断原则。因此,无论危险驾驶罪与其他犯罪处于何种竞合形式,都应当适用这一处断原则,并排除其他处断原则的适用。[①] 而"依照处罚较重的规定定罪处罚",亦即"从一重处断",一般认为是要按照行为同时触犯的数罪名中法定刑最重的罪名定罪处罚。[②] 而对于如何理解"按照行为同时触犯的数罪名中法定刑最重的罪名定罪处罚",有学者认为,其意思是:(1)根据数罪中法定刑最重之罪定罪。也就是说,要按照数罪中法定最高刑最重的罪名定罪。(2)在法定刑最重之罪的法定刑范围内酌情判处刑罚,而不是一律判处该罪法定刑的最高刑。(3)如果其中重罪或轻罪不构成犯罪时,应就构成犯罪的轻罪或重罪论处。[③] 笔者认为,以上意见并非全部是合理的:(1)不构成犯罪的行为并不在犯罪竞合的讨论范围之内;(2)如果法定刑最重之罪的法定刑存在多个量刑幅度,则在此罪法定刑范围内酌情判处刑罚,就不能排除最终判处的刑罚可能要比法定刑较轻之罪的底限刑罚还要轻的情况出现;(3)如果一概按照数罪中法定最高刑最重的罪名定罪,则按照当前的刑法规定,危险驾驶罪在与其他犯罪发生竞合时,这一罪名将不存在任何被适用的可能性。这样一来,《刑法修正案(八)》第22条第2款的规定还有什么意义?

据此,对"依照处罚较重的规定定罪处罚"这一规定必须要进行重新理解。笔者认为,对这一规定的理解应将重点放在"处罚"二字上,即这里的"处罚"并不是指刑法为某罪规定的法定刑,而是依照某种刑法规定行为人所可能受到的实际处罚。因此,对这一规定的合理理解应当是:在通盘考虑犯罪诸情节的基础上,通过比较行为人在适用各不同罪名的情况

---

① 在对犯罪竞合的处断上,当下较为常见的处断原则有:"从一重处断"原则、"从一重重处断"原则、"特别法优于一般法"原则和"数罪并罚"原则。

② 参见苏惠渔主编:《刑法学》(修订本),中国政法大学出版社1999年版,第258页。

③ 参见马克昌:《刑法理论探索》,法律出版社1995年版,第144~145页。

下所可能受到的实际处罚的轻重来最终确定应适用何种罪名,并据此判处相应的刑罚。这一理解也更加符合此规定的语言表达逻辑,即对处罚轻重的衡量在前,而定罪在后。例如,在危险驾驶罪与交通肇事罪发生竞合的情况下,如果危害后果并不严重,而且行为人又具有其他从轻情节,依照交通肇事罪只需判处法定最低刑——拘役即可;而依照危险驾驶罪则应当判处拘役,并处罚金。在此情况下,就应当"依照处罚较重的规定定罪处罚",即对行为人定危险驾驶罪,判处拘役,并处罚金。对此,有观点认为,机动车驾驶人因在道路上追逐竞驶或醉酒驾驶而致人重伤、死亡或使公私财产遭受重大损失的,依法可构成交通肇事罪,而交通肇事罪的刑事处罚明显高于危险驾驶罪,故在这种情况下应按交通肇事罪追究刑事责任。[①] 笔者认为,这种观点并没有考虑到危险驾驶罪的处罚在某些情况下仍然具有比交通肇事罪的处罚更重的可能性,因而得出了过于绝对的结论。

另外,在适用这一规定的过程中还应当注意以下几点:(1)对未被适用的其他罪名,在量刑过程中应当作为量刑情节加以考虑。例如,在危险驾驶罪与运输毒品罪发生竞合的情况下,如果最终以运输毒品罪论处,则在量刑过程中就应当考虑到危险驾驶这一情节。(2)对行为人在未被适用的其他罪名中应当承担的行政责任和民事责任,行为人仍应依法承担。例如,在上述情况下,行为人并不能因为被判处了运输毒品罪,就免于承担被吊销驾照等行政责任。如果因危险驾驶而产生了相应的民事赔偿责任,行为人也应依法承担。(3)在未被适用的罪名中有依法应予没收之物的,仍须按照《刑法》第64条的规定予以没收。(4)如果处罚较重的犯罪属于告诉才处理的犯罪,而当事人没有告诉或撤回告诉的,则应适用其他处罚较轻的罪名。

四、危险驾驶罪之罪刑设计:反思与改进

尽管将危险驾驶入罪存在一定的合理性,但是通过进一步的反思也不难发现,就我国当前对危险驾驶罪的立法设计而言,无论是在其罪状设

---

① 参见魏东:《〈刑法修正案(八)〉若干新规的诠释与适用》,载《法治研究》2011年第5期。

计方面，还是在法定刑的配置方面，都是有待改进和完善的。

（一）危险驾驶罪的罪状设计问题

所谓罪状，是指《刑法》分则罪刑式条文对具体犯罪的基本构成特征的描述。在刑法理论上，通常可将罪状分为叙明罪状、简单罪状、引证罪状和空白罪状四种。叙明罪状，即罪刑式条文对具体犯罪的基本构成特征作了较为详细的描述；简单罪状，即罪刑式条文只简单地描述具体犯罪的基本构成特征，如“故意杀人的，处……”；引证罪状，即引用同一法律中的其他条款来说明和确定某一犯罪构成的特征；空白罪状，即罪刑式条文没有直接地具体说明某一犯罪构成的特征，而是仅仅指明确定该罪构成需要参照的法律、法规的规定。[①] 由于《刑法修正案（八）》第 22 条第 1 款将危险驾驶罪的罪状规定为“在道路上驾驶机动车追逐竞驶，情节恶劣的，或者在道路上醉酒驾驶机动车的，处……”，因此从罪状规定方式上看，可将其归入叙明罪状之列。

关于危险驾驶罪的罪状设计问题，在《刑法修正案（八）（草案）》的讨论过程中，就有不少学者提出了若干改进或完善意见。其一，有些学者认为，从有利于区分道路交通管理违法行为与刑事犯罪行为的界限，以及防止醉酒驾驶的行为过度入罪等方面考虑，应当对醉酒驾驶入罪增加“情节严重”的限制性规定。[②] 其二，有些学者认为，应适当增加危险驾驶的行为类型，因为在现实生活中，危险驾驶的行为类型多种多样，有醉酒驾驶、吸毒驾驶、超速驾驶等。但是，《刑法修正案（八）（草案）》仅仅规定了追逐竞驶与醉酒驾驶两种危险驾驶行为，行为类型过于简单，无法满足当前我国惩治危险驾驶行为的现实需要，因此应当适当增加危险驾驶的行为类型。[③] 其三，也有一些学者认为，为了减少危险驾驶罪与交通肇事罪和以危险方法危害公共安全罪在刑法适用上的分歧，应当对危险驾驶罪增

---

① 参见赵秉志主编：《刑法新教程》，中国人民大学出版社 2001 年版，第 439～440 页。

② 参见赵秉志：《〈刑法修正案（八）（草案）〉热点问题研讨》，载赵秉志主编：《刑法论丛》2010 年第 4 卷，法律出版社 2010 年版，第 44 页。

③ 参见赵秉志等：《关于〈刑法修正案（八）（草案）〉的研讨意见》，载赵秉志主编：《刑法论丛》2010 年第 4 卷，法律出版社 2010 年版，第 17 页。

加结果犯和结果加重犯的规定,并同时设置相应的法定刑。[①]

笔者认为,就刑事立法层面而言,合理的罪状设计,特别是对叙明罪状的立法设计,至少应符合以下几点基本要求:第一,拟规制的行为具有普遍性,即这种违法行为在当前必须是普遍和多发的,对于一些偶发或少见的违法行为则没有必要纳入刑事制裁的范围。第二,拟规制的行为具有类型性,即这一行为本身可被类型化,而并不属于实践中极为罕见或难以复制的行为方式。第三,各行为间在危害程度上具有相当性,即对于同属一个罪名之下的各种危害行为,其在社会危害程度方面必须大致相当,而不能轻重失衡或相差悬殊。如对危险驾驶而言,追逐竞驶行为与单纯的违章变道行为在危害程度方面便不具有这种相当性。第四,与其他违法行为相比具有可区分性,即通过罪状规定本身,便可大致区分刑事违法行为和与之近似的其他违法行为。特别对法定犯来讲,这一点是尤为重要的。由此,在对某些犯罪的罪状设计中加入"情节恶劣""情节严重"等限制性规定,在很大程度上是合理和必需的。第五,在司法上具有可认定性,即在司法实践中必须能够依据相对明确的标准对这类行为加以认定。如果在刑事立法上将某一行为规定为犯罪,可能或必然导致司法认定上的含混性或主观随意性,则将这一行为纳入刑事制裁的范围就未必是合理的。例如,如果在立法上将疲劳驾驶行为纳入危险驾驶罪,则对这一行为的认定就将成为摆在司法工作人员面前的巨大难题,而由于这一难题的存在,事实上也就无法避免司法实践中随意出入人罪的情况出现。[②]

由此,笔者认为,前述学者的若干改进或完善意见中,前两点意见基本上是合理的,而第三点意见则是值得商榷的。因为,上文已经述及,危险犯的危险结果与实害结果并存的情况是客观存在的,但这却并不会影响我们对以上三种犯罪的正确区分与认定。对危险驾驶罪来讲,如果由

---

① 参见赵秉志等:《关于〈刑法修正案(八)(草案)〉的研讨意见》,载赵秉志主编:《刑法论丛》2010 年第 4 卷,法律出版社 2010 年版,第 17 页。

② 笔者也并非主张对这一行为不予制裁,而是认为,对这一行为的制裁,事实上也只有在行为人构成违章或其他相关刑事犯罪的情况下才成为可能。因为,在行为人正常行驶的情况下,我们不但很难发现行为人是在疲劳驾驶,而且即便在发现后,如何去认定这一行为也是难题,因为行为人毕竟是在"正常行驶"。

于实害结果的出现而符合交通肇事罪或以危险方法危害公共安全罪的构成要件,则可根据具体情况将其直接认定为这两种犯罪;而如果在发生实害结果的情况下行为并未符合这两种犯罪的构成要件,则并不影响依然将其认定为危险驾驶罪。至于本罪在罪刑均衡方面的要求,也完全可以通过调整该罪法定刑配置的方式来进一步加以实现。相反,对危险驾驶罪盲目增加结果犯和结果加重犯的规定,反而会使这三个罪名在司法认定上更加趋于混乱。据此,笔者认为,在今后的刑法修正过程中,对危险驾驶罪的罪状设计应主要作如下改进和完善:一方面,在危险驾驶罪的行为方式中增加"驾驶机动车严重超速行驶""吸食毒品后驾驶机动车""无驾驶能力而驾驶机动车""驾驶明显不具有安全性能的机动车"的行为。因为这几类行为在当前不但具有普遍性、类型性,而且与"追逐竞驶""醉酒驾车"行为相比也具有危害程度上的相当性。同时,对这几类行为的司法认定也并不缺乏相对明确的标准。另一方面,对危险驾驶罪的各行为方式均应设置"情节恶劣"或"情节严重"等限制性规定,[①]以进一步明确此类刑事犯罪行为与其他一般违法行为之间的界限,防止对危险驾驶行为过度实行犯罪化,更好地体现刑法的谦抑价值。据此,经改进和完善后的危险驾驶罪罪状的完整表述就是:"在道路上驾驶机动车追逐竞驶或者严重超速行驶,情节恶劣的,在道路上醉酒驾驶或者吸食毒品后驾驶机动车,情节严重的,无驾驶能力而在道路上驾驶机动车,或者在道路上驾驶明显不具有安全性能的机动车,情节恶劣的,处……"

(二)危险驾驶罪的法定刑配置问题

《刑法修正案(八)》第22条第1款为危险驾驶罪配置了我国《刑法》分则中最轻的法定刑,即"拘役,并处罚金"。对于这一法定刑配置,有学

---

① 关于危险驾驶行为入罪应否有情节的限制问题,赵秉志教授认为,对醉酒驾驶入罪也应当增加情节的限制。这是因为:一方面,对醉酒驾驶入罪增加情节严重的规定,有利于区分行政违法与刑事犯罪的界限,防止醉酒驾驶的行为过度入罪,从而减轻公检法机关的负担,节约司法资源;另一方面,对醉酒驾驶入罪增加情节严重的规定,有利于将醉酒驾驶的既遂形态由抽象危险犯转变为具体危险犯,从而有利于更好地贯彻刑法的谦抑精神,强化对醉酒驾驶者的人权保障。参见袁彬、唐仲江:《关注〈刑法修正案(八)〉争议问题》,载《法制资讯》2011年第3期;赵秉志:《〈刑法修正案(八)〉宏观问题探讨》,载《法治研究》2011年第5期。

者提出了以下几点批评意见:其一,拘役达不到以刑罚预防犯罪的效果;其二,拘役刑本身的惩罚性较弱,无法体现刑罚的惩罚性本质;其三,拘役很可能通过缓刑变得意义全无;其四,在与其他犯罪发生竞合的情况下,拘役刑将使危险驾驶罪无法得到现实适用;其五,不区分罪行轻重情况一概判处拘役刑,体现不出罪刑相适应的原则性要求;其六,拘役刑将使减刑适用存在现实障碍。[①] 笔者认为,上述意见的要点是,将危险驾驶罪的主刑确定为拘役刑,明显失之过轻。尽管这一认识存在一定的合理性,但从刑罚合理配置的层面来讲,其对危险驾驶罪法定刑配置的评价是并不全面的。

从理论上讲,对于个罪刑罚配置的合理化要从纵向与横向两个方面加以考虑:从纵向方面来说,个罪的刑度要合理,即根据具体犯罪的不同情节和社会危害程度,充分运用基本构成和加重构成的立法技术,设立法定刑的刑度,规定几个轻重有别而又合理衔接或交叉的法定刑的刑度,并在每个刑度内设立可供选择的刑种幅度。只有这样,才能避免刑度大小失当,可以适应犯罪与犯罪人的不同情况,恰如其分地适用刑罚,从而有效地实现罪刑均衡。从横向方面来说,个罪的刑度要平衡,即对于危害性质和危害程度近似的犯罪,法定刑的刑度要大体相当;同时,在相近犯罪之间,法定刑刑度的轻重也要协调统一。[②] 由此观之,尽管并不能从根本上否认对危险驾驶罪这样一种轻罪配置相对较轻的法定刑具有一定的合理性,但是从具体的刑罚配置层面来看,为危险驾驶罪配置“拘役,并处罚金”这一法定刑却未必是合理的。

首先,“拘役,并处罚金”这一单一的法定刑刑度并不能有效保证在对危险驾驶罪的处罚方面实现罪刑均衡。罪刑是否均衡,在很大程度上取决于对某一犯罪所适用的主刑及其具体期限。而根据《刑法》第 42 条的规定,拘役的期限,为 1 个月以上 6 个月以下。但是,就危险驾驶罪而言,其不仅存在未出现实害结果的情况,也可能存在出现实害结果的情况。在出现相对严重的实害结果(接近但未出现交通肇事罪等所要求的实害

---

① 参见陈伟:《醉驾的拘役刑罚有待商榷》,载《人民法院报》2011 年 1 月 9 日,第 2 版。

② 参见陈兴良:《刑法理念导读》,法律出版社 2003 年版,第 365 页。

结果)的情况下,拘役刑的1至6个月的处罚幅度显然并不满足罪刑均衡的要求。况且,无论是“追逐竞驶”还是“醉酒驾车”也都存在各种不同的情节表现,对此一概判处“拘役,并处罚金”,显然也是有悖于罪责刑相适应的刑法基本原则的。

其次,“拘役,并处罚金”这一法定刑配置,并不能实现危险驾驶罪与其他相近犯罪在法定刑轻重上的协调统一。危险驾驶罪的相近犯罪主要是交通肇事罪和以危险方法危害公共安全罪,交通肇事罪的基本法定刑是“三年以下有期徒刑或者拘役”,而以危险方法危害公共安全罪的基本法定刑则是“三年以上十年以下有期徒刑”。在危险驾驶罪的场合,完全可能出现接近于交通肇事罪构成要求的严重实害结果,而行为人对这一实害结果也未必都是基于过失,而在此情况下,危险驾驶罪的法定最高刑却仅相当于交通肇事罪的法定最低刑,所以两罪在法定刑的轻重上明显处于失衡状态。而危险驾驶罪与以危险方法危害公共安全罪的基本犯相比,其主要差别就在于两罪所要求的行为的危险程度不同,这也就意味着,随着危险驾驶行为危险程度的上升,其完全可以转化为以危险方法危害公共安全罪。但是,两罪在法定刑的配置上却并未体现出这种应有的衔接性,而是处于一种明显的轻重失衡状态。

再次,拘役刑的绝对适用,会使短期监禁刑的弊端大规模地集中呈现。在当代,基于自身存在的巨大弊端,短期监禁刑在世界范围内受到了普遍的批评。1950年召开的海牙国际刑法与监狱会议曾经系统地总结了短期监禁刑的弊端,认为短期监禁刑的弊端主要表现在:由于监禁时间较短,因而无施教的机会;对防止犯罪无力;受刑人大多数为初犯,短期监禁使其丧失对拘禁的恐惧,减弱其自尊心;轻微犯罪者之家属在物质与精神上均受重大损失;犯罪人的社会复归遭遇困难致其陷入累犯;执行短期监禁刑的机构往往设备不良、缺乏有训练经验的职员,因而极易受恶性感染而成为再犯;等等。① 为尽可能地避免以上不良效果的出现,各国纷纷采取措施对短期监禁刑的适用进行严格限制,如大幅提高缓刑适用率,建立易科罚金制度等。而在我国,不但缓刑适用率在总体上处于较低的水平,

① 参见张甘妹:《刑事政策》,台北,三民书局1979年版,第295页。

而且对拘役这样一种本身即属很轻的刑罚适用缓刑，则更是一种很少见的现象；[①]同时，我国也并不存在相应的刑罚易科制度。如此一来，在危险驾驶罪的犯罪基数还十分庞大的情况下，拘役刑的绝对适用，必然会使短期监禁刑的弊端在社会上大规模地集中呈现，由此不但难以实现预期的刑罚效益，而且也不利于社会的稳定。

最后，罚金刑的必并科适用方式，极大地限制了罚金刑独立功能的发挥。所谓罚金刑的必并科适用方式，是指罚金刑必须要与其他刑罚方法并合适用，而不允许单独适用。危险驾驶罪的法定刑即“处拘役，并处罚金”中罚金刑的适用方式便是一种典型的必并科适用方式。罚金刑与其他刑罚方法并合适用，确实有利于增强刑罚的综合效应，这一点是应当得到承认的。但是，随着社会的不断发展，罚金刑在应对犯罪方面的独立功能也已经得到了广泛的认可，即以罚金刑来应对相对较轻的犯罪，不但能够实现惩罚的有效性，而且也能够有效避免适用短期监禁刑所可能产生的不良后果。最高人民法院 2000 年 12 月 13 日公布的《关于适用财产刑若干问题的规定》第 4 条也对罚金刑的单独适用作出了明确的规定，即对犯罪情节较轻，适用单处罚金不致再危害社会并具有下列情形之一的，可以依法单处罚金：(1)偶犯或者初犯；(2)自首或者有立功表现的；(3)犯罪时不满 18 周岁的；(4)犯罪预备、中止或者未遂的；(5)被胁迫参加犯罪的；(6)全部退赃并有悔罪表现的；(7)其他可以依法单处罚金的情形。由此看来，对危险驾驶罪这一轻罪绝对排斥罚金刑的单独适用，无论是从罪责刑相适应原则的实现角度来看，还是从有效避免短期监禁刑的弊端角度来看，其不合理性都是非常明显的。

据此，笔者认为，对危险驾驶罪的法定刑配置应作如下改进和完善：第一，增加“二年以下有期徒刑”的刑罚配置。这一刑罚配置的增加，主要是为了保证在对情节特别恶劣或严重的危险驾驶罪的刑罚适用上能够有

---

① 有记者发现，《刑法修正案（八）》自 2011 年 5 月 1 日生效之后，在将近 1 个月的时间内，根据媒体的报道案例，所有从检察院起诉至法院并最终宣判的案件全部判为实体刑，没有一起被判缓刑。在实体刑中，最短刑期为 2 个月，最长为 6 个月。参见王贵彬、邢世伟：《全国醉驾入刑将近满月，已判案例无一缓刑》，载《新京报》2011 年 5 月 26 日。

效满足罪刑均衡的要求，同时也有利于实现危险驾驶罪与相近犯罪在法定刑轻重上的横向协调。第二，增加管制刑的刑罚配置。在《刑法修正案（八）》对管制刑进行修改之后，管制刑的惩罚性已明显增强，以其应对相对较轻的危险驾驶罪完全能够实现惩罚的有效性。同时，适用管制刑不仅能有效地避免短期监禁刑的弊端，还可以在一定程度上减少监禁数量，缓解监禁压力。第三，增加"单处罚金"的刑罚配置。增加这一刑罚配置，主要是为了发挥罚金刑在惩处较轻危险驾驶罪方面的功能，并相应地满足罪刑均衡的要求。同时，单独适用罚金刑，还可以进一步避免短期监禁刑的弊端，并缓解监禁压力。在进行以上改进和完善后，危险驾驶罪法定刑的完整表述就应当是："……处二年以下有期徒刑、拘役或者管制，并处或者单处罚金。"

专题六

治理醉驾行为刑事政策的反思与调整*

内容摘要：自醉驾行为入刑以来，我国对于醉驾行为的治理一直坚持普遍入罪的刑事政策。而这一政策既有悖于刑法的谦抑性理念，与刑法的人权保障机能相抵触，又会削弱刑法规范的权威性，还会带来相当规模的负面治理效果。因此，有必要将其向"合理分流"的方向予以调整。就合理分流刑事政策的贯彻而言，需要在实体法与程序法这两个层面进行努力。在实体法层面，在立法中需要恢复对醉驾行为的二元制的制裁模式，在司法中需要依据现行刑法对不符合犯罪成立条件的醉驾行为予以出罪；在程序法层面，需要以酌定不起诉制度作为主要的程序化出罪分流途径，并应当积极运用我国《刑事诉讼法》中的证据制度，对证据不足的醉驾案件予以程序化出罪处理。

一、问题的提出

2011 年 2 月 25 日全国人大常委会通过的《刑法修正案(八)》将醉酒驾驶机动车的行为规定为新增设的危险驾驶罪的行为方式之一。自此之后的 10 年间，这一立法修改促使公民遵守交通法规的自觉意识不断提升，"开车不饮酒、饮酒不开车"逐渐成为广泛的社会共识，因而也使得因

---

* 本文为王志祥、融昊的同名论文，原载《齐鲁学刊》2022 年第 1 期，收入本书时有修改。

醉驾而导致的交通事故得以大幅度的减少。由此可见,醉驾入刑已经取得了相当积极的治理效果。然而,辩证地来看,任何事物都有其两面性。醉驾入刑的负面效果在这 10 年间亦不断显现出来,这引发了理论界与实务界持续的讨论。需要注意的是,治理醉驾行为的刑事立法工作与刑事司法工作都可以被视为刑事法治实践的组成部分,因而也均需要认识论中的决策机制——刑事政策,提供思维层面的指导。因此,反思我国治理醉驾行为刑事政策的得失并给出相应的调整建议,可以更为提纲挈领地审视我国治理醉驾行为刑事法治实践的不足之处,从而尽量消弭醉驾入刑以来产生的各种负面效应,继而实现交通安全领域的良法善治。基于此,本文拟在分析我国治理醉驾行为刑事政策基本定位的基础之上,深入反思其不足之处,并探索其调整完善的路径。

二、我国治理醉驾行为刑事政策的基本定位

"刑事政策探讨的问题是刑法如何制定,以便其能更好地实现其保护社会的任务。刑事政策与犯罪的原因联系在一起,它探讨如何描述犯罪构成要件特征,以便与犯罪的实际情况相适应;它尝试确定在刑法中适用的制裁措施的作用方式;它斟酌允许立法者将刑法延伸到何种程度以便使公民的自由空间不会超过不必要的限制;它检验实体刑法是否作了使刑事诉讼能够得以进行的规定。"①简言之,刑法立法在规范层面直接承载着刑事政策。基于此,在概括我国治理醉驾行为刑事政策的基本定位时,应从刑法立法的角度进行切入。

《刑法修正案(八)》第 22 条将醉驾行为规定为危险驾驶罪的行为类型之一。为与这一立法修订相衔接,2011 年 4 月 22 日全国人大常委会通过的《关于修改〈中华人民共和国道路交通安全法〉的决定》删去了《道路交通安全法》第 91 条中对醉驾者处以拘留和罚款的行政处罚规定,而改为一律追究刑事责任。这一立法修订将原本作为行政违法行为进行处理的醉驾行为予以犯罪化,升格评价为犯罪行为。而这也就意味着我国法

① [德]汉斯·海因里希·耶赛克、[德]托马斯·魏根特:《德国刑法教科书》(上),徐久生译,中国法制出版社 2017 年版,第 29 页。

律对醉驾行为采取了一元制的刑事制裁模式,即对醉驾行为一律追究刑事责任,而不存在按照行政违法行为追究行政责任的余地。[①] 并且,为了保证刑法的统一适用,消除司法机关内部对于醉驾案件的处理分歧,《2013 年醉驾意见》通过对前述刑法条文的规范性解释,明确指出只要是构成醉驾的危险驾驶行为,就必须按照 1997 年《刑法》第 133 条之一的规定认定为构成危险驾驶罪并处以刑罚。[②] 由此可见,自《刑法修正案(八)》颁行以来,我国将"普遍入罪"作为治理醉驾行为的主要对策。易言之,"普遍入罪"即为我国治理醉驾行为刑事政策的基本定位。这一刑事政策体现出我国基本刑事政策——宽严相济刑事政策中的从严面向,反映出我国在道路交通安全领域治理工作中严厉惩治醉驾行为的治理态度。

三、对醉驾行为普遍入罪刑事政策的现实症结

虽然醉驾行为普遍入罪的刑事政策对于醉驾行为的防控起到了一定的积极作用,但这并不能掩饰其在贯彻过程中逐渐暴露出来的各种现实症结。这些症结主要表现在以下四个方面。

(一)普遍入罪的刑事政策有悖于刑法的谦抑性理念

谦抑性理念是凝聚现代刑法价值共识的基础性理念,其强调刑法在社会治理的过程中应保持克制,即面对法益侵害的发生,只有当采取其他社会控制手段不足以保护法益时才有必要适用刑法。从谦抑性理念的内容来看,其得以贯彻的主要路径在于对入罪范围的合理限缩。[③] 事实上,作为国家公权力的组成部分之一,刑法发挥作用所依赖的刑罚权必须由其上位法——宪法予以正当性证成。诚如德国社会学家马克斯·韦伯

---

① 参见王志祥:《醉驾行为制裁模式的论争及发展方向》,载《甘肃社会科学》2018 年第 4 期。

② 《2013 年醉驾意见》第 1 条第 1 款规定:"在道路上驾驶机动车,血液酒精含量达到 80 毫克/100 毫升以上的,属于醉酒驾驶机动车,依照刑法第一百三十三条之一第一款的规定,以危险驾驶罪定罪处罚。"

③ 参见简爱:《一个标签理论的现实化进路:刑法谦抑性的司法适用》,载《法制与社会发展》2017 年第 3 期。

(Max Weber)所言,“任何权力都有为自身正当性辩护的必要”①。而在刑法的制定与适用过程中恪守谦抑性理念,从而合理控制刑罚权的调整范围,则恰恰契合了宪法中约束公权力的比例原则。换言之,只有当刑事法治实践活动不违背刑法的谦抑性理念时,其才能具备宪法意义的正当性。

而刑事政策作为国家预防与控制犯罪的治理对策,在通过具体的刑事法治实践来实现相关功能时,理应贯彻刑法的谦抑性理念。这是由刑事政策的本质属性所决定的。针对刑事政策的本质属性,我国学者卢建平教授提出了刑事政治的概念,认为刑事政策就是治国之道,刑事政策其实是应该翻译成刑事政治的,而犯罪问题从来就应该是一个公共政策问题。他指出:“只有将刑事政策上升到政治的层面,才有可能考虑社会在刑事政策体系中的地位与作用,政治国家与社会双本位的二元犯罪控制模式的实现才是可能的,国家主导、社会力量广泛参与的综合治理的政策特色才能充分显示出来,作为‘治道’的刑事政策的本色也才能得到完全的展示。”②而作为“治道”的刑事政策,倘若以实现良法善治为目标,就必须接受宪法对自身公权力的约束。基于此,就刑事政策的确立而言,亦应贯彻谦抑性理念,否则就不具备宪法层面的正当性。

然而,当前这一针对醉驾行为的普遍入罪刑事政策却强调在司法实践中,对于醉驾行为,只要其符合构成要件,就应当一律不考虑情节轻重与危害程度的大小而将其予以入罪。显然,这一政策有悖于刑法的谦抑性理念,有盲目扩张犯罪圈且滥用刑罚权之嫌。

(二)普遍入罪的刑事政策与刑法的人权保障机能相抵触

人权保障机能(也称自由保障机能)来源于罪刑法定原则,是指刑法具有通过制约国家刑罚权的行使,保障行为人不受国家滥用权力的侵害,进而保障国民的个人自由及其他利益的机能。换言之,刑法以规定一定行为是犯罪并给予刑罚处罚的方式,限制国家对刑罚权的发动,在保障善

---

① [德]马克斯·韦伯:《经济与社会》(第1卷),阎克文译,上海人民出版社2019年版,第102页。

② 卢建平:《作为“治道”的刑事政策》,载《华东政法学院学报》2005年第4期。

良国民人权的同时,也保障犯罪人自身的人权。[①] 需要注意的是,刑法作为保护范围最广泛的部门法,其制裁手段也是最为严厉的。这也就意味着,倘若在刑法运行过程中出现失误,可能会对当事人的合法权益造成严重且无法弥补的伤害。因此,基于以人为本这一价值理念而构建的现代刑法,必须要强调人权保障机能。由此可见,谦抑性理念是以实现刑法的人权保障机能为价值导向的,刑事政策的确立应有利于这一机能的实现。

(三)普遍入罪的刑事政策削弱了刑法规范的权威性

众所周知,法律的权威源自人民的内心拥护与真诚信仰。正如美国法学家伯尔曼所言,在法治社会中,“法律必须被信仰,否则它形同虚设”[②]。具体来看,刑法规范之所以具备行为规制的机能,正因为其具有为社会大众所普遍认可的权威性。由此可知,倘若特定刑事政策的贯彻以牺牲刑法规范的权威性为代价,则必然无法取得为社会公众所普遍支持的良好治理效果。事实上,普遍入罪的刑事政策在醉驾犯罪的治理过程中在一定程度上削弱了刑法规范的权威性,这具体表现在以下两个方面:

一方面,基于法秩序统一性原理,法律条文之间的逻辑矛盾会削弱法规范整体的权威性。亚里士多德曾指出:“法治应包含两重含义:已成立的法律获得普遍的服从,而大家所服从的法律又应是本身制定得好的法律。”[③]这意味着只有“好”的法律才能得到认同与接受,最终形成人们对法律的信仰,从而获得权威。[④] 而法律条文之间的融贯性和无矛盾性正是法律可以被评价为“好”的必要条件。“如果某个规范体系或价值体系比任何其他相竞争的体系更融贯,那么就有初显的理由认为它是正确的。”[⑤]这是因为,一个融贯且无矛盾的法律规范体系可以使同样的行为得到同等的对待,从而有力地保障生活在这一体系中的个人对自身行为

---

① 张明楷:《外国刑法纲要》(第3版),法律出版社2020年版,第5页。

② [美]伯尔曼:《法律与宗教》,梁治平译,商务印书馆2015年版,第15页。

③ [古希腊]亚里士多德:《政治学》,吴寿彭译,商务印书馆1965年版,第147页。

④ 参见陈金钊:《论法律信仰——法治社会的精神要素》,载《法制与社会发展》1997年第3期。

⑤ [德]罗伯特·阿列克西、王晖:《法与正确性》,载《比较法研究》2010年第4期。

的预测自由，这在刑法中也是为罪刑法定原则所要求的。具体从醉驾行为的治理工作层面来看，为了贯彻普遍入罪刑事政策而确立的一元制刑事违法制裁模式会导致修正后的《道路交通安全法》第 91 条规定与《刑法》第 13 条“但书”规定之间产生难以自圆其说的矛盾。详言之，依据《道路交通安全法》第 91 条的规定，情节显著轻微且危害不大的醉驾行为应被当作犯罪处理，且须追究行为人的刑事责任；而依据《刑法》第 13 条但书规定，这一行为则不被认为是犯罪。显然，这一对自相矛盾的法律条文会使得“醉驾行为是否一律入罪”的问题处于一种不确定的状态，使民众无法对其行为进行精确预测，不具备“好”法律所必需的融贯性。由此可见，对醉驾行为普遍入罪的刑事政策导致了立法之间的逻辑矛盾，因而在一定程度上削弱了法律规范体系整体的权威性，由此就可能会在一定程度上削弱作为法律规范体系一部分的刑法规范的权威性。

另一方面，基于法经济学的原理，刑法作为一种社会治理手段，倘若被过度使用的话，会损害自身的权威性。这是因为，刑法本身具有鲜明的严肃性与谦抑性特征，其作为一种手段投入社会治理的过程中是要恪守一定限度的。一旦过度使用这种手段，其权威性程度反而会逐步减少。因此，对醉驾行为普遍入罪的刑事政策因其政策内容的要求必然会涉及过度使用刑法手段治理醉驾行为的问题，从而可能会在一定程度上损害刑法规范本身的权威性。

（四）普遍入罪的刑事政策会带来一定规模的负面效果

事实上，对醉驾行为普遍入罪的刑事政策的现实症结不只局限于法理与规范层面的逻辑思辨，其所取得的社会治理效果亦有不尽如人意之处。这些负面治理效果主要表现在以下三个方面：

第一，对醉驾行为普遍入罪的刑事政策会导致司法资源的过度消耗，增加社会运转成本。数据显示，截至 2016 年危险驾驶罪的规定施行 5 年之际，全国公安机关共查处饮酒后驾驶机动车违法行为 247.4 万件。[①] 2015 年，江苏全省各级法院共受理各类案件 163 万余件，一审审结的刑事

---

① 参见汤瑜：《“醉驾入刑”五年　全国共查酒驾 247 万余起》，载《民主与法制时报》2016 年 5 月 5 日，第 1 版。

案件有 7 万余件,其中约有 1 万件为醉驾案件,占全年刑事案件的 1/7。[①] 在广州市,2011 年 5 月至 2017 年 10 月,全市基层法院受理醉驾型危险驾驶案件 14233 件,占同期基层法院受理刑事案件总数的 13.6%,在部分市辖区甚至高达 20%～30%。广州市中级人民法院审理的醉驾型危险驾驶二审案件占所有二审刑事案件的比例超过 10%。[②] 2018 年《最高人民检察院工作报告》显示,2013 年至 2017 年,全国检察机关共起诉 73.7 万涉嫌危险驾驶罪的犯罪嫌疑人,占整个起诉案件的 10.27%,且绝大部分案件系醉驾案件。根据 2019 年 7 月 31 日最高人民法院公布的 2019 年上半年全国法院审判执行数据,在审结的刑事案件中,危险驾驶罪首次超越盗窃罪,排在第一位。[③] 众所周知,危险驾驶罪属于典型的微罪,而由微罪行为固有的社会危害性程度轻微的属性所决定,其涉及的只是低烈度的反社会行为。而为了解决这种低烈度低强度的反社会行为问题,投入大量宝贵的司法资源到刑事领域,就可能存在浪费的问题。这种浪费亦会使正处于社会主义初级阶段的我国增加社会运行的成本,甚至背上沉重的发展包袱。

第二,对醉驾行为普遍入罪的刑事政策会激化相关的社会矛盾,不利于社会秩序的稳定。如前所述,基于犯罪附随后果的存在,当醉驾行为大规模入罪时,其带来的犯罪总量激增的效应会对大量犯罪人及其近亲属的相关权益产生影响。如前所述,自《刑法修正案(八)》将醉驾入刑至今,危险驾驶罪业已成为我国犯罪总数最高的第一大犯罪,这就意味着有成千上万个醉驾型危险驾驶罪的已决犯和其背后的家庭正受到上述犯罪附随后果对自身权利的影响,这无疑是贯彻对醉驾行为普遍入罪的刑事政策所造成的一个较为负面的社会治理效果。

第三,对醉驾行为普遍入罪的刑事政策在司法实践中予以贯彻的例

---

① 参见陈竹沁:《江苏 1/7 一审审结刑案为醉驾,高院院长吁立法入刑门槛要严》,载搜狐网,http://news.sohu.com/20160311/n440135212.shtml。

② 参见卢文洁等:《醉驾案件挤占大量司法资源　陈建华建议建立"醉驾案附条件不起诉"制度》,载《广州日报》2018 年 3 月 11 日。

③ 参见张晨:《最高法发布 2019 年上半年审判执行工作数据》,载百度,http://baijiahao.baidu.com/s?id=1640618168606146265&wfr=spider&for=pc。

外情况会导致对危害轻微的醉驾行为的放纵,不利于国民规范意识的培养。为了贯彻普遍入罪的刑事政策,我国对醉驾行为的治理实行一元制的制裁模式。但是,在实行一元制的制裁模式的立法例中,“检察机关充分行使自由裁量权,而不将刑法规定的犯罪起诉至法院的现象非常普遍;警察对刑法规定的轻微犯罪不予立案侦查的现象也十分正常”①。而在一元制的制裁模式下,由于并不存在能够与刑事制裁相补充的行政制裁措施,因此,一旦在司法实践中对轻微危害行为进行非犯罪化的例外处理,对行为人便只能“一放了之”。[2]这样做,无异于放纵了危害程度轻微的醉驾行为,也向国民传递出了“小恶不是恶”的观念,不利于国民规范意识的形成。

综上所述,在醉驾治理过程中,醉驾行为普遍入罪的刑事政策已经暴露出一系列的现实症结,亟须进一步的调整与修正。

四、由“普遍入罪”到“合理分流”的调整

从上述问题可见,在调整我国治理醉驾行为的刑事政策之时,应力戒刑法万能主义思想,承认刑法作用的有限性。这样,才能让作为一种社会治理手段的刑法在醉驾行为的治理过程中被更为精确且高效地运用,并取得更优的治理效果。详言之,就是要在处理醉驾行为的司法过程中,依法将其科学合理地分流为犯罪行为与非犯罪行为,并分别予以刑事制裁与行政制裁。由此,我们可以将调整之后的醉驾犯罪刑事政策称之为“合理分流”的刑事政策。事实上,自最高人民法院出台的《常见犯罪的量刑指导意见(二)》为醉驾行为原则性地保留了出罪空间之后,②各省级司法机关密切跟进,作出了更具可操作性的细则规定。比如,2019年10月,浙江省公检法联合发布的2019《浙江纪要》罗列了醉驾案件的

---

① 张明楷:《司法上的犯罪化与非犯罪化》,载《法学家》2008年第4期。

② 最高人民法院于2017年5月1日实施的《常见犯罪的量刑指导意见(二)》明文规定:“对于醉酒驾驶机动车的被告人,应当综合考虑被告人的醉酒程度、机动车类型、车辆行驶道路、行车速度、是否造成实际损害以及认罪悔罪等情况,准确定罪量刑。对情节显著轻微危害不大的,不予定罪处罚;犯罪情节轻微不需要判处刑罚的,可以免予刑事处罚。”

出罪情形。[1] 近年来，上海、江苏、湖南、湖北等地也纷纷出台相关规定，对“醉驾入刑”标准进行一系列从宽调整。这些司法文件的规定初步为贯彻醉驾案件合理分流的刑事政策提供了明确且具备一定可操作性的司法依据。《2023 年醉驾意见》确定了“醉酒驾驶行为 + 血液酒精含量 + 情节”等多元化的醉驾入罪标准，优化了唯血液酒精含量的单一标准，由此将《2013 年醉驾意见》所贯彻的对醉驾案件一律入罪的刑事政策转变为对醉驾案件合理分流的刑事政策。[2] 具体来看，要实现对醉驾案件的合理分流效果，则可以从实体与程序两个方面分别加以展开。

（一）对醉驾案件予以合理分流刑事政策的实体法路径

事实上，贯彻合理分流刑事政策的实体法路径也是由立法层面的路径与司法层面的路径共同构成的。

一方面，在实体法立法层面实现对醉驾案件的合理分流，需要对醉驾行为保持二元制的制裁模式。这样可以使刑事制裁与行政制裁相互配合发挥作用，从而织密治理醉驾行为的法治之网，避免对分流出犯罪圈的醉驾行为产生“一放了之”的负面后果。具体来讲，就是应当对 2011 年修正后的《道路交通安全法》第 91 条中一概追究醉驾行为刑事责任的规定进行再次修正。对醉驾行为恢复处以拘留和罚款的行政处罚规定，应当是我国未来醉驾立法的发展方向，这样，在醉驾行为尚不构成醉驾型危险驾驶罪的情况下，对于醉驾者便可以顺理成章地根据《道路交通安全法》第 91 条的规定处以拘留和罚款的行政处罚。另外，在立法层面，应根据醉驾行为的具体特征为其配置各种能起到特殊预防作用的制裁措施。对醉驾行为人而言，与时间有限的短期剥夺自由罚——刑事拘役或行政拘留相比，也许组织其定期收看重特大交通事故的纪实教育片或者要求其定期参加去医院照顾重特大交通事故中的伤患者的志愿活动，更能促使其发

---

① 依据 2019《浙江纪要》的规定，醉酒在广场、公共停车场等公众通行的场所挪动车位的，或者由他人驾驶至居民小区门口后接替驾驶进入居民小区的，或者驾驶出公共停车场、居民小区后即交由他人驾驶的，不属于《刑法》第 133 条之一规定的“在道路上醉酒驾驶机动车”。

② 参见苗生明：《醉酒型危险驾驶的治罪与治理——兼论我国轻罪治理体系的完善》，载《中国刑事法杂志》2024 年第 1 期。

生思想上的深刻转变,从而深刻地认识到醉驾对己对人对社会有可能造成的严重危害,继而有效地降低自身再次实施醉驾行为的可能性。这是因为,此类特殊的制裁措施与醉驾行为本身具备物本逻辑层面的事理关联性。

另一方面,就在实体法司法层面实现对醉驾案件的合理分流而言,需要依据现行刑法规定对不符合犯罪成立条件的醉驾行为予以出罪。具体而言,就是要在尊重法秩序的安定性与实定法权威的基础上,运用法教义学的方法,对现行刑法中存在的可以促成醉驾行为出罪的条文进行实质解释,从而使一些具有争议性的醉驾行为可以合理合法地实现出罪化分流。而在这一适用法律的过程中,涉及犯罪构成的理论选择时,笔者更倾向于运用阶层式的犯罪构成理论来考察某一具体醉驾行为是否构成犯罪。这是因为,阶层式犯罪论强调不法与责任的区分,对行为是否成立犯罪的考察遵循先一般后个别、先客观后主观、先事实判断后价值判断的位阶顺序。只有行为经历构成要件该当性、违法性与有责性的层层过滤式的立体阶层判断均无出罪事由时,才能确认被告人的行为构成犯罪。[①] 这样,就不仅能为司法人员提供路标指引和检验清单,保障法律适用的正义性和安定性,还能限制司法恣意,使案件审查透明化,[②]从而更有利于行为人出罪,继而有效地避免冤假错案的发生。

事实上,醉驾行为的实体法出罪分流途径主要集中在以下几个方面。

第一,醉驾行为不符合醉驾型危险驾驶罪的犯罪构成要件。比如,就醉酒之后准备驾驶却尚未驶出、醉酒后开启车辆在驾驶位睡觉的情形而言,行为人在醉酒状态成立之时虽然具备控制机动车的能力,也确实通过机械使用钥匙或遥控钥匙启动了车辆,但此时机动车处于相对静止的未行驶状态,并未对道路交通公共安全造成任何形式的威胁。这样,对上述情形也就可以根据严格区分运动与静止的物理原理指导的平义解释方法排除在“驾驶行为”这一构成要件要素之外。

---

① 参见周光权:《阶层犯罪论及其实践展开》,载《清华法学》2017 年第 5 期。

② 参见车浩:《体系化与功能主义:当代阶层犯罪理论的两个实践优势》,载《清华法学》2017 年第 5 期。

第二,醉驾行为符合《刑法》第13条"但书"之规定。当醉驾行为符合分则中醉驾型危险驾驶罪法条所规定的构成要件时,尚不能认定其已成立抽象危险犯。换言之,此时醉驾行为仅成立醉驾型危险驾驶的不法状态。如果其符合《刑法》第13条"但书"之规定,则可认定此种不法状态不成立犯罪。对此,《2023年醉驾意见》第4条、第12条的规定作出了确认。《2023年醉驾意见》第4条第1款规定:"在道路上驾驶机动车,经呼气酒精含量检测,显示血液酒精含量达到80毫克/100毫升以上的,公安机关应当依照刑事诉讼法和本意见的规定决定是否立案。对情节显著轻微、危害不大,不认为是犯罪的,不予立案。"据此,"在道路上驾驶机动车,血液酒精含量达到80毫克/100毫升以上的",属于醉驾。而醉驾行为不一定成立犯罪。醉驾行为情节显著轻微、危害不大的,不认为是犯罪。依据《2023年醉驾意见》第12条第1款第1项的规定,醉驾,血液酒精含量不满150毫克/100毫升,且不具有该意见第10条规定的从重处理情形之一的,可以认定为情节显著轻微、危害不大。据此,在道路上驾驶机动车,经呼气酒精含量检测,血液酒精含量达到80毫克/100毫升以上不满150毫克/100毫升,且不具有该意见第10条规定的从重处理情形之一的,原则上予以出罪;在道路上驾驶机动车,经呼气酒精含量检测,血液酒精含量达到150毫克/100毫升以上的,原则上予以入罪,但具有该意见第12条第1款第2项至第5项所规定的出于急救伤病人员等紧急情况驾驶机动车,且不构成紧急避险的、在居民小区、停车场等场所因挪车、停车入位等短距离驾驶机动车的、由他人驾驶至居民小区、停车场等场所短距离接替驾驶停放机动车的,或者为了交由他人驾驶,自居民小区、停车场等场所短距离驶出的或者其他情节显著轻微的情形之一的,可以认定为情节显著轻微、危害不大,予以出罪。这样,《2013年醉驾意见》所确立的"血液酒精含量80毫克/100毫升以上在道路上驾驶机动车的,属于醉驾,一律入罪"的立场,在《2023年醉驾意见》中就被"血液酒精含量80毫克/100毫升以上在道路上驾驶机动车的,属于醉驾;血液酒精含量不满150毫克/100毫升的醉驾,不具有从重处理事由的,原则上予以出罪;血液酒精含量达到150毫克/100毫升的醉驾,原则上予以入罪"的立场所取代。由此,醉驾行为入罪的空间就被大大地压缩了。不过,如此一来,就醉驾案件的立案标准而言,"血液酒精含量 80 毫克/100 毫升以上"这一刚性标准就被"血液酒精含量达到 80 毫克/100 毫升以上不满 150 毫克/100 毫升"这一区间标准所取代,这可能会使公安机关在就醉驾案件是否予以立案的问题上面临究竟"立还是不立"的困惑。《2023 年醉驾意见》之所以抛弃了"血液酒精含量 80 毫克/100 毫升以上"这一刚性标准,是基于以下考虑:"理论界、实务界以及很多人大代表、政协委员普遍反映,80 毫克/100 毫升作为'入罪标准'过于单一、机械。从刑法规定看,醉驾是在特定情境下的系列要素组成的综合行为,包括行为人醉酒程度、驾驶的目的和动机、行为人是否具有驾驶技能以及驾驶技能的高低、驾驶的机动车类型、道路情况(路段、车流等)、驾驶的时间、速度、距离等。行为人的血液酒精含量只是反映其醉酒程度的标准,不仅不同人的体质、酒精耐受度不同导致同样的血液酒精含量反映的实际醉酒程度不同,而且,更为重要的是,除了醉酒程度,上述其他要素也决定了其行为的危险程度,不应当不考虑。"①

第三,醉驾行为构成可以出罪的正当化事由。比如,醉驾送患病者就医的行为符合紧急避险的成立条件时,就可因成立紧急避险而得以出罪,而这一正当化事由同样适用于醉驾送自己就医或醉驾躲避其他危险等可能成立紧急避险的其他情况。对此,《2023 年醉驾意见》第 12 条第 2 款作出了相应的规定。

(二)对醉驾案件予以合理分流刑事政策的程序法路径

在刑事程序中,对醉驾案件予以合理分流刑事政策的核心任务就是要在醉驾案件诉至法院前就对其进行筛选过滤,从而有效分流进入审判的案件数量。这样做,既节约了有限的刑事司法资源,保障了刑事司法的经济性,又限制了法官的审判范围,避免恣意裁判对当事人合法权益的侵害。换言之,就是要积极发挥《刑事诉讼法》中相关程序性出罪制度的功能,对于已然发生的醉驾行为,基于入罪必要性的功利考量或维护正当程序的价值诉求而对其进行出罪化处理。而就这一程序性出罪分流效果的

---

① 参见苗生明:《醉酒型危险驾驶的治罪与治理——兼论我国轻罪治理体系的完善》,载《中国刑事法杂志》2024 年第 1 期。

实现而言,则主要依靠酌定不起诉制度与证据制度的适用。

一方面,在各类不起诉制度中,酌定不起诉制度是最适合达到醉驾案件不起诉的出罪效果的,应作为醉驾案件主要的程序性出罪措施加以推行。酌定不起诉制度适用于犯罪嫌疑人的行为符合犯罪构成要件,已在实体事实层面构成犯罪,但情节轻微,依照 1997 年《刑法》规定不需要判处刑罚或者免除刑罚的情形。由其适用对象可知,此种不起诉方式是以犯罪事实已具备但犯罪行为危害程度轻微为适用条件的。很显然,这种适用条件直接契合于醉驾型危险驾驶罪社会危害程度或法益侵害程度轻微的罪质特点。并且,激活这一制度的动因还包括基于减轻犯罪嫌疑人诉讼痛苦、确保其早日复归社会、节约国家刑事司法资源等功利主义考量。因此,在各类不起诉制度中,酌定不起诉制度是最适合达到醉驾案件不起诉的出罪效果的,应作为醉驾案件主要的程序性出罪措施加以推行。具体来讲,虽然就醉驾行为的成立而言,只需要行为人血液酒精含量超过 80 毫克/100 毫升,但是在此标准之上还存在醉驾行为已经成立且与行为的社会危害性达到构成醉驾犯罪程度的情形相匹配的血液酒精含量标准(对此,检察机关可以作出酌定不起诉处理)。① 下一步,最高人民检察院有必要出台具有全国性效力的规范性司法文件来具体规定这一与酌定不起诉制度予以出罪相匹配的血液酒精含量幅度,从而对各地方检察机关在处理醉驾案件时所享有的起诉自由裁量权加以规范,以维护醉驾行为

---

① 如 2019《浙江纪要》规定:"醉酒驾驶汽车……酒精含量在 170 毫克/100 毫升以下,认罪悔罪,且无上述 8 种从重情节,犯罪情节轻微的,可以不起诉或者免予刑事处罚……醉酒驾驶摩托车……没有造成他人轻伤及以上后果,认罪悔罪,酒精含量在 200 毫克/100 毫升以下,犯罪情节轻微的,可以不起诉或者免予刑事处罚……"湖南省人民检察院公布的《关于危险驾驶(醉驾)犯罪案件不起诉的参考标准(试行)》第 3 条规定:"办理相对不起诉案件,除应着重审查犯罪嫌疑人的血液酒精含量、驾驶车辆时间、驾驶车辆种类、行驶道路种类、实际损害后果等重要情节外,还应审查犯罪嫌疑人是否曾经因酒后或者醉酒驾驶机动车被处罚,造成交通事故是否具有其他交通违法等情节。"第 6 条规定:"醉酒驾驶机动车,血液酒精含量在 150 毫克/100 毫升以下,且没有本参考标准第五条规定的从重处罚情节的,可以适用相对不起诉。"第 7 条规定:"醉酒驾驶机动车,血液酒精含量超过 150 毫克/100 毫升但低于 200 毫克/100 毫升,没有本参考标准第五条规定的从重处罚情节,具备以下情形的,可以适用相对不起诉:(一)驾驶车辆的目的并非在道路上行驶,而是为了挪车位,且未发生严重损害后果的;(二)因事发突然,情况紧急驾驶车辆,且未发生交通事故的;(三)驾驶车辆行驶一段距离后主动放弃驾驶,且未发生交通事故的。"

酌定不起诉工作的公正性与法秩序的权威性。不过,令人遗憾的是,《2023年醉驾意见》对醉驾案件的酌定不起诉并未明确规定血液酒精含量标准。另外,从长远来看,司法机关有必要推动酌定不起诉制度与认罪认罚从宽制度相衔接,这样才能拓宽酌定不起诉制度的适用范围。具体操作可以从酌定不起诉的适用条件切入,即通过实质解释的方法将犯罪嫌疑人实施行为之后认罪悔罪的表现纳入酌定不起诉的适用条件之一——"犯罪情节轻微"的考察范围之内。这在《2023年醉驾意见》中有所反映。《2023年醉驾意见》第13条规定:"对公安机关移送审查起诉的醉驾案件,人民检察院综合考虑犯罪嫌疑人驾驶的动机和目的、醉酒程度、机动车类型、道路情况、行驶时间、速度、距离以及认罪悔罪表现等因素,认为属于犯罪情节轻微的,依照刑法第三十七条、刑事诉讼法第一百七十七条第二款的规定处理。"

另一方面,我国现有的刑事证据制度的推行亦可以成为醉驾行为程序层面出罪化分流的重要路径。众所周知,刑事证据是进行刑事活动的依据,也是查明案件真相的唯一手段,[①]如果据以证明犯罪事实的证据不存在或无法达到确实充分的程度,那么就应在程序上对相关行为不当作犯罪处理。就具体进路而言,按刑事诉讼发展的时间性流程,可分为如下几种:不予立案、撤销案件、存疑不起诉与无罪判决。在醉驾案件中,血液乙醇浓度的鉴定意见是评判行为人是否达到醉酒状态的重要证据,该证据须经司法机关依法审查后方可判断是否作为定罪证据。针对醉驾型危险驾驶罪中行为人血液乙醇浓度的鉴定意见的审查,应聚焦但不限于检材的来源、取得、保管、送检是否合乎法律和有关规定、鉴定的过程和方法是否符合相关专业的规范要求和鉴定程序是否符合法律及有关规定。换言之,倘若这些环节出现一处违规问题且无法补正,那么该证据就不能作为合法证据使用,案件就可能因证据不足而得以出罪化处理。这在《2023年醉驾意见》中有所反映。《2023年醉驾意见》第9条规定:"具有下列情形之一,经补正或者作出合理解释的,血液酒精含量鉴定意见可以作为定

---

① 参见宋英辉、甄贞主编:《刑事诉讼法》(第6版),中国人民大学出版社2019年版,第188页。

案的依据;不能补正或者作出合理解释的,应当予以排除:(一)血液样本提取、封装、保管不规范的;(二)未按规定的时间和程序送检、出具鉴定意见的;(三)鉴定过程未按规定同步录音录像的;(四)存在其他瑕疵或者不规范的取证行为的。”《2023 年醉驾意见》之所以没有将这四类证据规定为一律予以排除的非法证据,而是规定为可补正的瑕疵证据,是基于以下考虑:血样作为物证与血液鉴定意见作为鉴定意见是两种不同的证据形式,适用不同的审查判断规则,不能将血样作为物证收集过程中的程序瑕疵与鉴定过程违反鉴定程序规定等混为一谈;作为物证的血样要遵循物证的证据审查认定规则,而血样的鉴定要遵循鉴定意见的审查认定规则。如果鉴定过程本身存在违反规定的情形,鉴定意见通常要直接予以排除,而按照《刑事诉讼法》第 56 条规定,收集证据不符合法定程序,适用瑕疵证据采信规则,并非一律排除;当然两者也不是绝对割裂的,比如血样的保管、送检通常涉及检材的同一性、是否被污染等问题。①

五、结语

刑事政策作为价值观念层面的指导纲领,应与时俱进地不断发展、变革,这样才能起到纲举目张的作用,从而更为有效地回应风险社会中不断涌现的新挑战,推动我国刑事法治领域治理体系与治理能力现代化水平的提升。因此,当目前治理醉驾行为的普遍入罪刑事政策不能满足治理现代化需要之时,促进其从实体与程序两个层面朝着“合理分流”的方向转型就显得尤为必要。

---

① 参见苗生明:《醉酒型危险驾驶的治罪与治理——兼论我国轻罪治理体系的完善》,载《中国刑事法杂志》2024 年第 1 期。

专题七

醉驾行为制裁模式的论争及发展方向*

内容摘要：关于我国法律对醉驾行为采取的是二元制的行政违法与刑事违法相区分的制裁模式还是一元制的刑事违法制裁模式的问题，在我国刑事司法实践和刑法理论中均存在争论，二者均存在相应的法律依据。前者以 1997 年《刑法》第 13 条"但书"的规定为依据，而后者则以 2011 年修正后的《道路交通安全法》第 91 条的规定为依据。对醉驾行为维持二元的行政违法与刑事违法相区分的制裁模式，一方面能够与我国法律体系对危害行为所采取的通行的制裁模式相协调，另一方面也便利于对轻微醉驾行为的惩治，编织对醉驾行为的严密制裁法网。对 2011 年 4 月 22 日修正后的《道路交通安全法》第 91 条中一概追究醉驾行为刑事责任的规定应予以修改，对醉驾行为恢复处以拘留和罚款的行政处罚规定，应当成为我国未来醉驾立法的发展方向。

在《刑法修正案(八)》于 2011 年 2 月 25 日颁布之前，我国法律对醉酒驾驶机动车行为的制裁采取的是行政制裁模式。为提升对醉驾行为的处罚力度，《刑法修正案(八)》第 22 条在 1997 年系统修订的《刑法》第

---

* 本文为王志祥的同名论文，原载《甘肃社会科学》2018 年第 4 期，收入本书时有修改。

133 条之后增加一条,作为第 133 条之一第 1 款,将醉驾行为作为新增的危险驾驶罪的行为方式之一。[①] 而为了与上述将醉驾行为予以犯罪化的做法相呼应,在《刑法修正案(八)》生效(2011 年 5 月 1 日)之前的 2011 年 4 月 22 日,由全国人大常委会修正后的《道路交通安全法》公布,其第 91 条删除了对醉驾行为处以 15 日以下拘留并处罚款的行政处罚规定,并增加了对醉驾行为"依法追究刑事责任"的规定。那么,《刑法修正案(八)》将醉驾行为予以犯罪化,《道路交通安全法》第 91 条对醉驾行为处罚措施的修正,是否意味着我国法律对醉驾的制裁模式已由单一的行政制裁模式转为单一的刑事制裁模式?这实际上涉及我国对于醉驾采取的是二元制的行政违法与刑事违法相区分的制裁模式还是一元制的刑事违法制裁模式的问题。对此,在我国刑事司法实践和刑法理论中均存在争论。而我国刑法对犯罪的成立所提出的"立法定性 + 立法定量"的要求,意味着我国对犯罪采取的是二元制的行政违法与刑事违法相区分的制裁模式。这样,在醉驾行为入刑之后,对醉驾行为的制裁模式是否已彻底转型为一元制的刑事违法制裁模式,就关系到我国二元制的行政违法与刑事违法相区分的制裁模式是否被动摇的问题。本文拟就此展开讨论。

一、刑事司法实践和刑法理论中关于醉驾行为制裁模式的争论

在《刑法修正案(八)》颁行之前,《刑法修正案(八)》草案二次审议稿中对醉驾行为不附加罪量方面的限制性条件的规定就引发了争议。[②] 全国人大原法律委员会就该争议进行研究后,建议对这一规定不再作修

① 由《刑法修正案(八)》增设的《刑法》第 133 条之一第 1 款规定:"在道路上驾驶机动车追逐竞驶,情节恶劣的,或者在道路上醉酒驾驶机动车的,处拘役,并处罚金。"

② 有全国人大常委会委员指出,《刑法修正案(八)》草案二次审议稿中对醉驾一律追究刑事责任的规定在实践中可能涉及面过宽,建议增加"情节严重"等限制条件。对此,公安部、国务院法制办等部门经研究后认为,醉酒驾车标准是明确的,与一般酒后驾车的区分界限是清晰的,并已执行多年,实践中没有发生大的问题。将醉驾这种具有较大危险性的行为规定为犯罪是必要的,如果再增加规定"情节严重"等限制性条件,具体执行中难以把握,也不利于预防和惩处这类犯罪行为,建议维持草案的规定。参见李适时:《全国人民代表大会法律委员会关于〈中华人民共和国刑法修正案(八)(草案)〉审议结果的报告——2011 年 2 月 23 日在第十一届全国人民代表大会常务委员会第十九次会议上》,http://www.npc.gov.cn/wxzl/gongbao/2011-05/10/content_1664850.htm。

改。由此,对醉驾行为不附加罪量方面的限制性条件的规定得以维持到2011年2月25日全国人大常委会通过的《刑法修正案(八)》中。依据《刑法修正案(八)》第22条的规定,就醉驾行为的犯罪化而言,从罪状的表述中,立法上并没有明确提出任何情节或者后果之类的"量"的要求,这似乎意味着所有的醉驾行为,无论危害程度的大小,都构成犯罪,而且应被处以"拘役和罚金"。但是,在司法实践中,对于醉驾行为是否应当一律不考虑危害程度的大小而将其予以入罪呢?

在《刑法修正案(八)》生效仅仅10日之后,最高人民法院即就醉驾入刑问题表达了"醉驾不必一律入罪"的立场。[①] 而公安部则于2011年5月18日表示,对经核实属于醉驾行为的,一律予以立案。公安部还在2011年9月19日颁布的《关于公安机关办理醉酒驾驶机动车犯罪案件的指导意见》(以下简称《公安机关醉驾案件指导意见》)中就醉驾犯罪案件进一步规范立案侦查的问题提出了从严掌握立案标准的要求,[②]最高人民检察院对公安部的上述"醉驾一律入罪"的立场予以支持。[③] 至此,公检

① 在2011年5月11日召开的全国法院刑事审判工作座谈会上,时任最高人民法院党组副书记、副院长的张军同志就醉驾入刑的问题表示,各级法院在追究醉驾行为的刑事责任时应当慎重稳妥,不应仅从文意理解《刑法修正案(八)》的规定,认为只要达到醉驾标准的,就一律构成刑事犯罪,而是应当与修改后的《道路交通安全法》相衔接。也就是说,虽然《刑法修正案(八)》对醉驾行为追究刑事责任没有明确规定情节严重或情节恶劣的前提条件,但根据《刑法》总则第13条的规定,危害社会行为情节显著轻微危害不大的,不认为是犯罪。这样,在对醉驾行为追究刑事责任时,就应当注意与行政处罚的衔接,防止对本可依据《道路交通安全法》处罚的行为直接诉至法院追究刑事责任(参见王秋实:《最高法:并非醉酒驾驶就一律构成刑事犯罪》,载搜狐网,http://auto.sohu.com/20110511/n307221653.shtml。)。其后,最高人民法院针对醉驾入刑问题下发通知,要求各级法院"在具体追究刑事责任上慎重稳妥。已经采取强制措施的,可视案情变更强制措施,保证程序合法"。通知的精神与张军同志的上述发言相一致。

② 依据《公安机关醉驾案件指导意见》第8条,经检验驾驶人血液酒精含量达到醉驾标准的,一律以涉嫌危险驾驶罪立案侦查;未达到醉驾标准的,按照《道路交通安全法》的有关规定给予行政处罚。

③ 时任最高人民检察院新闻发言人、办公厅主任的白泉民在2011年5月23日接受《新京报》独家采访时表示,对于公安机关移送至检察机关的醉驾案件,经检察机关查明,案件的醉驾事实清楚、证据确凿充分的,会一律按照法律程序办理,该批捕的批捕,该起诉的起诉。对于醉驾情节轻微案件,会按照《刑法修正案(八)》及相关法律上的条款起诉,不会存在选择性。参见邢世伟:《最高检:醉驾案证据充分一律起诉 不存在选择性》,载搜狐网,http://news.sohu.com/20110524/n308326946.shtml。

法三机关对醉驾入刑问题的立场已经相当明确，即公安机关和检察机关持“醉驾一律入罪”的立场，而审判机关则持“醉驾不必一律入罪”的立场。也就是说，在醉驾入刑后，就对醉驾行为的制裁模式而言，公安机关和检察机关认为立法上实行的是一元的刑事违法制裁模式，而审判机关则认为实行的是二元的行政违法与刑事违法相区分的制裁模式。

为了保证刑法的统一适用，消除对办理醉驾案件的分歧和疑虑，《2013 年醉驾意见》第 1 条第 1 款规定：“在道路上驾驶机动车，血液酒精含量达到 80 毫克/100 毫升以上的，属于醉酒驾驶机动车，依照刑法第一百三十三条之一第一款的规定，以危险驾驶罪定罪处罚。”依据该规定，对只要是构成醉驾的危险驾驶行为，就必须按照 1997 年《刑法》第 133 条之一的规定认定为构成危险驾驶罪并处以刑罚。这表现出在“醉驾是否一律入罪”的问题上最高人民法院向公安部和最高人民检察院立场的倾斜和妥协，之前所谓的“醉驾不必一律入罪”的立场受到了否定。不过，在自 2017 年 5 月 1 日起试行的最高人民法院《常见犯罪的量刑指导意见（二）》中，“醉驾不必一律入罪”的立场又被重新接受。[①]

实际上，在上述《常见犯罪的量刑指导意见（二）》颁行之后，在“醉驾是否一律入罪”的问题上，公检法机关之间仍然没有形成共识，各省、自治区、直辖市乃至基层在该问题上的做法也不尽一致。在江苏、上海、浙江、陕西等地的会议纪要和审判要点中，“醉驾一律入刑”的口子陆续被打开。[②] 另外，就检察机关而言，“醉驾一律起诉”的立场也并未得到彻底贯彻。如在最高人民法院五个刑事审判庭编写的《刑事审判参考》所刊载的唐某某醉驾案发回重审后的审理过程中，重庆市南岸区人民检察院就撤

---

① 根据《常见犯罪的量刑指导意见（二）》第 1 部分第 1 条第 3 款的规定，对于醉酒驾驶机动车的被告人，应当综合考虑被告人的醉酒程度、机动车类型、车辆行驶道路、行车速度、是否造成实际损害以及认罪悔罪等情况，准确定罪量刑。对于情节显著轻微危害不大的，不予定罪处罚；犯罪情节轻微不需要判处刑罚的，可以免予刑事处罚。

② 参见解永照、黎汝志：《醉驾犯罪化的问题与省思》，载《山东警察学院学报》2017 年第 5 期。

回了对唐某某的起诉。①

围绕刑事司法实践中公检法三机关在醉驾行为制裁模式问题的上述分歧,在《2023 年醉驾意见》颁行前,刑法理论中也出现了激烈的争论。支持审判机关立场的学者认为,自《刑法修正案(八)》将醉驾入刑以来,司法实务中面临着对醉驾行为应否一律入罪、《刑法》第 13 条“但书”规定是否能够为醉驾行为的出罪提供规范依据之争。“在道路上醉酒驾驶机动车”是包含暗示罪量要素的不法行为定型。② 而支持公安机关、检察机关立场的学者则认为,《刑法修正案(八)》将醉驾型危险驾驶罪规定为抽象危险犯,意味着只要醉驾行为产生了抽象危险,行为就构成了犯罪,《刑法》第 13 条但书规定在此不存在适用的余地。③

《2023 年醉驾意见》出台后,有司法实务人士指出,《2023 年醉驾意见》根据不同情形,对醉驾型危险驾驶罪确定了不同入罪标准。一是对于血液酒精含量 150 毫克/100 毫升以上的案件,在其他犯罪构成要件要素(如道路、机动车)都符合的情况下,不再考虑其他犯罪情节,直接以危险驾驶罪论处。因为,对于绝大多数行为人来说,血液酒精含量达到 150 毫克/100 毫升以上,都已经处于较为深度的醉酒状态,一般情况下危险程度都很高。在调研过程中也发现,对于血液酒精含量达到 150 毫克/100 毫升以上的案件,事故率明显上升。二是血液酒精含量达到 80 毫克/100 毫升以上、但不满 150 毫克/100 毫升,且有《2023 年醉驾意见》第 10 条规定的 15 种从重处理情节的,以危险驾驶罪论处。也就是说,对 80 毫克/100 毫升到 150 毫克/100 毫升之间的醉驾案件,实行“血液酒精含量 + 情节”的入罪标准。其中,“情节”主要是指《2023 年醉驾意见》第 10 条规定的 15 种从重处理情节。这些情节的设定重点考虑了行为的危险性,兼顾行为人的主观恶性和人身危险性。三是特殊情形下醉驾的入罪问题。在《2023 年醉驾意见》的起草调研中,对于在居民小区、停车场等场所因挪

---

① 唐某某醉驾案发生在其醉酒后在道路上挪动车位的情况下。关于本案的详细案情,参见中华人民共和国最高人民法院刑事审判第一、二、三、四、五庭主办:《刑事审判参考:办理危险驾驶类犯罪专集》(总第 94 集),法律出版社 2014 年版,第 16 ~ 20 页。

② 参见梁根林:《“醉驾”入刑后的定罪困扰与省思》,载《法学》2013 年第 3 期。

③ 参见喻贵英:《醉酒驾驶是否一律构成犯罪之探》,载《法治研究》2014 年第 10 期。

车、停车入位、交接车辆等短距离醉驾是否入罪问题,有不同的意见。有意见认为,这些情形下的醉驾行为危险性很大,尤其是停车场、小区等场所人员并不少,因而应当入罪。还有意见认为,这些情形即使出罪,也应当有血液酒精含量的限制,如果血液酒精含量较高,就应当入罪。经研究认为,对醉驾行为的危险性要综合判断。在上述情形中,行为人主观上并无上路长距离驾驶的意图,有的叫了代驾反映其具备守法意识,距离普遍较短,速度一般也较慢,驾驶路段与车水马龙、人来人往的道路也有区别,危险性相对较小。此外,对这类行为划定任何血液酒精含量标准都可能导致个案处理的不科学、不合理。因此,在不具有《2023 年醉驾意见》第 10 条规定的 15 种从重情节的情况下,综合认定这类醉驾行为属于情节显著轻微、危害不大是较为合理的,也便于操作。[①] 但是,实际上,依据《2023 年醉驾意见》第 12 条第 1 款第 2 项至第 4 项的规定,对于血液酒精含量 150 毫克/100 毫升以上的案件,也并非一律予以入罪,而是也要考虑是否存在情节显著轻微的情形。也就是说,对于血液酒精含量 150 毫克/100 毫升以上的案件,也不能排除因符合《刑法》第 13 条但书的规定而予以出罪的可能性。

二、"醉驾不必一律入罪"论和"醉驾一律入罪"论的法律依据

在笔者看来,"醉驾不必一律入罪"论和"醉驾一律入罪"论均有其相应的法律依据。

(一)1997 年《刑法》第 13 条"但书"的规定为"醉驾不必一律入罪"论提供了法律依据

众所周知,依据刑法对犯罪的成立在立法层面是否提出"量"的要求,可以将犯罪的成立模式分为"立法定性"和"立法定性 + 立法定量"两种基本类型。

在世界范围内,"立法定性"模式被普遍采用,而"立法定性 + 立法定

① 参见苗生明:《醉酒型危险驾驶的治罪与治理——兼论我国轻罪治理体系的完善》,载《中国刑事法杂志》2024 年第 1 期。

量”模式则只在少数的立法例中得到采纳。就犯罪的成立而言,“立法定性”模式只对行为的危害性质(法益侵犯性)提出要求,而不涉及行为的危害程度(法益侵犯程度)问题;“立法定性 + 立法定量”模式则既对行为的危害性质(法益侵犯性)提出要求,也对行为的危害程度(法益侵犯程度)提出要求。这样,在“立法定性 + 立法定量”模式之下,从立法层面来看,一种行为成立犯罪,除了对行为属于危害行为提出要求之外,对危害程度的“量”也会提出要求。对于危害程度的“量”没有达到犯罪成立要求的违法行为,由刑法以外的其他部门法加以惩治。由此,同一危害行为类型依据危害程度的“量”的不同而分别由刑法和其他部门法加以处罚的现象就得以形成,这使得“立法定性 + 立法定量”模式与二元制的行政违法与刑事违法相区分的制裁模式之间建立了必然的关联关系。而在“立法定性”模式之下,从立法层面来看,由于就一种行为成立犯罪而言,仅对行为属于危害行为提出要求,而不涉及危害程度的问题,所以,就不可能存在“立法定性 + 立法定量”模式之下将危害程度的“量”没有达到犯罪成立要求的违法行为交由刑法以外的其他部门法加以惩治的现象。这使得“立法定性”模式与一元制的刑事违法制裁模式之间建立了必然的关联关系。

与世界范围内的绝大多数立法例不同,我国刑法对犯罪的成立采取了“立法定性 + 立法定量”的模式。我国 1997 年《刑法》第 13 条中的“但是情节显著轻微危害不大的,不认为是犯罪”的规定即《刑法》第 13 条的“但书”规定便是犯罪成立立法定量的要求在我国《刑法》总则中的具体体现。这就意味着,在我国刑法的语境下,排除行为符合《刑法》第 13 条“但书”规定的可能性,可谓系犯罪成立的量的消极要求;在行为的危害程度属于情节显著轻微危害不大的场合,行为便会因不符合犯罪成立的量的消极要求而被排除在犯罪的范围。为了与这一犯罪成立的量的消极要求相呼应,我国通行的刑法教科书在论述犯罪的基本特征时指出,犯罪最基本的特征,是行为具有一定的社会危害性。[①] 在此,通行的刑法理论之所以在表述犯罪最基本的特征时在“社会危害性”之前附加“一定的”这

---

① 参见高铭暄、马克昌主编:《刑法学》(第 7 版),北京大学出版社、高等教育出版社 2016 年版,第 45 页。

一程度上的限定，就是基于与《刑法》第13条“但书”规定予以呼应的考虑。而众所周知，《刑法》总则规定与分则规定之间存在一般与特殊、抽象与具体的关系，对《刑法》第13条但书规定的精神，有必要在《刑法》分则具体犯罪的罪状中加以贯彻。事实上，在我国1997年《刑法》分则中，大量犯罪的基本犯的罪状中的“数额较大”“造成严重后果”“情节严重”“情节恶劣”等，就是基于与《刑法》第13条“但书”规定相呼应的考虑而作出的关于定量因素的规定。就这些基本犯形态的罪状中明确规定定量因素的犯罪而言，如果没有这些定量因素的规定，就无法在立法层面将达到犯罪成立的定量要求的行为与符合《刑法》第13条“但书”规定的一般违法行为区分开来。比如，就《刑法修正案（八）》中与醉驾行为相并列的“在道路上驾驶机动车追逐竞驶”的行为而言，后者并没有全部受到刑法否定评价的必要性。这样，立法者便在危险驾驶罪的罪状中增加了“情节恶劣的”这一定量因素的规定，以便将不具备该定量因素的追逐竞驶行为排除在刑法的处罚范围之外。而在我国1997年《刑法》分则中，不少犯罪的基本犯形态的罪状中并没有明确的定量因素的规定。这主要是考虑到：就这些基本犯形态的罪状中没有明确规定定量因素的犯罪而言，不需要通过明确规定的定量因素区分符合犯罪成立的定量要求的行为与符合《刑法》第13条“但书”规定的一般违法行为之间的界限。可以说，只要行为符合这些犯罪基本犯形态的罪状的规定，其危害程度原则上就达到了犯罪成立的要求。但是，这并不意味着这些行为在符合基本犯形态的罪状规定的任何情况下都成立犯罪。而在不成立犯罪的场合，就恰恰需要以1997年《刑法》第13条“但书”的规定作为解释的依据。对此，我国司法实务人士指出：《2023年醉驾意见》中新的醉驾入罪标准的确立，很好地发挥了《刑法》第13条但书规定在解释《刑法》分则条款时的约束和指导作用。《刑法》第13条但书规定的适用，能够划定合理的犯罪圈，形成行政处罚与刑事处罚相互衔接、梯次递进的体系。①

这在我国的刑事司法解释中有充分的体现。比如，2006年1月11日

---

① 参见苗生明：《醉酒型危险驾驶的治罪与治理——兼论我国轻罪治理体系的完善》，载《中国刑事法杂志》2024年第1期。

最高人民法院公布的《关于审理未成年人刑事案件具体应用法律若干问题的解释》(以下简称《未成年人刑事问题解释》)第 6 条规定:"已满十四周岁不满十六周岁的人偶尔与幼女发生性行为,情节轻微、未造成严重后果的,不认为是犯罪。"在此,虽然《刑法》第 236 条对奸淫幼女犯罪的成立并没有提出明确的定量因素的要求,但是,最高人民法院仍然认为,不能排除奸淫幼女行为符合《刑法》第 13 条"但书"规定的可能性。可以说,正是在没有明确规定定量因素的犯罪的场合,1997 年《刑法》第 13 条"但书"规定作为出罪的依据恰恰有了充分的"用武之地";而在明确规定定量因素的犯罪的场合,只要行为不具备罪状中明确规定的定量因素,就因不符合罪状的要求而足以否定犯罪的成立,这样,就无须 1997 年《刑法》第 13 条"但书"规定发挥其作为出罪依据的功能。

就《刑法修正案(八)》所规定的醉驾型危险驾驶罪而言,立法上没有如同对"在道路上驾驶机动车追逐竞驶"的行为那样,有"情节恶劣"的量的要求。但是,这只是意味着一旦追逐竞驶的行为不符合"情节恶劣"这一量的要求,就不成立犯罪,而醉驾行为成立犯罪,则无须符合"情节恶劣"这一量的要求。可以说,依据《刑法修正案(八)》对醉驾型危险驾驶罪和追逐竞驶型危险驾驶罪在定量因素方面所做的区别对待,可以得出醉驾行为原则上成立犯罪,而追逐竞驶行为则只有在符合"情节恶劣"这一量的要求的情况下才成立犯罪的结论。显而易见的是,醉驾行为原则上成立犯罪,并不排除对符合 1997 年《刑法》第 13 条"但书"规定的醉驾行为作无罪化处理的可能性。

这里还涉及 1997 年《刑法》第 13 条"但书"规定能否作为司法上出罪依据的问题。对此,有学者指出,《刑法》第 13 条"但书"规定仅仅是原则性宣言,而并不具备实质性的司法出罪功能。在立法领域,在《刑法》第 13 条"但书"规定的精神指导下,犯罪情节、数额、危害结果等具体的犯罪构成要件得以规定;在司法领域,就判断罪与非罪的标准而言,仍然应回归到犯罪构成体系中。①

笔者认为,上述否定《刑法》第 13 条"但书"规定仅具有立法出罪功

① 参见李翔:《论我国〈刑法〉第 13 条"但书"司法化之非》,载《东方法学》2016 年第 2 期。

能而不具有司法出罪功能的观点是值得商榷的。一方面，立法是司法的基础，立法的精神应当在司法中得到切实的贯彻。就此而言，《刑法》第13条但书规定不应当仅仅是我国刑法的纸面规定，其出罪精神也应当在司法实践中得到充分的彰显。由此，就可以在司法活动中有效地限制刑法的处罚范围，体现刑法的谦抑价值。就我国《刑法》分则中明确规定定量因素的犯罪而言，定量因素是《刑法》第13条“但书”规定的具体体现，这样，在司法实践中查明是否达到了定量因素的要求，就贯彻了《刑法》第13条“但书”规定的出罪功能。而就我国《刑法》分则中未明确规定定量因素的犯罪如醉驾型危险驾驶罪来说，虽然这些犯罪的罪状中不包含明确的定量因素的要求，但是，“立法定性 + 立法定量”的犯罪成立模式意味着在我国刑法中，行为的危害达到一定的程度是对行为成立犯罪的普遍要求。这样的要求对于我国《刑法》分则中明确规定定量因素犯罪的成立和未明确规定定量因素犯罪的成立而言，均应当是没有例外的。只不过就对危害程度的要求来说，前者是明示的，后者则需要通过结合《刑法》第13条“但书”的总则规定解读出来，因而是蕴含的。由此，在《刑法》分则中没有明确规定定量因素的犯罪的司法认定的场合，一旦行为的危害程度没有达到犯罪成立的定量要求，即使行为符合《刑法》分则中具体犯罪罪状的规定，也应当将该行为排除在犯罪的成立范围之外。对此，只能够通过认为该行为符合《刑法》第13条“但书”之规定的方式得以实现，在这种情况下，恰恰就充分彰显出《刑法》第13条“但书”之规定的出罪功能。而如果认为在上述司法认定的场合《刑法》第13条“但书”之规定不能够发挥出罪的功能，就等于从法律层面堵塞了不该作为犯罪处理的行为的出罪通道。这便会不适当地扩大刑法的处罚范围，背离刑法的谦抑价值。另一方面，在《刑法》分则中没有明确规定定量因素的犯罪的场合，就行为是否符合犯罪构成而言，不可能脱离《刑法》第13条“但书”的规定而得出判断结论。在我国通行的四要件犯罪构成理论的语境下，行为是否符合犯罪构成是犯罪是否成立的法定的唯一判断标准，而犯罪构成是行为的社会危害性程度达到犯罪成立的量的要求的法律标志。对于《刑法》分则中明确规定定量因素的犯罪而言，定量因素本身是犯罪构成的组成部分，定量因素的具备就意味着行为的社会危害性程度符合犯罪成立的量的要求。这样,行为符合定量因素以及定量因素以外的犯罪构成的其他部分的要求,就意味着行为符合犯罪构成,由此就可以得出犯罪成立的判断结论。而在《刑法》分则中未明确规定定量因素的犯罪的认定的场合,定量因素并不属于《刑法》分则中罪状的组成部分,罪状是犯罪构成的处所。在此,行为符合《刑法》分则中罪状的要求,充其量只是说明行为从形式上符合犯罪构成的要求,而并不意味着对行为就排除了符合《刑法》第 13 条"但书"规定的可能性;一旦行为符合《刑法》第 13 条"但书"之规定,就应当认为行为没有符合犯罪成立的量的要求,在这种情况下,就应当得出行为从实质上不符合犯罪构成进而犯罪不能成立的判断结论。比如,1997 年《刑法》第 252 条、第 253 条第 1 款分别规定了侵犯通讯自由罪和私自开拆、隐匿、毁弃邮件、电报罪,前者的罪状中有明确的"情节严重的"这一定量因素的规定,而后者的罪状中则不存在定量因素的规定。但是,不能由此认为,就行为是否符合犯罪构成而言,在认定前者的场合,除了看行为是否符合《刑法》第 252 条中"情节严重的"以外的犯罪构成的其他部分的要求,还需要看行为是否符合"情节严重的"这一定量要求;而在认定后者的场合,则只需要看行为是否符合《刑法》第 253 条的罪状规定。显然,邮政工作人员私自开拆一封普通电报,且没有造成多大危害的行为,从形式上符合《刑法》第 253 条罪状的规定,但是不能由此得出该行为符合私自开拆电报罪的犯罪构成的判断结论。否则就会导致将本不该作入罪化处理的行为不合理地予以入罪的结果。而既然这种行为符合《刑法》第 13 条"但书"规定,就应当得出其从实质上不符合后者的犯罪构成进而犯罪不能成立的结论。显而易见的是,在得出不符合后者的犯罪构成这一判断结论的过程中,《刑法》第 13 条"但书"的规定通过行为符合"但书"规定意味着行为不符合犯罪成立对危害程度的量的要求,进而行为不符合犯罪构成所包含的行为社会危害性程度的要求这一解释结论发挥了其司法出罪功能。

至于上述曾经支持公安机关、检察机关"醉驾一律入罪"立场的学者所提出的理由,也都是经不起推敲的。一方面,醉驾的成立与醉驾型危险驾驶罪的成立不能画等号。醉驾型危险驾驶罪是抽象危险犯。一般认为,抽象危险犯与具体危险犯的区分,是建立在《刑法》分则是否明确地规定危险要素的基础之上的。抽象危险犯的危险不属于构成要件要素，是立法上拟制的危险，在司法实践中对其存在与否并不需要司法人员结合具体案情进行具体的判断；具体危险犯的危险则属于刑法明文规定的构成要件要素，是一种需要在司法中予以具体认定的危险。对此，有学者指出，在抽象危险犯的场合，法益侵害的危险仍然属于构成要件要素，危险的存在就是抽象"危险"犯的必备构成要件要素(不成文的构成要件要素)。[①] 按照这种观点，对于抽象危险犯，也应当以"具体的案件中并未发生相应的危险"为由而予以出罪。但是，如果将抽象危险犯的危险也当作构成要件要素加以对待，在司法中对其存在与否需要司法人员具体地加以认定，那么，抽象危险犯与具体危险犯在危险是否属于构成要件要素、危险是否属于立法拟制而不需要在司法中予以具体判断等方面就没有实质的差别。这样，区分抽象危险犯与具体危险犯的意义也就丧失殆尽，抽象危险犯由此也就等同于具体危险犯了。因此，既然承认醉驾型危险驾驶罪是抽象危险犯，就应当认为，只要车辆驾驶人员100毫升血液中的酒精含量大于或者等于80毫克，无论其驾驶行为在司法实践中是否存在侵害交通安全的危险，就均属于醉驾行为。那么，醉驾的成立是否必然意味着醉驾型危险驾驶罪的成立？对此，有学者认为，机动车驾驶者100毫升血液中的酒精含量大于或等于80毫克时的驾驶行为，就是醉驾行为。对醉驾型危险驾驶罪的成立，不能再附加其他条件。[②] 这实际上是将醉驾行为的成立等同于醉驾型危险驾驶罪的成立，但是，醉驾型危险驾驶罪的成立是对行为符合该罪的犯罪构成要件进行评判的结果。而就该罪的犯罪构成要件而言，醉驾行为充其量仅仅属于客观的行为要素。除此之外，该罪的犯罪构成要件还包括行为要素之外的其他要素，其中就包括反映醉驾行为的社会危害性程度达到犯罪成立的量的要求的因素。在车辆驾驶人员100毫升血液中的酒精含量大于或者等于80毫克的场合，虽然不能否定存在醉驾行为的要素，但是，如果醉驾行为符合《刑法》第13条"但书"之规定，那么，就只能认为醉驾行为的危害性程度并没有达到犯罪成

---

① 参见付立庆：《应否允许抽象危险犯反证问题研究》，载《法商研究》2013年第6期。

② 参见周光权：《刑法各论》，中国人民大学出版社2011年版，第166页。

立的要求,该罪的犯罪构成也就只能被认定为未能完全符合,由此也就应当否定该罪的成立。另一方面,我国《刑法修正案(八)》和 2011 年 4 月 22 日修正的《道路交通安全法》对醉驾与饮酒后驾驶进行了区别对待,即以是否达到醉酒的程度作为区分刑事责任与行政责任界限的标准。也就是说,对没有达到醉酒程度的驾驶行为,不存在追究刑事责任的问题,而只能够追究行政责任。那么,这是否意味着对于达到醉酒程度的驾驶行为,就只存在追究刑事责任的可能性,而不存在只追究行政责任的余地。联系我国对危害行为所采取的二元制裁体系以及《刑法》第 13 条"但书"之规定,则显然还不能得出这种结论。否则,就意味着我国对醉驾行为的治理采取了一元的刑事违法制裁模式,而这与我国对危害行为所采取的二元制裁体系之间就存在明显的不协调。对此,有司法实务人士指出:"要考虑我们还有行政处罚体系,甚至可以说,行政处罚体系是我国行为规制的基础体系(多数行为都是依靠行政处罚体系处理的),逾越这一体系一概入罪处理可能从根本上改变我国的二元制裁体系。二元制裁体系对保持我国刑法的谦抑性具有制度支撑作用,即使某行为不按照犯罪处理,也可以归入行政处罚体系中予以妥善规制。"①

(二)2011 年 4 月 22 日修正后的《道路交通安全法》第 91 条的规定为"醉驾一律入罪"论提供了法律依据

从修正后的《道路交通安全法》第 91 条的规定来看,公安部和最高人民检察院在"醉驾是否一律入罪"的问题上所持的"醉驾一律入罪"的立场也确有其法律依据。2011 年 2 月 25 日全国人大常委会通过的《刑法修正案(八)》第 22 条将醉驾行为规定为危险驾驶罪的客观行为方式。为配合这一立法修订,2011 年 4 月 22 日全国人大常委会通过的《关于修改〈中华人民共和国道路交通安全法〉的决定》对《道路交通安全法》第 91 条规定的醉驾行为的制裁措施进行了修正。具体而言,为与《刑法修正案(八)》第 22 条将醉驾行为纳入危险驾驶罪客观行为方式范围的规定相衔

---

① 参见苗生明:《醉酒型危险驾驶的治罪与治理——兼论我国轻罪治理体系的完善》,载《中国刑事法杂志》2024 年第 1 期。

接，修正后的《道路交通安全法》第 91 条删去了对醉驾者处以拘留和罚款的行政处罚规定，而改为一律追究刑事责任。这样，公安部和最高人民检察院在“醉驾是否一律入罪”的问题上曾经所持的“醉驾一律入罪”的立场就有了明确的法律依据。由此看来，从修正后的《道路交通安全法》第 91 条的规定来看，我国在对醉驾行为的制裁方面的确又采取了一元制的刑事违法制裁模式。

那么，对醉驾行为不分情节轻重一概追究刑事责任的规定是否存在过于绝对、反应过头的问题？这是值得认真推敲的。

三、醉驾行为制裁模式的发展方向

如上所述，在我国现行法律体系的背景下，“醉驾不必一律入罪”论和“醉驾一律入罪”论均有其相应的法律依据，这说明我国现行法律体系对醉驾行为所采取的制裁模式是自相矛盾的。可以说，二元制的行政违法与刑事违法相区分的制裁模式和一元制的刑事违法制裁模式在我国法律对醉驾行为的制裁模式规定上是并存的。具体而言，1997 年《刑法》第 13 条“但书”规定表明，我国法律对醉驾行为采取了二元制的行政违法与刑事违法相区分的制裁模式，即符合“但书”规定的醉驾行为属于一般违法行为，而不符合“但书”规定的醉驾行为则属于刑事违法行为。这样，醉驾行为就因是否符合“但书”规定而被采取了二元制的行政违法与刑事违法相区分的制裁模式。而 2011 年修正后的《道路交通安全法》第 91 条的规定则表明我国法律对醉驾行为采取了一元制的刑事违法制裁模式，即对醉驾行为一律追究刑事责任，而不存在按照行政违法行为追究行政责任的余地。

我国现行法律体系对醉驾行为所采取的一元制与二元制并存的制裁模式，意味着对醉驾行为的制裁模式有必要进行改造。在此，面临着对一元制与二元制的取舍问题。笔者认为，应当摒弃一元制而保留二元制。

一方面，对醉驾行为采取一元制的刑事违法制裁模式，与我国法律体系对危害行为整体上所采取的二元制的行政违法与刑事违法相区分的制裁模式不相协调。如上所述，根据我国刑法对犯罪的成立所采取的“立法定性 + 立法定量”模式，我国法律对危害行为的制裁采取了二元制制裁模式,即依据其危害程度的不同,同一类型的危害行为分别被纳入刑法和刑法以外的其他部门法的处罚范围。

显然,在我国法律体系对危害行为的制裁模式采取二元制制裁模式的大背景下,2011 年 4 月 22 日修正后的《道路交通安全法》对醉驾行为所采取的一元制制裁模式就显得极为"另类"。比如,依照我国 1997 年《刑法》第 13 条"但书"的规定,我国法律对引诱、容留、介绍卖淫行为实行二元制制裁模式,即不符合"但书"规定的引诱、容留、介绍卖淫行为属于刑事违法行为,应予以刑事制裁;而符合"但书"规定的引诱、容留、介绍卖淫行为则属于治安违法行为,应予以行政制裁。在此,对于引诱、容留、介绍卖淫的行为,虽然 1997 年《刑法》第 359 条第 1 款(在规定引诱、容留、介绍卖淫罪的基本犯时)、2012 年 10 月 26 日修正后的《治安管理处罚法》第 67 条均使用的是"引诱、容留、介绍他人卖淫的"这一表述,前者并没有对引诱、容留、介绍卖淫罪的成立明确地提出定量因素的要求。但是,绝不能由此认为,纳入这两条不同法律规定的处罚范围的引诱、容留、介绍卖淫行为在社会危害程度上是可以同日而语的。显然,依据我国 1997 年《刑法》第 13 条"但书"的规定,能够纳入《刑法》第 359 条第 1 款(基本犯)规定处罚范围的行为只能是不符合"但书"规定的引诱、容留、介绍卖淫行为,而属于 2012 年 10 月 26 日修正后的《治安管理处罚法》第 67 条规定处罚范围的行为则是符合"但书"规定的引诱、容留、介绍卖淫行为。这样,1997 年《刑法》第 13 条"但书"的规定实际上就起到了过滤器的作用:一旦行为符合"但书"的规定,构成犯罪,则其基本犯的法定最高刑即为 5 年有期徒刑的引诱、容留、介绍卖淫行为就被过滤到行政违法行为的范围。而依照 2011 年 4 月 22 日修改后的《道路交通安全法》的规定,对构成犯罪,其法定最高刑仅仅为 6 个月拘役的醉驾行为实行一元化的刑事违法制裁模式,不存在依据 1997 年《刑法》第 13 条"但书"之规定进行出罪的余地。我国法律对构成犯罪则其基本犯的法定最高刑即为 5 年有期徒刑的引诱、容留、介绍卖淫行为采取的是二元化的刑事制裁模式,而对构成犯罪其法定最高刑仅仅为 6 个月拘役的醉驾行为则采取的是一元化的刑事制裁模式,这在道理上无论如何是说不通的。在 2015 年 8 月 29 日全国人大常委会通过的《刑法修正案(九)》将组织考试作弊等违法行为予以犯罪化之后，我国法律体系对考试作弊等违法行为的惩治就并没有突破二元制制裁模式的限制。具体而言，为配合2015年8月29日《刑法修正案(九)》对组织考试作弊等违法行为所采取的犯罪化举措，2015年12月27日第二次修正后的《教育法》第79条对组织考试作弊等违法行为根据危害程度的不同，分别给予行政制裁和刑事制裁。由此，《刑法修正案(九)》中被规定为犯罪的未明示定量因素的组织考试作弊等行为的犯罪构成就仍然蕴含着定量因素的要求。这样，从与二元制的危害行为制裁模式相协调的角度看，2011年4月22日修正后的《道路交通安全法》对醉驾行为所采取的一元的制裁模式有必要调整为二元的制裁模式。

另一方面，与一元制的制裁模式相比，二元制的制裁模式更有利于编织对危害行为的严密制裁法网，而不至于使轻微危害行为本应受到的否定的法律评价有所遗漏。如上所述，世界范围内对危害行为的制裁通常所采取的模式是一元制，而我国则是为数不多的采取二元制的国家。不仅如此，我国刑法在规定犯罪时，为严格控制犯罪的处罚范围，还设定了较高的入罪门槛。如在《刑法修正案(八)》通过之前，单纯的醉驾行为就因不符合较高的入罪门槛的要求而被排除在刑法的处罚范围之外。这种为犯罪的成立设定较高的入罪门槛的做法，不但导致犯罪圈过于狭窄，刑事法网不够严密，而且可能容易给公民传达一种"小恶不是恶，大恶才是恶"的观念，不利于强化公民的规范意识，培养国民对规范的尊重感。而大恶往往是由小恶发展而来的，这样，从防止小恶发展为大恶、督促国民确立"勿以恶小而为之"观念的角度来看，就显然有必要适当降低犯罪的入罪门槛，扩张犯罪圈。基于此，自我国《刑法修正案(八)》开始，立法机关采取了适度降低入罪门槛的做法，将一些按照过去的严重社会危害性标准无法作犯罪化处理的危害社会行为纳入了刑法的处罚范围。可以说，醉驾行为的犯罪化正是在这样的背景下得以发生的。那么，我国刑法对犯罪圈的扩张能否突破二元制的制裁模式的限制，而采取世界范围内通行的一元制裁模式呢？

在此，就涉及一元制的制裁模式与二元制的制裁模式之优劣的比较问题。对此，当然可以从多个层面予以展开。不过，不能否认的是，区分一元制的制裁模式与二元制的制裁模式的立足点，就是对轻微危害行为所采取的处理模式有所不同。如上所述,在实行一元制的制裁模式的场合,刑法对犯罪的成立采取"立法定性"的模式,即只对行为的危害性质提出要求,而不涉及行为危害程度的问题。但是,这并不意味着在司法实践中对行为的危害程度根本不予考虑。由此就存在司法定量的问题,即对立法上规定为犯罪的很多轻微危害行为通过司法上考虑危害程度的要求而不作为犯罪处理。这样,在实行一元制的制裁模式的立法例中,"检察机关充分行使自由裁量权,而不将刑法规定的犯罪起诉至法院的现象非常普遍;警察对刑法规定的轻微犯罪不予立案侦查的现象也十分正常"①。而在一元制的制裁模式下,则并不存在能够与刑事制裁相补充的行政制裁措施。这样,在司法实践中,一旦对轻微危害行为作非犯罪化处理,对行为人便无计可施。比如,对于盗窃一张纸的轻微盗窃行为,虽然在一元制的制裁模式下认定其构成盗窃罪在立法层面没有障碍,但是,从司法层面看,对其缺乏处罚的必要性,没有必要认定为构成盗窃罪。问题是,一旦在司法层面认定为无罪,对行为人便只有"一放了之",而这无异于对轻微危害行为的放纵,不利于规范国民的行为。由此,一元制的制裁模式下立法层面所做的使所有危害行为(无论危害程度的轻重如何)均受到应有的否定法律评价这一预设在司法层面就并未成为现实。一元制的制裁模式下的立法本来致力于向国民传递"小恶也是恶"的观念,而轻微危害行为所代表的"小恶"在司法实践中并未受到应有的否定法律评价的状况,则使得国民实际上获得的是"小恶不是恶"的评价。这样,一元制的制裁模式下的立法在实际执行中的结果就存在与其初衷严重背离的问题。而在实行二元制的制裁模式的场合,刑法对犯罪的成立采取了"立法定性 + 立法定量"的模式,其中既涉及行为的危害性质问题,也对行为的危害程度提出要求。在二元制的制裁模式下,立法层面与司法层面犯罪圈的大小高度一致,而并不存在一元制的制裁模式下后者窄于前者的问题。不仅如此,由于在二元制的制裁模式下存在能够与刑事制裁相补充的行政制裁措施,所以,在司法实践中,一旦对轻微危害行为进行了非犯罪化处理,对行为人就仍然可以采取相应的行政制裁措施。同样以盗窃

---

① 张明楷:《司法上的犯罪化与非犯罪化》,载《法学家》2008 年第 4 期。

一张纸的轻微盗窃行为为例。在我国二元制的制裁模式下，虽然从立法层面和司法层面来看，均不可能认定其构成盗窃罪，但是，不认定其构成盗窃罪，并不意味着只能对行为人“一放了之”，而是可以给予相应的治安行政处罚。[①] 这显然使得轻微危害行为也受到了应有的否定法律评价，有利于规范国民的行为。由此，二元制的制裁模式下立法的实际执行便能够实现使所有的危害行为（无论危害程度的轻重如何）均受到应有的否定法律评价的结果。至于我国二元制的制裁模式下的立法因采取过高的入罪门槛而可能造成的容易向国民传递“小恶不是恶”的观念、不利于国民规范意识强化的问题，则可通过降低入罪门槛、扩张犯罪圈的办法加以解决。因此，我国法律对危害行为的制裁模式所存在的突出问题，并不在于采取的是二元制的制裁模式而非一元制的制裁模式，其实际上表现为过高的入罪门槛的设定导致犯罪圈过于狭窄，国民的规范意识不强。对这一突出问题，完全可以通过在维持二元制的制裁模式的同时降低入罪门槛、扩张犯罪圈的办法加以解决。相反，在舍弃二元制的制裁模式而转向一元制的制裁模式的情况下，虽然犯罪圈扩张的目标得以实现，但是，不利于国民规范意识培养的问题依然存在，甚至有可能变得更为严重。

四、结语

对醉驾行为维持二元的行政违法与刑事违法相区分的制裁模式，一方面能够与我国法律体系对危害行为所采取的通行的制裁模式相协调，另一方面也便利于对轻微醉驾行为的惩治，编织对醉驾行为的严密制裁法网。而对醉驾行为采取一元的刑事违法制裁模式，既与我国法律体系对危害行为所采取的通行的制裁模式相背离，也会因轻微醉驾行为在司法实践中不具有刑罚处罚的必要性且相应的行政制裁又处于缺失状态而形成处罚上的漏洞，导致惩治醉驾行为的法网出现缺损。因此，对 2011 年 4 月 22 日修正后的《道路交通安全法》第 91 条中一概追究醉驾行为刑

---

① 2012 年 10 月 26 日修正后的《治安管理处罚法》第 49 条规定：“盗窃、诈骗、哄抢、抢夺、敲诈勒索或者故意损毁公私财物的，处五日以上十日以下拘留，可以并处五百元以下罚款；情节较重的，处十日以上十五日以下拘留，可以并处一千元以下罚款。”

事责任的规定应进行再次修正,对醉驾行为恢复处以拘留和罚款的行政处罚规定,应当是我国未来醉驾立法的发展方向。这样,在醉驾行为因符合《刑法》第 13 条“但书”规定而不构成醉驾型危险驾驶罪的情况下,对于醉驾者便可以顺理成章地根据《道路交通安全法》第 91 条的规定处以拘留和罚款的行政处罚。

笔者注意到,2021 年 3 月 24 日,公安部发布公告,就《道路交通安全法》的修订建议稿公开征求意见。该修订建议稿第 101 条第 3 款将醉驾行为处罚的规定修改为:“醉酒驾驶机动车的,由公安机关交通管理部门约束至酒醒,吊销机动车驾驶证,五年内不得申领机动车驾驶证,并依法追究刑事责任;尚不够刑事处罚或者免予刑事处罚的,处十日以下拘留,并处三千元罚款。”与修正前的规定相比,修正后的关于醉驾行为处罚的规定将对醉驾行为原采取的一元制裁模式改为二元制裁模式,其中的“尚不够刑事处罚”即涉及的是醉驾行为不构成犯罪而仅构成道路交通行政违法行为并应给予行政处罚的情形。笔者多年以来即呼吁恢复对醉驾行为的拘留和罚款的行政处罚规定,该修订建议稿中的上述做法是值得给予肯定的。不过,2021 年 4 月 29 日全国人大常委会第 3 次修正的《道路交通安全法》第 91 条仍然对醉驾行为采取了一元制裁模式,这是令人遗憾的。在此,笔者期盼对醉驾行为采取二元制裁模式的做法尽早在立法层面得以落实。

司　法　篇

专题八

醉驾型危险驾驶罪客观要件要素研究

内容摘要:2011年5月1日《刑法修正案(八)》的通过标志着危险驾驶罪作为一种独立的犯罪已被正式纳入我国《刑法》的处罚范围。"醉驾入刑"符合公众期待,在很大程度上遏制了醉酒后驾驶机动车现象,产生了良好的社会效果和法律效果。但随着越来越多的醉酒驾驶者被查处,醉驾条文表述不够具体、各地对条文的理解和适用不尽相同、缺乏统一的量刑标准等问题也开始凸显,其中该罪的客观构成要件要素的问题成为讨论焦点之一。要实现刑法的目的,规范定罪量刑标准,对"道路""醉酒""驾驶""机动车"四个要素的正确界定至关重要。而在罪刑法定原则下,是否有利于保护法益,应该作为正确界定之标尺。

近年来,我国经济发展水平不断提升,公路里程数高速增长,"以车代步"的思想越发显现,机动车进入千家万户。随着机动车保有量的持续攀升,加之中国"酒文化"的影响,道路交通安全日益成为公众关注的社会问题,频发的醉酒驾驶行为造成了众多恶性交通事故,严重影响了道路交通的正常秩序,更对人民群众生命财产安全造成威胁。2011年5月1日《刑法修正案(八)》的通过标志着危险驾驶罪作为一种独立的犯罪已被正式纳入我国《刑法》的处罚范围,"醉驾入刑"符合公众期待,在很大程度上遏制了醉酒驾驶机动车现象,产生了良好的社会效果和法律效果。但随着越来越多的醉酒驾驶者被查处,醉驾条文表述不够具体、各地对条文的理解和适用不尽相同、缺乏统一的量刑标准等问题也开始凸显。无论是理论界还是实务界,围绕该罪的各种讨论从未停止。

其中,该罪的客观构成要件要素的问题成为讨论焦点之一。关于“醉酒”的认定、“道路”的具体理解、“机动车”的界定以及“驾驶”行为的认定等问题,虽然一些专家学者对此进行了探讨,但尚未达成共识。与此同时,司法实践中定罪量刑的不均衡现象也极为严重。

醉酒驾驶型危险驾驶罪的立法目的在于通过刑法手段调整驾驶行为,引导社会公众依法驾驶、谨慎驾驶、安全驾驶,从而维护道路交通安全,维护公民生命安全,实现刑法的一般预防功能。而定罪量刑的不均衡会使公众对醉驾行为之“罪与非罪”、刑轻刑重缺乏预期,长此以往还会异化为滋生腐败的温床,损害法律权威性。因此,对于醉驾型危险驾驶罪的客观要件要素进行研究,有助于在尊重成文法的前提下,通过法律解释学对其进行适当的修补完善,以防止定罪量刑上的失衡,做到不枉不纵。

本专题的研究目标在于系统梳理醉驾型危险驾驶罪的客观要件要素,对“道路”“醉酒”“机动车”“驾驶”四个要素的界定提出“应然界定”的观点,考察一些特殊情况下四个要素的界定,为更好地区分罪与非罪、更合理地量刑提供参考。换言之,本专题的核心内容就是对上述四个客观要件要素进行解释。在我国刑法解释学领域,存在形式解释和实质解释之争。笔者认为,形式解释解决处罚的合法性问题,实质解释解决处罚的必要性问题,二者并行不悖;形式解释是前提和基础,否则,实质解释就是脱缰的野马,容易背离罪刑法定原则;实质解释必不可少,否则,形式解释就是无源之水。因此,笔者在对上述四个客观要件要素进行解释时,将会从形式解释和实质解释两方面考察,既充分考虑法律条文的规定,又充分考虑醉驾型危险驾驶罪保护的法益。

对“道路”和“驾驶”这两个法律条文,司法解释规定较为模糊的要素,笔者着重探讨如何解释有利于保护法益。对“醉酒”这一司法解释有明确规定的要素,笔者从保护法益的角度对现有司法解释提出商榷意见。对“机动车”中“‘超标’电动自行车”这一法无明文规定之情况,笔者主张一方面当下应按“谦抑原则”将其解释为“非机动车”，另一方面又探讨了未来应该将其当作“机动车”对待的必要性。

值得一提的是，本专题虽旨在考察醉驾型危险驾驶罪的客观要件要素，但其终极目的还是探究醉驾型危险驾驶罪。为了更加深入讨论，讨论时必然会涉及该罪其他方面的内容，例如主观方面的内容。特别是在针对一些特殊情形探讨时，虽是以客观要件要素为切入点，但往往不得不涉及主观方面。

一、“道路”的界定

（一）关于“道路”界定的不同观点

依据2011年4月22日第十一届全国人大常委会第二十次会议修正的《道路交通安全法》第119条的规定，“道路”是指公路、城市道路和虽在单位管辖范围但允许社会机动车通行的地方，包括广场、公共停车场等用于公众通行的场所。[①] 在实践中，据此就可以解决醉驾中“道路”认定的绝大多数问题。例如，某甲醉酒后在北京北五环的公路上驾驶机动车，属于在“道路”上驾驶；某乙醉酒后在自家四合院内驾驶机动车，不属于在“道路”上驾驶。这都是显而易见的。但是，人迹罕至的乡间小路是否应该解释为“道路”，公司内部禁止社会人员随意通行的区域是否应该解释为“道路”等问题，都是需要进一步进行探讨的。理论上对上述“道路”定义的理解并不相同，不同的观点对“道路”界定的范围的宽窄也有所不同。有学者认为，对“道路”的理解要严格，也有学者认为应作“扩张解释”，还有学者主张具体问题具体分析。

1. 严格解释

所谓“严格解释”，就是按照法律条文的字面意思进行解释。按照《道路交通安全法》的规定，“道路”是用于公众通行的场所，必须具有公共属性。据此，有学者主张，对封闭的单位大院、居民小区不应理解为“道

---

① 2011年4月22日第十一届全国人大常委会第二十次会议修正的《道路交通安全法》第119条第1项规定：“‘道路’是指公路、城市道路和虽在单位管辖范围但允许社会机动车通行的地方，包括广场、公共停车场等用于公众通行的场所。”

路”。例如，梁根林教授在《“醉驾”入刑后的定罪困扰与省思》一文中认为，在不属于公共交通管理范围的道路上醉酒驾驶机动车的，如在封闭的单位大院、居民小区醉酒驾驶机动车的，因其不可能产生对公共交通安全的抽象危险，因而一律不该成为危险驾驶罪的构成要件。①

此外，《道路交通安全法》在规定道路时没有列举“乡村道路”。显然，乡村道路不属于公路、城市道路，要把“乡村道路”界定为“道路”，就只能按照“广场、公共停车场等用于公众通行的场所”来理解。当然，这种理解也完全站得住脚。

2. 扩张解释

所谓“扩张解释”，是指对刑法条文作超过字面意思的解释。② 持此种主张的学者一般认为，只要行为人驾驶的车辆所行驶的道路是有可能出现车辆和行人的，那就应该界定为法律意义上的“道路”。例如，冯军教授在《论〈刑法〉第133条之1的规范目的及其适用》中指出，正因为行为人是在没有车辆与行人的荒野道路上醉酒驾驶机动车，才说他制造了公共安全的抽象危险，因为在行为人正在驾驶的道路上总是可能出现其他车辆与行人。③ 据此，对“道路”的解释必然是扩大的，无论是单位、公司内部的道路，还是施工现场的道路，只要有一辆车能驶入，则其他车辆也存在驶入的可能性，人员更存在进入的可能性，行为人的驾驶行为就是可能造成抽象的危险的。

“道路”的内涵越来越宽是一种趋势。1988年国务院发布的《道路交通管理条例》（已失效）第2条将道路界定为“公路、城市街道和胡同（里巷），以及公共广场、公共停车场等供车辆、行人通行的地方”。④ 据此，医院、校园、企业等单位内部的路段无法在法律上被认定为“道路”。一旦无

① 参见梁根林：《“醉驾”入刑后的定罪困扰与省思》，载《法学》2013年第3期。

② 参见高铭暄、马克昌主编：《刑法学》（第9版），北京大学出版社、高等教育出版社2019年版，第21页。

③ 参见冯军：《论〈刑法〉第133条之1的规范目的及其适用》，载《中国法学》2011年第5期。

④ 参见张晓峰：《道路交通事故处理与公安交警职责衔接分析》，载《公安研究》2011年第3期。

法被认定为“道路”，则在这些路段上驾驶车辆发生的事故就不能认定为道路交通事故，实践中会出现大量难以处理的纠纷，保险公司也会据此拒绝赔付。2003 年 10 月 28 日第十届人大常委会第五次会议通过的《道路交通安全法》第 119 条第 1 项对“道路”的界定是：“公路、城市道路和虽在单位管辖范围但允许社会机动车通行的地方，包括广场、公共停车场等用于公众通行的场所。”这一界定将允许社会机动车通行的单位管辖的地方也纳入“道路”的范围，“道路”的概念于此得以拓展。

（二）对“道路”的应然界定

1. 醉驾型危险驾驶罪的保护法益

醉驾型危险驾驶罪保护的法益是公共安全。一般来讲，行为人的行为威胁到不特定或者多数人的安全或重大公私财产的安全的，可考虑触犯了醉驾犯罪的规定。相反，行为人的行为根本没有对公共交通安全造成危险，则不认为触犯了醉驾犯罪的规定。

2. 对“道路”的界定范围不宜过于宽泛

从前述分析可以看到，无论是主张“严格解释”，还是主张“扩大解释”，学者们都是基于是否危害公共安全进行探讨，即对于“道路”界定的准绳几乎没有争议，而争议集中在行为人作出何种行为即视为危害公共安全。笔者接下来要探讨的是危害公共安全的含义，这不仅对“道路”的界定至关重要，对“醉酒”“驾驶”“机动车”等概念的界定也是相当关键的。

高铭暄教授、马克昌教授主编的《刑法学》对公共安全的定义是：不特定或者多数人的生命、健康和重大公私财产的安全。① 此概念的关键在于“不特定”。侵犯人身权利罪、侵犯财产罪与危害公共安全罪最大的区别就是侵害的客体是“特定”还是“不特定”，一般情况下，“不特定”的对象是事先无法预料和控制的，所造成的危害结果往往也是无法预料和控制的。如果行为人的行为仅仅指向特定的人身或者财产，则不构成对公共安全的危害，例如，甲某在自家院子扔飞镖，就与在闹市扔飞镖有所区别，

---

① 参见高铭暄、马克昌主编：《刑法学》（第 9 版），北京大学出版社、高等教育出版社 2019 年版，第 329 页。

在自家院子扔飞镖的行为仅有可能伤及特定的人。危害公共安全的行为还必须具有一定的“危害性”。如果行为人的行为几乎不可能造成人身财产损害或者概率很低,则不认为构成对公共安全的危害。在上述例子中,甲某也有可能误将飞镖扔出院子,恰好砸中在院子旁边行走的路人,但这种概率很低,不能认为甲某的行为构成对公共安全的危害而予以打击。如果把概率很低的情形也纳入打击范围,法律的打击面就会过于宽泛。简言之,要成立危害公共安全,一是危害的对象具有“不特定性”,二是危害的发生须有一定的可能性。

具体就醉驾型危险驾驶罪中“道路”的界定而言,醉酒后在具有如下两个特征的路面上驾车的,可以视为危害到公共安全。一是往来人员、车辆具有不特定性,例如,李四庭院内宽五米的路面只有李四及家人往来,则不认为是法律意义上的“道路”。二是往来人员、车辆具有一定的频繁性,才可能有造成危害的可能性。例如,王五门前通往马路的路段,理论上任何人都可以通行,但实际上绝大多数时间都只有王五及其家人通行,几乎没有往来人员车辆,则不宜认为是“道路”。

据此,笔者认为,对“道路”的界定范围不宜过于宽泛,必须考察路段是否具有公共属性,从往来人员、车辆是否有不特定性和往来人员、车辆是否具有一定频繁性这两方面进行考察,从而判断醉酒后在此道路上驾驶是否可能危害到公共安全,然后判断某路段是否应该被界定为“道路”。那些人迹罕至、较为荒芜的路段,就不宜界定为“道路”,否则,在醉驾犯罪的罪状中就根本没有必要加上“道路”二字,而是应该删掉“道路”,修改为“醉酒驾驶机动车的”。

(三)几种特殊情况下“道路”的界定

1.公司、企业内的道路

公司、企业内的道路可分为两种,一种是虽在公司、企业管辖范围但允许社会机动车通行的路段,另一种是归公司、企业管辖不允许社会机动车通行的路段。对于前者,《道路交通安全法》已经明确界定为“道路”,在此无须讨论。对于后者,在此处予以讨论。

笔者认为,对于后者也应该进一步通过分类进行讨论。对于那些规模较大、人员较多、行驶车辆也较多的公司、企业，尽管不允许社会机动车通行，但是其内部的人员、车辆已经足够多，在内部路段行驶已经足以具有危险性。尽管在此路段上的行人和车辆在某种意义上来说是“特定”的，即只有该公司或者企业的人员和车辆可以出现在此路段上，但是就其危险性来说又是“不特定”的，即行为人在此路段上驾驶机动车，既可能危害到人员 A 的生命，也可能危害到人员 B、C、D、E、F 的生命。因此，此种情况下的路段应被界定为“道路”。而就规模较小、人员较少、行驶车辆也较少的公司、企业而言，其内部路段不具备危害公共安全的条件，不应认为是“道路”。实践中，在各地的工业园区、产业园区内，往往有数十家甚至上百家企业入驻，因园区内的行人车辆数量较多且“不特定”，故园区内的路段当然应该被界定为“道路”。

2. 施工工地内的道路

依据施工安全的有关规定，施工工地内的道路是禁止社会人士进入的，而只允许作业车辆在场。在正常情况下，施工工地的人员和车辆是很少的，特别车辆是相对“特定”的，这样，在施工工地上驾驶机动车就不可能危害到公共安全，因此工地路段不应被认定为法律意义上的“道路”。实践中的问题是，行为人醉酒后在施工工地内驾驶作业车辆，因其操作问题造成事故，对此种情况应以重大责任事故罪或重大劳动安全事故罪论。若行为人仅仅醉酒后驾驶了作业车辆，并未造成任何损害，也不应以危险驾驶罪论处，因为作业车辆根本未行驶在“道路”上。若行为人醉酒后在施工工地内驾驶普通车辆，亦因未在“道路”上行驶，不应认定为构成危险驾驶罪。

3. 小区内的道路

2017 年 12 月 1 日晚，成都市新都区朱某某在一小区内与朋友饮酒后驾驶停放在小区的车辆送朋友离开，因无法找到出口，车辆在小区内绕圈时与两辆停放车辆发生碰撞。经查，朱某某血液酒精含量为 244.7 毫克/100 毫升。[①] 就朱某某的行为是否构成危险驾驶罪而言，判断的关

---

① 参见向波、李毅：《在管理松散的小区内部路段醉酒驾车行为之定性》，载万春、李雪慧主编：《检察调研与指导》2018 年第 6 辑（总第 25 辑），中国检察出版社 2019 年版，第 47 页。

键就在于,小区内的“道路”是否可界定为醉驾犯罪中的“道路”。

小区内的路段往往仅允许业主通行,其余访客一般需要登记入内,不少小区还对访客驾驶车辆提出了额外的要求,例如,停放时间受到限制,超过一定时间收取费用、行驶大门受到限制,不允许穿行等,从这一角度看,其与公路有很大的区别,似乎不具有公共属性,不宜按照“道路”进行对待。但从另一角度看,小区内的路段虽常常对社会车辆作出种种限制,但毕竟允许车辆出入,似乎又符合《道路交通安全法》界定的“道路”。

据此,笔者认为,应当根据小区管理方式的不同,即对社会车辆限制程度的不同分类讨论。大致可分为以下几类:第一类是开放式的,允许社会车辆任意通行,没有任何管理;第二类是较开放式的,允许社会车辆通行,但需服从一定管理,例如设立门岗进行驶入登记、驶入收费等,但任何人只要服从管理就可通行;第三类是半封闭式的,只允许业主邀请的访客进入,或对进入人员的身份有限制;第四类是封闭式的,设立门岗道闸,严格管理车辆驶入,非业主车辆不得入内。

就前三类而言,其中所涉及的路段都应该界定为“道路”,理由如下:一是从现行法律规定的角度考察,按照《道路交通安全法》,单位管辖但允许社会机动车通行的地方便属于“道路”,第一类小区显然属于此种情况,第二类和第三类小区尽管对社会机动车设置了种种“关卡”,不允许机动车驾驶者将小区内的路段当马路一样穿行,但仍然允许社会车辆进入,哪怕是“登记进入”,也符合“允许社会机动车通行”这一《道路交通安全法》中关于“道路”的界定。二是从保护公共安全的角度考察,随着经济社会发展,小区居民有越来越多的趋势,此种情况下社会车辆进入势必会对小区居民人身、财产安全带来一定的威胁,若不把小区内的路段界定为“道路”,将无法有效地保护小区居民的安全。

就上述第四类所涉及的路段而言,笔者认为,按照当前法律的规定,是不能界定为“道路”的,但笔者建议未来能够将其界定为“道路”。一方面,第四类小区不允许非业主车辆入内,显然不符合当前《道路交通安全法》规定的“单位内部管辖但允许社会机动车通行”的要求,因此依法不能界定为“道路”。但另一方面,笔者认为,当前小区居民众多,社会人均拥有机动车的数量也在增多,不少小区地面停车场已经难以容纳小区车辆,纷纷建设地下停车场,纵然不允许社会机动车通行,但仅小区内就已人车混杂。在此种情况下,在小区内醉酒驾驶机动车有较大的危险性,将小区内的路段界定为“道路”有利于保护公共安全。

4. 关于挪车入位的“道路”问题

2011 年 5 月 2 日,浙江宁波一小区一对夫妻回家,由没沾酒的妻子驾驶车辆。行至小区后,妻子因技术不佳,始终无法将车停入停车场,于是改由饮过酒的丈夫停车入位,但丈夫停车时剐擦了旁边的车辆,交警认定其血液酒精含量超出醉酒驾驶标准。[①] 就该男子的行为是否构成醉驾犯罪而言,关键就在于,对醉酒后挪车入位的行为是否应以醉驾型危险驾驶罪论处。

就醉酒后挪车入位而言,醉酒的事实清楚,驾驶机动车的事实清楚,故争议点在于挪车入位是否可界定为在“道路”上行驶。笔者认为,首先应判断停车位所处的位置是否有公共属性。若停车位所在地系公共停车场、允许社会机动车通行的单位管辖范围内的停车场,则其有公共属性,经常有车辆和行人通行,醉酒后在这样的停车场挪车也有可能危害公共安全,则应将其界定为在“道路”上行驶;若停车位系自家独有,或单独存在,周围荒无人烟,则不应界定为在“道路”上行驶。

二、“醉酒”的界定

(一)关于“醉酒”界定的不同观点

在“醉酒”的界定方面,学者们围绕主客观标准说展开讨论。通说是“客观标准说”,认为应该以行为人血液中的酒精含量达到或超过一定临界值作为“醉酒”的判断标准。而“主观标准说”则认为,每个人对酒精的耐受程度不一致,应主要考虑行为人饮酒以后的身体反应来判断行为人是否“醉酒”。还有学者持“折中说”观点,认为应当综合考虑主观方面和客观方面来判断行为人是否“醉酒”。

1. 客观标准说

“客观标准说”是目前的通说。邓定远博士在《危险驾驶罪比较研究

① 参见周璐彦、张贻富:《小区道路醉驾泊车是否入刑?》,载《杭州日报》2011 年 5 月 18 日,第 B03 版。

及其对中国的启示》一文中提到，各国基本上采用客观标准，在刑法或其他法规中明确规定醉酒的统一标准，只要血液中或呼出的气体中酒精含量达到或超过一定标准，就推定行为人处于醉酒状态，不允许嫌疑人以自身酒量大为由提出辩解。[①] 以下理由可以支持“客观标准说”：一是醉驾型危险驾驶罪是抽象危险犯，不是结果犯，是否对公共安全造成危险本就很难判断，以酒精含量这一形式标准推定驾驶人对公共安全造成危险，并无不妥。任何一种判断“危险性”的方法本质上都是推定，因为当危害结果真正发生后就转化为另一种犯罪了。二是“客观标准说”有利于规范驾驶人的行为。实践中，大量驾驶人酒后误以为自己可以不受酒精影响正常驾驶。事实证明，这都是醉酒以后的错误认识，而“客观标准说”则可以教育、引导驾驶人醉酒后无论感觉如何良好都不能驾驶车辆。三是“主观标准说”很难操作。“客观标准说”设立了一个相对普适的标准，虽不是尽善尽美，但相对公平，且操作简单、有利于简化司法程序，已是最佳方案。

“客观标准说”得到了我国相关法律和司法解释的采纳。根据原国家质量监督检验检疫总局、国家标准化管理委员会2011年1月27日发布的《车辆驾驶人员血液、呼气酒精含量阈值与检验》(GB19522－2010)第4.1条的规定，饮酒驾车是指车辆驾驶人员血液中的酒精含量大于或者等于20毫克/100毫升，小于80毫克/100毫升的驾驶行为；醉酒驾车是指车辆驾驶人员血液中的酒精含量大于或者等于80毫克/100毫升的驾驶行为。[②]《2013年醉驾意见》第1条第1款规定：“在道路上驾驶机动车，血液酒精含量达到80毫克/100毫升以上的，属于醉酒驾驶机动车，依照刑法第一百三十三条之一第一款的规定，以危险驾驶罪定罪处罚。”这一标准在《2023年醉驾意见》中得到了维持。

2. 主观标准说

“主观标准说”认为，应当依据行为人饮酒后能否控制自己的行为来

---

① 参见邓定远：《危险驾驶罪比较研究及其对中国的启示》，载《刑法论丛》2010年第4期。

② 《车辆驾驶人员血液、呼气酒精含量阈值与检验》(GB19522－2010)。

判定行为人是否“醉酒”。[①] 以下理由可以支持“主观标准说”：一是从字面意思来看，“醉酒”是指一种“醉”的状态，即行为人神志不清晰、行为有异常。若行为人虽饮酒量比较大但无任何异常，则可称之为“大量饮酒”，不可称之为“醉酒”，而法律打击的对象是“醉酒”状态下驾驶机动车。二是之所以要禁止醉酒驾驶机动车这一行为，是因为行为人在醉酒以后身体控制能力下降，在一定程度上丧失了意识，已经不具备安全驾驶的能力，此种情况下驾驶机动车可能危害到公共安全。而如果行为人摄入一定量的酒精以后不受影响或者仅受到轻微影响，则当然可认为酒精没有使其达到“醉”的状态。三是“客观标准说”也有弊端。酒精在体内的含量是动态变化的，不同时间、不同测试方法都可能导致结果的不同。在现实中，单采“客观标准说”还可能造成难以及时测量酒精含量的情况。例如，行为人醉酒后驾驶，发现警察后迅速逃离现场，第二天行为人的酒精含量已经无法测量，此时就无法根据“客观标准说”认定行为人的行为构成醉驾型危险驾驶罪。

持“主观标准说”者更倾向于用“人体平衡试验”的方法判断行为人是否醉酒。事实上，《车辆驾驶人员血液、呼气酒精含量阈值与检验》(GB19522－2010)第5.1条第2句中给出了“人体平衡试验”方法，即“对不具备呼气或者血液酒精含量检验条件的，可进行唾液酒精定性检测或者人体平衡试验评价驾驶能力”，从而将“人体平衡试验”作为血液、呼气酒精含量测量的备选方案。这里的平衡试验方法，包括步行回转试验和单腿直立试验。所谓步行回转试验，是指要求被试人员沿着一条直线行走九步，然后原样返回，根据试验过程中被试人员的平衡表现判断其是否丧失驾驶能力；所谓单腿直立试验，是指要求被试人员一只脚站立，向前提起另一只脚，持续30s，观察被试人员的平衡表现判断其是否丧失驾驶能力。但在我国实践中，几乎没有交警使用这种方法判断行为人的醉酒程度。

---

① 全国人大常委会部分委员在立法审议时提出，醉酒标准应当因人而异，即应综合个人的身高、体重、健康状况、平时的酒量、醉酒的表现等因素确定行为人究竟摄入多少酒精才属于醉酒。参见赵秉志主编：《〈刑法修正案（八）〉理解与适用》，中国法制出版社2011年版，第190页。

3. 折中说

“折中说”认为，就判断行为人是否“醉酒”而言，要坚持客观标准与主观标准的统一，综合考虑到行为人体内酒精含量和行为人身体、精神控制能力两个方面。例如，王志祥教授、敦宁博士在《危险驾驶罪探析》一文中认为，一方面，将客观标准作为判断醉酒状态的主要标准是合理的。另一方面，也不能完全排除主观标准的适用。① 笔者认为，“折中说”的观点还可以再细分为“以主观标准为基准、兼采客观标准”，以及“以客观标准为基准、兼采主观标准”。前者是指应当重点判断行为人的身体、精神控制能力，兼顾考虑行为人体内的酒精含量。后者是指应当重点考虑行为人体内的酒精含量，辅之以考虑行为人的身体、精神控制能力。

(二)关于“醉酒”的应然界定

1. 对几种观点的评析

“客观标准说”的逻辑较为简单，即酒精导致醉酒，酒精摄入越多则越能达到“醉态”，因此，以行为人体内的酒精含量来确定行为人是否“醉酒”。此观点的优点是简单可操作，据此在实践中评估行为人是否“醉酒”是很容易的，有利于提高司法效率，节约司法成本，有利于打破行为人的自负和侥幸心理，引导行为人牢固树立“喝酒不开车，开车不喝酒”的意识。此观点的缺点是并没有考虑到每个人对酒精的耐受程度的差异性。对于那些对酒精的身体反应极为敏感的人而言，可能其饮酒量并未达到醉酒的客观标准，但实质上身体和精神确已出现较大的变化，此情况下驾驶机动车有可能对公共安全造成危害，但采“客观标准说”，却对此类人员的危险驾驶行为不能予以打击，由此会造成处罚的漏洞。对于那些对酒精的身体反应不明显的人而言，其驾驶行为对公共安全没有危险性，但依据“客观标准说”却仍然予以打击，这有违立法初衷。

“主观标准说”在理论上更加合理。醉驾型危险驾驶罪的立法目的是保护公共安全。行为人喝酒以后能够控制自己的行为，不对公共安全造成危害，则其不属于“醉酒”状态；行为人酒后不能控制自己的行为，对公

① 参见王志祥、敦宁：《危险驾驶罪探析》，载《中国刑事法杂志》2011年第7期。

共安全有危险性的,则其属于“醉酒”状态,这是合乎逻辑的。此观点也有缺点,主要是较难实际操作,即较难断定一个人是否能够控制自己的行为而不影响到驾驶。虽然实践中已经创造出一些方法例如“平衡性测试法”,但效果并不尽如人意。笔者在此列举几种特殊情况:一是行为人“醉”的时间不一样,某甲可能喝完酒立刻酩酊大醉,某乙可能喝完酒一个小时之内举止表现跟正常人完全一样,但一个小时之后呈现出醉态,甚至倒头大睡。此时,测试时间对测试结果会产生很大影响。二是行为人在不同场景中的表现不一样。某丙酒后可能在空气流通的室外举止正常,而一旦进入空间相对密闭的车辆内,加之冬季打开热风空调,则立即昏昏欲睡。此时,测试空间对测试结果会产生很大影响。三是行为人在短时间的测试中因精神高度集中,尚能控制自己的行为,但在长时间驾驶的场合则做不到。在此种情况下,测试结果仅对“样本”负责,体现不了真实情况。此三种情况可简单总结为“此时不醉彼时醉;此地不醉彼地醉;一时假不醉,其实已大醉”,而“平衡性测试法”对这三种情况都束手无策。此外,根据“主观标准”予以归罪,还可能造成司法实践中的腐败。司法人员主观上判断行为人的控制力,有可能会因为个人好恶、人情关系而认定一个人是否醉酒;即使没有腐败现象,不同的司法人员也可能会因为执法尺度不一对行为人是否“醉酒”产生分歧。

“折中说”综合考虑了主观标准和客观标准,更加全面,是符合法理而且符合实际的。

2. 笔者关于“醉酒”的界定

笔者认为,我国当前的司法实践坚持“客观标准说”,但笔者认为关于醉驾案件的司法解释应及时作出修改,摒弃“客观标准说”。[①] 对“醉酒”的界定,首先仍然应该从醉驾型危险驾驶罪保护的法益入手,该罪保护的

---

① 《2013 年醉驾意见》第 1 条第 1 款规定:“在道路上驾驶机动车,血液酒精含量达到 80 毫克/100 毫升以上的,属于醉酒驾驶机动车,依照刑法第一百三十三条之一第一款的规定,以危险驾驶罪定罪处罚。”《2023 年醉驾意见》第 4 条第 1 款规定:“在道路上驾驶机动车,经呼气酒精含量检测,显示血液酒精含量达到 80 毫克/100 毫升以上的,公安机关应当依照刑事诉讼法和本意见的规定决定是否立案。对情节显著轻微、危害不大,不认为是犯罪的,不予立案。”据此,当前我国办理醉驾案件必须坚持“客观标准说”。

法益是公共安全。饮酒至削弱行为人的控制能力,从而影响到驾驶的安全性,方可视为“醉酒状态”。也就是说,“醉酒”的显著标志是身体、心理是否能够有效控制,这也是一个科学问题、医学问题。医学专家牛文凯、王汉斌经研究认为,急性酒精中毒在临床上可以分为单纯醉酒、复杂性醉酒和病理性醉酒。单纯醉酒又称普通醉酒,由一次大量饮酒引起,一般临床过程分为兴奋期、共济失调期、昏睡期。复杂性醉酒,是大量饮酒过程中或饮酒后,急速出现的强烈的精神运动性兴奋和严重的意识混浊状态。而病理性醉酒,是指饮用一定量酒,突然醉酒,并同时产生严重的意识障碍。① 根据当前医学研究,人体的酒精分解酶能够影响酒精的分解吸收,不同人的酒精分解酶情况不同,因此酒精对身体的影响也不同。至此,关于醉酒,可以形成如下基本结论:一是酒精含量是影响醉酒程度的最主要因素。二是醉酒程度除受酒精含量影响外,还因个体差异而不同,甚至仅少量饮酒也可能会出现严重表现。据此,笔者认为,就“醉酒”的界定而言,应采“折中说”,既考虑客观上酒精的含量,又考虑行为人控制自己的能力是否因酒精而大受影响。

在“折中说”中,笔者认为,应该“以主观标准为基准,兼采客观标准”。如前所述,饮酒至削弱行为人的控制能力从而影响到驾驶的安全性方可视为“醉酒状态”,这是“主观标准说”支持的观点。但是,若行为人已经大量饮酒,虽暂时能够控制自己的行为,但根据医学常识,若距离饮酒时间不长,其很可能只是处于“兴奋期”,不久将进入“共济失调期”“昏睡期”,驾驶有很大的危险性。因此,还必须辅之以“客观标准说”,即距离饮酒时间不长的情况下酒精含量达到一定程度,无论是否能够控制自己的行为,都应视为“醉酒”。

根据笔者的这种主张,判断一饮酒人士是否醉酒时,应采取如下三个步骤,笔者称之为“三步判断法”:第一步,测试酒精含量。若体内无酒精,则直接判断为“未醉酒”。若体内有酒精,无论酒精含量多少,都进入第二步。第二步,用“平衡性测量法”等考察其是否能够控制自己的身体。若

---

① 参见牛文凯、王汉斌:《急性酒精中毒的发病机制和诊治现状》,载《中国医刊》2008 年第 9 期。

已经不能控制，则即使饮酒量很少，亦可断定为“醉酒”。若其仍能控制自己的行为，则进入第三步。第三步，考察其饮酒时间，结合体内酒精含量综合考量。结果可能有三种情况：一是若酒精含量未达到一定数值，[①]则不认为是“醉酒”；二是若酒精含量达到一定数值，且距离饮酒时间较短，[②]则即使仍能控制自己的行为，亦断定为“醉酒”，原因是其很可能未来会表现出“醉酒状态”；三是若酒精含量达到一定数值，但距离饮酒时间较长，则不认为是“醉酒”，原因是其体内酒精正在代谢，将会越来越少，此时能够控制自己的行为，则将来也能够控制自己的行为。

（三）醉酒的特殊情况考察

1. 隔夜醉酒

在新疆维吾尔自治区哈密市曾经发生过这样一件令人咋舌的案子。2016年某晚，岳某与高某一起饮酒至凌晨2时许，高某于第二天上午11时30分驾驶机动车，将车辆停放在人行道上。执勤交警发现车辆后，联系车辆所有人岳某，要求将车移至指定位置。岳某到达现场出示驾驶证后将车辆移至执勤点，此时交警发现岳某身上有酒味。经查，岳某血液酒精含量为84毫克/100毫升。一审法院判决认定岳某犯危险驾驶罪，免予刑事处罚；二审法院却撤销了一审的刑事判决，宣告岳某无罪。[③] 此案引发了争议，争议的焦点在于岳某是否构成危险驾驶罪，更深层次的争议点在于“隔夜醉驾”问题。

本专题所讨论的“隔夜醉酒”问题，是指行为人第一天饮酒后并未驾驶机动车，在时隔一夜后驾驶机动车，是否应被认定为构成醉驾型危险驾

---

① 对这里的“一定数值”需要通过医学科学手段加以确定，即若科学研究发现，一旦酒精含量超过这一数值，绝大多数人都会出现“醉酒”状态，则这一数值就是不可逾越的，超越该数值的一律认定为“醉酒”，这是基于公共安全和节约司法成本的统筹考量。笔者无力做科学研究，但笔者结合大量资料分析认为，这一数值一定会高于80毫克/100毫升。

② 就这里的“距离饮酒时间较短”的“短”应是几小时而言，仍需要通过科学研究加以确定，即绝大多数人在超过这一时间以后，其身体控制能力不可能变得更差，只可能变得更好。这一数值应被确定为距离饮酒时间较短还是较长的临界值。经验表明，一般饮酒隔夜以后，身体控制能力就处于恢复期，但仍有待科学研究加以确认。

③ 段晓章：《“隔夜醉驾”无罪拷问“醉驾”一律入刑》，载《法治与社会》2019年第10期。

驶罪的问题。支持者认为，行为人“隔夜醉驾”，客观上符合“醉酒”标准，主观上持放任的心态，这符合醉驾型危险驾驶罪的构成要件，应当认定为构成危险驾驶罪，饮酒后时间间隔的长短无法成为阻却犯罪成立的理由。① 反对者认为，行为人当天没有驾驶，而是第二天驾驶，可见行为人希望避免危害发生，且采取了积极的措施，尽到了一定的注意义务，应该认为主观上是出于过失，并依据《刑法》第13条“但书”条款认定行为人无罪。②

笔者认为，就“隔夜醉酒”问题而言，首先应该判断的是时隔一夜后行为人是否还处于“醉酒”的状态，换言之，行为人是否能够控制自己的身体、精神，从而是否影响驾驶，是否有对公共安全造成危害的可能性。若此时行为人仍不能控制自己的身体、精神，可能影响到驾驶安全，则须认定为“醉酒”。但实践中常见的是另一种情况，即行为人饮酒后经过一夜睡眠，感觉行为已经不受酒精影响，实际上其自我控制能力也已经基本恢复，但测量的酒精含量仍然“超标”。依据笔者的“以主观标准为基准、兼采客观标准”的前述观点，按照“三步判断法”，行为人能控制自己的行为，体内酒精浓度达到一定数值，但距离饮酒时间已经较长，不应认为是“醉酒”。

笔者这里还想再延伸讨论一个问题。假使按照部分学者的观点，或者说按照现行实践中的做法，“隔夜醉酒”者因客观上酒精含量“超标”而被认定为“醉酒”，其行为是否构成醉驾犯罪呢？对此，笔者认为，此时还应考察主观方面，即行为人主观上是否具有故意。醉驾型危险驾驶罪的主观方面是“故意”，若行为人没有犯罪的故意，不应以犯罪论处。这里的难点在于，如何准确判断行为人的罪过，就“隔夜醉酒”中的驾驶人主观上究竟是间接故意还是过失而言，似乎很难判断。间接故意是指行为人明知自己的行为会造成危害结果，而放任这种结果的发生。过失是指行为人应当预见自己的行为可能造成危害结果，因疏忽大意没有预见，或已经

---

① 参见伍晋、陈文瑞、李莎莎：《“隔夜醉驾”该如何定性》，载《检察日报》2014年9月3日，第3版。

② 参见朱根明：《“隔夜醉驾”该如何依法处理》，载《人民公安报》2018年9月17日，第5版。

预见而轻信可以避免。① 笔者认为,对驾驶人的罪过要结合其“醉酒”情况去进行推定。若驾驶人平衡性好,身体控制能力正常,未表现出醉态,则推定行为人并不明知自己的行为会造成危害结果,不具备间接故意;若驾驶人平衡性差,身体控制能力减弱,表现出醉态,则推定行为人明知自己的行为会造成危害结果,具备间接故意。因为这种“故意”并不要求行为人准确知晓自己仍处于“醉酒”状态,而是大体上有认知即可。若行为人表现出醉态,那么就可以推定其对自己的身体和行为是有认知的。就这里的“醉酒”情况而言,要用“主观标准”进行判断,即利用“平衡测试法”等方法进行鉴别,而不可单纯用酒精含量去进行推定。此外,还可结合一些其他情况进行综合判断。例如,行为人长期醉酒后隔夜驾车,未感受到身体不适,未出现任何交通事故,也未被以醉驾型危险驾驶罪处理过,某日突然被查,则可推断其主观上没有故意。

下一个问题是,行为人不被界定为“醉酒”,也没有主观上的故意,但毕竟体内有一定的酒精浓度,虽非“醉酒”但毕竟饮过酒且酒精尚未完全消散。对这种行为不能坐视不理,不以危险驾驶罪追究刑事责任并不意味着不处罚,而是应注意使用行政处罚的方式,例如罚款、扣分,甚至是拘留、吊销驾驶执照等。此外,也要在全社会加大宣传力度,让“喝酒不开车,开车不喝酒”“莫饮酒,一醉醉三天”等宣传深入人心。

2. 误食醉酒

“误食醉酒”是指行为人在并不自知的情况下食用了添加酒精的食品、饮料、水果,而造成行为人“酒精超标”。实践中,也有人因为使用了含有酒精的漱口水被怀疑为酒驾。就此种情况下是否应界定为“醉酒”而言,按照笔者主张的“以主观标准为基准、兼采客观标准”,首先应判断行为人是否能够控制自己的行为,若不能则认定为“醉酒”,若能则结合客观上的酒精浓度以及距离误食的时间长短进行进一步的判断。也就是说,“误食醉酒”中“醉与非醉”的判断与是否误食是无关的。

当然,“醉与非醉”和“罪与非罪”是两个概念。判断“醉与非醉”应该

---

① 参见高铭暄、马克昌主编:《刑法学》(第 9 版),北京大学出版社、高等教育出版社 2019 年版,第 102 ~ 113 页。

“以主观标准为基准、兼采客观标准”，而判断“罪与非罪”则要考虑主体、主观方面、客体、客观方面等要件。在“误食醉酒”中，因行为人系“误食”，根本没有犯罪的故意，因此不应以犯罪论。关于“误食醉酒”，笔者主张，哪怕发生实际危害，也应一律以没有犯罪的故意为由不认为是犯罪，甚至不能根据驾驶人的平衡性、身体控制能力等“醉酒”情况去推定罪过，这与“隔夜醉酒”是不同的。原因在于，在“隔夜醉酒”中，行为人前一夜饮过酒，如其第二天还能够感受到身体异常，则其应该能够联想到这很有可能是饮酒引起的，行为人有注意的义务，但却放任危险的发生。而在“误食醉酒”中，即使行为人身体已经出现异常状况，也不能要求他推断自己“醉酒”了，因为很多情况都可能导致身体协调性、平衡性变差，要求行为人单一联想是强人所难，故“隔夜醉酒”与“误食醉酒”有本质区别。

值得一提的是，若行为人明知食品、药品中含有酒精，食用后仍上路驾驶的，则不属于“误食醉酒”，对此可以以危险驾驶罪论处。此时，行为人主观上系明知有可能危害公共安全而放任这种危险发生的“间接故意”，客观上在道路上醉酒驾驶机动车，符合醉驾犯罪的构成要件。

此外，实践中除了误食食品、药品，还存在误食真酒的情况。例如，甲某参加同学聚会，因甲某后续准备驾车，故拒不饮酒。乙某偷偷将一杯酒倒入甲某的饮料中，甲某因此而饮酒后上路。经检测，血液中酒精含量达到醉酒标准。此时，须结合甲某的主观方面进行考虑。若其不知情，丝毫没有感受到体内酒精的作用，则不认为是犯罪；若乙某在甲某驾驶前已经将情况告诉甲某，或甲某已经感受到身体异样，仍执意驾驶，则以危险驾驶罪论。而就乙某而言，若其明知甲某之后要驾车，仍偷偷在甲某饮料中加酒，应当构成危险驾驶罪的片面共犯。

3. 当场醉酒

“当场醉酒”是指行为人在面临交警侦查时，当场饮酒，饮酒后经检测，行为人达到“醉酒”程度。行为人之所以这样做，当然是为了规避法律责任。行为人认为，虽然“当场饮酒”后，血液酒精含量达到“醉酒”状态，但是要证明此前行为人驾驶汽车时处于“醉酒”状态却存在难度。对此，《2013 年醉驾意见》第 6 条第 2 款明确规定：行为人在呼气酒精含量检验或者抽取血样前又饮酒，经检验其血液酒精含量达到醉酒标准的，应当认定为醉酒。《2023年醉驾意见》第4条第4款规定:“犯罪嫌疑人在公安机关依法检查时或者发生道路交通事故后,为逃避法律追究,在呼气酒精含量检测或者提取血液样本前故意饮酒的,可以以查获后血液酒精含量鉴定意见作为认定其醉酒的依据。”由此可见,依据司法解释的规定,当场醉酒的,应当以醉酒论,但在学理上仍有可探讨的空间。

就对“当场醉酒”的打击而言,到底是在打击“当场饮酒”妨害取证的行为,还是在打击此前驾驶的行为?

笔者认为,对两个行为都应该予以打击,但对“当场饮酒”妨害取证的行为不能以危险驾驶罪论。原因在于,在行为人当场饮酒的时候,车辆根本没有处于行驶的状态;车辆未行驶,则行为人的行为不能界定为“驾驶”,故不符合危险驾驶罪的客观要件。若要对“当场饮酒”的行为予以打击,须考虑新设立一个罪名,或者依照行政法的相关条款予以打击。

对于此前的驾驶行为,必须要能证明行为人此前是在“醉酒”的情况下驾驶的,才能以危险驾驶罪论,而不能依据行为人“当场饮酒”这一单一行为直接推定行为人此前已经“醉酒”。血液中酒精含量的测量并非“醉酒”的唯一证据来源,还可从其他几个方面收集证据:一是通过“平衡测量法”等考察其是否已经失去对身体的控制能力;二是结合监控系统看其此前驾驶是否比较平稳;三是通过回溯其当日经历,探究其是否饮酒,何时驾驶,分析时间线。

三、“驾驶”行为的界定

(一)关于“驾驶”行为界定的不同观点

“驾驶”,顾名思义,就是驾驭使之行驶,人通过操控机器来驾驭机动车,使车辆产生位移,达到使机动车行驶的目的。“驾驶”行为界定的关键在于时间节点。实践中,行为人的驾驶行为通常包括打开车门、上车、发动引擎、汽车运行等基本步骤,基本上一气呵成,但就究竟以何时间节点作为“驾驶”行为的认定标准而言,还存在争议。一般认为,打开车门、上车不属于“驾驶”行为,而就“发动引擎”是否已经属于“驾驶”行为而言则众说纷纭,由此分化出两种观点,即“发动引擎说”和“运行说”。

1. 发动引擎说

“发动引擎说”认为,驾驶人发动引擎就视为已经处于“驾驶”状态。持此观点者所依据的主要理由包括:一是驾驶分为启动、行驶、停止三个阶段,任一阶段都属于驾驶的实行行为,发动引擎就是启动,就是驾驶的实行行为;二是不发动引擎就不会产生危险状态,发动引擎已经造成了一种抽象危险,行为人酒后对手脚的控制能力下降,稍有不慎就会使车辆处于运行状态,随时有可能危害到交通秩序和公共安全,故即使车辆暂未运行也仍然有危险性,发动引擎这一动作应视为驾驶;三是行为人醉酒以后仍然发动了汽车准备上路,可见其有犯罪的意图,而且已经着手实施,对于此种情况应予以打击,有利于保护公共安全,发挥震慑作用,使醉酒者根本不敢发动汽车引擎。英美法系国家刑法理论的通说认为,醉驾行为的“着手”应当以驾驶人发动机动车为标准,醉酒者试图发动机动车但是失败了,只要能证明其存在驾驶的意图就可以认定其行为构成犯罪。①

2. 运行说

“运行说”认为,只有车辆运行起来才是“驾驶”。持此观点者所依据的主要理由包括:一是发动引擎同打开车门、打开车灯、检查仪表盘等工作一样,都是“驾驶”行为的准备工作,都属于“驾”的范畴,尚未“驶”。只有“驾”和“驶”都实现了,才能称之为“驾驶”。二是只有车辆运行起来才会造成抽象危险。若车辆引擎发动后仍停止在原地,一辆停止的汽车根本不可能对公共安全造成危害,不可能导致公众的人身、财产安全损害。②例如,王志祥教授、敦宁博士在《危险驾驶罪探析》一文中认为,行为人处于醉酒状态并进入了机动车的驾驶室,但只要未启动机动车或虽已启动机动车但并未使之运行的,都不能被认定为“醉酒驾驶机动车”。③

(二)关于“驾驶”行为的应然界定

1. 对几种观点的评析

“发动引擎说”认为,只要发动引擎即视为“驾驶”,这在实践中可能

---

① 参见谢望原、何龙:《“醉驾型”危险驾驶罪若干问题探究》,载《法商研究》2013 年第 4 期。

② 参见谢望原、何龙:《“醉驾型”危险驾驶罪若干问题探究》,载《法商研究》2013 年第 4 期。

③ 参见王志祥、敦宁:《危险驾驶罪探析》,载《中国刑事法杂志》2011 年第 7 期。

造成“冤枉”行为人的情况。例如，下述案例的行为人看起来都很“冤枉”：某甲酒后去车内拿件衣服，为照明而发动引擎以便打开车内灯，被判定为“驾驶”；某乙的货车停放在天寒地冻的室外，只有隔几小时着一次火才能保证车内液体不被冻住，保证第二天能正常行驶，其酒后在发动引擎期间被交警发现，认定为“醉酒驾驶”；某丙的车在马路边修理，其酒后坐在车内发动了引擎调试车辆，被认定为“醉酒驾驶”。因此，“运行说”强调车辆运行起来才被判定为“驾驶”状态是更为合理的。

2. 笔者关于“驾驶”行为的界定

笔者主张“运行说”，下面对此予以详细分析。

（1）从“驾驶”的概念出发分析。笔者认为，无须搞一大堆令人眼花缭乱的术语，回到“驾驶”两个字上来即可，“驾驶”就是驾驭使之行驶，只要车辆没有行驶起来，充其量只能是“驾驭”不能是“驾驶”，而所谓“驾驭”就是操控。从这一简单概念出发，我们就能合理地解释很多现象。例如，甲某酒后为展示自己力大无穷，狂推一辆汽车，结果三番五次推而不动。甲某操控汽车，但并没有使之行驶，因此不是“驾驶”。乙某酒后将车钥匙插入钥匙孔，无论如何用力拧，引擎就是无法发动。乙某操控汽车，但并没有使之行驶，因此其行为不是“驾驶”。丙某酒后为测试自己的电动摩托车是否有电，发动引擎让车轮空转。丙某操控车辆，但并没有使之行驶，因此其行为不是“驾驶”。“驾驶”的本质是为了使车辆行驶而操控汽车。操控汽车、车辆行驶、操控汽车和车辆行驶之间有因果关系，这三个要素缺一不可。仅有“操控汽车”这一项，而没有“车辆行驶”，就有很多种可能性，并非只会走向“驾驶”。例如，在炎热的夏季发动引擎以便使用车内的空调乘凉，在寒冷的冬天发动引擎取暖，发动引擎检修车辆。

事实上，发动引擎根本不是车辆运行的必要条件，尽管绝大多数车辆的行驶都以发动引擎为前提，但仍有例外。例如，甲某醉酒后骑摩托车翻山越岭。在下坡时，甲某为了省油，并不发动引擎，而是任摩托车自行滑行下坡。甲某的行为显然应列入醉驾型危险驾驶罪处罚的范围，但甲某并未发动引擎。同样的下坡滑行情况也可能发生于小汽车。又如，乙某将汽车停放在一段坡路上，醉酒后坐在驾驶位准备驾车，但因醉得太严重，刚放下手刹就睡着了，但此举导致车辆行驶，与其他车辆发生剐蹭。

因乙某的操控使得汽车处于行驶状态,乙某的行为应被界定为“驾驶”。再如,丙某醉酒后在未发动引擎的情况下推着一辆摩托车一路狂奔,在道路上横冲直撞,其行为应被界定为“驾驶”;丁某的车丧失动力,前车用缆绳拖着丁某的车前进,醉酒的丁某坐在后车上操纵方向盘,其行为也仍应被界定为“驾驶”。

笔者设想出如下场景:甲某和乙某二人同行。甲某醉酒,乙某亦醉酒,乙某更严重。甲某为乙某发动了乙某车辆的引擎,并打开车内空调,嘱咐乙某在车内多休息,千万不要醉酒驾驶,然后离去。甲某走后,乙某不顾劝阻,驾驶汽车扬长而去。笔者认为,甲某虽有发动引擎之举,但并未使汽车行驶,不能构成“驾驶”;乙某虽未发动引擎,但操控汽车使之行驶,其行为必然属于“驾驶”。总之,操控、行驶、操控和行驶之间有因果关系是“驾驶”的核心要素,必须统筹起来看,而不能割裂地看。

(2)从保护法益的角度出发分析。以上,笔者删繁就简,从原始概念出发对“驾驶”行为的界定提出了看法。笔者认为,还应从保护法益的角度考察,界定行为人的行为是否为“驾驶”行为的标准应当是其行为对公共安全是否造成危险。如果一车辆仅仅处于发动引擎的阶段,尚未行驶,则根本不构成对公共安全的危险性,界定为“驾驶”予以打击显然存在打击面过宽的问题。从另一个角度讲,禁止行为人醉酒后发动引擎,可能会损害行为人的其他权益。如前所述,“发动引擎”可能有多种目的,不一定是为了行驶。在当今社会,随着智能时代的到来,车辆的功能已经发生了很大变化,比如房车不仅有载客行驶的功能,还有住所的功能。即使是一辆很普通的汽车也都安装了智能系统,拥有智能计算机的功能,行为人发动引擎也许只是为了使用车载智能系统,或者单纯为了给自己的手机充电。这些功能都是车辆的自带功能,属于车辆的一部分。行为人购买了车辆,理应可以使用这些功能,享受这些服务,任何人都无权剥夺,不能因为行为人饮酒就剥夺他这方面的权利。试想,行为人饮酒后前往停放在停车场的车辆中,发动引擎取暖,躺在后座上听着车载音乐休息,等着醒酒,何罪之有?

上述举例均为行为人发动引擎的目的不是行驶的情形。假使行为人发动引擎的目的就是行驶,只是尚未进行到行驶的阶段,或者未能成功行驶,又当何论？先看第一种情况,即“为行驶发动引擎,尚未进行到行驶阶段”,按照笔者主张的“运行说”,行为人尚未“驾驶”,不成立犯罪。那么,是否成立犯罪预备或犯罪中止呢？笔者认为,也不能成立,因为既不存在有外力使其被迫停止,也不存在其主动放弃的情况。因此,即使是为了行驶而发动引擎,只要尚未进行到行驶阶段,就不能成立犯罪预备或犯罪中止。再看第二种情况,即“为行驶发动引擎,未能成功行驶”,笔者认为,假使行为人主观上是直接故意,那么,这属于着手实施犯罪以后因行为人意志以外的因素导致行为人未能得逞,因此可成立犯罪未遂,但因为醉驾型危险驾驶罪法定刑太低,故其未遂行为不具有刑事可罚性,可依据《刑法》第 13 条但书的规定出罪,不应认为构成犯罪。

(三)关于“驾驶”行为的几种特殊情况

1. 被迫驾驶

“被迫驾驶”是指行为人明知自己醉酒且不愿意驾驶机动车,但是因受胁迫而驾驶机动车。就“被迫驾驶”的定性而言,主要看行为人是否有独立意志。具体而言,一是看行为人是否达到刑事责任年龄、有刑事责任能力;二是看行为人是否丧失意志自由。若受迫者未达到刑事责任年龄、没有刑事责任能力,则受迫者不构成犯罪,胁迫者是间接正犯。例如,甲某强迫精神病人乙某醉酒后驾驶汽车,乙某不构成犯罪,甲某的行为构成危险驾驶罪。若受迫者虽有刑事责任能力,但在胁迫下已经丧失自由意志,则受迫者不构成犯罪,胁迫者是间接正犯。例如,甲某用枪威逼乙某醉酒后驾驶汽车,乙某不构成犯罪,甲某的行为构成危险驾驶罪。若受迫者有刑事责任能力,而且并未丧失意志自由,则必须承担刑事责任,此种情况下成立危险驾驶罪的共犯。例如,甲某与上司乙某共同饮酒,酒后,乙某要求甲某必须开车将其送回家。甲某担心不从会丢掉工作,遂开车将其送回家。此案中,胁迫者和胁从者都能认识到酒后驾车的危险,但是放任这种情况发生,主观上有故意,客观上共同实施了犯罪行为,系共同犯罪。胁迫者为主犯,胁从者为胁从犯。对胁从者应当依据《刑法》的规定予以减轻或者免除处罚。

2. 间接驾驶

“间接驾驶”是指行为人醉酒后指挥他人驾驶。对此，可分类考察。

一是行为人为驾校教练，驾驶人无行驶证，行为人错误地指导致使驾驶人的驾驶对公共安全造成了威胁。就驾驶人而言，其主观上没有犯罪的故意，客观上没有醉酒，当然不构成醉驾型危险驾驶罪。就行为人而言，一方面，明知自己的指挥行为可能对公共安全造成危害却仍然指挥，另一方面，醉酒后实施了指挥行为，此时，行为人是“间接正犯”，对其行为应以醉驾型危险驾驶罪论。

二是行为人非驾校教练，醉酒后指挥他人驾驶汽车，致使驾驶人的驾驶行为对公共安全造成了威胁。就驾驶人而言，若驾驶人没有驾驶证，在没有驾校教练的情况下，其为无证驾驶，应按照相关法律法规论；若驾驶人有驾驶证，在非胁迫的情况下，应该独立地对自己的行为负责，其在非醉状态下的驾驶行为不可因醉酒者的指挥被认定为醉酒驾驶。就行为人而言，虽然主观上有故意，客观上醉酒后实施了指挥行为，但是，驾驶人的驾驶行为之所以能够危害到公共安全，本质上还是驾驶人的原因，故对行为人的行为不能认为构成危险驾驶罪。

3. 无人驾驶

“无人驾驶”是指主要依靠车内的计算机系统为主的智能驾驶系统来操控的“驾驶”。在此，需要考察的问题是，行为人醉酒后操控智能系统驾驶是否应该被界定为“醉酒驾驶”。

笔者认为，醉酒驾驶之所以被禁止，是因为醉酒状态下驾驶被认为是危险的。事实上，人的驾驶技术有差异性。驾驶技术较低的人在马路上造成事故的概率更高一些，但只要其是合法取得驾驶证，遵守交通规则驾驶，此种驾驶的危险性就是较低的，是可以被接受的。而在醉酒状态下，行为人的身体、精神控制能力下降，驾驶行为的危险性升高，需要被禁止在道路上驾驶。这里隐含了这样几个要素：行为人醉酒、行为人醉酒后驾驶、行为人醉酒后的驾驶可能危害公共安全。因此，在判定“无人驾驶”中操作员的行为能否被界定为“驾驶”时，仍应考虑上述因素。若行为人醉酒，醉酒后操控驾驶系统，且因为行为人酒后操控大大增加了“无人机动车”的危险性，则此行为应该被界定为“醉酒驾驶”；相反，虽然行为人醉酒,酒后也操控了驾驶系统,但其操控行为根本不可能对车辆行驶的危险性造成影响,则不宜认为是“醉酒驾驶”。例如,某车辆的操控系统只有一个按钮,按动以后,车辆自行行驶一小时,一小时后停止,中间不受干扰。操控员醉酒后按动此按钮即属于操控了车辆,但是,车辆丝毫不因为操控人员醉酒而加剧行驶的危险性,一般不应认为是法律意义上的“醉酒驾驶”。但是,若行为人点击自动驾驶按钮后,又触碰了车辆方向盘或者其他按钮,致使车辆进入手动驾驶,则应视为“醉酒驾驶”。此外,也需考察行为人操控自动驾驶系统的背景,例如,道路正在施工,正常人根本不会在当天操控汽车上路,因醉酒者酒后判断能力下降,按下了操控按钮,亦应视为“醉酒驾驶”。

四、“机动车”的界定

(一)“机动车”的范围

在“机动车”“非机动车”的界定方面,《道路交通安全法》第119条第3项、第4项已经有规定:“机动车”是指以动力装置驱动或者牵引,上道路行驶的供人员乘坐或者用于运送物品以及进行工程专项作业的轮式车辆。“非机动车”是指以人力或者畜力驱动,上道路行驶的交通工具,以及虽有动力装置驱动但设计最高时速、空车质量、外形尺寸符合有关国家标准的残疾人机动轮椅车、电动自行车等交通工具。

这一标准在总体上是清晰的,能够解决实践中大多数问题。但是,这一标准在适用中却不够清晰,特别是针对一些特殊情况就更是如此。例如,针对拖拉机,《机动车运行安全技术条件》(GB7258-2017)规定了“拖拉机运输机组”属于“机动车”,而对于单纯的拖拉机该如何界定还存在疑问。曲新久教授在《危险驾驶罪的构成要件及其问题》一文中认为,拖拉机不属于交通工具,属于农业生产机械,而且田地也不属于道路。行为人醉酒驾驶拖拉机在田地里从事耕种、收割等农业生产作业活动的,不构成犯罪。[①] 实践中,争议更多的是“电动车”是否属于“机动车”,本专题将

---

① 参见曲新久:《危险驾驶罪的构成要件及其问题》,载《河北学刊》2012年第1期。

着重讨论这一点。鉴于"电动车"是一个较为宽泛的概念,电动自行车、电驱动的公交车、电动汽车在民间都被归入"电动车"行列,而它们显然有天壤之别,故本专题将讨论聚焦在实践中争议最大的"电动自行车"。

(二)关于电动自行车是否属于"机动车"的探讨

《道路交通安全法》第 119 条第 4 项已经明确,有动力装置驱动但设计最高时速、空车质量、外形尺寸符合有关国家标准的残疾人机动轮椅车、电动自行车等交通工具属于非机动车的范畴。由此可见,"合标"电动自行车属于"非机动车"是毋庸置疑的。但问题在于,"超标"这种本应是例外的现象,却已经成为一种普遍社会现象,而就"超标"电动自行车究竟属于"机动车"还是"非机动车"而言,则存在很大争议。

1. 电动自行车的标准

1999 年,《电动自行车通用技术条件》(国家标准 GB17761 - 1999)(以下简称"1999 版电动自行车国标")对电动自行车的标准作了规定,主要包括:电动自行车最高车速应不大于每小时 20 公里;整车质量(重量)应不大于 40 千克。[①] "1999 版电动自行车国标"在执行中持续引发争议。随着社会的不断发展,科技的进步,制造可"高速"行驶的自行车越来越容易,人民群众对速度的需求更加迫切,而对此的市场监管却存在诸多难点,这就使得实际生活中违规的"超标"电动车越来越多,损害了国家标准的权威性,也损害了正常的交通秩序。

2009 年 6 月 25 日,原国家质量监督检验检疫总局国家标准化管理委员会曾发布《电动摩托车和电动轻便摩托车通用技术条件》,其中明确了电动自行车和电动轻便摩托车的界限。[②] 因争议过大,国家标准化管理委员会宣布该标准中涉及电动自行车的部分暂缓执行。

2017 年,国家标准化管理委员会再次启动关于电动自行车国家标准的修订。2019 年 4 月 15 日,国家市场监督管理总局、国家标准化管理委员会正式发布《电动自行车安全技术条件》(GB17761 - 2018)(以下简称"2018 版电动自行车国标")。应该说,相比"1999 版电动自行车国标",

---

① 《电动自行车通用技术条件》(GB17761 - 1999)。

② 《电动摩托车和电动轻便摩托车通用技术条件》(GB/T24158 - 2009)。

“2018 版电动自行车国标”有很大进步。突出的体现是，“2018 版电动自行车国标”将部分条款强制改为全部条款强制。“1999 版电动自行车国标”将电动自行车标准分为否决项目、重要项目、一般项目。其中，否决项目有一项不合格则整车不合格，18 项重要项目有 4 项以上不合格则整车不合格，13 项一般项目有 5 项以上不合格则整车不合格。如此一来，很有可能出现这样一种情况：有的电动自行车纵然有 7 项不合格——3 项重要项目不合格，4 项一般项目不合格整车也可能是合格的，这对认定一辆电动自行车是否合格带来很大困扰。“2018 版电动自行车国标”很好地改善了这一情况，明确“本标准的全部技术内容为强制性”。对于车速和重量两项核心指标，“2018 版电动自行车国标”的规定有了提升，其规定“电驱动行驶时，最高设计车速不超过 25km/h；装配完整的电动自行车的整车质量小于或等于 55kg”。

2.“超标”电动自行车大量存在

尽管对电动自行车有明确的国家标准，但不可否认的是，“超标”电动自行车上路已经成为一种广泛的社会现象。虽然“2018 版电动自行车国标”在车速和质量等方面已经将阈值有所提升，但即使拿提升后的数值进行衡量，社会上也依然存在大量的“超标”电动自行车，以至于各地不得不正视这一问题，并没有将“超标”电动自行车一棒子打死，而是从实际出发设置了一定的“过渡期”。例如，天津市对电动自行车实施“登记上牌”，对符合国标的统一安装牌照，对不符合国标的安装临时牌照，安装临时牌照 3 年后禁止上路。北京、上海、甘肃兰州、广东深圳、河南郑州、湖北咸宁等多地都有类似的“过渡期”制度。

各地政府设立的“过渡期”制度实质上既否认了“超标”电动自行车的合法性，又变相承认了目前“超标”电动自行车上路的合法性。2021 年 1 月 25 日，广东省佛山市公安局电动自行车蓝色、黄色号牌使用期限延长，黄色号牌使用期限由 2021 年 1 月 31 日延长至 2022 年 9 月 30 日。这一黄色号牌就是为既不符合“1999 版电动自行车国标”又不符合“2018 版电动自行车国标”的“超标”电动自行车凭有效材料注册登记核发的“过渡期”号牌。[①] 广东省佛山市公安局给出的理由是新冠疫情对自行车注册登记造成了一定影响。在笔者看来,此影响不至于致使“过渡期”延长20个月,规则的改变恐怕还是考虑到大量“超标”电动自行车的实际存在,是法不责众的背景下制度向现实的“屈服”。

如此大量“超标”电动自行车存在,醉酒驾驶“超标”电动自行车的情况也就不容乐观了。

3. 关于“超标”电动自行车是否属于“机动车”存在的争议

第一种观点认为,“超标”电动自行车属于“机动车”。例如,浙江省杭州市萧山区人民法院李文华、苏杰在《人民司法》刊文认为“‘超标’电动自行车被认定为机动车有法律依据”,而醉驾“超标”电动自行车的危险性也足以构成危险驾驶罪。[②]

持此观点者所依据的主要理由可归纳如下:一是“超标”电动自行车属于“机动车”,可由《道路交通安全法》的规定推理得出。《道路交通安全法》第119条第4项规定,“非机动车”是指以人力或者畜力驱动,上道路行驶的交通工具,以及虽有动力装置驱动但设计最高时速、空车质量、外形尺寸符合有关国家标准的残疾人机动轮椅车、电动自行车等交通工具。[③] “超标”电动自行车因不符合“2018版电动自行车国标”,必然不属于“非机动车”。既然不属于“非机动车”,那就是“机动车”,因为除此之外没有别的什么车辆类型了。二是“超标”电动自行车可被界定为摩托车,而摩托车属于“机动车”,故“超标”电动自行车属于摩托车。《机动车运行安全技术条件》(GB 7258－2017)第3.6条规定,摩托车是由动力装置驱动的,具有两个或者三个车轮的道路车辆。[④]《机动车运行安全技术条件》又以但书的形式将“符合电动自行车国家标准规定的车辆”等五类

---

① 参见澎湃新闻:《速看!电动自行车过渡期号牌使用期限拟延长》,载澎湃网,http://www.thepaper.cn/newsDetail_forward_8998545,最后访问时间:2021年4月4日。

② 参见李文华、苏杰:《醉驾超标电动自行车可构成危险驾驶罪》,载《人民司法》2012年第12期。

③ 2011年4月22日第十一届全国人大常委会第二十次会议修正的《道路交通安全法》第119条。

④ 《机动车运行安全技术条件》(GB 7258－2017)。

车辆排除在外。“超标”电动自行车不符合电动自行车国家标准，自然不能认为被此但书排除在外。既然没有排除在外，那么其符合摩托车的定义，可被视为摩托车。《机动车运行安全技术条件》也对普通摩托车和轻便摩托车作出了界定。轻便摩托车是指无论采用何种驱动方式，其最大设计车速不大于每小时 50 公里的摩托车，且如使用内燃机，其排量不大于 50 毫升；如使用电驱动，其电机额定功率总和不大于 4kw。[①] 一般的“超标”电动自行车也符合这些指标。从上述国家标准看，“超标”电动自行车界定为“轻便摩托车”有据可依，因此属于“机动车”。

第二种观点认为，“超标”电动自行车属于“非机动车”。例如，广东省清新县人民法院侯召星认为，刑法不仅打击犯罪，更有人权保障的作用，对于“机动车”应该从最严格意义上解释，对醉驾电动自行车动用刑罚于法无据。[②]

持此观点者所依据的主要理由可归纳如下：一是“超标”电动自行车仍应属于电动自行车，电动自行车属于“非机动车”，故“超标”电动自行车属于“非机动车”。按照国家标准，“超标”电动自行车是不允许被生产的，多数企业生产的实质上是“超标”电动自行车，但却声称是“合标”的电动自行车。换言之，“超标”电动自行车是一种假冒伪劣的“合标”电动自行车，其关键指标虽然不合国家标准，但仍接近于电动自行车的国家标准。这就好像，假冒伪劣的奶粉依然是奶粉，假冒伪劣的帽子依然是帽子，一辆最高行驶速度只有 20km/h 的假冒伪劣“机动车”仍然是“机动车”。二是公众普遍认为“超标”电动自行车属于“非机动车”。曾几何时，公众普遍拥有的是脚踏自行车。后来，随着社会的发展，自行车变电动自行车了，比脚踏自行车快了不少，但公众仍然很难将其和“机动车”联系起来。而在生活中，驾驶“超标”电动自行车不需要驾驶证，往往驾驶在“非机动车”车道上，种种迹象很容易让人将“超标”电动自行车与“非机动车”联系在一起。更何况，尚没有法律法规甚至是国家标准明确将“超

---

① 《机动车运行安全技术条件》（GB 7258－2017）。

② 参见侯召星：《醉驾“超标电动车”入刑值得商榷》，载《人民法院报》2012 年 2 月 12 日，第 2 版。

标”电动自行车界定为“机动车”。既然行为人难以认识到“超标”电动自行车是“机动车”,那么,其就难以认识到醉酒驾驶“超标”电动自行车是犯罪行为,此种情况下将“超标”电动自行车纳入“机动车”的范围,会破坏公众对法律的信仰。三是“超标”电动自行车的危险性明显低于普遍意义上的“机动车”。虽然“超标”电动自行车的最高行驶速度可超过25km/h,但是相较于一般的小轿车、客车、货车而言,其速度显著偏低,质量显著偏低,操作相对简单,驾驶风险偏低,界定为“非机动车”更为合适。四是将“超标”电动自行车界定为“机动车”会引发新的社会问题。按照现行办法,机动车需要号牌、行驶证,驾驶机动车需要驾驶证,这涉及的工作量巨大,而“超标”电动自行车被界定为“机动车”以后将可以行驶于机动车道上。不难想象,“超标”电动自行车与汽车行驶在相同的道路上,将会大大增加危险性,容易造成交通事故。

第三种观点认为,“超标”电动自行车的性质不好界定。例如,张磊、肖马在《醉驾超标电动车刑法规制问题的反思与对策》一文中经过大量分析认为,将“超标”电动自行车界定为机动车,对醉驾“超标”电动自行车行为以危险驾驶罪定罪处罚,当前并没有明确的法律依据。

持此观点者主要认为,认定“超标”电动自行车的性质没有法律依据。一是从《道路交通安全法》的规定来看,只规定了“非机动车”包括虽有动力装置驱动但设计最高时速、空车质量、外形尺寸符合有关国家标准的电动自行车,并没有明确规定不符合国家标准的电动自行车就属于“机动车”。由此推理得出其属于“机动车”暗含了一个前提,即“机动车”与“非机动车”是互斥的,不属于“非机动车”则一定属于“机动车”。若按此互斥逻辑,持相反观点者也能以找不到明文支持“超标”电动自行车是“机动车”的规定而可将其界定为“非机动车”。可见,并不能简单根据互斥原理归类。再者,法律应该讲究“谦抑性”。法无明文规定则不为罪,绝不能适用类推解释去定罪量刑。二是从《机动车运行安全技术条件》来看,其在界定摩托车的时候,特以但书的形式将“符合电动自行车国家标准规定的车辆”排除在外。可见,此标准的原意是将电动自行车与摩托车相区分,把“越界”的电动自行车直接归纳成摩托车则与该标准的原意不相符。更何况,此国家标准究竟能否作为依据,尚存疑问。国家标准是国家标准化管理委员会发布的,国家标准化管理委员会是国家市场监督管理总局对外保留的一块牌子,其发布的标准不属于部门规章。虽然《标准化法》第2条第3款第1句规定“强制性标准必须执行”,也对企业不执行强制性标准作了规定,但未对使用“非标准化”产品的法律后果作出规定。因此,就“超标”电动自行车是否界定为“机动车”而言,还有待于法律法规或司法解释进一步予以明确。

4. 司法实践中的不同态度

在司法实践中,就对“超标”电动自行车性质的界定而言,不同的地方有不同的态度,甚至同一地方的不同法院也有不同看法。在山东,曾有一个有趣的案件。2019年6月15日,一名美团外卖员赵某骑行电动二轮车行至青岛市崂山区某路段时被交警拦下,以“上道路行驶的机动车未悬挂机动车号牌违法行为”等原因为由,对进行了行政处罚,罚款400元并记24分。赵某认为,自己所骑的电动车并非机动车,将青岛市公安局崂山分局交通警察大队诉至法院,要求撤销处罚。在一审和二审中,青岛市崂山区人民法院、青岛市中级人民法院均驳回了赵某的诉讼请求,赵某仍不服,申请再审。山东省高级人民法院认为,青岛市公安局交警支队为涉案车辆发了电动自行车临时号牌,意味着将其排除在摩托车之外,涉案车辆属于非机动车。①

在对醉酒驾驶“超标”电动自行车的司法认定方面,也有不同的态度:

一是按照危险驾驶罪处理。2014年,王某醉酒后驾驶电动自行车与路边的小轿车相撞。经查,王某的血液酒精含量达到227毫克/100毫升,王某的电动自行车被鉴定为摩托车。房山区法院判处王某构成危险驾驶罪,拘役两个月、罚金2000元。② 2017年12月28日,内蒙古自治区丰镇市张某某驾驶一辆电动自行车与赵某某相撞,赵某某受伤。经查,张某某的血液酒精含量达到137.9毫克/100毫升。公安机关认为,张某某的电动二轮车为二轮轻便摩托车,属于机动车。法院判处张某某构成危

① 参见山东省高级人民法院行政判决书,(2020)鲁行再100号。

② 参见侯艳、孙莹:《男子醉酒驾驶电动车法院判决构成危险驾驶罪》,载央广网,http://china.cnr.cn/yaowen/201407/t20140723_516012372.shtml。

险驾驶罪,拘役1个月、罚金5000元。[①] 2020年5月7日,贵阳市余某醉酒后驾驶电动车,闯红灯时与李某驾驶的二轮车相撞。经查,余某的血液酒精含量达到279.3毫克/100毫升。警方委托第三方司法鉴定机构鉴定后认为,余某所驾驶的车辆为机动车,法院判处余某构成危险驾驶罪,拘役3个月、罚金3000元。[②] 由此可见,在醉酒驾驶"超标"电动自行车被按危险驾驶罪处理的场合,一般都是将"超标"电动自行车界定为摩托车,从而界定为"机动车"。

二是按照交通肇事罪处理。2012年5月3日,南昌市魏某醉酒驾驶电动车与同驾驶电动车的丁某相撞,造成丁某重伤,魏某赔付丁某8万元。青山湖区法院认为"电动车不应认定为机动车",以交通肇事罪作出判决。[③] 2014年1月29日,山东省乳山市胡某醉酒驾驶电动二轮车,闯红灯时撞死刘某。胡某的电动车被鉴定为机动车,被判犯交通肇事罪,判处有期徒刑一年,缓刑一年。[④] 2016年4月1日,王某酒后驾驶电动车与行人李某相撞,致使李某重伤,后经抢救无效死亡。经查,王某的血液酒精达到232.16毫克/100毫升,公诉机关起诉书指控王某犯交通肇事罪。[⑤] 由此可见,就醉酒驾驶"超标"电动自行车按照交通肇事罪处理的情形而言,有的是依据危险驾驶罪规定中的"同时构成其他犯罪的,依照处罚较重的规定定罪处罚",在交通肇事罪和危险驾驶罪中选择了交通肇事罪;有的则是因无法认定为机动车而选择以交通肇事罪论处。

是按危险驾驶罪处理或按交通肇事罪处理,究其本质原因,还是对"超标"电动自行车是否应界定为"机动车"存在争议。

---

① 参见陈瑞霞:《男子醉驾电动车以危险驾驶罪获刑》,载内蒙古自治区丰镇市人民法院网,http://fzsfy.chinacourt.gov.cn/article/detail/2018/05/id/3313343.shtml。

② 参见曹源麟:《酒后驾驶电动车构成危险驾驶罪,贵阳一男子被判刑!》,载新华网贵州频道,http://www.gz.xinhuanet.com/2020-08/14/c_1126368066.htm。

③ 参见刘婷、胡振艺、聂国华:《醉驾案审判面临7个"模糊地带"》,载大江网,https://jxfzb.jxnews.com.cn/system/2012/05/23/011989072.shtml。

④ 参见于鑫、李燕:《醉酒驾驶超标电动车撞人致死车主被判交通肇事罪》,载《山东法制报》2014年8月25日,第2版。

⑤ 参见李世杰:《酒后驾驶电动车引发事故构成交通肇事罪》,载《大河报》2017年9月21日,第AL03版。

(三)笔者对"'超标'电动自行车"的界定

1."超标"电动自行车性质的界定目前缺乏法律依据

从《道路交通安全法》的角度来看,该法规定了符合有关国家标准的电动自行车等交通工具属于"非机动车",而并没有明确"超标"电动自行车的属性。从《机动车运行安全技术条件》来看,该国标将"符合电动自行车国家标准规定的车辆"排除在摩托车之外,而并没有将"超标"电动自行车排除在摩托车之外。可以说,当前关于"超标"电动自行车的性质界定在法律法规层面可谓处在"真空状态"。而根据罪刑法定原则,刑法必须要有谦抑性,法无明文规定则不为罪,在法无明文规定的情况下不能将"超标"电动自行车解释为"机动车",那样会导致公众在没有预期的情况下利益受损。毕竟,目前"超标"电动自行车走的是非机动车道,且是按"非机动车"进行管理的。作为一种权宜之计,可尽快以司法解释的形式将"超标"电动自行车解释为"非机动车"。

2.未来应将"超标"电动自行车界定为"机动车"

当前对"超标"电动自行车的界定缺乏法律依据,本着罪刑法定原则,不宜将"超标"电动自行车解释为"机动车"。但笔者认为,未来应通过修订法律将"超标"电动自行车界定为"机动车"。危险驾驶罪的规定旨在保护公共安全,这样,将超标电动自行车界定为"机动车"还是"非机动车",关键就是要看如何界定更有利于保护公共安全。

(1)"超标"电动自行车上路存在危险性。近年来,驾驶电动自行车的交通违法事故频频发生,特别是驾驶"超标"电动自行车的交通违法事故给公共安全造成了较大影响。其中,有的驾驶人醉酒后驾驶"超标"电动自行车,危害极大。在浙江省某市,一段时间内发生268起醉酒驾驶机动车涉嫌危险驾驶罪的案件。其中,犯罪嫌疑人驾驶的机动车中有114辆为"超标"电动自行车,比例高达42.5%,而在这114起涉及"超标"电动自行车的案件中,95名醉驾司机因醉酒引发了交通事故。由于骑车人只有头部可佩戴头盔,其他部位很难保护,一旦发生交通事故,轻者擦伤,重者骨折甚至死亡。

(2)"超标"电动自行车上路无法一禁了之。面对"超标"电动自行车,无法做到禁止其生产,禁止其上路。一方面,当下社会已经大量存在“超标”电动自行车,这是不争的事实,必须妥善应对。对于已经存在的部分,总不能一毁了之,有的地方出台了“过渡期”政策,允许行为人在“过渡期”内挂临时牌照上路,但至于“过渡期”后怎么办,目前还没看到一个妥善的应对方法,广东佛山等地甚至还宣布延长了“过渡期”。另一方面,面向未来,有以下事实值得关注:一是生产高速度电动自行车的流程简单、工艺方便,即使企业生产出来的电动自行车是“合标”的,后期做“提速”改造也很容易,“合标”与“超标”之间的转换很简单,有销售商表示“分分钟搞定”。更有甚者,花 200 多元安装加速器就能跑 60 多迈。二是人民群众对快速生活有极大需求。有百姓表示,限 25 公里就跟脚踏自行车一样,为何还要买电动自行车。三是监管困难,处罚力度较低。在现行制度下,这三个事实造成的可预期后果是,公众依然会驾驶——甚至醉酒驾驶“超标”电动自行车上路,企业依然会变相生产或者改装制造“超标”电动自行车,而监管部门的监管成本高、难度大,不能很好地治理此种社会现象。试想,监管部门发现行为人驾驶一辆“超标”电动自行车上路,将车辆是否属于“机动车”界定清楚尚且面临重重困难,依据何种规则作出何种处理就更谈不上了。因此,必须立足当下实际,采取有效措施应对“超标”电动自行车的问题。

(3)将“超标”电动自行车界定为“机动车”有利于保护法益。“超标”电动自行车在法律上的地位“悬而未决”,造成治理上的混乱。笔者认为,未来将“超标”电动自行车明确界定为“机动车”,有利于保护法益。醉驾型危险驾驶罪的规定旨在保护公共安全,将“超标”电动自行车界定为“机动车”,可以将醉酒后驾驶“超标”电动自行车的行为纳入危险驾驶罪的打击范围,能够有效保护社会交通秩序,保护公共安全,有利于实现刑法的预防功能,对醉酒后可能驾驶“超标”电动自行车的人起到震慑作用,从而降低交通事故发生率,而且还有利于实现法律的公平性。就目前的规定而言,《机动车运行安全技术条件》已经明确将最大设计车速不大于每小时 50 公里的电驱动摩托车界定为“轻便摩托车”。“轻便摩托车”属于“机动车”毫无疑问,而“超标”电动自行车在速度、体积、质量等方面与“轻便摩托车”无异,危险性也与“轻便摩托车”相当,如果不列入“机动车”,这样实践中就可能会出现感官上“同案”却不同判的问题,与人民群众朴素的公平观不相符。

(4)将“超标”电动自行车界定为“机动车”可能引发的问题。第一,可能造成打击面过大的问题。我国电动自行车的保有量巨大,大多都存在“超标”现象,如果将如此大体量的“超标”电动自行车都纳入打击范围,有造成负面社会影响的风险。当下,醉驾型危险驾驶罪的附随效果甚至比犯罪本身的刑罚还要重,有人因此而被贴上罪犯标签,丢掉工作。如果存在大量这样的情况,将会是社会不稳定因素。因此,对驾驶“超标”电动自行车的行为,能以民事、行政手段规制的,就不要以刑事手段进行规制,这有利于防止醉驾型危险驾驶罪的处罚范围扩大化可能带来的不当社会影响。

但笔者同时认为,这并不能否认将“超标”电动自行车一律界定为“机动车”的合理性。认定犯罪,需要综合考虑各方面的因素,包括行为人的主观方面、客观方面,例如,行为人酒后驾驶“超标”电动自行车,但情节显著轻微、社会危害性不大的,可不认为是犯罪;行为人酒后驾驶“超标”电动自行车被行政处罚后又再次驾驶,且后座带人、速度极快,在马路上横冲直撞,安全风险极大的,可认为是犯罪。即使是在认定犯罪后,还可以根据有关法律法规作不起诉处理或免予刑事处罚。简言之,在具体个案中是否打击,应以事实为准绳,结合社会危害性等因素考虑。而在普遍意义上,将“超标”电动自行车界定为“机动车”,将更有利于保护法益。

第二,将“超标”电动自行车纳入机动车进行管理的成本问题。将“超标”电动自行车纳入“机动车”管理后,“超标”电动自行车上路就需要挂牌照、需要行驶证,而驾驶人也需要考取驾驶证,这将涉及很大的社会成本的付出。笔者认为,这是有必要的负担,是大有裨益的社会成本。挂牌照可将“超标”电动自行车纳入“机动车”统一管理,可以有效地解决电动自行车违规不好监管的问题。从此,电动自行车也有了自己的唯一身份,违反交通规则需要被相应处罚。车主上驾校考取驾驶证,可以学习交通安全知识,提升对自己的驾驶行为负责的责任意识。考取驾驶证的过程本身就是统一认识的过程,加强安全意识的过程。随着社会的发展,驾驶技能已经日渐成为一项类似于网络检索技能一样的基本技能,社会也应为公众拥有这项技能提供必要的培训。

第三,让“超标”电动自行车在机动车道行驶可能造成的危险问题。将“超标”电动自行车界定为“机动车”后,理论上“超标”电动自行车就应行驶在机动车道上,这似乎对电动自行车驾驶者而言是危险的。笔者认为,在法律意义上将“超标”电动自行车界定为“机动车”,与“超标”电动自行车应该行驶在哪条道路上,可以分开来看。“超标”电动自行车究竟是行驶在当前的机动车道上更安全,还是非机动车道上更安全,有待科学家开展科学模拟和研究。若研究认为“超标”电动自行车行驶在机动车道上更安全,则建议修改《道路交通安全法》,规定“超标”电动自行车应在机动车道行驶;若研究认为“超标”电动自行车在非机动车道行驶更安全,则也可明文规定“超标”电动自行车的行驶车道,甚至修改“机动车道”与“非机动车道”的叫法也不是不可以。

五、结语

(一)统筹考虑罪刑法定和保护法益

大千世界的多样性让“概念”常常显得不够精准,而罪刑法定原则则要求刑法的规定必须是明确、具体的。就醉驾型危险驾驶罪而言,“道路”“醉酒”“驾驶”“机动车”四个客观要件要素究竟如何界定,事关具体行为罪与非罪的认定,事关刑法功能的实现,事关公共安全的维护,因而必须准确界定。本文梳理了关于上述四个要件界定的不同观点,并提出了笔者自己的观点。

笔者认为,分析犯罪的客观要件要素,必须从罪刑法定原则和保护法益角度出发。就当下法律适用而言,在坚持罪刑法定原则、细致分析法律条文规定的基础上,从保护法益的角度出发对模糊地带进行解释,有利于合理定罪量刑。就未来完善法律而言,从保护法益的角度出发大胆进行一些学术探讨,可为法律不断修订完善提供参考。醉驾型危险驾驶罪保护的法益是公共安全,这样,对上述四个客观要件的界定是否合理,关键就要以是否有利于保护公共安全为衡量标准。

在对“道路”的界定方面,有学者主张严格按照法律条文字面意思解释，也有学者认为应作“扩张解释”，还有学者主张具体问题具体分析。笔者认为，必须考察某路段是否具有公共属性，从而判断醉酒后在此道路上行驶是否可能危害到公共安全，然后判断某路段是否应该被界定为“道路”。笔者提出，可以依据往来人员车辆是否有不特定性以及往来人员车辆是否具有一定的频繁性进行判断。

在对“醉酒”的界定方面，有学者主张“客观标准说”，认为应该以行为人血液中的酒精含量达到或超过一定临界值作为“醉酒”的判断标准；也有学者主张“主观标准说”，认为应主要考虑行为人饮酒以后的身体反应来判断行为人是否“醉酒”；还有学者主张“折中说”，认为应该综合考虑主观方面和客观方面。笔者认为，据当前我国的司法解释，我国采纳的是“客观标准说”，但“以主观标准为基准、兼采客观标准”的“折中说”更为合理，笔者还提出了判断行为人是否醉酒的“三步判断法”。

在对“驾驶”的界定方面，有学者主张“发动引擎说”，认为驾驶人发动引擎就视为已经处于“驾驶”状态；也有学者主张“运行说”，认为只有车辆运行起来才是“驾驶”。笔者从驾驶的概念和危险驾驶罪保护的法益出发分析认为，仅仅处于发动引擎阶段的机动车尚未行驶，不构成对公共安全的危害，“运行说”更为合理。

在对“机动车”的界定方面，争议主要集中在“超标”电动自行车是否属于“机动车”。笔者详细梳理了不同观点的逻辑，以及司法实践中的不同做法，并提出了自己的观点。笔者认为，“超标”电动自行车的界定目前处于“真空状态”，本着刑法谦抑原则，应将其解释为“非机动车”，但“超标”电动自行车上路存在危险性，未来将其界定为“机动车”更有利于保护法益。

（二）统筹考虑客观要件和主观要件

笔者在分析“道路”“醉酒”“驾驶”“机动车”四个客观要件要素的同时，就一些特殊情况进行了考察。在分析“道路”的界定时，具体考察了公司、企业内的道路、施工工地内的道路、小区内的道路是否应被界定为“道路”，以及挪车入位中的“道路”问题。在分析“醉酒”的界定时，考察了“隔夜醉酒”“误食醉酒”“当场醉酒”三种特殊情况。在分析“驾驶”的界定时，考察了“被迫驾驶”“间接驾驶”“无人驾驶”三种特殊情况。

在对四个客观要件要素从总体上进行分析的时候，当然无须考虑主观方面，但是，一旦考察特殊情况进入对具体情境的分析，就必须统筹考虑客观要件和主观要件。因此，笔者分析特殊情况时不可避免地谈到了主观要件。

（三）统筹考虑共性与个性

实践中的情况多种多样，简单定性常常失之偏颇。本专题大量采用了分类讨论的方法，例如，对“公司企业内的道路”分两类讨论，一类是虽在公司企业管辖范围但允许社会机动车通行的地方，另一类是公司企业管辖但不允许社会机动车通行的地方。对于后者，又分“规模较大、人员较多、行驶车辆也较多的公司企业”和“规模较小、人员较少、行驶车辆也较少的公司企业”两类讨论，这有利于进行精准界定。

值得一提的是，分类后仍是在探讨“群体”之性质，“类型化”便于考察“共性”，却难免会“抹杀”“个性”。对于具体个案，仍需要针对具体问题进行具体分析，方能体现罪刑法定原则等刑法基本原则。例如，“公共停车场”作为一个“类型”，我们很容易将其界定为“道路”，行为人醉酒后在“公共停车场”驾驶汽车的，应以醉驾型危险驾驶罪论。但若某一具体的“公共停车场”常年车辆稀少，行为人醉酒后深夜在该停车场挪动汽车，基本上不可能对公共安全造成危害，对此就可以《刑法》第 13 条“但书”条款为依据不认为是犯罪。

专题九

醉驾犯罪司法争议问题新论

——浙江省2019年醉驾司法文件六大变化述评*

内容摘要：与原有的司法文件相比，浙江省2019年醉驾司法文件发生了六大变化。其中，绝对出罪的规定拓宽了醉驾案件的实体出罪通道，但也存在违背上位解释和上位法的问题。对醉驾案件的犯罪嫌疑人一律予以刑事拘留，有利于强化醉驾入刑的刑法威慑效应。将"证明车辆行驶轨迹的相关材料"纳入诉讼证据的范围，具有对醉驾者个体的酒精反应程度加以考量的意蕴。对醉酒驾驶汽车案件的被告人缓刑的适用取消酒精含量的限制，体现了扩大缓刑适用的倾向，符合对微罪案件进行宽缓化处理的刑事政策要求。对醉酒驾驶汽车情形下不起诉或者免予刑事处罚的酒精含量限制提升30毫克/100毫升，拓宽了醉驾案件的无罪处理通道，强化了对醉驾案件进行有罪处理前提下的轻缓化处理，符合对微罪案件进行宽缓化处理的刑事政策要求。对于醉驾案件增加"不移送审查起诉"的规定，有利于节约宝贵的司法资源。浙江省2019年醉驾司法文件的六大变化大体上是值得肯定的。

2019年10月8日，浙江省高级人民法院、浙江省人民检察院、浙江省

* 本文为王志祥的论文——《醉驾犯罪司法争议问题新论——浙江最新醉驾司法文件六大变化述评》，原载《河北法学》2020年第3期，收入本书时有修改。

公安厅联合发布了《关于办理“醉驾”案件若干问题的会议纪要》（浙高法〔2019〕151号）（以下简称2019《浙江纪要》）。2019《浙江纪要》取代了2017年1月17日浙江省高级人民法院、浙江省人民检察院、浙江省公安厅联合发布的《关于办理“醉驾”案件的会议纪要》（以下简称2017《浙江纪要》），曾经引发了广泛的社会关注。

与2017《浙江纪要》相比，2019《浙江纪要》的规定发生了几处重大变化。这主要体现在：

其一，将醉驾案件三种情形的出罪由原则上出罪改为绝对出罪。对于醉酒在广场、公共停车场等公众通行的场所挪动车位的，或者由他人驾驶至居民小区门口后接替驾驶进入居民小区的，或者驾驶出公共停车场、居民小区后即交由他人驾驶的，依据2017《浙江纪要》第4条第2款的规定，“可以不作为犯罪处理”，而依据2019《浙江纪要》第1条第2款的规定，则“不属于刑法第一百三十三条之一规定的‘在道路上醉酒驾驶机动车’”。显然，依据2019《浙江纪要》的上述规定，醉驾案件出罪的三种情形因不符合醉驾型危险驾驶罪的客观构成要件，因而根本不存在构成犯罪的可能性。这样，醉驾案件的出罪通道就得以拓宽。

其二，对于醉驾案件的犯罪嫌疑人一律予以刑事拘留（在遇到紧急事由时可以暂缓执行）。2019《浙江纪要》第3条第1款明确规定：对于“醉驾”案件，经呼气测试或抽血检测，血液酒精含量在80毫克/100毫升以上的，“公安机关应当予以刑事拘留。但遇本人需要紧急就医等紧急事由不宜立即执行刑事拘留的，可以暂缓执行刑事拘留”。而在2017《浙江纪要》中，则并未规定对于醉驾案件的犯罪嫌疑人一律予以刑事拘留。这样，刑事拘留在醉驾案件中的适用就大大地得以强化。

其三，将“证明车辆行驶轨迹的相关材料”增加至“醉驾”案件的证据材料的范围。2019《浙江纪要》明确地将“证明车辆行驶轨迹的相关材料”列入醉驾犯罪案件中应当移送的证据及其相关案卷材料的范围，这样，就保证了醉驾犯罪案件证据的完整性。

其四，醉酒驾驶汽车情形下缓刑适用的强化。对于醉酒驾驶汽车的情形，依据2017《浙江纪要》第6条第2款第1项的规定，缓刑只对酒精含量在180毫克/100毫升以下，没有八种从重情节，且认罪认罚的被告人适用。而依据2019《浙江纪要》第5条第1款第2项的规定,醉酒驾驶汽车,没有八种从重情节,且认罪悔罪,符合缓刑适用条件的,均可以依法适用缓刑。这样,在缓刑的适用中就取消了对酒精含量的限制。由此,缓刑的适用范围就得以拓宽。

其五,醉酒驾驶汽车情形下不起诉和免予刑事处罚适用的强化。对于醉酒驾驶汽车的情形,依据2017《浙江纪要》第6条第2款第1项的规定,酒精含量在140毫克/100毫升以下,且没有八种从重情节的,可以不起诉或者免予刑事处罚。而依据2019《浙江纪要》第5条第1款第2项的规定,醉酒驾驶汽车,酒精含量在170毫克/100毫升以下,认罪悔罪,且无八种从重情节,犯罪情节轻微的,可以不起诉或者免予刑事处罚。由此,对醉酒驾驶汽车情形下不起诉或者免予刑事处罚的酒精含量限制提升了30毫克/100毫升,这也会拓宽司法实践中不起诉和免予刑事处罚的适用面。

其六,对于醉驾案件增加"不移送审查起诉"的规定。依据2019《浙江纪要》第5条第1款第2项、第3项的规定,醉酒驾驶汽车,酒精含量在100毫克/100毫升以下,且无八种从重情节,危害不大的,可以认为是情节显著轻微,不移送审查起诉;醉酒驾驶摩托车,酒精含量在180毫克/100毫升以下,危害不大的,可以认为是情节显著轻微,不移送审查起诉。2019《浙江纪要》所增加的这一规定会节约宝贵的司法资源。

就上述六大变化而言,大多值得予以肯定,但是也存在值得商榷之处。本文拟围绕这六大变化的是与非问题展开讨论,以期对醉驾的治理有所裨益。

一、绝对出罪的规定拓宽了醉驾案件的实体出罪通道,但也存在违背上位解释和上位法的问题

就上述2019《浙江纪要》中的第一大变化而言,依据2019《浙江纪要》的规定,广场、公共停车场、居民小区的道路就可能会被认定为不属于"在道路上醉酒驾驶机动车"所涉及的"道路"。这实际上是从不符合醉驾犯罪的构成要件要素的角度排除了在广场、公共停车场、居民小区的道路上

醉驾的行为构成犯罪的可能性，拓宽了醉驾案件的实体出罪[①]通道。但是，其也存在违背上位解释和上位法的问题。

依据《2013 年醉驾意见》的规定，“在道路上醉酒驾驶机动车”中的“道路”，适用《道路交通安全法》的有关规定。《2023 年醉驾意见》保留了上述规定。而 2011 年 4 月 22 日第十一届全国人大常委会第二十次会议通过的修正后的《道路交通安全法》第 119 条第 1 项规定：“‘道路’，是指公路、城市道路和虽在单位管辖范围但允许社会机动车通行的地方，包括广场、公共停车场等用于公众通行的场所。”由此可见，依据上述上位解释和上位法的规定，广场、公共停车场应当被认定为属于“在道路上醉酒驾驶机动车”所涉及的“道路”。至于居民小区的道路，只要该居民小区允许社会机动车通行，则也没有理由不认定为“在道路上醉酒驾驶机动车”所涉及的“道路”。[②] 因此，上述第一大变化旨在拓宽醉驾案件的实体出罪通道，但在出罪的法律依据上则存在欠缺。

实际上，就醉酒在广场、公共停车场等公众通行的场所挪动车位，或者由他人驾驶至居民小区门口后接替驾驶进入居民小区，或者驾驶出公共停车场、居民小区后即交由他人驾驶三种醉驾案件的出罪情形而言，可以通过认定为其符合 1997 年系统修订的《刑法》第 13 条中“但是情节显著轻微危害不大的，不认为是犯罪”这一但书的规定作无罪化处理，这样同样可以达到拓宽醉驾案件的实体出罪通道的目的。

在此，涉及 1997 年《刑法》第 13 条的但书规定能否成为醉驾案件出罪依据的问题。在《刑法修正案（八）》颁行之后不久，围绕“醉驾行为是

---

① 本文所说的“出罪”，既包括实体法意义上的“不构成犯罪”，也包括程序法意义上的对依据实体法构成犯罪的行为，在程序法上作无罪处理。

② 依据《刑事审判参考》所刊载的第 891 号指导案例——廖某某危险驾驶案的裁判理由，《刑法》设置危险驾驶罪时并没有对“道路”作限制性规定，故“道路”的范围应当与《道路交通安全法》的规定保持一致。就小区道路是否属于危险驾驶罪罪状中的“道路”而言，关键是要看该道路是否允许社会车辆通行。就开放性小区而言，社会车辆可以随便进出、停放，在该小区内醉酒驾驶机动车的行为构成危险驾驶罪。参见刘志伟、田旭：《案例刑法》，法律出版社 2019 年版，第 172 页。《2023 年醉驾意见》第 5 条第 2 款规定：“对机关、企事业单位、厂矿、校园、居民小区等单位管辖范围内的路段是否认定为‘道路’，应当以其是否具有‘公共性’，是否‘允许社会机动车通行’作为判断标准。只允许单位内部机动车、特定来访机动车通行的，可以不认定为‘道路’。”

否一律入罪”的问题，在公安部、最高人民检察院和最高人民法院之间就存在尖锐的争论。公安部、最高人民检察院主张“醉驾一律入罪”，据此，1997 年《刑法》第 13 条的“但书”规定就没有适用于醉驾案件的余地。而最高人民法院则认为“醉驾不必一律入罪”。这样，对于醉驾案件，就不能排除适用 1997 年《刑法》第 13 条的“但书”规定进行出罪的可能性。对此，在唐某某危险驾驶案中有明确的体现。[①]

上述争论在《2013 年醉驾意见》公布后得以告一段落。依据《2013 年醉驾意见》第 1 条第 1 款的规定，在道路上驾驶机动车，血液酒精含量达到 80 毫克/100 毫升以上的，属于醉酒驾驶机动车，依照《刑法》第 133 条之一第 1 款的规定，以危险驾驶罪定罪处罚。由此可见，公安部、最高人民检察院所持的“醉驾一律入罪”的立场被《2013 年醉驾意见》接受。但是，在 2017 年 5 月 1 日起试行的《常见犯罪的量刑指导意见》中，最高人民法院则重拾了其“醉驾不必一律入罪”的立场。依据《常见犯罪的量刑指导意见(二)》的规定，对于符合《刑法》第 13 条的但书规定即情节显著轻微危害不大的醉驾行为，不予定罪处罚。

实际上，在《常见犯罪的量刑指导意见(二)》试行前后，我国部分地方的司法机关均推行了将《刑法》第 13 条的“但书”规定适用于醉驾案件实体出罪的实践做法。如依据《上海审判研究》2016 年第 2 期所刊载的上海市醉驾案件的主要审判观点，实践中，对于醉酒驾驶机动车情节轻微或者显著轻微的情形，应当依照《刑法》第 37 条、第 13 条的规定，依法免予刑事处罚或者不作为犯罪处理。在具体认定上，醉驾案件情节轻微或者显著轻微的，主要涉及以下六种情形：挪动车位型、救治病人型、睡觉休

---

① 依据《刑事审判参考》所刊载的唐某某危险驾驶案的裁判理由，就为挪车而短距离醉驾的案件而言，如果没有发生实际危害结果或者仅发生轻微碰、擦后果的，可以根据具体情节，认定犯罪情节显著轻微，适用《刑法》第 13 条“但书”条款，不作为犯罪处理或者作免予刑事处罚处理。如果仅发生轻微的交通事故，致使车辆刮擦、致人轻微伤等，且行为人认罪、悔罪，积极赔偿被害人损失并取得谅解的，也可以不作为犯罪处理或者作免予刑事处罚处理。如果发生致人轻伤以上的交通事故，一般不宜认为犯罪情节显著轻微，但结合具体案情，行为人的认罪、悔罪表现和赔偿情况，为体现从宽处罚精神，可以对被告人适用缓刑。参见最高人民法院刑事审判第一、二、三、四、五庭主办：《刑事审判参考：办理危险驾驶类犯罪专集》(总第 94 集)，法律出版社 2014 年版，第 16 ~ 20 页。

息型、隔时醉驾型、尚未驶出型、被醉驾追尾型。2018 年 9 月 11 日重庆市高级人民法院、重庆市人民检察院、重庆市公安局联合印发的《关于办理危险驾驶犯罪案件法律适用及证据规范问题的座谈会综述》（以下简称《重庆综述》）指出，因急救病人、见义勇为，仅为短距离挪车或出入库，隔夜醒酒后开车及其他特殊情形的醉酒驾驶机动车行为符合《刑法》第 13 条但书规定的“情节显著轻微危害不大”情形的，检察机关可以作法定不起诉处理，已经提起公诉的，法院可以判决宣告无罪。

笔者认为，在我国现行的法律体系下，最高人民检察院、公安部所持的“醉驾一律入罪”的立场和最高人民法院所持的“醉驾不必一律入罪”的立场各有其相应的依据。一方面，为配合 2011 年 5 月 1 日《刑法修正案（八）》的施行，2011 年 4 月 22 日由全国人大常委会修正后的《道路交通安全法》第 91 条对酒驾行为和醉驾行为的处罚作出了区别对待，即只对酒驾行为规定了罚款和拘留的行政处罚措施，而对醉驾行为则删除了原来处以 15 日以下拘留并处罚款的行政处罚规定，并增加了“依法追究刑事责任”的规定。[①] 这就为最高人民检察院、公安部所持的“醉驾一律入罪”的立场提供了法律依据：上述修正后的《道路交通安全法》第 91 条规定的精神是很明确的，即对于酒驾行为才有作为行政违法行为给予罚款、拘留的行政处罚的余地，对于醉驾行为则应当一律作为犯罪处理，“依法追究刑事责任”，而不存在依照 1997 年《刑法》第 13 条的“但书”规定进行出罪的空间。另一方面，醉驾犯罪案件的法定最高刑仅仅是最高期限为 6 个月的拘役。而依据我国 1997 年《刑法》中犯罪成立的“定性 + 定

---

① 2011 年 4 月 22 日修正后的《道路交通安全法》第 91 条规定：“饮酒后驾驶机动车的，处暂扣六个月机动车驾驶证，并处一千元以上二千元以下罚款。因饮酒后驾驶机动车被处罚，再次饮酒后驾驶机动车的，处十日以下拘留，并处一千元以上二千元以下罚款，吊销机动车驾驶证。醉酒驾驶机动车的，由公安机关交通管理部门约束至酒醒，吊销机动车驾驶证，依法追究刑事责任；五年内不得重新取得机动车驾驶证。饮酒后驾驶营运机动车的，处十五日拘留，并处五千元罚款，吊销机动车驾驶证，五年内不得重新取得机动车驾驶证。醉酒驾驶营运机动车的，由公安机关交通管理部门约束至酒醒，吊销机动车驾驶证，依法追究刑事责任；十年内不得重新取得机动车驾驶证，重新取得机动车驾驶证后，不得驾驶营运机动车。饮酒后或者醉酒驾驶机动车发生重大交通事故，构成犯罪的，依法追究刑事责任，并由公安机关交通管理部门吊销机动车驾驶证，终生不得重新取得机动车驾驶证。”

量”的犯罪成立模式，对于法定最低刑为3年有期徒刑的奸淫幼女案件、抢劫案件，尚有依据1997年《刑法》第13条的“但书”规定进行出罪的余地。[①] 这样，对于法定最高刑仅仅是最高期限为6个月的拘役的醉驾案件却没有依据1997年《刑法》第13条的“但书”规定进行出罪的空间，便实属于理不通。由此，醉驾的无条件入罪就明显违反了刑法谦抑性原则。[②] 如此看来，最高人民法院所持的“醉驾不必一律入罪”的立场也有其相应的法律依据，即1997年《刑法》第13条的“但书”规定。

基于“法律体系内部的法律规定之间应当相互协调”这一考虑，在《道路交通安全法》第91条对醉驾行为未恢复予以拘留、罚款的行政处罚规定的情况下，可以将对醉驾行为“依法追究刑事责任”的前提解释为“醉驾行为，构成犯罪的”。这样，对于符合1997年《刑法》第13条但书规定的醉驾行为，就一方面可以顺理成章地认定其属于“未构成犯罪”的行为，另一方面可以依据《道路交通安全法》第91条的规定给予罚款、拘留的行政处罚。笔者注意到，2013年12月5日江苏省高级人民法院、江苏省人民检察院、江苏省公安厅联合发布的《江苏纪要》第29条指出，醉酒驾驶机动车在道路上行驶，因情节显著轻微不作为犯罪处理、决定不起诉或定罪免予刑事处罚的，公安机关可以依据《道路交通安全法》第91条第2款、第4款或第5款的规定对行为人作出行政处罚。依据2019《浙江纪要》第5条第4项的规定，对于醉驾案件，因情节显著轻微危害不大，不移送审查起诉的，由公安机关依法撤销案件并依照《道路交通安全法》第91条第2款规定作出吊销机动车驾驶证，5年内不得重新取得机动车驾驶证的行政处罚。依据《江苏纪要》和2019《浙江纪要》的上述规定，对于因情节显著轻微危害不大不作为犯罪处理的醉驾案件，就只能依据《道路交通

---

① 2003年4月18日最高人民检察院发布的《关于相对刑事责任年龄的人承担刑事责任范围有关问题的答复》第2条指出，相对刑事责任年龄的人实施了《刑法》第269条规定的行为的，应当依照《刑法》第263条的规定，以抢劫罪追究刑事责任。但对情节显著轻微，危害不大的，可根据《刑法》第13条的规定，不予追究刑事责任。2006年1月11日最高人民法院公布的《未成年人刑事问题解释》第6条规定：“已满十四周岁不满十六周岁的人偶尔与幼女发生性行为，情节轻微、未造成严重后果的，不认为是犯罪。”

② 叶亚杰：《论刑法谦抑性的价值与整合》，载《河北法学》2016年第12期。

安全法》第 91 条中关于醉驾案件行政处罚的规定给予处理(不包括罚款、拘留),而不得依据第 91 条中关于酒驾案件行政处罚的规定给予处理(包括罚款、拘留)。但是,对于酒驾案件可以给予包括罚款、拘留在内的行政处罚,对于因情节显著轻微危害不大不作为犯罪处理但比酒驾案件的危害更为严重的醉驾案件却不能够适用罚款、拘留的行政处罚措施,会导致轻重倒挂的现象,在道理上是说不通的。其实,依照当然解释规则,血液酒精含量达到 80 毫克/100 毫升以上的醉驾行为当然属于血液酒精含量达到 20 毫克/100 毫升以上的酒驾行为。这样,从行政处罚与刑罚处罚相衔接的角度看,对于因情节显著轻微危害不大不作为犯罪处理因而不能给予刑罚处罚的醉驾案件,就当然可以适用《道路交通安全法》第 91 条中关于酒驾案件行政处罚的规定给予处理(包括罚款、拘留)。

不过,应予强调的是,对于醉驾案件依据 1997 年《刑法》第 13 条的但书规定予以实体上的出罪处理问题的解决,从根本上讲还有赖于在《道路交通安全法》中恢复对醉驾行为的罚款、拘留的行政处罚措施。应当看到,我国对违法行为的制裁通常采取的是二元的制裁体系,即对于违法行为,依据其社会危害程度的不同,作为行政违法行为和刑事违法行为,分别给予行政制裁和刑事制裁。比如,对于盗窃行为,依据其社会危害程度的不同,纳入《治安管理处罚法》和《刑法》的制裁范围分别给予治安处罚和刑事处罚。而对于法定最高刑最高期限仅仅为 6 个月的拘役、理论上被认为属于微罪的醉驾犯罪,却因在修正后的《道路交通安全法》第 91 条被删除原有的罚款、拘留的行政处罚措施而被实行一元(刑事处罚)的制裁模式。这不仅反映立法机关在治理醉驾问题上对刑事处罚较高的期望,而且与我国通行的二元制的违法行为的制裁体系之间也存在一定程度上的冲突。就此而言,醉驾案件实体出罪渠道的不畅,实际上与立法机关通过修正后的《道路交通安全法》第 91 条对醉驾案件所确立的一元化的制裁体系密切相关。这样,要保障醉驾案件实体出罪渠道的畅通,就有必要在《道路交通安全法》中恢复对醉驾行为罚款、拘留的行政处罚措施,从而对醉驾案件确立通行的二元化的制裁模式。

就对醉驾案件依据 1997 年《刑法》第 13 条的但书规定予以实体上的

出罪处理而言，在学理上面临的质疑是：作为抽象危险犯的醉酒驾驶，抽象危险的认定全凭行为，即达到“醉酒”程度的“酒后驾驶”行为就证明存在抽象危险，足以构成犯罪。[①] 这种质疑显然存在将醉驾的抽象危险存在的判断混同于醉驾犯罪作为抽象危险犯成立的判断的问题。应当看到，在犯罪构成四要件理论的背景下，醉驾犯罪作为抽象危险犯成立的判断是一种在对符合犯罪构成要件的行为所体现的社会危害性程度（法益侵犯程度）综合起来进行的判断。其中，醉驾的抽象危险的存在仅仅是在对醉驾行为的社会危害程度进行综合判断时需要考量的因素之一，而绝不是需要考量的全部因素，由此就不能排除在醉驾的抽象危险存在的前提下醉驾行为因符合1997年《刑法》第13条的但书规定而被予以实体上出罪处理的可能性。这样，在司法认定中，就必须对“情节显著轻微危害不大”的醉驾情形作出罪化处理。[②] 而上述质疑则将醉驾的抽象危险的存在当作在对醉驾行为的社会危害程度进行综合判断时需要考量的全部因素，这显然是不能成立的。

对于醉驾案件依据1997年《刑法》第13条的但书规定予以实体上的出罪处理，在学理上还面临的疑问是：1997年《刑法》第13条但书的真实含义在于从刑事立法层面为行为危害程度的划分提供依据，进而成为评断行为罪与非罪的泾渭线。详言之，情节显著轻微危害不大的，不是犯罪，由非刑事法律加以调整；反之，则由《刑法》调整。它并不具有在某一行为已经符合刑法条文规定（构成犯罪）情形下的出罪功能。换言之，1997年《刑法》第13条但书只具有刑事立法上的出罪功能，而不具有刑事司法上的出罪功能。[③] 这实际上意味着《刑法》分则中关于醉驾犯罪的规定本身已经蕴含了醉驾行为被排除符合1997年《刑法》第13条“但书”规定的可能性。问题是，《刑法》总则的规定对《刑法》分则的规定具有指导意义，这是刑法学的基本常识。排除《刑法》分则中规定的醉驾行为符

① 参见夏勇：《作为情节犯的醉酒驾驶——兼议“醉驾是否一律构成犯罪”之争》，载《中国刑事法杂志》2011年第9期。

② 参见任博、廖斌：《醉酒驾车行为刑法适用之解读》，载《河北法学》2012年第4期。

③ 参见张建：《“醉驾型”危险驾驶罪的反拨与正源》，载《华东政法大学学报》2011年第5期；李翔：《论我国〈刑法〉第13条“但书”司法化之非》，载《东方法学》2016年第2期。

合《刑法》总则第13条“但书”的可能性，事实上割裂了《刑法》总则规定与《刑法》分则规定之间的有机联系。这样看来，在把握《刑法》分则中关于醉驾犯罪的规定时，就当然不能脱离《刑法》总则第13条“但书”的规定而对醉驾行为作出孤立的理解。

《2023年醉驾意见》第4条第1款规定：“在道路上驾驶机动车，经呼气酒精含量检测，显示血液酒精含量达到80毫克/100毫升以上的，公安机关应当依照刑事诉讼法和本意见的规定决定是否立案。对情节显著轻微、危害不大，不认为是犯罪的，不予立案。”第12条第1款规定：“醉驾具有下列情形之一，且不具有本意见第十条规定情形的，可以认定为情节显著轻微、危害不大，依照刑法第十三条、刑事诉讼法第十六条的规定处理：（一）血液酒精含量不满150毫克/100毫升的；（二）出于急救伤病人员等紧急情况驾驶机动车，且不构成紧急避险的；（三）在居民小区、停车场等场所因挪车、停车入位等短距离驾驶机动车的；（四）由他人驾驶至居民小区、停车场等场所短距离接替驾驶停放机动车的，或者为了交由他人驾驶，自居民小区、停车场等场所短距离驶出的；（五）其他情节显著轻微的情形。”由此，对醉驾案件依据《刑法》第13条但书的规定予以实体层面的出罪得到了最新司法解释的支持，《2013年醉驾意见》中“醉驾一律入罪”的立场在《2023年醉驾意见》中被“醉驾不一律入罪”的立场所取代。

二、对醉驾案件的犯罪嫌疑人一律予以刑事拘留，有利于强化醉驾入刑的刑法威慑效应

就上述2019《浙江纪要》中的第二大变化而言，对醉驾案件中的犯罪嫌疑人一律予以刑事拘留，是对醉驾案件适用强制措施查办实践经验的总结和升华。这是值得高度肯定的。

就醉驾案件的强制措施问题而言，2011年8月11日公安部印发的《公安机关醉驾案件指导意见》和上述2013年12月18日公布并施行的《2013年醉驾意见》并没有就拘留的一律适用作出要求，而只是将拘留规

定为可供选择适用的强制措施。[①] 随着对醉驾案件的司法处理轻缓化的做法(不起诉、免予刑事处罚和缓刑)在我国某些地方办理醉驾案件的司法实践中得以广泛运用,《公安机关醉驾案件指导意见》和《2013 年醉驾意见》中没有就拘留的一律适用作出要求的强制措施适用模式所造成的问题也越来越突出。一方面,由于拘留并非一律适用于醉驾案件的犯罪嫌疑人,为数不少的被宣告不起诉、判处免予刑事处罚、宣判缓刑的醉驾案件的犯罪嫌疑人、被告人就得以最终免遭羁押所带来的痛苦。这与酒驾案件的行为人可能因被适用行政拘留而得以羁押之间是极度不相协调的。毕竟,酒驾案件在危害程度上是低于醉驾案件的。由此就造成了行政处罚与刑事处罚关系中的轻重倒挂现象。另一方面,在为数不少的醉驾案件的犯罪嫌疑人、被告人免遭羁押的情况下,其不会对羁押所带来的痛苦有切身感受,这样,醉驾犯罪规定的刑法威慑力就大大降低,醉驾入刑的法律效果便大打折扣。基于此,近年来,在我国查办醉驾案件的实践中,不少地方的公安交警部门注重对醉驾案件的犯罪嫌疑人适用刑事拘留措施。如自 2019 年 7 月初开始,山东德州公安交警开始规范醉驾案件查处办理流程,明确对查获的醉驾者一律按要求先行采取刑事拘留强制

---

① 《公安机关醉驾案件指导意见》第 10 条规定:“规范强制措施适用。要根据案件实际情况,对涉嫌醉酒驾驶机动车的犯罪嫌疑人依法合理适用拘传、取保候审、监视居住、拘留等强制措施,确保办案工作顺利进行。对犯罪嫌疑人企图自杀或者逃跑、在逃的,或者不讲真实姓名、住址,身份不明的,以及确需对犯罪嫌疑人实施羁押的,可以依法采取拘留措施。拘留期限内未能查清犯罪事实的,应当依法办理取保候审或者监视居住手续。发现不应当追究犯罪嫌疑人刑事责任或者强制措施期限届满的,应当及时解除强制措施。”《2013 年醉驾意见》第 7 条第 2 款规定:“对醉酒驾驶机动车的犯罪嫌疑人、被告人,根据案件情况,可以拘留或者取保候审。对符合取保候审条件,但犯罪嫌疑人、被告人不能提出保证人,也不交纳保证金的,可以监视居住。对违反取保候审、监视居住规定的犯罪嫌疑人、被告人,情节严重的,可以予以逮捕。”《2023 年醉驾意见》第 6 条规定:“对醉驾犯罪嫌疑人、被告人,根据案件具体情况,可以依法予以拘留或者取保候审。具有下列情形之一的,一般予以取保候审:(一)因本人受伤需要救治的;(二)患有严重疾病,不适宜羁押的;(三)系怀孕或者正在哺乳自己婴儿的妇女;(四)系生活不能自理的人的唯一扶养人;(五)其他需要取保候审的情形。对符合取保候审条件,但犯罪嫌疑人、被告人不能提出保证人,也不交纳保证金的,可以监视居住。对违反取保候审、监视居住规定的犯罪嫌疑人、被告人,情节严重的,可以予以逮捕。”

措施,再移送审查起诉。① 对于这种一律先行刑事拘留的做法,有论者指出,对于情节相对轻微的醉驾行为人应慎用拘押强制措施,以免给案件的最终处理造成被动或者不必要的压力,也可以进一步降低案件查办和诉讼构成中的司法成本和社会成本。② 但是,恰恰是对于情节相对轻微的醉驾行为人而言,才更有必要强调拘留这一羁押性强制措施的适用,因为其更有可能因得到司法轻缓化处理而得以免遭羁押。这样,对其强调拘留这一羁押性强制措施的适用,就能够使其因提前补上羁押这一“课”而心生畏惧,此后远离醉驾。由此,醉驾入刑的法律效果就得以充分保障。因此,2019《浙江纪要》将醉驾案件查处实践中一律予以刑事拘留的做法通过地方性司法文件的形式固定下来,有利于强化醉驾入刑的法律威慑力。不过,《2023 年醉驾意见》并未采取醉驾案件查处实践中对醉驾者一律先行拘留的做法。对此,我国司法实务人士指出,在《2023 年醉驾意见》起草过程中,有意见提出实践中有的地方对醉驾案件不区分情形一律先行拘留,对一些不适宜羁押的人也适用了拘留,不符合法律政策精神。为了避免出现这种情况,《2023 年醉驾意见》在《2013 年醉驾意见》基础上,规定了因本人受伤需要救治等五种一般予以取保候审的情形。③

在此,涉及对醉驾案件的犯罪嫌疑人予以拘留后如何把握拘留期限的问题。依据笔者在对办理醉驾案件司法实践的调研中了解的情况,不少地方的司法机关将 7 天作为刑事拘留的期限,某直辖市的司法机关甚至将 30 天作为刑事拘留的期限,在上述期限内完成醉驾案件侦查、起诉、审判工作。无法在上述期限内完成醉驾案件侦查、起诉、审判工作的,就变更为取保候审或监视居住,并在法律规定的期限内完成侦查、起诉、审判工作。而依据 2018 年修改后的《刑事诉讼法》第 91 条第 1 款、第 2 款的规定,公安机关对被拘留的人,认为需要逮捕的,应当在拘留后的 3 日

---

① 参见马乐、张亚磊、于潘蕾:《即日起,醉驾者一经查获先刑拘》,载《德州日报》2019 年 7 月 11 日,第 B01 版。

② 参见《醉驾量刑也要坚持区别对待,一律刑拘不妥》,http://law. sxgov. cn/content/2016 - 06/30/content_7244909. htm。

③ 参见曹红虹:《“两高两部”〈关于办理醉酒危险驾驶刑事案件的意见〉的理解与适用》,载《人民检察》2024 年第 3 期。

以内，提请人民检察院审查批准。在特殊情况下，提请审查批准的时间可以延长 1 日至 4 日。对于流窜作案、多次作案、结伙作案的重大嫌疑分子，提请审查批准的时间可以延长至 30 日。就醉驾案件的犯罪嫌疑人而言，一方面，其不属于“流窜作案、多次作案、结伙作案的重大嫌疑分子”；另一方面，醉驾犯罪的法定最高刑是最高期限为 6 个月的拘役，而逮捕只能适用于可能判处徒刑以上刑罚的犯罪嫌疑人、被告人，因而对其不存在拘留后提请人民检察院审查批准逮捕的问题。这样，“提请审查批准的时间可以延长 1 日至 4 日”的规定对于被予以刑事拘留的醉驾案件的犯罪嫌疑人而言便是不能适用的。由此看来，无论是将 7 天还是 30 天作为醉驾案件犯罪嫌疑人的刑事拘留的期限，均存在于法无据的问题，合乎法律的期限应当是 3 天。对此，在司法实践中应予以纠正。

当然，要在 3 天的刑事拘留期限内完成醉驾案件的侦查、起诉、审判工作，的确会使司法机关面临比较大的办案上的压力。在这一方面，北京市海淀区推行的“48 小时全流程速裁程序”的做法是值得借鉴的。48 小时全流程速裁程序是在海淀区法院刑事速裁程序基础上，对事实更清楚、证据更明晰的案件进一步细化分流，进一步缩短流转时间，其最大的特点是比普通速裁程序审判效率更高。[①] 另外，对醉驾案件的犯罪嫌疑人一律予以拘留，也会增大看守所的羁押压力，对其在羁押空间方面能否满足需要提出了强有力的挑战。这是在对醉驾案件的犯罪嫌疑人采取一律予以拘留的做法时必须予以直面的问题。

---

① 参见李阳：《48 小时！全流程审结醉驾案——北京海淀法院刑事案件速裁再提速小记》，载《人民法院报》2017 年 7 月 3 日，第 1 版。《2023 年醉驾意见》在《刑事诉讼法》规定的速裁程序的基础上对醉驾案件确立了快速办理机制。《2023 年醉驾意见》第 21 条规定：“人民法院、人民检察院、公安机关和司法行政机关应当加强协作配合，在遵循法定程序、保障当事人权利的前提下，因地制宜建立健全醉驾案件快速办理机制，简化办案流程，缩短办案期限，实现醉驾案件优质高效办理。”《2023 年醉驾意见》第 22 条明确了快速办理机制适用案件的范围，即具有下列情形的醉驾案件，一般应当适用快速办理机制：现场查获，未造成交通事故的；事实清楚，证据确实、充分，法律适用没有争议的；犯罪嫌疑人、被告人自愿认罪认罚的；不具有《刑事诉讼法》第 223 条规定情形（不适用速裁程序的情形）的。《2023 年醉驾意见》第 23 条明确了快速办理机制的办案期限，即适用快速机制办理的醉驾案件，公检法机关一般应当在立案侦查之日起 30 日内完成侦诉审工作。

三、将“证明车辆行驶轨迹的相关材料”纳入诉讼证据的范围，具有对醉驾者个体的酒精反应程度加以考量的意蕴

就上述2019《浙江纪要》中的第三大变化而言，将“证明车辆行驶轨迹的相关材料”纳入醉驾案件应当移送的证据范围，醉驾犯罪案件证据的完整性由此就得以保障，且其还具有在醉驾案件的处理中对醉驾者个体的酒精耐受程度加以考量的意蕴。这也是值得充分肯定的。

具体而言，“驾驶”是醉驾案件中极为重要的客观要件要素。对此，需要控方提供相应的证据加以证明。与言词证据的证明力相比，“证明车辆行驶轨迹的相关材料”相对而言更为客观，因而对“驾驶”这一客观要件要素的证明更有价值。不仅如此，“证明车辆行驶轨迹的相关材料”还可能直观地反映出醉酒对行为人行车轨迹的实际影响。由此就可以对醉驾者的酒精反应程度作出有根有据的判断。

依据笔者在对办理醉驾案件司法实践的调研中了解的情况，在办理醉驾案件的实践中，司法人员几乎不对醉驾者个体的酒精反应程度进行考量。就其中的原因而言，既包括对醉驾者个体的酒精反应程度没有予以考量的依据，也包括基于对醉驾犯罪属于抽象危险犯的认识，认为没有必要对其予以考量。对此，笔者认为，之所以“没有予以考量的依据”，是由于对醉驾者个体的酒精反应程度在醉驾案件办理中的作用在认识上没有到位，因而忽略了作为“考量的依据”的证据材料的收集，而并非因为不能够收集相应的证据材料。醉驾型危险驾驶罪属于抽象危险犯不能够成为对醉驾者个体的酒精反应程度不予考虑的理由，应当看到，醉驾者个体的酒精耐受程度不尽相同。这样，同样的酒精含量对不同醉驾者个体的影响就可能会有很大的不同，由此便会导致醉驾行为对公共安全的危险性程度的差异。如此一来，我国醉驾案件的处理实践中长期以来所奉行的对醉驾者个体的酒精反应程度基本上不作考虑的做法，就会造成刑法适用的实质不平等现象。而通过审查“证明车辆行驶轨迹的相关材料”，意味着在醉驾案件的处理中得以适当地考虑了不同醉驾者的酒精反应程度的问题，这有利于刑法实质平等的实现。

笔者注意到，依据《2023年醉驾意见》第7条第2款第1项的规定，对

犯罪嫌疑人是否饮酒、驾驶机动车有争议的，应当收集同车人员、现场目击证人或者共同饮酒人员等证人证言、饮酒场所及行驶路段监控记录等。这里的“行驶路段监控记录”虽然是基于解决犯罪嫌疑人是否饮酒、驾驶机动车的争议而收集的，但是对反映醉驾者个体的酒精反应程度也有证明价值。

此外，为更为直观地反映醉驾者个体的酒精反应程度，可以考虑由公安交警部门在查处醉驾时进行人体平衡测试，测试的同步视频移交给检察机关、审判机关作为对醉驾案件的犯罪嫌疑人、被告人作出司法处理的依据之一。进行人体平衡测试的基本考虑是，醉酒程度对人的平衡感有直接的影响，而人的平衡感对驾驶机动车的安全性又有直接的影响。这样，通过进行人体平衡测试，就可以反映出在同样含量的酒精进入不同驾驶者的人体后醉驾行为对公共安全的危险性程度的差异。

四、对醉酒驾驶汽车案件的被告人缓刑的适用取消酒精含量的限制，体现了扩大缓刑适用的倾向，符合对微罪案件进行宽缓化处理的刑事政策的要求

就上述2019《浙江纪要》中的第四大变化而言，在对醉酒驾驶汽车案件的被告人缓刑适用中取消酒精含量的限制，意味着无论酒精含量高低，在符合缓刑适用条件的情况下均可以适用缓刑。这体现了对醉驾案件扩大缓刑适用的倾向，符合对轻微犯罪进行宽缓化处理的刑事政策的要求，因而也是值得予以赞同的。

就醉驾案件的缓刑适用问题而言，存在激烈的争论。有的基层执法人员认为，对醉驾者适用缓刑的做法是值得商榷的。对醉驾者适用缓刑显然与满足民众安全愿望的现实需求、控制和规避交通活动风险的立法目的相悖，无异于是对醉驾者的放纵。从直观上讲，对于饮酒后驾车被处罚后再次饮酒驾车的尚需采取拘留的行政处罚，而对醉酒驾车却判处缓刑，显失公平。[①] 而有的学者则认为，对醉驾情节较轻的，完全可以判处相

---

① 参见徐勇：《醉驾缓刑或免刑有待商榷》，载《光明日报》2012年3月22日，第15版。

对较轻的刑罚，而不宜一律判处实刑。[①] 从司法实践中醉驾案件缓刑的适用情况来看，在不同地区也存在明显的不平衡状态。依据司法实务人士对中国裁判文书网刊登的醉驾型危险驾驶罪一审裁判文书的梳理，2017年被宣告缓刑的案件数量占当年醉驾型危险驾驶罪总数的56%，2018年为54.6%，但各省市的缓刑比例参差不齐，比如2017年湖北省缓刑案件比例为86.9%，北京市为25%，辽宁省为18%；2018年湖北省缓刑案件比例为75.3%，北京市为5.1%，辽宁省为28.3%。[②]

笔者认为，一方面，醉驾型危险驾驶罪的唯一主刑是拘役，而拘役作为短期自由刑，因其执行中存在“交叉感染”的弊端而历来备受诟病。因此，为避免拘役作为短期自由刑所具有的弊端，对于醉驾案件应尽可能多地适用缓刑。另一方面，醉驾型危险驾驶罪属于法定最高刑为拘役的微罪。对于法定最高刑为3年有期徒刑的轻罪，尚且要实行依法从宽为基调的刑事政策。对于醉驾型危险驾驶罪这样的微罪，为体现出对法定最高刑为3年有期徒刑的轻罪的更大从宽处罚的幅度，就有必要实行以宽中更宽为基调的刑事政策。[③] 而对于醉驾者尽可能多地适用缓刑，就可以充分体现出以宽中更宽为基调的刑事政策。就此而言，司法实践中我国某些地方的法院迄今仍然坚持对醉驾案件的被告人原则上不判缓刑而须判实刑的做法，是值得反思的。需要知道的是，某些地方的法院对于醉驾所引发的交通肇事犯罪案件的被告人尚可以适用缓刑，而对于单纯醉驾者则原则上排除缓刑的适用，这里显然存在轻重倒挂的问题。至于上述基层执法人员所提到的对醉驾者适用缓刑而对饮酒后驾车被处罚后再次

① 参见梁根林：《“醉驾”入刑后的定罪困扰与省思》，载《法学》2013年第3期。

② 参见孙硕：《缓刑视角下的醉驾刑事案件》，载《人民司法》2019年第10期。

③ 在此，涉及对醉驾的治理应否予以从严的问题。笔者认为，对醉驾的治理应当是查处上的从严和司法处理的整体上的宽中更宽的有机结合。一方面，通过不断加大对酒驾醉驾的查处力度，建立稳定的常态化执法机制，破除酒驾醉驾者的侥幸心理，使驾驶人员对酒驾醉驾形成“违法必究”的心理预期，可以从源头上最大限度地杜绝酒驾醉驾的发生。另一方面，在查处上从严的前提下，受醉驾犯罪属于微罪的影响，在司法处理层面不可能对其采取以从严为基调的刑事政策，而为与对轻罪的处理所采取的以从宽为基调的刑事政策予以区别对待，只能对其采取以宽中更宽为基调的刑事政策。如果对微罪的处理也采取基调为从严的做法，就会违背宽严相济刑事政策的基本原理。

饮酒驾车者尚需采取拘留的行政处罚所引起的不公平的问题，一方面，可以通过对醉驾案件的犯罪嫌疑人一律适用刑事拘留的强制措施予以缓解；另一方面，考虑到被适用缓刑的醉驾者毕竟沾上了犯罪的“污名”，而酒驾者则仅仅属于一般违法人员，也很难说醉驾者所承担的实际后果就比饮酒后驾车被处罚后再次饮酒驾车者轻。再者，“程序即惩罚”，刑事程序给醉驾者所带来的负担要远远重于行政程序给酒驾者所带来的负担。这样，单单从刑事程序的角度看，醉驾者由刑事程序中所受到的惩罚也要高于酒驾者由行政程序中所受到的惩罚。因此，对醉驾者适用缓刑能否引发公平问题，需要综合进行考量，而不能仅仅将眼光盯在醉驾者因被适用缓刑而得以免于羁押这一点上。

酒精含量是醉驾案件定罪量刑时需要予以考虑的极为重要的因素。因此，我国不少省市的地方性醉驾司法文件普遍地将酒精含量在一定数值以上的醉驾案件作为不得适用缓刑的情形之一。如依据前述《江苏纪要》、2016 年 7 月 1 日起施行的天津市高级人民法院《关于扩大量刑规范化罪名和刑种的量刑指导意见（试行）》（以下简称《天津意见》）、2017 年 3 月 1 日起施行的四川省高级人民法院《〈关于常见犯罪量刑指导意见〉实施细则（二）》、2019 年 6 月 10 日安徽省高级人民法院刑事行政审判专业委员会第十三次会议通过的安徽省高级人民法院《关于审理“醉驾”刑事案件量刑工作指引》第 6 条第 1 款第 1 项的规定，醉酒驾驶机动车，血液酒精含量在 200 毫克/100 毫升以上的，一般不得适用缓刑。依据前述重庆市高级人民法院、重庆市人民检察院、重庆市公安局发布的《重庆综述》，行为人血液中酒精含量在 200 毫克/100 毫升以上的，应当从严掌握缓刑适用条件。依据 2016 年 6 月 29 日湖北省高级人民法院《关于扩大量刑规范化罪名和刑种的量刑指导意见（试行）》（以下简称《湖北意见》）第 3 部分第 6 条第 3 款第 1 项，酒精含量达到 240 毫克/100 毫升以上的，一般不适用缓刑。而 2017《浙江纪要》则将醉驾案件中对被告人适用缓刑的酒精含量标准限定在 180 毫克/100 毫升以下。上述司法文件对醉驾案件中缓刑适用的酒精含量限制的规定在司法实践中也得到了验证。依据学者对重庆市某法院的调研结果，在该院适用缓刑的案件中，被告人的酒精含量全部在 200 毫克/100 毫升以下，凡是超过该标准的，无论是否有其他酌定的情节,均不再适用缓刑。相反,如果酒精含量没有超过该标准,法院可以根据被告人从轻或从重的情节,决定适用或者不适用缓刑。①

在笔者看来,虽然酒精含量是醉驾案件的量刑中需要考量的重要因素,但是,其绝不是唯一的因素。就对醉驾案件能否适用缓刑而言,应当是对酒精含量在内的多项影响醉驾案件量刑的因素进行综合考量后所得到的结果。而对醉驾案件的缓刑适用提出酒精含量的限制,实际上等于将处在酒精含量限制范围以上的被告人一刀切地排除在缓刑的适用范围之外。其实,在设定酒精含量限制的情况下,就不符合酒精含量限制的醉驾案件而言,并非能够断定其被告人一定不符合宣告缓刑的条件。由此看来,2019《浙江纪要》取消醉酒驾驶汽车案件的缓刑适用中酒精含量的限制,具有对醉驾案件的缓刑适用范围予以纠偏的意义。由于实践中酒精含量在180毫克/100毫升以上的醉驾案件的数量为数不少,②在醉酒驾驶汽车案件的缓刑适用中取消酒精含量的限制,就会对醉驾案件的缓刑适用范围的扩张带来明显的积极影响。这符合对作为微罪的醉驾犯罪案件实行以宽中更宽为基调的刑事政策的要求,是值得充分肯定的。

笔者注意到,依据《2023年醉驾意见》第14条第5项的规定,血液酒精含量超过180毫克/100毫升的,对醉驾被告人一般不适用缓刑。这种对血液酒精含量超过180毫克/100毫升的醉驾被告人原则上不适用缓刑的做法是值得商榷的。

---

① 参见王利荣、李鹏飞:《对醉驾入刑司法效果的实证研究——以重庆市A法院相关审判数据及判例为主要样本》,载周赟主编:《厦门大学法律评论:2014年下半年卷》总第24辑,厦门大学出版社2014年版,第103页。

② 依据学者对重庆某法院的调研结果,在已决的180件危险驾驶案件中,被告人血液中酒精含量在130毫克~180毫克/100毫升范围内的有111件,占总数的61.7%;酒精含量在80毫克~130毫克/100毫升的范围内的有24件,占总数的13.3%;酒精含量在180毫克~300毫克/100毫升范围内的有45件,占总数的25%。参见王利荣、李鹏飞:《对醉驾入刑司法效果的实证研究——以重庆市A法院相关审判数据及判例为主要样本》,载周赟主编:《厦门大学法律评论:2014年下半年卷》总第24辑,厦门大学出版社2014年版,第96页。

五、对醉酒驾驶汽车情形下不起诉或者免予刑事处罚的酒精含量限制提升30毫克/100毫升，符合对微罪案件的处理应当尽可能轻缓化的刑事政策的要求

就上述2019《浙江纪要》中的第五大变化而言，对醉酒驾驶汽车情形下不起诉或者免予刑事处罚的酒精含量限制提升30毫克/100毫升，会扩展醉驾案件的无罪化处理空间，强化对醉驾案件的轻缓化处理效果，因而符合对微罪案件的处理应当尽可能轻缓化的刑事政策的要求。

就醉驾案件中的不起诉或者免予刑事处罚的问题而言，有的基层执法人员面对醉驾适用缓刑或免予刑罚的案例不断出现的现实情况，担心今后是否会出现检察机关对危险驾驶案件适用不起诉的情况，如果这样，执法的成本必然远远高于违法成本，对法律效果的实现是不利的。[①] 而有的司法实务人员则指出："对情节轻微，可以作相对不起诉的醉驾案件，依法作出不起诉决定，避免烦琐审批程序。"[②]还有的司法实务人员认为，检察机关在审查起诉阶段对醉驾案件是否起诉有自由裁量权。[③] 其实，最高人民检察院在醉驾入刑的规定施行之初就表明了"醉驾一律起诉"的立场。时任最高人民检察院新闻发言人、办公厅主任的白泉民在2011年5月23日接受《新京报》独家采访时表示，对于公安机关移送至检察机关的醉驾案件，经检察机关查明，案件的醉驾事实清楚、证据确凿充分的，会一律按照法律程序办理，该批捕的批捕，该起诉的起诉。对于醉驾情节轻微案件，会按照《刑法修正案（八）》及相关法律上的条款起诉，不会存在选择性。[④] 受这种"醉驾一律起诉"立场的影响，地方检察机关不起诉裁量权的适用一度普遍受到限制，具体表现为相对不起诉在醉驾案件中的适用率极低，个别省份的个别年份甚至出现全年只有1起醉驾案件适用相

---

① 参见徐勇：《醉驾缓刑或免刑有待商榷》，载《光明日报》2012年3月22日，第15版。

② 陈敬慧、杜润森：《防治醉驾须综合施策》，载《检察日报》2019年10月11日，第3版。

③ 参见卢成仁：《"醉驾"之罪与罚》，载《河北法学》2011年第10期。

④ 参见邢世伟：《醉驾案证据充分一律起诉不存在选择性》，http://www.dzwww.com/xinwen/guoneixinwen/201105/t20110524_6377003.htm。

对不起诉的情况。[①] 不过，在2017年5月1日《常见犯罪量刑指导意见(二)》试行前后，我国某些地方性司法文件已经突破了上述“醉驾一律起诉”的立场，对醉驾案件规定了适用不起诉或者免予刑事处罚的情形。如依据2017《浙江纪要》第6条第2款第1项的规定，酒精含量在140毫克/100毫升以下，没有八种从重情节的，可以不起诉或者免予刑事处罚。依据上述《天津意见》第3部分第4条的规定，醉酒程度在100毫克/100毫升以下且系初犯，认罪、悔罪，未造成其他损失或者后果的，可以考虑免予刑事处罚。依据上述《湖北意见》第3部分第1条第7款的规定，具有下列情形之一，犯罪情节轻微，认罪悔罪态度好，且不具有危险驾驶罪增加刑罚量情形的，可以免予刑事处罚：(1)醉酒程度在100毫克/100毫升以下的初犯，未造成其他损害后果或者仅致本人受伤的；(2)醉酒程度较轻，因急救病人、短距离挪动车位、非路检原因主动放弃驾驶、隔夜醒酒后开车，未造成其他损害后果或者仅致本人受伤的；(3)其他可以免予刑事处罚的情形。依据2018年7月13日河南省人民检察院印发的《轻微刑事案件适用相对不起诉指导意见》第12条的规定，在道路上醉酒驾驶机动车，血液酒精含量在100毫克/100毫升以下，且不具备法定从重情节的，可以作相对不起诉处理。在道路上醉酒驾驶机动车，血液酒精含量在140毫克/100毫升以下，情节轻微、危害不大的，可以作相对不起诉处理。具有情节恶劣，应当从重处罚的情形的，一般不宜作相对不起诉处理。

从醉驾案件中不起诉或者免予刑事处罚的适用情况来看，我国不同基层司法机关的适用比例是有很大不同的。以不起诉为例，有的基层检察院相对不起诉的适用比例达到70%，而有的只有1.1%。2016年以来，东部Z省S市Y区醉驾相对不起诉人数占受理人数的58%，占所有相对不起诉人数的49%。2019年以来，该院醉驾案件相对不起诉率已经达到62%，位列该省第一。[②] 而“2011年5月至2017年10月，广州市检察机关

---

① 参见蔡巍：《“醉驾”不起诉裁量权的适用及完善》，载《苏州大学学报(哲学社会科学版)》2019年第5期。

② 参见蔡巍：《“醉驾”不起诉裁量权的适用及完善》，载《苏州大学学报(哲学社会科学版)》2019年第5期。

共受理危险驾驶案件 14.5 万件，其中提起公诉的有 14.2 万件，起诉率高达 98.01%”①。

笔者认为，依据《道路交通安全法》第 91 条的规定，公安机关对于醉驾案件的确可以一律予以立案，但是，这并不意味着对于醉驾案件，检察机关可以一律起诉。一方面，如上所述，醉驾案件属于法定最高刑仅仅为拘役的微罪案件，对于法定最高刑为 3 年有期徒刑的轻罪案件，检察机关尚且没有也不能一律予以起诉，而是尚有适用相对不起诉制度的余地。对于法定最高刑为 3 年有期徒刑的轻罪案件，应当实行以从宽为基调的刑事政策。对于法定最高刑仅仅为拘役的微罪案件，就应当实行以宽中更宽为基调的刑事政策，以彰显出对轻罪和微罪的区别对待。这样，对于醉驾这种微罪案件，一律予以起诉，就会导致违背以宽中更宽为基调的刑事政策的处理结果和轻重倒挂的现象。另一方面，2018 年修订后的《刑事诉讼法》第 177 条第 2 款规定，对于犯罪情节轻微，依照刑法规定不需要判处刑罚或者免除刑罚的，人民检察院可以作出不起诉决定。就这里的“犯罪情节轻微”而言，司法实践中一般以 3 年有期徒刑为分界线，而醉驾案件的法定最高刑仅仅是 6 个月的拘役。这样，所有醉驾案件的犯罪嫌疑人就显然具备“犯罪情节轻微”这一相对不起诉制度的适用前提条件。因此，对醉驾案件一律予以起诉，就明显违背《刑事诉讼法》关于相对不起诉制度适用条件的规定。从司法实践的情况来看，对醉驾案件一律予以起诉，而对由醉驾所引发的交通肇事案件则可予以相对不起诉，会导致醉驾案件的犯罪嫌疑人产生“与其醉驾，还不如醉驾后肇事”的荒唐想法。因此，为激活《刑事诉讼法》中的相对不起诉制度，体现对醉驾案件这样的微罪案件的处理坚持以宽中更宽为基调的刑事政策，应当对醉驾案件大力适用相对不起诉制度予以宽缓化处理。

应当指出的是，部分检察机关对醉驾案件中相对不起诉制度适用的不到位是促成醉驾案件在法院审理的案件中所占据的数量居高不下的重要原因。2019 年 7 月 31 日，最高人民法院公布了 2019 年上半年全国法

---

① 谢文英：《建议将部分醉驾案纳入附条件不起诉范围》，载《检察日报》2018 年 3 月 17 日，第 7 版。

院审判执行数据。在审结的刑事案件中,危险驾驶案首次超越盗窃案,排在第一位。在此,之所以危险驾驶案首次超越盗窃案,固然与机动车保有量的激增、驾驶员人数的激增、公安机关多年来对酒驾、醉驾的零容忍、严执法的态度、支付方式的改变等因素密切相关,但与在醉驾案件的司法处理中相对不起诉制度没有得到充分的运用之间也存在密切的联系。醉驾案件大量进入法院的审判程序,导致法院极为紧张的刑事审判资源受到不应有的挤占。依据笔者在调研中所了解到的情况,很多法院抽调大量的刑事审判力量用于审理醉驾案件,以至于很多刑事法官戏称自己所在的刑事审判庭为"醉驾案件庭"。为此,为减轻法院在审判醉驾案件中所面临的案件数量过多的审判压力,也有必要通过对醉驾案件大力推行不起诉制度进行程序上的分流。

尤其应予强调的是,不起诉处理实际上属于对醉驾案件进行无罪化处理的程序法路径。我国立法机关在将醉驾入刑的同时,对于醉驾案件这样的微罪案件的法律附随后果问题并没有予以应有的重视。这样,一旦醉驾者被贴上有罪的标签,除了可能接受拘役、罚金等刑罚处罚外,在机关企事业单位还要面临被开除公职、开除党籍、撤销党内职务、解除劳动合同等附随后果,担任律师、医师的要被吊销执业证书。这些人回到社会后,因为有犯罪记录,在就业时会遇到种种障碍,不能入党,不能报考国家公务员,就连出国申请签证、自己开公司申请营业执照也都会受到影响,甚至家庭成员尤其子女的就学就业入伍入党也会受到限制。据笔者在调研中通过接触已回归社会的醉驾者所了解的实际情况,很多醉驾者所面临的附随后果比其所受的刑罚处罚要严重得多。这样,就形成了对醉驾者的法律附随后果的惩罚性重于刑罚处罚的惩罚性的现象。为减轻这种现象给社会治理带来的影响,有必要大力减少被贴上有罪标签的醉驾者的数量,打通醉驾案件司法处理的无罪化处理通道。就醉驾案件的出罪路径而言,应当实行"双管齐下",既要重视实体法的出罪路径,也要重视程序法的出罪路径。打通实体法的出罪路径,意味着法院既要重视对符合 1997 年《刑法》第 13 条"但书"规定的醉驾行为的出罪问题,也要重视对不符合醉驾犯罪构成要件要素的醉驾行为的出罪问题。而打通程序法的出罪路径,则意味着检察机关对于不需要判处刑罚或者免除刑罚的醉驾案件,充分运用相对不起诉制度作无罪化处理。考虑到实体出罪的难度远远高于程序出罪的司法实际状况,就醉驾案件的出罪路径而言,应当主要有赖于程序出罪。实际上,对于不需要判处刑罚或者免除刑罚的醉驾案件,一旦检察机关没有作相对不起诉处理,在移交法院审理后,法院就不能作出无罪化处理,而只能依据 1997 年《刑法》第 37 条的规定作出免予刑事处罚的处理。就此而言,在醉驾案件的出罪路径上,检察机关应当充分承担起程序出罪的角色。而目前醉驾案件的数量在全国法院审理的刑事案件的总量中高居第一位,则是与检察机关没有很好地承担起这种角色密切相关的,这的确是值得深刻反思的。

在对醉驾案件实行相对不起诉处理的情况下,一方面,要注意对被起诉人给予行政处罚、行政处分的问题。否则,就可能导致醉驾者没有受到行政处罚、行政处分而酒驾者却受到行政处罚、行政处分这种轻重倒挂的现象。对此,2019 年 12 月 30 日最高人民检察院施行的《人民检察院刑事诉讼规则》第 373 条第 2 款规定:“对被不起诉人需要给予行政处罚、政务处分或者其他处分的,经检察长批准,人民检察院应当提出检察意见,连同不起诉决定书一并移送有关主管机关处理,并要求有关主管机关及时通报处理情况。”另一方面,要注意对被起诉人的后续制约问题。与附条件不起诉不同的是,在相对不起诉的场合,不能以被不起诉人在考验期内必须符合一定的条件作为不予起诉的考量因素。这就使得一旦对被起诉人作出相对不起诉的决定,就存在“一放了之”的问题,缺乏足够的后续制约。对此,上述规则第 373 条第 1 款规定:“人民检察院决定不起诉的案件,可以根据案件的不同情况,对被不起诉人予以训诫或者责令具结悔过、赔礼道歉、赔偿损失。”这有助于缓解对被作出相对不起诉的人缺乏足够的后续制约的窘境,但其意义是有限的。

在这方面,“瑞安模式”是值得借鉴的。2017 年 10 月,瑞安市检察院联合瑞安市公安局、瑞安市司法局、瑞安市“爱心顺风车”公益组织共同出台的《关于“醉驾”案件实行购买公益服务落实不起诉的意见》让符合不起诉条件的犯罪嫌疑人参加社会公益服务活动,接受法治教育,提高对醉驾犯罪社会危害性的认识,防止再犯,最后以犯罪嫌疑人的综合表现为参考决定是否作不起诉处理。该做法属全国首创,被浙江省检察院赞誉为醉驾不起诉的“瑞安模式”。[1] 当然,“瑞安模式”也存在在相对不起诉制度的框架下让犯罪嫌疑人参加社会公益服务活动于法无据的问题。就此而言,可以考虑将相对不起诉制度与目前司法实践中大力推行的认罪认罚从宽制度有机结合,将不能在相对不起诉制度的框架下解决的对被不起诉人缺乏足够的后续制约的问题纳入认罪认罚从宽制度的范围加以解决。这样,就一方面扩大了相对不起诉制度的适用范围,另一方面也解决了在相对不起诉制度的框架下解决对被不起诉人缺乏足够的后续制约问题时所面临的于法无据的问题。

依据1997年《刑法》第37条的规定,对于犯罪情节轻微,依照刑法规定不需要判处刑罚或者免除刑罚的,可以免予刑事处罚。由此可见,2018年修订后的《刑事诉讼法》第177条第2款所规定的相对不起诉的适用条件与1997年《刑法》第37条所规定的免予刑事处罚的适用条件是完全一致的。这样,司法实践中在把握醉驾案件的相对不起诉的适用条件和免予刑事处罚的适用条件时,就应当将二者保持一致。实际上,我国地方性司法文件在就醉驾案件的相对不起诉和免予刑事处罚作出规定时,也是这样做的。比如,依据前述重庆市高级人民法院、重庆市人民检察院、重庆市公安局的《重庆综述》,行为人血液中酒精含量在80毫克~130毫克/100毫升之间(含130毫克/100毫升),认罪悔罪的,检察机关可以作微罪不起诉处理,已经提起公诉的,法院可以判处免予刑事处罚,但是,具有严重违反交通运输管理法规的行为的除外。《2023年醉驾意见》也采纳了这种做法。《2023年醉驾意见》第13条规定:“对公安机关移送审查起诉的醉驾案件,人民检察院综合考虑犯罪嫌疑人驾驶的动机和目的、醉酒程度、机动车类型、道路情况、行驶时间、速度、距离以及认罪悔罪表现等因素,认为属于犯罪情节轻微的,依照刑法第三十七条、刑事诉讼法第一百七十七条第二款的规定处理。”

在醉驾案件相对不起诉的适用条件和免予刑事处罚的适用条件一致的情况下,既然对于醉驾案件应当大力推行相对不起诉制度,就没有必要

---

① 参见林非凡:《践行枫桥经验,瑞检在行动!首创醉驾不起诉“瑞安模式”》,载正义网,http://www.jcrb.com/xmtpd/youliao/201804/t20180413_1858644.html。

对符合相对不起诉的适用条件却没有被作相对不起诉处理的醉驾案件不大力推行免予刑事处罚制度。为此,2017 年 5 月 1 日起试行的《常见犯罪量刑指导意见(二)》明确规定,对于醉驾案件的被告人,犯罪情节轻微不需要判处刑罚的,可以免予刑事处罚。

在醉驾案件中相对不起诉制度和免予刑事处罚制度均需要大力推行的背景下,2019《浙江纪要》所采取的对醉酒驾驶汽车情形下相对不起诉或者免予刑事处罚的酒精含量限制提升 30 毫克/100 毫升的做法,就一方面扩展了醉驾案件无罪处理的范围,另一方面在对醉驾案件作有罪处理的前提下彰显了对微罪案件宽中更宽的精神,因而是值得高度肯定的。

六、对于醉驾案件增加“不移送审查起诉”的规定有利于节约宝贵的司法资源

就上述 2019《浙江纪要》中的第六大变化而言,对于符合 1997 年《刑法》第 13 条但书的案件不移送审查起诉,意味着情节显著轻微危害不大的醉驾案件的犯罪嫌疑人能够及时地从醉驾案件的诉讼程序中解脱出来,可以节约司法资源。而且,其也具有明确的程序法依据。依据 2018 年修订后的《刑事诉讼法》第 16 条第 1 项的规定,情节显著轻微、危害不大,不认为是犯罪的,不追究刑事责任,已经追究的,应当撤销案件,或者不起诉,或者终止审理,或者宣告无罪。由此可见,对于符合 1997 年《刑法》第 13 条“但书”的案件不移送审查起诉,而作撤销案件处理,是符合法律规定的。

在我国司法实践中存在“案立不撤”的现象,即基于撤销案件会影响侦查机关工作业绩考核的考虑,一旦侦查机关对案件进行了立案侦查,就不存在撤销案件的问题。由此,对于立案侦查的案件,即使不符合移送检察机关审查起诉的条件,移送检察机关审查也成为司法实践中常规的做法。而在侦查机关对于明知不符合移送检察机关审查起诉条件的案件仍然移送检察机关审查起诉的情况下,检察机关对案件在审查起诉方面的付出就属于没有价值的劳动,这样就浪费了检察机关宝贵的检察资源。就此而言,2019《浙江纪要》规定对于符合 1997 年《刑法》第 13 条但书规定的案件不移送审查起诉,不但能够节约宝贵的检察资源的运用,而且对

司法实践中“案立不撤”的司法处理方式具有进行纠偏的意义。

实际上,《2023 年醉驾意见》也采纳了 2019《浙江纪要》的上述做法。依据《2023 年醉驾意见》第 12 条第 1 款的规定,对于情节显著轻微、危害不大的醉驾案件,依据《刑事诉讼法》第 16 条的规定,不追究刑事责任,已经追究的,应当撤销案件,或者不起诉,或者终止审理,或者宣告无罪。

七、结语

总体而言,就 2019《浙江纪要》的上述六大变化而言,除绝对出罪的规定值得推敲外,均符合对微罪案件进行宽缓化处理的刑事政策要求,打通了醉驾案件无罪化处理和免予刑事处罚的通道,大大地拓展了醉驾案件缓刑适用的范围,保证了醉驾犯罪案件证据的完整性,具有对醉驾者个体的酒精反应程度加以考量的意蕴,有利于节约宝贵的刑事司法资源,是对司法理性的彰显,其中对于醉驾案件的犯罪嫌疑人一律予以刑事拘留的规定则体现了宽中有严的精神。因而,浙江省 2019 年醉驾司法文件的六大变化大体上是值得肯定的。

专题十

论立法定量模式下抽象危险犯处罚之司法正当性*

内容摘要：抽象危险犯的立法目的在于应对实害犯和具体危险犯均难以解决的疑难问题。抽象危险犯所产生的危险系行为的危险，其蕴含于行为之中，因此，对抽象危险犯的危险不能允许反证。在我国“立法定性 + 立法定量”的定罪模式（以下简称立法定量模式）下应对犯罪构成作实质解释。抽象危险犯蕴含侵犯人权的风险，需要对其成立范围予以合理限制。在承认行为实施之后危险必然存在的前提下，可以通过对犯罪构成要件进行实质解释限制抽象危险犯的成立范围，这是确保其处罚司法正当性的最为现实的路径。

抽象危险犯正日益成为刑法学研究和刑事立法的关注焦点，然而，自这一概念提出以来，其所引发的争议亦如影随形。有人认为，抽象危险犯可罚性的扩张与现代刑事政策的除罪化趋势相冲突；也有人认为，抽象危险犯有违刑法的最后手段性；还有人指出，抽象危险犯可能违反责任主义原则。① 应当说，抽象危险犯蕴含侵犯人权的风险，这一判断已经成为学界共识。基于此，学者们针对抽象危险犯之可罚性提出了诸多

---

* 本文为王志祥、黄云波的同名论文，原载《法律科学（西北政法大学学报）》2016 年第 3 期，收入本书时有修改。

① 参见林东茂：《危险犯的法律性质》，载《台大法学论丛》1994 年第 1 期。

节制手段。[1] 在中国刑法学界有相当一部分学者认为，对抽象危险犯应当允许反证，以保障抽象危险犯处罚之司法正当性。[2] 本专题将对这一观点予以否定，并在我国刑法立法定量模式下，探寻抽象危险犯处罚之司法正当性的实现路径。

一、对抽象危险犯之抽象危险不能予以反证

（一）主张对抽象危险犯之抽象危险进行反证的观点概述

主张对抽象危险犯之抽象危险进行反证的观点一般认为，就抽象危险犯而言，只要在形式上有符合刑罚法规所规定的行为，就可以说该行为具有抽象危险，成立抽象危险犯。在此，危险只是一种立法上的拟制或者推定，对于危险的有无无须司法上的具体判断，但是，这并不能排除行为已经实施而危险却并未产生的特殊情况的出现。因此，为了确保刑法处罚的司法正当性，应当允许在具体案件中通过反证证明危险不存在，从而排除行为的犯罪性。

反证的观点源于德国学者，其中，拉布尔（Rabl）和施罗德（Schröder）是秉持这一观点的代表性人物。拉布尔认为，“对于一个危险行为的处罚，只有当此一行为对法益有实质攻击时，才能算是处罚正当。对于法益有实质的攻击，是指一个行为对于外在世界造成了实际上的改变，而且有

---

① 有学者曾经详细列举了对抽象危险犯的可罚性进行节制的 8 种不同观点：（1）对于单纯的不服从，不应施加刑罚；（2）对于危险的立法推定，应许反证推翻；（3）具体危险的可能性若不存在，抽象危险犯的可罚性应受排除；（4）风险若已排除，则不应处罚；（5）如未违反客观的注意义务，则不应处罚；（6）如未违反主观的注意义务，则不应处罚；（7）如未损及同伙的信赖感，应认为构成要件不该当；（8）如未破坏安全，则不应处罚。详细内容请参见林东茂：《危险犯的法律性质》，载《台大法学论丛》1994 年第 1 期。

② 如有论者指出，“允许行为人反驳抽象危险犯对行为风险的法律推定，是合理控制抽象危险犯过度处罚无风险行为的有效路径”，参见谢杰：《“但书”是对抽象危险犯进行适用性限制的唯一根据》，载《法学》2011 年第 7 期。有论者认为，“由于抽象危险犯中的危险是推定的危险而非拟制的危险，因此应当允许反证危险不存在而出罪”，参见付立庆：《应否允许抽象危险犯反证问题研究》，载《法商研究》2013 年第 6 期。也有论者认为，“适用具体法益可允许反证排除抽象危险犯可罚性的原理，醉酒驾驶犯罪应允许具体个案中以对道路上具体人身和财产法益无任何危险可能的境况作为排除行为不法性的根据”，参见李川：《抽象危险犯自身谦抑机制研究——以醉驾案件具体危险犯化认定倾向为视角》，载《政治与法律》2013 年第 12 期。

外显的结果,此种结果就是,对于保护客体的实害或具体危险。此种结果(主要是危险),立法者在抽象危险犯上面,是用推定的。对于这一种推定,应该加以反证推翻,反证不危险的义务,由行为人承担”[①]。施罗德认为,根据危险之证明可能性的大小,可以将抽象危险犯分为“允许反证的抽象危险犯”与“不允许反证的抽象危险犯”。就前者而言,“‘当这个行为构成为确定的具体的对象保护服务时,在具体案件中,为了在这里能够肯定地确定,在事实上是否给这个对象造成了危险’,应当允许对‘无危险性进行相反的证明’”[②],“不危险的反证,应由法官就个案提出,‘如果可以确定,行为根本不会引起对于人命可能想见的危险,法官就不得适用抽象危险犯的构成要件’”[③]。就后者而论,对于毒品交易、非法持有枪械以及交通违规等行为,由于这些行为所造成的危险很难逐个预见,因而只能承认立法者的判断,不允许以反证推翻其危险。[④]

(二)对抽象危险犯之抽象危险进行反证的观点之否定

上述主张对抽象危险犯之抽象危险进行反证的观点在刑法学界并未得到广泛认可。如有学者指出,作为“允许反证的抽象危险犯”与“不允许反证的抽象危险犯”的区分标准,危险之证明可能性本身并不明确。对危险推定进行反证的观点,也违反了责任原则和存疑时有利于被告原则。[⑤] 笔者对抽象危险犯反证的观点也持否定态度。事实上,即便抽象危险犯是“通过危险刑法所产生的刑法的危险”[⑥],需要对其进行合理限制,以确保刑法在处罚抽象危险犯时的实质合理性,也不代表可以对抽象危险犯的危险可以进行反证。反证的观点其实是对抽象危险犯本质的误

---

① 林东茂:《危险犯的法律性质》,载《台大法学论丛》1994 年第 1 期。

② [德]克劳斯·罗克辛:《德国刑法学总论:犯罪原理的基础构造》(第 1 卷),王世洲译,法律出版社 2005 年版,第 278 页。

③ 林东茂:《危险犯的法律性质》,载《台大法学论丛》1994 年第 1 期。

④ 参见徐凯:《抽象危险犯正当性问题研究——以德国法为视角》,中国政法大学出版社 2014 年版,第 57 页。

⑤ 参见徐凯:《抽象危险犯正当性问题研究——以德国法为视角》,中国政法大学出版社 2014 年版,第 56 ~ 59 页。

⑥ [德]约克·艾斯勒:《抽象危险犯的基础和边界》,蔡桂生译,载赵秉志主编:《刑法论丛》2008 年第 2 期,法律出版社 2008 年版,第 331 ~ 343 页。

解,有违抽象危险犯的立法初衷。

一方面,抽象危险犯的立法理由决定了对其不能进行反证。

关于抽象危险犯的处罚根据,在学界主要存在两种不同学说。“典型(类型)危险理论”是德国刑法学界的通说。这种理论认为,某些行为之所以被设置为抽象危险犯,是因为就日常生活经验来看,这些行为对法益具有一般的、典型的或普遍的危险性;“危险假设(拟制)理论”认为,一个行为在个案上,既不引起具体危险,也不引起实害,这个行为之所以被处罚,只是立法上推定(或假定)其有危险。[①] 就这两种学说而言,不论是典型危险还是危险假设,都不能排除行为已实施而危险却并未产生的特殊个案的出现。因此,就这一角度来看,主张对抽象危险犯反证的观点似乎有其合理性。

根据“典型(类型)危险理论”,某种行为具备典型危险性,“其一定行为的存在本身,在现实上难以想象有欠缺实害结果”[②],“这种危险是依附于行为而存在的,只要实施了行为,则危险自在其中”[③]。然而,既然难以想象欠缺实害结果,并且危险已自在其中,反证又从何谈起呢?正如学者所言,“透过推定的方法肯定实害结果的存在,是一个便宜的做法,但是理论上这不是绝对可靠的认定,因此理论上容许用反证推翻其实害结果实现的推论,进而推翻其既遂犯罪的构成。只不过,既然对于此类犯罪之行为,现实上难以想象其无侵害结果,所以现实上以反证推翻条文适用的可能性也几近于零”[④]。根据“典型(类型)危险理论”,危险几乎已经达到了不证自明的程度,这种危险似乎比具体危险更加容易认定。然而,既然危险已如此地显而易见,却又为何不将犯罪类型规定为具体危险犯呢?因为,至少就目前情况来看,学界普遍认为具体危险犯比抽象危险犯更有利于保障人权。由此可见,“典型(类型)危险理论”本身就存在诸多矛盾之处。就“危险假设(拟制)理论”而言,其理解的逻辑顺序应当是,立法者

① 参见林东茂:《危险犯与经济刑法》,台北,五南图书出版有限公司 2002 年版,第 32 ~ 34 页。

② 黄荣坚:《基础刑法学》,台北,元照出版有限公司 2012 年版,第 578 页。

③ 陈兴良:《但书规定的法理考察》,载《法学家》2014 年第 4 期。

④ 黄荣坚:《基础刑法学》,台北,元照出版有限公司 2012 年版,第 578 页。

并不是因为立法上推定（或假定）某种行为有危险才将其设置为抽象危险犯，而是为了选择抽象危险犯这种立法形式，才从立法上推定（或假定）某种行为有危险性，在此，决不能因果倒置。

显然，以上两种理论都不是抽象危险犯的立法理由，而只是立法者在选择了抽象危险犯这种立法形式之后，为了论证立法的正当性，对抽象危险犯的处罚根据所作的理论诠释。从理论诠释中推出对抽象危险犯的危险进行反证的观点当然并不可靠。

抽象危险犯的产生其实有着更深层次的原因，即立法者在技术上面临着以实害犯或具体危险犯难以应对的难题，不得不求助于抽象危险犯。抽象危险犯的涌现是当前社会背景在刑法中的反映。随着社会的不断发展，传统风险由于量的累积已经从理论上的可能成了现实的存在（如环境污染）；现代化在给人们带来生活便利的同时也产生了在传统社会中不可能出现的新型巨大风险（如核技术、基因技术所产生的风险）；现代社会人与人之间的关联具有很强的匿名性，社会交往过程中的风险责任人难以确定（如食品安全责任）。在这一社会背景下，考虑到风险发展的不可预测性与不确定性，及其可能引发的灾难性后果，立法者选择了不需要有具体危险或侵害结果产生的抽象危险犯，希望从风险源头对其进行控制。①

由上可知，立法者选择立法的拟制或者推定，简化对危险的证明程序，本来就是因为难以认定某种行为是否会产生危险或者损害结果，所以希望通过抽象危险犯对风险进行源头控制。在具体案件中，如果允许犯罪嫌疑人或者法官提起反证，②主张危险并不存在，法官对这一主张将无法决断，根据"疑罪从无原则"或"存疑时有利于被告原则"，就不应认定被告人有罪。但如此一来，抽象危险犯在司法实践中将面临全面崩溃。

另一方面，抽象危险系"行为的危险"，这决定了对其不能进行反证。

---

① 参见徐凯：《抽象危险犯正当性问题研究——以德国法为视角》，中国政法大学出版社2014年版，第28～30页。

② Rabl主张由被告人承担驳倒法律推定的举证责任，施罗德（Schröder）则认为应由法官主动提起反证。

日本刑法学界有一种有力的观点认为,刑法中的“危险”可以分为“行为危险”与“作为结果的危险”。所谓“行为的危险”,是指行为本身所具有的导致侵害结果发生的可能性,因而也可以称为行为的属性;“作为结果的危险”,是指行为所导致的对法益的威胁状态。抽象危险和具体危险可以分别与“作为行为的危险”“作为结果的危险”相对应。[①] 这种观点从危险的不同表现状态,对抽象危险与具体危险进行了区分,有利于说明立法者为何要为抽象危险犯设置不同于具体危险犯的罪刑构造,以及为何对抽象危险犯之抽象危险不能进行反证。

通常认为,刑法中的危险是一种法益侵害的可能性。[②] 在哲学上,可能性是指“具备了实现的充分条件,或不缺实现的必要条件,因此,只有充分具备了实现的条件,才是可能的,即只有现实的才是可能的。”可能性“指的是还没有成为现实,但又不排斥成为现实”[③]。所以,可能性的产生基础就在于,现实世界中已经具备使之成为现实的条件。对具体危险犯而言,由于这种危险是一种紧迫的、高度的危险,[④]其转化为现实的可能性很大,因而,这种可能性已经具备了充分的实现条件。由于具体危险与现实侵害极为接近,其与现实侵害的区别仅在于损害结果尚未产生,因而这种危险在表现形式上已经能够显现为一种外在的事实状态。这种事实状态是一种由行为所造成的法益侵害可能性,是一种“危险结果”,或者说是

---

① 参见张明楷:《危险犯初探》,载马俊驹主编:《清华法律评论》1998 年第 1 辑,清华大学出版社 1998 年版,第 118 ~ 142 页。

② 如有德国学者指出,“根据司法判例,危险是指一种不寻常的、违反规则的状态。作为专家们的判断,在这种状态下,‘根据现有的具体情况,产生损害被视为极有可能,产生此等损害的可能性近在咫尺’”,参见[德]汉斯 · 海因里希 · 耶塞克、[德]托马斯 · 魏根特:《德国刑法教科书》,徐久生译,中国法制出版社 2001 年版,第 322 页。日本学者认为,“成为危险犯之结果的所谓法益侵害的危险,是指发生法益侵害的客观的可能性或者盖然性,不过这是个可能附加程度的概念,有的场合要求高度的危险,有的场合只要有比较缓和的程度的危险就够了”,参见[日]山口厚:《刑法总论》(第 2 版),付立庆译,中国人民大学出版社 2011 年版,第 45 页。我国学者也认为,危险即“侵害法益的可能性与盖然性”,参见张明楷:《刑法学》(第 4 版),法律出版社 2011 年版,第 166 页。

③ 刘永富:《哲学概论(纲要)》,西安交通大学出版社 2008 年版,第 116 页。

④ 参见[日]山口厚:《刑法总论》(第 2 版),付立庆译,中国人民大学出版社 2011 年版,第 45 页。

“作为结果的危险”。在具体危险犯中,这种“危险结果”已经超出了行为本身所具有的危险属性,演变成了一种可辨识的事实状态。

就抽象危险犯而言,其所产生的是一种缓和的危险,[①]转化为现实的可能性与具体危险相比要小,因而使之转化为现实的条件也相对较少。与具体危险已经表现为法益侵害可能性的事实状态不同,抽象危险还没有与行为相分离,仍然是一种蕴含于行为之内的法益侵害可能性,因此,抽象危险是“作为行为的危险”,属于行为本身的危险。不过,需要注意的是,虽然抽象危险是一种缓和的危险,但这种危险依然存在法益侵害的可能性,已经逾越了刑法所允许的危险存在的限度,因而也需以刑法对其进行规制。法律仅禁止一种危险,亦即逾越被允许程度的危险,抽象危险犯与具体危险犯所要禁止的危险是相同的,两个犯罪类型中都必须检验有无危险,只是在抽象危险犯是直接检验行为本身的危险性,具体危险犯则除了行为本身以外,还要附加其他的危险状况。

抽象危险属于“作为行为的危险”,这一特征决定了对抽象危险犯之抽象危险不能进行反证。因为,在抽象危险犯的场合,事实上并未产生可与行为本身相分离的结果,在抽象危险与实害结果之间并不存在一个在行为之外的、可以具体判断危险结果的阶段。[②] 所以,抽象危险犯的危险是蕴于行为之中的,行为本身的实施即表明了危险的存在。这也就决定了,在确认行为人已经实施了行为的前提下,不可能通过反证证明危险不存在,从而否定抽象危险犯的成立。

以上是笔者对抽象危险犯之抽象危险进行反证观点所作的否定。如前所言,在德日等大陆法系国家和地区,学者们对抽象危险犯还提出了多种其他节制手段。然而,“刑法解释学上,所提出的节制抽象危险犯的可罚性的看法,本质上都是植根于‘目的限缩’。但是,这些看法都不能圆满解决抽象危险犯的可罚性。因此,比较稳妥的解决方法,只有求之于立法

---

① 参见[日]山口厚:《刑法总论》(第2版),付立庆译,中国人民大学出版社2011年版,第45页。

② 参见郝艳兵:《风险刑法:以危险犯为中心的展开》,中国政法大学出版社年版2012年版,第181页。

上的安排"[①]。如《德国刑法典》第326条第6项规定："由于垃圾数量小，显然排除对环境，尤其是对人、水域、空气、土地、可食动物或植物的有害影响的，该行为不处罚。"[②]不过，笔者认为，在我国刑法犯罪成立的立法定量模式下，不仅无须求诸反证等其他节制手段，也无须在立法上作另行规定。在我国刑法的规定之下，只需对抽象危险犯的犯罪构成作实质解释，就能确保对抽象危险犯处罚的司法正当性。

二、立法定量模式下的刑法实质解释

我国《刑法》第13条规定："一切危害国家主权……以及其他危害社会的行为，依照法律应当受刑罚处罚的，都是犯罪，但是情节显著轻微危害不大的，不认为是犯罪。"该规定中"但是情节显著轻微危害不大的，不认为是犯罪"，即属于犯罪概念的但书规定。一般认为，《刑法》第13条前一部分是对犯罪概念的正向规定，而但书部分则是对犯罪概念的反向限制，在我国刑法之下，需要将正向规定与反向规定相结合才能正确地认定犯罪。这一规定决定了在我国刑法中，轻微的危害社会行为已被排除于犯罪圈之外，表明我国刑法采取的是"立法定性 + 立法定量"的定罪模式（以下简称为"立法定量"模式），这与大多数国家刑法采取的"立法定性 + 司法定量"的定罪模式有所不同，是我国刑法的一大特色。

通常认为，犯罪概念是犯罪构成的基础，犯罪构成是犯罪概念的具体化。因此，在我国刑法中，作为对犯罪概念的反向限制，但书也将影响对犯罪的认定。不过，关于但书的具体运用问题，我国刑法学界存在较大争议。"出罪标准说"认为，应当将但书的机能定位在"出罪"，即在具体认定犯罪时，先形式化地判断行为是否符合犯罪构成，在行为符合犯罪构成的情况下，再以但书对行为进行实质判断，只有当行为不符合"情节显著轻微危害不大"的规定，该行为才能构成犯罪。具体而言，认定犯罪应当分为两步走："第一步，看是否符合犯罪构成，如果不符合，则直接排除其犯罪性（形式判断）；第二步，如果符合犯罪构成，再看

---

① 林东茂：《危险犯的法律性质》，载《台大法学论丛》1994年第1期。

② 徐久生、庄敬华：《德国刑法典》，中国方正出版社2004年版，第162页。

是否情节显著轻微危害不大，如果是则不认为犯罪；如果不是才认为犯罪（实质判断）。"[①]这种观点在我国司法实务界具有广泛的影响力。司法实践中，但书常常被作为出罪的法律依据直接适用。例如，在中国安乐死第一案——蒲某某、王某某故意杀人案中，法院明确指出，被告人王某某、蒲某某的行为属于故意剥夺公民的生命权利，但是情节显著轻微危害不大，不构成犯罪，根据1979年《刑法》第10条和1979年《刑事诉讼法》[②]第11条的规定，判决两被告人无罪。[③]

"入罪的限制条件说"认为，应当将但书的机能定位在对"入罪"的限制，司法机关只能根据刑法规定的犯罪成立条件认定行为是否成立犯罪，而不是直接以社会危害性的大小认定犯罪。"出罪标准说"一方面认定行为符合犯罪成立条件，另一方面却又根据但书宣告行为人无罪，这将导致刑法规定的犯罪成立条件丧失其应有的意义。刑法在规定犯罪成立条件时，必须对符合犯罪成立条件的行为进行实质的评价，刑法的解释者、适用者在解释和适用刑法规定的犯罪成立条件时，也必须从实质上理解，只能将值得科处刑罚的违法、有责的行为解释为符合犯罪成立条件的行为。对于"情节显著轻微危害不大"的行为，应以不符合犯罪成立条件为由宣告无罪，而不是直接以《刑法》第13条的但书为根据宣告无罪。[④]

笔者赞同"入罪限制条件说"的主张。作为刑法总则中对犯罪概念的

---

① 储槐植、张永红：《善待社会危害性观念——从我国刑法第13条但书说起》，载《法学研究》2002年第3期。

② 这两部法律所指的分别是1979年通过并于1980年生效实施的《刑法》和《刑事诉讼法》。

③ 该案是我国刑事司法史上的著名案例，其所引发的学术讨论一直持续至今。因此，本文对该案的具体案情不再赘述，如需了解案件详情参见王鸿鳞：《关于我国首例"安乐死"案件》，载《人民司法》1990年第9期。如今理论界对该案的无罪判决结果存在一些批判意见，如有学者指出，该案中，被告人以积极的"安乐死"方式非法剥夺他人生命的行为，在"量"上难言"危害不大"；尽管"情非得已"，但在"安乐死"尚未取得全民共识的国情之下，不能轻易地认为该行为具有社会相当性，在"质"上也难言"情节显著轻微"。因而被告人的行为具有刑事违法性，该案判决不仅存在以情代法之嫌，更是对但书的不当适用，参见王昭武：《犯罪的本质特征与但书的机能及其适用》，载《法学家》2014年第4期。但笔者认为，在我国安乐死没有被予以合法化的情况下，通过但书的适用将事实上符合安乐死条件的案件做无罪处理，有其现实性与合理性。当然，笔者并不赞同该案以但书为法律依据予以出罪的做法，而是主张通过对犯罪构成的实质解释使其出罪。

④ 参见张明楷：《刑法学》（第4版），法律出版社2011年版，第93页。

原则性规定，但书不仅应对刑事立法工作具有指导作用，也应对刑事司法工作发挥指引作用。但是，在指导具体的刑事司法工作时，但书并非宣告无罪的具体标准，司法机关不能直接援引但书作为出罪的法律依据，而应将但书融于刑法分则所规定的犯罪构成之中，通过对犯罪构成的实质解释，以否定行为的犯罪成立条件符合性的方式，将"情节显著轻微危害不大"的行为予以出罪。主要理由如下所述。

第一，犯罪成立的立法定量模式决定了应对犯罪构成作实质解释。

如前所述，我国刑法采取的是"立法定性 + 立法定量"的定罪模式。通过《刑法》第 13 条的正文与但书的结合，我国刑法完成了犯罪圈的划定。因此，对我国刑法关于犯罪的立法定义，完整的理解应当是：除了情节显著轻微危害不大的行为外，一切危害国家主权领土完整和安全等的行为都是犯罪。[①] 我国立法者在设定刑法分则的犯罪构成之时，就已经将"情节显著轻微危害不大"的情形排除在刑法之外。刑法分则所规定的具体犯罪，无论是否存在包含定量因素的明文规定，都不应将"情节显著轻微危害不大"的情形包括在内，因为，根据刑法分则是否有明文规定，可以将罪量要素分为法定的罪量要素与涵摄的罪量要素。法定的罪量要素，是指刑法分则在罪状中已有明文规定的罪量要素；涵摄的罪量要素，是刑法分则在罪状中对罪量要素虽无明文规定，却可以根据但书以及表述罪状的分则条文的规范保护目的予以涵摄，只是这种涵摄的罪量要素并不在表述罪状的语言文字的通常字面文义之内，其作用依然在于限缩刑法的处罚范围。[②] 所以，即使是没有明文规定定量因素的犯罪，其实也隐含了量的要求。在司法实践过程中，只有通过实质解释发掘涵摄的罪量要素，以此排除"情节显著轻微危害不大"的情形，才能准确认定行为是否构成犯罪。

从我国法律对违法与犯罪所采取的二元制裁体系来看，也应当对犯罪构成作实质解释。我国法律从程度上将危害社会的行为区分为违法与犯罪两类，对危害程度较轻的违法行为以行政制裁对危害程度较重的犯

① 参见储槐植：《刑事一体化论要》，北京大学出版社 2007 年版，第 99 页。

② 参见梁根林：《但书、罪量与扒窃入罪》，载《法学研究》2013 年第 2 期。

罪行为则处以刑事制裁。但是,在二元制裁体系之下,就形式来看,违法行为与犯罪行为的区别并不大。尤其是在个别情况下,由于法律所规定的行为模式几乎一样,要从形式上对违法行为与犯罪行为予以区分,是非常困难的。例如,就《治安管理处罚法》第 67 条与《刑法》第 359 条第 1 款而言,两个条文均规定了"引诱、容留、介绍他人卖淫的"这一形式上完全相同的行为模式,法律后果则是一个处以行政处罚,另一个处以刑事制裁。[①] 在这种情况下,如果不对刑法所规定的犯罪构成作实质解释,两种行为将完全无法区分。在司法实践中,就曾因这两项规定而出现同种行为被处以截然不同法律制裁的案例。如 2006 年 10 月,深圳市 N 区的"温碧"发廊老板李某实施容留卖淫的行为,16 天后被查获,被法院以容留卖淫罪判处有期徒刑 5 年;2006 年 12 月,深圳市 L 区的发廊老板姜某实施容留卖淫行为,18 天后被查获,却只被区公安局处以 15 日拘留及 5000 元罚款的行政处罚。[②] 所以,在对危害行为实行二元制裁体系的情况下,只有对犯罪构成进行实质解释,才能将行政违法行为与刑事违法行为进行准确区分。

第二,犯罪构成即犯罪成立的全部条件决定了应对犯罪构成作实质解释。

我国传统的犯罪构成理论采用的是平面耦合式的判断模式,犯罪构成四个方面的要件之间是你中有我、我中有你、一存俱存、一损俱损的关系,"缺乏任何一个方面的要件,犯罪构成的整体就不存在"[③]。与德日犯罪成立理论相比,我国的犯罪构成理论在组成要素上与其并无原则上的差异,因为,"犯罪构成理论,是刑法理论对刑法规定的犯罪成立必须具备

---

① 《治安管理处罚法》第 67 条规定:"引诱、容留、介绍他人卖淫的,处十日以上十五日以下拘留,可以并处五千元以下罚款;情节较轻的,处五日以下拘留或者五百元以下罚款。"《刑法》第 359 条第 1 款规定:"引诱、容留、介绍他人卖淫的,处五年以下有期徒刑、拘役或者管制,并处罚金;情节严重的,处五年以上有期徒刑,并处罚金。"

② 参见吴学斌:《同种行为不同语境下的客观解读——寻找治安管理处罚法与刑法的模糊边界》,戴玉忠、刘明祥主编:《和谐社会语境下刑法机制的协调论文集》,中国检察出版社 2008 年版,第 307 ~ 316 页。

③ 高铭暄:《对主张以三阶层犯罪成立体系取代我国通行犯罪构成理论者的回应》,载赵秉志主编:《刑法论丛》2009 年第 3 卷,法律出版社 2009 年版,第 1 ~ 12 页。

的基本条件进行系统归纳和分类的结果。由于对犯罪成立条件的归纳和分类方法不同，各国犯罪构成理论的体系结构和表述方式有很大差异，但这些理论的内容没有实质上的区别”[①]。与德日刑法中的“构成要件”不同的是，一般认为，我国刑法中的“构成要件”是对于具体发生的客观事实判断其是否成立犯罪的前提条件，而我国刑法中的“犯罪构成”其实已经包含了犯罪成立的全部条件。因此，对行为的社会危害性程度的要求，必然也会包含于犯罪构成之中，并且会体现在犯罪构成要件之上。易言之，我国刑法的犯罪构成各个方面要件中其实都蕴含着“量”的规定，由此就决定了，对我国犯罪构成各方面要件的认定，不可能只是一种单纯的形式判断。[②]

一般认为，与德日的犯罪成立理论相比，我国的犯罪构成理论缺乏一定的层次性，缺乏从形式判断到实质判断这样一种逐步排除的阶层式设计，这是我国的犯罪构成理论存在争议之处。那么，从借鉴德日犯罪成立理论阶层体系的角度来看，能否以“出罪标准说”所主张的先形式判断再实质判断的方式，对我国的犯罪构成理论进行阶层式改造呢？笔者认为，这种改造也不具有可行性。

从德日的构成要件发展史来看，这种通过层层抽剥逐步缩小犯罪包围圈的主张，本身就不具有现实可行性。构成要件是德日犯罪成立体系中的核心概念，是判断行为是否成立犯罪的基础性条件。自 1906 年贝林(Beling)提出构成要件理论至今，德日刑法学的研究都是围绕着构成要件的概念及其机能而展开的。贝林最初提出来的是中性无色的构成要件，在构成要件中不包含立法者对行为是合法还是违法的价值评判，只包含客观要素。但在迈耶(M. E. Mayer)发现了规范的构成要件要素之后，这种中性无色的构成要件理论开始受到质疑。迈耶认为，构成要件中既包含了描述性要素，也包含了规范性要素。麦兹格(Mezger)则进一步发展了规范性要素的概念，他认为，如果构成要件中欠缺行为人的主观要素，

---

① 陈忠林：《现行犯罪构成理论共性比较》，载《现代法学》2010 年第 1 期。

② 参见王志祥、敦宁：《形式和实质的解释论之争与犯罪论体系的选择》，载《现代法学》2012 年第 2 期。

那么将无法对构成要件符合性进行判断。规范性要素和主观违法要素的发现，使构成要件理论不再是贝林时代的中性无价值的理论，而是在形式的基础之上逐渐具有了原来只有违法性和罪责两部分才具有的实质内涵。在韦尔策尔（Welzel）提出目的行为论之后，不法概念的主观化趋势被推演到了极致。“二战”以后，规范性构成要件要素获得了全面的承认。① 正如学者所言，“构成要件论发展的历史实际上也正是构成要件论崩溃的历史”②。因此，即便是从德日的犯罪成立理论来看，要对构成要件作纯粹形式的判断也不具有可行性。“客观到主观、形式到实质及事实到价值的判断进路只能是在应然层面而言，在实然层面无法做到。”③就“出罪标准说”所主张的形式判断而言，其判断对象是我国刑法中的“犯罪构成”。而要对这个原本就是形式与实质相结合、主观与客观相统一的犯罪构成作形式理解，当然更加不具有可行性。

第三，刑事司法需获得公众认同决定了应当对犯罪构成作实质解释。

如前所言，“出罪标准说”在我国司法实务界具有广泛的影响力。从司法实践情况来看，在许多案件中都是直接以但书为法律依据进行出罪的。不过，但书规定有很大的模糊性，由此导致的就是，许多本可通过其他途径出罪的案件亦被纳入但书出罪的范畴。以醉驾型危险驾驶罪为例，有学者对司法实践中以但书出罪的案件情况进行了归纳：“（1）夜深时分在人车稀少的道路上醉酒驾驶的；（2）醉酒驾驶距离较短的；（3）因没有找到代驾而醉酒驾驶的；（4）初次醉酒驾驶，被查获后后悔莫及态度真诚的；（5）血液中的酒精浓度刚刚超过 80 毫克/100 毫升的标准的；（6）因食用含有酒精的食物、药物导致血液中的酒精含量超过 80 毫克/100 毫升的；（7）醉酒情况下在停车场或者地下车库开动机动车的；（8）为送病人去医院而醉酒驾驶的。”④

就以上各种情形而言，如果说前 5 种情形尚且可以勉强纳入“情节显

---

① 参见蔡圣伟：《刑法问题研究（二）》，台北，元照出版有限公司 2013 年版，第 3 ~ 26 页。

② ［日］西原春夫：《犯罪实行行为论》，戴波、江溯译，北京大学出版社 2006 年版，第 56 页。

③ 刘艳红：《实质犯罪论》，中国人民大学出版社 2014 年版，第 61 页。

④ 陈兴良：《但书规定的法理考察》，载《法学家》2014 年第 4 期。

著轻微危害不大”的范畴,那么后3种情形则非常明显无须借助《刑法》第13条但书进行出罪。例如,就第6种情形而言,法官完全可以通过对行为人主观罪过的考察,判断行为的罪与非罪。如果行为人是初次食用含有酒精的食物或者药物,由此导致血液中酒精含量超标,行为人对食物或者药物含有酒精并不知情,那么行为人对于醉酒驾驶可能根本就不存在犯罪故意;如果行为人曾经有过食用这类食物或者药物而醉酒的经历,就说明行为人已经存在醉酒驾驶的故意,应对其予以定罪处刑。第7种情形的关键之处在于,停车场或者地下车库是否属于《刑法》第133条之一中的“道路”。如果停车场或地下车库属于私人领域,一般不应认定为危险驾驶罪;如果停车场或地下车库属于公共领域,则一般应认定为危险驾驶罪。至于第8种情形,很明显这种情况符合刑法中的避险规定,在不存在避险过当的前提下,当然不构成犯罪。

刑法既是保护犯罪人权利的大宪章,也是保护善良公民的大宪章。要确保刑事司法的正当性,既要使刑事判决获得被告方的认同,也应使其获得被害方以及其他社会公众的认同。[①] 虽然有学者指出,入罪应注重合法性,出罪应注重合理性,[②]但这并不意味着出罪无须考虑合法性。如果无罪判决没有可靠的法律依据,那么这种判决就不可能让被害方及其他公众信服,被害方就有可能持续上访或者申诉,这样不仅没有案了事结,还可能由此引发其他矛盾。因此,笔者认为,为实现刑事司法的公众认同,也应当对犯罪构成作实质解释,将《刑法》第13条但书融入犯罪构成之内,从犯罪构成之中寻找出罪的法律依据,以强化刑事判决的公信力,而不是借助《刑法》第13条但书的模糊规定笼统地出罪。

需要指出的是,由于《刑法》第13条是我国刑法对犯罪所作的一般性、原则性定义的条文,但书是犯罪概念的重要组成部分,而我国刑法中的犯罪构成即犯罪成立的全部条件,犯罪构成所规定的犯罪当然应与犯罪概念所描述的犯罪具有统一性。因此,以但书为指导对犯罪构成进行

---

① 参见黄云波、张晓玲:《论刑事司法的公众认同》,载《湖南警察学院学报》2012年第2期。

② 参见储槐植:《出罪应注重合理性》,载《检察日报》2013年9月24日,第3版。

实质解释,应当适用于所有的犯罪,[①]抽象危险犯也不例外。

三、立法定量模式下通过实质解释实现抽象危险犯的司法正当性

关于行为的社会危害性是否达到严重程度的认定,理论上一般认为需要考虑如下因素:(1)行为所侵犯的是什么样的社会关系;(2)行为的性质、方法、手段或其他有关情节;(3)行为是否造成危害结果、危害结果的大小或者是否可能造成严重危害结果;(4)行为人本身的情况;(5)行为人主观方面的情况;(6)情节是否严重、恶劣;(7)行为实施时的社会形势。[②] 因此,"但书规定的适用条件是一个整体,情节显著轻微危害不大是一种综合判断,而不是根据单一的指标得出的结论"[③]。同理,以但书为指导对抽象危险犯的犯罪构成作实质解释,对行为的社会危害性(包含危险性)程度的判断也应是一种综合判断。以下将从犯罪构成的四个方面分别论述。[④]

(一)从犯罪客体上对抽象危险犯的成立范围进行合理限制

我国传统刑法理论认为,"犯罪客体是我国刑法所保护的、为犯罪行为所侵害的社会关系"[⑤]。犯罪之所以具有社会危害性,首先是由行为侵害的客体所决定,"犯罪的社会危害性实质上是对法益的侵害性"[⑥],因而对犯罪客体的确定,其实也是对法益的确定。

不过,需要注意的是,法益其实是一个形式明确、内容却极为抽象的概念。法益的最初产生,并不是为了限制或缩减刑罚范围,而是为了给风

---

① 参见阎二鹏:《论但书规制下的罪量要素的体系性定位——以扒窃型盗窃罪的规范解释为例》,载《政治与法律》2013 年第 4 期。

② 参见马克昌主编:《犯罪通论》,武汉大学出版社 1999 年版,第 22 ~ 23 页。

③ 陈兴良:《但书规定的法理考察》,载《法学家》2014 年第 4 期。

④ 虽然本部分就实质解释的具体方法而展开的论述针对的是抽象危险犯,但事实上,以实质解释确保刑事个案司法正当性的原理,同样可以适用于抽象危险犯以外的其他犯罪类型。

⑤ 高铭暄、马克昌主编:《刑法学》(第 5 版),高等教育出版社、北京大学出版社 2011 年版,第 52 页。

⑥ 张明楷:《法益初论》,中国政法大学出版社 2000 年版,第 273 页。

俗犯罪和宗教犯罪寻找处罚的正当性。[①] 根据法益持有人的不同,法益可分为个人法益与集体法益。集体法益的出现,使刑法的管制范围超越了古典刑法的界限。当社会成员对某个偏差行动产生恐慌时,这种恐慌通常表现为"可能影响不特定多数人利益"的"危险",而成为值得刑法管制的对象。[②] 当危险犯在刑法中大量出现之后,刑法其实已经放弃了法治国限制刑法效力的原始假定,成了一种单纯的社会控制手段,此时刑法的保护对象已经不再是古典法益,而是使社会稳定的制度。为了重塑法益的正当性,集体法益必须重新与个人法益建立关联性。[③] 具体而言,即该集体法益必须能够具体还原为个人法益。[④] 例如,就非法持有、私藏枪支、弹药罪而言,其所保护的不只是枪支、弹药的国家垄断制度,而主要是为了防止枪支、弹药在社会上私自流转最终侵害民众的人身和财产利益。

就立法而言,要实现对抽象危险犯处罚的正当性,应确保该刑法规范所保护的集体法益能够具体还原为个人法益,只有这样,才能防止立法者通过抽象危险犯任意扩张国家刑罚权。从司法来看,只有"透过法益概念才能清楚地解释犯罪构成要件的实质内容"[⑤]。对具体罪名所要保护的法益理解不同,对犯罪构成的理解就会不同,只有合理地确定了刑法规范所保护的法益,才能对犯罪的其他构成要件作准确地理解。但是,"与行为客体不同,刑法条文大多没有明示保护客体,而需要通过解释推导出保护客体"[⑥]。换言之,《刑法》分则在规定具体罪名时,一般不会明确规定

---

① 费尔巴哈(Feuerbarch)受启蒙思想影响提出的"权利侵害说"是为了限制国家权力,努力将风化犯和宗教犯排除在刑事刑法之外;但比恩鲍姆(Birnbaum)受历史法学派的保守思潮影响,他所提出的"财保护"与"财侵害"理论("法益侵害说"由"财保护"与"财侵害"理论逐渐发展而来)扩张了国家目的。他认为宗教与伦理作为民族的财,必须受到国家刑罚的保护。参见张明楷:《法益初论》,中国政法大学出版社2000年版,第1~51页;钟宏彬:《法益理论的宪法基础》,台北,元照出版有限公司2012年版,第17~27页。

② 参见许恒达:《刑法法益概念的茁生与流变》,载《月旦法学杂志》2011年第197期;钟宏彬:《法益理论的宪法基础》,台北,元照出版有限公司2012年版,第17~36页。

③ 参见许恒达:《刑法法益概念的茁生与流变》,载《月旦法学杂志》2011年第197期。

④ 参见陈志龙:《法益与刑事立法》,台湾大学丛书编辑委员会1990年版,第103页;邱忠义:《刑法通则新论》,台北,元照出版有限公司2007年版,第7页。

⑤ 许恒达:《刑法法益概念的茁生与流变》,载《月旦法学杂志》2011年第197期。

⑥ [日]平野龙一:《刑法概说》,东京大学出版会1977年版,第40页。

法益,因而具体罪名的法益只有通过刑法解释才能得以确定。有学者指出,对于具体犯罪的法益,应当根据该犯罪所属的类罪、刑法对该犯罪的规定予以确定。[①] 具体到抽象危险犯,不论采取何种具体方式确定其法益,都必须确保集体法益能够还原为具体的个人法益,也只有如此,才能从司法上保障对抽象危险犯处罚的正当性。当然,对于以集体法益为侵害对象的犯罪,在确保集体法益能够还原为个人法益的同时,也不应忽视行为对集体法益本身的侵害。

例如,就对我国《刑法》第 133 条之一的危险驾驶罪中"道路"的理解而言,"虽然本罪不要求以发生任何从重情节或危害后果为构成要件,但从立法原意上来看,危险驾驶罪作为《刑法》第二章危害公共安全罪的范围,构成本罪必须具有危及公共安全的危险性,如果不能达到危害公共安全的程度,即使行为人有醉驾或追逐竞驶的行为,也不构成本罪,如在私人车库、人迹罕至的荒漠、草原、森林等公众很少或不可能涉足的特定空间,即使实施危险驾驶行为,亦不会危及公共安全,当然也就不可能构成危险驾驶罪,因此,这些区域的道路就不宜作为刑法上的'道路'来认定"[②]。

(二)从犯罪主体上对抽象危险犯的成立范围进行合理限制

我国刑法中的犯罪主体,是指实施危害社会的行为并依法应负刑事责任的自然人和单位。就自然人而言,行为人的年龄情况、精神状况、重要的生理功能状况,以及行为人的身份都是与其刑事责任相关的因素。我国刑法基于刑事责任能力与人道主义的考虑,也对实施犯罪的未成年人、老年人以及孕妇在刑事处遇上给予从宽的待遇。

对于犯罪主体,我国刑法除了在刑法典中作一般性规定之外,在司法解释中,也就犯罪主体的责任能力与身份情况对于定罪量刑的影响作了一些特殊规定。例如,最高人民法院 2006 年 1 月 11 日颁布的《未成年人刑事问题解释》基于贯彻"教育为主,惩罚为辅"的原则,对司法实践中如何合理处理未成年人犯罪的案件作了详细规定。《未成年人刑事问题解释》第 6 条规定,"已满 14 周岁不满 16 周岁的人偶尔与幼女发生性行为,

---

① 参见张明楷:《刑法分则的解释原理》,中国人民大学出版社 2011 年版,第 350 ~ 352 页。

② 广东省广州市海珠区人民法院(2011)穗海法刑初字第 454 号。

情节轻微、未造成严重后果的,不认为是犯罪”①。试想,在其他条件不变的情况下,如果将该规定中“已满 14 周岁不满 16 周岁的人”置换为“已满 16 周岁的人”,其行为是否构成强奸罪,应否追究刑事责任呢? 答案是肯定的。因此,在这一规定中,行为人的年龄是认定行为是否“情节显著轻微危害不大”的关键。② “由具有一定身份的人实施某种行为,社会危害性可能达到严重程度,因而构成犯罪;如由不具有一定身份的人实施,社会危害程度可能较小,因而不构成犯罪。”③所以,行为人的责任能力及身份情况,与行为的社会危害性程度也有密切关系。

李斯特指出,“应当受到惩罚的不是行为,而是行为人”④。从行为主体的责任能力与身份情况考察行为是否“情节显著轻微危害不大”,不应限于上述司法解释所涉及的罪名之上,也不应局限在未成年人之上。在认定其他种类的犯罪包括抽象危险犯时,如果行为人的责任能力与身份情况能够影响对社会危害性程度的认定,也应对其予以考虑,这是我国《刑法》在总则中规定第 13 条但书的意旨之所在。对于抽象危险犯的认定当然不应存在例外,例如,在认定未成年人参加恐怖组织或者参加黑社会性质组织的行为是否构成犯罪时,应当对行为人的未成年身份予以考虑。未成年人社会经验不足,在对问题的认识上可能存在局限,容易误入歧途。如果该未成年人在加入恐怖组织或者黑社会性质组织之后并未实施其他危害行为,可以认定其行为不构成犯罪。又如,在认定战时窝藏逃

---

① 类似规定还有《未成年人刑事问题解释》第 7 条:“已满十四周岁不满十六周岁的人使用轻微暴力或者威胁,强行索要其他未成年人随身携带的生活、学习用品或者钱财数量不大,且未造成被害人轻微伤以上或者不敢正常到校学习、生活等危害后果的,不认为是犯罪。已满十六周岁不满十八周岁的人具有前款规定情形的,一般也不认为是犯罪。”第 9 条:“已满十六周岁不满十八周岁的人实施盗窃行为未超过三次,盗窃数额虽已达到‘数额较大’标准,但案发后能如实供述全部盗窃事实并积极退赃,且具有下列情形之一的,可以认定为‘情节显著轻微危害不大’,不认为是犯罪:(1)系又聋又哑的人或者盲人;(2)在共同盗窃中起次要或者辅助作用,或者被胁迫;(3)具有其他轻微情节的。已满十六周岁不满十八周岁的人盗窃未遂或者中止的,可不认为是犯罪。已满十六周岁不满十八周岁的人盗窃自己家庭或者近亲属财物,或者盗窃其他亲属财物但其他亲属要求不予追究的,可不按犯罪处理。”

② 参见方鹏:《出罪事由的体系和理论》,中国人民公安大学出版社 2011 年版,第 49 ~ 50 页。

③ 马克昌主编:《犯罪通论》,武汉大学出版社 1999 年版,第 22 页。

④ 参见周光权:《刑法学的向度》,中国政法大学出版社 2004 年版,第 38 页。

离部队军人的行为时,基于"亲亲相隐"传统以及期待可能性等理由,行为人的近亲属身份也可以作为认定行为不构成犯罪的因素予以考虑。

(三)从主观方面对抽象危险犯的成立范围进行合理限制

通常认为,成立抽象危险犯,行为人需要具备危险故意,行为人在认识因素方面只需对行为本身有认识即可。例如,就危险驾驶罪的成立而言,行为人只需认识到自己是在实施醉酒驾驶或者追逐竞驶的行为,即具备犯罪故意,至于其行为对他人的人身或者财产以及公共安全的威胁,并不要求行为人有所认知。

有人可能指出,我国《刑法》第 14 条第 1 款规定:"明知自己的行为会发生危害社会的结果,并且希望或者放任这种结果发生,因而构成犯罪的,是故意犯罪。"易言之,根据刑法规定,故意犯罪的行为人必须认识到其行为可能造成的危害社会的结果,而危险故意却仅以行为本身为认识对象,这是否有违刑法规定?笔者认为,由于抽象危险犯之危险属于行为本身的危险,危险与行为具有一体性,因此,对行为的认识也就是对行为可能造成的危害社会结果的认识。危险故意的设定与对抽象危险犯不能进行反证的观点具有相关性,只要行为人对行为本身有认识,即可推定其对危害结果也有认识,对于危险故意也不允许在个案中予以否定。因为,在现代社会,人们的决断有赖于彼此标准化的行为模式,如道路交通行为;对于某些复杂情况,行为人一般不太可能自行判断,例如,对于环境污染行为或者传染病病毒可能产生的后果,一般人不能准确判断。[①] 在这种情况下,基于人们可能的无知,立法者不得不对人们的自我判断予以限制。立法者其实是希望通过强势贯彻法规范之行为指引功能,以应对复杂的现代社会。规范目的是希望通过抽象危险犯的规定对危险判断采取统一认定标准,行为模式本身即容许风险的界限,并且

---

① 即便是对专业人员而言,要在具体案件中自行判断危险是否存在,也是极为困难的。一方面,对于专业人员的身份本身就难以确定,在专业与非专业之间并不存在一条明显的界限;另一方面,不同的专业人员对于同一事件的判断常常难以达成一致。因此,以专业与非专业的简单区分,作为肯定或否定判断权限的依据也不具可行性。参见黄荣坚:《论危险故意》,载《月旦法学杂志》2005 年第 118 期。

是一个低限度的容许风险标准，行为人只要认识到行为本身，即会具备超越容许的危险意识。如果允许个案推翻危险故意的认定，将有违规范目的。[①]

但是，需要注意，不能对危险故意进行个案否定，并不意味着不能从主观方面对抽象危险犯的成立范围进行限制。主观方面要素除了故意、过失之外，还包括动机与目的。动机是指刺激行为人实施某种行为，以达到目的的内心冲动或者起因；目的是指行为人希望通过实施某种行为，以实现某种结果的心理态度。动机与目的的形成和作用均能反映行为人主观恶性程度及行为的社会危害性程度，因而也能影响行为人责任的有无与轻重。对于某些犯罪来说，行为人虽已实施相关行为，但如果主观上并不具备法律所要求的目的，就应当被认定为无罪。例如，就我国《刑法》中所规定的“以营利为目的”“以牟利或者传播为目的”“以牟利为目的”“以非法占有为目的”“为谋取不正当利益”而言，行为人实施了相关行为，但如果不具备这些目的，将不构成犯罪。对于某些犯罪而言，即便实施了相关行为，但如果行为人并不具备该种犯罪所要求的动机，那么也不构成犯罪。例如，就徇私枉法罪而言，如果行为人不是出于“徇私”“徇情”的法定犯罪动机，就不能将其作为犯罪处理。[②] 此外，行为动机或者目的还可以影响主观罪过的可遣责程度。相关行为虽已实施，但如果行为人实施该行为是基于可谅解的动机或者目的，并且该行为并未造成危害结果，或者所造成的危害结果并不严重，就不宜将其认定为犯罪。

例如，2012 年 10 月 28 日晚，被告人唐某某和朋友赵某等人在重庆市南岸区某鱼庄吃饭并饮酒。当日 21 时许，唐某某的女友郑某驾车送唐某某、赵某等人回家，行驶至南坪东路时，与一出租车发生剐蹭。郑某将车开至交巡警平台接受处理，但由于郑某停车时挡住了某小区的后门车库，民警催促其挪车，唐某某考虑到郑某驾驶技术不好，便亲自驾车挪动位置。在此过程中，其所驾驶车辆又撞上了停靠在路边的另一辆起亚汽车，

---

① 参见黄荣坚：《论危险故意》，载《月旦法学杂志》2005 年第 118 期。

② 参见黎宏：《刑法学》，法律出版社 2012 年版，第 220 ~ 221 页。

民警立即将唐某某抓获。经鉴定,唐某某血液酒精含量为206.7毫克/100毫升。案发后,唐某某赔偿了起亚车车主车辆维修费2600余元。南岸区人民法院以被告人唐某某犯危险驾驶罪,判处拘役4个月,并处罚金人民币2万元。一审宣判后,被告人提起上诉,重庆市第五中级人民法院经审理认为,原判认定事实不清,证据不足,发回重新审理,之后南岸区人民检察院撤回起诉。[①] 法官在对该案进行分析时指出,"本案中,唐某某一开始并无醉酒驾驶机动车的主观故意,而是在其女朋友驾车发生事故,妨碍其他车辆通行,民警要求挪车的特殊情况下,才产生醉驾犯意,故其主观恶性明显小于其他主动醉酒驾驶机动车的行为人","对于行为人出于符合情理的驾驶目的,在道路上醉酒驾驶机动车的,在定罪处罚时应当深入贯彻宽严相济刑事政策,该从宽的,一定要体现从宽政策。就为挪车而短距离醉驾的案件而言,如果没有发生实际危害结果或者仅发生轻微碰、擦后果的,可以根据具体情节,认定犯罪情节显著轻微,适用'但书'条款,不作为犯罪处理或者免予刑事处罚"[②]。

(四)从客观方面对抽象危险犯的成立范围进行合理限制

一般认为,犯罪客观方面具体包括危害行为、危害结果,以及行为的时间、地点、方法、对象等因素。其中,危害行为是一切犯罪在客观方面都必须具备的要素,危害结果是大多数犯罪在客观方面需要具备的要素,行为的时间、方法、对象则是成立个别犯罪在客观方面需要具备的要素。抽象危险犯属于行为犯,这种犯罪的既遂不以危害结果的出现为条件,因而,从客观方面判断行为人是否成立抽象危险犯,主要集中于行为之上。

需要注意的是,危害结果有广义与狭义之分。广义的危害结果体现了危害行为的社会危害性,是为了描绘犯罪的一般危害;狭义的危害结果仅指作为犯罪构成客观要件而存在的危害结果,它是危害行为对犯罪对

---

① 参见中华人民共和国最高人民法院刑事审判第一、二、三、四、五庭主办:《刑事审判参考:办理危险驾驶类犯罪专集》(总第94集),法律出版社2014年版,第16～17页。

② 中华人民共和国最高人民法院刑事审判第一、二、三、四、五庭主办:《刑事审判参考:办理危险驾驶类犯罪专集》(总第94集),法律出版社2014年版,第19页。

象的侵害,只能在犯罪构成要件中被理解。行为犯的既遂虽然不需要产生狭义的危害结果,但不意味着行为犯的成立无须广义的危害结果出现。因为如果行为犯不存在危害社会的后果,就没有必要作为犯罪处理,所以,任何犯罪的成立必然会存在广义的危害结果,危害行为的时间、地点、方法和对象等要素。虽然危害结果,危害行为的时间、地点、方法、对象不是犯罪成立的必备要素,但这些因素对行为能否成立犯罪同样具有说明作用,能够在一定程度上影响对行为本身的判断。

就日常意义而言,结果还有不利(危害)与有利之分,刑法只对产生不利(危害)结果的行为进行惩罚,对仅仅产生有利结果的行为则不予关注。但是,不利(危害)结果与有利结果之间并非互斥关系,行为实施之后,两种结果可能会同时出现。因此,刑法在对某一行为是否构成犯罪进行评价时,也不应忽视有利结果的存在。法益衡量理论主张的其实就是对既产生了不利(危害)结果,又产生了有利结果的行为进行综合评价。"若引起了达到可罚性程度的法益侵害或危险,即满足违法构成要件。但是,在该法益侵害对于保全其他法益是必要的,并且,所保全的法益具有与所侵害的法益同等以上的价值之时,所引起的法益侵害的无价值,就被法益保全的价值所'抵消',从而否定具有违法性。"①例如,某贫困山区为致富欲修路,在严重缺乏资金的情况下,村长决定由村民集资购买原料自制炸药,后造出炸药约 80 公斤。在村长的精打细算和村民们的努力下,终于修通了 5 公里的出山公路。然而,在清查非法制造爆炸物品的专项治理中,村长却被以非法制造爆炸物罪逮捕。② 该案中,村长带领村民自制炸药的行为虽然具有一定的危险性,但他们在实施这种危险行为的同时却创造了新的法益,为村民开通了致富之路。就社会利益而言,与自制炸药所冒的危险相比,这种新的法益属于优势利益,危险行为所引发的无价值可以被新法益"抵消",因此,自制炸药的行为并未达到可罚程度,不应将

---

① [日]松原芳博:《刑法总论重要问题》,王昭武译,中国政法大学出版社 2014 年版,第 89 页。

② 参见冯亚东:《犯罪概念与犯罪客体之功能辨析 以司法客观过程为视角的分析》,载《中外法学》2008 年第 4 期。

其认定为犯罪。①

我国传统刑法理论认为，只有在刑法明文规定特定的时间、地点和方法为某些犯罪构成必备的要件时，这些因素才能影响定罪。传统理论同时认为，“虽然对大多数犯罪来说，犯罪的时间、地点、方法等因素不是犯罪构成的要件，但是，这些因素往往影响到犯罪行为本身社会危害程度的大小，因而考察它们对正确量刑也有重要意义”②。笔者认为，即使刑法没有将其明文规定为犯罪构成必备要件，只要犯罪的时间、地点、方法等因素可以影响犯罪行为本身社会危害程度的大小，这些因素就不仅可以影响量刑，也应当可以影响定罪。因为，根据我国《刑法》第 13 条的规定，除了情节显著轻微危害不大的行为外，一切危害国家主权领土完整和安全等的行为都是犯罪，轻微违法行为并未纳入我国《刑法》的调整范围。如果犯罪的时间、地点、方法等因素可以影响犯罪行为本身社会危害程度的大小，那么当某一行为受这些因素影响，对社会的危害并未达到严重程度时，就不应构成犯罪。

仍以危险驾驶罪为例。虽然危险驾驶罪属于典型的抽象危险犯，然而，在我国刑法对所有犯罪的社会危害性均有程度要求的前提下，危险驾驶罪也并非行为一经实施即构成犯罪，而是应从行为是否造成危害结果，以及行为的时间、地点、方法等各方面综合考虑，从而判断行为的社会危害性是否达到应受刑罚处罚的程度。在我国司法实践中，办案人员一般也会对这些因素予以考虑。例如，在广东省深圳市中级人民法院审结的

---

① 此案发生于2009 年以前，此前司法实践中这类案件的行为人很多都被处以较重的刑事处罚。为纠正司法上的错误，实现司法的正当性，2009 年最高人民法院《关于审理非法制造、买卖、运输枪支、弹药、爆炸物等刑事案件具体应用法律若干问题的解释》已经对这种情况如何处理予以明确。该解释第 9 条第 1 款规定：“因筑路、建房、打井、整修宅基地和土地等正常生产、生活需要，以及因从事合法的生产经营活动而非法制造、买卖、运输、邮寄、储存爆炸物，数量达到本解释第一条规定标准，没有造成严重社会危害，并确有悔改表现的，可依法从轻处罚；情节轻微的，可以免除处罚。”

② 高铭暄、马克昌主编：《刑法学》（第 5 版），高等教育出版社、北京大学出版社 2011 年版，第 81 页。

“杨某某危险驾驶案”①“曾某某危险驾驶案”②“王某危险驾驶案”③等案件中，法院均认为：“案发时系深夜在非城市快速路上醉酒驾驶，现实危险性相对较小，危险驾驶的犯罪情节较轻。”在这些案件中，行为的时间、地点均被作为重要的量刑情节予以考虑。在醉驾行为未产生其他危害结果的情况下，一般司法机关还会以情节显著轻微危害不大为由，将该行为作无罪处理。由此可见，行为的时间、地点、方法、对象等因素，对行为的社会危害性程度的认定也具有重要意义。我们完全可以通过对行为的结果、时间、地点、方法、对象等因素的考察，对行为社会危害性程度的判断，对抽象危险犯的处罚范围进行合理限制。

四、结语

抽象危险犯所保护的通常为集体法益，在客观方面采用的是危险之立法推定或拟制，在主观方面则将行为人对危害结果的认识简化为对行为本身的认识，即危险故意。这种立法形式，便于实现社会管控目的，有利于节约司法资源，因而备受立法者青睐，但这种立法也蕴含着侵犯人权的巨大风险，稍有不慎即可能沦为扩张权力的工具。在我国刑法犯罪成立的立法定量模式下，要从司法上保障抽象危险犯处罚之正当性，应以《刑法》第13条但书为指导对犯罪构成作实质解释。有学者通过实证研究分析指出，“中国的去罪化经验反映了未来全球刑事司法改革的方向”④。笔者基本赞同这一论断。笔者认为，即便是就德日等其他大陆法系国家或地区的刑法而言，从行为对法益的威胁程度上，对抽象危险犯的处罚范围进行限制，也是从司法上保障对抽象危险犯处罚之正当性最为现实可行的路径。

---

① 参见广东省深圳市中级人民法院刑事判决书，(2014)深中法刑一终字第65号。

② 参见广东省深圳市中级人民法院刑事判决书，(2014)深中法刑一终字第217号。

③ 参见广东省深圳市中级人民法院刑事判决书，(2014)深中法刑一终字第219号。

④ 熊谋林、梁斌等：《求解过度犯罪化的迷惑——中国去罪化经验与国际启示》，载《光华法学》2014年第1期。该文借助跨国视角下的犯罪定义不同模式的比较，揭示出了中国刑法“立法定性+立法定量”去罪化模式对于解决过度犯罪化这一世界性难题的重要意义。

专题十一

醉驾治理的司法困境与破解之道*

内容摘要：醉驾案件的快速增长造成了司法资源分配失衡、效率与公正冲突、前科负面效应扩大等一系列实践问题，使得醉驾治理陷入了严重的司法困境。形成这一困境的根本原因并非“醉驾入刑”缺乏规制效果，而是“醉驾一律入罪、一律起诉”的政策导向架空了我国法律对违法犯罪行为所采取的双层次制裁体系，妨碍了不起诉制度应有的案件分流功能的发挥。因此，相应的破解路径即在醉驾案件办理过程中充分、有效地运用《刑法》第13条但书的出罪功能和不起诉制度的案件分流功能。就对醉驾行为通过适用《刑法》第13条但书予以出罪而言，需要明确其适用方式、考察因素与适用标准，并为其提供程序保障。就对醉驾案件通过适用不起诉制度予以分流而言，应合理运用酌定不起诉制度，适时构建成年人轻微犯罪附条件不起诉制度，并做好不起诉与后续行政制裁的衔接工作。为进一步提升醉驾治理的效果，应当在《道路交通安全法》中明确和完善对醉驾的行政处罚规定，并建立合理、有效的前科消灭制度。

在因酒驾、醉驾而导致的恶性交通事故不断高发的背景下，我国2011

---

* 本文为敦宁的论文——《醉驾治理的司法困境及其破解之策》，原载《法商研究》2021年第4期，收入本书时有修改。

年2月25日通过的《刑法修正案(八)》,通过将醉驾行为纳入危险驾驶罪的处罚范围对此类行为进行刑事治理,其目的就是通过严惩醉驾行为来有效减少各类交通事故的发生。① 如今,"醉驾入刑"已十余年,回顾这十余年来的历程,应当承认,"醉驾入刑"最初的立法目的已基本上得以实现。② 然而,与之相伴而生的却是醉驾案件的快速增长,并由此带来了司法负担沉重、前科负面效应扩大等一系列实践问题,可以说,当前对醉驾的刑事治理已经陷入了一定的司法困境。在此背景下,再去讨论"醉驾入刑"妥当与否已无实际意义,对已实施十余年来的醉驾治理政策进行深刻反思,并寻求相应的破解之道,才是当前对"醉驾入刑"应当思考的重要问题。

一、醉驾案件快速增长造成的司法困境

2011年"醉驾入刑"之后,为了积极回应社会公众对交通安全的关切,公安和司法机关在醉驾治理上普遍采取了严格的刑事政策。例如,"各地公安机关按照相关法律规定,对经核实属于醉酒驾驶机动车的一律刑事立案"③。与此同时,最高人民检察院的新闻发言人也表示,对于醉驾案件,"只要事实清楚、证据充分,检方就会一律起诉,而不会考虑情节的轻重"④。这就是所谓的"两个一律"。《2013年醉驾意见》明确规定:在道路上驾驶机动车,只要"血液酒精含量达到80毫克/100毫升以上的",就属于醉驾,应以危险驾驶罪定罪处罚。由此,在实践中,在《2023年醉驾意见》施行之前,"醉驾一律入罪、一律起诉、一律定罪处罚"在我

---

① 参见全国人大常委会法制工作委员会刑法室编:《〈中华人民共和国刑法修正案(八)〉条文说明、立法理由及相关规定》,北京大学出版社2011年版,第73页。

② 根据相关统计数据,"醉驾入刑"之后,与之前同期相比,因酒驾、醉驾而导致的交通事故起数和死亡人数均显著下降。参见刘仁文、敦宁:《醉驾入刑五年来的效果、问题与对策》,载《法学》2016年第12期;交宣:《"醉驾入刑"五年 "开车不饮酒、饮酒不开车"成为共识》,载《汽车与安全》2016年第5期;张子扬:《2019年上半年中国查处酒驾醉驾90.1万起》,http://society.people.com.cn/n1/2019/0724/c1008-31251952.html。

③ 《各地警方对醉驾一律刑事立案》,载《人民公安报》2011年5月18日,第1版。

④ 邢世伟:《最高检:醉驾案件证据充分一律起诉》,载《党建文汇:下半月版》2011年第6期。

国很多地方几乎成为一种司法常态。

在这种单线化的入罪模式下,"醉驾入刑"确实起到了有效减少各类交通事故发生的预期效果,同时,"饮酒不开车、开车不饮酒"也已成为广泛的社会共识。然而,同样不可忽视的事实是,进入司法体系的醉驾案件也随之呈现出飞速增长的趋势。例如,在 2012 年至 2014 年,全国法院一审审理的危险驾驶案(其中,醉驾案件的数量占绝大多数)就从 64896 件上涨到了 111490 件,增长幅度约为 71.8%,其在全部刑事案件中所占的比例也从 6.5% 上涨到了 10.7%。[①] 到 2016 年,危险驾驶案在全国法院刑事一审案件中已跃居第二位,且比居于第三位的故意伤害罪多 66%;而在 2017 年前 10 个月,危险驾驶案虽仍居第二位,但仅比居于第一位的盗窃罪少一成(11.85%),却比居于第三位的故意伤害罪多一倍还多。[②] 至 2019 年,危险驾驶案件超越了盗窃案件,在全部一审刑事案件的占比中位列第一(约 24.6%),数量为 31.9 万件,比排在第二位的盗窃罪多 11.1 万件,比排在第三位的故意伤害罪多 22.2 万件。[③]

尽管醉驾案件的快速增长并不能从根本上否定"醉驾入刑"的积极效果,但不断升高的发案量和急剧增加的犯罪人数量也同时带来了一系列实践问题,从而使醉驾治理陷入了一定的司法困境。

首先,醉驾案件的快速增长导致司法机关的工作压力不断增大,司法资源的分配已严重失衡。在我国,"案多人少"本就是司法机关长期以来面临的一个工作难题,而在"醉驾入刑"之后,司法机关又不得不动用大量的人力、物力去应对数量快速增长的危险驾驶案件。由此,不但司法压力巨大,难以承受,而且司法资源的合理分配还受到严重影响。毕竟一个国家用以应对犯罪的司法资源是有限的,过多地将司法资源投入对醉驾案件等轻微刑事案件的处理之中,必然会影响到对严重刑事案件的司法投

---

① 参见刘仁文、敦宁:《醉驾入刑五年来的效果、问题与对策》,载《法学》2016 年第 12 期。

② 参见颜九红:《醉驾型危险驾驶罪的司法认定》,载《北京政法职业学院学报》2018 年第 1 期。

③ 参见周强:《最高人民法院工作报告——2020 年 5 月 25 日在第十三届全国人民代表大会第三次会议上》,载最高人民法院官网 2020 年 5 月 25 日,http://www.court.gov.cn/zixun-xiangqing-231301.html。

入力度,这样,司法资源分配的"轻重失衡"就可能会带来沉重的代价。

其次,醉驾案件的"提速"办理造成了效率与公正的一定冲突,刑事司法的权威性面临严峻考验。面对醉驾案件激增的局面,为了保证对其能够及时办理,司法机关只能简化程序、快速裁决,但一味求快,又必然会影响到司法裁决的审慎性,从而导致制裁的公正性或均衡性受损。例如,在醉驾案件的缓刑适用上,个案间的失衡、地区间的失衡、适用标准的失范等问题已经达到比较严重的程度。①

最后,醉驾案件的大面积入罪处刑,还扩大了前科负面效应,加剧了社会治理风险。就对醉驾行为强调一律入罪处刑而言,其直接导致的就是大量的醉驾者会成为受过刑事处罚的人。而在我国严格的前科制度下,行为人一旦受到刑事处罚,不仅可能承受被开除公职、被吊销执业资格等附随后果,更可能在日后的求学、就业、任职等方面受到种种不利影响,这并不利于受过刑事处罚的人顺利回归社会。而且,为数量如此庞大的醉驾者贴上犯罪人的"标签",不仅可能会扩大社会对立面,还可能因"标签"效应的影响而诱发其他犯罪。这不能不说是司法机关在醉驾治理上所面临的一种尴尬处境。

二、醉驾治理司法困境的成因分析与政策反思

(一)醉驾治理司法困境的形成原因

可以说,当前对醉驾的治理已经形成了案件数量与司法投入螺旋式上涨的局面,但巨大的司法投入却并未产生理想的制裁效益,"刑事防控边际效应已呈现下降趋势"②。就醉驾治理这一司法困境而言,不去深入分析其形成原因,而仅仅通过"速裁"或"提速办理"寻求破解之道是难以奏效的。

直观来看,上述醉驾治理司法困境的形成,无疑是源于醉驾案件的快速增长,那么,醉驾案件快速增长的原因又是什么?对此,不少人可能会

---

① 参见孙硕:《缓刑视角下的醉驾刑事案件》,载《人民司法》2019 年第 10 期。

② 王敏远:《"醉驾"型危险驾驶罪综合治理的实证研究——以浙江省司法实践为研究样本》,载《法学》2020 年第 3 期。

简单地得出结论:"醉驾入刑"缺乏相应的规制效果,因而无法对此类危险驾驶行为形成有效的遏制。但这一结论是有失偏颇的。一方面,就"醉驾入刑"的规制效果而言,应当通过与入刑之前的情况相比较得出结论,而不能仅根据入刑之后的发案率得出结论,由此恐怕不能直接否定"醉驾入刑"的规制效果。例如,在"醉驾入刑"之后的 3 年间,全国酒驾和醉驾的发案量与入刑之前同期相比,分别下降了 18.7% 和 42.7%。[①] 在"醉驾入刑"之后的 5 年间,全国因酒驾、醉驾而造成的交通事故数量和死亡人数与入刑之前同期相比,分别下降了 18% 和 18.3%。[②] 2019 年上半年,因酒驾、醉驾而造成的死亡交通事故起数和死亡人数也分别同比减少了 20.7% 和 20.4%。[③] 这些数据无疑说明,"醉驾入刑"在遏制酒驾、醉驾以及由此而引发的交通事故方面是有着明显成效的。另一方面,醉驾案件的快速增长有着多方面的影响因素,如机动车和驾驶员人员数量的大幅增加、公安机关不断强化查处力度和扩大查处范围等。例如,2011 年至 2017 年,我国的机动车和驾驶人员数量分别增加了 49.6% 和 80.6%;同时,公安机关对酒驾、醉驾的查处范围也开始从城市向城乡接合部和农村不断延伸。[④] 而在我国"酒文化"依然盛行、部分公众(特别是无业人员和农民等)的交通守法意识还相对较低的背景下,驾驶人员数量的增长和查处范围的扩大必然会带来醉驾案件的大幅上涨。这样,将醉驾案件快速增长简单归结于"醉驾入刑"缺乏规制效果显然并不合理。

事实上,随着风险社会的到来,各国都普遍强化了刑法的早期预防性,因此,醉驾等抽象危险犯的高发是一个必然的趋势。但是,这种客观趋势却并不一定会造成刑事治理上的困境。世界上一些国家和地区,由

---

① 参见张洋:《醉驾入刑有效果　法治入心显力量》,载人民网,http://auto.people.com.cn/n/2014/1020/c1005-25864281.html。

② 参见交宣:《"醉驾入刑"五年　"开车不饮酒、饮酒不开车"成为共识》,载《汽车与安全》2016 年第 5 期。

③ 参见张子扬:《2019 年上半年中国查处酒驾醉驾 90.1 万起》,http://society.people.com.cn/n1/2019/0724/c1008-31251952.html。

④ 参见韩丹东:《"醉驾入刑"七年带来哪些变化》,http://www.xinhuanet.com/legal/2018-06/11/c_1122965315.htm。

于其刑法并未为犯罪的成立设立定量因素,其刑事案件的数量更加庞大,不过并未由此形成类似于我国的醉驾治理上的司法困境。其中一个很重要的原因,就是大多数轻微犯罪案件都在其刑事诉讼程序中被"过滤"掉了。例如,德国2003年的一份统计资料显示,通过检察机关的不起诉、暂缓起诉等,在1906798个犯罪嫌疑人中仅有688954人被移送法院处理,过滤掉将近2/3。[①] 在法国,大约80%告诉或告发到检察机关的轻罪案件都是以不予追诉决定终结的,违警罪不予追诉的比例更高。[②] 由此,司法压力和刑罚负面效应在很大程度上就得以缓解。

在我国,同样存在刑事诉讼程序中的不起诉分流机制。并且,考虑到我国地域广阔、人口众多,违法犯罪的总体规模较大,刑法在犯罪的成立上还采取了"定性+定量"的规定模式。据此就可以把那些轻微的违法行为排除在犯罪圈之外,交由行政机关处理,这样既能避免刑事司法资源的浪费,又可以使相当比例的违法者免留犯罪的"污名劣迹",从而维护社会的和谐稳定。[③] 然而,在对醉驾行为的治理上,我国采取了严格的刑事政策,既强调"醉驾一律入罪",又倡导"醉驾一律起诉",进而也在一定程度上造成进入司法体系(或审判系统)的醉驾案件急剧膨胀,并产生了一系列实践问题。因此,面对醉驾治理的司法困境,我们真正需要反思的并不是"醉驾入刑"的合理性或规制效果,而是这种严格刑事政策的正当性或妥当性问题。

(二)"醉驾一律入罪"的正当性反思

关于醉驾行为是否一律入罪的问题,在学界曾引发了激烈的争论,并大致形成了"肯定论"与"否定论"两类见解。[④] 公安机关和检察机关持"肯定论"立场,"醉驾一律入罪"的做法在实践中也取得了主导性地位。

---

① See Jorg-Martin Jehle, *Criminal Justice in Germany*, Published by the Federal Ministry of Justice, 2005, p. 9.

② 参见顾永忠等:《刑事诉讼程序分流的国际趋势与中国实践》,方志出版社2018年版,第74页。

③ 参见储槐植:《刑事一体化论要》,北京大学出版社2007年版,第118~119页。

④ 参见陆诗忠:《论"危险驾驶罪"司法适用中的几个疑难问题》,载《甘肃政法学院学报》2018年第2期。

虽然最高人民法院在2017年发布的《常见犯罪的量刑指导意见(二)》中已经明确规定了对“情节显著轻微危害不大”的醉驾行为不予定罪处罚，但“醉驾一律入罪”的状况未出现明显改观。甚至一旦有些地方对“醉驾一律入罪”的政策导向有所松动，就有论者进行批评和指责。[①] 鉴于此，就破解醉驾治理的司法困境而言，首先就需要对这一政策导向进行深刻的理论反思。

第一，《刑法》分则在醉驾型危险驾驶罪的规定中未设置明确的定量因素，这是否就意味着醉驾应当一律入罪？关于“醉驾一律入罪”的合理性，一种较为普遍的见解是：《刑法》分则对醉驾行为构成危险驾驶罪只规定了“醉酒驾驶机动车”，而并未设置明确的定量因素，因此，就对其入罪而言，不应再区分情节或危害的轻重。但是，在《刑法》分则中，未明确设置定量因素的犯罪还有很多，如非法拘禁罪、非法搜查罪、非法侵入住宅罪、引诱、容留、介绍卖淫罪，等等。而且，在《治安管理处罚法》等行政性法律中还往往规定了对此类违法行为的行政处罚。如果一律将所有非法拘禁、非法搜查、非法侵入住宅、引诱、容留、介绍卖淫的行为入罪，那么，这些行政处罚规定又如何得以适用？实际上，我国《刑法》第13条中的但书已经对这类违法行为的入罪标准作出了概括性的限制，即“情节显著轻微危害不大的，不认为是犯罪”。这一规定也是从刑法层面对我国“刑罚+行政处罚”之双层次制裁体系的明确揭示。因此，“在刑法教义学与刑法解释论的范畴内，如果我们承认刑法总则规定对分则构成要件的解释与适用具有约束力，就不能否认‘但书’规定对解读与适用作为《刑法》第133条之一规定的危险驾驶罪构成要件的制约性”[②]。也就是说，对那些情节显著轻微危害不大的醉驾行为，不能认为其符合了醉驾型危险驾驶罪所预设的构成要件。

第二，醉驾行为中的“醉酒”，是否属于醉驾型危险驾驶罪的定量因

① 例如，针对浙江省放宽醉驾入刑标准的做法，就有一些论者表示了明确的反对意见。参见徐建辉：《“醉驾入刑”不应随意松动》，载《人民法院报》2019年10月12日，第2版；汪昌莲：《小区醉驾“松绑”的口子开不得》，载《梅州日报》2019年10月11日。

② 梁根林：《“醉驾”入刑后的定罪困扰与省思》，载《法学》2013年第3期。

素？在承认醉驾型危险驾驶罪的构成要件行为亦包含定量因素的基础上，对于这种定量因素的具体内容，在学界仍然存在不同的认识。一些倡导“醉驾一律入罪”的论者认为，“醉酒驾驶机动车”中的“醉酒”本身就是该行为的定量因素，因为，立法者在作出这一规定时就已经考虑到了“醉酒”驾驶和普通的“饮酒”驾驶在社会危害程度上的差异。[①] 所以，“我们就没有必要在此多此一举地认为仍需再受刑法第 13 条‘但书’的限制”[②]。笔者认为，这种对定量因素的认识是不正确的。在“定性 + 定量”的犯罪成立模式中，“定性”是对行为类型的确定，而“定量”则是从数额、情节、结果等方面对符合某种行为类型的违法行为之危害（或危险）程度的限定，二者共同组成某种犯罪的（客观）构成要件。尽管“醉驾”比普通“酒驾”的危险程度要高，但二者是两种不同的行为类型。就“醉驾”是否符合犯罪构成要件而言，仍然需要从情节或危害等方面来判断定量因素是否具备，这也是《刑法》第 13 条但书规定的应有之义，在其他类似的犯罪中也是如此。例如，2015 年 8 月 29 日全国人大常委会通过的《刑法修正案（九）》之所以将考试作弊类犯罪的成立范围限定在“法律规定的国家考试”中，主要就是考虑到在这类考试中实施作弊行为比在其他一般考试中实施作弊行为的危害更重。但是，不能由此认为，这种范围限定就是该类犯罪的定量因素，进而倡导将此类行为一律入罪。若果真如此，2015 年 12 月修订的《教育法》为该类行为所规定的行政处罚措施（见第 79 条和第 80 条）势必就难以得到适用，这既不合法，也不合理。

第三，醉驾型危险驾驶罪的抽象危险犯性质，是否就决定了醉驾行为应一律入罪？有论者认为，醉驾型危险驾驶罪在性质上属于抽象危险犯，而抽象危险犯是立法者对社会风险的法律拟制，不能通过反证现实危险不存在来收缩其成立范围，只要行为人实施了醉驾行为就应成立犯罪。[③] 从理论上讲，醉驾型危险驾驶罪确实属于一种抽象危险犯，在国外，对该

① 参见邓红梅：《“醉驾一律入罪”的四维论证》，载《湖北社会科学》2014 年第 11 期。

② 陈伟：《醉驾：“一律入刑”还是“区别对待”》，载《法制与社会发展》2012 年第 1 期。

③ 参见陆诗忠：《论“危险驾驶罪”司法适用中的几个疑难问题》，载《甘肃政法学院学报》2018 年第 2 期。

种犯罪也存在不允许通过“反证”来否定其刑事可罚性的观点。[①] 但是，更多的学者主张，抽象危险犯是可以通过反证抽象危险不存在来出罪的。[②] 笔者认为，后者的见解是合理的。因为，如果承认犯罪的本质是法益侵害，那么，将一些对保护法益并无任何危险的行为认定为犯罪，就是不妥当的，比如，深夜在荒野道路上醉驾的行为，就不宜认定为犯罪。更何况，在我国，受《刑法》第 13 条“但书”规定的制约，即便某种抽象危险犯的客观行为的确具备了一定的现实危险，也有可能因危险程度极低而被排斥在符合犯罪构成要件行为的范围之外。例如，持有型犯罪也属于抽象危险犯，但是，不能认为非法持有一颗子弹的行为也构成我国《刑法》所规定的非法持有弹药罪。换句话说，在我国，抽象危险犯的客观行为的成立并不意味着抽象危险犯的成立；就其是否该当某种犯罪的构成要件而言，还需要具体考察行为本身所体现的危险程度。

第四，《道路交通安全法》的相关修正，是否可以成为“醉驾一律入罪”的正当理由？随着“醉驾入刑”，2011 年 4 月修订的《道路交通安全法》对醉驾行为也取消了拘留、罚款等处罚措施，而改为“依法追究刑事责任”。因而，不少人就“顺理成章”地得出结论：醉驾应当一律入罪。在此，应当承认的是，《道路交通安全法》的这种修改确实不太缜密和周全，但是，这也并不意味着再对醉驾行为予以行政处罚就缺失了法律依据。一方面，《道路交通安全法》中对醉驾行为规定的“依法追究刑事责任”，在实体层面是指依照刑法总则和分则的所有相关规定来决定是否以及如何追究刑事责任，因此也就不能排除依照总则中的《刑法》第 13 条“但书”规定不予追究刑事责任，否则就不是严格意义上的“依法”。另一方面，对醉驾行为不予追究刑事责任，仍然可以依照《道路交通安全法》给予行政处罚。对此，除了可以按“醉酒驾驶”实施吊销机动车驾驶证等资格性处罚措施外，还可以同时适用该法为“饮酒后驾驶”规定的拘留、罚款措

---

① 参见[德]克劳斯·罗克辛：《德国刑法学总论——犯罪原理的基础构造》(第 1 卷)，王世洲译，法律出版社 2005 年版，第 280 页。

② 参见[日]山口厚：《刑法总论》(第 3 版)，付立庆译，中国人民大学出版社 2018 年版，第 46 页；[日]前田雅英：《刑法总论讲义》(第 6 版)，曾文科译，北京大学出版社 2017 年版，第 61 页；张明楷：《刑法学》(上)(第 5 版)，法律出版社 2016 年版，第 168 页。

施。因为,“虽然从字面意义上讲,《道路交通安全法》修正案区分了‘饮酒后驾驶’与‘醉酒驾驶’,但 80 毫克/100 毫升的醉驾标准当然包含了 80 毫克/100 毫升以下的酒后驾驶的标准,即醉驾可以当然解释为‘饮酒后驾驶’”[①]。不过,需要注意的是,这属于行政处罚上的“举轻以明重”,不能与刑法上的行为类型界定相混淆。

综上所述,对醉驾行为主张一律入罪,无论在法律上还是理论上都是站不住脚的。片面坚持一律入罪的政策导向,只会架空我国“刑罚 + 行政处罚”之双层次制裁体系所应有的处罚分流功能。就此而言,《2023 年醉驾意见》抛弃了《2013 年醉驾意见》所采取的对醉驾行为一律入罪的立场,转而采纳了对醉驾案件合理分流的立场,这是值得予以高度肯定的。

(三)“醉驾一律起诉”的妥当性反思

在学界,对于醉驾是否一律入罪问题的讨论较多,而对于醉驾行为入罪后是否应当“一律起诉”,则缺乏应有的关注。这也就导致这一政策导向在实践中被认为是“当然合理”的,也使醉驾案件应有的不起诉分流机制基本上被忽视。例如,在个别省份的个别年份,甚至出现过全年只有 1 起醉驾案件适用酌定不起诉的情况。[②] 应当承认,在“醉驾入刑”初期,严格把握醉驾案件的起诉标准确有必要,但这种“一律起诉而不敢不起诉”的做法显然也忽视了起诉法定主义与起诉便宜主义的协调性。

从刑事起诉制度的发展来看,在 20 世纪 20 年代之前,受刑罚报应主义的影响,起诉法定主义占有主导性的地位,即对具备起诉条件的犯罪,公诉机关必须提起公诉。但在实践中,这种起诉制度也逐渐暴露出了诸多弊端。比如,忽视个案情况及犯罪人人身危险性大小而造成司法严苛化,不区分罪行轻重一律起诉导致司法资源紧张,过度适用短期自由刑造成交叉感染,以及由犯罪“标签”效应造成大量犯罪人社会复归面临困难,等等。在此背景下,随着目的刑理论的形成和发展,20 世纪 20 年代后,起诉便宜主义便应运而生。“所谓起诉便宜主义,是指虽然具有犯罪的客观

---

① 周详:《“醉驾不必一律入罪”论之思考》,载《法商研究》2012 年第 1 期。

② 参见蔡巍:《“醉驾”不起诉裁量权的适用及完善》,载《苏州大学学报(哲学社会科学版)》2019 年第 5 期。

嫌疑,具备起诉条件,但起诉机关斟酌各种情形,认为不需要起诉时,可以裁量决定不起诉。”①其主要的制度表现形式就是微罪不诉、暂缓起诉或附条件不起诉等。由于起诉便宜主义在一定程度上克服或缓解了起诉法定主义的上述弊端,因而被世界各国广泛采纳。我国的酌定不起诉、附条件不起诉等,同样是起诉便宜主义的重要体现。可以说,“在现代刑事诉讼中,起诉法定主义和起诉便宜主义并存相济已成定势,一元独立则难以立足,调和即合作是最佳选择”②。

从刑事政策的角度来讲,采取起诉法定主义和起诉便宜主义相结合的诉讼模式,体现的是一种“抓大放小”的策略思想,是对刑事制裁整体效益的追求。受司法资源有限性的制约,“整体效益是犯罪控制系统乃至各项控制措施进行功利评定的基本标准,也是刑事政策调整和控制措施变更的基本依据”③。在西方国家,由于其犯罪成立标准中不包含定量因素,因而犯罪圈十分广阔,为了实现刑事制裁的整体效益,其普遍采取的就是“轻轻重重”的刑事政策,其中,“轻轻”的一个主要表现就是将大量的轻微犯罪作不起诉处理。我国宽严相济的刑事政策同样是对刑事制裁整体效益的追求,对一些轻微犯罪适用酌定不起诉或附条件不起诉也是“宽”的一面的表现。④ 尽管我国《刑法》中不存在明确的犯罪轻重分层,但法定最高刑只是拘役的危险驾驶罪无论如何都属于轻微犯罪的范畴,对其严格限制不起诉的适用很难说是符合宽严相济刑事政策基本要求的。

在实践中,不能因为醉驾案件“量大高发”就片面强调“一律起诉”所形成的刑罚压制效果。交通犯罪的明显特征就在于其大量性和划一性。如果一律起诉,不仅司法资源难以承受,而且还可能导致“刑罚通货膨胀”

---

① 宋英辉等:《刑事诉讼原理》(第3版),北京大学出版社2014年版,第192页。

② 汪建成:《冲突与平衡——刑事程序理论的新视角》,北京大学出版社2006年版,第240页。

③ 储槐植:《刑事一体化论要》,北京大学出版社2007年版,第281页。

④ 参见最高人民检察院于2007年发布的《关于在检察工作中贯彻宽严相济刑事司法政策的若干意见》第2条和第8条。

和刑罚感受力下降等后果。[①] 同时,考虑到犯罪的"标签"效应和短期自由刑的弊端,对醉驾行为贯彻宽严相济刑事政策中"严"的一面,应重点体现在通过严格查处来打消行为人的侥幸心理,而不是对行为人一律起诉、一律处刑,甚至一律判处实刑。"因为,即便是最小的恶果,一旦成了确定的,就总令人心悸。"[②]当然,也不能认为,只有起诉后定罪处刑才能实现相应的特殊预防效果。根据我国 2018 年修正的《刑事诉讼法》第 177 条第 3 款的规定,作出不起诉决定后依然可以对被不起诉人进行行政处罚或处分。这种"不起诉与行政制裁相结合"的处理方式同样可以起到特殊预防效果,甚至效果更好。例如,相关调查显示,被酌定不起诉人员的重新犯罪率要明显低于缓刑犯和刑满释放人员的再犯率。[③]

另外,由于我国《刑法》所设立的犯罪包含定量因素,犯罪成立标准较高,所以,不起诉的适用率也一直较低。[④] 但是,随着近几次刑法修正不断增设危险驾驶罪等轻型犯罪,我国被认为是轻微犯罪的发案量也逐年升高。这样,继续限制不起诉的适用范围,就难免会形成司法压力加重、社会对立面急剧扩大的局面。这一点在醉驾治理过程中已经表现得十分明显。所以,及时扭转"醉驾一律起诉"的政策导向,使不起诉制度应有的司法分流功能得以充分发挥,才是未来醉驾治理的必由之路。

三、醉驾治理司法困境的破解路径:以《刑法》第 13 条但书出罪与以不起诉分流

由上可见,造成醉驾治理司法困境的主要原因并不是醉驾案件在客观上的增长,而是"两个一律"的政策导向架空了我国双层次制裁体系和不起诉制度应有的案件分流功能。因此,破解这一困境的直接路径就是,充分激活《刑法》第 13 条但书的出罪功能和不起诉制度的司法分流功能,

---

① 参见[日]森本益之等:《刑事政策学》,戴波等译,中国人民公安大学出版社 2004 年版,第 257 页。

② [意]切萨雷·贝卡利亚:《论犯罪与刑罚》,黄风译,中国法制出版社 2005 年版,第 72 页。

③ 参见赵鹏:《酌定不起诉之现状考察及完善思考》,载《法学》2011 年第 9 期。

④ 尽管有所增长,但直至 2018 年,我国不起诉的适用率也不过才 7.7%(被酌定不起诉人员大致占 70%)。参见童建明:《论不起诉权的合理适用》,载《中国刑事法杂志》2019 年第 4 期。

从而使醉驾治理真正回归到贯彻宽严相济刑事政策的轨道上来。

在实践中,最高司法机关对此已经有所认识。例如,最高人民法院在《常见犯罪的量刑指导意见(二)》中就明确肯定了对醉驾行为可以适用《刑法》第13条但书予以出罪。2019年4月,时任最高人民检察院检察长张军也明确强调,必须牢固树立"可诉可不诉的不诉"这种检察观念。[①]随后,最高人民检察院副检察长童建明专门撰文指出,"检察机关应从理念更新、制度创新和配套措施完善等方面进一步激发广大检察人员敢用善用不起诉权的勇气和信心,促推不起诉权的规范行使"[②]。有些地方的政法机关也已经开始对醉驾案件的分流处理方式进行探索。例如,2019《浙江纪要》对醉驾行为的"但书"出罪、免予刑事处罚和不起诉作出了相应的规定。

然而,就醉驾案件的《刑法》第13条但书出罪与不起诉分流而言,如果具体的适用方式、适用标准以及相关的制度完善等问题不能得到全面的澄清与解决,那么即便进行了某种倡导,也未必会使二者的功能得到合理和有效的释放。因此,为了在法律和制度层面真正打通这两种案件的分流路径,对此类问题必须要进行深入的探讨。

(一)醉驾行为《刑法》第13条但书出罪的司法贯彻

1.醉驾行为但书出罪的适用方式与考察因素

所谓但书出罪,一般来讲,就是依据《刑法》第13条中的"但书"规定,将那些"情节显著轻微危害不大"的违法行为排除在犯罪之外(改作行政处罚)。也就是说,符合"但书"规定的违法行为原本是不构成犯罪的;在入罪与出罪的司法考量中,应对其作出罪处理。关于《刑法》第13条"但书"出罪的具体适用方式,学界大体上有两种见解。一种见解被称为"出罪标准说",即在认定某种行为符合犯罪构成的前提下,再以其符合

---

① 参见姜洪:《张军在政法领导干部专题研讨班上作专题报告》,http://news.jcrb.com/jxsw/201904/t20190417_1990611.html。

② 童建明:《论不起诉权的合理适用》,载《中国刑事法杂志》2019年第4期。

但书规定的标准为由将其排除在犯罪之外。[1] 另一种见解被称为“入罪限制条件说”，其主张在判断某种行为是否符合犯罪构成时，应同时以《刑法》第13条但书的限制性规定为指导。如果行为符合《刑法》第13条但书的规定，则不能认为其符合犯罪构成，应当宣告无罪。[2] 笔者认为，前一种观点显然并不合理。因为，在四要件犯罪构成理论的背景下，犯罪构成是决定某种行为是否成立犯罪的唯一标准；认定某一行为符合犯罪构成之后再通过《刑法》第13条但书规定予以出罪的做法，是违反法律适用逻辑的。后一种观点则值得肯定，其不仅避免了以上逻辑缺陷，而且还兼顾了犯罪概念与犯罪构成的统一性。“犯罪概念是犯罪构成的基础，犯罪构成是犯罪概念的具体化”[3]，而但书本身就是《刑法》第13条所规定的犯罪概念的一部分，其是从反面说明哪些行为不是犯罪，因此该内容也必须要在犯罪构成的评价体系内予以考量。这样，对于符合《刑法》第13条但书规定的行为，就不能认为其符合犯罪构成。换言之，《刑法》第13条但书实际上是“对犯罪构成进行实质解释的法律依据”[4]，其与“犯罪构成是认定犯罪的唯一标准”这一前提并不冲突。

基于此，对醉驾行为可以依据但书出罪，但是，必须要在犯罪构成的框架之下进行考量。而从《刑法》第13条的规定逻辑来看，但书只是对“危害社会的行为”构成犯罪的程度要求，即只有不属于“情节显著轻微危害不大的”，才可能成立犯罪。[5] 因此，按照阶层式犯罪成立理论，但书只属于构成要件符合性或违法性层面的评价内容，其中的“情节”，应限定为“行为过程中影响不法程度的各种情况，如法益的性质、行为的危险与实害结果等”[6]，而不应包括与行为的违法程度（或严重程度）无关的一些

① 参见储槐植、张永红：《善待社会危害性观念——从我国刑法第13条但书说起》，载《法学研究》2002年第3期。

② 参见张明楷：《刑法学》（上）（第5版），法律出版社2016年版，第91页。

③ 高铭暄、马克昌主编：《刑法学》（第8版），北京大学出版社、高等教育出版社2017年版，第50页。

④ 熊伟：《论“醉驾不必一律入罪”》，载《法学论坛》2012年第6期。

⑤ 就是否最终成立犯罪而言，还取决于责任能力、主观罪过等条件是否得以具备。

⑥ 张明楷：《刑法学》（上）（第5版），法律出版社2016年版，第90页。

主客观事实情况,否则就意味着要脱离构成要件对“情节”的内容予以评价。

对此,有观点认为,对醉驾行为是否属于“情节显著轻微危害不大”的判断,除应考虑醉酒的程度、道路的状况、醉驾的距离、行驶的速度、车辆的类型等客观因素外,还应考虑行为人的个人因素,如行为人是老年人、无酒后驾驶前科、认罪悔罪态度好等情节,以及为了逃避不法侵害或者抢救危重病人而醉驾的动机情况。[①] 2019《浙江纪要》也从“反面”规定了“情节显著轻微”的排除事由,如行为人有酒驾或醉驾前科的,在诉讼期间拒不到案或者逃跑的,等等。但是,问题在于:第一,行为人是老年人还是青年人,与其醉驾行为本身的严重程度并无直接关系,因而不能成为构成要件的评价因素;第二,行为人在醉驾前后的表现如何,可以反映其人身危险性的大小,但与醉驾行为本身的严重程度无关,因而也不能成为构成要件的评价因素;第三,行为人醉驾的动机或目的如何,可以影响行为人的责任程度,但不能直接说明醉驾本身的违法程度,因此同样不属于构成要件的评价因素。这些因素可以在后续的处罚或者决定是否起诉时考虑,将其置于但书的评价范围是不适当的。当然,如果为了逃避不法侵害或抢救危重病人而醉驾并构成紧急避险的,也可以阻却违法,从而不构成犯罪。[②] 不过,这并不是但书意义上的“出罪”(仅排除刑事可罚性),而是“阻却违法事由将行为的所有违法性都带走了”[③]。

2. 醉驾行为但书出罪的具体适用标准

作为一种总则性规定,《刑法》第 13 条但书可以成为出罪的法律依据,但就具体的适用标准而言,必须要依托于分则中不同的犯罪类型来加以把握。醉驾型危险驾驶罪属于抽象的危险犯,而抽象危险本质上是一

① 参见逯星:《醉驾司法出罪的学理展开与路径分析》,载《政法论丛》2013 年第 4 期。

② 例如,2020 年夏季在河北省康保县发生的“张某醉驾抢救病人案”,便属于此类情形。参见张海:《抢救病人,醉驾无罪》,载河北省张家口市康保县人民检察院官网,http://www.hekangbao.jcy.gov.cn/jcdt/202009/t20200911_2956524.shtml。

③ [德]许迺曼:《区分不法与罪责的功能》,彭文茂译,载许玉秀、陈志辉合编:《不疑不惑献身法与正义——许迺曼教授刑事法论文选辑》,台北,春风煦日论坛 2006 年版,第 448 页。

种可能性的法益侵害危险，[1]这种“可能性”在实践中必然存在高低差异，进而会形成不同的危险程度。因此，醉驾行为的危害性大小就直接表现为危险程度的高低。那么，何种危险程度的醉驾行为才符合“但书”规定的“危害不大”？

在这一方面，有论者主张，《刑法》第13条但书的适用范围应限定于那些根本不可能创设抽象危险的醉驾行为，如在夜深人静、根本无人行走甚至已经长久无人来往的道路上醉驾的。[2] 对此，笔者在上文中已经述及，这种反证抽象危险不存在的出罪方式，与依据《刑法》第13条但书予以出罪的方式其实并不相同。《刑法》第13条但书的实质是将危险程度不高（危害不大）的醉驾行为排除在构成要件之外，而并非仅限于那些根本不可能创设抽象危险的醉驾行为。这种出罪方式源自我国“定性＋定量”的犯罪成立模式，与国外“只定性、不定量”的犯罪界定方式不可同日而语。当然，按照“举重以明轻”的原则，后者也同样可以依据《刑法》第13条但书出罪，但如果将但书的适用范围仅限定于此类情形，实属“张冠李戴”。[3]

尽管如此，对《刑法》第13条但书的适用标准也不能任意解释。笔者认为，由于《刑法》第13条但书出罪的功能是处罚分流，即将“尚不够刑事处罚”的醉驾行为划入行政处罚范围，所以，行政处罚的范围和强度就成为一种重要的参考依据。在实践中，对于酒后驾驶行为，区分刑事违法与行政违法的主要标准就是驾驶人血液中的酒精含量：达到80毫克/100毫升以上的属于醉驾；达不到这一标准的属于普通的酒驾。然而，影响酒后驾驶行为危险程度的因素除酒精含量以外，还有很多，如驾驶的时间、路段、速度、距离、车辆的类型和状况，有无交通违法，是否造成实害，等等。由此，尽管驾驶人血液中的酒精含量已适度超过了醉驾标准，但如果其他方面的情节较轻，其危险程度也未必一定高于情节较重的普通酒驾行为，对驾驶人适用吊销驾驶资格、拘留、罚款等行政处罚措施也未尝不可。

---

① 参见周光权：《刑法各论》（第3版），中国人民大学出版社2016年版，第155页。

② 参见梁根林：《“醉驾”入刑后的定罪困扰与省思》，载《法学》2013年第3期。

③ 参见周详：《“醉驾不必一律入罪”论之思考》，载《法商研究》2012年第1期。

《2023 年醉驾意见》第 4 条第 1 款规定，在道路上驾驶机动车，经呼气酒精含量检测，显示血液酒精含量达到 80 毫克/100 毫升以上的，公安机关应当依照《刑事诉讼法》和本意见的规定决定是否立案。对情节显著轻微、危害不大，不认为是犯罪的，不予立案。第 10 条规定，醉驾具有下列情形之一，尚不构成其他犯罪的，从重处理：(1)造成交通事故且负事故全部或者主要责任的；(2)造成交通事故后逃逸的；(3)未取得机动车驾驶证驾驶汽车的；(4)严重超员、超载、超速驾驶的；(5)服用国家规定管制的精神药品或者麻醉药品后驾驶的；(6)驾驶机动车从事客运活动且载有乘客的；(7)驾驶机动车从事校车业务且载有师生的；(8)在高速公路上驾驶的；(9)驾驶重型载货汽车的；(10)运输危险化学品、危险货物的；(11)逃避、阻碍公安机关依法检查的；(12)实施威胁、打击报复、引诱、贿买证人、鉴定人等人员或者毁灭、伪造证据等妨害司法行为的；(13)2 年内曾因饮酒后驾驶机动车被查获或者受过行政处罚的；(14)5 年内曾因危险驾驶行为被判决有罪或者作相对不起诉的；(15)其他需要从重处理的情形。第 12 条第 1 款规定，醉驾具有下列情形之一，且不具有本意见第 10 条规定情形的，可以认定为情节显著轻微、危害不大，依照《刑法》第 13 条、《刑事诉讼法》第 16 条的规定处理：(1)血液酒精含量不满 150 毫克/100 毫升的；(2)出于急救伤病人员等紧急情况驾驶机动车，且不构成紧急避险的；(3)在居民小区、停车场等场所因挪车、停车入位等短距离驾驶机动车的；(4)由他人驾驶至居民小区、停车场等场所短距离接替驾驶停放机动车的，或者为了交由他人驾驶，自居民小区、停车场等场所短距离驶出的；(5)其他情节显著轻微的情形。上述规定在确认血液酒精含量达到 80 毫克/100 毫升属于醉驾与酒驾的分界线的同时，明确了醉驾案件中符合《刑法》第 13 条但书规定的情形：一方面，血液酒精含量在 80 毫克/100 毫升以上不满 150 毫克/100 毫升，且不具有《2023 年醉驾意见》第 10 条规定的 15 种醉驾案件从重处理的情形的，原则上符合《刑法》第 13 条但书的规定；另一方面，血液酒精含量在 150 毫克/100 毫升以上的，原则上不符合《刑法》第 13 条但书的规定，除非行为人的行为符合《2023 年醉驾意见》第 12 条第 2 项至第 5 项所规定的情节显著轻微的规定，且其不具有《2023 年醉驾意见》第 10 条规定的 15 种醉驾案件从重处理的情形。

3. 对醉驾行为通过《刑法》第 13 条但书予以出罪的适用阶段与程序保障

在醉驾案件的办理过程中,每一个办案阶段都存在依据《刑法》第 13 条但书规定予以出罪的可能性。比如,在立案后的侦查阶段,公安机关可以撤销刑事案件,改作行政违法处理;在审查起诉阶段,检察机关可以作出不起诉决定(法定不起诉),并交由公安机关予以行政处罚;在审判阶段,法院也可以直接宣告无罪,之后交由公安机关处理。但是,对有关醉驾行为适用《刑法》第 13 条但书予以出罪,一方面是为了实现制裁的公正性,另一方面则是为了合理分配司法资源、缓解司法压力。如果到了审查起诉或审判阶段再作出罪处理,后一方面的目的显然就不能再充分实现。因此,对醉驾行为通过适用《刑法》第 13 条但书予以出罪,应当立足于在侦查阶段就有效解决,这样也便于公安机关采取后续的行政处罚措施。对此,在相关的司法解释或法律文件中应当作出明确的要求。

不过,这一做法也可能会带来公安机关随意适用《刑法》第 13 条但书予以出罪的问题,进而影响执法的公平公正性,所以需要采取一些程序上的制约或保障措施。在实践中,有关实务部门主要采取的是"向同级检察机关备案"的制度。例如,2019《浙江纪要》中就明确规定:"对作撤销案件处理的,公安机关应当按照'醉驾'案件的诉讼证据要求立卷,并在撤销案件后三个工作日内向同级检察机关备案,接受检察机关监督。"笔者认为,这种程序设置是合理的,其既可以减少公安机关在《刑法》第 13 条但书适用上的随意性,也有利于检察机关强化立案监督或侦查监督工作。但从完整意义上讲,还需要进一步规定:检察机关认为公安机关撤销案件的理由不能成立的,应当书面通知公安机关立案,公安机关收到通知后应当立案。也就是说,对于检察机关的监督措施及其监督效力,也要进行明确的规定。当然,对公安机关撤销刑事案件后行政处罚的执行情况,检察机关也需要进行法律监督,以防止对醉驾行为出现处罚范围的疏漏或处罚轻重的偏颇。

(二)醉驾案件不起诉分流的制度实现

1. 醉驾案件不起诉分流的方式选择

就不符合《刑法》第13条但书规定的醉驾行为而言,在进入审查起诉阶段后,也并非一定要提起公诉,检察机关在起诉与不起诉之间应当享有自由裁量权。可以说,通过不起诉来对醉驾案件进行司法分流,在缓解司法压力与合理分配司法资源方面具有更加积极的效果。我国2018年修正的《刑事诉讼法》共确立了5种不起诉类型,即法定不起诉、存疑不起诉、酌定不起诉、附条件不起诉和特殊不起诉,由此也就涉及醉驾案件不起诉分流的方式选择问题。

通过对这5种不起诉类型进行梳理,可以发现,其中的法定不起诉和存疑不起诉本来就不符合起诉条件,因而并不能进行自由裁量或选择。特殊不起诉尽管具有可裁量性,但其具有明显的"补充性"特征,适用范围是犯罪嫌疑人有重大立功表现或者案件涉及国家重大利益的情形,且需要经过最高人民检察院核准。[①] 在醉驾案件中,这样的情形非常少见,所以其只可以作为一种辅助方式。由此,对于醉驾案件的不起诉分流,可以重点考虑的就是酌定不起诉和附条件不起诉,这与国外的"微罪不诉"与"暂缓起诉"也基本上是对应的。

但是,在我国,适用酌定不起诉的前提条件是"犯罪情节轻微,依照刑法规定不需要判处刑罚或者免除刑罚",不仅酌定不起诉的适用范围较为狭窄,在适用条件的把握上也存在一些疑难问题。附条件不起诉虽然不存在以上限制条件,但在适用对象上仅限于未成年犯罪嫌疑人。而根据我国相关法律规定,驾驶员获取驾驶证一般要求年龄达到18周岁以上,故未成年人实施醉驾的情形并不多(可能存在少数无证驾驶行为),适用附条件不起诉的概率也较小。考虑到这些情况,要通过这两种不起诉制度来对醉驾案件进行有效的司法分流,应当立足于二者不同的政策取向来具体展开。其中,酌定不起诉是"因无刑事处罚必要性而不予起诉",故应重点解决其规范判断或合理运用问题。附条件不起诉则是"虽不排除

---

① 参见《刑事诉讼法》第182条第1款的规定。

刑事处罚,但可经考验后不予起诉”,适用对象并非一定限于未成年犯罪嫌疑人,因此,将其适用于醉驾案件,应重点解决其对象拓展或制度构建问题。

2. 醉驾案件酌定不起诉的合理适用

从当前来看,扭转“醉驾一律起诉”的政策导向,关键就是放宽酌定不起诉的适用,但这也并不意味着可以无原则地任意适用,从而造成矫枉过正的现象。考虑到醉驾案件的社会关注度较高,对该类案件适用酌定不起诉,必须要积极追求法律效果与社会效果的统一。对此,可从以下三个层面展开:

(1)酌定不起诉实体条件的准确把握。根据《刑事诉讼法》第 177 条第 2 款的规定,检察机关适用酌定不起诉的实体条件是“犯罪情节轻微,依照刑法规定不需要判处刑罚或者免除刑罚”。其中,“犯罪情节轻微”是“依照刑法规定不需要判处刑罚或者免除刑罚”的前提条件。所谓“犯罪情节轻微”,一般就是指犯罪过程中主客观方面的情节表现轻微。也就是说,其在评价范围上既包括犯罪客观方面的情节表现,也包括行为人主观方面的情节表现,二者在罪责层面共同说明处罚的必要性或轻重问题。这一点与《刑法》第 13 条但书中的“情节显著轻微”是不同的,后者只是对危害行为之危害程度的说明,因而自然不可能包括行为人的主观责任要素。同时,从客观层面来看,“情节轻微”在危害程度上也显然要高于“情节显著轻微”,所以前者应当入罪,而后者则不应入罪。

在此基础上,在醉驾案件中,“犯罪情节轻微”就主要表现为醉驾行为本身的危险程度较低,以及行为人的主观恶性较小。因而,单从罪责层面来考虑,对行为人进行刑罚处罚的必要性不高。同样,考虑到行为人的醉酒程度是判断犯罪情节是否轻微的重要因素,在实践中也要对此进行适当的限制。对此,《2023 年醉驾意见》第 13 条规定,对公安机关移送审查起诉的醉驾案件,人民检察院综合考虑犯罪嫌疑人驾驶的动机和目的、醉酒程度、机动车类型、道路情况、行驶时间、速度、距离以及认罪悔罪表现等因素,认为属于犯罪情节轻微的,依照《刑法》第 37 条、《刑事诉讼法》第 177 条第 2 款的规定处理。通常而言,在满足这一标准的基础上,还必须要在驾驶的时间、速度和路段以及醉驾的目的和动机等方面具备一些从宽情节,才能最终认定为"犯罪情节轻微";如果在这些方面存在从严情节,则一般不能认为是"犯罪情节轻微"。

即便具备了"犯罪情节轻微"这一条件,也不能直接认定为"依照刑法规定不需要判处刑罚或者免除刑罚"。因为,从理论上讲,是否需要对犯罪人判处刑罚,除考虑犯罪本身的严重程度外,还需要同时考察行为人人身危险性的大小,以最终确定用刑罚来预防犯罪的必要性。而行为人人身危险性的大小,又与行为人罪前和罪后的表现情况直接相关,如罪前是否表现良好、有无前科,罪后是否积极悔罪、有无自首或坦白情节,等等。但是,受"犯罪"这一主语的限制,"犯罪情节轻微"在评价范围上又不可能涵盖犯罪之前和之后的情节表现。所以,就是否符合"依照刑法规定不需要判处刑罚或者免除刑罚"这一条件而言,重点需要考察的是这些人身危险性因素。从《刑事诉讼法》第 177 条第 2 款的规定来看,其显然包括两种免除处罚形式:一种是直接根据《刑法》第 37 条的规定"免予刑事处罚",另一种是依照《刑法》中明确规定的免除处罚情节来免除刑事处罚。[①] 因此,对"犯罪情节轻微"的醉驾行为是否可以免除刑罚处罚,就可按照这两种情形分别进行判断。对于不具备《刑法》明确规定的免除处罚情节的,只要行为人罪前一贯表现良好,罪后配合执法、真诚认罪悔罪、在造成损失的情况下积极赔偿损失,就可认为其符合了《刑法》第 37 条的免予刑事处罚规定。对于行为人具备《刑法》明确规定的自首、立功等情节的,考虑到其"犯罪情节轻微",只要犯罪前后没有从重处罚情节,便可认为达到了免除处罚条件。而如果行为人具备没有造成损害的中止犯情节[②],如启动车辆后放弃行驶,醉驾行为尚未完成,则一般可以考虑适用《刑法》第 13 条的但书规定予以出罪;确需入罪的,若符合《刑法》第 24 条第 2 款的规定也应免除处罚。

(2)满足实体条件后可否适用酌定不起诉的规范判断。根据《刑事

---

① 尽管学界对《刑法》第 37 条是否可以独立适用还存有争议,但司法实践中已经不存在障碍。例如,最高人民法院在 2017 年《常见犯罪的量刑指导意见(二)》中,对醉驾行为的免除处罚,就直接引用了《刑法》第 37 条的规定。

② 在《刑法》明确规定的 16 种免除处罚情节中,只有没有造成损害的犯罪中止属于单一幅度的应当免除处罚情节。

诉讼法》第177条第2款的规定，在满足酌定不起诉的实体条件后，检察机关“可以”作出不起诉决定，而不是“应当”作出不起诉决定，由此，这里就必然涉及检察机关进一步的司法判断问题。然而，就此处的司法判断应重点考察哪些因素而言，《刑事诉讼法》却并未作出明确规定。最高人民检察院在2007年修订的《人民检察院办理不起诉案件质量标准（试行）》中也只是列举了几种应当作出不起诉决定的具体情形，而并未进行概括性的说明。并且，在这些情形中，除初犯情况外，其他几种多限于特定主体（未成年人、老年人等）或因特定原因（民间纠纷、生活无着等）而实施的轻微刑事犯罪，一般也很少能够适用到醉驾案件之中。所以，对这一问题必须要从理论上予以澄清。

在国外，对一些轻微犯罪是否选择不起诉或放弃起诉，一个重要的考察因素就是“公共利益”。例如，《英国皇家检察官准则》和《荷兰刑事诉讼法》不仅原则性地规定了检察官可以基于公共利益的考量而对某些犯罪放弃起诉，还同时明确列举了一些支持或反对提起公诉的公共利益因素。① 其中，反对提起公诉的公共利益因素主要有如下三个方面：一是对犯罪人进行刑事处罚不具有必要性和妥当性；二是提起公诉可能对被害人有不利影响；三是提起公诉可能损害国际关系或国家利益。我国学者也认为，在适用酌定不起诉时需要考察公共利益，但在公共利益的考察范围方面与国外有所不同。例如，陈光中教授指出，适用酌定不起诉需要考察的公共利益是一种带有大局性的利益，指的是国家利益和民众的公共利益，包括国家安全、国防、外交和其他政治需要，社会效果和民意趋向，预防犯罪、维护社会治安的效果，以及是否符合被害人的意愿和要求等。② 也就是说，这里的“公共利益”，在考察范围上并不包含对犯罪人进行刑事处罚的必要性或妥当性问题。

对此，笔者认为，酌定不起诉毕竟意味着对原本构成犯罪的行为不追究刑事责任，因而必须要考察这一做法在满足公共利益方面的妥当性。而国外和国内之所以在公共利益的考察因素上形成不同认识，主要是源

---

① 参见李继华：《不起诉的实体根据研究》，中国检察出版社2013年版，第41～42页。

② 参见陈光中：《论我国酌定不起诉制度》，载《中国刑事法杂志》2001年第1期。

于判断维度的不同。由于国外对酌定不起诉一般并不设置“不需判处刑罚”的前提条件,所以是否需要对犯罪人给予刑事处罚,就成为一种重要的公共利益考察因素。这恰恰如日本大谷实教授所言,“刑事司法,是以对犯人的适当处罚所产生的一般预防和特别预防效果来达到维持社会秩序的目的的,因此,现实中即便发生了犯罪,但从上述目标来看,只要不值得处罚,便应迅速地将其从刑事诉讼程序中退出”①。而我国的酌定不起诉是以对犯罪人不需要判处刑罚为前提条件的,在对这一条件的判断中已经考察了上述公共利益因素。所以,之后的决定性判断只需例外地考察与可罚性无关的国家或社会利益即可。

基于此,对于醉驾案件,如果其已经符合了犯罪情节轻微、不需要判处刑罚的实体条件,一般就应考虑适用酌定不起诉,除非认为起诉后“定罪免刑”更有利于实现相关公共利益。在实践中,由于醉驾案件通常不涉及国家安全、国防、外交等政治利益,所以,需要重点考虑的就是不起诉的社会利益或社会效果问题。其中,如下三个方面的情况需要引起注意:一是一般预防效果的实现问题。如果案件所在区域的醉驾现象比较突出,民众交通守法意识还普遍偏低,那么往往就需要通过起诉来强化规则意识。二是刑事司法的社会认同问题。如果案件社会影响较大,或者醉驾者具有官员、公众人物等身份,那么,在适用酌定不起诉时就要保持适当克制,以免使社会公众对刑事司法的公正性或平等性产生怀疑。三是对社会矛盾的化解问题。如果醉驾行为造成了一定损害,即使损害程度比较轻微,在行为人与被害人尚未达成和解前,也不宜适用酌定不起诉,否则就可能激化社会矛盾,产生新的不稳定现象。

(3)酌定不起诉与后续行政制裁的有效衔接。根据《刑事诉讼法》第177条第3款的规定,检察机关决定不起诉后,对被不起诉人需要给予行政处罚、处分或者需要没收其违法所得的,应当提出检察意见,移送有关主管机关处理。也就是说,检察机关作出不起诉决定,仅仅意味着刑事追责程序的终结;就对被不起诉人其他法律责任的追究而言,还需要检察机

① [日]大谷实:《刑事政策学》,黎宏译,中国人民大学出版社2009年版,第184页。

关与有关单位配合完成。① 这种后续性行政制裁的实现不仅可以强化对被不起诉人的特殊预防效果,也能够在一定程度上提升社会公众对酌定不起诉的认同感。然而,长期以来,一些检察机关对此却未能给予足够的重视,作出不起诉决定后"一放了之"的现象并不少见。当前,为了进一步提高不起诉适用率,简化检察机关内部审批程序、适当下放不起诉决定权已经成为一种改革趋势。但是,在部分民众对犯罪的报应情感尚未出现实质改观的背景之下,如果后续的行政制裁不能有效实现,则不起诉率的上升反而可能加剧民众的"认同感危机"。② 就醉驾案件而言,这一点尤为重要,因为普通的酒驾行为尚且要受到严厉的行政制裁,而更为严重的醉驾行为在适用酌定不起诉后却可以"一放了之",这对民众无论如何都是难以接受的。因此,对于醉驾案件,必须要高度重视酌定不起诉与后续行政制裁的有效衔接问题。

笔者注意到,司法实践在这一方面已经形成了一些良好的做法。例如,某区人民检察院在对一起"80后"网约车司机醉驾案决定适用酌定不起诉后,便与公安交管部门进行了细致的沟通,在公开宣告不起诉时,公安交管部门也作出了行政处罚决定,吊销了被不起诉人的驾驶证,并处以行政罚款。③ 该案在处理上就实现了酌定不起诉与后续行政制裁的无缝衔接,因而是值得参考和借鉴的。

3. 醉驾案件附条件不起诉的制度构建

通过对一些醉驾案件适用酌定不起诉,可以在一定程度上减轻司法压力、缓解犯罪"标签"的负面效应。但是,这种不起诉制度也存在自身的局限性。一方面,由于其是以犯罪情节轻微、不需要判处刑罚为前提条件的,因而适用范围较为狭窄,司法分流作用有限;另一方面,不起诉决定一旦作出,便不再有回旋的余地,即使被不起诉人随后有一些不良表现也不能另行起诉,这在某种程度上也不利于实现不起诉的应有效果。有鉴于此,各国一般都是将酌定不起诉与附条件不起诉配合适用,以全面实现起

---

① 参见童建明:《论不起诉权的合理适用》,载《中国刑事法杂志》2019年第4期。

② 参见魏小伟:《扩大不起诉的反思》,载《暨南学报(哲学社会科学版)》2015年第11期。

③ 参见童建明:《论不起诉权的合理适用》,载《中国刑事法杂志》2019年第4期。

诉便宜主义的价值目标。"从立法意旨上看，附条件不起诉的实质是通过对诉权之保留，以敦促不起诉对象悉力达成条件，从而在对犯罪嫌疑人作出不起诉决定的同时修复为犯罪行为所损害的社会关系，以实现正义价值与效率价值的共存。"①而且，附条件不起诉一般也并不以犯罪情节轻微或不需要判处刑罚为必要条件，因此司法分流的效果更为明显。

我国在2012年修正《刑事诉讼法》时也增设了附条件不起诉制度，其在适用对象上仅限于未成年犯罪嫌疑人，而如上文所述，受申领驾驶证最低年龄条件(18周岁)的限制，绝大多数的醉驾者都是成年人，并不在附条件不起诉的适用范围之内。这样，对持续高涨的醉驾案件就很难通过推行附条件不起诉进行司法分流。在实践中，这一问题也已经引起了重视。例如，有人大代表明确提出，应当将醉驾未造成交通事故的案件也纳入附条件不起诉的适用范围，以进一步缓解司法压力和减少社会对立。②学界在这一问题上则走得更远。例如，有论者指出，在我国已经确立认罪认罚从宽制度的背景下，对包括危险驾驶罪在内的一些轻微的成年人认罪认罚案件都可以考虑适用附条件不起诉，具体可以限定为"可能判处1年有期徒刑以下刑罚"的案件；相应地，未成年人附条件不起诉的刑期范围可扩大至"3年有期徒刑以下刑罚"。③ 也有论者认为，附条件不起诉的价值不会因为适用于成年犯罪嫌疑人而有丝毫减损，将来可以考虑将其适用范围扩大至所有可能判处3年有期徒刑以下刑罚的案件。④

对此，笔者认为，附条件不起诉在节约司法资源、实现特殊预防、修复社会关系、减少刑罚弊端等方面的价值是不容否定的。从有关的基层调研情况来看，附条件不起诉实施以来的成效也是比较明显的。⑤ 因此，应

---

① 李辞：《论附条件不起诉与酌定不起诉的关系》，载《法学论坛》2014年第4期。

② 参见卢文洁等：《陈建华代表：醉驾案件挤占大量司法资源 建立"醉驾案附条件不起诉"制度》，http://news.cnwest.com/content/2018-03/11/content_15713529.htm，2020-07-04。

③ 参见何挺：《附条件不起诉扩大适用于成年人案件的新思考》，载《中国刑事法杂志》2019年第4期。

④ 参见李辞：《论附条件不起诉与酌定不起诉的关系》，载《法学论坛》2014年第4期。

⑤ 参见北京市海淀区人民检察院课题组等：《附条件不起诉实证研究报告》，载《国家检察官学院学报》2017年第3期。

当考虑将其适用范围适当扩大至成年人犯罪案件，从而也为认罪认罚从宽制度提供一种新的“从宽”路径。但是，鉴于附条件不起诉制度在我国实施的时间还不长，实践中也正处于经验积累期或磨合期，所以其扩张的步伐也不宜迈得太大。考虑到近年来醉驾等轻微刑事案件的大幅增长以及拘役这种短期自由刑本身的弊端，可以先围绕这一问题，在“可能判处拘役及以下刑罚”的成年人犯罪案件中探索构建附条件不起诉制度。[①]这样也可以与未成年人附条件不起诉制度中的刑罚标准（1年有期徒刑以下刑罚）形成适当的落差。毕竟，对未成年人这类特殊主体，在刑事政策上还是要适当有别于成年人的。

在具体的制度构建上，可大体按照未成年人附条件不起诉制度的基本模式来进行，但要注意以下所述四个方面的区别对待。

其一，在成年人附条件不起诉适用的罪名范围上，可不再设置限制条件。成年人犯罪涉及的罪名具有普遍性，如果继续限定为“涉嫌刑法分则第四章、第五章、第六章规定的犯罪”，则危险驾驶罪等高发性的犯罪就势必不能再适用附条件不起诉，这并不利于实现预期的司法分流效果。

其二，在成年人附条件不起诉的适用条件上，除规定“可能判处拘役及以下刑罚”和“有悔罪表现”（或改为“认罪认罚”）外，还应当增加“情节较轻”的限制条件。附条件不起诉毕竟意味着对可能判处刑罚的犯罪人不再追究刑事责任，因此必须要同时考虑罪行本身的轻重程度与犯罪人的人身危险性大小。[②] 否则，对于危险驾驶罪之类法定最高刑仅仅为拘役的犯罪，只要犯罪人有悔罪表现或认罪认罚，就都可以考虑适用附条件不起诉，这既不符合起诉便宜主义的价值取向，也更不会实现社会公众的制度认同。当然，这里的“情节较轻”，在危害程度上是高于“情节轻微”和“情节显著轻微”的。就醉驾案件而言，其是否属于“情节较轻”，在醉

---

① 一人犯数罪的情形应当排除在附条件不起诉的适用范围之外，就此处的“拘役”而言，最高刑期不能超过6个月。

② 《刑事诉讼法》对未成年人附条件不起诉只规定“有悔罪表现”的实质条件，是基于政策上的特殊考虑，在实际适用中也不会完全无视犯罪本身的情节表现。

酒程度这一主要情节的把握上就需要与后两者形成合理的梯次差别。比如,对于醉酒驾驶汽车和醉酒驾驶摩托车的,一般可考虑分别设置为“180毫克/100毫升以下”和“220毫克/100毫升以下”,这样,从酒精含量这一维度出发,在醉驾案件通过适用《刑法》第13条但书、酌定不起诉与附条件不起诉进行分流的方式之间,也就形成了较为明确的层次判断标准。[①]

其三,在成年人附条件不起诉之负担条件的设置上,应当体现出一定的制裁性和预防性。无论是成年犯还是未成年犯,适用附条件不起诉都是以可能判处一定刑罚为前提的。因此,其所负担的条件必须是能够在预防再犯的效果上合理地“替代”刑罚措施,才能具有妥当性。对于未成年犯来讲,基于少年司法的教育理念,这一目标的实现主要有赖于对其采取一些具有教育矫治性质的处遇措施,并附加必要的监督考察以帮助其顺利复归社会。[②] 而对于成年犯来说,这种负担条件则必须要有助于弥补为犯罪所损害的公共利益,并在此基础上实现相应的再犯预防效果,否则就可能会影响到社会公众对成年人附条件不起诉的认同感。由此,在成年犯负担条件的设置上,就需要同时具有强制性公益付出的制裁性和强化其规则意识的预防性。概括来讲,就是要求成年犯罪嫌疑人必须按照考察机关的要求进行公益服务,并接受一些禁戒性或教育性的处遇措施。例如,对于醉驾案件的附条件不起诉,除要求犯罪嫌疑人遵守一些限制性规定外,还可要求其在一定时间内提供协助维持交通秩序的公共服务,并接受禁酒措施或者参与相关的交通安全教育活动,等等。

其四,在成年人附条件不起诉之考验期限的设置上,应当与其可能判处的刑罚轻重相协调。尽管附条件不起诉之负担条件不是刑罚,但在实质上仍然具有一定的制裁性,因而也需要遵守比例原则。[③] 这种比例原则既体现在负担条件的内容上,也体现在相应的考验期限上。考虑到(单处)拘役的最高刑期为6个月,将附条件不起诉的考验期限设置为3个月

---

① 当然,这不是唯一的标准,在具体适用上还需要结合其他因素进行综合判断。

② 参见何挺:《附条件不起诉扩大适用于成年人案件的新思考》,载《中国刑事法杂志》2019年第4期。

③ 参见林钰雄:《刑事诉讼法》(下册 · 总论编),中国人民大学出版社2005年版,第63页。

以上6个月以下是比较合适的。期限过长,不仅违反比例原则,也会影响诉讼效率。至于在考验期限内的撤销事由,则应与未成年人附条件不起诉作大致相同的规定。

最后,需要说明的是,对犯罪嫌疑人适用附条件不起诉,也只是不再追究其刑事责任,而不能完全免除其行政责任。例如,对于醉驾案件,仍然可以依照《道路交通安全法》的规定对被不起诉人实施"吊销机动车驾驶证"等行政制裁。只不过,考虑到被不起诉人在满足负担条件的过程中已经受到了一定惩戒,相应的拘留或罚款措施可不再适用。

四、结语

面对醉驾案件快速增长所造成的司法困境,通过充分激活《刑法》第13条"但书"予以出罪和不起诉分流这两种制度,无疑可以使其得到有效的缓解。但这一目标的实现,还同时有赖于对醉驾行为适用行政处罚的法律明确性和完备性。尽管2011年对《道路交通安全法》的相关修正并非从根本上否定了对醉驾行为的行政处罚,但其显然在一定程度上带来了法律适用上的模糊性与不均衡性。因此,将来可通过对《道路交通安全法》中醉驾处罚规定的再次修正,明确和完善对醉驾行为的行政处罚,使其在处罚力度上与普通的酒驾形成合理区分,从而实现与《刑法》和《刑事诉讼法》更为周密的衔接。

此外,因大量醉驾者被定罪处刑而造成的前科负面效应扩大问题,在根本上也是缘于我国不合理的前科制度设计。对有犯罪前科者采取一些预防性措施本无可厚非,但是,"只有前科制度,而没有前科消灭制度,也不能不说是一种制度上的缺陷"[①]。而且,在限制内容上不区分犯罪轻重的做法,也很难说符合制裁上的比例原则。例如,从2015年1月到2019年6月,仅浙江省就有近万名公务员、公司企事业单位人员、教师、医生、

---

① 刘仁文、敦宁:《建议将治安拘留纳入刑法体系》,载《人民法院报》2019年7月18日,第6版。

律师等因“醉驾”而被审查起诉。[①] 一旦被定罪处刑，这些人员不仅可能要接受被开除公职、被吊销执业资格、影响个人征信等一系列惩罚，而且还会背负沉重的前科“包袱”，这并不利于社会的和谐稳定。因此，随着危险驾驶罪等轻微犯罪的增设，适时构建起合理、有效的前科消灭制度，才是解决这一问题的“治本之道”。

事实上，醉驾治理的司法困境只是一面镜子，其折射出的是我国从“小刑法”向“大刑法”转型过程中所面临的整体性问题。所以，对这一困境的破解就并不只具有局部性意义，而是一种事关刑事法治建设全局的重要举措。

① 参见王敏远：《“醉驾”型危险驾驶罪综合治理的实证研究——以浙江省司法实践为研究样本》，载《法学》2020 年第 3 期。

专题十二

醉驾行为出罪路径的教义学检视*

内容摘要：目前，醉驾行为不必一律入罪的主张已为现有法规范体系所确证。从醉驾行为入罪的教义内涵、经济性以及社会治理效果三个方面来看，为醉驾行为保留合理的出罪空间是具备正当性的。醉驾行为出罪的实体法路径主要有以下三条：一是行为不符合醉驾型危险驾驶罪的犯罪构成要件，其中对于行为不符合客观构成要件的论证应否定抽象危险反证的研究范式，回归到对于客观构成要件各要素的实质解释，对于以隔夜醉驾为代表的行为不符合主观构成要件情况的判断应聚焦于对故意要素的规范解读；二是行为符合《刑法》第13条但书之规定，即若行为符合构成要件时，仅成立醉驾型危险驾驶的不法状态，若此时也符合但书规定，则可判断此种不法状态不成立犯罪；三是行为构成可以出罪的正当化事由，具体包括紧急避险、法令行为与自救行为三项不需具备具体物质损害结果的事由。醉驾行为的程序性出罪路径主要有以下两类：一是微罪不举；二是证据不足。前者是基于入罪必要性的功利考量而作出的，后者则立足于对正当程序价值诉求的维护。

* 本文为王志祥、融昊的论文——《醉驾行为出罪路径的刑法教义学阐释》，原载《北方法学》2022年第1期，收入本书时有修改。

一、问题的提出与方法论选择

2011 年《刑法修正案(八)》正式增设了危险驾驶罪,并将“醉酒驾驶机动车”的行为规定为危险驾驶罪的行为类型之一。自此之后的多年中,对于醉驾行为是否一律应成立犯罪的问题,学界与司法实务界都进行了广泛而深刻的争鸣。具体而言,在司法实务领域,在《2023 年醉驾意见》施行之前,公安部与最高人民检察院都支持“醉驾应一律入罪”的主张,[①]而最高人民法院则坚持“醉驾不必一律入罪”的主张;[②]在学术界,对于醉驾行为是否应一律入罪的问题,也存在“赞成论”与“反对论”的争鸣。主张“赞成论”的学者认为,由于在醉驾型危险驾驶罪的罪状中没有类似“情节严重”“情节恶劣”等定量因素规定的限定,因此就其成立犯罪既遂的形态而言,其应属于抽象危险犯。[③] 也就是说,只要醉酒驾驶行为存在,就一律成立犯罪。主张“反对论”的学者则坚持,虽然醉驾是抽象危险犯,但是其不可能一律构成犯罪,至于“非罪”的理由,持此论者却各有主张。[④]

---

① 公安部在 2011 年 9 月 19 日颁布的《公安机关醉驾案件指导意见》,其中明确规定:“经检验驾驶人血液酒精含量达到醉驾标准的,一律以涉嫌危险驾驶罪立案侦查;未达到醉驾标准的,按照道路交通安全法的有关规定给予行政处罚。”而时任最高人民检察院新闻发言人、办公厅主任的白泉民在 2011 年 5 月 23 日接受《新京报》独家采访时表示,对于公安机关移送至检察机关的醉驾案件,经检察机关查明,案件的醉驾事实清楚、证据确凿充分的,会一律按照法律程序办理,该批捕的批捕,该起诉的起诉。对于醉驾情节轻微案件,会按照《刑法修正案(八)》及相关法律上的条款起诉,不会存在选择性。参见邢世伟:《醉驾案证据充分一律起诉不存在选择性》,载《新京报》2011 年 5 月 24 日,第 4 版。

② 2017 年 5 月 1 日实施的最高人民法院《常见犯罪的量刑指导意见(二)》明文规定:“对于醉酒驾驶机动车的被告人,应当综合考虑被告人的醉酒程度、机动车类型、车辆行驶道路、行车速度、是否造成实际损害以及认罪悔罪等情况,准确定罪量刑。对情节显著轻微危害不大的,不予定罪处罚。犯罪情节轻微不需要判处刑罚的,可以免予刑事处罚。”

③ 参见赵秉志、赵远:《危险驾驶罪的研析与思考》,载《政治与法律》2011 年第 8 期;叶良芳:《危险驾驶罪的立法证成与规范构造》,载《法学》2011 年第 2 期;陈伟:《醉驾:“一律入刑”还是“区别对待”》,载《法制与社会发展》2012 年第 1 期;夏勇:《作为情节犯的醉酒驾驶——兼论“醉驾是否一律构成犯罪”之争》,载《中国刑事法杂志》2011 年第 9 期。

④ 参见周详:《“醉驾不必一律入罪”论之思考》,载《法商研究》2012 年第 1 期;杨兴培:《从醉驾入罪看如何消弭法治分歧》,载《法学》2011 年第 7 期;曲新久:《醉驾不一律入罪无需依赖于“但书”的适用》,载《法学》2011 年第 7 期。

事实上,上述关于“醉驾行为是否应一律入罪”的争论在近年来已被司法实践逐渐化解掉。自最高人民法院出台的《常见犯罪的量刑指导意见(二)》为醉驾行为原则性地保留了出罪空间之后,各省级司法机关密切跟进,制定了更具可操作性的细则规定。比如,2019《浙江纪要》罗列了诸如酒精含量超标的免刑幅度、醉驾接替代驾与醉驾小区挪车等出罪性情形。类似地,近年来,上海、江苏、湖南、湖北等地也纷纷出台相关规定,对“醉驾入刑”标准作出一系列从宽调整。这些司法规定为醉驾行为出罪提供了明确的规范依据,已经从实然层面终结了上述争论。

因此,在上述醉驾行为出罪问题争论在形式规范层面已告一段落的情况下,笔者拟在下文中,从实质理性的角度论证为醉驾行为保留合理出罪空间的正当性依据,进而在尊重法秩序的安定性与实定法权威的基础上,运用法教义学的研究范式,系统化梳理现有法律法规中存在的促成醉驾行为出罪的规范路径,并澄清相关争议问题。

二、保留醉驾行为出罪空间的正当性依据

基于人民主权与法治国家思想的共识,德国社会学家马克斯·韦伯(Max Weber)曾提出过一个著名的论断,即“任何权力都有为自身正当性辩护的必要”[①]。而推动醉驾行为出罪的举动,无论是通过立法论的方式还是解释学的方式,本质上都是国家刑罚权变动的表现。那么,就这一变动刑罚权的举动在实质理性层面是否必要的问题而言,须以保留醉驾行为出罪空间的正当性加以证成,这也是罪刑法定原则中限制国家刑罚权思想的必然要求。并且,需要强调的是,由于醉驾型危险驾驶罪的法定最高刑仅为拘役,倘若按犯罪的危害程度及与其相关的刑罚严厉程度进行犯罪分层,其应属于微罪范畴。下文对于保留醉驾行为出罪空间之正当性依据的具体论证,都是基于其微罪属性而展开的。

首先,就醉驾行为入罪的教义内涵而言,保留一定的出罪空间在体系

---

① [德]马克斯·韦伯:《经济与社会》(第1卷),阎克文译,上海人民出版社2019年版,第102页。

层面是可以做到逻辑自洽且功能自足的。具言之,当醉驾行为符合危险驾驶罪构成要件时,如果缺乏动用刑罚手段对其进行预防的必要性,就可以不将其当作犯罪处理。这种刑罚反制定罪的教义模型,从比较法研究的角度来看,是有深厚的理论渊源的。在德国阶层犯罪论体系的研究中,罗克辛(Roxin)率先提出在与不法概念相对的责任概念的基础上,通过加入刑罚预防性(需罚性)判断,形成答责性的概念,从而可以通过需罚性的阙如,将构成要件该当且不法与罪责要素齐备的行为排除出犯罪圈之外。[①] 之后,雅科布斯(Jakobs)提出了更为成熟的功能责任论,强调刑罚的预防目的,尤其是他认为积极的一般预防目的是责任得以存在的本质依据。[②] 换言之,就是以刑罚积极的一般预防目的为标准来衡量处罚行为人的必要性,若施以刑罚符合这一目的,则责任存在,若不符合,则可以阻却责任成立,从而使行为人出罪。相对来看,在我国,与上述德国理论相近的"以刑制罪"的理念业已从司法经验逐渐抽象为理论共识。并且,此类刑罚反制定罪的理论亦契合刑法谦抑性原则所提倡的限制国家刑罚权的理念。因此,醉驾行为作为一种社会危害程度与法益侵害程度极低的微罪行为,在不值得动用刑罚手段来实现预防目的时,[③]对其进行出罪处理是具备教义学层面的实质合理性的。

其次,就醉驾行为入罪的经济性问题而言,保留一定的出罪空间有利于节约刑事司法资源,从而对其实现高效利用。数据显示,截至 2016 年危险驾驶罪的规定施行 5 年之际,全国公安机关共查处饮酒后驾驶机动

---

① 参见[德]克劳斯·罗克辛:《德国刑法学总论——犯罪原理的基础构造》(第 1 卷),王世洲译,法律出版社 2005 年版,第 572 页。

② 参见[德]格吕恩特·雅科布斯:《行为、责任、刑法——机能性描述》,冯军译,中国政法大学出版社 1997 年版,第 8 页。

③ 对于某些犯罪情节轻微的醉驾行为人而言,与时间有限的短期剥夺自由刑——拘役相比,也许通过特定的保安处分措施,更能促使其发生思想上的深刻转变,从而深刻地认识到醉驾对己对人对社会有可能造成的严重危害,继而有效地降低自身的再犯可能性,实现刑罚的特殊预防目的;亦能通过这些措施使在此过程中与其交往的其他社会人员强化对法规范的忠诚与信赖,实现刑罚积极的一般预防目的。比如,组织其定期收看重特大交通事故的纪实教育片或者要求其定期去医院承担照顾重特大交通事故中的伤患者的志愿活动。

车违法行为 247.4 万件。[①] 2015 年,江苏全省各级法院共受理各类案件 163 万余件,一审审结的刑事案件有 7 万余件,其中约有 1 万件为醉驾案件,占全年刑案的 1/7。[②] 在广州市,2011 年 5 月至 2017 年 10 月,全市基层法院受理醉驾型危险驾驶案件 14233 件,占同期基层法院受理刑事案件总数的 13.6%,部分市辖区甚至高达 20% ~30%。广州市中级人民法院审理的醉驾型危险驾驶二审案件占所有二审刑事案件的比例超过 10%。[③] 从全国范围内来看,2018 年《最高人民检察院工作报告》也显示,2013 年至 2017 年,全国检察机关共起诉 73.7 万件涉嫌危险驾驶罪的犯罪嫌疑人,占整个起诉案件的 10.3%,且绝大部分案件系醉驾案件。最高人民检察院发布 2019 年全国检察机关主要办案数据显示,"醉驾"已经成为刑事追诉第一大犯罪,数量远超位列第二的盗窃罪。[④] 众所周知,醉驾型危险驾驶罪属于典型的微罪,而微罪行为所固有的社会危害性程度轻微的属性决定了其涉及的只是低烈度的反社会行为。而为了解决这种低烈度低强度的反社会行为问题,若投入大量宝贵的司法资源到刑事领域,就可能存在浪费的问题。这种浪费亦会使正处于社会主义初级阶段的我国增加社会运行的成本,甚至背上沉重的发展包袱。因此,为醉驾行为保留合理的出罪空间而不是将其一律入罪的做法可以有效地节约我国宝贵的刑事司法资源,从而推动其实现更为合理的配置与更为高效的利用,比如,向大案要案与疑难案件分配更多的刑事司法资源。

最后,就醉驾行为入罪的社会治理效果而言,保留一定的出罪空间有利于避免犯罪附随后果对行为人基本权利的过度限制,从而缓解与之相

---

① 参见汤瑜:《"醉驾入刑"五年　全国共查酒驾 247 万余起》,载《民主与法制时报》2016 年 5 月 5 日,第 1 版。

② 参见陈竹沁:《江苏 1/7 一审审结刑案为醉驾,高院院长吁立法入刑门槛要严》,载搜狐新闻网,http://news.sohu.com/20160311/n440135212.shtml。

③ 参见卢文洁等:《醉驾案件挤占大量司法资源　陈建华建议建立"醉驾案附条件不起诉"制度》,载《广州日报》2018 年 3 月 11 日。

④ 参见周斌:《"醉驾"成为刑事追诉第一大犯罪》,http://www.legaldaily.com.cn/index_article/content/2020-06/02/content_8209748.htm。

关的社会矛盾。由于我国尚未构建成熟完善的前科消灭制度,所以只要行为人一旦被定罪,即使在定罪免刑或宣告缓刑的情况下,犯罪附随后果对于犯罪分子及其家庭而言可能是伴随终身的。而就制裁力度本就十分轻微的微罪——醉驾型危险驾驶罪而言,犯罪附随后果对醉驾行为人的权利的压制程度以及对其家庭的负面影响比犯罪分子所承受的刑罚本身可能还要严重。比如,终身禁止从事某些行业、子女公务员政审可能不通过等。这可能在一定程度上违背了刑法中的罪责刑相适应原则以及罪责自负原则,甚至可能突破了广义上公法法域中规制法律制裁的比例原则。那么,当醉驾行为大规模入罪时,必然会带来犯罪总量激增的效应,而这种效应亦会催化犯罪附随后果这一独特的法律现象对大量犯罪人及其近亲属的相关权利产生不利影响。事实上,根据裁判文书网统计,自《刑法修正案(八)》将醉驾入刑以来,已经有 1128498 人因醉驾而被定为危险驾驶罪。[①] 这意味着至少有 1128498 个醉驾型危险驾驶罪的已决犯和其背后的各家庭正受到上述犯罪附随后果对自身权利的影响,这无疑是醉驾行为大规模入罪所造成的负面的社会治理效果。因此,在我国尚未建立健全前科消灭制度的背景下,为醉驾行为保留一定的出罪空间可以使醉驾行为人及其近亲属免于受到犯罪附随后果对其正常生活相对负面的影响,从而有效地避免相关社会矛盾的激增与激化,以实现正面的社会治理效果。

综上,基于醉驾的微罪属性可知,保留醉驾行为的出罪空间在实质理性层面是具备相当的正当性的。

三、醉驾行为出罪路径的实体法之维

某些醉驾行为可以在实体法层面出罪的根本原因在于其不符合刑事实体法所规定的犯罪成立条件,即其从规范本体意义上根本就不成立犯

---

① 截至 2020 年 5 月 16 日,在阿尔法法律数据库上共有刑事判决书 6113794 份,其中因醉驾被定为危险驾驶罪的判决书就有 1128498 份,接近所有刑事案件的 1/5。由此可见,因醉驾而被定为危险驾驶罪的案件的数量是极为庞大的。参见阿尔法法律数据库:https://alphalawyer.cn/#/login/wechat。

罪。而此类醉驾行为在实体法规范意义不成立犯罪的理由，主要有如下所述的三个方面。

（一）行为不符合醉驾型危险驾驶罪的构成要件

犯罪构成要件是行为成立犯罪在形式上必须具备的一切主客观要素之和。当某一行为符合刑法规定的某一罪名的犯罪构成要件时，一般情况下就可以推定其成立该罪，除非出现正当化事由等阻却犯罪成立的特殊情况。就醉驾型危险驾驶罪而言，在构成要件符合性方面争议较大的两个问题即是抽象危险的反证问题与隔夜醉驾的主观构成要件要素问题。具体论证如下所述。

1. 对抽象危险反证论的否定：回归实质解释构成要件行为的论证范式

众所周知，从犯罪既遂形态的角度来看，醉驾型危险驾驶罪属于典型的抽象危险犯。醉驾行为在刑事层面的不法属性正是由其对危险驾驶罪犯罪构成所保护的法益——道路交通运输领域的公共安全，即道路交通运输领域内不特定或多数人的生命健康或者重大公私财产类型化地造成的抽象危险所决定的。目前，学界有许多人主张通过对醉驾行为抽象危险的反证，来对其实现无罪化处理。具体而言，就是强调抽象危险是一种独立的客观构成要件要素，①对其存在与否需要作具体判断。换言之，倘若根据醉驾行为发生时的具体情境判断出并未存在危害道路交通运输领域安全之抽象危险，则该醉驾行为不能成立犯罪。② 与之相对的还有另外一种观点，该观点主张在客观构成要件符合与否的层面判断醉驾行为的出罪问题时，不能通过抽象危险反证的路径，③即坚持抽象危险只是一种蕴含于构成要件行为之中且为立法所推定的危险，对于其有无无须从司

① 参见［日］大塚仁：《刑法概说（总论）》（第3版），冯军译，中国人民大学出版社2003年版，第120～121页。

② 参见何荣功、罗继洲：《也论抽象危险犯的构造与刑法“但书”之关系——以危险驾驶罪为引例》，载《法学评论》2013年第5期。

③ 参见徐凯：《抽象危险犯正当性问题研究——以德国法为视角》，中国政法大学出版社2014年版，第58页。

法上进行具体判断。[①] 详言之，就是将抽象危险与构成要件行为的判断融为一体，[②]只要醉驾行为符合醉驾型危险驾驶罪的客观犯罪构成要件，就推断此时抽象危险存在，反之则不存在。因此，在客观构成要件符合性的层面得出醉驾行为可以出罪的判断结论，只能在遵循罪刑法定原则的基础上通过对构成要件行为本身进行实质解释才可以实现。[③] 就抽象危险与构成要件行为之间的关系而言，前一种观点可称为“独立说”，后一种观点可被称作“依附说”。

事实上，笔者更为倾向于“依附说”的观点。这是因为，一方面，从证成逻辑的角度来看，抽象危险与具体危险相比具有不同的判断标准，前者的成立只需根据行为本身是否该当客观构成要件作出存在性判断，而后者的成立则需根据行为发生的具体情境作出程度性判断。这一点，主要是由抽象危险犯与具体危险犯在立法目的层面的差别所决定的。具言之，抽象危险犯的产生源自立法者在技术上面临以实害犯或具体危险犯难以应对的新难题，[④]需要通过抽象危险犯的立法模式在源头上对风险社会中具有高度不确定性风险进行控制，从而实现对法益的前置性保护，由此可见，其立法目的更侧重于贯彻刑法的法益保护机能；而具体危险犯中具体危险成立的判断逻辑类似于实害犯中实害结果的判断逻辑，都是强调行为对法益必须造成相当程度的急迫危险或损害结果时才能以此作为发动刑罚权进行否定性评价的依据，由此可见其立法设置原义更侧重于实现刑法的人权保障机能。因此，将抽象危险作为客观构成要件要素进行独立判断的做法在性质上使抽象危险与具体危险没有质的差别而仅有

---

① 参见王志祥、黄云波：《论立法定量模式下抽象危险犯处罚之司法正当性》，载《法律科学（西北政法大学学报）》2016 年第 3 期。

② 参见杨柳：《醉驾出罪依据论——以〈关于常见犯罪的量刑指导意见（二）〉为分析对象》，载《法商研究》2018 年第 1 期。

③ 参见徐苗：《论“醉驾一律入罪”的出罪路径探析》，载《武汉科技大学学报（社会科学版）》2013 年第 2 期。

④ 参见王志祥、黄云波：《论立法定量模式下抽象危险犯处罚之司法正当性》，载《法律科学（西北政法大学学报）》2016 年第 3 期。

危险性的形式上的量的区别，[①]从而在司法适用过程中混淆了抽象危险犯与具体危险犯，有悖于立法目的。另一方面，就法律适用的效果而言，倘若将抽象危险作为独立的客观构成要件要素，基于主客观相统一原则，行为人必须对其有认识才能成立犯罪故意。然而，在我国目前的司法实践中，对于抽象危险的存在及认知标准缺乏相对明确且具备可操作性的证明规则。所以一旦允许对抽象危险进行反证，可能会增加司法裁量的任意性程度，甚至可能导致严重的司法腐败问题，使大量应罚的抽象危险犯逃脱法律制裁。因此，“依附说”较之于“独立说”更具说服力，对于醉驾行为在客观构成要件符合性方面的出罪判断应摒弃反证抽象危险的思路，回归实质解释各构成要件要素的论证范式。

所谓实质解释，从刑法意义上来看，指的是在坚守罪刑法定原则的前提下，以法条保护的法益为指导对犯罪构成要件进行的不局限于法条字面含义的解释。[②] 以法益为衡量标准使通过实质解释实现出罪目的的方式得以现实化，这体现了对个体自由的充分尊重与保障，有利于预防国家刑罚权的不当扩张。[③] 换言之，当某一行为在形式上与犯罪构成要件相似但在实质上并未侵害或威胁规定该犯罪构成之法条保护的法益时，可以通过对犯罪构成要件中相关构成要素的平义解释或限缩解释将此种行为排除在犯罪之外，而非通过扩大解释将其评价为犯罪。就醉驾型危险驾驶罪而言，毋庸置疑，醉驾行为即本罪的构成要件行为，根据《刑法》第133条之一第1款第2项的法条原文，其完整表述应为“在道路上醉酒驾驶机动车的行为”。那么，由此可知，这一构成要件行为可以被拆解为以下四个构成要素，即醉酒状态、驾驶行为、驾驶工具与空间场域。对于这四个构成要件要素的具体实质解释可做如下展开：

首先，就醉驾状态而言，根据《2013年醉驾意见》可知，醉酒驾驶机动车中醉驾状态的成立标准为血液中酒精含量达到80毫克/100毫升以上，

---

① 参见李川：《抽象危险犯自身谦抑机制研究——以醉驾案件具体危险犯化认定倾向为视角》，载《政治与法律》2013年第12期。

② 参见张明楷：《实质解释论的再提倡》，载《中国法学》2010年第4期。

③ 参见［德］克劳斯·罗克辛、樊文：《刑法的任务不是法益保护吗？》，载陈兴良主编：《刑事法评论》第19卷，北京大学出版社2007年版，第159页。

这一标准在构成要件要素层面尚无争议。

其次,就驾驶行为而言,其字面含义通常为"控制机动车行驶的行为"。那么对于醉酒之后准备驾驶却尚未驶出的行为与醉酒后开启车辆于驾驶位睡觉的行为,行为人在醉酒状态成立之时虽然具备控制机动车的能力,也确实通过机械钥匙或遥控钥匙启动了车辆。但此时,机动车处于相对静止的未行驶状态,并未对道路交通公共安全造成任何形式的威胁,上述行为也就可以根据严格区分运动与静止的物理原理指导的平义解释方法排除在"驾驶行为"这一构成要件要素之外。另外,就醉酒在广场、公共停车场等公众通行的场所挪车的行为而言,由于其运动距离较短且速度极低,对此场所内的公共安全难以构成威胁,所以可以通过限缩解释的方法,将"运动速度所带来的动能可以致人伤亡且具有一定运动位移"这一要求解释为驾驶行为的成立标准,继而将上述挪车行为排除在"驾驶行为"这一构成要件要素之外。

再次,就驾驶工具而言,其字面含义为"机动车",而就醉驾型危险驾驶罪的不法属性而言,由于其具有行政违法性与刑事违法性的双重属性,应归属于行政犯的范畴,所以根据法秩序的统一原理,对"机动车"等概念性法律术语的理解应当与其对应的行政法规保持一致,①不能随意扩大解释。那么,有动力装置驱动且设计最高时速、空车质量、外形尺寸接近或等同于机动车的电动自行车等交通工具(以下简称超标车)就不应被认定为机动车。因为目前相关行政法规并未明确规定超标车是否属于机动车,此时若片面地认定超标车为机动车属于不合理的扩大解释,会违反罪刑法定原则。

最后,就空间场域而言,根据上述法秩序统一原理,对醉驾行为所发生的空间场域——"道路"一词的理解应符合《道路交通安全法》的相关

---

① 《2013 年醉驾意见》第 1 条第 2 款规定:"前款规定的'道路'、'机动车',适用道路交通安全法的有关规定。"《2023 年醉驾意见》第 5 条第 1 款中有与上述同样的规定。《道路交通安全法》第 119 条第 3 项规定:"'机动车',是指以动力装置驱动或者牵引,上道路行驶的供人员乘用或者用于运送物品以及进行工程专项作业的轮式车辆。"

规定。[①] 并且,根据危险驾驶罪所保护的法益为指导,对危险驾驶罪中“道路”的理解应重点把握驾驶行为发生地是否具有“公共性”,只要具有“公共性”,就应当认定为“道路”,“乡间小道”能够被认定为危险驾驶罪状中的“道路”。而“公共”最本质的特征在于对象的不特定性,只要允许不特定的社会车辆自由通行,就属于道路;如果仅允许与管辖单位、人员有业务往来、亲友关系等特定事由的来访者的车辆通行,则不属于允许社会车辆通行。[②]《2023 年醉驾意见》第 5 条第 2 款规定:“对机关、企事业单位、厂矿、校园、居民小区等单位管辖范围内的路段是否认定为‘道路’,应当以其是否具有‘公共性’,是否‘允许社会机动车通行’作为判断标准。只允许单位内部机动车、特定来访机动车通行的,可以不认定为‘道路’。”

总之,在实质解释的视域下,醉驾行为只要不符合上述任意一个构成要素的要求,就可以被判定为不该当醉驾型危险驾驶罪的客观构成要件,从而实现出罪。

2. 隔夜醉驾出罪路径的规范演绎:聚焦故意要素的规范判断

所谓隔夜醉驾,指的是行为人饮酒后经过一夜的时间间隔,却仍在客观上处于醉酒状态而驾驶机动车的行为。这一行为在司法实践中普遍存在,应算作隔时醉驾行为的典型代表。由于行为人案发时的驾驶行为已符合醉驾型危险驾驶罪的客观构成要件,因此,根据主客观相统一的原则,判断这一行为是否构成醉驾型危险驾驶罪,关键在于考量其主观方面是否该当该罪的主观构成要件。具言之,就是考察行为人对自己客观上的醉驾行为是否存在与之对应的主观故意。

众所周知,犯罪故意在犯罪论体系之中属于犯罪主观方面的内容,而主观方面,从其存在论意义上的属性来看,又属于人的精神领域范畴。由于现有科技手段的局限性,自然人在日常生活中的精神领域活动是无法

---

① 《道路交通安全法》第 119 条第 1 项规定:“‘道路’,是指公路、城市道路和虽在单位管辖范围但允许社会机动车通行的地方,包括广场、公共停车场等用于公众通行的场所。”

② 参见高贵君、马岩、方文军、曾琳:《〈关于办理醉酒驾驶机动车刑事案件适用法律若干问题的意见〉的理解与适用》,载《人民司法》2014 年第 3 期。

直接为他人所认知的，[①]并且，行为人的主观心理态度是通过其犯罪行为得以客观外化的。因此，在司法实践中，司法工作人员需要做到全面地、辩证地、历史地考察分析案件的各种具体客观情况，灵活运用高度盖然性与排除合理怀疑等证据规制，才能正确认定嫌疑人是否存在犯罪故意。[②]需要强调的是，犯罪故意这种罪过形式是由认识因素与意志因素共同构成的。因此我们可以就隔夜醉驾行为人在主观上是否满足此两种因素分别展开探讨，从而实现对故意要素存在与否的规范判断。

一方面，就认识因素而言，其属于构成故意罪过的基础性要素，是意志因素存在的前提。具体来看，首先，认识的对象应为客观构成要件事实，这一点是由罪刑法定原则与主客观相统一原则所决定的，是构成要件故意规制机能的具体表现。在隔夜醉驾的场合下，认识因素的成立需要行为人认识到自己进行驾驶行为时仍处于醉酒状态。其次，判断认识因素是否存在的标准可以作二维探讨。第一，判断的时间标准应采用行为时而非行为后的标准，从而避免“开上帝视角”或“事后诸葛亮”式的审查逻辑为行为人科以过于严苛的认知义务，其中体现的“法不强人所难”的原理正是贯彻刑法人权保障机能的必然要求；第二，判断的主体标准应兼采一般人标准与行为人标准，从而在具体的判断中综合考虑社会一般人认识能力与行为人自身特殊情况。这样做既体现了刑法作为行为规范的普遍有效性，又贯彻了责任主义原则对于行为人主观能力个别化情况的照顾。并且，从比较法研究的角度来看，德国刑法理论中主流通说观点所提倡的故意双重定位理论也为这种兼顾式的主体性判断标准提供了理论支撑。详言之，这一理论强调对故意的判断既要在不法阶层进行，又要在责任阶层再次进行，并且，对于前者的判断要采用一般人标准，而对于后者的判断应结合行为人具体情况作个别化判断。[③] 概言之，不法是普遍的，责任是个别的。再次，为了使上述判断标准在隔夜醉驾场合更具备可

① 参见［德］黑格尔：《精神现象学》（上），贺麟、王玖兴译，商务出版社 2020 年版，第 214 页。

② 参见高铭暄、马克昌主编：《刑法学》（第 9 版），北京大学出版社、高等教育出版社 2019 年版，第 106 页。

③ 参见［德］乌尔斯·金德霍伊泽尔：《刑法总论教科书》（第 6 版），蔡桂生译，北京大学出版社 2015 年版，第 125 页。

操作性,需要设置若干具体事项来作判断素材。结合隔夜醉驾行为发生的独特场域来看,应设置以下4项作为判断素材的事项:行为人的酒精代谢速度、行为人的酒精耐受能力、饮酒行为与驾驶行为之间所间隔的时长以及行为人是否有具体的醉态表现。具言之,当行为人自身酒精代谢速度较慢,但酒精耐受程度较高因而无明显醉态,且其饮酒行为与驾驶行为间隔时长按一般人标准已足够代谢酒精时,则可以认定其并未意识到自己处于醉驾状态;当行为人酒精代谢速度与酒精耐受能力正常,但其饮酒行为与驾驶行为间隔时长按一般人标准不足以代谢酒精,且有较为明显的醉态时,即使其辩称自身并未认识到驾驶车辆时处于醉驾状态,也应按照"重证据轻口供"的证据规则认定其具备醉驾型危险驾驶罪犯罪故意所要求的认识因素。最后,当认定隔夜醉驾者不具备对醉驾行为的认识因素,就可以阻却其行为的犯罪故意,从而实现醉驾行为在主观构成要件层面的出罪效果。然而,倘若认为法秩序对于隔夜醉驾者自身驾驶状态确有注意义务,则行为人没有认识到自身处于醉驾状态却驾驶机动车的情况确实可以在主观层面构成疏忽大意型犯罪过失。但是,在当代国内外刑事法治领域内,刑法一向以处罚故意犯为原则,以处罚过失犯为例外。[①]那么,由于《刑法》第133条之一关于危险驾驶罪的法条并未规定有过失形态,所以此时即使认定行为人存在犯罪过失,也不能将其行为认定为犯罪。

另一方面,就意志因素而言,其属于犯罪故意中具有决定性作用的因素,是在认识因素基础之上的发展。在隔夜醉驾的场合中,当行为人驾驶时认识到自己可能仍处于醉酒状态时,只要其对于醉驾行为未采取"希望"或"放任"两种对法秩序与法规范的敌视态度,就可以认定其不具备醉驾型危险驾驶罪犯罪故意所要求的意志因素,从而通过阻却故意实现出罪。并且,基于上述对于判断主观罪过方法的论述可知,在判断隔夜醉驾者是否具备希望或放任的态度时,应贯彻主客观相统一的原则,综合考虑行为时的各种具体情况,以行为人当时的客观表现为判断素材。具言

① 参见许玉秀:《当代刑法思潮》,中国民主法治出版社2005年版,第202页。我国《刑法》第15条第2款规定,过失犯罪,法律有规定的才负刑事责任。

之,当隔夜醉驾者在认识到自己可能正在进行醉驾行为时,如果采取一定的措施来迅速、有效且安全地结束驾驶行为,就可以认定其对醉驾行为的发生持反对态度,而非希望或放任态度。比如,将车泊在路边停车位以远离车辆与行人等。另外,基于上述过失犯无规定不处罚原理,即使认为隔夜醉驾者在具备认识因素的情况下对于醉驾行为构成过于自信型过失罪过,也不能因此判断其成立过失犯罪。

事实上,在过去几年的司法实践中,已经有通过判断故意要素不存在的方式对隔夜醉驾行为进行无罪化处理的判例,即"岳某某涉嫌危险驾驶罪"一案。在这一案件的审理过程中,二审法院认为:"上诉人岳某某通过一夜的休息,并未意识到自己还处于醉酒状态,交警让其移车时,也没有发现上诉人处于醉酒状态,不具有危险驾驶的主观故意……可不认为是犯罪。"①在这一案件中,司法机关正是通过饮酒行为与驾驶行为间隔时间较长与行为人并无明显醉态表现两项客观参考事项,才得以判断出行为人并无醉驾型危险驾驶罪犯罪故意所要求的认识因素,进而否定犯罪故意的成立,实现了对岳某某的无罪化裁判。由此可见,隔夜醉驾行为的出罪化处理应系醉驾行为通过不符合主观构成要件路径出罪的典型代表,由其中提炼出的对醉驾行为故意要素的认定逻辑,也同样适用于因误食某种可以导致血液中酒精含量超标的药物或食物而成立的醉驾行为的出罪判断。

综上所述,醉驾行为在构成要件阶段出罪的方向无外乎以下两种,即不符合客观构成要件与不符合主观构成要件。对于前者的认定,应摒弃抽象危险反证的方式,专注于对客观构成要件具体各要素进行实质解释;对于后者的认定,应聚焦于对故意要素的规范认定,分别讨论认识因素与意志因素是否存在,具体判断方法可以隔夜醉驾行为出罪处理作为典型模板。

(二)行为符合《刑法》第 13 条但书之规定

长久以来,关于醉驾行为能否依照《刑法》第 13 条但书规定出罪的问

---

① 参见新疆维吾尔自治区哈密市中级人民法院刑事判决书,(2016)新 22 刑终 113 号。

题,一直是理论界所激烈争论的焦点所在。要厘清这一问题,首先需要了解该规定的本体性内容。事实上,就该规定在刑法理论体系的定位问题,主要存在以下几种观点:一是认为但书规定是罪量要素的规范依据。详言之,当行为符合但书规定时就可以依此规定判断其不符合该当犯罪构成要件的程度性条件,进而对其实现出罪化处理。[①] 因此其体系定位应归于构成要件符合性的阻却事由。二是主张但书规定是“可罚的违法性”理论的规范表述,[②]属于阶层犯罪论体系中违法性的判断内容,应定性为可罚的违法性阻却事由。[③] 三是认为比照“可罚的违法性”这一理论来看,但书也可作为可罚的责任事由归于阶层犯罪论中责任阶层的判断内容。[④] 四是认为但书规定既可以是构成要件符合性阻却事由,又可以是包含正当防卫、紧急避险等事项的违法性阻却事由,还可以被定位为涵盖期待可能性等事项的责任阻却事由。[⑤] 上述关于但书体系定位的理论争议到目前仍未形成具有较强说服力的通说观点,但是关于但书规定的功能问题,持上述观点的论者却早已形成了普遍共识,具体来看,但书规定有以下两个功能:一是形式功能,即为我国“立法定性 + 立法定量”的犯罪成立模式提供规范依据;二是实质功能,即在司法裁判过程中承担限制司法权的出罪功能。因此,当醉驾行为符合《刑法》第 13 条但书规定时,可以将其排除在犯罪圈之外。

至于醉驾行为依照《刑法》第 13 条但书规定出罪的具体操作方式,则主要有如下两种观点的争鸣:第一种观点主张但书规定仅是“提示性”或“宣示性”条文,[⑥]应对其作形式性理解,不能直接以之为醉驾行为出罪的

---

① 参见梁根林:《但书、罪量与扒窃入罪》,载《法学研究》2013 年第 2 期。

② 参见王昭武:《犯罪本质特征与但书的机能及其使用》,载《法学家》2014 年第 4 期。

③ 参见敦宁:《“但书”在阶层式犯罪构成体系中的定位问题》,载《江西社会科学》2018 年第 7 期。

④ 参见刘艳红:《目的二阶层体系与“但书”出罪功能的自洽性》,载《法学评论》2012 年第 6 期。

⑤ 参见王强:《我国〈刑法〉第 13 条但书规定新解——兼论但书在犯罪构成理论中的展开》,载《法律科学(西北政法大学学报)》2011 年第 5 期。

⑥ 参见殷磊:《论刑法第 13 条的功能定位——兼论(醉驾型)危险驾驶罪应一律入刑》,载《政治与法律》2012 年第 2 期。

规范依据。具言之,应将但书规定暗示在醉驾型危险驾驶罪法条的罪量要素之中,作为判断构成要件行为是否具备危害公共安全之抽象危险的标准。[①] 倘若依此标准得出的结论是该行为不具备这一抽象危险,则通过否定构成要件符合性的方式将其出罪。第二种观点则强调但书规定并不应被当作从属于构成要件符合性的从属性出罪依据,[②]而是应在犯罪构成之内作为区别构成要件符合性的另一阶层,独立发挥判断醉驾行为是否应出罪的作用,这一理念类似于德国刑法学研究中目的理性理论所拟制的客观处罚条件概念。相比之下,笔者更倾向于支持第二种观点,原因如下:首先,抽象危险反证的出罪路径在前述论证中已被否定,倘若根据但书规定的指引来实质性分析醉驾行为是否蕴含对公共安全的抽象危险,无疑又会陷入一种程度性的判断之中。这样做显然会混淆存在性判断与程度性判断,造成司法裁判逻辑的位阶性紊乱与体系性不自洽。其次,《刑法》第 13 条但书规定属于总则性规定,而醉驾型危险驾驶罪属于分则规定,所有分则罪名适用都必须受总则制约,因此但书规定对于醉驾型危险驾驶罪是否成立就不仅局限于形式性或象征性的提示作用,而是具备实质性制约作用。正如有的学者指出的那样,在《刑法》分则中,有些罪名明确规定了犯罪成立所要求的"情节恶劣的"、"情节严重的"或者"数额较大的"条件,这样的立法语言只是把《刑法》总则第 13 条所说的"情节显著轻微危害不大"表述得更为具体,仍未突破《刑法》总则的原则性规定;对于有些没有写明犯罪成立情节要求的罪名,同样也要受《刑法》总则第 13 条的现实约束。[③] 最后,从刑事法治运行背后的权力配置角度来看,倘若在醉驾行为的刑事司法审判中认为但书规定仅具有提示性的象征意义,则会在无形之中使司法机关可以代替立法机关决定现行法律的效力,从而赋予司法机关选择性适用实定法的权力。这样做无疑会导致司法权的不合理扩张,破坏现行法规范体系的普遍有效性与整体法秩序的权威

---

① 参见梁根林:《"醉驾"入刑后的定罪困扰与省思》,载《法学》2013 年第 3 期。

② 参见刘艳红:《目的二阶层体系与"但书"出罪功能的自洽性》,载《法学评论》2012 年第 6 期。

③ 参见赵秉志、赵远:《危险驾驶罪研析与思考》,载《政治与法律》2011 年第 8 期。

性，侵犯公民的行为预测自由。

基于上述论证可知，当醉驾行为符合《刑法》分则中醉驾型危险驾驶罪法条所规定的构成要件时，尚不能认定其已成立抽象危险犯。换言之，此时醉驾行为仅成立醉驾型危险驾驶的不法状态，如果其符合《刑法》第13条但书之规定，则可判断此种不法状态不成立犯罪。这在《2023年醉驾意见》第4条第1款、第12条第1款的规定中得到了支持。

（三）行为构成可以出罪的正当化事由

众所周知，在我国刑法学犯罪构成通说——“四要件”理论之中，正当化事由承担着行为符合犯罪构成四要件之后的出罪（阻却入罪）功能。换言之，倘若犯罪构成要件是成立犯罪的积极条件，那么正当化事由就是成立犯罪的消极条件。事实上，我国《刑法》明文规定的正当化事由有两个，分别是第20条的正当防卫与第21条的紧急避险，而这两项正当化事由在德日三阶层犯罪论体系中被定位为违法性阻却事由，属于违法性阶层的判断内容，这也就意味着当其出现时构成要件行为就会因不具备违法性而不被评价为犯罪。并且，在德日阶层犯罪论体系之中，超法规的违法阻却事由也是被普遍承认的，比如被害人承诺、法令行为、自救行为等，这些事由在我国的司法实践中也是存在或部分存在出罪功能的。然而，就醉驾行为而言，由于其犯罪既遂形态为抽象危险犯，所以并不存在所谓的实害结果，那么直接承担实害结果的实际被害人就更不存在了。由此可见，醉驾行为本身不可能构成对不法侵害人的现实反击，所以正当防卫事由在醉驾行为发生的场合也就不具备存在空间，无法承担为其出罪的功能。因此，在正当化事由层面为醉驾行为匹配合适的出罪通路时，就需聚焦那些无现实具体“被害人”[①]的事由。

1. 醉驾行为因成立紧急避险而出罪

在构成要件行为成立紧急避险的场合下，由于行为的避险对象并不局限于具体现实的个体主体，避险结果也不要求一定出现现实性的物质损害，所以醉驾行为有成立紧急避险进而出罪的空间。至于其在何种情

---

① 构成要件行为所造成之不利后果的直接承担者。

况下才能成立紧急避险,则需结合紧急避险的正当性依据与成立条件进行具象化探讨。

一方面,紧急避险的正当性依据就是其承担出罪功能的原因所在,所以其成立条件的立法设置与司法判断都要基于此依据而展开。事实上,依据避险行为指向的对象不同,紧急避险可以被分为攻击性紧急避险与防御性紧急避险,前者指向无辜第三方,后者则指向危险源本身,二者的正当性依据是不同的。前者的正当性依据在于无辜第三人作为社会共同体的组成部分之一所负有的社会团结(容忍)义务;[①]后者则在于法益衡量思维而产生的优越利益原理,即避险行为所保护的法益大于其可能牺牲掉的利益。[②] 就可以构成的紧急避险的醉驾行为而言,首先,逃避或摆脱危险的功能属性才是其为行为人所选中的原因所在,而针对危险源本身的抑制或消灭并非其可以达成的效果。其次,采用醉驾行为作为避险行为会在行为过程中通过抽象危险的方式为道路交通运输领域内的公共安全这一"无辜的"集体法益带来不利影响。因此,醉驾行为所能构成的紧急避险只能是攻击型紧急避险,就其表现形式而言,可以是醉驾送严重病患就医、醉驾逃离紧迫的危险等。那么,特定醉驾行为成立紧急避险的正当性是否在于前述集体法益的法益主体——社会,具有对避险醉驾行为的容忍义务呢?这一问题需要联系集体法益的相关本体性知识进行深入探讨。现代刑法理论中的法益,有个人法益与集体法益之分,[③]前者侧重于保护个人自由,而后者则强调维护秩序。由于传统上以个人法益保护为中心的刑法,无法有效回应现代社会的各种风险和挑战,因而集体法益的保护在现代刑法中呈现扩张趋势。[④] 然而,过度扩张集体法益的内容势必导致对公民个人自由空间的不断侵蚀,有悖现代法治国家尊重与保护人权的价值理念。因此,对于集体法益而言,只有其在解释论上可以被

---

① 参见王钢:《紧急避险中无辜第三人的容忍义务及其限度兼论紧急避险的正当化根据》,载《中外法学》2011 年第 3 期。

② 参见张明楷:《刑法学》(上)(第 5 版),法律出版社 2016 年版,第 239 页。

③ 参见[德]伊沃·阿佩尔:《通过刑法进行法益保护?——以宪法为视角的评注》,马寅翔译,载赵秉志等主编:《当代德国刑事法研究》2016 年第 1 卷,法律出版社 2017 年版,第 49 页。

④ 参见孙国祥:《集体法益的刑法保护及其边界》,载《法学研究》2018 年第 6 期。

还原为个人法益之时，才值得为刑法所保护。[①] 由此可知，醉驾型危险驾驶罪所保护的法益——道路交通运输领域的公共安全，可以被还原成构成社会这一规范共同体之全体公民在此领域内的生命健康与重大公私财产安全。那么，当道路交通运输领域内的全体公民基于社会团结义务有必要容忍特定醉驾行为对自身生命健康与重大公私财产安全造成的抽象危险时，特定醉驾行为便构成紧急避险这一刑法中的正当化事由之一，从而不成立犯罪。当然，公民的团结与容忍义务不是无限的，对于其合理程度的界定需结合紧急避险的各成立条件，尤其是限度条件，并参考优越利益或法益衡量原理，进行具体分析。

另一方面，醉驾行为只有在符合紧急避险的各项成立条件之时，才能成立紧急避险，从而具备出罪的正当性。具体分析过程可以以醉驾送紧急病患就医这一情况为例而展开。第一，就避险意图而言，醉驾行为人必须对他人病情的紧急情况有一个基本认识，并且还应认识到这种危险只能通过自己的醉驾行为将之送医的方法来排除，同时还应以挽救病患的生命健康为目的。第二，就避险起因而言，病患因紧急病情而导致的自身生命健康所面临的危险必须是客观现实存在的。如果其实际并不存在，却被醉驾行为人假想存在，则该醉驾行为构成假想的紧急避险，可以根据事实认识错误的原则来判断其是否构成犯罪。第三，就避险时间而言，其应处于危险正在发生或迫在眉睫之时，即病患正在发病且症状明显之时。此时，病患的生命健康权正面临着疾病所带来的紧迫且直接的危险，危在旦夕。若是在病患疾病未发作之时送其体检或病患发病后症状缓和已无紧迫危险时送其就诊的醉驾行为都会因避险不适时而不构成紧急避险。第四，就避险对象而言，其应为醉驾送医所经道路范围内不特定或多数人的生命健康与财产权益的安全。第五，就避险限度而言，醉驾行为不能超过必要限度，造成不应有的损害。虽然攻击性紧急避险的正当化依据在于上述社会团结（容忍）义务，但是在避险限度判断这一技术性问题上，我们仍需借助法益衡量原理来使界定社会团结义务范围的任务更具备可操作性。具言之，虽然道路内的不特定或多数人的生命健康权看似大于病

---

① 参见张明楷：《宪法与刑法的循环解释》，载《法学评论》2019 年第 1 期。

患的生命健康权，但是前者在醉驾行为发生的场域只是经受了法律拟制的抽象危险，其紧迫程度不可与正在严重发病的病患之生命健康权所受的具体现实的危险所相提并论。因此，在一般情况下，醉驾所经过道路范围内的公众有通过经受自身安全的抽象危险而帮助排除病患威胁生命安全之紧迫具体危险的社会团结(容忍)义务。当醉驾行为突破了必要限度，造成了无辜路人出现不应有的伤亡情况时，则构成避险过当，视情节减轻或免除处罚。第六，就避险限制而言，成立紧急避险的醉驾只有在不得已的情况下才可以实施。具言之，一旦病患通过其他方式也可以得到及时救助时，就不能通过醉驾送医的方式予以排除危险，否则可能导致相关醉驾人员以送病患就医为借口滥用紧急避险规则来逃避法律制裁。第七，就避险禁止而言，此条件主要针对以下这一特殊情况，即强调职务或业务上负有特殊职责的人因履职而面对危险时，为保护自己而不履行排险职责或义务的渎职行为不能成立紧急避险，因而不能出罪。由于醉驾型危险驾驶罪在《刑法》分则罪名体系中不属于渎职犯罪类别，因此其不适用于通过醉驾行为送病患就医而成立紧急避险的场合。综上，当醉驾送病患就医行为符合上述条件时，就可因成立紧急避险而出罪，而这一分析过程同样适用于醉驾送自己就医或醉驾躲避其他危险等可能成立紧急避险的其他情况。对此，《2023 年醉驾意见》第 12 条第 2 款规定，醉酒后出于急救伤病人员等紧急情况，不得已驾驶机动车，构成紧急避险的，依照《刑法》第 21 条的规定处理。此外，《2023 年醉驾意见》第 12 条第 1 款将“出于急救伤病人员等紧急情况驾驶机动车，且不构成紧急避险的”作为情节显著轻微、危害不大的情形之一加以规定。对此，我国司法实务人士指出，对出于急救伤病人员等紧急情况醉酒驾驶机动车的案件如何处理，有一定争议。经研究认为，如果确实属于《刑法》第 21 条紧急避险的，则不负刑事责任。在认定是否构成紧急避险时，应从是否存在正在发生的危险、是否不得已才损害另一法益、是否有避险意图、避险是否超过必要限度等方面进行审查。比如，在偏远地区，因为亲友等人员突发严重疾病急需救治，身边一时难以找到符合条件的驾驶人员或者呼叫救护车耗时过长可能影响救治，不得已在饮酒后驾驶机动车，后在路途中被查获的，可以认定为紧急避险。又如，在城市等地区，深夜时段家人等突发需要送医的严重疾病或者紧急分娩，一时无法呼叫到救护车，也无法找到代驾等帮忙的情况下，不得已开车送医或者买药、寻找医生的，也可以认定为紧急避险。在有些情况下，危险并不紧迫或者行为人有其他避险的可能但并未采取其他方式（如可能叫到代驾或者救护车）的情况下醉驾的，依法不属于紧急避险，但是考虑到行为人在情急之下无法作出理性选择，如果醉驾行为未导致事故等后果，那么认定为情节显著轻微、危害不大，更加符合法理情，在处理效果上也更好。①

2. 醉驾行为因成立其他正当化事由而出罪

在醉驾行为发生的场合，除紧急避险之外，其他无现实具体“被害人”且无物质性损害结果的正当化事由主要包括自救行为与法令行为。此二者在法条中没有被明文规定，但因其不具备社会危害性或法益侵害性，所以在司法实践中通常可以起到出罪情节的作用，因而可被称为超法规的正当化事由。②

一方面，就自救行为而言，当醉驾人自身法益受到的违法侵害已结束且通过法律程序、依靠国家机关不可能或者明显难以恢复时，倘若行为人通过醉驾行为可以救济自身受损权利，③那么其醉驾行为就可因成立自救行为而出罪。但是，构成自救行为的醉驾行为必须具备手段上的相当性，不能造成保护法益与牺牲法益间的明显失衡。例如，财物被盗或被抢时，醉驾追赶不法侵害人，将其别停后夺回财物的行为，在一般情况下是可以因构成自救行为而出罪的，但是，此种醉驾追逐行为不能造成不法侵害人或其他无关路人伤亡，否则其超过自救行为应有限度的部分将会被评价为犯罪。

另一方面，就法令行为而言，当醉驾行为是依法作为行使权利或承担义务所实施的行为时，由于其本身是为法规范认可且形成法秩序一部分的行为，因此自然可成立适法行为，④从而出罪。例如，当国家武装力量因依法执行紧急救灾任务而征用行为人的车辆并征召其进行驾驶工作时，

---

① 参见曹红虹：《“两高两部”〈关于办理醉酒危险驾驶刑事案件的意见〉的理解与适用》，载《人民检察》2024 年第 3 期。

② 在德日刑法学犯罪阶层论体系中又被称为“超法规的违法阻却事由”。

③ 参见周光权：《刑法总论》，中国人民大学出版社 2016 年版，第 223 页。

④ 参见张明楷：《外国刑法纲要》，法律出版社 2020 年版，第 144 页。

行为人作为公民具有依法配合的义务,那么即使此时行为人处于醉酒驾驶状态,也可因构成从事法令行为而实现出罪。

综上所述,醉驾行为在实体法层面可以因不具备构成以及符合性、符合《刑法》第 13 条但书之规定以及成立正当化事由而不构成规范事实意义上的犯罪,从而实现出罪。但是,当醉驾行为构成实体法意义上的事实犯罪时,其仍然具有出罪的可能,只不过这一可能的现实性转化工作需委之于程序法完成。

四、醉驾行为出罪路径的程序法之维

程序法的出罪功能是通过《刑事诉讼法》中的程序性规则而实现的,较之实体法而言,其并不关注犯罪构成这一事实层面的问题。详言之,当危害行为在实体法层面已构成所谓的犯罪事实时,程序法若发挥出罪功能并非以否定这一事实为前提,而是基于入罪必要性的功利考量或维护正当程序的价值诉求而对其进行出罪化处理。那么,就醉驾行为发生的场合而言,其程序化出罪通路主要有两类事由构成,即微罪不举与证据不足。

(一)微罪不举:基于入罪必要性的功利考量

如前所述,醉驾型危险驾驶罪属于典型的微罪,在危害程度与制裁烈度方面都十分轻微。所以在刑事诉讼程序中,可以因其缺乏入罪处理的必要性而通过微罪不举的方式予以出罪。所谓微罪不举,指的是在刑事诉讼过程中侦查机关与检察机关有权以所涉刑事案件十分轻微为由,决定不予立案、撤销案件或不提起公诉,从而使微罪行为不至于进入审判程序、不至于面临定罪与量刑的处置①,即不被当作犯罪处理。在域外刑事诉讼程序中,微罪不举是一项较为普遍的程序性出罪方式。具体来讲,有以下几种代表:首先,在美国的刑事诉讼程序中,检察官享有较为强势的起诉裁量权。检察官在主观认为有适当理由的情况下实际上享有不受限制的处理案件的裁量权,②其所作出的不起诉决定通常是终局性的,检察

---

① 参见王彦强:《犯罪成立罪量因素研究》,中国法制出版社 2018 年版,第 4 页。

② See Michael Edmund O'Neil, *Understanding Federal Prosecutorial Declinations: An Empirical Analysis of Predictive Factors*, 41 Am. Crim. L. Rev. 1439 (2004).

官办公室以外的任何人都无权撤销此决定。[1] 这一不起诉制度当然适用于微罪案件的处理。另外,美国警方可以在刑事程序更早的环节就是否决定逮捕嫌疑人享有裁量权,而此种裁量权的实施原因与检方起诉裁量权的原因是一致的,[2]同样适用于对微罪案件的出罪化处理。其次,在德国刑事程序之中,《德国刑事诉讼法》在第 153 ~ 154e 条规定了对微罪、轻罪甚至中等程度的犯罪适用起诉便宜主义原则。[3] 具体包括绝对轻微不起诉制度,相对轻微不起诉制度以及暂缓起诉制度,都可以实现微罪不举功能。[4] 再次,在日本刑事诉讼程序之中,微罪不举通过警察的微罪处分(不移送处分)和检察机关的不起诉(起诉犹豫)制度得以实现。[5] 其运行的背后,都是以根据行为罪质轻微而否定犯罪化处理必要性的功利主义考量为支撑的。最后,在上述域外刑事诉讼实践中,关于微罪不举的一系列制度设计使大量微罪案件在侦查、起诉、审判阶段分流,从而避免了使众多微罪行为人遭受标签化效应的影响,可以使其早日复归社会,而且,这一制度同样考虑了被害人与社会公众的意愿,也有利于节约司法资源。这些经验都值得我国在程序化处理醉驾这一微罪行为时借鉴。

根据我国《刑事诉讼法》的相关规定,微罪不举主要可以通过以下两种方式来实现:其一,侦查机关对于微罪案件不予立案或撤销案件;[6]其

---

① 参见[美]约书亚·德雷斯勒、[美]艾伦·C. 迈克尔斯:《美国刑事诉讼法精解》(第 2 卷·刑事审判),魏晓娜译,北京大学出版社 2009 年版,第 114 页。

② 参见[美]伟恩·R. 拉费弗、[美]杰罗德·H. 伊斯雷尔、[美]南西·J. 金:《刑事诉讼法》(上册),卞建林、沙丽金等译,中国政法大学出版社 2003 年版,第 746 页。

③ 参见[德]托马斯·魏根特:《德国刑事诉讼程序》,岳礼玲、温小洁译,中国政法大学出版社 2004 年版,第 44 页。

④ 参见[德]克劳思·罗科信:《刑事诉讼法》,吴丽琪译,法律出版社 2003 年版,第 103 页。

⑤ 参见[日]田口守一:《刑事诉讼法》,张凌、于秀峰译,中国政法大学出版社 2019 年版,第 120 页。

⑥ 我国《刑事诉讼法》第 112 条规定:"人民法院、人民检察院或者公安机关对于报案、控告、举报和自首的材料,应当按照管辖范围,迅速进行审查,认为有犯罪事实需要追究刑事责任的时候,应当立案;认为没有犯罪事实,或者犯罪事实显著轻微,不需要追究刑事责任的时候,不予立案,并且将不立案的原因通知控告人。控告人如果不服,可以申请复议。"第 163 条第 1 款前半分句规定,"在侦查过程中,发现不应对犯罪嫌疑人追究刑事责任的,应当撤销案件"。

二，检察机关根据酌定不起诉制度[①]而免予起诉微罪行为。[②] 目前在我国，对于醉驾行为进行微罪不举处理主要是通过检察机关适用酌定不起诉制度来完成的。事实上，部分省级司法机关已经对醉驾案件如何适用酌定不起诉制度作出了细则性规定。[③] 通过观察这些细则性规定可知，检察机关对醉驾行为是否适用酌定不起诉制度需要考察醉驾行为发生前、发生时与发生后与之密切相关的各种事实性因素。其中，对于检察机关而言，最具可操作性的审查因素就是行为时醉驾者血液中的酒精含量。由此，我们可以判定，虽然醉驾行为成立只需行为人血液酒精含量超过 80 毫克/100 毫升，但是在此标准之上还存在行为已成立但因定量因素不适格而不成立犯罪的血液酒精含量幅度。甚至，在此幅度之上，又存在至高为 200 毫克/100 毫升，醉驾行为已经成立又在事实上成立犯罪却可以适用酌定不起诉制度出罪的血液酒精含量幅度空间。对情节轻微的醉驾行为适用不起诉制度是人民检察院依法行使其享有的起诉自由裁量权的重要表现，而激活这一权力的动因则是基于减轻嫌疑人诉讼痛苦、确保其早日复归社会以及节约国家刑事司法资源等功利主义的考量而产生的。

（二）证据不足：基于维护正当程序的价值诉求

众所周知，刑事证据是进行刑事活动的依据，也是查明案件真相的唯

---

① 也被称为“相对不起诉”。

② 我国《刑事诉讼法》第 177 条第 2 款规定：“对于犯罪情节轻微，依照刑法规定不需要判处刑罚或者免除刑罚的，人民检察院可以作出不起诉决定。”

③ 2019《浙江纪要》规定，醉酒驾驶汽车，酒精含量在 170 毫克/100 毫升以下，认罪悔罪，且无 8 种从重情节，犯罪情节轻微的，可以不起诉或者免予刑事处罚；醉酒驾驶摩托车，没有造成他人轻伤及以上后果，认罪悔罪，酒精含量在 200 毫克/100 毫升以下，犯罪情节轻微的，可以不起诉或者免予刑事处罚。湖南省人民检察院于 2019 年 1 月 11 日公布的《关于危险驾驶（醉驾）犯罪案件不起诉的参考标准（试行）》第 3 条规定：“办理相对不起诉案件，除应着重审查犯罪嫌疑人的血液酒精含量、驾驶车辆时间、驾驶车辆种类、行驶道路种类、实际损害后果等重要情节外，还应审查犯罪嫌疑人是否曾经因酒后或者醉酒驾驶机动车被处罚，造成交通事故是否具有其他交通违法等情节。”第 6 条规定：“醉酒驾驶机动车，血液酒精含量在 150 毫克/100 毫升以下，且没有本参考标准第五条规定的从重处罚情节的，可以适用相对不起诉。”第 7 条规定：“醉酒驾驶机动车，血液酒精含量超过 150 毫克/100 毫升但低于 200 毫克/100 毫升，没有本参考标准第五条规定的从重处罚情节，具备以下情形的，可以适用相对不起诉：（一）驾驶车辆的目的并非在道路上行驶，而是为了挪车位，且未发生严重损害后果的；（二）因事发突然，情况紧急驾驶车辆，且未发生交通事故的；（三）驾驶车辆行驶一段距离后主动放弃驾驶，且未发生交通事故的。”

一手段。[①] 如果据以证明犯罪事实的证据不存在或无法达到确实充分的程度，那么就应在程序上将其不当作犯罪处理，具体进路按刑事诉讼发展的时间性流程可分为如下几种：不予立案、撤销案件、存疑不起诉与无罪判决。而在处理醉驾案件中，涉及的证据方面的关键问题在于行为人血样检测报告。目前，我国对于醉驾案件的血样检测报告有着严格的程序规定，提取血样过程必须严格按照程序规定，否则该血样就不能作为合法证据使用，案件就可能因证据不足而得以出罪化处理。血样检测报告所涉及的证据效力问题主要集中在如下所述的三个方面。

1. 血样抽取后的变质问题

血样有可能因为未低温保存或长时间未送检而发生变质腐败，血样发生变质腐败与温度、时间均有关系，经实验表明，不加防腐剂，常温下放置，血液腐败会产生乙醇，低于5℃时，通常一周才有可能产生甚至几乎不产生乙醇；在5℃～20℃条件下，48小时后有明显的产生；高于20℃时，24小时后即有乙醇生成。[②] 血样长时间未送检导致血样酒精浓度变动的情况有两种：(1)自然地导致酒精挥发而降低酒精浓度。(2)如果血样腐败变质则会发酵产生新的酒精，从而增加酒精浓度。基于上述情况，《公安机关醉驾案件指导意见》和《2023年醉驾意见》对于血样的封存、保管以及送检工作都做出了详细规定。[③]

因此，如果对血样没有低温保存，又间隔较长时间才做检测的，即便

---

① 参见宋英辉、甄贞主编：《刑事诉讼法》，中国人民大学出版社2019年版，第188页。

② 参见卓先义、卜俊、向平、沈保华：《血中酒精浓度的回推算研究》，载《中国法医学杂志》2010年第5期。

③ 《公安机关醉驾案件指导意见》明确规定，“提取的血样要当场登记封装，并立即送县级以上公安机关检验鉴定机构或者经公安机关认可的其他具备资格的检验鉴定机构进行血液酒精含量检验。因特殊原因不能立即送检的，应当按照规范低温保存，经上级公安机关交通管理部门负责人批准，可以在3日内送检”，“对送检的血样，检验鉴定机构应当在3日内出具检验报告”。《2023年醉驾意见》第8条第1款规定：“对犯罪嫌疑人血液样本提取、封装、保管、送检、鉴定等程序，按照公安部、司法部有关道路交通安全违法行为处理程序、鉴定规则等规定执行。”第2款规定：“公安机关提取、封装血液样本过程应当全程录音录像。血液样本提取、封装应当做好标记和编号，由提取人、封装人、犯罪嫌疑人在血液样本提取笔录上签字。犯罪嫌疑人拒绝签字的，应当注明。提取的血液样本应当及时送往鉴定机构进行血液酒精含量鉴定。因特殊原因不能及时送检的，应当按照有关规范和技术标准保管检材并在五个工作日内送检。”

血液检测结果达到醉酒标准,其是否构成有效证明犯罪成立的证据也是存疑的。

2. 消毒问题导致检测结果不准确

在血样提取过程中,若医务人员在消毒时使用了含有酒精的消毒液,会对血液乙醇含量鉴定结果的真实性造成影响,可能导致无法据此认定行为人是否系"醉酒"驾驶。

根据强制性国家标准《车辆驾驶人员血液、呼气酒精含量阈值与检验》的相关规定可知,抽取血样应由专业人员按要求进行,不应采用醇类药品对皮肤进行消毒。如果从血样提取登记表上或者在抽血过程同步录音录像中发现医务人员使用了酒精(醇类)消毒液,检察机关有作出存疑不起诉决定的权力。山西省太原市中级人民法院在2015年以"事实不清,证据不足"为由将孙某某危险驾驶案发回重审。[①]

3. 血样的存储容器问题

血样提取之后必然涉及储存和保管问题。办案实践中,通过审查血样提起登记表可以查明办案人员对血液进行提取后使用的储存容器。目前医学上对血液保存最常见的容器为抗凝管和促凝管,一般在醉驾型危险驾驶案件中,民警会统一配备抗凝管两管,交由医务人员采血后用于储存。

然而,《车辆驾驶人员血液、呼气酒精含量阈值与检验》规定,"抽出血样中应添加抗凝剂,防止血液凝固",而使用促凝管违反了上述国家规定。经过医学实验表明,使用促凝管存储的血样乙醇检测值一般会大于使用抗凝管储存的血样乙醇检测值。[②] 因而使用促凝管保存血液将使后续的乙醇含量鉴定结果丧失真实性、客观性,最终使有关单位难以认定嫌疑人是否达到醉酒状态。

在司法实践中,因促凝管问题而将血样作为非法证据予以排除,进而将嫌疑人出罪的处理方式已有先例。例如,重庆市永川区人民检察院倪

① 参见山西省太原市中级人民法院刑事裁定书,并刑综字(2015)第492号。

② 参见刘东娴、贺江南:《采血管中添加剂对血样中乙醇含量的影响》,载《法医学杂志》2014年第6期。

某某危险驾驶案的审查起诉中认为，“送检血样先后存于促凝管和抗凝管内，因在促凝管内时已经受到污染，不具备鉴定条件，故鉴定意见不作为证据采信”，法院最终对倪某某作出存疑不起诉决定。[①]

需要强调的是，我国刑事法治事业对于证据合法性的要求并不仅是为了获得实体性的结果正义而服务，更是为了强调正当刑事诉讼程序的独立价值，这种独立价值正是通过程序公正本身得以表达，不依赖于实体公正而存在。依法收集、使用证据与非法证据的排除正是程序公正的必然要求，因为其在司法活动中直接体现了国家对于公民权益的保护，是一种看得见的正义，有助于培养公民对于刑事程序法以及其背后整体法秩序的信赖。因此，在排除了非法证据之后，基于证据不足这一原因而将相关醉驾行为作程序法意义上无罪化处理，不仅有利于维护实体公正，更是确证了正当程序的独立价值。

五、结语

毋庸置疑，醉驾行为入刑推动了公民对于交通法律法规的自觉遵守，其立法目的已初步实现，“饮酒不开车、开车不饮酒”正逐渐成为广泛的社会共识。然而，其作为微罪却大规模入罪必会带来前述各种不利后果。因此，为醉驾行为构建一套行之有效的出罪路径体系就显得十分必要。并且，运用法教义学的研究方法体系化地梳理现有实体法规范与程序法规范的出罪路径，可以在不变动立法的前提下最大限度地激活现有刑事法律制度的解释潜能，这样既可以为醉驾行为的出罪化处理匹配合理的规范依据，又避免了过分批判立法对法秩序安定性的破坏。构建这一系统化的出罪路径体系可以用更小成本获得相对更佳的社会效果与法律效果，体现了我国在刑事法治领域对于治理体系与治理能力现代化的追求。

---

① 参见重庆市永川区人民检察院渝永检刑不诉(2016)第41号不起诉决定书。

专题十三

对醉驾行为适用不起诉制度予以出罪的思考*

内容摘要：基于我国现存的犯罪附随后果现象，醉驾行为的大规模入罪缺乏一定的必要性。基于司法的经济性和对犯罪嫌疑人权利保障的需求，醉驾案件作为微罪案件，就进行程序性出罪的主要方式而言，应当是审查起诉阶段的不起诉制度。而酌定不起诉制度则是不起诉制度中最合乎醉驾行为罪质特征的。就推进对醉驾行为积极适用酌定不起诉制度而言，应从以下两个方面入手：一是，统一醉驾行为适用酌定不起诉制度的具体幅度标准；二是，做好酌定不起诉制度与认罪认罚从宽制度在适用层面的衔接。

自2011年2月25日全国人大常委会通过的《刑法修正案(八)》将醉驾行为入刑以来，我国司法实践中对醉驾行为的治理的确取得了一定的积极效果。公安部2012年5月的统计数据显示，从2011年5月1日至2012年4月20日，全国公安机关共查处酒后驾驶35.4万起，同比下降41.7%。其中，醉酒驾驶5.4万起，同比下降44.1%。① 同时，醉驾入刑也使酒驾、醉驾导致的交通事故起数和死亡人数的明显下降。2014年，“醉

---

* 本文为王志祥、融昊的论文——《对醉驾行为适用不起诉制度的思考》，原载《人民警察》2020年第20期，收入本书时有修改。

① 参见新华社：《“醉驾入刑”这一年》，载《检察日报》2012年5月9日，第5版。

驾入刑”3年以来的数据统计显示,全国酒驾、醉驾导致的交通事故起数和死亡人数与醉驾入刑前相比分别下降25%和39.3%。[①] 到2016年醉驾入刑5年之际,上述两数据与醉驾入刑前相比分别下降18%和18.3%。[②] 此外,醉驾入刑还推动了公民自觉遵守法律、抵制酒驾醉驾意识的提升,“饮酒不开车、开车不饮酒”逐渐成为广泛的社会共识。

然而,根据2020年6月2日最高人民检察院发布的2019年全国检察机关主要办案数据,醉驾犯罪已经成为刑事追诉第一大犯罪,数量远超位列第二的盗窃罪。数据显示,起诉人数排在前10位的罪名是:危险驾驶罪322041人,占比为17.7%;盗窃罪249301人,占比为13.7%。[③] 根据阿尔法法律数据库的统计,自醉驾入刑以来,截至2020年5月16日,至少有1128498人因醉驾而被定为构成危险驾驶罪。[④] 并且,需要强调的是,由于醉驾型危险驾驶罪的法定最高刑仅为拘役,如果按犯罪的危害程度及与其相关的刑罚严厉程度进行犯罪分层的话,应属于微罪范畴,而对于此类微罪行为进行如此大规模的入罪化治理,显然是缺乏必要性的。因此,对于醉驾行为出罪路径的探索与完善已成为理论界与实务界的共识。本专题即立足于醉驾行为的不起诉出罪通道展开分析。

一、醉驾行为大规模入罪的制度性反思

事实上,对醉驾行为进行大规模的入罪化治理之所以缺乏必要性,主要是我国当下法治体系中的某些制度性内容所导致的。具体来看,这一制度性内容特指我国现存的犯罪附随后果现象。在我国尚未建立健全成

---

① 参见向阳、邹伟:《公安部:“醉驾入刑”三年,酒驾事故数下降25%》,载《新华每日电讯》2014年10月20日,第5版。

② 参见汤瑜:《“醉驾入刑”五年 全国共查酒驾247万余起》,载《民主与法制时报》2016年5月5日,第1版。

③ 参见周斌:《“醉驾”成为刑事追诉第一大犯罪》,https://www.sohu.com/a/399187186_120207326。

④ 截至2020年5月16日,在阿尔法法律数据库上共有刑事判决书6113794份,其中因醉驾被定为危险驾驶罪的判决书就有1128498份,接近所有刑事案件的1/5。由此可见,因醉驾而被定为危险驾驶罪的案件的数量是极为庞大的。参见阿尔法法律数据库:https://alphalawyer.cn/#/login/wechat。

熟完善的前科消灭制度的背景下，为醉驾行为保留一定的出罪空间，可以使不少醉驾行为人及其近亲属免受犯罪附随后果的不利影响，从而有效地避免相关社会矛盾的激增与激化，以实现正面的社会治理效果。

就为醉驾行为配置合理的出罪通路而言，可以从实体法制度与程序法制度两方面来着手进行。

第一，在实体法制度层面，应贯彻教义学方法，积极适用《刑法》第13条"但书"的规定（情节显著轻微危害不大的，不认为是犯罪），并对本罪的构成要件要素从定性定量两个维度进行严格解释，从而通过提高醉驾行为实体入罪门槛的方式来实现对其出罪空间的拓展。

第二，在程序法制度层面，应根据案件在刑事诉讼程序中的不同阶段，拓宽相应的程序出罪通路。这具体包括侦查阶段的不予立案、撤销案件的处理方式，审查起诉阶段的不起诉制度以及审判时的无罪判决。然而，需要看到的是，党的十八届四中全会通过的中共中央《关于全面推进依法治国若干重大问题的决定》（以下简称《全面推进依法治国重大问题的决定》）明确提出，"推进以审判为中心的诉讼制度改革"，由此，"让审判者裁判，让裁判者负责"的司法责任制理念已深入人心。如果强调在侦查阶段为公安机关赋予为醉驾行为合理出罪的主要权能，显然会违背这一改革趋势，有明显越权的嫌疑。另外，由于醉驾行为至今仍然处于频发状态，醉驾型危险驾驶罪已成为我国当下司法裁判中适用最多的罪名，所以，如果将为醉驾行为出罪的任务主要交由审判机关完成，那么，就势必导致大量宝贵的刑事司法资源投入对此种微罪行为的治理之中，造成一定的刑事司法资源的浪费，有悖司法经济性的要求。相比之下，通过检察机关在刑事案件的审查起诉阶段适用不起诉制度，可以将那些没有必要动用刑罚手段进行治理的醉驾案件在诉至法院前就进行筛选过滤，从而有效分流进入审判的案件数量。这样做，既节约了有限的刑事司法资源，保障了刑事司法的经济性，又一定程度地限制了法官的审判范围，避免恣意裁判对当事人合法权益的侵害。[①] 因此，就在程序法层面实现对醉驾行为的出罪化处理而言，应以不起诉制度的推行为主要途径。基于此，就有

---

① 参见童建明：《论不起诉权的合理适用》，载《中国刑事法杂志》2019年第4期。

必要详细探讨为醉驾行为匹配不起诉出罪路径的最优实现方式。

二、我国刑事诉讼中的各类不起诉制度与醉驾案件的匹配程度检视

由于我国法律承认检察机关在刑事案件是否起诉问题上具有自由裁量权，属于起诉便宜主义，因此，我国法律意义上的不起诉是指人民检察院对侦查终结移送起诉的案件进行审查后，认为犯罪嫌疑人的行为不符合起诉条件或者不需要起诉而依法作出的不将案件提交人民法院进行审判的一种处理决定。这作为人民检察院对公诉案件审查后依法作出的处理结果之一，在性质上属于人民检察院对其认定的不应追究、不需追究或者无法追究刑事责任的犯罪嫌疑人所作的一种程序性处分，而不是实体性处分。[①] 在我国刑事诉讼中，不起诉制度包含以下 5 种类型，即法定不起诉、酌定不起诉、证据不足不起诉、附条件不起诉和特别不起诉。具体来看，就各类不起诉制度与醉驾案件的匹配程度而言，可作如下分析：

首先，就法定不起诉而言，其适用对象包括犯罪嫌疑人没有犯罪事实的刑事案件和具有法律规定的无法继续诉讼程序情形的刑事案件。[②] 而对于在实体事实层面已经构成危险驾驶罪的醉驾案件而言，除非出现了前述无法继续进行诉讼程序的特殊情形，否则，就无法通过适用法定不起诉制度来达到程序层面出罪的目的。但是，特殊情形毕竟不能被当作一般情况加以考量，所以，法定不起诉无法作为醉驾案件不起诉出罪通路的主要实现方式来发挥作用。

其次，就证据不足不起诉而言，其适用于案件经过公安机关补充侦查

---

① 参见宋英辉、甄贞主编：《刑事诉讼法》，中国人民大学出版社 2019 年版，第 319 页。

② 《刑事诉讼法》第 16 条规定："有下列情形之一的，不追究刑事责任，已经追究的，应当撤销案件，或者不起诉，或者终止审理，或者宣告无罪：（一）情节显著轻微、危害不大，不认为是犯罪的；（二）犯罪已过追诉时效期限的；（三）经特赦令免除刑罚的；（四）依照刑法告诉才处理的犯罪，没有告诉或者撤回告诉的；（五）犯罪嫌疑人、被告人死亡的；（六）其他法律规定免予追究刑事责任的。"《刑事诉讼法》第 177 条第 1 款规定："犯罪嫌疑人没有犯罪事实，或者有本法第十六条规定的情形之一的，人民检察院应当作出不起诉决定。"

后仍属于证据不足的情形。[①] 事实上，醉驾案件中犯罪嫌疑人一般都是在驾驶行为的持续过程中被当场查获的，所以，据以定案的证据均较为简单、直接且易得。因此，通过寻找证据瑕疵以期将证据不足不起诉制度作为醉驾案件不起诉出罪主要路径的设想也是不完全具备现实可行性的。

再次，就附条件不起诉而言，其适用于未成年人涉嫌《刑法》分则第四章、第五章、第六章规定侵犯公民人身权利、财产权利或者妨害社会管理秩序的轻微犯罪且依法可能被判处一年以下有期徒刑、管制、拘役或单处罚金处罚刑罚的情形。[②] 而醉驾型危险驾驶罪属于《刑法》分则第二章危害公共安全罪的类别，显然对其无法适用此种不起诉制度。

复次，就特别不起诉而言，其适用于犯罪嫌疑人有重大立功或案涉国家重大利益的情形。[③] 显然，重大立功情节在一般刑事案件中并不常见，而醉驾案件作为高发微罪案件，也很难与国家重大利益发生关联关系。因此，特别不起诉制度也无法成为醉驾案件的犯罪嫌疑人予以不起诉出罪的主要方式。

最后，就酌定不起诉而言，其适用于犯罪嫌疑人的行为符合犯罪构成要件，已在实体事实层面构成犯罪，但情节轻微，依照《刑法》规定不需要

---

① 《刑事诉讼法》第 175 条第 4 款规定："对于二次补充侦查的案件，人民检察院仍然认为证据不足，不符合起诉条件的，应当作出不起诉的决定。"2019 年 12 月 30 日最高人民检察院颁行的《人民检察院刑事诉讼规则》第 267 条规定："人民检察院对于二次退回补充调查或者补充侦查的案件，仍然认为证据不足，不符合起诉条件的，经检察长批准，依法作出不起诉决定。人民检察院对于经过一次退回补充调查或者补充侦查的案件，认为证据不足，不符合起诉条件，且没有再次退回补充调查或者补充侦查必要的，经检察长批准，可以作出不起诉决定。"《人民检察院刑事诉讼规则》第 368 条规定："具有下列情形之一，不能确定犯罪嫌疑人构成犯罪和需要追究刑事责任的，属于证据不足，不符合起诉条件：（一）犯罪构成要件事实缺乏必要的证据予以证明的；（二）据以定罪的证据存在疑问，无法查证属实的；（三）据以定罪的证据之间、证据与案件事实之间的矛盾不能合理排除的；（四）根据证据得出的结论具有其他可能性，不能排除合理怀疑的；（五）根据证据认定案件事实不符合逻辑和经验法则，得出的结论明显不符合常理的。"

② 《刑事诉讼法》第 282 条第 1 款第 1 句规定："对于未成年人涉嫌刑法分则第四章、第五章、第六章规定的犯罪，可能判处一年有期徒刑以下刑罚，符合起诉条件，但有悔罪表现的，人民检察院可以作出附条件不起诉的决"。

③ 《刑事诉讼法》第 182 条第 1 款规定："犯罪嫌疑人自愿如实供述涉嫌犯罪的事实，有重大立功或者案件涉及国家重大利益的，经最高人民检察院核准，公安机关可以撤销案件，人民检察院可以作出不起诉决定，也可以对涉嫌数罪中的一项或者多项不起诉。"

判处刑罚或者免除刑罚的情形。[①] 由其适用对象可知,此种不起诉方式是以犯罪事实已具备但犯罪行为危害程度轻微为适用条件的,显然,这种适用条件直接契合醉驾型危险驾驶罪社会危害程度或法益侵害程度轻微的罪质特点。因此,在各类不起诉制度中,酌定不起诉制度是最适合达到醉驾案件不起诉的出罪效果的,应作为醉驾案件主要的程序性出罪措施加以推行。就此而言,相关的域外经验也可以为我国刑事司法实践提供借鉴。

三、域外微罪不诉的制度设计

如前文所述,醉驾型危险驾驶罪属于典型的微罪,在危害程度与制裁烈度方面都是十分轻微的。由此,在刑事诉讼程序中,可以因其缺乏判处刑罚的必要性而通过酌定不起诉的方式予以出罪。根据酌定不起诉制度的内容,可以在刑事诉讼法理之中将醉驾型危险驾驶罪界定为一种"微罪不诉"的案件。所谓微罪不诉,是指在刑事诉讼过程中检察机关有权以所涉刑事案件十分轻微为由,决定不予立案、撤销案件或不提起公诉,从而使微罪行为不至于进入审判程序、不至于面临定罪与量刑的处置,[②]即不被当作犯罪处理。在域外刑事诉讼程序中,微罪不诉是一项较为普遍的程序性出罪方式。

具体而言,在美国的刑事诉讼程序中,检察官享有较为强势的起诉裁量权。检察官在主观上认为有适当理由的情况下实际上享有不受限制地处理案件的裁量权,[③]其所作出的不起诉决定通常是终局性的,检察官办公室以外的任何人都无权撤销此决定。[④] 这一不起诉制度当然适用于对微罪案件的处理。在英国的刑事诉讼程序中,虽然实行"任何人都可以起

---

① 《刑事诉讼法》第 177 条第 2 款规定:"对于犯罪情节轻微,依照刑法规定不需要判处刑罚或者免除刑罚的,人民检察院可以作出不起诉决定。"

② 参见王彦强:《犯罪成立罪量因素研究》,中国法制出版社 2018 年版,第 4 页。

③ See Michael Edmund O'Neil, *Understanding Federal Prosecutorial Declinations*:*An Empirical Analysis of Predictive Factors*, 41 Am. Crim. L. Rev. 1439(2004).

④ 参见[美]约书亚·德雷斯勒、[美]艾伦·C. 迈克尔斯:《美国刑事诉讼法精解》(第 2 卷·刑事审判),魏晓娜译,北京大学出版社 2009 年版,第 114 页。

诉"的自由主义立场,但最重要起诉机关是王室检察院,其可以通过撤销案件的方式来确保轻微刑事案件不被起诉。[①] 在德国的刑事程序中,《德国刑事诉讼法》在第 153 ~ 154e 条规定了对微罪、轻罪甚至中等程度的犯罪适用起诉便宜主义原则,[②]其中所涉及的绝对轻微不起诉制度、相对轻微不起诉制度以及暂缓起诉制度都可以实现微罪不举的功能。[③] 在法国的刑事诉讼程序中,其刑事诉讼法典明确了追诉适当性制度,即起诉便宜主义。具体而言,就是规定当行为已构成犯罪,并且是由已知身份与住所的人所实施,在没有任何法律规定妨碍对此犯罪行为提起公诉时,如其认为适当,得决定:或者提起公诉,或者实行追诉的替代程序,或者不予立案。由此可见,此种制度通过强调追诉的适当性为微罪不诉保留了不予立案与公诉替代措施的通路。[④] 在日本的刑事诉讼程序中,微罪不诉通过检察机关的不起诉(起诉犹豫)制度得以实现。[⑤] 其运行的背后,都是以根据行为罪质轻微而否定犯罪化处理必要性的功利主义考量为支撑的。

综上所述,在上述域外刑事诉讼相关规定中,关于微罪不诉的一系列制度设计使得大量微罪案件在起诉的阶段得以分流,从而避免了使众多实施微罪的行为人遭受标签化效应的影响,可以使其早日复归社会,而且,这类制度设计同样考虑了被害人与社会公众的意愿,也有利于节约司法资源。这些经验都可以在我国对醉驾这一微罪行为进行程序化处理时予以参考,也为醉驾行为主要以酌定不起诉制度作为程序性出罪路径提供了支持。

---

① 参见[英]约翰·斯普莱特:《英国刑事诉讼程序》,徐美君、杨立涛译,中国人民大学出版社 2006 年版,第 91 页。

② 参见[德]托马斯·魏根特:《德国刑事诉讼程序》,岳礼玲、温小洁译,中国政法大学出版社 2004 年版,第 44 页。

③ 参见[德]克劳思·罗科信:《刑事诉讼法》,吴丽琪译,法律出版社 2003 年版,第 103 页。

④ 参见[法]贝尔纳·布洛克:《法国刑事诉讼法》,罗结珍译,中国政法大学出版社 2009 年版,第 329 页。

⑤ 参见[日]田口守一:《刑事诉讼法》,张凌、于秀峰译,中国政法大学出版社 2019 年版,第 120 页。

四、醉驾行为适用酌定不起诉制度予以出罪的具体设计

对情节轻微的醉驾行为适用不起诉制度是人民检察院依法行使其享有的起诉自由裁量权的重要表现,而激活这一权力的动因则是基于减轻犯罪嫌疑人诉讼痛苦、确保其早日复归社会、节约国家刑事司法资源等功利主义考量而产生的。如上所述,对醉驾行为主要适用酌定不起诉制度予以程序性出罪,具有正当性与可行性。就醉驾行为适用酌定不起诉制度予以出罪的具体设计而言,可以从下文所述的两个方面加以考虑。

(一)统一醉驾行为适用酌定不起诉制度予以出罪的具体幅度标准

事实上,部分省级司法机关已经对醉驾案件如何适用酌定不起诉制度作出了细则性规定。[①] 通过观察这些细则性规定,可以看出,就检察机关对醉驾行为是否适用酌定不起诉制度而言,需要考察醉驾行为发生前、发生时与发生后与之密切相关的各种事实性因素。其中,最具可操作性的考察因素,就是行为时醉驾者血液中的酒精含量。

在此,需要强调的是,醉驾行为的成立并不意味着醉驾犯罪的成立。就醉驾行为的成立而言,其标准是机动车驾驶人员血液中酒精含量达到80毫克/100毫升以上。而就醉驾犯罪的成立而言,实际上是对醉驾在内的反映行为社会危害性程度的因素进行综合评价的结果。在

---

① 如2019《浙江纪要》规定,醉酒驾驶汽车,酒精含量在170毫克/100毫升以下,认罪悔罪,且无上述8种从重情节,犯罪情节轻微的,可以不起诉或者免予刑事处罚;醉酒驾驶摩托车,没有造成他人轻伤及以上后果,认罪悔罪,酒精含量在200毫克/100毫升以下,犯罪情节轻微的,可以不起诉或者免予刑事处罚。湖南省人民检察院于2019年1月11日公布的《关于危险驾驶(醉驾)犯罪案件不起诉的参考标准(试行)》第3条规定:“办理相对不起诉案件,除应着重审查犯罪嫌疑人的血液酒精含量、驾驶车辆时间、驾驶车辆种类、行驶道路种类、实际损害后果等重要情节外,还应审查犯罪嫌疑人是否曾经因酒后或者醉酒驾驶机动车被处罚,造成交通事故是否具有其他交通违法等情节。”第6条规定:“醉酒驾驶机动车,血液酒精含量在150毫克/100毫升以下,且没有本参考标准第五条规定的从重处罚情节的,可以适用相对不起诉。”第7条规定:“醉酒驾驶机动车,血液酒精含量超过150毫克/100毫升但低于200毫克/100毫升,没有本参考标准第五条规定的从重处罚情节,具备以下情形的,可以适用相对不起诉:(一)驾驶车辆的目的并非在道路上行驶,而是为了挪车位,且未发生严重损害后果的;(二)因事发突然,情况紧急驾驶车辆,且未发生交通事故的;(三)驾驶车辆行驶一段距离后主动放弃驾驶,且未发生交通事故的。”

此，虽然醉驾这一因素属于影响醉驾犯罪成立的极为重要的因素，但是，其绝非影响醉驾犯罪成立的唯一因素。如果对包括醉驾因素在内的所有反映行为社会危害性程度的因素进行综合评判，行为的社会危害性并没有达到排除符合《刑法》第13条"但书"规定的程度，即虽然行为具有一定的社会危害性，但是情节显著轻微，危害不大，那么，就不应当认定醉驾行为构成犯罪。我国某些地方性司法文件和上海市醉驾案件主要审判观点对此均作出了确认。① 就符合《刑法》第13条"但书"规定的醉驾案件而言，检察机关应当作出法定不起诉处理，而非以酌定不起诉处理替代法定不起诉处理。

由此，就可以认为，虽然就醉驾行为的成立而言，只需要行为人血液酒精含量超过80毫克/100毫升，但是，在此标准之上还存在与醉驾行为已成立但因行为的社会危害性尚未达到构成醉驾犯罪程度的情形相匹配的血液酒精含量标准（如上所述，对此情形，检察机关应当作出法定不起诉处理），也存在醉驾行为已经成立且行为的社会危害性达到构成醉驾犯罪程度的情形相匹配的血液酒精含量标准（对此，检察机关可以作出酌定不起诉处理）。

然而，上述与酌定不起诉制度相匹配的血液酒精含量标准并非由具

---

① 如2013年12月5日江苏省高级人民法院、江苏省人民检察院、江苏省公安厅联合发布的《江苏纪要》第14条规定："在农村人员稀少、偏僻道路上醉酒驾驶摩托车，行为人血液酒精含量未超过醉酒标准20%，且未发生事故，或者虽然发生交通事故但仅造成自伤后果或者财产损失在2000元以内的，可以认定为犯罪情节显著轻微，不作为犯罪处理。"第29条规定："醉酒驾驶机动车在道路上行驶，因情节显著轻微不作为犯罪处理、决定不起诉或定罪免于刑事处罚的，公安机关可以依据《道路交通安全法》第九十一条第二款、第四款或第五款的规定对行为人作出行政处罚。"依据上海醉驾案件主要审判观点，《刑法》第13条但书的规定要求司法机关在判断某一行为是否构成犯罪时，除了根据犯罪构成要件加以认定外，还必须考虑包括犯罪情节在内的所有要素。只有对相关法益所造成的侵害或者威胁符合犯罪严重社会危害性的本质特征，才能作为犯罪处理。不能因为醉驾入刑没有设定情节限制，就突破《刑法》总则第13条的规定。实践中，对于醉酒驾驶机动车情节显著轻微的情形，应当依照《刑法》第13条的规定，依法不作为犯罪处理。醉驾案件情节显著轻微的，主要涉及以下6种情形：一是挪动车位型；二是救治病人型；三是睡觉休息型；四是隔时醉驾型；五是尚未驶出型；六是被醉驾追尾型。参见《浙江、上海、江苏关于醉驾案件办理的最新规定（酒精含量二次鉴定原则上不允许）》，载搜狐网2019年6月2日，https://www.sohu.com/a/318157972_120052506。

有全国性普遍适用效力的司法文件所规定,而是由地方司法机关出台的司法文件所规定,并且,这些司法文件之间关于这一幅度空间的规定也是有明显区别的。若以此作为醉驾型危险驾驶罪的出罪依据,不仅会破坏法秩序的统一性和法规范的普遍有效性,还会不适当地扩大不同地域检察官起诉裁量权的差异,使行为性质与危害程度相同的醉驾行为可能基于地域的差异而得到不同的处理,从而危及司法工作的公平正义之属性。正如博登海默所言,“法律制裁问题,总的来说是同法律的秩序作用及其增进正义的目的联系在一起的。如果法律制度缺乏正义,那么依赖政府强制力的做法就不可能得到人们的普遍拥护”[①]。因此,笔者认为,最高人民检察院有必要出台具有全国性效力的规范性司法文件来具体规定这一与酌定不起诉制度予以出罪相匹配的血液酒精含量幅度,从而对各地方检察官在处理醉驾案件时所享有的起诉自由裁量权加以规范,以维护醉驾行为酌定不起诉工作的公正性与法秩序的权威性。令人遗憾的是,《2023 年醉驾意见》并未明确规定这一幅度的标准。

(二)推动酌定不起诉制度与认罪认罚从宽制度相衔接

《刑事诉讼法》在第一章将认罪认罚从宽制度规定为一项基本的刑事法律制度。[②] 这也就意味着这一制度可以贯穿侦查、审查起诉与审判这一系列判决生效之前的刑事诉讼阶段。基于此,在对醉驾行为适用酌定不起诉制度的过程中,推动其与认罪认罚从宽制度相衔接,显然契合创设该制度的立法原意。

具体而言,一方面,从从宽处理结果的角度来看,由于认罪认罚从宽制度在审判工作与审查起诉过程中均应予以适用,所以,其从宽处理结果不仅包括审判机关在审判时根据检察机关就犯罪嫌疑人的认罪认罚情况所提出的量刑建议而作出的从轻或减轻量刑等宽缓化的裁判结果,[③]也包

---

① [美]E. 博登海默:《法理学:法律哲学与法律方法》,邓正来译,中国政法大学出版社 2017 年版,第 370 页。

② 《刑事诉讼法》第 15 条规定:“犯罪嫌疑人、被告人自愿如实供述自己的罪行,承认指控的犯罪事实,愿意接受处罚的,可以依法从宽处理。”

③ 《刑事诉讼法》第 201 条规定:“对于认罪认罚案件,人民法院依法作出判决时,一般应当采纳人民检察院指控的罪名和量刑建议……”

含审查起诉时检察机关的酌定不起诉这一出罪结果。详言之，当实施了醉驾行为的犯罪嫌疑人在审查起诉阶段认罪认罚时，检察机关对其进行处理，不应只有提起公诉并提交从宽处理的量刑建议这一种方式，还可以在其行为情节轻微且没有必要动用刑罚手段对其进行处理时，坚决适用酌定不起诉制度，从而使其获得程序性出罪的从宽处理结果。

另一方面，从酌定不起诉适用条件的角度来看，可以通过实质解释的方法将犯罪嫌疑人实施行为之后认罪悔罪的表现纳入酌定不起诉的适用条件之一——“犯罪情节轻微”的考察范围之内。[①] 换言之，犯罪嫌疑人到案后积极认罪认罚的表现也可以被扩张解释为犯罪情节轻微的表现之一。基于这一解释路径，认罪认罚也应成为酌定不起诉制度启动的重要依据之一。具体就醉驾案件的处理中酌定不起诉制度的适用而言，2017年5月1日实施的最高人民法院《常见犯罪的量刑指导意见（二）》规定对醉驾行为如何适用酌定不起诉制度具有参考价值，其中明确提及应考量认罪悔罪情节。[②] 由此，可以通过认罪认罚从宽的方式来启动对于醉驾行为适用酌定不起诉制度。

五、结语

关于“醉驾行为是否应一律入罪”的争论在近年来已被司法实践所逐渐化解。在最高人民法院出台的《常见犯罪的量刑指导意见（二）》为醉驾行为原则性地保留了出罪空间之后，各省级司法机关密切跟进，作出了更具可操作性的细则性规定。为醉驾行为保留一定出罪空间的主张逐渐成为理论界与实务界的共识，这种共识在《2023年醉驾意见》中得到了明确反映。而通过积极适用酌定不起诉制度对实体上构成犯罪但没有判处刑罚必要性的醉驾行为进行程序化出罪，正是落实这一共识的一种可操作性极强的方法。这一方法，值得检察机关积极推广。

---

① 参见宋志军、毛泽金：《论认罪认罚从宽场域内不起诉的适用》，载《政法学刊》2020年第4期。

② 《常见犯罪的量刑指导意见（二）》规定：“对于醉酒驾驶机动车的被告人，应当综合考虑被告人的醉酒程度、机动车类型、车辆行驶道路、行车速度、是否造成实际损害以及认罪悔罪等情况，准确定罪量刑。对情节显著轻微危害不大的，不予定罪处罚。犯罪情节轻微不需要判处刑罚的，可以免予刑事处罚。”

专题十四

论复数主体参与特定危险驾驶行为的类型化归责*

内容摘要：机动车所有人、管理人作为一方责任主体参与超载超速类的危险驾驶行为和违规运输危险化学品类的危险驾驶行为时，应如何对每个参与主体进行精准归责的问题，本质上就是判断各参与主体所应承担的刑事责任的范围问题。这种判断，显然要在不同的犯罪参与情形下做具体分析才能保证其准确性与全面性。具体来看，首先，就共同犯罪的参与形式而言，应具体厘清了参与者成立教唆犯与成立帮助犯时应承担何种程度的刑事责任；其次，就间接正犯的参与形式而言，犯罪事实支配理论说服力更强，应以之为基础分析机动车所有人、管理人需要满足怎样的条件才能形成对驾驶员的意思支配，继而形成单独犯的刑事责任；最后，在过失犯的参与形式中，应引入客观归责理论，监督过失犯应作为单独犯承担刑事责任。

一、问题的提出与相关前提的阐释

《刑法修正案(九)》第 8 条修正后的 2015 年《刑法》第 133 条之一第 2 款规定，机动车所有人、管理人对于超载超速类的危险驾驶行为和违规

* 本文为融昊的同名论文，原载赵秉志主编：《刑法论丛》(2022 年第 1 卷 · 总第 69 卷)，法律出版社 2023 年版，第 191 ~216 页。

运输危险化学品类的危险驾驶行为,负有直接责任的,依照危险驾驶罪的规定处罚。该款内容规定得十分简单,并未对机动车所有人、管理人承担的刑事责任予以明确描述,因而留下了巨大的解释空间,但这可能会导致此款内容在司法适用中缺乏一定的可操作性。因此,学界就此处机动车所有人、管理人所承担的刑事责任的类型问题,存在一定的争鸣。具体而言,有的学者认为机动车所有人、管理人对于"校车业务或旅客运输业务超载超速"类与"违规运输危险化学品"类危险驾驶的行为只能承担故意责任。[①] 而有的学者则提出反对意见,指出危险驾驶罪中机动车所有人、管理人刑事责任规定中的"直接责任"不是指实施了具体的危险驾驶行为,而是指对于 2015 年《刑法》第 133 条之一第 1 款第 3 项中的"校车业务或旅客运输业务超载超速"或 2015 年《刑法》第 133 条之一第 1 款第 4 项中的"违规运输危险化学品"负有管理、监督或约束责任,这种责任属于监督过失的范畴,成立过失责任。[②] 事实上,将《刑法》第 133 条之一第 2 款中规定的机动车所有人、管理人的刑事责任解释为故意责任,本就是基本规范——危险驾驶罪规定和总则中共犯规定的应有之义;而将该规定所涉及的机动车所有人、管理人的刑事责任解释为监督过失责任,亦可以在体系论层面可以做到逻辑自洽,在形式上不存在不可调和的矛盾。因此,在法条规定模糊的情况下,强行辨析此处机动车所有人、管理人的刑事责任类型容易陷入"自说自话"的怪圈之中。而在既不否认故意责任又不否认过失责任的前提下,结合具体情境,分类探究应如何对机动车所有人、管理人进行刑事归责的问题,显然可以在法条"惜字如金"的背景下为实务问题的解决提供更为全面与精细化的指导作用。

当机动车所有人、管理人作为一方责任主体参与上述两类特定危险驾驶行为时,应如何对每个参与主体进行精准归责的问题,本质上就是判断各参与主体所从承担的刑事责任的范围问题。所谓刑事责任的范围,

---

① 张明楷:《刑法学》(下)(第 5 版),法律出版社 2016 年版,第 701 页;周光权:《刑法各论》(第 3 版),中国人民大学出版社 2016 年版,第 194 页。

② 参见车浩:《刑法立法的法教义学反思——基于〈刑法修正案(九)〉的分析》,载《法学》2015 年第 10 期。

本质上就是在有多方主体参与犯罪的情况下,对于其中每一方刑事责任有无与程度的判断问题,即在犯罪参与论视角下判断是否归责与归责轻重的问题。而所谓犯罪参与,本质上是要阐释关于二人以上共同实现法益侵害事实的行为。[①] 犯罪参与的概念在立论时是站在结果无价值理论上展开的,即不论参与者的主观心态、责任能力以及最终是否构成犯罪、承担罪责,只要复数主体都间接或直接实现了构成要件的行为,就会被纳入本理论中讨论。因此,与"共犯论""正犯论"等称谓相比,犯罪参与的理论外延更加广阔,亦不会陷入共同故意、从属性等需要精细化辨析的争议陷阱之中,共犯理论和正犯理论在此意义上都应算作其下位规则。基于此,无论本规定中机动车所有人、管理人对于特定类型的危险驾驶罪所负的直接责任究竟成立故意责任还是过失责任,都需要出现机动车驾驶员结果无价值意义上的符合构成要件的危险驾驶行为,因此都会涉及复数主体参与犯罪的问题。那么,要具体厘清在此犯罪参与问题中机动车所有人、管理人一方的刑事责任范围,就需要围绕下文所述几种形态的犯罪参与情形展开类型化归责方面的探讨。

二、共犯参与情形的归责问题:归责证成的从属性

在共犯参与犯罪的情形中,选择不同的理论模型,会影响整个犯罪实践中刑事责任的具体分配问题与个体参与者刑事责任个别化的精确程度问题,继而影响刑法对共同犯罪的处罚范围。因此,只有在厘清共犯理论争议焦点问题之后,才能准确把握共犯参与特定危险驾驶行为的刑事归责问题。

(一)共同犯罪的基础理论梳理与争议问题聚焦

根据各国刑事立法情况的不同,对共同犯罪理论具有不同的表述。根据我国《刑法》第 25 条的规定,共同犯罪是指二人以上共同故意犯罪的情形,而不包括共同过失的情况。法谚有云:法律不是嘲笑的对象。因而,无论是解释论还是教义学,都不能在进行规范刑法学研究时突破刑法

---

① 参见阎二鹏:《犯罪参与体系之比较研究与路径选择》,法律出版社 2014 年版,第 6 页。

规定可能的文义界限去变相“创造”新的“法律”，否则就是对罪刑法定原则的背弃。基于此，本文在论述共犯形态的有关问题时会严守我国刑法规定对其的定义，不会将共同过失解释为其内容。

随着刑事立法活动的日益活跃与德日大量理论知识的引入，我国刑法学界关于共犯问题的争鸣已日趋激烈，其核心争议问题就是我国关于共同犯罪的立法体系究竟是区分制还是单一制。具体而言，根据大陆法系刑法的普遍观点，前者是在体系论的犯罪认定问题与价值论的法律评价问题之下同时区分正犯与共犯，即正犯是直接实施刑法规定的犯罪构成要件行为且在犯罪中起主要作用的行为人，而共犯则是以与正犯不同的行为方式（教唆、帮助）间接实行构成要件行为且在犯罪中起次要作用的行为人；后者则是指在认定犯罪阶段将所有参与犯罪的行为人均视为正犯行为人，而行为人各自行为在犯罪中作用的大小仅在量刑阶段才予以考虑。[①]

在我国，一直以来，传统共同犯罪理论始终坚持区分制的立场，即主张实行犯（正犯）、帮助犯等概念被涵括在主犯、从犯与胁从犯的规定之中，与《刑法》第 29 条规定的教唆犯一起构建起区分制的基础。[②] 具体而言，就是强调在解释论上，中国的犯罪参与体系的性质可归结为区分制。不同于德日刑法对参与人行为类型与参与程度进行同时性的单层次操作的区分制模式，中国刑法采取的是区分参与人行为类型与参与程度的双层次操作的模式，即在以分工为标准将参与人区分为正犯、组织犯、教唆犯、帮助犯等不同犯罪类型的基础上，进一步地以作用为标准对参与人作了主、从犯之分。[③] 两个层次之间并存不悖，前者作用于定罪环节而后者则适用于量刑环节。换言之，这意味着在双层次区分制中分工或参与形式有别于正犯的共犯并不一定就是在犯罪中起主要作用并承担主要刑事

① 参见陈家林：《外国刑法理论的思潮与流变》，中国人民公安大学出版社 2017 年版，第 579 页。

② 参见高铭暄：《中华人民共和国刑法的孕育诞生与发展完善》，北京大学出版社 2012 年版，第 32 页。

③ 参见钱叶六：《中国犯罪参与体系的性质及其特色——一个比较法的分析》，载《法律科学（西北政法大学学报）》2013 年第 6 期。

责任的主犯。

事实上,单一制的概念与统一正犯的概念是一体两面的关系,其肇始于德国刑法承上启下的大师——李斯特教授。李斯特将单一制凝练出以下三个基本特征:其一,正犯形式的单一性,即放弃对正犯与共犯的概念性区分,奉行扩张(统一)的正犯概念;其二,法定刑的统一性,在相同的法定刑幅度内处罚不同的参与者;其三,正犯不法的独立性,拒绝共犯从属性原理,坚守个人责任原则。① 此后,单一制演化出了形式单一制与功能(机能)单一制的界分,虽然后者较前者对正犯形式进行了类型化的区分——直接正犯、诱发正犯与援引正犯,②但仍然坚持各个正犯对于犯罪的加功程度都是独立的,即所有加功者的可罚性均源于其自身的不法与自身的罪责而非对于他者的从属,各正犯的价值都是等同的。换言之,是否承认共犯从属性,③是单一制体系与区分制体系的本质区别。

然而,在当下我国刑事法治领域的共犯问题中,从属性原理的确证却是很难被否定的。一方面,就规范层面而言,它的存在是有着现实的规范基础的。前述我国《刑法》第 25 条关于共同犯罪的规定明确否定了共同过失犯罪的存在,强调其应负刑事责任时,按其所犯的罪分别处罚,这是一种单独犯的归责模式。从反对解释的角度来说,这就意味着,当适格的共同犯罪——共同故意犯罪存在时,对其的处理是不同于单独犯的。另一方面,就价值层面而言,倘若否定共犯从属性原理,会使所有共犯未遂都变成未遂的正犯,④使一些本不具备严重法益侵害危险的帮助未遂或教唆未遂都能成立犯罪,从而不适当地扩张了刑法的处罚范围,损害刑法的人权保障机能。基于此,起码在不法阶段认定行为人参与的存在与程度问题时,就没有共犯从属性理论的对立面——共犯独立性与根据它而展

---

① 参见[德]李斯特:《德国刑法教科书》,徐久生译,法律出版社 2006 年版,第 289 页。

② 参见[德]汉斯·海因里希·耶赛克、[德]托马斯·魏根特:《德国刑法教科书》(下),徐久生译,中国法制出版社 2017 年版,第 1024 页。

③ 共犯与正犯在罪质是是不同的,共犯(狭义)成立与否依赖于前者是否成立,即前者的可罚性由后者赋予,他们行为的违法性是粘连在一起的。换言之,共犯行为(帮助和教唆行为)不会直接侵害法益,只能是通过正犯行为间接侵害法益,处罚教唆犯和帮助犯是基于刑罚扩张的原因。

④ 参见袁国何:《功能单一正犯体系的理论脉络及其检讨》,载《中外法学》2019 年第 1 期。

开的单一制的存在空间。那么,此时对于共犯各主体归责与否而言,就不能仅就各自情况作割裂性认定,而是应统摄考虑其各自行为对自身责任以及对对方责任的贡献份额,此即从属性的归责思想。基于此,我国关于共同犯罪的立法例虽不似德日单层次区分制那样在划分共犯与正犯时"一部到位"地在犯罪认定阶段规定二者刑事责任的有无与大小,但因为具备区分制的核心特征——共犯从属性,因而更倾向于区分制。因此,前述提及的双层次区分制理论在我国目前的法治语境下显然更具说服力。具体到划分各参与主体的刑事责任范围,即复数主体在共犯领域的归责问题时,首先必须考察各参加者的行为是否共同表达了违反规范或者侵害法益的意义,此时解决的是是否要归责的问题;之后再区分其归责份额之轻重,此时解决的是如何归责的问题。[①] 结合我国具体刑法规定来看,陈兴良教授所提倡的分工分类法与作用分类法的结合无疑为如何在归责领域具体适用区分制提供了具有可操作性的方法论指引,即"分工分类法有利于解决共同犯罪的定罪问题(教唆犯、帮助犯的规定),作用分类法有助于解决共同犯罪的量刑问题(主犯与从犯的规定)。定罪与量刑构成了刑事责任的完整内容,因此两种分类方法完全可以结合"[②]。在此意义上,德日刑法中共同正犯概念与狭义共犯概念[③]所强调的刑事责任程度侧面被我国《刑法》第 26 条第 1 款、第 27 条第 1 款所分别规定的主犯与从犯的概念替代。[④]

另外,在共同犯罪中,当依据犯罪主体的具体犯罪事实与共犯从属性原理判明其刑事责任是否存在的问题之后,就应当具体衡量其在共同犯罪参与体系中所承担的刑事责任的程度(大小),即具体判断谁是主犯而谁又

---

① 参见何庆仁:《归责视野下共同犯罪的区分制和单一制》,载《法学研究》2016 年第 3 期。

② 陈兴良:《共同犯罪论》(第 2 版),中国人民大学出版社 2006 年版,第 166 页。

③ 在德日刑法中仅指教唆犯和帮助犯,其刑事责任程度小于正犯,在犯罪中起次要作用,从属于正犯而存在。当然,这与我国《刑法》中只基于分工分类而成立,且不强调作用于责任程度的教唆犯和帮助犯是不同的。

④ 《刑法》第 26 条第 1 款规定:"组织、领导犯罪集团进行犯罪活动的或者在共同犯罪中起主要作用的,是主犯。"《刑法》第 27 条第 1 款规定:"在共同犯罪中起次要或者辅助作用的,是从犯。"基于责任主义与我国刑法中罪责刑相适应的基本原则的要求可知,一般在共同犯罪参与体系中,犯罪主体对犯罪发生所贡献的作用与其刑事责任程度成正比。

是从犯，并且还要考量是否存在实行过限的问题。由上文的论述可知，在衡量犯罪中各行为人的行为所起作用的轻重，即刑事责任程度层面，在我国的刑法语境下，德日刑法语境下的共同正犯与狭义共犯被替代。因此，德日刑法中区分共犯与正犯的理论，在犯罪作用于责任程度的维度上，也有适用于我国刑法语境中共同犯罪内区分主犯与从犯的空间。事实上，在德日刑法学界，关于正犯与共犯的区分问题，已经经历了由主观说，到客观说，再到犯罪事实支配说这一逐渐完善的过程，最终以罗克辛所主张的现实的犯罪事实支配理论和许乃曼所主张的规范的犯罪事实支配理论为集大成者。[①]其中，行为支配理论与亲自实现构成要件行为的直接正犯相对应；意思支配理论与利用他人为工具实施犯罪的间接正犯相对应；而功能支配理论则与既未亲自实现构成要件行为又未对他人施加意思力量，只是与他人在构成要件行为实行阶段相互配合分工的共同正犯相对应。[②] 因此，具体到我国《刑法》第 133 条之一第 2 款的规定中，当机动车所有人、管理人以分工分类而非作用分类意义上的教唆犯与帮助犯参与到特定的两类危险驾驶罪的共同犯罪的时候，判断其所具体承担的刑事责任程度，即主犯还是从犯，应结合具体情况来辨明其有无在实行阶段予以重要的功能性的行为加担，从而具有了功能性的犯罪事实支配，进而判断其在犯罪中的作用大小与责任程度。并且，如果驾驶员实施了与机动车管理人、所有人共同故意之外的危险驾驶行为，那么，基于共犯实行过限的基本原理，机动车管理人、所有人对于此部分属于过限内容的危险驾驶行为不承担刑事责任。

（二）教唆犯参与情形的归责问题

1. 教唆犯参与情形的本体理论廓清

教唆犯，是指以劝说、利诱、授意、怂恿、收买、威胁等方法，将自己的犯罪意图灌输给本来没有犯罪意图的人，致使其按教唆人的犯罪意图实

---

① 参见许玉秀：《当代刑法思潮》，中国民主法制出版社 2005 年版，第 590 页。

② 参见廖北海：《德国刑法学中犯罪事实支配理论研究》，中国人民公安大学出版社 2011 年版，第 33 页。

施犯罪，教唆人即构成教唆犯。[①] 成立教唆犯，需要符合以下条件：(1)客观上具有教唆他人犯罪的行为。用授意、劝说、请求、命令、挑拨、刺激、收买、引诱等方法，唆使他人去实行某一具体犯罪。(2)教唆对象适格。一方面，教唆对象应该是特定的有刑事责任能力的人，教唆不特定的人可能构成煽动行为；另一方面，教唆对象是本无犯罪意图的人。(3)主观上具有劝说他人犯罪的故意。[②] 教唆犯的主观方面，可以是直接故意，也可以是间接故意。[③]

具体到《刑法》第133条之一第2款的规定，倘若机动车所有人、管理人针对特定两类危险驾驶罪成立教唆犯，则具体情形应如下所示：机动车所有人、管理人明知驾驶人员尚无犯罪决意，预见到自己教唆从事校车或旅客运输业务的驾驶人员超载超速或教唆驾驶员违规运输危险化学品的行为可能会导致驾驶人员实施驾车超载超速这一抽象危险结果或驾驶员违规运输危险化学品危及公共安全这一具体危险结果，仍希望或放任这种结果出现，进而针对本无犯罪意图的特定适格主体——机动车驾驶员实施了以授意、劝说、请求、命令、挑拨、刺激、收买、引诱为方法，唆使其实施上述特定两项危险驾驶行为的教唆行为。

2. 教唆犯刑事责任的证成之辨

一方面，针对教唆既遂的情况而言，教唆犯只对与自己的教唆行为具有心理因果性的结果承担责任，即此既遂结果应归属于教唆人与被教唆人的共同故意的认识内容之中，超出此范围的其他结果属于实现过限问题，不应由教唆人承担责任。申言之，这种心理性因果关系必须符合通常故意犯构成要件中因果关系所要求的相当性，这样才能确认在事实层面或规范论层面，教唆行为与最终的既遂结果之间具有因果关系。而随着刑法理论的进一步发展，现代刑法学逐渐将追求刑事归责的精准性作为核心使命。[④] 基于此，在认定犯罪的过程中，在存在论意义上的归因问题

---

① 参见魏东：《教唆犯研究》，中国人民公安大学出版社2002年版，第105页。

② 教唆故意的内容包括：认识到他人尚无犯罪决意，预见到自己的教唆行为将引起被教唆者产生犯罪决意而希望或放任教唆行为所产生的结果。

③ 参见李光灿、马克昌、罗平：《论共同犯罪》，中国政法大学出版社1987年版，第83页。

④ 参见王世洲：《现代刑法学(总论)》(第2版)，北京大学出版社2018年版，第5页。

确认之后，将其导向规范论意义上的归责问题就是一个顺理成章、水到渠成的过程。具体而言，在教唆犯的因果关系确认存在后，且没有其他阻却不法或有责的情况存在时，基本就可以确认刑事责任的存在。而当教唆犯对被教唆人进行教唆时，被教唆人已有实施所教唆之罪的决意，那么此时即使被教唆者的行为达到既遂，教唆犯的教唆行为对于此既遂结果根本没有施加原因力，也就不可能存在因果关系，更不可能进行归责。

另一方面，针对教唆未遂的情况而言，从共犯从属性原理来看，《刑法》第 29 条第 2 款规定的“被教唆的人没有犯被教唆的罪”，只能解释为教唆犯教唆他人犯罪，被教唆人已经着手实行犯罪，但没有达到既遂状态。[①] 如此解释，既有助于维持共犯的实行从属性，坚持刑法客观主义，也不会放纵犯罪。对于教唆信息完全没有传递给被教唆人、被教唆人明确拒绝教唆、被教唆人虽接受教唆但尚未开始实施预备行为等情形，教唆行为对法益的危险仅停留在教唆者内心，不能成立非共同犯罪的教唆未遂。[②] 将上述教唆行为评价为教唆未遂，可能会有走向主观主义刑法观的危险，从而不适当地扩大刑法边界，破坏刑法的人权保障机能。基于此，教唆犯只对“被教唆人已经着手实行犯罪，但没有达到既遂状态”这种情况承担未遂责任。

具体到《刑法》第 133 条之一第 2 款的规定，在驾驶人员的特定两项危险驾驶行为既遂时，倘若认定机动车所有人、管理人须对此既遂结果承担刑事责任，应重点考察其教唆行为与此既遂结果间是否存在相当因果关系。只有当驾驶人员已经着手实行特定危险驾驶犯罪，但因意志以外的原因未达到既遂状态时，才可能对机动车所有人、管理人进行未遂状态的归责。

3. 教唆犯刑事责任的程度之辨

如前文所述，我国《刑法》对于教唆犯的规定，只是以其在犯罪中的分

---

① 参见周光权：《“被教唆的人没有犯被教唆的罪”之见解——兼与刘明祥教授商榷》，载《法学研究》2013 年第 4 期。

② 参见周光权：《“被教唆的人没有犯被教唆的罪”之见解——兼与刘明祥教授商榷》，载《法学研究》2013 年第 4 期。

工属性来定义的,没有为其单独界定作用属性。[①] 因此,在依据其在犯罪中的作用来具体衡量其刑事责任的程度时,其仍属于主犯与从犯问题的调整范围。这意味着其既有可能是主犯,又有可能是从犯。那么在判断其究竟属于主犯还是从犯时,如前文所述,应结合具体情况来辨明其有无在实行阶段予以重要的功能性的行为加担,从而具有了功能性的犯罪事实支配。

具体到《刑法》第133条之一第2款的规定,就应重点考察如下方面:(1)机动车所有人、管理人与机动车驾驶员直接的关系。包括但不限于职务上的隶属关系、业务上的配合关系以及其他人身情感方面的关系。(2)机动车所有人、管理人的具体教唆方式。包括但不限于授意、劝说、请求、命令、挑拨、刺激、收买、引诱。通过行为方式来判断其对于被教唆人所作用的教唆行为的"能量"强度大小。(3)被教唆人自身的相关情况。包括但不限于自身的业务水平,以及行为时与教唆人的联络密度等。进而综合判断其有无施加功能性的支配。倘若其对此特定危险驾驶行为具有功能性的支配,则承担主要的刑事责任。

(三)帮助犯参与情形的归责问题

1. 帮助犯参与情形的规范性特征

帮助犯是指在共同犯罪中,相对于实行犯而言,在他人产生犯罪决意之后,以心理支持、物质帮助等方式故意帮助他人实施犯罪,或为他人实施犯罪创造便利条件,而自己不直接实行犯罪的共同犯罪形态。[②] 帮助犯的刑事责任限于与正犯具有共同故意的犯罪事实内;正犯实施的超出共同故意范围内的犯罪事实属于实行过限问题,帮助犯不负刑事责任。

由其概念可知,成立帮助犯,需要符合以下条件:其一,就客观方面而言,要求行为人必须实施帮助行为。其二,就主观方面而言,需要行为人具有帮助的故意,即明知实行犯所实行的是犯罪行为,这种犯罪行为将要造成一定的危害后果以及自己的帮助行为能为实行犯实施和完成犯罪创

① 《刑法》第29条第1款前半段规定:"教唆他人犯罪的,应当按照他在共同犯罪中所起的作用处罚。"

② 参见陈兴良:《共同犯罪论》(第2版),中国人民大学出版社2006年版,第258页。

造便利条件,而希望或者放任这种危害后果发生的心理态度。[①]

具体到《刑法》第133条之一第2款的规定,机动车所有人、管理人倘若针对特定两项危险驾驶罪能够立帮助犯,需要基于帮助的故意,为实施超速超载型危险驾驶行为或违规运输危险化学品危及公共安全型危险驾驶行为的驾驶人员提供物质性或精神性的帮助。

2. 帮助犯刑事责任的范围之辨

需要注意的是,我国《刑法》并未明文规定帮助犯,只是在从犯的规定中暗含帮助犯。[②] 并且,在可能文义的范围之内,很难将"辅助"理解为"主要"或"首要"之义,否则就会有超出文义射程的类推解释之嫌,从而破坏罪刑法定原则。基于此,在归责轻重或刑事责任程度方面,帮助犯不能承担主要部分的责任。

与此同时,在认定帮助犯刑事责任有无的方面,根据共犯从属性原理,需要正犯即被帮助者必须基于帮助犯的帮助行为而实施构成要件规定的实行行为。换言之,就需要帮助行为与正犯行为之间的因果关系须具有本文已在前述教唆犯部分所论述的相当性,理由亦同上。并且,与正犯场合相比,帮助犯的因果关系在内容上多少有些不同,必须将促进正犯实施行为的心理帮助和提供工具或其他有形便利的物理帮助同样看待。详言之,物理帮助的因果性在于,在物理上为引起法益侵害的实行行为提供方便,而心理帮助的因果性则在于,现实地强化或助长正犯实施犯罪的决心。

具体到《刑法》第133条之一第2款的规定,机动车所有人、管理人为驾驶人员实施超速超载类危险驾驶行为或违规运输危险化学品类危险驾驶行为提供帮助时,此帮助行为必须与超速超载行为的抽象危险结果或违规运输危险化学品危及公共安全的具体危险结果之间存在相当因果关系,才有成立帮助犯,承担次要刑事责任的可能。而所谓的相当性,在此处,详言之,就需要在日常生活中,起码在交通运输领域是一般性的、不反

---

① 参见黎宏:《刑法学总论》(第2版),法律出版社2016年版,290页。

② 《刑法》第27条规定的"在共同犯罪中起次要或者辅助作用的"从犯,所指的就是帮助犯,只是没有使用帮助犯的概念而已。

常的。比如,违规为本就不适格的驾驶员开准许出车的证明,帮助驾驶员破坏车辆防护措施或者在其有危险驾驶的意图时向其保证利用手中的权力或资源为其“摆平”等物质性或心理性的帮助行为。

三、间接正犯参与情形的归责问题:支配建构的迂回性

在区分制的共犯理论体系之下,间接正犯是明显独立于教唆犯或诱发正犯而存在的概念。那么,这就意味着其归责模型有自身的特殊性,不同于共犯的归责体系。

(一)间接正犯参与情形的本体性理论剖析

间接正犯,又称间接的实行犯,是指将他人作为工具利用的情况。在间接正犯的场合,利用者与被利用者之间不成立共同犯罪。在犯罪参与论中,间接正犯与共同犯罪体系本质上是不同的,虽然存在直接实施犯罪构成要件实行行为的人,但仍属于正犯问题。从归责意义上讲,间接正犯本人承担单独犯的刑事责任或非共犯的刑事责任。基于此,首先需要弄清间接正犯为何成立所谓的正犯而不是共犯,亦即厘清其正犯性的依据何在。

关于间接正犯正犯性依据问题,学界主要有如下观点的争鸣:(1)工具说。被利用者如刀枪棍棒一般,只不过是利用者的工具,既然利用刀枪棍棒的行为符合构成要件,那么利用他人的行为亦符合构成要件。(2)规范障碍说。以规范论的立场,将被利用人的情况置于审查的焦点,探明其是否具有法秩序所期待的针对不法行为形成反对动机的可能性。这种可能性就是规范障碍。若存在,成立间接正犯;反之则不成立。[①] (3)犯罪事实支配说。对于犯罪实施过程具有决定性影响的关键人物或核心角色,具有犯罪事实支配性的是正犯。其中,行为人不必出现在犯罪现场,也不必参与共同实施,而是通过对直接实施者施加控制意思的力量,即意思支配,从而支配构成要件实现的,就是间接正犯。[②] 事实上,被利用者本

---

① 参见[日]大谷实:《刑法讲义总论》(新版第2版),黎宏译,中国人民大学出版社2008年版,第143页。

② 参见许玉秀:《当代刑法思潮》,中国民主法制出版社2005年版,第578页。

身是有意识的人,毕竟不同于工具。工具说的观点本质上是一种文义上的比喻修辞,并未揭示问题的本质,而规范障碍说虽然着眼点更为全面,但亦无法为利用有故意的工具型间接正犯提供逻辑自洽的正犯性依据解释。由此,犯罪事实支配说从本质上探索出了间接正犯的正犯性依据所在,即对于直接实行人的意思支配。而这种意思支配关系,较之于直接作用于犯罪基本构成事实的行为支配与功能支配而言,需要迂回于被利用者而间接得以建构。犯罪事实支配说与其他几种学说相比更具有说服力,因而是目前学界的通说。

至于成立间接正犯的情形,主要有如下几类:(1)利用无责任能力人的场合。包括未达刑事责任年龄的人与精神病人。(2)利用他人缺乏犯罪故意行为的场合。包括被利用者有过失与无过失的情形。(3)利用他人合法行为的场合。既包括正当防卫、紧急避险等阻却违法的行为,也包括不可抗力、意外事件等无罪过行为。(4)一是在目的犯的场合,利用有故意而无目的的工具;二是在真正身份犯的场合,利用有故意而无构成要件身份的工具。[①]

(二)间接正犯参与情形的具象性归责进路

就《刑法》第133条之一第2款规定的内容而言,针对间接正犯的前三类情形基本上都有存在空间,如教唆12岁的未成年人去开校车超载超速或以司机家人性命为要挟迫使其违规运输危险化学品等。唯一有争议的类型是第四种,准确地说是第四种的后一类情形——利用有故意而无身份的人去实施真正身份犯行为。因为危险驾驶罪不是目的犯,所以就没有讨论目的犯的必要,并且,在《刑法》第133条之一第2款的规定中,超速超载型危险驾驶罪亦不属于身份犯,因为无论有无经营牌照和正规审批手续,只要从事的是校车业务或旅客运输业务,都属于危险驾驶罪的处罚范围,即其行为主体的资格状态并未有严格的身份性门槛限制。[②] 然而,就违规运输危险化学品类危险驾驶罪而言,根据《危险化学品安全管

① 参见陈兴良:《间接正犯:以中国的立法与司法为视角》,载《法制与社会发展》2002年第5期。

② 参见张明楷:《刑法学》(下)(第5版),法律出版社2016年版,第727页。

理条例》规定,从事危险化学品道路运输的,应依法取得危险货物道路运输许可,并向工商行政管理部门办理登记手续;危险化学品道路运输企业的驾驶人员应当经交通运输主管部门考核合格,取得从业资格。由此可知,《刑法》第125条第2款规定的非法运输危险物质罪虽然与本罪的客观行为一样,都是违法违规运输危险化学品,但前者不要求行为主体须有经审批许可的从业资格,而后者则相反。换言之,"合法从事运输危险化学品业务"的资格是本罪较非法运输危险物质罪多出的一个构成要件要素——构成要件身份,因此违规运输危险化学品型危险驾驶罪亦是真正的身份犯。由此可知,从事危险化学品运输工作的人,无论是驾驶员还是其他相关管理人员,都应当接受专业的训练,且须有严格的上岗审批和定期考核的手续。

基于此,作为机动车的所有人或管理人,倘若车辆从事危险化学品运输工作,其个人因为与该车辆的这一特殊关系在此类工作中都会具有法定的专业特殊资格,否则不可能通过相关的行政许可。因此,当其利用无此专业资格身份但有犯此罪故意的驾驶员从事违规运输危险化学品类危险驾驶行为时,被利用者由于无此特定身份而不构成此类危险驾驶罪,但因有故意而构成除构成要件身份之外其他构成要件要素均与之相同的、《刑法》第125条第2款规定的非法运输危险物质罪。而机动车所有人、管理人则构成违规运输危险化学品类危险驾驶罪的间接正犯。

至于其他类的间接正犯情形,判断机动车所有人、管理人有无实现意思支配,进而承担刑事责任,关键在于两个方面:一是,客观上对于整个犯罪发展的原发性或持续性控制,这一点可以由其有无完整的犯罪计划以及其他利用性或控制性的行为表现出来;二是,在主观上能够压制驾驶员的自由意志,或驾驶员本身就没有刑法意义上的自由意志(责任能力),由机动车管理人、所有人的意志完成补位。倘若其通过破坏机动车的方式来使驾驶员不得不陷入危险驾驶的状态,如破坏刹车片、迈速表等行为,则其行为可能属于破坏交通工具罪与以危险方法危害公共安全罪的竞合。

四、过失犯参与情形的归责问题:路径选择的审慎性

目前,学界主张危险驾驶罪中机动车所有人、管理人刑事责任的规定中机动车所有人、管理人所负的刑事责任应是过失责任的观点仍是少数意见。而其中具有代表性的正是车浩教授的观点。他认为《刑法修正案(九)》增设的2015年《刑法》第133条之一第2款规定中机动车所有人、管理人所负的"直接责任"不是指实施了具体的危险驾驶行为,而是指对于第3项中的"校车业务或旅客运输业务超载超速"或第4项中的"违反危险化学品安全管理规定运输危险化学品"负有管理、监督或约束责任,进而推导出此种责任属于监督过失的范畴,成立过失责任。① 需要注意的是,监督过失归根结底仍旧是过失形态的一种,对其展开的任何研究都无法脱离过失犯的基本原理,并且,监督过失理论是基于学界对医疗行为和交通运输行为社会价值的重视和对相关领域犯罪现象的反思而形成了新过失论理论的重要组成部分。那么,基于新过失论的理论脉络可知,监督过失犯所违反的注意义务,可被拆分为结果预见义务与结果避免义务。②其中,结果回避义务是核心部分。监督过失犯罪在构成要件阶层的表现就是对客观结果预见义务与客观结果回避义务的违反,应以一般理性人或社会平均人为标准判断其结果预见的可能性与结果回避的可能性;而在责任阶层的表现就是对主观结果预见义务与主观结果回避义务的违反,应以行为人自身独特情况为标准判断其结果预见的可能性与结果回避的可能性,以厘清其可谴责性程度。③

(一)监督过失原理的体系性解构与归责模型调试

所谓监督过失的概念,是由日本刑法学家藤木英雄基于对20世纪后半叶以来日本社会频发的公害类犯罪的思考而率先提出的,它包括狭义的监督过失与广义的监督过失。前者是指负有监督义务的上级怠于履行

① 参见车浩:《刑法立法的法教义学反思——基于〈刑法修正案(九)〉的分析》,载《法学》2015年第10期。

② 参见[日]山中敬一:《法学院讲义:刑法总论》,成文堂2005年版,第189页。

③ 周光权:《法治视野中的刑法客观主义》,法律出版社2013年版,第43页。

或没有履行监督、指挥的义务从而导致被监督者因实施过失行为使得危害结果发生的过失罪过，[①]因而也被称为间接防止型监督过失。就其特征而言：一是监督者与最终的犯罪既遂结果之间须介入第三方的行为；二是被监督者，即第三方，实施的是过失犯罪行为。而广义的监督过失，除了包括狭义的监督过失，还包括管理过失。所谓管理过失，是指管理者对于物资设备、机构设置、人员体制等准备、管理不周而导致结果发生所构成的过失，[②]因而又被称为直接介入型监督过失。与狭义监督过失相比，管理过失基本上不存在第三方基于故意或过失实施的危害行为介入的情形。由于本专题是围绕复数主体参与犯罪的归责问题而展开的，所以此处拟采用狭义的监督过失的概念。

在归责问题方面，监督过失的特殊性体现在其与过失竞合的关系问题中。其实，无论是从规范论还是从体系论上而言，二者都是不同的。其一，在规范论方面，如前文所述，根据《刑法》第 25 条第 2 款的规定，共同过失犯罪不构成我国刑法意义上的共同犯罪，按单独犯处理，各自单独予以定罪量刑。所以，过失竞合的基础性规范——共同过失型共犯，在我国刑法中并无立足之地。其二，在体系论方面，在平行结构的过失竞合犯罪中，由于每个行为人均是通过自身对危害结果施加的原因力，每个个体具有独立的属性，因而凡是与结果发生具有因果关系的违规行为原则上均被视为过失犯罪的实行行为，存在作为过失犯的共同正犯的构成要件性过失。[③] 但是，在监督过失中，由于监督者、管理者要么间接要么直接地对被监督者施加作用力，而被监督者再通过直接对危害结果实施客观行为而得以归责。这样，经过中间环节的“加工”，监督者、管理者究竟在多大程度上对最终的危害结果产生了作用力则变得难以被准确地把握。基于此，在体系结果方面，监督过失亦不同于过失竞合及其导向的共同过失犯罪形态。因此，监督过失在归责方面是基于对于构成要件结果施加的原

---

① 参见马克昌：《比较刑法原理：外国刑法学总论》，武汉大学出版社 2002 年版，第 269 页。

② 参见［日］山口厚：《刑法总论》（第 3 版），付立庆译，中国人民大学出版社 2018 年版，第 213 页。

③ 参见［日］大塚仁：《犯罪论的基本问题》，冯军译，中国政法大学出版社 1993 年版，第 260 页。

因力和对于因果经过施加的支配力而独立承担刑事责任的单独犯责任形式。

另外,虽然监督过失并非我国刑法意义上的共同犯罪,其与直接实施构成要件实行行为的人在不法意义上并无相互影响,但是,在事实层面,二者的行为都为最终的法益侵害结果提供了现实性的原因力,因而,起码从形式上看,二者的行为确实存在犯罪参与论意义上的“配合”关系。基于此,倘若最终监督者或管理者存在监督过失责任,被监督者在存在论意义上的构成要件行为是不可或缺的。因此,在确定监督过失者的刑事责任之前有必要考察被监督者行为的性质形态。关于这一问题,学界有3种不同的见解:第一种观点认为,只有被监督者是出于过失而行为时,才可能成立监督过失。大塚仁教授就曾强调:“在对下位者的过失行为没有尽到其监督义务时就肯定上位者的过失,即监督过失。”①第二种观点主张,即使监督者的行为是无罪过事件,只要监督者存在过失,也成立监督过失。在实践中,确实存在着此类情况,对于无经验或无可以凭借的设施以正确处理突发紧急情况的被监督者而言,其行为通常是无过错的。因为其并没有接受过合格的专业培训,缺乏相关知识经验,或者缺乏可靠安全的设备设施和相关配套的运行机制。这恰恰是监督者或管理者疏于进行专业指导或怠于构建完善的安全保障体制机制所导致的,因此监督者应对此承担监督过失责任。第三种观点指出,被监督者出于故意而行为时,监督者也可以构成监督过失。② 事实上,根据信赖原则,应允许监督管理者对被监督者不会故意实施犯罪行为存在基本的信任,否则不仅在需要进行专业分工的业务领域无法开展工作,就连基础性的社会交往活动也会难以运行。但是,此类情形亦存在例外,比如,具有天然犯罪人人格,即人身危险性严重之人在本质上是不值得信赖的,监督者却不负责地将其安置于某重要的专业领域。如果被监督者故意犯罪导致侵害法益的结

① 参见[日]大塚仁:《刑法概说(总论)》(第3版),冯军译,中国人民大学出版社2002年版,第210页。

② 参见廖正豪:《过失犯论》,台北,三民书局1993年版,第225页。

果或危险发生，监督者可能也要为自己之前的疏忽承担过失责任。[①] 并且，在相关的渎职类犯罪中，亦存在相关的例证，比如，社区矫正的监管人员因玩忽职守而对矫正对象的在社区矫正期间的犯罪行为负有刑事责任时，从法逻辑的角度上来看，是基于自身渎职行为的不法与罪责内容而决定刑事责任的有无的，并非因矫正对象的罪过形式的不同来判断其刑事责任是否存在。综上所述，目前没有坚实的理由将被监督者的行为仅限定为过失行为，即无论被监督者是否对其行为有罪过或属于何种罪过形式，都不影响监督者因监管疏漏而承担监督过失责任。

需要强调的是，无论是行为人的主观恶性还是行为人的人身危险性，过失犯都低于故意犯。换而言之，故意犯罪是一种积极的反规范的行为，而过失犯罪则是消极的反规范的行为，[②]两者之间在责任程度上存在差异。因此，各国刑法都普遍规定以处罚故意犯为原则，以处罚过失犯为例外。那么，在处理过失犯时，司法人员面临的首要问题就是如何避免不适当地扩大其成立范围，即限制其处罚范围，以突显刑法的人权保障机能与谦抑性品格。因而，在解释论层面为其匹配合适的因果关系理论模型时，就应注重理论本身的限缩与过滤功能，而不是盲目追求效率。基于此，恪守规范论立场、逻辑清晰且下位规制周延衔接有序、多层次递进判断的客观归责理论就成了不二之选。并且，监督过失理论是以新过失论为基础而构建的，而新过失论用以限缩成立范围的基础性原理——被允许的危险，亦是客观归责理论的基础性概念，因而二者在体系性方面具有天然的对接优势。在此意义上，罗克辛教授强调客观归责理论的实际意义，主要存在于过失犯罪中。[③]

申言之，在此情形中客观归责一旦成立，理想状态下（没有其他的不法或责任阻却事由存在），就能确定监督过失者刑事责任的存在。然而，在犯罪参与论的视角下，倘若按犯罪发展的时间顺序来看，很有可能存在

---

① 参见吕英杰：《客观归责下的监督、管理过失》，法律出版社 2013 年版，第 11 页。

② 参见［德］京特. 雅科布斯：《规范 · 人格体 · 社会：法哲学前思》，冯军译，法律出版社 2001 年版，第 45 页。

③ 参见［德］克劳斯 · 罗克辛：《德国刑法学总论：犯罪原理的基础构造》（第 1 卷），王世洲译，法律出版社 2005 年版，第 246 页。

阻却监督过失行为对于法益侵害结果原因力继而否认此二者间因果关系的情况，即被监督者行为作为介入因素加入进来，阻却监督过失行为的原因力，继而作为唯一的原因来支配构成要件结果的出现。因此，在此种“多因一果”的情况下，判断监督过失行为到底还对构成要件结果有无施加原因力，就需要借助前述相当因果关系理论来进行考察。具体而言，就是要引入前田雅英教授在因果关系理论中提出的介入因素判断三要素来具体测量作为前行为的监督过失行为的原因力是否仍有效。首先，看先行行为对危害结果的作用大小，作用大则有因果关系，反之则无；其次，看介入因素是否异常，如异常，先行行为与危害结果无因果关系，反之则有；最后，看介入因素对危害结果的作用大小，作用大，先行行为与危害结果无因果关系，反之则有。对此三要素需要进行综合判断，根据少数服从多数原则得出先行为之因果关系是否存在的最终结论。[①] 基于此，为了得出更为周延的判断结论，应当在客观归责判断的第二阶层——判断是否实现法不允许的危险，以及第三阶层——判断结果是否在构成要件的保护范围之内，这两个阶层中融入相当因果关系的判断，以便在被监督者行为的存在或介入下依然能厘清监督过失行为与构成要件结果之间有无因果关系，进而判断其是否成立单独犯的刑事责任。

（二）过失参与情形客观归责路径的动态演绎

结合前述基础理论可知，在监督过失犯领域运用客观归责理论，关键在于将过失犯在构成要件阶段的客观实质内容，即客观注意义务（“客观结果预见义务＋客观结果回避义务”）整合到客观归责的理论架构中。

首先，就制造法不允许的危险而言，主要考察两个方面，即法不允许的危险是否由行为人的特定行为所制造（条件归属问题）与行为人所制造出来的危险是不是法所不允许的危险（危险的规范性质问题）。而刑法所不允许的危险在特定的业务领域，比如交通、医疗等领域，是需要借助其他规范作为判断资料的，这主要涉及行政规则中的安全规范与社会交往

① 参见［日］前田雅英：《刑法总论讲义》（第6版），曾文科译，北京大学出版社2017年版，第304页。

规范。[1] 具体到《刑法》第133条之一第2款的规定，前者主要是指作为机动车所有人、相关管理人员应该遵守的涉及车辆护养、危险化学品管理以及消防管理等行政法律法规；后者主要是指其在本单位或本业务部门内需要遵守的技术性规范和章程，包括定期检修、维护、保养和险情通报等。但是，并不能认为行为人违反了上述规范就一定造成法不允许的危险。基于信赖原则对法不允许危险的限缩，在应当由驾驶人员或其他第三方负责的领域，即使享有监督管理权限的机动车所有人怠于履行上述规范的要求，如在未检测迈速表但其实迈速表现实功能正常的情况下驾驶员仍超速行驶，亦不能判定其制造出了法不允许的危险。此外，即使行为人认真遵守上述规范，在客观上履行了注意规范所要求的审慎义务，即客观的结果预见义务，仍没有客观结果预见的可能性时，就能判定出此时所制造的危险是为法律所允许的，比如机动车所有人、管理人认真检测核查车辆内容物时，严格依规操作，却因技术条件有限，仍未发现他人用高科技手段夹带的国家禁止运输的危险化学品时，行为人的客观"漏检"行为所制造的危险也是法律所不得不"忍耐"的。由此可以看出，过失犯的客观结果预见义务可以被融入"是否制造法不允许的危险"这一客观归责理论的第一阶段来加以判断。

其次，就实现法不允许的危险而言，主要强调从结果的角度进行事后判断。其中主要考察以下几个方面：风险是否由行为人实现、行为人实现的危险是否不被法律允许、注意规范的保护目的以及作为具体判断前三个方面的方法论工具——假定的合义务替代行为与危险增加理论。第一个方面主要强调一种条件关系的判断，与过失犯客观结构之间并无类型化的衔接之处，而之后的两个方面与理论方法论工具在监督过失领域才更具有典型性意义。合义务的替代行为要讨论的是当一个结果通过合法替代行为不是肯定的，而仅是很可能或者可能被阻止的时候，这个结果是否应该被归责[2]。罗克辛认为，只有当此替代行为肯定或必然会造成这个

---

① 参见吕英杰：《客观归责下的监督、管理过失》，法律出版社2013年版，第82~84页。

② 参见徐成：《假定因果关系、合义务替代行为与法所不允许风险的实现》，载陈兴良编：《刑事法评论》第37卷，北京大学出版社2015年版，第65页。

结果时,即确定没有客观上的结果避免的可能性时,才排除归属。倘若并不肯定会产生该结果,换言之,违反注意义务的行为增加了危险,那就可以归属,这就是所谓的“危险增加理论”。[①] 然而,通说观点却认为应坚持罪疑唯轻原则,在结果避免可能性难以确定时排除归责,即“可避免性理论”。[②] 由此可见,合义务的替代行为与结果避免义务其实是对同一内容的不同表述而已,都是强调行为人要采取适当行动以避免实现其制造的法不允许的危险。具体而言,享有监督管理权限的机动车所有人、管理人怠于履行为运输的危险化学品做防护措施的义务,导致其之后在运输过程中一直处于具有危及公共安全危险的开放状态。倘若以目前的技术,就算行为人实施了合义务的替代行为,认真履行结果避免义务,为其依规做好防护装置,仍无法阻止其完全渗透或泄露这一危及公共安全的具体危险出现,那么此时就可以认定该场合没有客观的结果避免的可能性,行为人所实现的危险是法律亦不得不“忍受”的。再如,行为人在每天处理完机动车所运输的危险化学品时都严格按规章要求为自己消毒,恰好其消毒时药物所覆盖的范围涵盖了车辆中一处尚未有检测部门检测出的破洞,从而阴差阳错地避免了违规(冒着泄露风险)运输的危险驾驶行为发生危及公共安全的具体危险。某一天该行为人忘记为自己消毒,导致该车辆在下一班运输业务中处于危险品泄露或严重的泄露风险的危及公共安全的具体危险之中。那么此时,仍不能将行为人未履行注意规范所要求的结果避免义务的行为认定为实现了危险。因为,要求为自己消毒的注意规范保护的仅仅是自己的健康状况,而不在于保护车辆的良好坚固状态,因此不能进行归责。由此可以看出,过失犯的客观结果预见义务可以融入“是否实现法不允许的危险”这一客观归责理论的第二阶段来进行判断。

再次,就构成要件的保护范围而言,其主要侧重于对一些被害人自我答责或有第三者承担责任的情形做出不可归责的例外性阐释。具体而

---

① 参见[德]克劳斯·罗克辛:《德国刑法学总论:犯罪原理的基础构造》(第1卷),王世洲译,法律出版社2005年版,第257页。

② 参见车浩:《阶层犯罪论的构造》,法律出版社2017年版,第170页。

言，就是要考察驾驶员对于成立上述两类危险驾驶行为所施加的支配作用是否足够阻断监督过失者过失行为对于犯罪成立的原因力支配。倘若对于此问题的考察得出的是肯定答案，就应排除对于监督过失者的归责，反之则应该归责。

最后，为了方便理解，我们不妨以一个典型案例为切入点进行分析：2016 年 7 月 30 日 7 时许，被告人王某某无证驾驶冀 J×××××号灰色北京牌小型面包车（逾期未检）在接送学生过程中因严重超员，在任丘市吕公堡镇北王庄村朝阳幼儿园门口处被民警当场查获，该车核定载客 8 人，实际载客 23 人。被告人周某某为任丘市朝阳幼儿园校长，系王某某所驾面包车车主，王某某无偿为周某某临时帮工。经一审法院审理后认定，被告人王某某在从事校车接送学生过程中，车辆实际载客超过该车额定乘员数量，属于严重超员；被告人周某某系该车辆的所有人，且为任丘市朝阳幼儿园的校长，对王某某的行为负有直接责任；依照 2015 年《刑法》第 133 条之一第 1 款第 3 项、第 2 款，第 67 条第 1 款、第 3 款之规定，二被告人的行为均已构成危险驾驶罪。[①] 该案中，王某某作为驾驶人员，从事的正是接送学生的校车业务，而周某某作为该车所有人且系该司机的单位领导，当然享有对其的监督权限与义务，而据案件事实可知，周某某对其严重超载的行为并未积极追求、促成，也无法证明其是刻意听之任之，因此对于其追究的刑事责任只能是监督过失责任。具体而言，就是周某某因疏忽大意或过于自信，未能履行对王某某的监督管理义务或者未构建相应的行车安全保障机制，疏于对王某某进行考察。并且根据客观归责理论与相当因果关系理论，可以确定其监督过失的行为与王某某严重超载驾驶这一构成要件所要求的抽象危险结果之间存在引起与被引起的因果关系，因此应当承担监督过失责任。

五、结语

刑法学研究中的类型化思维，强调灵活运用现有的立法资源，积极适用解释论的方法，尽可能高效地应对缤纷复杂的现实问题。这一注重动

---

① 参见河北省任丘市人民法院刑事判决书，(2016)冀 0982 刑初字第 602 号。

态功能的方法论，明显区别于强调静态定性的概念式思维。申言之，类型化思维的运用可以使刑法规范的效力及于立法者立法之时尚未考量到的特殊性问题与不典型情况，从而更能满足当代刑法教义学研究中强调问题性导向的目的理性诉求。

因此，在针对危险驾驶罪内机动车所有人、管理人刑事责任规定的教义学研究中，引入类型化思维的研究范式，依据有限的立法资源划分出共犯参与、间接正犯参与以及过失犯参与3种典型的归责类型，不仅可以实现对于不同参与行为的精准化与个别化归责，还能在坚守罪刑法定原则底线的前提下平衡法规范明确性与灵活性的关系，从而实现对各类参与行为的有效刑法规制。

专题十五

无证醉驾案件刑事处罚与行政处罚衔接问题研究

内容摘要：《刑法修正案（八）》将“醉驾”纳入《刑法》的处罚范围，同时，《2013 年醉驾意见》第 2 条第 5 项和《2023 年醉驾意见》第 10 条第 3 项将无证驾驶规定为醉驾案件的从重处罚情节之一。司法实践中存在大量的无证醉驾案件。由于醉驾行为本身具有双重违法性，即既违反刑法规范的规定又违反行政法律规范的规定，且无证驾驶既违反行政法律规范也属于醉驾案件的量刑情节。因此，有必要对无证醉驾行为所涉及的刑事处罚与行政处罚的衔接问题进行系统研究。

一、绪论

（一）研究意义

自醉酒驾驶机动车的行为入刑以来，理论界及司法实务界对醉驾入刑的正当性问题、是否一律入刑问题、醉酒驾驶行为人的主观罪过以及犯罪构成要件的认定等问题均进行了深入讨论，而实践中也存在大量无证醉驾等案件。但对于无证醉驾、驾驶证被暂扣期间醉驾这类既违反《道路交通安全法》又违反《刑法》的案件，学界并没有太多的研究。在司法实践中，司法机关对于醉驾案件中附随行政违法行为（如无证驾驶）问题的处理，有不同的做法：第一种做法是，无证驾驶行为与醉驾行为不可区分，二者均是驾驶行为。因此，公安机关对无证驾驶行为不作处理，将无证驾驶行为与醉驾行为一并移送法院处理。第二种做法是,无证驾驶行为与醉驾行为具有不同的性质,是可以进行区分的。因此,公安机关可以对无证驾驶行为单独予以行政处罚,同时,法院对于已受行政处罚的无证驾驶行为不再予以刑事处罚。第三种做法是,对无证驾驶等附随行政违法行为既可以作为量刑情节进行考量,也可以仅予以相应的行政处罚,由此可见,司法实践中对无证醉驾案件的处理并未形成统一的意见。因此,有必要对无证醉驾行为在行政法、刑法衔接方面的问题进行分析与探讨。

(二)国内外研究现状分析

韩锋等学者在《危险驾驶罪中无证驾驶等非犯罪构成要件行为的评价——江苏无锡中院裁定江某某危险驾驶案》一文中以江苏省无锡中院二审的江某某危险驾驶案为切入点,对该案中的争议问题进行了分析。公安机关在案件移送起诉前已对无证驾驶等非犯罪构成要件行为作出了行政处罚。那么,对无证驾驶等非犯罪构成要件行为如何进行刑法评价?韩锋等学者认为,无证驾驶行为与醉酒驾驶行为在刑法中的地位并不相同。无证驾驶行为既可由行政处罚法单独进行评价,也可附随在醉驾行为中一并处罚,对无证驾驶行为在醉驾行为之外进行单独评价或者与醉驾行为进行附随处置,均不得违反禁止重复评价原则。危险驾驶罪中无证驾驶等其他违反道路交通安全法规应受行政处罚的行为,只是醉酒驾驶行为的附随情节而非危险驾驶罪的构成要件,评价时应对两者区别对待,或者作为行政违法行为予以行政处罚,或者作为危险驾驶罪的从重量刑情节予以刑事评价。但是,无论何种处理方式,均应遵循禁止重复评价原则,即如果对该附随情节既进行行政处罚又进行刑事处罚,则行政处罚期限应当予以折抵刑期。倘若无证驾驶行为未作为量刑情节进行考量,法院并未据此对行为人予以从重处罚,则不存在执行上的折抵问题。[①] 高蕴嶙在《驾驶证被暂扣期间醉驾应否从重处罚》一文中认为,行政认定属于首次认定,刑事定案则属于再次确认。首次认定是再次确认的逻辑前提,再次确认虽依赖于首次认定,但由首次认定不必然得出再次确认的结

---

① 参见韩锋、王星光、杨柳:《危险驾驶罪中非犯罪构成行为的刑罚评价》,载《人民司法(案例)》2018 年第 29 期。

论,而由再次确认则必然推出首次认定;并且,在再次确认中,司法机关可直接依据行政法律法规进行认定而无须行政机关的事先认定。同时,在驾驶证被暂扣期间,因为实际驾驶能力并未因此丧失或者遭到否认,也就不会因此而增加危险驾驶罪的法益所受到的威胁,故而,不应当认定驾驶证被暂扣属于无证驾驶机动车的从重处罚情节。[①] 张毅在《“一事不二罚”在行刑交叉案件中的适用——从一例危险驾驶案切入》一文分析了在处理醉驾案件中无证驾驶等非犯罪构成要件行为时应适用的原则,在行刑交叉案件中,“一事不二罚”原则在适用上应该有所突破。简敏的《行政处罚中“一事不再罚”原则的适用与例外》一文认为,一个行为同时违反行政法规范、刑法规范的,应由有权机关依照各自不同性质的法律规范实行处罚。这两种处罚的性质、依据和功能都不一样,互相不能替代也不能免除。对这种“双罚制”,不适用“一事不再罚”原则。[②] 袁宏山在《行政法与刑法之立法协调与适用衔接问题研究——以危险驾驶罪为视角》一文中认为,根据《刑法》第133条的规定,行为人违章驾驶发生重大交通事故构成交通肇事罪的,除对行为人处以刑事处罚以外,还可根据《道路交通安全法》第91条和第101条的规定,对其处以吊销机动车驾驶证,且终生不得重新取得的行政处罚。[③]

(三)研究内容

对于无证醉驾这类既违反《道路交通安全法》又违反《刑法》的行为,实践中的处理方式并不相同,同时,对于该类案件的处理也有诸多争议。就其涉及的问题而言,具体包括:无证驾驶、醉酒驾驶究竟是一个违法行为还是数个违法行为?在将无证醉驾案件作为有罪案件进行评价的情况下,上述行为是否都应纳入刑事案件的评价范围?就对不纳入刑事案件评价范围的无证驾驶行为作出的行政处罚决定而言,其效力如何?对应当纳入刑事案件评价范围的无证驾驶行为,在已经作出行政处罚决定并已执行的情况下,在刑事程序中是否应当再次进行评价?如果需要在刑

---

① 参见高蕴嵘:《驾驶证被暂扣期间醉驾应否从重处罚》,载《中国检察官》2019年第14期。

② 参见张毅:《“一事不二罚”在行刑交叉案件中的适用——从一例危险驾驶案切入》,载《福建警察学院学报》2014年第2期。

③ 参见袁宏山:《行政法与刑法之立法协调与适用衔接问题研究——以危险驾驶罪为视角》,载《华北水利水电大学学报(社会科学版)》2017年第4期。

事程序中予以再次评价,那么,对已经执行的行政处罚应该如何处理?对于同一违法行为,对行为人同时给予行政处罚与刑事处罚是否合理、公平?[①] 对于上述问题,均需要进行深入的讨论。

因此,结合上述问题,本文主要从以下四个方面对无证醉驾案件的处理进行研究:第一,对无证醉驾行为进行界定。明确无证驾驶行为的含义,分析无证驾驶行为的性质,论证无证驾驶与醉驾行为的关系等问题。第二,分析司法实践中公安机关及法院对无证醉驾案件的处理现状。对是否应将无证驾驶行为纳入醉驾型危险驾驶罪的评价范围以及对纳入刑法评价范围的无证驾驶行为应当如何评价进行进一步的分析。第三,公安机关及法院对无证醉驾案件处理程序的完善。明确公安机关的职责,以及法院如何处理已受行政处罚的无证驾驶行为。第四,从程序和实体上完善行政处罚和刑事处罚程序的衔接。

二、无证驾驶的界定

自醉驾入刑以来,在司法实践中也存在一些无证醉驾案件,对这类既违反《道路交通安全法》又违反《刑法》的案件,在程序处理和实体认定上都具有一定的难度。依据《2013 年醉驾意见》第 2 条第 5 项的规定,醉酒驾驶机动车,无驾驶资格驾驶机动车的,依照《刑法》第 133 条之一第 1 款的规定,从重处罚。依据《2023 年醉驾意见》第 10 条第 3 项的规定,醉驾且具有未取得机动车驾驶证驾驶汽车的情形,尚不构成其他犯罪的,从重处理。[②] 据

① 参见张毅:《"一事不二罚"在行刑交叉案件中的适用——从一例危险驾驶案切入》,载《福建警察学院学报》2014 年第 2 期。

② 由此可见,《2023 年醉驾意见》将《2013 年醉驾意见》中"无驾驶资格驾驶机动车"这一从重处罚的事由修改为"未取得驾驶证驾驶汽车"这一从重处罚的事由。对此,我国司法实务人士指出,这一修改的主要考虑是:实践中查处大量无证驾驶摩托车案件,而无证驾驶摩托车的原因较为复杂,不能完全归咎于行为人本身,故不宜将无证驾驶摩托车一概作为从重处理情节。这里的"未取得驾驶证",是指自始未取得过驾驶证,或者取得过驾驶证但与准驾车型不相符。被暂扣或者曾经取得过汽车驾驶证但因为各种原因被吊销、注销的,不属于这里规定的从重处理情形。因此,"未取得驾驶证驾驶汽车"这一从重处罚的事由的主旨是要对没有经过正规驾驶培训而驾驶汽车的情形给予从重处理。参见苗生明:《醉酒型危险驾驶的治罪与治理——兼论我国轻罪治理体系的完善》,载《中国刑事法杂志》2024 年第 1 期。

此,未取得驾驶证醉酒驾驶机动车的行为是醉驾案件的从重处理的事由之一。那么,刑法中的无证驾驶与行政法中的无证驾驶是否具有相同意义?对于公安机关交通管理部门依据《道路交通安全法》认定为无证驾驶,并且醉酒后驾驶机动车,又构成危险驾驶罪的情形,能否依据《2023年醉驾意见》认定为属于刑法中的无证驾驶,并以危险驾驶罪定罪从重处罚?这涉及无证驾驶的界定问题。

(一)无证驾驶的含义

根据2011年4月22日第十一届全国人大常委会第二十次会议《关于修改〈中华人民共和国道路交通安全法〉的决定》修正后的《道路交通安全法》第19条第1款的规定,驾驶机动车,应当依法取得机动车驾驶证。申请机动车驾驶证,应当符合国务院公安部门规定的驾驶许可条件;经考试合格后,由公安机关交通管理部门发给相应类别的机动车驾驶证。持有境外机动车驾驶证的人,符合国务院公安部门规定的驾驶许可条件,经公安机关交通管理部门考核合格的,可以发给中国的机动车驾驶证。驾驶人应当按照驾驶证载明的准驾车型驾驶机动车;驾驶机动车时,应当随身携带机动车驾驶证。2004年5月1日起实施的《道路交通安全法实施条例》第28条规定,机动车驾驶人在机动车驾驶证丢失、损毁、超过有效期或者依法被扣留、暂扣期间以及计分达到12分的,不得驾驶机动车。2005年12月5日,原国务院法制办公室《关于对〈中华人民共和国道路交通安全法〉及其实施条例有关法律条文的理解适用问题的函》(国法秘函〔2005〕436号)答复,驾驶与驾驶证准驾车型不符的机动车,在性质上应当属于无证驾驶。

行政法中的无证驾驶行为主要有以下10种:(1)没有驾驶证的;(2)未经考试,非法取得驾驶证的;(3)不符合驾驶条件(年龄和健康状况),非法取得驾驶证的;(4)驾驶证已超过有效期的;(5)驾驶证被注销、吊销的;(6)驾驶证被暂扣的;(7)驾驶车辆与准驾车型不符的;(8)持军队、武装警察部队驾驶证驾驶民用机动车的;(9)持境外机动车驾驶证在中国驾驶机动车的;(10)未随身携带驾驶证的。由此可知,在行政法律法规中,无证驾驶的范围较广,其既涉及对相应驾驶能力的实质要求,如没有驾驶证、未经考试而非法取得驾驶证等;也涉及对驾驶证件的形式要求,如未随身携带驾驶证件。那么,行政法律法规中的无证驾驶是否都属于刑法中的无证驾驶?

对此,笔者认为,行政法律法规的目的是规范和约束驾驶人员的行为,从而建立、维护社会秩序和行政管理秩序,以确保公安交通管理部门能充分、有效地实施行政管理。其对无证驾驶行为的认定是一种行政认定,其依据是行政权。但是,司法机关依据《刑法》对醉驾型危险驾驶罪中的无证驾驶的认定则是一种刑事认定,其依据是刑事司法权。《刑法》作为法律体系的重要组成部分,是其他部门法的保护法。其与其他部门法如行政法、民法等比较起来,有两个显著的特点:一方面,刑法的保护范围更为广泛。刑法所保护的是所有受到犯罪侵害的社会关系,其他部门法所保护和调整的社会关系原则上都需要通过刑法予以保护;另一方面,刑罚的强制性更为严厉。其不仅可以限制或者剥夺犯罪分子的财产、政治自由以及人身自由,而且在罪行极其严重的情况下还涉及剥夺犯罪分子生命的问题。[①] 据此,并不是所有违反其他部门法的行为都会受到刑法的制裁,而是应当根据特定目的评价、判断对某种行为是否需要给予刑事上的认定。[②] 因此,在刑事案件中,在司法机关作出判断时,不得直接将行政认定的结论与根据作为刑事认定的结论与根据,而必须根据刑法的特点对构成要件要素、案件事实进行独立判断,独立地作出处理结论。但是,也不能由此否定行政机关所作出的行政认定结论在刑事案件中的作用,其可以为司法机关的刑事认定提供参考。换言之,在刑事案件中,罪与非罪的认定,此罪与彼罪的区分,量刑情节的认定,都应当是司法机关依据刑法作出的刑事司法认定,而不是依据行政机关事先作出的行政确认行为。因此,行政法律法规规定的无证驾驶行为不能直接适用于对刑法中无驾驶资格的认定,即司法机关应当仔细区分具有刑法意义的无证驾驶行为与不具有刑法意义的无证驾驶行为,而不能将行政法律法规规定的无证驾驶行为都认定为刑法规定的无证驾驶行为。

---

① 参见赵秉志主编:《刑法总论》,中国人民大学出版社 2016 年版,第 20 页。

② 参见高蕴嶙:《驾驶证被暂扣期间醉驾应否从重处罚》,载《中国检察官》2019 年第 14 期。

《2013 年醉驾意见》将无驾驶资格规定为醉驾犯罪的从重处罚情节之一。而《2023 年醉驾意见》则将“未取得驾驶证”规定为醉驾犯罪从重处理的事由之一。那么,刑法中无证驾驶的范围究竟是什么？由上文分析可知,作为醉驾犯罪从重处罚(理)情节的无证驾驶行为会增加醉驾型危险驾驶罪的社会危害程度。那么,在驾驶人缺乏驾驶证件等形式条件的情况下,虽然在行政认定层面将没有随身携带驾驶证的行为认定为属于无证驾驶,但是,驾驶人员的驾驶能力并未因未随身携带驾驶证而消失,从而并不会增加醉驾型危险驾驶罪的社会危害程度。因此,未随身携带驾驶证不能被认定为醉驾犯罪的从重处罚情节。同时,虽然《道路交通安全法》第 99 条规定将未取得驾驶证、驾驶证被吊销及被暂扣并列表述,但是,这三种行为的内涵并不相同。未取得驾驶证,意味着不具有相应的驾驶能力;驾驶证被吊销,意味着驾驶能力被否定,也可以理解为不具有相应的驾驶能力。而驾驶证被暂扣不属于公安机关交通管理部门对驾驶人驾驶能力的否定。这样,驾驶人的驾驶能力就不会因为驾驶证被暂扣而丧失,也不会因驾驶证被暂扣而使醉驾犯罪的社会危害性增加。因而,驾驶证被暂扣并不属于丧失驾驶能力的行情形,即不能被认定为属于刑法中的无证驾驶。

行政法规规定了多种无证驾驶行为,但是并非都代表驾驶人丧失了相应的驾驶能力。因此,笔者认为,刑法中无证驾驶就只能是指驾驶人员不具备相应的驾驶能力,即包括未取得相应的驾驶能力和丧失驾驶能力。未取得相应的驾驶能力包括:没有驾驶证;未经考试或不符合驾驶条件而非法取得驾驶证;驾驶车辆与准驾车型不符;持军队、武装警察部队驾驶证驾驶民用机动车;持境外机动车驾驶证在中国驾驶机动车。丧失驾驶能力包括:驾驶证已超过有效期;驾驶证被注销、吊销。在上述场合下,驾驶者当然不具备合格的驾驶能力。因此,这些情形是刑法中的无证驾驶行为,即可以认定为醉驾犯罪的从重处罚情节。综上所述,在认定刑法中的醉驾犯罪的从重处罚(理)情节时,不能够直接采用《道路交通安全法》中对无证驾驶的认定,而是应当在结合行政法对无证驾驶认定的基础上,结合刑法及量刑情节的特点,综合判断驾驶人是否具备相应的驾驶能力,无证驾驶行为是否会增加醉驾行为的社会危害程度。

(二)无证驾驶的性质

在司法实践中,对无证醉驾案件的处理存在诸多争议:无证驾驶行为与醉驾行为是否属于"同一行为"?无证驾驶行为是否应纳入刑法的评价范围?就上述问题而言,在司法实务中有不同的观点。第一种观点认为,行为人的无证驾驶行为与醉酒驾驶机动车的行为均基于同一个驾驶行为,不应进行区分。这两种行为往往相伴而生,是同一种行为的两种表现形式,在客观上属于"同一行为",即属于醉酒驾驶犯罪事实的一部分。第二种观点认为,尽管无证驾驶行为与醉酒驾驶机动车的行为往往相伴而生,二者在发生的时间和空间上出现重合,但是,二者是可以也是能够区分的,无证驾驶行为与醉酒驾驶机动车的行为应属于两种不同的行为。[①]上述不同观点涉及无证驾驶行为的性质问题。

1. 无证驾驶是附随行政违法行为

虽然无证驾驶行为与醉酒驾驶机动车的行为相伴而生,但是,二者在刑法中的地位和价值并不相同,因此不能进行同等评价。

一方面,无证驾驶行为是一种非构成要件行为。无证驾驶行为的存否不影响醉驾犯罪的成立,醉驾行为本身就可以构成危险驾驶罪。根据《刑法》第133条之一的规定,在道路上驾驶机动车,有下列情形之一的,构成危险驾驶罪:追逐竞驶,情节恶劣的;醉酒驾驶机动车的;从事校车业务或者旅客运输,严重超过额定乘员载客,或者严重超过规定时速行驶的;违反危险化学品安全管理规定运输危险化学品,危及公共安全的。换言之,只有上述四类行为才是《刑法》规定的危险驾驶罪客观方面的行为。同时,就如何认定醉驾行为而言,《2013年醉驾意见》第1条明确规定:在道路上驾驶机动车,血液酒精含量达到80毫克/100毫升以上的,属于醉酒驾驶机动车,依照《刑法》第133条之一第1款的规定,以危险驾驶罪定罪处罚。《2023年醉驾意见》第4条第1款规定:"在道路上驾驶机动车,经呼气酒精含量检测,显示血液酒精含量达到80毫克/100毫升以上的,公安机关应当依照刑事诉讼法和本意见的规定决定是否立案。对情节显

① 参见韩锋、王星光、杨柳:《危险驾驶罪中无证驾驶等非犯罪构成要件行为的评价——江苏无锡中院裁定将某某危险驾驶案》,载《人民法院报》2018年7月12日,第6版。

著轻微、危害不大，不认为是犯罪的，不予立案。”这就意味着，在道路上驾驶机动车，只要血液中的酒精含量达到 80 毫克/100 毫升以上的，就有被独立评价为构成危险驾驶罪的可能性；而无证驾驶行为仅是被《道路交通安全法》规定为违反行政法规的行为，其并未被《刑法》明文规定为危险驾驶罪的客观方面的行为。实际上，无行为则无犯罪，亦没有刑罚，即一个行为如果不符合刑法上行为的定义，则不会构成犯罪，从而不会产生刑事责任及刑罚。由此可见，行为在刑法中具有重要的地位。刑法上的行为，是指基于人的意志实施的客观上侵害法益的身体活动。[①] 具体而言，行为概念应当具备如下三种功能：(1)行为概念具有界限功能，即没有行为便没有犯罪。任何举动，只要其不是行为，便在刑法规制的范围之外。(2)行为概念具有定义功能。并不是所有的行为都构成犯罪。只有符合构成要件、侵犯刑法所保护的社会关系或者合法权益的行为才构成犯罪。(3)行为概念具有分类功能，如就刑法规定的具体犯罪类型而言，都以行为为其构成要素。行为不同，构成要件亦不同，从而犯罪类型也不同。[②] 醉酒驾驶机动车的行为是基于驾驶人的意志实施的客观上侵害危险驾驶罪的保护法益的身体活动，其是危险驾驶罪客观方面的表现之一，即属于危险驾驶罪行为的范畴。而无证驾驶行为是违反《道路交通安全法》的行为，其并不是危险驾驶罪的构成要件行为，因此，无证驾驶行为并不是刑法意义上的行为。

另一方面，虽然无证驾驶行为与醉驾行为都以驾驶行为为基础，但是，不能将二者认定为同一违法行为。因为无证驾驶行为是一种行政违法行为，而醉酒驾驶机动车行为则是一种刑事违法行为，二者在质和量上具有明显的差异。在质上的差异主要表现在，无证驾驶行为是违反行政法的违法行为，醉驾型危险驾驶行为是违反刑法的犯罪行为。对违反刑法的犯罪行为科处刑罚，意味着对侵犯刑法所保护法益的犯罪行为强烈的否定性和谴责性评价。在道路上醉酒驾驶机动车的行为侵犯公共交通安全，根据《刑法》第 133 条之一规定，对其处拘役，并处罚金。而行政法

---

① 参见张明楷：《刑法学》(第 4 版)，法律出版社 2011 年版，第 145 页。

② 参见张明楷：《刑法学》(上)(第 5 版)，法律出版社 2016 年版，第 140 页。

规则重视对公共利益的保护,对违反行政法规的违法行为科处的是行政处罚。对于无证驾驶行为,公安交通管理部门可以根据《道路交通安全法》第 99 条的规定,处 200 元以上 2000 元以下罚款,可以并处 15 日以下拘留。在量上的差异主要表现在,无证驾驶行为与醉酒驾驶机动车行为虽然都具有社会危害性,但是,二者的社会危害性具有明显的差距,即二者对法益的侵犯程度有所不同。就行政违法行为而言,强调的是行为对行政管理秩序的违反性,即只要行为违反了有关行政管理法规,就可以推定具有社会秩序的破坏性。而就犯罪行为而言,注重的是行为本身对社会秩序的实质性破坏及其破坏的程度,[①]若行为没有达到刑法上法益侵害的"量",则不成立犯罪。近年来,酒后驾驶机动车是造成交通事故的重要原因之一。许多驾驶人员醉酒后驾驶机动车导致发生了交通事故,从而严重威胁人民群众的生命安全和财产安全。对此,仅通过 2007 年《道路交通安全法》难以对醉酒驾驶机动车的行为进行有效的规制,因此,《刑法修正案(八)》将醉酒驾驶机动车的行为纳入刑法的处罚范围。而无证驾驶行为对法益侵害的程度则明显低于醉酒驾驶机动车的行为,其行为的社会危害性并未达到构成犯罪的程度。

综上所述,在刑法中,无证驾驶行为与醉酒驾驶机动车行为的地位并不相同,不能对二者进行同等评价。醉驾行为是危险驾驶罪的构成要件行为,而无证驾驶行为则是非犯罪构成要件行为。当无证驾驶行为与醉驾行为同时发生时,可以将醉驾行为与无证驾驶行为分别定义为主行为与附随行政违法行为,二者之间存在附随处置的可能性。对此,可以从无证驾驶行为所具有的特征进行分析:第一,无证驾驶行为与醉驾行为都是驾驶行为,二者同时发生,即二者在发生的时间和空间上具有高度的重合性与伴随性。第二,无证驾驶行为也具有一定的社会危害性,但尚未达到构成危险驾驶罪所需要的程度。第三,无证驾驶行为违反《道路交通安全法》即该行为具有行政违法性,是一种行政违法行为,换言之,无证驾驶行为是醉驾型危险驾驶罪的一种附随行政违法行为。

---

① 参见孙国祥:《行政犯违法性判断的从属性和独立性研究》,载《法学家》2017 年第 1 期。

2. 无证驾驶是量刑情节

根据《刑法》和《2023 年醉驾意见》的规定，醉驾型危险驾驶罪的定罪情节是血液中的酒精含量达到 80 毫克/100 毫升以上，未取得驾驶证驾驶机动车行为则是醉驾犯罪的从重处理事由之一，即未取得驾驶证驾驶机动车行为是醉驾犯罪的量刑情节。将无证驾驶机动车的行为规定为醉驾型危险驾驶罪的量刑情节，其必要性有如下所述的两个方面。

一方面，1997 年《刑法》第 5 条规定："刑罚的轻重，应当与犯罪分子所犯罪行和承担的刑事责任相适应。"这就是我国《刑法》所规定的罪责刑相适应原则。该原则的含义是：在分析罪轻罪重和刑事责任大小时，不仅要看犯罪的客观社会危害性，还需要综合考虑行为人的主观恶性和人身危险性，根据罪行和罪犯的各方面因素综合体现的社会危害性程度和人身危险性程度，从而确定其刑事责任程度，适用相应轻重的刑罚。[①] 由此可见，罪责刑相适应原则对量刑具有重要的指导意义。无证驾驶行为与醉酒驾驶机动车行为发生在同一场合，二者是无法完全割裂开来的。无证驾驶行为增加了醉酒驾驶机动车行为的危险性，增加了醉驾行为的社会危害性程度，从而会影响驾驶人承担的刑事责任和刑罚的轻重。同时，刑法的功能是惩罚犯罪和预防犯罪，将无证驾驶行为规定为危险驾驶罪从重处罚的量刑情节，增加行为人的刑事责任程度，有利于更好地对行为人无证醉驾的行为进行规制和惩罚。并且，对无证醉驾行为进行威慑，有利于更好地发挥刑罚的一般预防和特殊预防功能。因此，应当将无证驾驶行为在危险驾驶罪的量刑中予以评价。

另一方面，醉驾型危险驾驶罪是抽象危险犯。这意味着在道路上醉驾的，具有侵犯不特定多数人的生命、健康和重大公私财产安全的危险。《刑法》之所以将醉驾入刑，是由于考虑到醉驾行为所蕴含的抽象的风险一旦变为现实，便会造成严重后果，并且，此种抽象危险行为造成严重后果的现实可能性较大。根据《刑法》第 61 条的规定，量刑情节，是指法律规定的、定罪事实以外的，与犯罪行为或犯罪人相关的，体现行为社会危害性和行为人人身危险性的程度，因而在决定处刑从宽、从严或者免除处

---

① 参见高铭暄、马克昌主编：《刑法学》（第 7 版），北京大学出版社 2014 年版，第 28 页。

罚时必须予以考虑的各种具体事实情况。[①] 由此可见,量刑情节可能会增加醉酒驾驶机动车行为的抽象危险转化为严重后果的现实可能性。无证驾驶行为作为醉驾型危险驾驶罪的非犯罪构成要件情节,与醉酒驾驶机动车行为伴随发生。该行为会提升醉酒驾驶机动车的场合驾驶车辆的危险系数,从而加大了由此可能产生的危害后果的程度,即无证驾驶行为会加剧抽象危险行为转换为严重后果的现实可能性。因此,应当将无证驾驶行为作为量刑情节进行考量。

三、无证醉驾犯罪的处理现状

在司法实践中,就醉驾案件的处理而言,存在这样的情形,即对醉酒驾驶机动车的行为构成醉驾型危险驾驶罪并无争议,但是,对于无证驾驶行为的处理方式并不相同。对此,主要有以下三种观点:第一种观点认为,只能将无证驾驶行为作为量刑情节予以考量。其理由是,无证驾驶行为与醉酒驾驶机动车的行为系同一个行为(驾驶行为)的两种表现形式,因此对二者不应进行区分。第二种观点认为,对无证驾驶行为应当单独地进行行政处罚。其理由是,虽然无证驾驶行为与醉酒驾驶机动车的行为往往相伴而生,但是,二者之间是可以进行区分的,并且,无证驾驶行为是违反《道路交通安全法》的行政违法行为。因此,应当对无证驾驶行为单独进行行政处罚。第三种观点认为,对无证驾驶行为既可以单独予以行政处罚,也可以在醉驾型危险驾驶罪中作为量刑情节一并进行考量与处理。但是,无论采取什么处理方式,均应坚持禁止重复评价原则。[②] 由此可见,司法实务界对于无证醉驾案件并未形成统一的处理意见。

目前,无证醉驾案件的处理面临诸多问题:对无证驾驶行为该由公安机关还是由法院进行处理?在醉驾行为涉嫌构成醉驾型危险驾驶罪时,对于未受行政处罚的无证驾驶行为,法院是否应将其纳入刑事评价范围并进行相应的处理?对于已受行政处罚的无证驾驶行为,法院是否应当

---

① 参见陈兴良:《刑事司法研究》,中国人民大学出版社 2008 年版,第 91 页。

② 参见韩锋、王星光、杨柳:《危险驾驶罪中非犯罪构成行为的刑罚评价》,载《人民司法》2018 年第 29 期。

对其再次进行评价？若法院将其纳入刑事评价范围，那么，对已执行的行政处罚应该如何处理？如果醉驾行为被检察院作出不起诉决定或者法院作出无罪认定，那么，对无证驾驶行为该如何认定与处罚？上述问题既涉及公安机关的处理程序，也涉及法院的处理程序。

（一）公安机关的处理现状

无证驾驶行为与醉酒驾驶机动车行为往往是由公安机关交通管理部门首次发现的。无证驾驶行为违反《道路交通安全法》，构成行政违法；醉酒驾驶机动车的行为可能构成《刑法》第 133 条之一规定的危险驾驶罪。对于这种行刑交叉案件，公安机关是应当直接移送司法机关处理，还是可以先决定并执行行政处罚后再移送司法机关处理？司法实践中，公安机关发现无证醉驾案件后存在两种不同的处理方式：第一种处理方式是，公安机关只要发现醉酒驾驶机动车行为涉嫌构成危险驾驶罪，就直接将案件移送司法机关进行处理，对无证驾驶行为与醉酒驾驶机动车行为都不作任何处置。第二种处理方式是，公安机关对发现的涉嫌犯罪的无证醉酒驾驶机动车的行为作出行政处罚决定并执行后再移送至司法机关。[1]

1. 一律交由司法机关处理

一律交由司法机关处理所依据的逻辑是，公安机关交通管理部门发现驾驶人醉酒驾驶机动车的行为伴随无证驾驶行为，即在行政处罚与刑事处罚出现并存的情况下，依据刑事优先原则，不适用公安机关的行政处罚。公安机关对涉嫌违反《道路交通安全法》的无证驾驶行为不应做任何处置，而应将无证驾驶行为与醉酒驾驶机动车行为一并移送司法机关，由法院按照刑事诉讼程序作出判决，解决行为人的刑事责任问题。这里的刑事优先原则，是指当一个案件同时涉及刑事问题和行政问题时，原则上应当进行刑事归责，然后再追究其行政责任。[2] 换言之，行政违法行为一旦涉嫌犯罪，公安机关应当将案件移送进入刑事程序，即刑事程序优先于

---

① 参见谢治东：《行政执法与刑事司法衔接机制中若干问题理论探究》，载《浙江社会科学》2011 年第 4 期。

② 参见周兆进：《行政处罚与刑事处罚的衔接问题研究》，载《中国人民公安大学学报（社会科学版）》2017 年第 4 期。

行政程序。

该种处理方式的合理性在于:第一,刑事违法性重于行政违法性。因此,应当优先审查刑事违法性。醉驾行为可能威胁不特定多数人的生命、健康安全,而无证驾驶行为则对道路交通秩序产生威胁,无证驾驶行为的行政违法性远低于醉酒驾驶机动车行为的刑事违法性。因此,应当优先审查刑事违法性。第二,刑事责任比行政责任更为严厉。根据罪责刑相适应原则,犯多大的罪,承担多大的刑事责任,判处相应轻重的刑罚。刑事责任是决定是否适用刑罚以及适用何种刑罚的标准。刑法规定的刑罚方法全面且严厉,包括主刑也包括附加刑,其中主刑既包括不剥夺犯罪分子人身自由的管制,也包括剥夺犯罪人生命的死刑,而行政处罚并不涉及剥夺违法人的重大权益尤其是生命的问题。因此,刑事责任应当优先于行政责任而得以认定。第三,行政追责不是刑事追责的必经程序;行政机关先作出行政处罚,并不是司法机关审理犯罪案件的必经程序。司法机关认定的犯罪事实和审查的证据对行政机关具有当然的效力,而行政处罚的事实和证据依据对司法机关则并不具有当然的效力,还需经司法机关重新进行调查、核实和认定。也就是说,刑事证据对行政机关具有当然的效力,但是,行政证据对司法机关不具有当然的效力。① 基于刑事程序的严密性、刑事处罚的严厉性等特点,刑事证据的收集、调取及审查也严于其他违法行为证据的收集、调取与审查。2018 年修改的《刑事诉讼法》第 54 条第 1 款明确规定,只有公安机关、检察机关和法院才有收集、调取刑事证据的权力。但行政证据是依据行政法律、法规由行政执法人员收集的,不符合刑事证据的程序合法、主体合格要求,因此,行政证据对司法机关并不具有当然的效力。2018 年修改的《刑事诉讼法》第 54 条第 2 款规定:“行政机关在行政执法和查办案件过程中收集的物证、书证、视听资料、电子数据等证据材料,在刑事诉讼中可以作为证据使用。”这实际上属于赋予客观性较强的行政证据以刑事证据的效力。

但是,上述排除行政机关行政处罚权的处理方式存在不合理之处:第一,《行政诉讼法》第 66 条规定,认为有犯罪行为的,应当将有关材料移送

---

① 参见刘艳红、周佑勇:《行政刑法的一般理论》,北京大学出版社 2008 年版,第 162 页。

公安、检察机关。《行政处罚法》第 8 条第 2 款规定，违法行为构成犯罪，应当依法追究刑事责任的，不得以行政处罚代替刑事处罚。第 27 条规定，违法行为涉嫌构成犯罪的，行政机关应当及时将案件移送司法机关，依法追究刑事责任。上述规定表明，在违法行为构成犯罪时，行政机关应当移送司法机关，从而及时追究犯罪行为的刑事责任。上述法条均强调，违法行为构成犯罪，行政机关必须将案件移送司法机关，依法追究刑事责任，不得以行政处罚代替刑事处罚。法条表述的"应当"并不等于"优先"，这表明上述规定强调的并不是"优先追究刑事责任"，追究刑事责任是刑法与行政法衔接的目的，而不是优先追究刑事责任。[①] 显然，无论是从《行政处罚法》还是《行政诉讼法》中的相关规定来看，是无法得出"针对同一违法行为"，刑事责任的追究优先于行政责任的追究，其规定的核心内容是涉嫌犯罪的，必须要追究刑事责任，不能以罚代刑，至于是不是先追究刑事责任然后再追究行政责任，从条文上是无法推导出来的。因此，刑事优先原则所依据的法律规范并不明确，其不符合行政执法与刑事司法衔接的目的。第二，完全排除行政机关的行政处罚权，在司法实践中也难以实现。公安机关的行政处罚权不能被刑事处罚权吸收，并且公安机关也不可能将行政案件作为相关刑事案件的附随完全转入刑事程序。[②] 比如，无证与醉酒同时体现在驾驶行为中，已经公安机关行政处罚的行为在事实上与刑事违法行为有牵连性，甚至是同时存在的，在这种情况下，无论在案件审理过程中还是作出刑事判决时，都无法也不应将此类行为割裂出去。第三，完全排除行政机关的行政处罚权不符合刑法谦抑性的要求。刑法的适用范围最为广泛，涉及社会中的一切主体利益的维护，但是，出于刑法本身所带有的严厉性特征，要求刑法保持谦抑性。刑法具有保障法和事后法的特征，即在处理社会关系时，优先考虑行政手段。当行政手段在惩罚和预防不法行为失效的前提下，行政手段不足以调整时，再

① 参见顾向一、曹婷：《"两法"衔接：从刑事优先原则到同步协调原则》，载《西部法学评论》2018 年第 1 期。

② 参见张楠、李美荣、傅淑均：《危险驾驶罪案件中刑事处罚与行政处罚对接问题研究》，载《山西警察学院学报》2020 年第 3 期。

以刑罚作为保障。如果一种行为可以通过非刑罚方式解决,则无须采用刑罚手段,应当将其作为前置手段予以适用,以利于实现社会治理的最大化。一旦刑法过早介入,就不可避免地有刑法肆意扩张的可能性。在无证醉驾的情况下,无证驾驶行为的行政处罚行为和醉驾行为的刑事违法行为在实践中同时存在,二者都同时体现在驾驶行为中,即具有牵连性。在这种情况下,无论在案件审理过程中还是在作出刑事判决时,都无法也不应排斥公安机关的行政处罚。

2. 公安机关处理后移交司法机关

公安机关处理后移交司法机关的处理方式所依据的逻辑是,对于无证醉酒驾驶机动车的行为,公安机关依据行政优先原则,对发现的涉嫌犯罪的无证醉酒驾驶机动车的行为作出行政处罚决定并执行后再移送至司法机关。这里的行政优先原则,是指行政机关先对行为人的行政违法行为予以认定并给予相应的行政处罚,再移送司法机关进入刑事诉讼程序进行处理。据此,在无证醉驾案件中,公安机关依据《道路交通安全法》先对无证驾驶行为作出行政处罚,待行政处罚执行完毕后,再将涉嫌危险驾驶罪的无证醉酒驾驶机动车行为移送司法机关,追究相应的刑事责任。

公安机关处理后移交司法机关的处理方式所依据的具体理由是:第一,行政法高效便民原则的要求。行政效率原则,是指行政机关在行使其职能时,要力争以尽可能快的时间,尽可能少的人员,尽可能低的经济耗费,办尽可能多的事,取得尽可能大的社会、经济效率,①即在行政管理中要优先保障效率。就司法权的行使而言,首要保障的是公正,因此,为保障司法公正,司法机关在司法程序和实体审查阶段都更为严苛且耗时更久。例如,基于刑罚的严厉性,在对犯罪事实进行认定时,要达到排除一切合理怀疑的程度,而行政责任的实现却不以行政违法证据形成完整证据链条为必要。换言之,对刑事证据的审查更为严苛,因此,在刑事诉讼程序中必然不能优先保障效率。就在道路上无证醉驾行为而言,往往是

---

① 参见姜明安主编:《行政法与行政诉讼法》,北京大学出版社、高等教育出版社 1999 年版,第 52 页。

由公安机关交通管理部门先发现的。交管部门在对醉驾型危险驾驶罪进行现场查处时，在证据收集固定完毕后，可及时对驾驶人作出吊销机动车驾驶证的行政处罚，而无须等待法院作出构成醉驾型危险驾驶罪的判决。否则，就会造成行政处罚程序的拖延，不利于实现行政管理效率优先的目标。第二，对行为人先行作出行政处罚决定，有利于防止再犯，降低再犯的可能性。我国现行刑法对行政犯罪的法定刑没有配置暂扣或者吊销驾驶证之类的资格刑，且《刑事诉讼法》第 67 条规定，对符合条件的犯罪嫌疑人、被告人，人民法院、人民检察院和公安机关对其可以采取取保候审的强制措施。也就是说，对醉驾的犯罪嫌疑人、被告人，在符合条件情况下，可以予以取保候审。那么，在将醉驾案件移送司法机关审查追究刑事责任之前，对驾驶人作出吊销或者暂扣机动车驾驶证的行政处罚，采取暂扣机动车的行政强制措施等，能够有效地避免在对危险驾驶罪进行刑事司法审查的过程中，无证醉驾的行为人在被取保候审期间再次实施相关违法犯罪行为，从而有效防止再犯。第三，对于行刑交叉案件，其中行政违法行为发生的领域往往在行政管理活动的范围内，并且行政法规范性文件数量繁多、内容庞杂、专业技术性强。因此，对行政违法行为进行审查所涉及的证据，不仅需要在证据收集和审查时依靠行政执法人员的专业知识和专业技术，而且还需要行政执法人员丰富的行政执法实务经验。[①] 行政专业问题应在行政程序中由行政机关运用其专门知识和技能先行解决，这样就可以为刑事司法程序的顺利启动和正常运行提供充分的事实依据和有力的专业知识支持。如果一律否定行政证据的效力，而将行政违法行为与刑事违法行为一并移交刑事司法人员收集证据与审查，则一方面可能导致取证时机的丧失，极易造成证据损毁或人为的破坏，增加取证的困难，从而不利于司法机关迅速、正确地作出判断与处罚；另一方面，就公安机关对证据的重新收集而言，其实质内容是相同的，更多的只是一种程序转换，而这种程序上的重复只是对诉讼资源毫无意义的浪费，并且增加了讼累。

但是，先进行行政处罚后进行刑事审查的处理方式也存在一些问题：

---

① 参见田宏杰：《行政优于刑事：行刑衔接的机制构建》，载《人民司法》2010 年第 1 期。

一方面,《宪法》规定:人民法院、人民检察院依照法律规定独立行使审判权、检察权,不受行政机关、社会团体和个人的干涉。这意味着司法机关依法独立行使司法权。而在行刑交叉案件中,作出行政处罚决定并执行完毕后再向司法机关移送刑事案件的处理方式,实际上是将行政处罚的决定与执行作为司法程序开始的前提条件。这可能会使行政执法权侵蚀原本应由刑事司法机关独享的刑事司法权,从而可能会产生行政执法权与刑事司法权对抗的后果。[①] 另一方面,根据《行政执法机关移送涉嫌犯罪案件的规定》(以下简称《移送犯罪案件规定》)、《行政诉讼法》及《行政处罚法》的相关规定,行政机关在处理行政不法案件时,发现违法行为涉嫌构成犯罪的,应当及时将构成犯罪的案件移送司法机关,依法追究刑事责任,而不得拖延将案件移送司法机关,更不得以行政处罚代替刑事处罚。对无证醉驾案件先由公安机关交通管理部门作出行政处罚决定后才可移送司法机关进行刑事审查,可能出现移送不及时或者不移送的情况,从而影响对无证醉驾行为的刑事审查。

(二)法院实体处理的现状

法院在对无证醉驾行为进行审查时,面临以下三个需要解决的问题:第一,若无证驾驶行为未受行政处罚,那么,法院是否需要对该行为进行评价?第二,若无证驾驶行为已受行政处罚,那么,法院对作为非构成要件的无证驾驶行为应当如何进行评价?第三,若将无证驾驶行为作为醉驾型危险驾驶罪的量刑情节进行考虑,那么,对已经执行的行政处罚行为该如何评价?以上问题涉及法院对未受行政处罚的无证驾驶行为的评价和法院对已受行政处罚的无证驾驶行为的评价。

1. 无证驾驶行为未受行政处罚

在审判无证醉驾案件时,若无证驾驶行为未受行政处罚,法院有两种处理方式:一是法院将无证驾驶行为与醉驾行为一并进行处理。例如,2020 年 9 月 6 日,邓某某在驾驶证被吊销期间醉酒驾驶汽车,被交警查获。经检验,其血液中乙醇含量为 172.14 毫克/100 毫升。广东省东莞市

① 参见阮方民:《徇私舞弊不移交刑事案件罪的若干司法与立法问题》,载《法学》2002 年第 2 期。

中级人民法院认为，邓某某的行为构成危险驾驶罪。同时邓某某在被吊销驾驶证后无证、醉酒驾驶机动车，依法应当对其从重处罚。[①] 在该案件中，被告人的无证驾驶行为并未受行政处罚，法院将无证驾驶行为与醉酒驾驶机动车的行为一并进行处理，即把无证驾驶行为当作醉驾型危险驾驶罪的量刑情节进行考量。采取该种处理方式所依据的理由是：第一，根据《2023 年醉驾意见》第 10 条第 3 项的规定，无证驾驶行为是醉驾型危险驾驶罪的从重处罚情节，作为从重处罚情节予以考虑的无证驾驶行为不以是否受到行政处罚为前提。虽然无证驾驶行为未受行政处罚，但是，该行为会对醉驾行为的社会危害性产生影响，这符合醉驾型危险驾驶罪从重处罚情节的要求。因此，法院在审判时对未受行政处罚的无证驾驶行为统一进行考量与处理，有利于全面分析无证醉驾型危险驾驶罪的社会危害性，从而作出准确的判决。第二，对于未受行政处罚的无证驾驶行为，若法院不进行统一的处理，而是将无证驾驶行为移交公安机关处理，可能会导致程序回流，从而浪费司法资源，降低司法效率。若法院在刑事诉讼程序结束后再移交公安机关对该无证驾驶行为进行处理，则可能会导致处理不及时，从而放纵违法行为，不能发挥威慑违法行为的作用。

二是无证驾驶行为触犯《道路交通安全法》，即属于行政违法行为，法院对此不应当予以处理。例如，2018 年 5 月 25 日，刘某酒后驾驶两轮燃油助力摩托车被警方查获，其在案发时并未取得机动车驾驶证。同时，经鉴定，刘某血液中的酒精含量为 86.7 毫克/100 毫升。江西省安吉县人民法院认为刘某的行为构成危险驾驶罪，判处拘役 1 个月，缓刑 2 个月，并处罚金 1 万元。对于无证驾驶行为，公安机关并未予以相应的行政处罚，同时法院对该无证驾驶行为也未作出处理，即法院并未将未受行政处罚的无证驾驶行为作为量刑情节予以考量。[②] 这种处理方式所依据的理由是：一方面，违反行政法规的无证驾驶行为与受刑事处罚的醉酒驾驶机动车行为不属于同一行为。二者在发生的时间和空间上可能发生重合，但是，无证驾驶行为只是醉酒驾驶机动车行为的伴随情节，在道路上醉酒驾

① 参见广东省东莞市中级人民法院刑事裁定书，(2021)粤 19 刑终 5 号。

② 参见江西省安吉县人民法院刑事判决书，(2019)赣 0821 刑初 123 号。

驶机动车的行为本身就可单独构成危险驾驶罪。另一方面，无证驾驶行为是违反行政法规的行政违法行为，因此，应当由行政机关进行处理。同时，由于该行为并未违反《刑法》，即无证驾驶行为不在刑法的处罚范围之内，因此不应由法院进行处理。

2. 无证驾驶行为已受行政处罚

在司法实践中，就法院对于已受行政处罚的无证驾驶行为的处理现状而言，有两种处理方式：第一，法院将无证驾驶行为作为醉驾型危险驾驶罪的量刑情节进行考量，并将已受的行政处罚折抵刑期。第二，法院对已受行政处罚的无证驾驶行为不予评价，即不将无证驾驶行为作为醉驾型危险驾驶罪的量刑情节进行考量，因而不需要在刑期中进行折抵。对于上述两种处理方式，在此不妨以两个案例为切入点进行分析：

案例一：2017 年 8 月 12 日，被告人江某某酒后无证驾驶未检验的普通二轮摩托车。经鉴定，其血液内酒精含量为 152 毫克/100 毫升。2017 年 8 月 13 日，被告人江某某因无证驾驶机动车被宜兴市公安局行政拘留 15 日。一审法院审理后认定，江某某构成危险驾驶罪，判处其拘役 1 个月 15 日，并处罚金 2000 元。一审法院宣判后，检察院提出抗诉，其抗诉理由为：第一，江某某的无证驾驶行为与醉酒驾驶机动车行为均是同一驾驶行为。对其无证驾驶行为既进行行政处罚，又进行刑事处罚，违反一事不二罚原则。第二，因江某某无证驾驶行为已受行政处罚，应当在刑期内予以折抵。二审法院经审理认为，一审法院在判决说理部分并未将江某某无证驾驶行为认定为从重处罚情节，量刑时也并未考虑该情节。因此，原审法院未将江某某行政拘留期限折抵刑期的做法并无不当，故裁定驳回抗诉，维持原判。①

案例二：被告人徐某某在未取得机动车驾驶证情况下于 2013 年 8 月 31 日酒后驾驶二轮摩托车。经鉴定，徐某某血液中酒精含量为 138 毫克/100 毫升。2013 年 8 月 31 日，徐某某因无证驾驶机动车被行政拘留 20 日。一审法院认定被告人徐某某的行为构成危险驾驶罪，判处其拘役 3 个月，并处罚金 2000 元。一审宣判后，检察院提起抗诉，其抗诉理由是：

---

① 参见江苏省无锡市中级人民法院刑事裁定书，(2017) 苏 02 刑终 356 号。

徐某某无证驾驶行为不属于危险驾驶罪的构成要素，因此，无证驾驶行为与受刑事处罚的醉酒驾驶机动车的犯罪行为不属于“同一行为”，故徐某某被先行行政拘留的20日不应折抵刑期。二审法院认为，原审法院对徐某某量刑时已将其无证驾驶机动车行为作为无证驾驶罪的量刑情节予以考虑，将基于上述行为所处的行政拘留期限折抵危险驾驶罪的刑期并无不当，故对上述意见不予采纳，裁定驳回抗诉，维持原判。[①]

上述两个案件的争议焦点在于，第一，在刑事审判中，对无证驾驶行为如何评价？是否可以对无证驾驶行为既予以行政处罚又在进行刑事处罚时予以考量？第二，对行为人因无证驾驶行为已受的行政处罚，能否折抵刑期？因此，我们可以依据将无证驾驶行为不作为量刑情节与作为量刑情节两种处理方式进行分析。

（1）将无证驾驶行为不作为量刑情节加以考量。

有观点认为，禁止重复评价原则，是指在定罪量刑时，只能对同一犯罪构成事实予以一次法律评价。该原则适用于法律评价的全流域，应当延伸至刑事处罚全过程。[②] 换言之，无论对该行为进行评价是否依据同一部门法，均应遵守禁止重复评价原则。因此，若行为人的行为已经受到否定性评价，则在后续的评价过程中不能再将该行为作为处罚情节予以考量。在案例一中，检察院的抗诉理由与该观点相同，即认为不可对江某某无证驾驶行为既进行行政处罚，又在进行刑事处罚时予以考量。换言之，行为人的无证驾驶行为已经受到《道路交通安全法》给予的单独的否定性评价。因此，在后续的刑事评价中不应当对该情节予以体现。但是，一方面，“重复”不等于“重新”，在行政处罚被撤销或折抵的情况下作出的刑事处理是重新评价，而不是重复评价。[③] 另一方面，由上文对无证驾驶行为性质的分析可知，无证驾驶行为与醉酒驾驶行为具有极强的牵连性，有时会同时发生在同一个驾驶行为中。在刑事审判中，不能也无法将二者

---

① 参见北京市第三中级人民法院刑事判决书，(2013)三中刑终字第105号。

② 参见韩锋、王星光、杨柳：《危险驾驶罪案件中非构成要件行为的刑罚评价》，载《人民司法》2018年第29期。

③ 参见刘红新、陈薇薇：《已受行政处罚行为入罪情形与具体把握》，载《检察日报》2021年4月1日，第3版。

完全割裂，而应当将二者同时予以考虑，由此才能够正确地判断行为的社会危害性。因此，笔者认为，认为无证驾驶行为已受行政处罚则不可再作为量刑情节予以考量的观点是错误的。

(2)将无证驾驶行为作为量刑情节加以考量。

依据《2023 年醉驾意见》第 10 条第 3 项的规定，无证驾驶行为可以作为醉驾型危险驾驶罪的从重处罚情节予以考量。在刑事审判中，无证驾驶行为作为醉驾型危险驾驶罪的从重处罚情节予以考量，会加重行为人所受的刑罚。但是，若其在刑事审判前已受行政处罚，那么是否应当在刑事处罚中折抵相应的刑期？根据《行政处罚法》第 35 条第 1 款的规定，违法行为构成犯罪，人民法院判处拘役或者有期徒刑时，行政机关已经给予当事人行政拘留的，应当依法折抵相应刑期，即当事人的行为以前受行政拘留处分，随后该行为又作为犯罪事实的全部或者一部分加以认定的，其行政拘留的日期即应予折抵刑期。在案例一中，一审法院在判决说理部分并未将江某某无证驾驶行为认定为从重处罚情节，量刑时也并未考虑该情节。因此，原审法院未将江某某行政拘留期限折抵刑期的做法并无不当。在案例二中，原审法院在量刑时，已将其无证驾驶机动车行为作为危险驾驶罪的量刑情节予以考虑，因而，将基于上述行为所处的行政拘留的期限折抵危险驾驶罪的刑期，并无不当。由此可见，若法院将无证驾驶行为作为量刑情节予以考量，则该情节会加重法院对行为人的刑事处罚。因此，应当将基于无证驾驶行为所处的行政处罚折抵对行为人所犯的危险驾驶罪的刑期。反之，若法院未将无证驾驶行为作为量刑情节予以考量，就意味着该行为不会影响到刑期，因而无须在刑罚中折抵刑期。

四、对无证醉驾行为处理程序的完善

通过前文的阐述可知，在司法实务中，公安机关及法院对无证醉驾行为的处理方式各不相同，各种处理方式都各有利弊。公安机关对无证醉驾行为的处理方式有两种，即一律交由法院处理和自己处理后再移交法院进行处理。就法院对于无证醉驾行为的处理方式而言，会根据无证驾驶行为是否受到行政处罚，以及无证驾驶行为是否被当作醉驾型危险驾驶罪的量刑情节来进行区分。处理程序的不统一会导致各地在处理相似案件时产生不同的处理方式及处罚结果,即会导致同罪不同罚现象的产生。因此,需要对无证醉驾行为处理程序进行探讨。

(一)公安机关处理程序的完善

1.公安机关应当处理其发现的无证驾驶行为

无证醉驾案件的刑事责任与行政责任是相互独立的,二者不可相互替代,既不可"以罚代刑",也不可"以刑代罚"。无证驾驶行为与醉酒驾驶机动车的行为都是违反《道路交通安全法》的行为,公安机关的交通管理部门都应当对其进行处理。对于驾驶人的无证驾驶行为,公安机关交通管理部门应依据《道路交通安全法》第 99 条第 1 款的规定,对行为人处 200 元以上 2000 元以下的罚款,可以并处 15 日以下拘留。对于驾驶人的醉酒驾驶机动车行为,公安机关交通管理部门可以先依据第 91 条第 2 款的规定追究驾驶人的行政责任,约束驾驶人至酒醒,吊销机动车驾驶证,5 年内不得重新取得机动车驾驶证。同时,对于对醉酒驾驶机动车犯罪事实清楚,证据确实、充分的,还需要按照刑事案件办理流程,依法追究其刑事责任。

由上述规定可知,公安机关应当处理其发现的无证醉驾行为。理由如下:第一,公安机关交通管理部门的职责要求。公安机关在交通管理领域实际上被赋予了处罚行政违法与追诉刑事犯罪两种不同属性的职权,具有程序上的选择主动权。因此,趋利避害的本能使得其在查处酒驾、醉驾类案件时,总会倾向于放弃行政程序,直接转向司法程序,以此避免成为行政诉讼的被告或复议被申请人,或者承担行政赔偿责任。[①] 但是,根据《道路交通安全法》第 87 条的规定,公安机关交通管理部门及其交通警察对道路交通安全违法行为应当及时纠正。公安机关交通管理部门及其交通警察应当依据事实和该法的有关规定对道路交通安全违法行为予以处罚。第 115 条规定,交通警察不履行法定职责的,依法给予行政处分。由此可知,若公安机关交通管理部门发现无证驾驶行为,其对该行为应当进行处理。若其对发现的无证驾驶行为不予以处理,而是一律移交法院

---

① 参见解志勇、雷雨薇:《基于"醉驾刑"的"行政罚"之正当性反思与重构》,载《比较法研究》2020 年第 6 期。

处理,这是一种逃避风险的行政不作为行为。该种处理方式不仅违背公安机关交通管理部门的职责要求,还会降低法院的工作效率。第二,行政责任与刑事责任相互独立,行政处罚与刑事处罚相互独立。行为人有违反行政法规的行为的,需要承担行政责任,行政机关对公民、法人或者其他组织给予必要的处罚。若违反刑法,则行为人需要承担刑事责任。无证驾驶行为是违反《道路交通安全法》的行为,其应当承担行政责任。无论法院是否认定醉驾行为构成危险驾驶罪,或是否认定无证驾驶行为系醉驾型危险驾驶罪的从重处罚情节,无证醉驾的行为人都应当承担相应的行政责任。若公安机关交通管理部门对无证醉驾行为不进行处理,即未对无证行为及醉驾行为采取吊销驾驶证、罚款、拘留等行政处罚措施,可能会导致在对危险驾驶案进行处理的过程中,已被取保候审的行为人再次实施相关违法犯罪行为,从而导致再犯行为的发生。第三,醉驾行为证据的固定具有即时性与专业性的特点。根据《交通警察道路执勤执法工作规范》附件一关于查处酒后驾驶操作规程的规定,交通警察使用酒精检测仪对有酒后驾驶嫌疑的机动车驾驶人进行检验。当事人涉嫌醉酒驾驶机动车、对检验结果有异议或者饮酒后驾驶车辆发生交通事故的,交通警察应当立即固定血液样本或者将当事人带至县级以上医院固定血液样本。酒精具有极易挥发的特点,并且,由于个人体质的不同,会导致不同人的身体对酒精吸收代谢能力有所不同。在驾驶人刚达到醉酒驾驶机动车标准的情况下,若公安机关交通管理部门不能及时固定并送检血液样本,可能会出现醉酒驾驶人在检测血液时基于酒精挥发或者个人身体特点等而导致检测数据失真的情况,从而可能会因血液中酒精浓度未达到醉酒标准而不认为此行为成立犯罪。由此可见,血液样本的固定及送检需要专业人员及时进行,即对醉驾行为证据的固定具有专业性与即时性的特点。

2. 公安机关应当及时移送无证醉驾行为

无证醉驾行为的处理涉及行政法与刑法的衔接问题,而行政法与刑法衔接的关键点在于案件的移送,即把涉嫌违法犯罪的案件从行政机关移送至侦查机关,公安机关则为最常见的侦查机关。① 在无证醉驾案件的处理中,公安机关作为行政机关,可以对驾驶人无证驾驶行为与醉酒驾驶机动车行为进行行政处罚。同时,公安机关作为侦查机关,可以自己判断无证醉驾行为是否涉嫌构成危险驾驶罪,并可以对涉嫌危险驾驶罪的案件直接进行刑事立案。基于公安机关的属性,看似不存在案件的移送问题,但是实践中出现许多"以罚代刑"的现象,即公安机关对涉嫌构成犯罪的案件并未及时移送进行刑事侦查。公安机关"有案不移,以罚代刑",会放纵犯罪,这既不利于发挥刑法威慑与惩罚犯罪的功能,又不利于保护法益。

因此,公安机关对涉嫌构成危险驾驶罪的无证醉驾行为,应当及时将其移送刑事侦查。其具体理由是:一方面,根据《移送犯罪案件规定》第 3 条、第 8 条、第 11 条第 1 款、第 16 条的规定,行政机关在处理行政违法案件时,发现违法行为涉嫌构成犯罪的,应当及时将案件移送司法机关,依法追究刑事责任,不得拖延将案件移送司法机关,更不得以行政处罚代替刑事处罚;公安机关应当在规定时限内对行政执法机关所移送的涉嫌犯罪的案件进行审查,认为有犯罪事实,需要追究刑事责任,依法决定立案的,应当书面通知移送案件的行政执法机关。② 行政机关违反规定,逾期不移送案件,构成犯罪的,依法追究刑事责任。由此可见,行政执法机关必须将涉嫌犯罪的案件移送司法机关。另一方面,根据各地关于处理醉驾案件的司法文件,例如,2019《浙江纪要》、2014 年 6 月 20 日山西省公安厅印发的《山西省公安机关办理醉酒驾驶机动车刑事案件程序规定》、2013 年 12 月 5 日江苏省高级人民法院、江苏省人民检察院、江苏省公安厅联合发布的《江苏纪要》,2012 年 6 月 7 日福建省公安厅印发的《福建省公安机关办理酒后驾驶车辆案件程序规定》等,公安机关交通管理部门在查处醉酒驾驶机动车的行为时,若经血液酒精含量检验鉴定,驾驶人的血液酒精含量达到醉酒标准的,公安机关交通管理部门应当填写受案登

① 参见程绍燕:《行刑衔接廓清——行刑衔接的内涵与外延》,载《河北公安警察职业学院学报》2011 年第 2 期。

② 参见张红:《行政处罚与刑罚处罚的双向衔接》,载《中国法律评论》2020 年第 5 期。

记表,并制作呈请立案报告书,报县级以上公安机关负责人批准,以涉嫌危险驾驶罪予以立案侦查,并制作立案决定书。当事人被查获后,为逃避法律追究,在呼气酒精测试或者提取血样前又饮酒或者在抽取血样前脱逃的,也应当认定为醉酒并立案侦查。公安机关对于移送的涉嫌犯罪的无证醉驾行为,应当及时进行审查,并在规定的期限内作出立案或者不予立案的决定。

(二)法院实体处理的完善

1. 公安机关对无证醉驾行为的处理不影响法院作出处理

由上文所述可知,公安机关对于违反《道路交通安全法》的醉驾行为以及无证驾驶行为应当进行处理,并及时移送涉嫌构成危险驾驶罪的无证醉驾行为。公安机关交通管理部门对无证醉驾行为的行政处罚决定并不影响法院对无证醉酒驾驶机动车行为是否构成危险驾驶罪的认定。其理由如下所述。

首先,审判权依法独立行使原则的要求。根据我国《宪法》第 131 条的规定,人民法院依照法律规定独立行使审判权,不受行政机关、社会团体和个人的干涉。人民法院作为审判机关,依法独立审理刑事案件,人民法院经审理,有权判决行为人是否承担刑事责任以及承担多大的刑事责任。司法机关审判权的行使不以行政机关行政权的行使为前提,行政权与审判权是相互独立的。公安机关交通管理部门在查获驾驶人无证驾驶行为与醉驾行为之后,其可以对驾驶人采取行政处罚措施,该处理是行政机关行使行政权的表现,但是,公安机关交通管理部门无权认定驾驶人是否应当承担刑事责任以及承担何种刑事责任。对于无证醉驾行为是否构成危险驾驶罪,以及判处何种刑罚,应当由人民法院通过审理加以确定,即对是否构成危险驾驶罪的裁判以及判处行为人何种刑罚是司法机关行使审判权的表现。

其次,罪刑法定原则的要求。行政违法行为与犯罪行为并不相同,二者之间泾渭分明。行政违法行为是违反行政法律法规的行为,其只具有一般的社会危害性,而犯罪行为则是违反刑法的行为,其行为具有严重的社会危害性。《刑法修正案(八)》将醉驾入刑,醉驾行为由此从单纯的行政违法行为转变为属于行政违法行为与犯罪行为的双重属性，即醉驾行为既违反《道路交通安全法》的规定，又违反《刑法》的规定。根据罪刑法定原则的要求，醉驾行为符合《刑法》规定的危险驾驶罪的构成要件，是《刑法》明文规定的犯罪行为。对于刑法明文规定的犯罪行为，司法机关必须依据事实和法律正确地认定。

最后，行政处罚与刑事处罚存在差异。二者的差异主要表现在处罚实施的主体不同、适用的法律不同、处罚的性质不同以及处罚的内容不同。行政处罚是行政机关依据行政法规对违法行为作出制裁，而刑事处罚则是司法机关依据刑事法规对犯罪行为作出制裁。在一个行为既违反行政法规又违反刑法的场合，对行为人当然需要既予以行政处罚又给予刑事处罚。对于醉酒驾驶机动车的行为，根据《道路交通安全法》第 91 条第 2 款的规定，公安机关交通管理部门可以吊销驾驶人的机动车驾驶证，并且 5 年内不得重新取得机动车驾驶证，同时，公安机关应当依法追究其刑事责任。由此可见，公安机关对醉酒驾驶机动车行为所处的行政处罚不影响追究其刑事责任，行政处罚与刑事处罚不可彼此代替。同时，吊销机动车驾驶证的行政处罚是对行为人驾驶能力的否定，而判处拘役、并处罚金的刑事处罚则是对行为人人身自由、财产权利的剥夺，即二者属于不同性质的处罚，不存在竞合的必要性与可能性。

因此，无证驾驶作为非构成要件行为，其符合行政违法构成要件时，理应依法进行行政处罚，在对相关行为进行刑罚评价时，其作为量刑情节的一部分也应予以考虑，但是，鉴于行为人已受行政处罚，因此在决定宣告刑时应秉承相同形式折抵、不同形式并罚的原则予以处理。这既考虑到非构成要件行为与相关犯罪行为的密不可分、附随存在性，又避免了对当事人实质上的双重不利结果。实践中，同一行为在行政法范畴内的处罚与在刑法范畴内作为情节考虑对量刑的最终影响并不等同。这样的综合评价更为科学，既体现了行为的双重性质，又避免了处罚实质上的再次不利影响。

2. 法院对已受行政处罚的无证驾驶行为处理的完善

由上文分析可知，在对无证醉驾行为进行刑事评价时，首先，无证驾驶行为已受的行政处罚不影响法院将其作为量刑情节进行考量。无证驾驶行为是附随的行政违法行为,即无证驾驶行为作为附随行政违法行为,公安机关可依据《道路交通安全法》对无证驾驶行为作出行政处罚。同时,根据《2023 年醉驾意见》的规定,无证驾驶行为是醉驾型危险驾驶罪的量刑情节。其次,法院应当将已受行政处罚的无证驾驶行为作为量刑情节予以考量。理由有以下 3 点:第一,无证驾驶行为与醉驾行为具有牵连性,将无证驾驶行为作为量刑情节考量有利于更加全面地判断醉驾行为的社会危害性。第二,法院将已受行政处罚的无证驾驶行为作为醉驾型危险驾驶罪的量刑情节予以考量是有法律依据的。《2023 年醉驾意见》明确规定,无证驾驶行为为醉驾型危险驾驶罪的从重处罚情节。第三,行政处罚不能代替刑事处罚,行政处罚的执行不能阻却刑事案件的审判。因此,对于已受行政处罚的无证驾驶行为,法院应当将其作为量刑情节进行考量。但是,根据一事不二罚原则的要求,当司法机关在对醉驾型危险驾驶罪予以量刑时,若将已受行政处罚的无证驾驶行为作为从重处罚情节予以考量,鉴于其已被行政处罚,需要在决定宣告刑时注意刑期的折抵。

立足于行刑交叉案件,一事不二罚原则包括以下几种情况:一是,一个行为既违反行政法规又违反刑法,行为人既需要承担行政责任又需要承担刑事责任。二是,多个违法行为违反多个行政法规,但是多个违法行为只违反一个刑事法规,即行政处罚上的“多事”对应刑罚处罚上的“一事”。[①] 三是,行政处罚的“一事”不是刑罚处罚“一事”的评价范围或者刑罚处罚的“一事”的考量范围。[②] 而在无证醉驾案件中,无证驾驶行为与醉驾行为违反多个行政法规,在行政处罚上属于“多事”。但是,《2023 年醉驾意见》明文规定,无证驾驶行为为醉驾型危险驾驶罪的从重处罚情节,即在追究驾驶人危险驾驶罪的刑事责任时,醉驾行为与无证驾驶行为都是对其定罪量刑的重要依据。根据《道路交安全法》的规定,对无证驾驶行为处 200 元以上 2000 元以下罚款,可以并处 15 日以下拘留。《刑

① 参见练育强:《行刑衔接视野下的一事不再罚原则反思》,载《政治与法律》2017 年第 3 期。

② 参见张毅:《“一事不二罚”在行刑交叉案件中的适用——从一例危险驾驶案切入》,载《福建警察学院学报》2014 年第 2 期。

法》规定,对醉驾型危险驾驶罪处拘役,并处罚金。虽然罚款与罚金、拘留与拘役的实施主体、法律依据等均有不同,但是,在实质上其都属于财产罚与自由罚,二者存在一定的等值性,同时,法律条文也对此有明文规定。《行政处罚法》第35条第1款规定,违法行为构成犯罪,人民法院判处拘役或者有期徒刑时,行政机关已经给予当事人行政拘留的,应当依法折抵相应刑期。第2款规定,违法行为构成犯罪,人民法院判处罚金时,行政机关已经给予当事人罚款的,应当折抵相应罚金;行政机关尚未给予当事人罚款的,不再给予罚款。也就是说,当事人的行为以前受行政拘留处分或者罚款处分的,随后该行为又作为犯罪事实的全部或者一部分加以认定,其行政拘留的日期应予折抵刑期,罚款应当折抵相应罚金。这也是实践中法院常采取的处理方式。例如,2020年5月25日,被告人梁某某酒后无证驾驶普通二轮摩托车,发生交通事故,经鉴定,其驾驶机动车时静脉血液中酒精含量为265毫克/100毫升。2020年8月11日,梁某某被中山市公安局处以行政拘留15日,广东省中山市第二人民法院认为,梁某某犯危险驾驶罪,判处拘役4个月,并处罚金5000元。梁某某因本案被公安机关行政拘留15日,应当折抵刑期。[①] 因此,若把已受行政处罚的无证驾驶行为作为醉驾型危险驾驶罪的量刑情节予以考量,即刑罚处罚的“一事”涵摄行政处罚的“多事”,那么,已受行政处罚的无证驾驶行为必然会对危险驾驶罪的刑罚产生影响。换言之,行为人可能既受行政机关给予的罚款与拘留等行政处罚,又因为同一行为加重其因相关行为受到的罚金与拘役等刑事处罚。因此,法院在决定宣告刑时,将行为人已受的行政处罚在刑罚处罚时予以折抵,是很有必要的。

3. 检察院作出不起诉决定或法院作出无罪判决

醉驾型危险驾驶罪属于典型的微罪案件,自醉驾入刑以来,理论与实践中都在不断地探索醉驾案件出罪的路径,最高人民法院及各地司法机关对于醉驾案件也作出了诸多宽缓化的规定。2017年5月1日试行的最高人民法院《常见犯罪的量刑指导意见(二)》就醉驾型危险驾驶案件的量刑问题作出规定:对情节显著轻微危害不大的,不予定罪处罚;犯罪情

---

① 参见广东省中山市第二人民法院刑事判决书,(2020)粤2072刑初2517号。

节轻微不需要判处刑罚的,可免予刑事处罚。由此可见,随着醉驾出罪路径的完善,实践中会大量出现对于醉酒驾驶机动车行为,检察机关决定不起诉或者法院判决无罪的情况。那么,在这种情况下,对于检察院的不起诉决定或法院无罪判决的醉驾案件,是否应当依据《道路交通安全法》的规定对无证醉驾行为给予行政处罚?也就是说,在检察院作出不起诉决定或法院作出无罪判决的情况下,刑事司法程序与行政处罚程序之间应当如何转化?

对于未受行政处罚的无证驾驶行为,若检察院对无证醉驾案件作出不起诉决定或法院作出无罪判决,那么公安机关应对无证驾驶行为给予行政处罚。首先,根据《移送犯罪案件规定》第 10 条规定,行政执法机关对公安机关决定不予立案的案件,应当依法作出处理;其中,依照有关法律、法规或者规章的规定应当给予行政处罚的,应当依法实施行政处罚。无证驾驶行为属于违反《道路交通安全法》的行为,公安机关作为行政执法机关对无证驾驶行为具有当然的行政处罚权。因此,对于不予刑事立案的醉驾案件,公安机关对无证驾驶行为应当给予行政处罚。其次,无证驾驶行为作为醉驾型危险驾驶罪的从重处罚情节,因检察机关对醉驾行为作出不起诉决定或法院作出无罪判决,从而使作为量刑情节的无证醉驾行为不存在刑事处罚的可能性。同时,因无证驾驶行为在刑事诉讼程序之前未受行政处罚,若后续未对无证驾驶行为予以相应的行政处罚,可能会出现有违法行为而未处罚。因此,在检察机关作出不起诉决定或法院作出无罪判决的情况下,对于未受行政处罚的无证驾驶行为,公安机关应当依据《道路交通安全法》第 99 条的规定,作出处 200 元以上 2000 元以下罚款,可以并处 15 日以下拘留的行政处罚。

同理,对于醉驾行为,公安机关也应当给予醉驾行为相应的行政处罚。由上文分析可知,醉驾案件的刑事责任与行政责任是互不隶属的。因此,公安机关交通管理部门在认定醉驾的情况下,可以根据《道路交通安全法》第 91 条先追究行政责任,作出吊销机动车驾驶证的行政处罚,并且按照刑事案件办理,追究其刑事责任。同时,无论醉驾行为是否构成犯罪,驾驶人都应当承担行政责任。即使醉驾行为不构成犯罪,公安机关交通管理部门仍然应当按照《道路交通安全法》的规定给予行政处罚。这在

2011 年 9 月 19 日公安部下发的《公安机关醉驾案件指导意见》中有所体现,即对检察机关决定不起诉或者法院判决无罪但醉驾事实清楚,证据确实、充分的,应当依法给予行政处罚。《2023 年醉驾意见》也对此作出了确认,第 20 条规定:“醉驾属于严重的饮酒后驾驶机动车行为。血液酒精含量达到 80 毫克/100 毫升以上,公安机关应当在决定不予立案、撤销案件或者移送审查起诉前,给予行为人吊销机动车驾驶证行政处罚。根据本意见第十二条第一款处理的案件,公安机关还应当按照道路交通安全法规定的饮酒后驾驶机动车相应情形,给予行为人罚款、行政拘留的行政处罚。人民法院、人民检察院依据本意见第十二条第一款、第十三条处理的案件,对被不起诉人、被告人需要予以行政处罚的,应当提出检察意见或者司法建议,移送公安机关依照前款规定处理。公安机关应当将处理情况通报人民法院、人民检察院。”据此,对于情节显著轻微危害不大的醉驾案件,公安机关不移送审查起诉、检察机关决定不起诉或法院判决定罪免予刑事处罚,但依法应当追究行政责任的,应当及时将案件移送公安机关处理,公安机关应当依据《道路交通安全法》的规定给予相应的行政处罚,以避免行政违法行为因不受刑罚处罚而逃脱法律的制裁。对于公安机关作出的行政处罚的法律依据及处罚的内容,有如下所述的两种不同的观点。

第一种观点认为,公安机关应当依据《道路交通安全法》第 91 条第 2 款关于醉驾案件行政处罚的规定,对醉酒驾驶机动车的行为作出吊销驾驶证,5 年内不得重新取得机动车驾驶证的行政处罚。第二种观点认为,公安机关应当依据《道路交通安全法》第 91 条关于酒驾案件行政处罚的规定,对因情节显著轻微而不作为犯罪处理、决定不起诉或定罪免予刑事处罚的醉驾行为给予包括罚款、拘留在内的行政处罚。[①] 第一种观点在一些省份出台的关于醉驾案件的司法文件中有所体现。例如,《江苏纪要》规定,醉酒驾驶机动车在道路上行驶,因情节显著轻微不作为犯罪处理、决定不起诉或定罪免予刑事处罚的,公安机关可以依据《道路交通安全

① 参见王志祥:《醉驾犯罪司法争议问题新论——浙江最新醉驾司法文件六大变化述评》,载《河北法学》2020 年第 3 期。

法》第91条第2款、第4款或第5款的规定对行为人作出行政处罚。2019《浙江纪要》规定,对于醉驾案件,因情节显著轻微危害不大,不移送审查起诉的,由公安机关依法撤销案件并依照《道路交通安全法》第91条第2款规定作出吊销机动车驾驶证,5年内不得重新取得机动车驾驶证的行政处罚。但是,第一种观点也存在一定的问题:对于危害较轻的酒驾行为都可以给予罚款及拘留的行政处罚,而对比酒驾行为社会危害性更为严重的醉驾行为,却仅仅给予吊销机动车驾驶证的行政处罚。罚款和拘留是对行为人人身财产和行为自由的剥夺,而吊销机动车驾驶证只是对行为人驾驶能力的否定,该惩罚的严厉程度远低于罚款及拘留。对于危害较轻的酒驾行为给予的行政处罚重于危害相对较重的醉驾行为,违反当然解释规则,导致处罚上的轻重倒置。第二种观点很好地解决了第一种处理方式所产生的问题。当然解释规则要求"举轻以明重",即法律对某一行为有明确规定,那么,对于与该行为具有同样的属性并且程度更为严重的行为,其当然适用于法律明文规定的事项。构成酒驾行为,要求血液中酒精含量达到20毫克/100毫升以上。那么,血液中酒精含量达到80毫克/100毫升,当然符合20毫克/100毫升以上的标准,即醉驾行为当然属于酒驾行为。因此,对于情节显著轻微危害不大的醉驾案件,公安机关不移送审查起诉、检察院决定不起诉或法院判决定罪免予刑事处罚,但依法应当追究行政责任的,公安机关可以依据《道路交通安全法》第91条关于酒驾行为的规定给予包括罚款或拘留在内的行政处罚。但是,需要指出的是,该种观点存在法律依据不足的问题。在现行立法中,并未对采用《道路交通安全法》中酒驾的条款为依据处罚醉驾行为的方式予以明确的规定。

综上所述,在无证醉驾案件中,对醉驾行为公安机关不予立案、检察机关作出不起诉决定、法院免予刑事处罚或者不认为构成犯罪的,首先,司法机关应当及时将案件移送公安机关。其次,由于刑事证据的收集、调取及审查严于其他违法行为证据的收集、调取与审查,即刑事证据对行政机关具有当然的效力,因此,公安机关在作出行政处罚时,可以依据法院判决认定的事实及经法院质证、认证的证据对醉酒驾驶机动车行为分别作出行政处罚。最后,对于醉驾行为,公安机关可以依据《道路交通安全法》第91条关于酒驾行为的规定给予包括罚款或者拘留在内的行政处罚。

五、行政处罚与刑事处罚的衔接

行政犯罪案件属于行刑交叉案件，具有双重违法性，这决定了其责任和处罚的双重性，即既要追究其刑事责任，又要追究其行政法律责任。[①]无证醉驾案件属于典型的行政犯。驾驶人的醉驾行为既违反《道路交通安全法》，又违反《刑法》，构成危险驾驶罪。同时，无证驾驶行为既违反《道路交通安全法》，又属于醉驾型危险驾驶罪的量刑情节。理论上，如果某违法行为既违反行政法律又违反刑事法律，应当同时予以行政处罚与和刑事处罚。那么，在这种情况下，就必须做好行政处罚程序与刑事处罚程序的有效衔接。只有这样，才能实现行政处罚与刑事处罚在性质与功能上的互补，从而保障当事人的合法权益和司法的公正性。就行政处罚与刑事处罚的衔接而言，可以从程序与实体两个层面上进行完善。

（一）行政处罚与刑事处罚在程序上的完善

案件的移送是行政处罚与刑事处罚程序衔接的关键。案件的及时移送一方面可以缩短当事人的羁押时间，从而维护当事人的合法权益；另一方面有利于司法机关与行政机关作出正确的处罚，从而提升司法公信力。案件的及时移送，既包括案件从行政机关向侦查机关的移送，又包括案件从司法机关向行政机关的移送。

1. 行政机关及时移送

在行政机关发现违法行为涉嫌构成犯罪时，应当及时将案件从行政机关向侦查机关移送。就移送内容的选择而言，若案件中只有一个行为人实施的一个违法行为，那么就应当全案移送；但当案件中存在多个行为人实施多个违法行为的情形时，若直接全案移送，则不利于及时予以行政处罚，由此会损害不构成犯罪的行为人的合法权益。因此，对行为人的违法行为应分别进行分析判断。对于不涉嫌构成犯罪的违法行为，行政机

---

① 参见张明楷：《行政刑法概论》，中国政法大学出版社1991年版，第173页。

关应当及时给予相应的行政处罚;对于涉嫌构成犯罪的违法行为及影响量刑的行为,则应当及时移送。但是,需要注意的是,对于需要移送的涉嫌构成犯罪的违法行为或者影响量刑的行为,其可能同时违反行政法律法规,需要承担行政责任,行政责任与刑事责任都属于公法责任,所以二者都必须予以实现。因此,对于依法应当追究的行政责任不予追究,仅交由司法机关予以刑事制裁,以刑代罚,对于行政执法机关或者行政执法人员而言在行政法上就有构成行政不作为的可能。综上,在行政机关发现违法行为涉嫌构成犯罪时或者该行为可能影响量刑时,对于应当追究行政责任的行为应依据行政法律、法规予以相应的行政处罚;同时,应将上述行为及时移送至侦查机关。

在无证醉驾案件中,就行政机关的处理方式而言,需要注意以下两点:第一,对于涉嫌构成危险驾驶罪的无证醉驾行为,公安机关应当及时将案件移送进行刑事侦查。公安机关仅需要移送涉嫌构成危险驾驶罪的醉驾行为及影响其量刑轻重的无证驾驶行为。对于其他与定罪和量刑无关的情节,例如未定期进行安全技术检验,未投保交强险等其他行政违法行为,则不涉及移送的问题。第二,对于违反《道路交通安全法》的无证驾驶行为,公安机关应当予以相应的行政处罚。将涉嫌构成危险驾驶罪的无证醉驾行为移送进行刑事侦查,并不中断公安机关对无证驾驶行为的行政处罚。

2. 司法机关及时移送

就移送而言,还存在将案件从司法机关向行政机关移送的情形,即司法机关在刑事诉讼过程中未对该行为予以刑罚处罚,同时发现该行为涉嫌构成行政违法行为,需要予以行政处罚的,则应当及时将案件移送相应的行政机关,启动行政处罚程序。司法机关向行政机关移送包括以下三种情况:公安机关对于移送的案件,无论是否决定依法立案,都应当告知移送案件的行政机关。同理,检察机关对移送的案件是否作出立案或者是否起诉的决定,都应当以书面的形式告知移送的行政机关。法院对于免除刑罚的案件,应当及时将犯罪的处罚结果告知移送的行政机关,行政机关可根据经法院质证、认证的证据决定是否适用行政处罚。对于不构成犯罪的案件,法院应当及时将结果告知移送的行政机关,并且对于违反行政法规的案件，应当尽快移送相关的行政机关，由其作出相应的行政处罚。

在无证醉驾案件中，对于公安机关不予立案，检察机关作出不起诉决定或者法院判决免予刑事处罚的案件，检察机关或法院应当将处理结果及时告知公安机关。同时，由于无证驾驶行为与醉酒驾驶机动车均违反《道路交通安全法》，因此，检察机关或法院应当尽快将案件移送公安机关，后者应及时依据《道路交通安全法》对无证醉驾行为分别予以行政处罚。

（二）行政处罚与刑事处罚在实体上的完善

1. 醉驾行为制裁模式的完善

我国《刑法》对犯罪的立法模式采取“立法定性 + 立法定量”的模式。“定性”是指对行为类型的规定，“定量”是指对社会危害性程度的规定。对于犯罪情节显著轻微，罪量没有达到刑法处罚标准的，不认为是犯罪，予以出罪处理，即只有当某种行为具有严重的社会危害性时，才会被纳入我国刑法的处罚范围。相应地，如果犯罪情节轻微，虽然社会危害性虽已达到刑法的处罚标准，但鉴于罪量较低且出于特殊预防目的不需要判处刑罚的，可以免予刑事处罚，通过行政处罚等其他手段作为刑罚的替代手段。这决定了我国对于危害社会行为的治理采取的是二元化的制裁体系。二元化制裁体系，是指对于某一危害社会的行为，依据其社会危害程度的不同，有的因构成行政违法而给予行政处罚，有的因构成刑事犯罪而给予刑事处罚。近年来，行政违法向刑事违法转化的典型立法例就是醉驾行为的“出行入刑”。

《刑法修正案（八）》将醉驾入刑后，2011 年修正后的《道路交通安全法》第 91 条明确规定了醉酒驾驶机动车和饮酒后驾驶机动车在处罚上的界限。这样的调整看似达到了行刑衔接，但是也存在一些问题：第一，对于不予立案、不起诉、免予刑事处罚、判处缓刑或者不构成犯罪的醉驾行为人，其在刑事诉讼环节羁押时间较少或者未被羁押，并且其也不需要缴纳罚金。[①] 同时，公安机关根据《道路交通安全法》关于醉酒的规定仅给

---

① 参见王敏远：《“醉驾”型危险驾驶罪综合治理的实证研究——以浙江省司法实践为研究样本》，载《法学》2020 年第 3 期。

予吊销驾驶证的行政处罚，也不涉及缴纳罚款的问题。而对于酒驾行为，依据2011年以前的《道路交通安全法》的规定，可以给予罚款或者拘留在内的行政处罚。第二，作为微罪的醉驾型危险驾驶罪，其法定最高刑仅为6个月的拘役。但是，2011年修正后的《道路交通安全法》却删除了罚款、拘留的行政处罚措施，即实行一元化的刑事制裁模式。由此看来，醉驾行为的社会危害性比酒后驾驶大，但是，其所受的行政处罚却比一般的酒后驾驶行为要轻。一方面，这会导致“行重刑轻”、处罚倒置情况的出现，从而不利于强化醉驾入刑的刑法威慑力。另一方面，作为既违反行政法律又违反刑事法律的醉驾行为，对其当然应当采用二元的制裁体系。一元化的刑事制裁模式与我国对违法行为所采取的二元制裁体系不相吻合。因此，有必要在《道路交通安全法》中恢复对醉驾行为的罚款、拘留的行政处罚措施，从而对醉驾案件确立二元化的制裁模式。

2. 明确罚金数额的下限

罚款是对因违反行政法规而需要承担行政责任的行为人的处罚，罚金是对因违反刑法而需要承担刑事责任的行为人的处罚。在现行立法中，行政法规对于罚款的数额有直接明确的规定，但是，《刑法》对于罚金数额并没有明确的规定，多是采用“并处罚金”的表述方式。违法行为的社会危害性远低于犯罪行为，所以，根据处罚相当原则，作为行政处罚的罚款数额应当低于作为刑罚处罚的罚金的数额。在无证醉驾案件中，《道路交通安全法》对酒驾行为及无证驾驶行为都明确规定了罚款的数额。但是，依据《刑法》第133条之一的规定，醉酒驾驶机动车的，处拘役，并处罚金。根据相关司法解释的规定，对无证醉驾行为应当从重处罚。这并没有涉及具体的罚金数额。同时，《刑法》第52条规定赋予法官对于确定罚金数额的自由裁量权，即《刑法》对罚金的数额没有明确的规定，对于罚金从重处罚的程度也没有明确的规定，法官由此具有较大的自由裁量权。在实践中，法官可能会因为没有具体的数额标准而不判处罚金，或者即使判处了罚金，但是，因数额标准不明确也可能出现判处的罚金数额低于罚款数额的情况，因此，有必要对罚金数额的范围进行改进。在此，可以考虑将《道路交通安全法》第91条规定的罚款数额作为法院判处罚金的下限。这是因为，与行政处罚相比，刑罚具有更大的严厉性。如果罚金数额的下限低于罚款的上限,就会导致无法实现罚款对罚金的折抵。不过,对于罚金数额的上限,也不能规定得过高。对于醉驾型危险驾驶罪,《刑法》规定的法定最高刑为6个月的拘役,若罚金数额规定过高,则可能会造成作为附加刑的财产罚过重,从而导致主刑与附加刑的轻重倒置。

3. 合并适用原则

无证醉驾行为同时触犯行政法和刑法,即行政处罚和刑事处罚会发生竞合,那么,在发生竞合时,行政处罚和刑事处罚该如何进行有效衔接?目前学界关于二者发生竞合时的解决方法存在以下三种学说:第一种学说为择一说。该学说主张完全的"一事不再罚"原则,即在发生行政处罚与刑事处罚竞合的情况下,只能选择其中一种处罚方式。[①] 其理由为,一方面,因为只存在一个行为,针对同一行为不能同时给予刑事处罚和行政处罚。另一方面,因为行政处罚与刑事处罚都系公法明确规定的处罚手段,二者在法理基础与功能上具有相似性。就在具体适用中选择行政处罚还是刑事处罚而言,也存在以下两种观点:第一种观点认为,根据重罚吸收轻罚原则,构成犯罪的,只能给予刑事处罚。[②] 第二种观点认为,根据从轻原则或者有利于行为人的原则,只给予行政处罚。[③] 该学说对于行政犯的双重违法属性的理解存在一定偏差,可能导致"以罚代刑"或者"以刑代罚"。第二种学说为附条件并科说。该学说主张,二种处罚在一定条件下可以合并处罚。当执行了其中一种处罚时,相应的执行机关认为没有必要再适用另一处罚的,可以免除执行。笔者认为该学说错误地赋予行政机关以刑事处罚权和法院以行政处罚权。第三种学说为并列说,也称为合并适用说。该学说认为,在两种处罚发生竞合时,应当既适用行政处罚又追究刑事处罚。[④]

根据行政行为种类的多样性而相应具备手段多样性特征,行政处罚具体包括人身自由罚、财产罚、资格罚、申诫罚等多种形式,其种类和范围

---

① 参见汪永清:《行政处罚与刑罚的适用范围和竞合问题》,载《政治与法律》1993年第2期。

② 参见候艳芳、刘传颂:《行政处罚与刑罚折抵的思考》,载《山东审判》2008年第2期。

③ 参见连育强:《行政处罚与刑事制裁衔接研究之检视》,载《政治与法律》2013年第12期。

④ 参见连育强:《行政处罚与刑事制裁衔接研究之检视》,载《政治与法律》2013年第12期。

远大于刑罚的主刑和附加刑种类。从全面打击犯罪的角度出发，单纯地对行政犯罪的主体予以刑事处罚，不利于达到惩治犯罪的效果。在许多行政刑法规范对行政犯罪所应承担的法律后果部分，均既规定了刑事责任，也没有忽视行政责任的追究，故构成犯罪的行政违法行为理应承担法律上的双重责任。[①] 同时，行政犯罪具有双重违法性，且这两种处罚的性质不同，因此，对行政犯罪实行双重处罚，兼具合法性与合理性。[②] 但是，在对行政处罚和刑罚合并适用时，不是在任何情况下对二者都需要进行合并，而是需要满足一定的条件：一是主体的同一性，即只有同一行为人的行为同时违反行政法律和刑事法律时才存在处罚竞合的问题。在无证醉驾案件中，无证驾驶行为与醉酒驾驶行为系同一驾驶人实施的行为。若二者分别由不同的人实施，那么，则分别处以行政处罚和刑罚，不涉及合并的问题。二是处罚种类的不同性。行政处罚与刑事处罚在财产罚和人身自由罚上存在一定的交叉，例如罚款与罚金，拘留与拘役、有期徒刑等。因此，在行政处罚与刑罚发生竞合时，应当分情况运用合并适用原则，即对于不可取代或迥异的处罚，应当分别适用；对于性质相同或类似的处罚，应当进行折抵。

4. 有限的一事不二罚原则

有限的一事不二罚原则，是指对于相同性质的处罚应当严格遵循绝对的“一事不再罚”，而对于不同质的处罚方式则应当遵循并罚原则，即在行政处罚与刑罚竞合的情况下，对于同种处罚不再处罚或者进行折抵，对异种处罚可以并罚。其中，同种处罚，是指行政处罚与刑事处罚的内容相同；异种处罚，是指行政处罚与刑罚的内容并不相同，二者在目的和功能上存在差异。在行政处罚和刑罚的类型中，在涉及人身自由罚和财产罚时发生了重合，因此，对于人身自由罚和财产罚应当遵循“一事不再罚”，进行相应的折抵。对于除此之外的申诫罚和行为罚等，则可以依法追究，且不因刑事程序的开启而中止执行。在行刑交叉案件中，针对同质处罚的处罚权的归属有两种模式，即“先刑后行”和“先行后刑”。“先刑后行”

---

① 参见张明楷：《行政刑法辨析》，载《中国社会科学》1995 年第 3 期。

② 参见陈兴良：《论行政处罚与刑事处罚的关系》，载《中国法学》1992 年第 4 期。

模式，是指法院在判处刑罚后，行政机关依据同一事实给予行为人行政处罚；“先行后刑”模式，是指当行政机关已经作出行政处罚时，法院认定该行为构成犯罪并给予刑罚。在这两种模式下，有限的一事不二罚原则的贯彻有不同的要求。

在“先刑后行”模式中，应当遵照以下规则：第一，同种处罚不得再次处罚。在行政处罚与刑罚发生交叉时，若法院已经审查并判处被告人人身自由罚或者财产罚，那么行政机关则不能再对行为人给予相同类型的处罚。换言之，当刑罚先于行政处罚判处，并且刑罚的内容包含了行政处罚时，行政机关不应再作出行政处罚。这是因为，与行政处罚相比，刑罚的处罚强度更大，并且给行为人带来的影响也更大。若对行为人同时给予行政处罚与刑罚，则不仅违背一事不二罚原则对行为人作出重复评价及过度处罚，还浪费了公共资源。第二，异种处罚可以各自适用。行政处罚与刑罚在财产罚和人身自由罚之外并不重合，行政处罚的种类会多于刑罚的种类，行政处罚中的资格罚、申诫罚等会对行为进行更为有效的规制和预防。在无证驾驶案件中，对于醉酒驾驶机动车的行为，公安机关可以依据《道路交通安全法》给予其吊销驾驶执照的行政处罚。这比仅给予罚金而言，能够更好地预防犯罪的发生。因此，当法院作出人身自由罚或者财产罚后，行政机关仍可以采取其他种类的行政处罚，从而实现对违法行为全面的打击与预防。第三，免刑不影响行政处罚。《刑法》第 37 条明确规定，对于免予刑事处罚的案件，可以根据案件的情况，由行政机关作出行政处罚。刑罚的决定机关为司法机关，而行政处罚的决定主体为行政机关。并且，司法权与行政权相互独立。因此，刑事上的免刑或者不构成犯罪的判决不会影响行政处罚的决定与执行，即对于不予立案、不起诉、不构成犯罪或者免予刑事处罚的案件，行政机关仍然可以作出相应的行政处罚决定。

在“先行后刑”模式中，在行政处罚与刑罚发生竞合时，应采取以下处理方式：第一，同种处罚相折抵，即如果行政机关对违法行为人已经给予人身自由罚或财产罚，那么，法院在决定宣告刑时应当进行相应的折抵。这是因为，行政处罚的目的是纠正行政违法行为，仅给予行为人罚款或者行政拘留，既不利于发挥刑法预防犯罪和惩罚犯罪的作用，又违背刑法中罪刑法定原则和罪责刑相一致原则的要求。所以,对于同种处罚,行政机关在作出行政处罚后,司法机关还可以对其进行刑罚处罚。但是,基于一事不二罚原则,司法机关在判处刑罚时应当注意进行折抵。在无证醉驾案件中,对驾驶人无证驾驶的行为,公安机关作出处 200 元以上 2000 元以下罚款,可以并处 15 日以下拘留的行政处罚。同时,在刑事审判中,又将无证驾驶行为作为醉驾型危险驾驶罪的从重处罚情节,从而加重了刑罚处罚,那么,法院在判处刑罚时就应当注意罚款及拘留对罚金及拘役的折抵。第二,异种处罚可以再罚,即行政机关先给予行为人资格罚、申诫罚,司法机关可以同时给予其财产罚或者人身自由罚。由于处罚种类不同,因此可以合并适用,不涉及折抵的问题。

六、结语

醉驾入刑问题一直是理论界及实务界关注的焦点。目前学界对醉驾行为的理论及实务的研究较多,但是,对于无证醉驾行为处理方式不统一的问题,关注得较少。在司法实践中,无证驾驶行为与醉驾行为往往相伴而生。无证驾驶行为与醉驾行为都是既违反《道路交通安全法》又违反《刑法》的行为,那么,如何对二者进行行政处罚与刑事处罚就是亟待研究的问题。因此,笔者对无证醉驾行为在行刑衔接方面的问题进行了分析与探讨。通过对无证驾驶行为进行分析,既有利于实践中完善对无证驾驶行为的处理,又可以对完善行政处罚与刑事处罚的衔接提供不同的视角。

本专题通过列举案例及分析相关法律依据的方式,就公安机关及法院对无证醉驾行为的处理程序进行了阐述及探讨,对公安机关及法院对无证醉驾型危险驾驶罪的处理提出了相应的建议:一方面,公安机关对发现的无证驾驶行为及醉酒驾驶机动车行为应当进行处理,对于涉嫌构成危险驾驶罪的醉驾案件应当及时移送。另一方面,法院对于未受行政处罚的行为,可根据具体情况采取一并处理或移交行政机关处理的方式。对于已受行政处罚的行为,则需要注意折抵问题。同时,对不立案、不起诉或无罪的案件,应当及时移送公安机关交通管理部门进行处理。更为重要的是,本专题从无证醉驾案件中概括出在发生行刑交叉时刑事处罚与行政处罚衔接的重点问题:行政处罚与刑事处罚如何选择,以及二者发生竞合时的处理方式。并且,以无证醉驾行为为切入点,对行政处罚与刑事处罚衔接程序的完善提出了程序上及实体上的建议,其中涉及醉驾行为制裁模式的完善和明确罚金数额的下限,并明确合并适用原则、有限的一事不二罚原则与及时移送原则。

笔者期待,通过对无证醉驾型危险驾驶罪刑事处罚与行政处罚衔接问题的探讨,能够更好地解决行政处罚与刑事处罚衔接问题。

专题十六

出罪入行：醉驾行为现代化治理的新范式*

内容摘要：因危害程度轻微而在司法实践中被出罪处理的醉驾行为，在其出罪之后，应被评价为行政违法行为，予以行政处罚。这一"出罪入行"的新型治理范式具备法理层面与功能层面的双层正当性依据，前者在于不违背"一事不再理"原则，而后者在于通过犯罪学"破窗理论"推导出的预防功能。目前，检察机关应成为在司法层面推动醉驾行为出罪入刑的责任主体。由于在立法层面，我国对于醉驾行为的治理模式为一元制的刑事制裁模式，在司法层面推进出罪入行工作存在于法无据的困境。对此，应通过将醉驾行为解释为广义酒驾行为的当然解释路径予以化解。针对出罪后醉驾行为，应予以配置专门性的行政处罚措施，该措施的主要内容可被概括为公益服务模式。

一、问题意识

据公安部统计，2022 年全国机动车保有量达 4.17 亿辆，机动车驾驶

---

* 本文为融昊的论文——《"出罪入行"：醉驾行为现代化治理的新范式》，原载《江西社会科学》2023 年第 7 期，收入本书时有修改。

人达5.02亿人,[①]均居世界第一。在此背景下,推动我国道路交通安全水平稳步提升的重要性,就越发凸显。2020年12月11日,习近平总书记在中央政治局第二十六次集体学习时首次提出"坚持推进国家安全体系和能力现代化"[②]。党的二十大报告指出:"推进国家安全体系和能力现代化,坚决维护国家安全和社会稳定。"[③]由此可见,在新时代,提升我国道路交通安全水平的核心任务,就在于推进道路交通安全体系和能力现代化。

具体来看,醉驾行为业已成为针对我国道路交通安全的重要威胁。目前,在全国刑事案件总数中,醉驾型危险驾驶罪仍属于排名第一的犯罪,其大约占1/3的比例,每年高达30余万人因该罪被判刑。[④] 然而,将危害程度轻微的醉驾行为大规模入罪的治理措施,会产生一定浪费刑事司法资源与破坏刑法人权保障机能的负面效果。[⑤] 因此,关于"醉驾行为应予一律入罪"的主张在近年来已被司法实践所否定。[⑥] 但是,对于在司法实践中被出罪处理的醉驾行为,显然不能放弃治理,而是应该在协调刑法规范与前置行政法规范关系的基础上,将此类醉驾行为重新纳入行政

---

① 参见《全国机动车保有量达4.17亿辆　驾驶人超过5亿人　新能源汽车保有量达1310万辆　同比增长67.13%》,载公安部官网2023年1月11日,https://app.mps.gov.cn/gdnps/pc/content.jsp? id=8837602。

② 《习近平在中央政治局第二十六次集体学习时强调　坚持系统思维构建大安全格局　为建设社会主义现代化国家提供坚强保障》,载新华网2020年12月12日,http://www.xinhuanet.com/politics/2020-12/12/c_1126852702.htm。

③ 习近平:《高举中国特色社会主义伟大旗帜　为全面建设社会主义现代化国家而团结奋斗——在中国共产党第二十次全国代表大会上的报告》,人民出版社2022年版,第52页。

④ 参见王鳗:《每年30万人醉驾入刑,人大代表周光权呼吁修法提高入罪门槛》,载搜狐网2021年3月10日,https://www.sohu.com/a/455048679_120151774。

⑤ 参见王志祥、融昊:《醉驾行为出罪路径的刑法教义学阐释》,载《北方法学》2022年第1期。

⑥ 2017年5月1日施行的最高人民法院《常见犯罪的量刑指导意见(二)》明文规定:"对于醉酒驾驶机动车的被告人,应当综合考虑被告人的醉酒程度、机动车类型、车辆行驶道路、行车速度、是否造成实际损害以及认罪悔罪等情况,准确定罪量刑。对情节显著轻微危害不大的,不予定罪处罚。犯罪情节轻微不需要判处刑罚的,可以免予刑事处罚。"而自最高人民法院出台的《常见犯罪的量刑指导意见(二)》为醉驾行为原则性地保留了出罪空间之后,各省级司法机关密切跟进,作出了更具可操作性的细则规定,为醉驾行为的出罪提供了明确的规范依据。

违法行为的范围内,予以行政处罚,此即"出罪入行"。基于这一立场,本专题将深入研究醉驾行为出罪入行的正当性依据、司法路径以及具体的行政制裁内容,以期充分证成与诠释醉驾行为现代化治理的新范式,从而对相关治理实践有所裨益。

二、醉驾行为出罪入行的正当性依据

基于人民主权与法治国家思想,德国社会学家马克斯·韦伯(Max Weber)曾提出过一个著名的论断,即"任何权力都有为自身正当性辩护的必要"①。推动醉驾行为出罪入行的举动,本质上都是国家在效力范围层面变动专属于自身的刑罚权与行政处罚权。因此,论证这一国家权力的变动是否具备实质理性意义上的正当性,就显得十分必要了。

(一)法理依据:不违背"一事不再理"原则

实践中,部分办案人员认为,在醉驾案件出罪后又对被出罪人科以行政处罚的做法,属于对同一事实的二次评价,违背一事不再理原则。② 辨析这一观念是否正确,首先应廓清一事不再理原则的基本内涵。

"一事不再理"是罗马法中极为古老的一个原则,是罗马法中有利被告精神的体现,其拉丁语的表述为"bisdeeademreaginonpotest",意思是"不得对同一案件提起两次诉讼"③。在当代,由于其基本内容被正式规定在《公民权利与政治权利国际公约》之中,④一事不再理原则逐渐演化为当代法治国家在公法领域普遍适用的一项基本原则。具体来看,在我国,一事不再理原则在行政法领域强调不得基于同一行政违法事实,对当

---

① [德]马克斯·韦伯:《经济与社会》(第2卷),阎克文译,上海人民出版社2019年版,第1318页。

② 参见张艳丽:《醉驾不起诉后是否要进行行政处罚》,载《检察日报》2023年1月31日,第7版。

③ [意]彼德罗·彭梵得:《罗马法教科书》,黄风译,中国政法大学出版社2005年版,第81页。

④ 《公民权利与政治权利国际公约》第14条第7项规定,任何人已依一国法律及刑事程序被最后定罪或宣告无罪者,不得就同一罪行再予审判或惩罚,这是公约对一事不再理原则的直接表述。

事人给予两次以上的处罚;[①]而在刑事司法领域则是指对于同一罪行,公诉机关不得重复提起诉讼,审判机关也不得多次作出处罚。[②] 概言之,一事不再理原则在行政法与刑事司法领域的共通之处在于:对于各自领域的同"一事",裁判主体已经就是否处罚的问题作出明确的处理结果,则不得针对该"一事"再次启动处罚程序。[③] 不难看出,一事不再理原则的宗旨在于维护法秩序的权威性与安定性,从而避免当事人落入因同一违法行为而反复被公权力反复强加负担的困境。由此可见,限制公权力以保障人权,正是一事不再理原则的价值取向。那么,关于醉驾行为出罪入行之治理范式有违一事不再理原则的诘问,显然是基于人权保障的立场而提出的,在中国特色现代化法治文明的大背景之下,是不容回避的。

事实上,虽然司法层面被出罪化处理的醉驾行为与之后被认定为行政违法行为进行行政处罚的醉驾行为,属于"一事"。但是,后续的行政处罚并不成立"再理"。这是因为,一方面,在法律规范层面,我国现行有效的实体法律,明确规定了刑行交叉案件的处理制度。[④] 这也就意味着,对出罪后的醉驾行为科以行政处罚的做法,并非处罚程序的再次启动,而是仍在运行法定的刑行交叉案件的处理制度。申言之,将危害程度尚不构成犯罪的违法行为由刑事诉讼程序转移至行政处罚程序的做法,本就是一项完整的违法行为处理制度,不存在规范层面的"再理"问题。另一方面,在处理效果层面,由于被出罪的醉驾行为并未接受刑罚处罚,因而对其进行行政处罚根本不构成充分处罚,也就没有加重当事人的法律负担,

---

① 《行政处罚法》第29条第1句规定:"对当事人的同一个违法行为,不得给予两次以上罚款的行政处罚。"

② 参见张建伟:《刑事诉讼法通义》,清华大学出版社2007年版,第711页。

③ 参见张毅:《"一事不二罚"在行刑交叉案件中的适用——从一例危险驾驶案切入》,载《福建警察学院学报》2014年第2期。

④ 《刑法》第37条规定:"对于犯罪情节轻微不需要判处刑罚的,可以免予刑事处罚,但是可以根据案件的不同情况,予以训诫或者责令具结悔过、赔礼道歉、赔偿损失,或者由主管部门予以行政处罚或者行政处分。"《行政处罚法》第27条第1款规定:"违法行为涉嫌犯罪的,行政机关应当及时将案件移送司法机关,依法追究刑事责任。对依法不需要追究刑事责任或者免予刑事处罚,但应当给予行政处罚的,司法机关应当及时将案件移送有关行政机关。"

反而还贯彻了"罚当其行"的公正执法理念。因此,没有侵犯当事人人权,不违背一事不再理原则,正是醉驾行为出罪入行在法理逻辑层面的正当性依据。

(二)功能依据:基于"破窗理论"的阐释

所谓功能层面的正当性依据,正是从后果考量的角度,为治理范式在社会实践中预期产生的正面效果,进行理论层面的证成。具言之,对于醉驾行为出罪入行的治理范式而言,可以结合犯罪学中的"破窗理论"加以展开。

1982 年,美国学者詹姆斯·威尔逊(J. Q. Wilson)及凯琳(G. Krlling)在《大西洋季刊》上发表的文章初步阐释了"破窗效应"理论(Broken Window Theory)。依据该理论,失序与犯罪的关系是:微小的失序现象,例如路边废弃物、游民或乞丐以及墙上的涂鸦,如果不及时处理,会诱使人们效仿,甚至变本加厉,最终将会导致更严重的犯罪产生。易言之,失序现象就好像建筑物上一块破掉的窗户,没有适时的修补,其余的窗户就将会被陆续打破。[1] 两位美国学者通过"破窗效应"理论,极力主张政策制定者、警察人员、学者专家应多注意有关行为不检、扰乱公共秩序行为与犯罪恐惧感的问题。一方面,"破窗效应"指出社区之颓废、破烂,较会引发犯罪的动机,若社区经过一番整修,则较不会遭受犯罪者觊觎,因而重建社区的祥和气氛,较易犯罪预防。[2] 另一方面,"破窗效应"理论也表明,打击轻微罪行有助于减少更严重罪案的发生,有关部门应该以零容忍的态度面对罪案。

具体来看,尚不构成犯罪的违法行为如果未被有效制裁,会向全体国民传递一种反社会行为只要在危害程度上未达到构成犯罪所需的量的要求就不值得被遣责(通俗所说的"小恶不是恶")的观念。这种观念无疑对于国家整体法秩序的权威性有着极大的负面影响。在这种错误观念的影响下,国家也很难期待承担着社会角色的法规范共同体成员能够将法

---

① 参见[美]乔治·凯琳、[美]凯瑟琳·科尔斯:《破窗效应:失序世界的关键影响力》,陈智文译,生活·读书·新知三联书店 2014 年版,第 24 页。

② 参见许福生:《犯罪学与犯罪预防》,台北,元照出版有限公司 2018 年版,第 103 页。

规范自觉内化为自己的行为准则,[①]并且,这种“小恶不是恶”观念的传播还会引发社会整体道德的滑坡。对此,储槐植教授曾明确指出:“由于刑事法网不严,犯罪概念、犯罪构成有一个定量限制,达不到规定的量,那么就不构成罪,导致道德底线失守,这是个重大的问题。”[②]而这种道德滑坡势必使得国家很难有效应对由此越发活跃的尚处于“小恶”阶段的反社会行为,无法提前预防其发展为“大恶”的犯罪行为。倘若放松对国民规范意识的引导,助长“小恶不是恶”的观念,不仅无法预防潜在的犯罪,更会破坏现有的社会秩序与法治成果。[③]

由此可见,从后果论的功能主义视角出发,倘若对出罪之后的醉驾行为采取“一放了之”的治理态度而不加以制裁,那么必然会导致此类违法行为会日益猖獗,继而促使道路交通领域内的安全驾驶公德水平下降,最终也会致使醉驾型危险驾驶罪的犯罪规模激增,使得我国对于醉驾行为的治理工作面临治理效能大幅滑坡的挑战。因此,对于在量上尚不构成犯罪的醉驾行为,虽然不能通过刑法来发挥预防性的规制作用,但是,因其行政违法性尚未因出罪而消灭,其依然可以受到行政法(如《道路交通安全法》)的否定性评价并接受行政处罚,而这样的处罚和否定性评价亦能通过自身的宣示效应促使机动车驾驶员作出不从事醉驾行为的意思决定。这也就意味着,出罪入行的治理范式,可以在刑事制裁不能的情况下,通过发挥行政处罚的作用,对公民法规范意识的形成起到积极的影响,继而在道路交通安全领域带来预防犯罪与化解风险的正面治理效能。

三、醉驾行为出罪入行的司法路径

在现代法治社会语境下,司法活动主要具备以下四种功能:裁决社会纠纷的审判功能、对行政行为进行司法审查的控权功能、对法律进行解释

---

① 参见王志祥、融昊:《我国犯罪圈扩张的趋势及其合理控制——以醉驾的刑法治理为切入点的思考》,载《苏州大学学报(哲学社会科学版)》2022 年第 1 期。

② 储槐植:《走向刑法的现代化》,载《井冈山大学学报(社会科学版)》2014 年第 4 期。

③ 参见王志祥、融昊:《我国犯罪圈扩张的趋势及其合理控制——以醉驾的刑法治理为切入点的思考》,载《苏州大学学报(哲学社会科学版)》2022 年第 1 期。

与续造的补法功能以及行使违宪审查权的护宪功能。① 就醉驾行为的出罪入行工作而言，之所以首先要强调通过司法进路来推动，正是因为其补法功能可以部分克服下述立法漏洞导致的醉驾行为出罪入行的制度障碍。

（一）司法层面推动醉驾行为出罪入行的责任主体

对于司法层面推动醉驾行为出罪入行的责任主体，应结合近年来司法机关内部权责结构改革的具体情况来判定。具体而言，就是应关注检察机关在刑事诉讼中所发挥的主导作用。

检察机关在2015年提出审前“主导作用”的概念，其目的在于围绕以审判为中心的诉讼制度改革，构建以证据为核心的刑事指控体系和新型的诉侦、诉审、诉辩关系。② 2017年，与之相关的诉前“主导地位”也出现在最高人民检察院的官方表述之中，其要求“严把公诉案件质量关，强化刑事审判监督，保障律师依法执业，多管齐下防止案件‘带病’起诉”③。2018年中央政法委召开的全面推进司法改革推进会将这一概念从审前扩展到刑事诉讼全过程中，并在“主导作用”“主导地位”的基础上提出了“主导责任”的概念，意在减少原有概念之中对地位主次的强调，凸显检察机关的责任担当。④ 具体来看，这一主导作用是对检察机关在刑事诉讼中所拥有的程序决定权与实体处分权的权力集合及对应的司法责任的总称。由于刑事诉讼程序环节的压缩及刑法处罚范围的扩张，“检察主导”中的程序决定权略有限缩，而实体处分权则呈现扩张趋势。⑤

这也就意味着，对于醉驾案件的审前出罪式分流工作，检察机关将发

---

① 参见李拥军：《司法的普遍原理与中国经验》，北京大学出版社2019年版，第10～16页。

② 参见孙谦：《努力提升公诉工作水平　为全面推进依法治国作出新贡献》，载《检察日报》2015年7月22日，第3版。

③ 底东娜：《最高人民检察院办公厅主任、新闻发言人王松苗解读最高检工作报告》，载最高人民检察院官网2017年3月12日，https://www.spp.gov.cn/zdgz/201703/t20170312_185079.shtml。

④ 参见张军：《关于检察工作的若干问题》，载《国家检察官学院学报》2019年第5期。

⑤ 参见路旸：《“检察主导”的内涵辨析、权力构成与实践趋势》，载《中国政法大学学报》2021年第3期。

挥无可争议的关键作用。而对于分流到行政违法制裁程序中的醉驾行为，检察机关仍可以发挥法律监督的功能。这一点，无论是在法律规范，还是在司法解释中，均有明文规定。[①] 由此可见，检察机关应承担起司法层面推动醉驾行为出罪入行的主体责任，而明确责任主体之后，就在司法层面推动醉驾行为出罪入行而言，依然面临立法规范缺失的制度障碍。

（二）司法层面推动醉驾行为出罪入行的制度障碍

通过对我国现行司法制度运行过程的观察可知，在司法层面推动醉驾行为出罪入行的制度障碍主要存在于“入行”一侧。

众所周知，在法律制度层面，我国目前对于反社会行为普遍采取的是“二元制”的制裁模式。在这种模式下，犯罪即刑事违法行为由司法机关依照刑事诉讼程序进行处理，而作为轻微反社会行为的行政违法行为则由行政机关依照行政处罚程序进行处理。[②] 出于对二元制模式的反思，立法机关也开始对一元制模式进行逐步的尝试和探索，最典型的例子莫过于醉驾入刑之后的立法动态。具体而言，在将醉驾入刑的《刑法修正案（八）》生效（2011 年 5 月 1 日）之前的 2011 年 4 月 22 日，由全国人大常委会修正后的《道路交通安全法》第 91 条删除了对醉驾行为处以 15 日以下拘留并处罚款的行政处罚规定，并增加了对醉驾行为“依法追究刑事责任”的规定。由此，在《刑法修正案（八）》生效之后，2011 年《道路交通安

---

① 《刑事诉讼法》第 177 条第 3 款规定：“人民检察院决定不起诉的案件，应当同时对侦查中查封、扣押、冻结的财物解除查封、扣押、冻结。对被不起诉人需要给予行政处罚、处分或者需要没收其违法所得的，人民检察院应当提出检察意见，移送有关主管机关处理。有关主管机关应当将处理结果及时通知人民检察院。”最高人民检察院于 2021 年 9 月 6 日印发的《关于推进行政执法与刑事司法衔接工作的规定》第 8 条第 1 款规定：“人民检察院决定不起诉的案件，应当同时审查是否需要对被不起诉人给予行政处罚。对被不起诉人需要给予行政处罚的，经检察长批准，人民检察院应当向同级有关主管机关提出检察意见，自不起诉决定作出之日起三日以内连同不起诉决定书一并送达。人民检察院应当将检察意见抄送同级司法行政机关，主管机关实行垂直管理的，应当将检察意见抄送其上级机关。”第 9 条规定：“人民检察院提出对被不起诉人给予行政处罚的检察意见，应当要求有关主管机关自收到检察意见书之日起两个月以内将处理结果或者办理情况书面回复人民检察院。因情况紧急需要立即处理的，人民检察院可以根据实际情况确定回复期限。”

② 参见王志祥、融昊：《我国犯罪圈扩张的趋势及其合理控制——以醉驾的刑法治理为切入点的思考》，载《苏州大学学报（哲学社会科学版）》2022 年第 1 期。

全法》第91条对醉驾行为处罚措施的修正意味着,在法规范层面,我国法律对醉驾的制裁模式已转变为一元制的刑事制裁模式。

然而,倘若严格坚持刑事制裁一元制的制裁模式,会使得适用修法前拘留或罚款的行政处罚措施来制裁出罪后的醉驾行为的治理措施,陷入“无法可依”困局。换言之,由于2011年《道路交通安全法》第91条在修正后删除了原来的针对醉驾行为处以15日以下拘留并处罚款的行政处罚规定,因此对出罪后的醉驾行为就没有适用修法前原有的行政处罚的直接法律依据。此时,倘若行政执法机构绕开成文法,径直对其施以拘留、罚款等行政处罚措施,则会有违背法律保留制度之嫌。这是因为,根据《宪法》、《立法法》以及《行政处罚法》的相关规定,[①]2011年《道路交通安全法》第91条修改之前,为尚不构成犯罪的醉驾行为所配置的行政处罚措施——行政拘留,是一种“限制人身自由的处罚”。从法律保留制度的角度来看,其属于狭义法律保留中的绝对保留事项,必须由国家权力机构制定的法律加以规定,而不能授权其他国家机关进行立法来规定。基于此,对于出罪之后的醉驾行为,施以限制人身自由的行政处罚措施,必须由国家权力机构所制定的法律来提供明文规定的法律依据。然而,这一明文规定的法律依据在实然立法层面却仍处于缺失的状态,而这一立法缺失也正是在司法层面推动醉驾行为出罪入行的制度障碍所在。

(三)司法层面推动醉驾行为“出罪入行”的具体方案

事实上,虽然现行有效的法律法规没有明文规定醉驾行为出罪之后应予以配置的行政处罚的具体内容,但一些省级司法机关出台的关于办

---

① 《宪法》第62条第3项和《立法法》第10条第2款规定,制定和修改刑事、民事、国家机构的和其他的基本法律,属于全国人民代表大会的职权;《宪法》第67条第2项和《立法法》第10条第3款规定,制定和修改除应当由全国人民代表大会制定的法律以外的其他法律是全国人大常委会的职权;《立法法》第11条第5项规定,对公民政治权利的剥夺、限制人身自由的强制措施和处罚,是只能制定法律加以规定的事项;《立法法》第12条规定,本法第11条规定的事项尚未制定法律的,全国人民代表大会及其常务委员会有权作出决定,授权国务院可以根据实际需要,对其中的部分事项先制定行政法规,但是有关犯罪和刑罚、对公民政治权利的剥夺和限制人身自由的强制措施和处罚、司法制度等事项除外。《行政处罚法》第10条规定:“法律可以设定各种行政处罚。限制人身自由的行政处罚,只能由法律设定。”

理醉驾案件的工作细则,却早已规定了相对明确的行政处罚内容,[①]即激活《道路交通安全法》第 91 条第 2 款、第 4 款或第 5 款的规定,对出罪之后的醉驾行为人,做出除拘留与罚款之外的其他制裁强度较低行政处罚措施,比如吊销驾照等。然而,按照上述法律法规,对于普通酒驾行为可以给予包括罚款、拘留在内的行政处罚,[②]而对于法益侵害程度比普通酒驾行为更为严重的醉驾行为反而却不能够适用罚款、拘留的行政处罚措施。这一自相矛盾的立法现象,显然违反了《行政处罚法》规定的过罚相当原则,[③]会造成轻重倒挂的治理失序局面,有损整体法秩序的安定性与权威性。

对此,已经有学者从解释论的角度给出了相对独到的处理方案,即通过适用当然解释的法律解释方法来重新解释《道路交通安全法》第 91 条的相关内容。具体而言,在司法实践中,有观点认为,"2011 年醉驾入刑后,《道路交通安全法》删除了醉驾案件给予行政拘留和罚款的处罚规定,且'醉驾'与'酒驾'属于不同的法律概念,因此对醉驾案件已经没有适用上述两项行政处罚的法律基础"。[④] 但是,"依照当然解释规则,血液酒精含量达到 80 毫克/100 毫升以上的醉驾行为当然属于血液酒精含量达到 20 毫克/100 毫升以上的酒驾行为。这样,从行政处罚与刑罚处罚相衔接

---

① 2013 年 12 月 5 日江苏省高级人民法院、江苏省人民检察院、江苏省公安厅联合公布的《江苏纪要》指出,醉酒驾驶机动车在道路上行驶,因情节显著轻微不作为犯罪处理、决定不起诉或定罪免于刑事处罚的,公安机关可以依据《道路交通安全法》第 91 条第 2 款、第 4 款或第 5 款的规定对行为人作出行政处罚。2019《浙江纪要》规定,对于醉驾案件,因情节显著轻微危害不大,不移送审查起诉的,由公安机关依法撤销案件并依照《道路交通安全法》第 91 条第 2 款规定作出吊销机动车驾驶证,5 年内不得重新取得机动车驾驶证的行政处罚。显然,依据《江苏纪要》和 2019《浙江纪要》的上述规定,对于因情节显著轻微危害不大不作为犯罪处理的醉驾案件,就只能依据《道路交通安全法》第 91 条中关于醉驾案件行政处罚的规定给予处理(不包括罚款、拘留),而不得依据第 91 条中关于酒驾案件行政处罚的规定给予处理(包括罚款、拘留)。

② 《道路交通安全法》第 91 条第 1 款规定:"饮酒后驾驶机动车的,处暂扣六个月机动车驾驶证,并处一千元以上二千元以下罚款。因饮酒后驾驶机动车被处罚,再次饮酒后驾驶机动车的,处十日以下拘留,并处一千元以上二千元以下罚款,吊销机动车驾驶证。"

③ 《行政处罚法》第 5 条第 2 款规定:"设定和实施行政处罚必须以事实为依据,与违法行为的事实、性质、情节以及社会危害程度相当。"

④ 参见苗生明:《醉酒型危险驾驶的治罪与治理——兼论我国轻罪治理体系的完善》,载《中国刑事法杂志》2024 年第 1 期。

的角度来看，对于因情节显著轻微危害不大不作为犯罪处理因而不能给予刑罚处罚的醉驾案件，就当然可以适用《道路交通安全法》第 91 条中关于酒驾案件行政处罚的规定给予处理（包括罚款、拘留）”①。其内在的法理逻辑可做下述论证。

如前文所述，《道路交通安全法》对于出罪之后的醉驾行为这一法律事实没有明文规定具体的法律后果，导致其面临被“一放了之”的风险。显然，此处的规定缺失是一个典型的法律规则漏洞。根据“举重以明轻，举轻以明重”的递进式逻辑推导原理，既然对于普通酒驾行为可以给予包括罚款、拘留在内的行政处罚，那么，对于法益侵害程度比普通酒驾行为更为严重的出罪后的醉驾行为就当然能够适用罚款、拘留的行政处罚措施。质言之，在实然层面，醉驾行为本来就是一类特殊的酒驾行为，普通酒驾行为与其存在法益侵害程度上的递进升级关系，其较之于普通酒驾行为显然更有动用拘留、罚款等行政处罚措施进行规制的必要。由此，将出罪之后的醉驾行为涵摄于《道路交通安全法》第 91 条第 1 款所规定的酒驾行为的范围内，就可以顺理成章地实现对其进行拘留、罚款的行政处罚。这一当然解释结论不仅在规范层面契合《道路交通安全法》惩治所有类型酒驾行为的规范目的，从而做到了逻辑自洽，更在治理层面化解了出罪之后醉驾行为得不到有效规制的困局，进而实现功能自足，是一种兼具合法性、合理性与可操作性的解决方案。

相反，倘若因《道路交通安全法》对出罪之后的醉驾行为没有明文规定处罚措施，就判断醉驾行为不能被当然解释成酒驾行为，显然是陷入了机械化执法观的表现。这是因为，《道路交通安全法》作为成文法所固有的滞后性，使得其面对新问题时必然会出现规范供给不足的情况。而在现行法律司法适用过程中，激活现有法律规范的解释潜能，从而将新问题纳入其调整的范围内，是常见的应对法律漏洞的司法技术。诚如德国法理学家拉伦茨所言，“法律解释几乎可以不间断地行入漏洞填补的阶段……解释之际发生作用的标准（特别是立法者的规整意向、目的及客观

① 王志祥：《醉驾犯罪司法争议问题新论——浙江最新醉驾司法文件六大变化述评》，载《河北法学》2020 年第 3 期。

的目的论的标准),其对于法律漏洞的填补,亦具有重大意义"①。如果因为没有明确性的规定,就放弃对具备行政违法性与可罚性的醉驾行为进行必要且合理的处罚规制,不仅会导致前述轻重倒挂的尴尬局面,从而损害法秩序的安定性与权威性,更有悖于民众所认同的基本事理与情理逻辑,进而致使法律规范沦为僵死的条文,执法活动也会脱离实现公平正义的目标,异化为对僵死条文的机械化背书。这种理解,显然与我国治理交通道路安全之法规范体系的立法目标差之千里。

由此可见,这一解释方案,可以逻辑自洽且功能自足地填补相关的法律漏洞,从而在司法层面一定程度地消除推动醉驾行为"出罪入行"的制度障碍。

实际上,上述解释方案在《2023 年醉驾意见》中已得到落实。根据《2023 年醉驾意见》第 20 条第 1 款的规定,醉驾属于严重的饮酒后驾驶机动车行为。血液酒精含量达到 80 毫克/100 毫升以上,公安机关应当在决定不予立案、撤销案件或者移送审查起诉前,给予行为人吊销机动车驾驶证行政处罚。对于依据《刑法》第 13 条但书规定不予立案的案件,公安机关还应当按照《道路交通安全法》规定的饮酒后驾驶机动车的相应情形,给予行为人罚款、行政拘留的行政处罚。根据《2023 年醉驾意见》第 20 条第 2 款的规定,人民法院、人民检察院依据《刑法》第 13 条但书规定作出判决无罪、法定不起诉处理或者依据《刑法》第 37 条、《刑事诉讼法》第 177 条第 2 款作出免予刑事处罚、酌定不起诉处理的案件,对被不起诉人、被告人需要予以行政处罚的,应当提出检察意见或者司法建议,移送公安机关依照前款规定处理。公安机关应当将处理情况通报人民法院、人民检察院。《2023 年醉驾意见》中作出上述规定的依据是:我国《刑事诉讼法》规定对不起诉、免予刑事处罚的人,需要给予行政处罚、处分的,移送有关主管机关处理,这里的行政处罚、处分所针对的行为包括行为人构成犯罪但是没有被追究刑事责任的情形;醉酒后驾驶机动车属于严重的饮酒后驾驶机动车行为,两者仅仅是血液酒精含量有所不同,仅仅是量的差异,而在行为的性质上并没有本质差异;按照"举轻以明重"的当然解释原

① [德]卡尔·拉伦茨:《法学方法论》,陈爱娥译,商务印书馆 2003 年版,第 247 页。

理，对醉驾案件在不立案、不起诉、免除刑事处罚后适用酒驾的行政处罚措施是有法律依据的。[①]

四、设置针对醉驾行为的专门性行政处罚措施

为了提升对醉驾行为的治理效能，在程序上实现出罪入行，当务之急就是要对“入行”的具体内容进行更为科学化且精细化的设计与裁量。申言之，就是应根据醉驾行为的具体情况，为其配置各种能起到特殊预防作用的行政处罚措施，而非一味地强调对于行政拘留这一“人身自由罚”的适用。比如，可以考虑增设社区服务、善行保证、公益劳动、安全教育等适合微罪特点的制裁措施。[②] 具体来讲，就是要结合域外立法实践，在评析我国相关探索经验的基础上，系统性地设计出契合醉驾行为治理工作需要的专门性行政处罚措施。

（一）惩罚醉驾行为之专门性措施的比较研究——以英国和日本的立法实践为例

在针对醉驾行为的特点，设置专门性的惩处措施方面，英国和日本都有着丰富的立法实践，值得我们去了解把握。

英国对醉驾行为人实施积极频发的讲习制度，即使是在保护观察阶段也不例外。根据相关的文献，英国对交通犯罪人实施了多种多样的交通安全教育，数量超过 30 种。例如，剑桥的保护观察所的项目是以 18 岁以上的人为对象，进行饮酒驾驶、交通事故损害、交通法规等方面的教育，讲习时间共计 20 小时。[③] 北约克郡的被称为“重大交通犯罪人集体”的项目，是以犯罪的原因、对自己或被害人及社会的影响、再犯的防止等问题为中心，每周一次 4 小时，共计 4 周的讲习。[④] 此外，英国还在 8 处场所实施对饮酒驾驶人的讲习。显然，英国的相关制度是寄希望于定期的针

---

① 参见苗生明：《醉酒型危险驾驶的治罪与治理——兼论我国轻罪治理体系的完善》，载《中国刑事法杂志》2024 年第 1 期。

② 参见王志祥、融昊：《我国犯罪圈扩张的趋势及其合理控制——以醉驾的刑法治理为切入点的思考》，载《苏州大学学报（哲学社会科学版）》2022 年第 1 期。

③ See C. Martin, *The ISTD Handbook of Community Programmes*, 2ed., 1998, p. 181.

④ See C. Martin, op. cit., p. 183.

对性学习可以降低行为人的再犯可能性。

日本在组织醉驾行为人定期进行相关针对性学习之外,设计了更为体系化的针对性矫正措施。具体来看,在日本,对于交通犯罪受刑人,司法机关通常将作为特别改善指导的交通安全指导、“引入被害人视角的教育”与作为一般的改善指导的酒精危害性的教育适当组合起来实施。具体而言,酒精危害性教育的目的是“对有戒酒必要的人,促使其认识到酒精依赖症的问题,在使其认识从酒精依赖中脱离的困难性的同时,让其掌握不饮酒生活的具体方法,坚定其戒酒的决心”,在戒酒会等组织的协助下实施。① 虽然日本针对醉驾行为人的特殊矫正措施,是附属于刑罚制度的附加义务,但其着眼于特殊预防有效性的制度安排,仍值得我国在设计相关专门性行政处罚措施时予以参考。

通过对于上述域外立法实践的介绍,不难发现,对已出罪的醉驾行为的行为人而言,与时间有限的短期剥夺自由罚——拘留相比,也许组织其定期收看重特大交通事故的纪实教育片或者要求其定期去医院承担照顾重特大交通事故中的伤患者的志愿活动,更能促使其发生思想上的深刻转变,从而深刻地认识到醉驾对己对他人对社会有可能造成的严重危害,继而有效地降低自身的再犯可能性,实现制裁措施的特殊预防目的。② 笔者建议,这一制度设计应被引入我国未来的立法修订的内容中。

(二)为醉驾行为设置专门性行政处罚措施的中国方案——以公益服务模式为主体内容

事实上,上述针对醉驾行为治理工作的相关制度设计的萌芽已存在于当前的司法实践之中,但促使其系统化、规范化和科学化的任务,依然任重道远。具体来看,前述制度设计萌芽主要是由检察机关探索出的“公

---

① 其具体内容如下:(1)对饮酒的认识;(2)饮酒的害处;(3)对酒精依赖症的认识;(4)戒酒的生活方法;(5)对饮酒导致失败的认识;(6)酒精危害与人际关系的修复;(7)戒酒的具体方案;(8)民间自主团体的信息与利用;(9)出狱后的生活习惯与戒酒的决心。此外,2009 年在 49 个行政机关下的刑事设施中实施了交通安全指导。参见[日]川本哲郎:《交通犯罪对策研究》,杨宁译,法律出版社 2021 年版,第 94 ~ 96 页。

② 参见王志祥、融昊:《我国犯罪圈扩张的趋势及其合理控制——以醉驾的刑法治理为切入点的思考》,载《苏州大学学报(哲学社会科学版)》2022 年第 1 期。

益服务模式”。在该模式中，检察机关在醉驾案件的审查起诉阶段要求犯罪情节较轻醉驾行为人，从事一定的公益服务，并在之后通过考察其完成公益服务的情况来决定是否起诉。该模式首创于浙江省瑞安市，由当地检察院联合市公安局、市司法局，以及相关的交通领域公益组织所共同创设，并在实践中取得了良好的社会效果。[①] 此后，甘肃、江苏、河南等地的检察系统也开始在醉驾案件的相对不起诉工作中逐渐引入类似的公益服务模式。[②]

应该说，对犯罪情节轻微的醉驾行为人，处以有利于交通安全之公益服务的制裁措施，是可以有效预防醉驾行为人再次从事此类行为的科学治理手段，这一措施，也与前述提到的英国和日本的相关成熟治理实践不谋而合。但是，不难看出，这一措施并非为出罪之后的醉驾行为所设置的专门性行政处罚措施，而是在作为醉驾行为出罪的前提条件，附属在相对不起诉制度之中。由此，其必然会面临下述两个方面的诘问。

其一，附属于相对不起诉制度的公益服务模式，会面临程序合法方面的诘问。众所周知，在我国《刑事诉讼法》所规定的相对不起诉制度中，并不存在除“犯罪情节轻微”之外事实性前提条件。[③] 申言之，由于在行为

---

① 2017 年 10 月，瑞安市检察院联合瑞安市公安局、瑞安市司法局、瑞安市“爱心顺风车”公益组织，共同出台了《关于“醉驾”案件实行购买公益服务落实不起诉的意见(试行)》，让符合相对不起诉条件的犯罪嫌疑人参加社会公益服务，接受法治教育，最后检察院以其综合表现为参考决定是否作不起诉处理。参见浙江省瑞安市人民检察院课题组、宣章良:《醉驾附条件相对不起诉之探讨——以“瑞安模式”为蓝本的分析》，载《犯罪研究》2020 年第 5 期。

② 例如甘肃省金昌市永昌县人民检察院与公安机关共同签订了《关于办理“醉驾类危险驾驶”案件正确适用相对不起诉的规定(试行)》和《关于“醉驾”刑事案件犯罪嫌疑人实行道路交通安全公益服务活动的考察办法(试行)》，明确适用“公益服务考察模式”的基本条件、从事公益服务的时间、次数、方式，以考察机构的考核作为是否认罪认罚的评判标准，从而决定是否起诉。南京市江北区检察院在处理醉驾案件时也启用“认罪认罚 + 社会公益”机制，将拟不起诉人综合考察前置。河南省人民检察院也出台了《关于提升醉驾案件不起诉质效的指导意见》，其中明确部分醉驾行为人可通过学习、宣传交通法规，参与文明交通执勤、志愿者服务等社会公益活动的方式代替服刑。检察院结合醉驾行为人犯罪情节及矫正期间的表现综合研判决定是否予以不起诉。参见印波、袁韬:《附条件不起诉在醉驾案件中的适用——基于十省份办理醉驾案件意见的分析》，载《司法警官职业教育研究》2021 年第 4 期。

③ 《刑事诉讼法》第 177 条第 2 规定:“对于犯罪情节轻微，依照刑法规定不需要判处刑罚或者免除刑罚的，人民检察院可以作出不起诉决定。”

后从事一定的公益服务,并非考察犯罪情节轻重的判断资料,因此其也就不是法定的相对不起诉程序的事实性前提条件。并且,虽然我国《刑事诉讼法》中存在以行为后悔罪表现为不起诉决定前提之一的附条件不起诉制度,但是该制度的适用对象为符合相应规定的未成年犯罪嫌疑人,而非所有年龄段的醉驾行为人。① 因此,也不能认定前述公益服务模式依法附属于附条件不起诉制度。由此可见,公益服务模式是部分检察机关在司法实践中拟制出的不起诉决定前提条件,于法无据。这一模式虽然在司法实践中取得了一定的社会效果,但也会变相提高相对不起诉制度的适用门槛,从而有损醉驾犯罪嫌疑人的诉讼权利,与我国《刑事诉讼法》所规定的程序法定原则在一定程度上相抵牾。②

其二,附属于相对不起诉制度的公益服务模式,还会面临预防效果方面的诘问。虽然公益服务模式旨在出罪之前消弭醉驾行为人的再犯可能性,但这一特殊预防目的能否充分实现,是极为不确定的。这是因为,在醉驾行为人的视角下,完成相应的公益服务,可被视为自身得以出罪(相对不起诉)的"交易对价"。在这种情况下,醉驾行为人在公益服务中的积极表现不能排除是出于尽快出罪的功利性目的,其再犯可能性的消灭效果也就因之而存疑。并且由于其接受此类公共服务的时间并不是在出罪后,因此即便审查起诉阶段的公益诉讼起到了一定的特殊预防效果,该效果在行为人出罪后能持续多久,也是存疑的。

基于此,将公益服务模式设置为我国针对醉驾行为的专门性处罚措施,从总体上来看,是可行的,但是,仍有两点需要继续完善。第一,在法律体系上,通过修订《道路交通安全法》的相关内容,将公益服务由原来的《刑事诉讼法》中相对不起诉制度的非法定条件,正式确定为出罪后醉驾行为的配套行政处罚措施;第二,在处罚内容方面,为公益服务模式设置

---

① 《刑事诉讼法》第282条第1款规定:"对于未成年人涉嫌刑法分则第四章、第五章、第六章规定的犯罪,可能判处一年有期徒刑以下刑罚,符合起诉条件,但有悔罪表现的,人民检察院可以作出附条件不起诉的决定。人民检察院在作出附条件不起诉的决定以前,应当听取公安机关、被害人的意见。"

② 《刑事诉讼法》第3条第2款规定:"人民法院、人民检察院和公安机关进行刑事诉讼,必须严格遵守本法和其他法律的有关规定。"

逻辑自洽且功能自足的具体措施。详言之,作为针对醉驾行为所设置的专门性行政处罚措施,其具体内容应呈现出“学习—服务—考察”这一“三元递进”式结构,即在醉驾行为出罪之后,检察机关应向负责道路安全的行政机关,作出给予被出罪人相应行政处罚的检察建议。而有关行政机关,也应该在受到检察建议之后,根据实际情况,为醉驾行为人安排有关道路交通安全方面的学习任务,并在其学习任务完成后组织其定期从事有利于道路交通安全的公益活动,之后再综合考察评价其学习任务与服务任务的完成情况。这样,可以做到教育与惩罚并举,从而高质量地实现预防醉驾行为人再次违法犯罪这一特殊预防目的。

五、结语

对于当下规模庞大的醉驾案件,将其中危害程度轻微的部分在司法实践予以出罪处理的方案已取得广泛共识。在出罪之后,将其评价为行政违法行为并予以行政处罚的新型治理范式,在法理层面,由于并未加重当事人的法律负担,因而并不违反一事不再理原则。倘若对于出罪之后的醉驾行为一放了之,那么,根据犯罪学“破窗理论”,类似的模仿行为会层出不穷,致使道路交通安全的治理水平大打折扣。当前,根据相关的法律法规与司法解释,检察机关应成为在司法层面推动醉驾行为出罪入行的责任主体。然而,由于在立法层面,我国对于醉驾行为的治理模式为一元制的刑事制裁模式,因此在司法层面推进出罪入行工作存在于法无据的困境。对此,应运用当然解释的解释方法,将出罪后的醉驾行为解释为广义酒驾行为,从而将《道路交通安全法》中为酒驾行为配置的罚款、拘留等行政处罚措施,适用在出罪后的醉驾行为人身上,这实际上已经得到《2023 年醉驾意见》第 20 条规定的确认。针对出罪后醉驾行为,出于消灭其再犯可能性这一特殊预防目的,应对其配置专门性的行政处罚措施。通过借鉴英国与日本的成熟制度经验,结合我国检察机关对于醉驾案件适用相对不起诉制度工作中的相关探索,我国针对出罪后醉驾行为所创设的专门性行政处罚措施,应以“学习—服务—考察”三元递进式的公益服务模式为主要内容。

国家治理体系与治理能力的现代化应坚持在法治的轨道上推行。依靠良法善治,可以加快推进国家治理体系和治理能力现代化,为全面建设社会主义现代化国家提供最佳制度供给、创造最优治理环境。[①] 而出罪入行这一现代化治理范式,通过有效治理数量巨大的醉驾行为,显然会为我国道路交通安全治理能力与治理体系的现代化建设添砖加瓦。

---

① 参见张文显:《论在法治轨道上全面建设社会主义现代化国家》,载《中国法律评论》2023年第1期。

案　例　篇

专题十七

岳某某“隔夜醉驾”案的法理分析

内容摘要：本专题从岳某某“隔夜醉驾”案入手，针对岳某某“隔夜醉驾”案的争议点，包括醉驾犯罪的主观罪过形式问题、危险判断问题、能否适用《刑法》第13条但书等问题，研究隔夜醉驾的主观罪过形式问题、醉驾犯罪抽象危险的判断问题和对隔夜醉驾能否适用《刑法》第13条但书的问题。

首先，关于岳某某“隔夜醉驾”的主观罪过形式问题，在刑法理论学界，学者们主要持3种不同意见，即故意、过失、既可以故意也可以过失。笔者认为，过失说是行不通的。从内容角度来看，只有当某种危险驾驶行为的危害性与典型的危害公共安全犯罪如放火罪等行为危险程度处于相同或相似水平时，才可以放在一起进行类比，此时危险驾驶的行为才有可能构成危害公共安全罪的行为。所以，由此推断危险驾驶罪主观罪过形式的方法并不可取。从处罚方式来看，不同罪名的罪过形式与法定刑之间并无必然的对应和联系，由法定最高刑判断主观罪过的方法并不科学。从罪状描述来看，危险驾驶罪并没有体现对危害结果的要求。由此可以推断，危险驾驶罪的主观罪过指向的不是危害结果，而是危险驾驶行为本身。也就是说，驾驶员明知道自己处于醉酒状态，也清楚醉酒不能开车的事实，但是仍然实施了以上行为，由此可见，危险驾驶罪的主观罪过形式是故意。

在此基础上,结合案件事实,应然认定岳某某并没有危险驾驶的故意。

其次,就醉驾型危险驾驶罪抽象危险的判断而言,对抽象危险犯与具体危险犯的区分也是非常关键的问题。从抽象危险犯的概念、抽象危险犯中的“危险”属于“行为上的危险”、抽象危险是立法理由而不是构成要件要素、抽象危险中的“危险”是“拟制”的危险、避免产生举证难题等方面分析,得出结论:在判断抽象危险时不用再结合案情分析,仅满足形式上的要求即可,即实施了刑法规定的构成要件的行为,就认定具有抽象危险。具体来说,对醉驾型危险驾驶罪中抽象危险的判断,关键是要看驾驶员是否实施了醉驾型危险驾驶罪的成立所要求的客观构成要件上的行为,也就是说以醉酒的状态在道路上驾驶机动车的行为。由此,可认定岳某某“隔夜醉驾”的行为具有抽象危险。

最后,在认定醉驾行为是否真正成立危险驾驶罪时,还要充分考虑能否以《刑法》第13条但书进行出罪处理。存在抽象危险不等于构成抽象危险犯,即使存在抽象危险,也可以适用《刑法》第13条但书规定,对醉驾犯罪的成立范围进行限制。岳某某“隔夜醉驾”案的实际情况确实符合“情节显著轻微危害不大”的要求,应当适用但书规定予以出罪。

一、绪论

(一)研究意义及现状分析

1. 选题的意义

(1)理论意义。

2011年2月25日全国人大常委会通过的《刑法修正案(八)》第22条增设的《刑法》第133条之一将醉酒驾驶行为纳入危险驾驶罪的处罚范围。在醉驾入刑之后,出现了一种新型的醉驾形式——隔夜醉驾,也就是行为人喝酒后并没有立即开车,而是休息一晚,到了第二天开车时血液中酒精的含量还是超过法定值的情形。笔者在中国知网等数据库中以“隔夜醉驾”为关键字搜索相关文献,发现只有寥寥无几的论文对此话题进行了简单论述。由此可见,关于隔夜醉驾的理论研究目前相对较少。因此,笔者在本专题中拟就隔夜醉驾问题展开讨论,以期对“隔夜醉驾”问题的研究贡献自己的微薄之力。

(2)实践意义。

在交通事故频发的今天,危险驾驶行为的危害性越来越引起人们的重视,“隔夜醉驾”的案件也越来越多。隔夜醉驾问题不仅在理论研究上存在空缺,而且在实践中如何处理这一问题也存在难点。通过在中国裁判文书网搜索“隔夜醉驾”的相关案例,笔者发现,对“隔夜醉驾”案件均是以“危险驾驶罪”来定罪处罚的,这说明司法人员倾向于将隔夜醉驾行为以危险驾驶罪处理。因此,笔者拟就“隔夜醉驾”问题进行初步分析,以回应司法实践之需。

2. 国内外研究现状和文献综述

就对“隔夜醉驾”问题的讨论而言,首先应从对其的定性开始,而行为人主观方面是故意还是过失,则是对“隔夜醉驾”问题予以准确定性的关键。对于“隔夜醉驾”,在刑法理论学界,学者们的意见主要分为三类:只能是故意、只能是过失、既可以是故意也可以是过失。持故意说的学者们认为,醉驾型危险驾驶罪属于故意犯罪,需要驾驶人知道自己喝了酒,也知道自己并没有脱离醉酒的状态,并在该醉酒的状态下进行开车的行为。如果行为人并不知道自己血液中酒精浓度仍然在法定标准以内而去开车,就不能认定为成立醉驾犯罪。如张明楷教授认为,“醉酒驾驶属于故意犯罪,行为人必须认识到自己是在醉酒状态下驾驶机动车”①。持过失说的学者们认为,虽然行为人饮酒后且并未脱离醉酒状态,明明清楚自己的真实状况,却还要在道路上驾驶机动车,虽然对驾驶机动车的行为系出于故意,但是对醉酒后驾驶机动车所引起的危害后果却没有故意,对因此产生的危害后果只是过失。所以,醉酒驾驶的主观罪过形式应该是过失。如冯军教授认为,“只有行为人在实施醉酒驾驶行为上是故意的,但是在醉酒驾驶行为所造成的公共危险上是过失的,行为人的行为才成立危险

---

① 张明楷:《刑法学》(第4版),法律出版社2011年版,第638页。

驾驶罪"[①]。阮齐林教授认为,"应该从社会评价层面上,把危险驾驶罪定义为过失犯罪"[②]。既可以是故意也可以是过失说认为,就醉酒驾驶的主观罪过而言,应当看行为人对造成的危害结果抱着什么样的心态。所以,故意或者过失的态度都可能构成醉驾型危险驾驶罪。如谢望原教授认为,"醉驾者的罪过应当以醉驾者对其醉驾行为引起侵害公共安全危险的态度作为判断基准。根据该判断基准,醉驾者的罪过形式可能是故意,也可能是过失"[③]。

至于抽象危险的判断问题,焦点在于判断标准和是否允许当事人反证。有的学者认为,抽象危险犯不允许反证,如我国台湾地区学者林东茂认为,"抽象危险犯是指,立法上假定,特定的行为方式出现,危险状态即伴随而生;具体个案纵然不生危险,亦不许反证推翻"[④];德国学者罗可辛认为,"假如要求法院证明,立法者的动机所要保护的客体在事实上受到了危险时,人们就把这种抽象危险犯改变为一种具体危险犯了"[⑤]。但是有些学者却又持不同观点,认为对于抽象危险犯的判断,反正是应当被许可的,如德国学者施罗德认为,"当构成要件服务于保护一定的具体化的对象时,则在具体的案件中,在能够确实地认定行为对象是否遭受现实危险的场合,就应该肯定不存在危险的反证"[⑥];张明楷教授认为,"虽然抽象的危险是不需要司法工作人员具体判断的危险,但是,如果具体案件中的特别情况导致行为根本不存在任何危险,则不能认定为抽象的危险犯"[⑦]。

就对"隔夜醉驾"型危险驾驶行为能否适用《刑法》第13条但书规定

---

① 冯军:《论〈刑法〉第133条之1的规范目的及其适用》,载《中国法学》2011年第5期。

② 参见《北京首位醉驾入狱公务员出狱　单位称按程序处理》,载《北京晚报》2011年7月14日,http://news.sohu.com/20110714/n313426862.shtml。

③ 谢望原、何龙:《"醉驾型"危险驾驶罪若干问题探究》,载《法商研究》2013年第4期。

④ 林东茂:《刑法综览》,中国人民大学出版社2009年版,第51页。

⑤ [德]克劳斯·罗克辛:《刑法总论》(第1卷),[日]町野朔、吉田宣之监译,信山社2003年版,第452~453页。

⑥ 参见[德]克劳斯·罗克辛:《刑法总论》(第1卷),[日]町野朔、吉田宣之监译,信山社2003年版,第452页。

⑦ 张明楷:《刑法学》(第4版),法律出版社2011年版,第168、638页。

的问题而言,通过在各个网站上搜索关于“隔夜醉驾”的案例,梳理近几年与此相关的判决结果,可以发现,法院对于隔夜醉驾的处理态度是一般以危险驾驶罪进行定罪处罚。对判决理由进行仔细研读后可以发现,对于隔夜醉驾的情节,部分法院仅简单地划入量刑范畴,并没有在定性环节予以考虑,因此在司法实践中,对于隔夜醉驾问题,一般并没有考虑对《刑法》但书规定的适用。

(二)研究目标、内容和方法

1. 研究目标、研究内容

(1)研究目标。

本专题拟从岳某某“隔夜醉驾”案入手,针对岳某某“隔夜醉驾”案的主观罪过问题、危险判断问题、能否适用《刑法》第 13 条但书等问题,讨论“隔夜醉驾”的主观罪过形式争议和界定、醉驾犯罪抽象危险的判断、隔夜醉驾的定性问题。

(2)研究内容。

①研究岳某某“隔夜醉驾”案的主观罪过问题,其中涉及列举关于醉驾犯罪主观罪过形式的理论争议,得出关于醉驾犯罪主观罪过形式的结论,在此基础上对岳某某是否具有醉驾犯罪的主观罪过问题作出具体分析。

②研究岳某某“隔夜醉驾”案的危险判断问题。判断醉驾型危险驾驶罪属于抽象危险犯,总结醉驾型抽象危险犯中抽象危险的判断标准,并进行关于岳某某“隔夜醉驾”案危险判断问题的具体分析。

③通过讨论《刑法》第 13 条但书的适用范围,思考醉驾与但书规定的关系,列举刑法理论学界对醉驾犯罪能否但书规定的不同看法,得出对醉驾犯罪能否适用但书的结论,并作出对岳某某“隔夜醉驾”案能否适用《刑法》第 13 条但书问题的具体分析。

2. 研究方法

本专题拟采取的研究方法包括文献研究法:通过查找隔夜醉驾相关文献来获取参考资料;比较分析法:比较各国对于“隔夜醉驾”定性的不同规定和观点,结合该案的具体情况进行研究;解释学方法:对涉及醉驾的相关规定进行解释。

二、岳某某“隔夜醉驾”案概述

（一）基本案情

2016年4月19日晚，岳某某与同事高某某等一众人在一起喝了七八两白酒，一直到第二天凌晨2点结束。2016年4月20日上午11点半左右，高某某驾驶车牌号为新L－D2758的小轿车来建国北路军区对面接岳某某一起去工地，把小轿车停在了人行道上，执勤交警以违规停车为由告知当事人将车移动到对面机动车道，因高某某没有带驾照，就由岳某某开车将车挪动到交警指定的位置。挪车完毕后，交警与岳某某交谈，此时才发现岳某某身上有酒味，于是便将岳某某和高某某带到医院进行抽血检验乙醇含量，检测结果显示，岳某某血液酒精含量为84毫克/100毫升。

（二）判决要旨

1. 一审判决

新疆哈密市人民法院一审判决认定：“被告人岳某某每100毫升血液中含乙醇84毫克，属醉酒驾驶机动车。被告人岳某某的行为构成危险驾驶罪，但犯罪情节轻微，依法可以免予刑事处罚。”①

2. 二审判决

新疆哈密市中级人民法院二审判决认定：“上诉人岳某某酒后休息了一个晚上，次日上午11时许，在交警的指挥下挪动车辆，虽其血液中的乙醇含量刚超过醉酒的标准，但其通过一夜的休息，并未意识到自己还处于醉酒状态。交警让其移车时，也没有发现上诉人处于醉酒状态，上诉人不具有危险驾驶的主观故意。且其是在交警的指挥下短距离低速移动车辆，驾驶车辆的危险性大大降低，符合情节显著轻微的情形，可不认为是犯罪。故上诉人及其辩护人认为岳某某不构成危险驾驶罪的辩解、辩护理由成立，予以采纳。原判认定基本事实清楚，证据确实、充分，但适用法

① 参见新疆维吾尔自治区哈密市中级人民法院刑事判决书，(2016)新22刑终113号。

律不当，应予纠正。依据《中华人民共和国刑法》第一百三十三条之一、第十三条之规定，判决如下：一、撤销哈密市人民法院（2016）新 2201 刑初 309 号刑事判决，即被告人岳某某犯危险驾驶罪，免予刑事处罚。二、宣告上诉人（原审被告人）岳某某无罪。”①

（三）法理问题

1. 岳某某“隔夜醉驾”案的主观罪过问题。

关于醉驾犯罪的主观罪过形式刑法理论学界众说纷纭，有的学者认为只能是故意态度，有的学者认为只能是过失态度，也有的学者认为既可以是故意态度也可以是过失态度。

2. 岳某某“隔夜醉驾”案的危险判断问题。

醉驾犯罪属于抽象危险犯，醉驾行为具有抽象危险。而对岳某某“隔夜醉驾”案的危险判断问题则值得引起关注。

3. 对岳某某“隔夜醉驾”案能否适用《刑法》第 13 条但书的问题。

三、岳某某“隔夜醉驾”案的主观罪过问题

（一）关于醉驾犯罪主观罪过形式的理论争议

根据我国《刑法》第 16 条的规定，没有故意或过失的行为不成立犯罪。在刑法理论中，行为人构成犯罪的必要条件之一就是主观上具有罪过。换句话说，要想成立犯罪，行为人主观上要么存在故意，要么存在过失，即使有客观危害但没有主观罪过，也不可以定罪并处以刑罚。而就醉驾型危险驾驶罪的主观罪过形式而言，目前刑法理论学界争论不休，主要有三种观点：只能是故意、只能是过失、既可以是故意也可以是过失。

1. 醉驾犯罪是故意犯罪

醉驾犯罪的主观罪过形式为故意系刑法理论界大多数学者的观点。学者们认为，驾驶人必须对自己的醉酒状态存在明知，并在该状态下驾驶机动车，如果行为人并不知道自己处于醉酒状态而驾驶机动车，就不能认定为构成醉驾犯罪。例如有观点指出：“醉酒驾车犯罪是故意犯罪。行为

---

① 参见新疆维吾尔自治区哈密市中级人民法院刑事判决书，（2016）新 22 刑终 113 号。

人明知醉酒驾车危害道路交通安全，饮酒并实际达到法定醉酒程度，在道路上驾驶了机动车，就属于具有刑法规定的醉酒驾车犯罪的故意。”①再如有观点认为，“行为人要认识到自己在道路上醉酒驾驶机动车，认识到自己的行为会发生公共安全的抽象危险，并且希望或者放任这种危险发生”②。

2. 醉驾犯罪是过失犯罪

有学者认为，按照醉驾型危险驾驶罪的主观心态是故意来说，驾驶员要对自己醉酒开车所引发的交通事故抱有希望或者放任的心理态度，也就是醉酒驾驶机动车时，希望自己的行为能引起危害结果，或者对行为产生危害结果的高度可能性置之不理。但问题在于，如果行为人是以这种心态来看待自己的醉酒驾驶行为的，就不应该构成危险驾驶罪了，而应该涉及另一个相似的罪名——以危险方法危害公共安全罪。以危险方法危害公共安全罪中的故意就是当事人心里明明清楚自己的行为会造成不特定的多数人伤亡或者公私财产的重大损失，并且希望和放任这种危害到公共安全的后果发生。所以，如果驾驶员仅仅对自己的醉酒开车行为抱有故意心态，但并没有危害公共安全的心理态度，那么行为人在主观上并不能满足危险驾驶罪的要求，不构成危险驾驶罪。如果行为人醉酒后带着故意的心态去驾驶机动车，又有着危害公共安全的心态，就构成以危险方法危害公共安全罪，而不构成危险驾驶罪。所以，危险驾驶罪中的驾驶员不可能为故意心态。③

3. 既可以是故意也可以是过失

也有一些学者对以上两种学说都持反对意见，认为“醉驾型”危险驾驶罪的主观罪过形式既可以是故意，也可以是过失。这些学者主要是出于以下几点考虑：(1)刑法的立法原则主要是处罚故意类犯罪，仅仅有必要时才追究过失类犯罪。“法律有规定”是唯一的可以将过失致害归入犯

---

① 戴玉忠：《醉酒驾车犯罪相关法律规定的理解与适用》，载《检察日报》2011 年 6 月 20 日，第 3 版。

② 张明楷：《危险驾驶罪的基本问题——与冯军教授商榷》，载《政法论坛》2012 年第 6 期。

③ 参见冯军：《论〈刑法〉第 133 条之 1 的规范目的及其适用》，载《中国法学》2011 年第 5 期。

罪范畴的根据。根据《刑法》第133条之一对罪状的描述,并不能得出本罪的主观罪过形式的结论,此时,可以与其他条款进行结合分析。从《刑法》第133条之一第1款规定与第2款规定之间的关系来看,本罪既可以是故意犯罪也可以是过失犯罪。(2)危险驾驶罪虽然是危险犯,但危险犯与实害犯的罪过判断方法是相同的。刑法理论中的危害结果不仅包括对法益的实际侵害,也包括对法益发生侵害的危险,所以,即使并没有产生现实的危害结果,只是有着发生实害的可能性,也属于“危险”的范畴。犯罪故意的实质是行为人明明知道自己的行为必定会导致危害结果的发生或者有发生的高度可能,心中却抱有要达到使这种危害结果发生的目的,或者虽然没有希望结果发生的心态却不采取阻止结果发生的行为而放任危害结果发生。过失犯罪的实质是按照常识本应预见却因为疏忽大意并未认识到,或者虽然预见了危害结果可能发生,但以为自己可以幸免躲过,却因此产生了危害结果。在刑法理论中,故意和过失的规定对于所有罪名的成立都是具有适用空间的,对于不同类型犯罪的划分不影响主观罪过形式的判定。所以,在判断危险驾驶罪的主观罪过形式时,应当以行为人对自己醉酒驾驶机动车这个行为所引起的交通事故的危害结果抱有什么心态为基准。据此,本罪的罪过形式既可能为故意,也可能为过失。①

(二)对醉驾犯罪主观罪过形式的应然界定

对于以上“过失说”,笔者认为其是值得商榷的。

上述持“过失说”的学者从故意内容的角度,将危险驾驶罪与以危险方法危害公共安全罪进行对比,以判断危险驾驶罪的主观罪过。但是我们知道,成立以危险方法危害公共安全罪所涉及客观方面的行为是与放火、爆炸、投放危险物质等危险性程度具有相当性的行为,而本罪中的行为即在醉酒状态下驾驶机动车的危险程度与决水、投毒等危险性程度相较,并不具有可比性。从生活常识的角度即可知道,放火、爆炸、投放危险物质等行为的危害性是非常大的,具有破坏范围广、损害程度大等特点,

---

① 参见谢望原、何龙:《“醉驾型”危险驾驶罪若干问题探究》,载《法商研究》2013年第4期。

其危害后果的严重性远远大于危险驾驶行为。所以在进行同类解释时，只有程度相当即某种危险驾驶行为达到放火、投毒等行为具有相似的危险程度时，才可以进行等同评价。

再从处罚来看，不同罪名的罪过形式与法定刑之间并无必然的对应和联系，由法定最高刑判断主观罪过的方法并不科学和可取。因此，依据危险驾驶罪的最高刑为拘役并处罚金，就判断危险驾驶罪为过失犯罪。这一判断并不合理。

从危险驾驶罪的罪状描述来看，并没有体现对危害结果的要求，由此可推断危险驾驶罪的主观罪过指向的是危险驾驶行为本身而非危害结果。在成立危险驾驶罪的场合，驾驶员明明知道自己饮酒且并未脱离醉酒状态，也明明清楚醉酒不能驾车的事实，却仍然醉酒开车。由此可见，危险驾驶罪的主观罪过形式只能是故意。

（三）对岳某某是否存在醉驾犯罪主观罪过问题的具体分析

该案中，岳某某与高某某在 2016 年 4 月 19 日晚一起喝酒一直到 20 日凌晨 2 点结束，经查饮酒量为两人共计七八两白酒。2016 年 4 月 20 日上午 11 时 30 分许，也就是间隔 9 小时 30 分钟后，岳某某在执勤交警的要求和指挥下将车从路西侧人行道移至路东侧的机动车道，遂被交警发现有酒味并经过血液中酒精浓度测试显示为 84 毫克/100 毫升。

“隔夜醉驾”，指的是当事人在前一天饮酒，但当时并没有立即开车，而是休息一晚，在第二天才驾驶机动车，但是此时血液中酒精浓度还是超过了规定范围。这里的“隔夜”其实代表着一个时间跨度，只是一般人都是在夜间饮酒隔天再驾驶，因此得来“隔夜”一词，其实质上是行为人饮酒后经过一定的时间段再驾驶机动车的情形。这里的时间段，可以是白天也可以是夜里，可以为任何时间段。对于隔夜醉驾应该如何处理，有以下几种观点：第一种观点认为，“危险驾驶罪属于故意犯罪，主观上要求机动车驾驶人明知自己处于醉酒状态和醉酒驾驶对公共安全的危害而放任该种危险，隔夜醉驾行为人因对醉酒驾驶无认识，主观上缺乏故意，不应认定为犯罪”[①]；第二种观点认为，“行为人的行为客观上对交通安全造成危险，主观上对其饮酒和禁止酒驾都有认知，其对自身已经脱离醉态的误判属认识错误范畴，无碍于故意的认定”[②]。换句话说，对岳某某“隔夜醉驾”问题定性的关键在于行为人“故意”的内容是否包括“明知道自己并未脱离醉酒状态”，即清楚自己血液中酒精浓度仍然超过法定的 80 毫克/100 毫升。如果明知自己并未脱离醉酒状态而开车，就属于危险驾驶行为；如果不知道自己血液中酒精含量还在 80 毫克/100 毫升以上实施了开车行为，则不应认为其有危险驾驶的故意，不能认定成立危险驾驶。

在笔者看来，每个人的体质不同，对乙醇的耐受程度不同，对醉驾的认定采用的是普通大众的一般水平，法律只规定单一量化的数额作为酒驾或醉驾标准。行为人前一晚喝了酒，隔了一夜后实施驾驶行为时血液中酒精浓度仍然超过法定值的，在客观意义上来说，此时仍然构成危险驾驶行为；从主观意义上来看，驾驶人明知道自己喝了酒，也明知道酒后不能开车，关键在于行为人对于自己仍未脱离醉酒状态处于什么心态。

由案件事实可知，岳某某的驾驶行为发生在饮酒后 9 小时 30 分钟之后，根据生活经验，普通人的夜间睡眠时间为 7 ~ 8 小时，由此可见，岳某某已经尽到了客观上的注意义务，进行了充分的休息，这不同于醉后即驾的心理态度。岳某某在执勤交警的要求和指挥下挪车，这可以被认定为服从交警行政指令的行为，带有受强制的性质，可说明岳某某主观上本来就并无故意驾车的心态。在交警见到岳某某时，从表面上看并没有看到醉酒迹象，后交警指挥岳某某挪动车位，仍然没有发现岳某某醉酒驾驶的迹象，直到挪车结束后，交警与岳某某近身交谈时才发现其身上有酒味。这说明岳某某在挪车过程中意识清醒，身体行动正常，没有明显醉酒迹象。9 个半小时的休息、清醒的意识和自如的活动，足以使岳某某以为自己并不处于醉酒状态，这样的推断从生活常识和实践经验上来讲，完全是说得通的。

因此，笔者认为，就案涉的挪车行为而言，岳某某并不知道自己仍处

---

① 李翔：《危险驾驶罪主观方面新论》，载《法商研究》2013 年第 6 期。

② 李淼：《认定醉酒驾驶的几个难点》，载《检察日报》2012 年 5 月 18 日，第 3 版。

于醉酒状态,也就是说其主观上不具有醉酒驾驶的故意,不存在醉驾犯罪的主观罪过。

四、岳某某“隔夜醉驾”案的危险判断问题

(一)抽象危险犯的危险判断概述

醉驾犯罪是抽象危险犯。在刑法理论上,以对法益实际的侵害结果作为处罚根据的是实害犯,以对法益发生实际侵害存在可能性为处罚根据的是危险犯。其中,具体危险犯,是指需要在司法上就具体个案,对是否存在现实性的、具体的危险进行判定的一种危险犯类型;抽象危险犯是在司法上以一般的社会生活经验为根据,认定行为一旦实施通常具有发生侵害结果的危险,不用再就个案的具体情况进行个别分析一种危险犯类型。

抽象危险犯的一大特点就是其所谓的“危险”并不是实际发生的而是立法者所推定的。也就是说,行为人一旦实施了成立该罪名客观方面所规定的行为,就视为存在产生某种实际损害的危险,而不用再根据具体案情具体判断是否发生现实的危险。如盗窃枪支罪,因为枪支本身就是一种危险性非常高的违禁物品,因此在立法者眼中,枪支只要被普通人持有,就具备非常高的危险性,所以盗窃枪支后并不要求实际产生了枪支引起的危害,就认定为已经构成了犯罪,此时盗窃枪支罪就为抽象危险犯,盗窃枪支的行为就具有抽象危险。需要注意的是,虽然危险不需要在具体个案中进行是否存在的具体判定,但是,在认定具有抽象危险的时候,依然需要裁判者的参与和判断,这里的判断内容则为该行为是否存在立法者所推定的危险。

那么,如何判断抽象危险是否存在呢?理论上主要存在两种学说。

第一,形式说。该说认为,是否具有抽象危险,只要看行为人有没有实施刑法条文所规定的行为即可。也就是说,只需要满足形式上的要求即可,而不用再考虑行为发生时的具体情况,不考虑实质上有没有危险发生的可能性;只要实施了刑法规定的构成要件的行为,就具有抽象危险。如周光权教授认为,“醉酒驾驶机动车是否构成犯罪,应当以行为人是否

在达到醉酒状态时仍然驾驶机动车为准。只要车辆驾驶人员100毫升血液中的酒精含量大于或者等于80毫克时的驾驶行为,就是醉酒驾驶。对犯罪的成立,不能再附加其他条件"①。我国台湾地区学者黄荣坚认为,"法官在做个案审理的时候,只要审查行为人的行为是否该当法条所规定的行为要件,而不必审查个案事实中是否果真出现所谓危险结果……从客观不法范围上限缩抽象危险犯(亦即和具体危险犯一样以具体危险为不法要件)和抽象危险犯的立法概念相抵触"②。

第二,实质说。形式说和实质说都认为,就抽象危险犯的成立而言,刑法所保护的法益必须有受到侵害的危险。与形式说不同的是,实质说允许法官根据具体案件中的行为来判断是否符合抽象危险犯的构成要件,同时也允许行为人提出反证,即行为人可以自证根据自己实施行为当时的情景,证明自己的行为不会产生构成要件中所指的侵害刑法所保护的法益的抽象危险。仅仅通过判断行为符合构成要件的规定,并不能当然地认为就存在抽象危险。在实际生活中,案件的具体情况错综复杂,完全有可能根本就不会产生构成要件所要求的抽象危险的可能。因此,应当赋予行为人反证的权利。如果能够得到证实,裁判者就不得仅仅以行为符合构成要件而判定抽象危险的存在。如张明楷教授认为:"虽然抽象的危险是不需要司法工作人员具体判断的危险,但是,如果具体案件中的特别情况导致行为根本不存在任何危险,则不能认定为抽象的危险犯。"③黎宏教授指出,在抽象危险犯中,"只要实施了所规定的行为,就拟制性地认为具有危险。但是,从刑法的目的是保护法益,违法性即社会危害性的本质在于侵害或者威胁法益的立场来看,即便是抽象危险犯,也应具有某种程度的要求。在具体场合,由于特殊情况,在实施了法律上所规定的行为但根本不可能发生危险的时候,不能肯定成立犯罪"④。

笔者认为,实质说犯了一个逻辑错误。具体而言,只有确定了抽象

---

① 周光权:《刑法各论》(第2版),中国人民大学出版社2011年版,第166、180页。

② 黄荣坚:《基础刑法学》(下),台北,元照出版有限公司2006年版,第620~621页。

③ 张明楷:《刑法学》(第4版),法律出版社2011年版,第168、638页。

④ 黎宏:《刑法学》,法律出版社2012年版,第92页。

危险后才有判断是否可以反证的问题，而实质说却用是否可以反证来判断是否存在抽象危险，这属于前后颠倒。另外，实质说与形式说最大的区别就是允许行为人提出反证。但是，问题在于，本应由司法机关承担的存在抽象危险的证明责任，却因反证而转嫁给了行为人，这无疑加重了行为人的司法负担。笔者更认同形式说的观点，即只要在形式上满足刑法所规定的某些行为，就认定为具有抽象危险，而并不再将其他情况考虑在内。

笔者认同形式说的观点，主要理由有以下五点：(1)形式说更尊重抽象危险犯的概念。所谓抽象危险犯，就是在司法上以一般的社会生活经验为根据，认定行为一旦实施即通常具有发生侵害结果的危险，而不用再根据具体案情具体判断是否发生现实的危险。在此意义上，要注重相似概念的对比和区分，从立法角度来看，抽象危险犯本就不用在个案中作具体的分析。如果就抽象危险犯的认定而言也需要针对现实情况进行具体判断，那么，抽象危险与具体危险的区分就不复存在了，这会严重背离立法者的初衷。抽象危险犯实质上就是对法益保护的前置化，据此，对于某些并不常规的危险，发生具有突然性和发现具有滞后性的危险，提前设定行为的类型性特征和惩罚措施，在行为出现时即认定为具有发生危害社会公共安全的危险，以期更好地保护法益。抽象危险犯的设定属于一种积极的预防措施。立法者根据生活经验，预先将类型性的危险行为加以规范，对此种危险有可能侵害的法益预先保护，警示普通大众来避免实行此种危险行为，因此对危害结果的发生与否并不作要求，而只要有相应的实行行为，就认定为该行为具有抽象危险。(2)抽象危险犯的“危险”属于“行为的危险”。刑法中的“危险”可以分为“行为的危险”和“结果的危险”。“行为的危险”，是指认为行为本身就具有发生危害结果的可能，对危险的判断并不以危害结果的发生为基准，也就是说无论危害结果有没有发生，只要行为满足构成要件的客观要求，就认定为有抽象危险；“结果的危险”，是指对危险的判断是以危害结果的发生为基准的，只有危害结果真实发生了，才能认定为抽象危险犯。不难看出，此处的“结果上的危险”对应“具体危险”,“行为的危险”对应“抽象危险”。[①] 抽象危险存在于行为本身,并与危害结果相分离。因此,在考察抽象危险时,无须对危害结果加以讨论分析,而只要对行为本身加以判断。只要符合刑法所规定的情形,即能判定存在抽象危险。(3)抽象危险是立法理由而不是构成要件。立法者设立抽象危险的概念目的是将一定类型危险行为的发生进行提前预防,这只是立法者的立法动机,而不是要把危险的发生当作成立抽象危险犯的必要条件。在具体案件中,对行为人追究刑事责任,并不要求发生了实际危害的危险,而仅仅要求出现了立法者所规定的类型性行为。因为行为本身就具有一定的可罚性,这是立法者为防止实际损害的发生而做出的预防性设定。(4)抽象危险中的“危险”是“被拟制”的危险。抽象危险中的危险并不是实际发生了的危害结果,而是立法者根据社会风险总结出的一系列具有产生实际危害危险的行为。只要实施了此类行为,就认定具有危险,因而是一种“被拟制”的危险,并不要求危害结果的现实化,这样,也就不需要再根据具体案件进行具体分析了。(5)避免产生举证难题。就对抽象危险的判断而言,如果除了形式上实施符合抽象危险犯的行为,还要证明每个具体案件中确实存在危险,这无疑额外加重了司法机关的证明责任,又有混淆与具体危险犯区别的嫌疑。若将此部分责任转移给行为人,又与“存疑时有利于被告”的原则背道而驰。抽象并不代表着不考虑对法益侵害危险的判断,只是立法者在立法时就已经将判断责任囊括其中,将司法过程缩减抽象化了。此时若对抽象危险的判断再要求根据个案进行具体分析,无疑将在举证责任的分配和实现上带来问题。就此而言,对抽象危险的判断是不需要进行个案的具体分析的。

综上所述,抽象危险中的危险是类型化的、预防性的危险,在判断时不需要结合案情进行具体分析,而只需要满足形式上的要求即可,即实施了刑法规定的构成要件的行为,就认定具有抽象危险。

---

① 参见张明楷:《危险犯初探》,载马俊驹主编:《清华法律评论》1998 年第 1 辑,清华大学出版社 1998 年版,第 118 ~ 142 页。

(二)醉驾犯罪中抽象危险的判断

醉驾型危险驾驶罪属于抽象危险犯。主要考虑以下两点:一方面,从立法上来看,对于具体危险犯和抽象危险犯最明显的区分就是对具体危险犯规定了现实的、可分辨的危害结果,这种现实的、可分辨的危害结果是成立具体危险犯不可或缺的要素。与此相反,抽象危险犯是对危害行为进行类型化、预先性的处理,也就是说对于危险结果是否发生在所不问,在罪状描述中并不体现,也不作为犯罪成立的构成要件。《刑法》第133条之一没有规定具体的危险,因此可推知立法者是以抽象危险犯的目的来规定醉驾型危险驾驶罪的。另一方面,从司法实践来看,目前我国对于危险驾驶行为的查处是以行为人是否满足入罪客观上的行为为标准的,不考虑是否发生危险和危险程度如何,由此可以看出在我国刑法的司法实践中,对于醉酒驾驶机动车的行为,是以抽象危险犯来评价的。根据上文的阐述,对醉驾型危险驾驶罪中抽象危险的判断,要看行为人是否实施了醉驾型危险驾驶罪客观要求上的行为。在具体案例中,如果行为人的行为符合"在道路上醉酒驾驶机动车"的规定,就可以认定存在醉驾犯罪的抽象危险。

1. 醉驾型危险驾驶罪抽象危险的判断因素

醉驾犯罪,是指在道路上醉酒驾驶机动车的行为。根据罪状描述,可知就醉驾型危险驾驶罪中抽象危险的判断而言,需要考虑的因素有以下三点:发生地点为道路,行为人的状况为血液酒精浓度超过法定值,具有法律意义上的驾驶行为。

(1)在道路上。

这指的是行为人实施驾驶行为的地点是法律意义上的道路上,其中对道路的解释应当遵照《道路交通安全法》的规定,即供车辆和行人从一地到另一地通行的基础设施。需要注意的是,这里的"道路"包括但不限于我们日常生活所指的范围,其涵盖面更为宽泛。在日常生活中,不认为是道路的如停车场、码头等供公众从事社会生活的车辆可以通行的各种场所,也应该包含在本罪所述的"道路"中。

（2）醉酒。

“醉酒”，是指车辆驾驶人员血液中的酒精含量大于或者等于80毫克/100毫升。这一标准是由国家相关部门制定的《车辆驾驶人员血液、呼气酒精含量阈值与检验（GB19522－2004）》中加以规定的。对于这种单一量化的标准，理论上有一定的争议，主要可以划分为主观标准和客观标准。客观标准即立法者首先设置一定的判断标准，在具体案例中只要驾驶员血液中酒精浓度达到或者超过了预先设定的法定值，就可以说行为人数额上达到了醉酒状态，而不考虑其他非数额因素。如张明楷教授认为：“车辆驾驶人员血液中的酒精含量大于或者等于80毫克/100毫升的属于醉酒状态。”①冯军教授认为：“有关机关设立80毫克/100毫升这一血液酒精含量值的目的，就是要通过排除行为人自己关于醉酒驾驶安全性的经验认知，在禁止醉酒驾驶上确立不可动摇的规范保障。”②主观标准，是指在具体的个案中需要考虑个体的差异，对行为人能否认识到自己处于醉酒状态和对危害结果发生的心理态度进行考量，考虑到每个人对于饮酒量的承受能力不同，分解消化乙醇的能力也相差悬殊，在判定是否达到醉酒状态的时候，不宜简单粗暴地以某一数值为标准，而应当对个案当事人进行具体分析，观察和测量他们在开车时的认知、反应和控制能力，以更科学地判断行为人是否真正处于醉酒状态。“仅凭血检测试结果就认定行为人的行为构成醉酒驾驶其实是将血检测试结果视为‘证据之王’，这种观点既违背现代证据科学的基本原理，又会侵犯少数虽饮酒但并未醉酒者的合法权益。”③“即便血液酒精含量达到80毫克/100毫升，但因酒量很大，醉酒对驾驶能力也没有丝毫影响时，将此情形也认定犯罪显失公正。”④

笔者更支持主观标准。首先，在法律体系中，各个部门法的法律用语

---

① 张明楷：《危险驾驶罪及其与相关犯罪的关系》，载《人民法院报》2011年5月11日，第6版。

② 冯军：《论〈刑法〉第133条之1的规范目的及其适用》，载《中国法学》2011年第5期。

③ 刘磊：《认定醉酒驾驶行为的抽象危险应排除合理怀疑———兼谈认定醉酒驾驶行为的证明方法及证明规则》，载《法商研究》2014年第4期。

④ 李婕：《限缩抑或分化：准抽象危险犯的构造与范围》，载《法学评论》2017年第3期。

之间是相互统一又相互独立的，在不同部门之间又是各有侧重的。在不同部门法的不同场合，对不同行为、不同对象作出不同的解释，是实现各个部门法价值的应有之义。其次，与刑法追求的价值不同，效率是行政法的生命，行政法侧重于维护社会秩序。为了便于维持正常的社会秩序，行政法制定统一而严格的标准，甚至牺牲公平正义而维护效率也在情理之中；但刑法更追求实体公正和保障人权。根据保障人权的理念，在判断醉驾型危险驾驶罪时，应当重点考察行为人醉酒后的后续行为也就是达到醉酒后处于一种什么样的精神状态，以及醉酒后的驾驶行为是怎样的。根据日常生活经验和医学知识，醉酒会使人的辨认、控制能力变弱。若在辨认能力不足、控制力下降的状态下驾驶机动车，就会增加危害公共安全受侵害的风险，刑法由此严厉禁止醉酒驾车的行为。所以，对醉驾中的“醉酒”的认识，应当从刑法的角度予以解读。危险驾驶罪中的“醉酒”不是普通意义上的醉酒，而是指达到了刑法意义上的使驾驶人无法安全驾驶的层面。据此，如果行为人驾驶机动车时血液中酒精浓度等于或者大于法定醉酒数额，但因为行为人本身身体原因对乙醇的承受力和分解力强，意识清楚，以其控制力足以安全驾驶，其行为却被视为危险驾驶，那么，刑法规定危险驾驶罪时其主旨就不是保护公共安全，而是维护禁止醉酒驾驶的行政规范的有效性，这显然是不合理的。因此，应当根据刑法本身的正义价值和理念，合理选择“醉酒”的评判标准。

笔者认为，判断刑法中醉酒的标准不能仅限于血液中乙醇含量达到或者超过 80 毫克/100 毫升的医学标准。就醉酒的根据而言，不能仅限于医学标准或统计学标准，还应考虑到个体差异。按照医学上的理论，当血液中酒精浓度达到 0.05% 时，人的意识就开始模糊了，在 0.3% 以上时，人就会吞吐含糊，无法稳定地站立行走了，此时达到了常说的醉酒状态，当在 0.7% 及以上的时候，人就会有生命危险了。但是人与人之间的身体差异很大，对于乙醇的承受能力和消化分解能力不尽相同，表现为每个人的酒量是不同的。既然如此，那么，将 80 毫克/100 毫升这一医学标准统一适用于刑法中判断一个人行为的罪与非罪，恐怕有失妥当。有的人对乙醇承受和分解消化能力差，有时仅仅是少量地喝酒，就会出现吞吐含糊，无法稳定站立行走的状况。对这类人而言，即便乙醇含量并未超过法定的数额，实质上也应当看作已经处于醉酒状态了；而有的人对乙醇承受和分解消化能力强，就算是血液中乙醇含量达到甚至超过了 80 毫克/100 毫升，但谈吐清晰，可以稳定站立行走，视觉能力、触觉能力、判断能力、反应能力、操作能力、判断路况的敏感性等都与正常人无异或者完全可以达到正常驾驶的标准，则不能视为“醉酒”。

由上文可知，行为人“血液中酒精含量醉酒”与“意识状态醉酒”是完全不同的概念。笔者认为，对于“醉酒”的评价，应当采用更好的解释方法和成立标准。达到法定的血液酒精含量一般会影响安全驾驶，但还要进一步考察驾驶人是否进入意识状态醉酒即真正地失去了安全驾驶的能力。危险驾驶罪保护的法益是公共安全，设立本罪的主旨是防止行为人在不能安全驾驶的状态下驾驶机动车。因此，就醉酒的标准而言，应当以行为人不能安全驾驶为标杆。也就是说，刑法所要禁止的行为是醉酒以至于不能正常安全驾驶的行为，因此，笔者认为，不能仅以血液乙醇含量达到医学标准就认定为法律意义上的醉酒，而应该采取“意识状态醉酒”与“血液中酒精含量醉酒”结合分析的双重标准，更科学地评价行为人是否处于醉酒状态。

(3)驾驶机动车。

顾名思义，驾驶机动车就是指行为人带着使机动车运行起来的目的，在自我意识的支配下，发动引擎或者操控机动车使其真正地运行起来。而醉酒驾驶机动车，就是行为人正处于醉酒状态时，实施驾驶机动车的行为。在刑法理论中，对于什么才是驾驶行为的问题主要有两种看法，一是“运行说”，认为所谓的驾驶行为是指需要使机动车实际运行于道路上，运行起来指的是使机动车在道路这个平面上具有物理意义上的位置改变，所以醉酒驾驶机动车就是行为人以醉酒的状态实际地操控机动车使之在地面上形成位置上的改变。假设行为人在醉酒后仅仅是坐在车上，即使已经发动了引擎，但始终没有使车子在地平面上发生物理上的位置改变，就不算“运行”，也就不能称为驾驶。其中，运行机动车，不要求在运行距离、时间长短和运行速度上达到任何标准，即使在很短的距离内以很慢的速度挪动，也理当认定为驾驶行为，如短距离低速倒车、将车挪动到既定车位等。[①] 二是“发动引擎说”，该部分学者认为，对驾驶行为的起点应当以对机动车引擎的发动为开始，发动引擎说与运行说都认为如果行为人醉酒后只是简单坐在车上，没有发动引擎也没有操控机动车发生位置上移动，就不能看作驾驶行为。发动引擎说与之相异之处在于发动引擎是否能算作驾驶的起点，该说认为只要行为人实施了发动引擎的行为，就开始了驾驶行为，而“运行说”则以发生位置上的移动为起点，发动引擎行为尚且不算作驾驶行为的一部分。[②]

驾驶行为还要求行为人系自主控制机动车。在实践中，有些驾驶行为是在受强制的情况下进行的。根据强度划分的话，可以分为完全受强制的驾驶行为和不完全受强制的驾驶行为。这里的完全与不完全的区分在于行为人是否有支配自己意志的空间，如果行为人完全没有支配自己意志实施驾车行为的空间，就属于完全受强制的驾驶行为，如果行为人并未完全丧失支配自己意志的自由，就属于不完全受强制的驾驶行为。根据我国刑法的要求，行为人必须是在自由意志支配下实施危害行为，才具有可追责性，因此对于危险驾驶罪的成立必须要求行为人并非在完全受强制的情况下实施驾驶行为，才具有刑法意义上的可罚性。在实践中，通常的带有强制性质的驾驶行为主要有员工在领导的威逼下开车载人、公民在行政司法机关人员的要求下进行挪车等。

2. 醉驾型危险驾驶罪抽象危险的具体判断

笔者认为，就醉驾型危险驾驶罪抽象危险的判断而言，应当按照抽象危险的立法本意，只考察形式上行为是否符合危险驾驶的客观要求即可。但就“醉酒”的判定而言，应当将行政标准与刑法标准结合、形式标准与实质标准结合，即除血液中乙醇浓度 80 毫克/100 毫升的条件外，还应当通过考察行为人醉驾时的具体事实来判断，确定是否达到“醉酒”状态，从而进一步判断是否存在醉酒驾驶的抽象危险。

在形式标准上应先进行医学检测。如果行为人因个人体质问题对乙醇的承受能力和消化分解能力不佳，即使只是喝了一点酒，就出现了普通

---

① 参见冯军：《论〈刑法〉第 133 条之 1 的规范目的及其适用》，载《中国法学》2011 年第 5 期。

② 参见沈佳民：《醉酒驾驶犯罪若干问题分析及完善建议》，载《时代金融》2011 年第 29 期。

人醉酒才出现的状态，如意识模糊、谈吐不清、站立走路都摇摇晃晃，虽然此时血液中酒精浓度还没有达到普遍意义上的可罚数额标准，但以该行为人的实际情况已经达到产生危险驾驶危害结果的程度了，此时就应当以达到“醉酒”标准来处理。如果行为人体制非常好，即使喝了酒并且也超过了法定醉酒标准，但是该行为人意识非常清楚，表达流畅，逻辑清楚，行动力也完全无异于常人，这时候就要进行下一步的实质性检测。实质标准的检测，是指在通过医学检测血液中酒精浓度的基础上，对行为人进行意识状态、视觉、听觉、触觉、反应速度等综合能力的测评。具体而言，可以通过进行视力检测、听力检测、反应速度检测，观察言语表达是否流畅，如是否能清晰地陈述事实或回答交警问题等，逻辑思维是否清楚（如解决简单的逻辑问题），行为举止是否稳定（如进行“人体平衡试验”、“步行回转试验”和“单腿直立试验”等），综合各方面的检测结果判断行为人是否处在“醉酒”状态。具体而言，可以参考以下因素：（1）检测驾驶人呼吸和血液中酒精含量，调查行为人当时饮酒量和平时的酒量。（2）驾驶人饮酒后驾车行驶过的道路的性质、路线、距离、人流量等。按照日常生活经验即可得知，饮酒后在繁华地段上驾驶比在偏远僻静的地方驾驶更具有危险性，在人流量大的道路上驾驶比在人烟稀少的道路上行驶更具有危险性，进行长距离的行驶比短距离的行驶的危险性更大。（3）驾驶人被查获时的驾驶能力。对此，可以通过如上文所述的视力检测、听力检测、反应速度检测、言语表达检测、逻辑思维检测、行为举止检测等方式进行判断。

综上所述，对于醉驾型危险驾驶罪抽象危险的判断不应当仅仅采用数额定乾坤的方法，而是应当先进行酒精测试，在血液乙醇浓度达到法定标准的前提下，再进行安全驾驶能力测试，形成一套科学合理的阶层式检测标准，确定是否达到“醉酒”状态。如果符合醉酒标准，再进一步结合是否“在道路上驾驶机动车”，判断是否满足抽象危险的形式要求。

（三）关于岳某某隔夜醉驾案危险判断问题的具体分析

从案件的具体情形来看，岳某某的挪车地点是在哈密市建国路，完全符合醉驾犯罪中的“在道路上”的要求；从血液中酒精含量来看，岳某某84毫克/100毫升的酒精血液含量数值确实超过了80毫克/100毫升的法定值，涉及醉酒的问题，但从数值上来看，仅仅超过了4毫克。目前我国刑法理论和司法实践上对醉酒仍然采用的是单一量化的认定标准，无论行为人意识模糊还是清楚，是否还具有足够的控制能力，只要达到上述标准，就认为行为人属于“醉酒”；无论按照运行说还是发动引擎说，岳某某的挪车行为符合“驾驶机动车”的行为，但岳某某是在交警要求和指挥下进行挪车的，其中虽然带有一定的强制性，但并未完全丧失意志自由，对于驾驶行为仍然可以选择，由此可知仍然没有超出“驾驶”范畴。因此，综合来看，岳某某“隔夜醉驾”行为确实满足“在道路上醉酒驾驶机动车”的要求，应当认定为具有抽象危险。

再从危险程度上来看，因岳某某血液中酒精含量与醉酒最低标准值非常接近，且岳某某的驾驶行为系是在交警的要求和指挥下进行的，全程配合和服从，可以视为具有一定的强制色彩，因此，与普通意义上的醉酒驾驶行为相比，危险性大大降低。

综上所述，岳某某“隔夜醉驾”的行为具有醉酒驾驶的抽象危险，但危险性相较一般情形而言大大降低。

五、对岳某某“隔夜醉驾”案能否适用《刑法》第13条但书的问题

（一）关于对醉驾犯罪能否适用《刑法》第13条但书的理论争议

《刑法》第13条规定：“一切危害……的行为，依照法律应当受刑罚处罚的，都是犯罪，但是情节显著轻微危害不大的，不认为是犯罪。”

在刑法理论上，有学者认为《刑法》总则第13条但书的规定并不普遍地适用于《刑法》分则所包含的各项罪名。该部分学者认为，但书的规定仅仅阐述了什么样的行为不划分入犯罪的情况，只是对犯罪概念的延伸解释，是为了让犯罪概念更加明确的补充说明而已。① 也有部分学者认为，但书的适用范围应当根据不同性质的罪名而区别对待，如刑法上有些

① 参见马克昌主编：《犯罪通论》，武汉大学出版社1999年版，第30页。

犯罪程度很轻的罪名如侵犯通信自由罪、非法侵入住宅罪、侮辱诽谤罪等，可以适用但书的规定。但是对于危害性很大的犯罪如故意杀人罪、抢劫罪、爆炸罪等，应当排斥《刑法》第13条但书的适用。如张永红学者认为，“性质严重的犯罪，其行为通常已具有较大程度的社会危害性，因此无须附加定量因素的限制，在一般情况下都排斥但书的适用，其中性质特别严重的犯罪，应该基本排斥但书的适用。性质较轻的犯罪，其行为尚不具有较大程度的社会危害性，必须附加定量因素的限制方能表明其严重的社会危害程度”[①]。甚至有部分学者认为，《刑法》第13条但书的规定违背了罪刑法定原则，应当删除。[②]

笔者认为，“情节显著轻微危害不大”的规定是犯罪概念的一部分，从反面规定了什么样的情况不认为是犯罪，凡是涉及犯罪成立的判断，都应当将该规定考虑在内。换句话说，对该条件的满足是一切行为成立犯罪的必要条件。《刑法》总则规定着犯罪和刑罚的一般原理和抽象原则，《刑法》分则规定着各项罪名个别性的、具体化的构成要素，是《刑法》总则的细化和适用，总则的规定对分则有着广泛而共同的指引作用，同理分则也是在总则的约束下运行的。因此，《刑法》第13条但书的规定适用于《刑法》分则所有的罪名。

（二）对醉驾犯罪能否适用《刑法》第13条但书的不同观点

1. 理论争议

就《刑法》第13条但书的规定能否适用于醉驾犯罪而言，也有一定的争议，学者们主要分为如下所述两部分观点。

（1）肯定说。对于《刑法》第13条但书的规定适用于醉驾犯罪持肯定观点的学者占大多数。学者们认为，即使行为人达到了醉酒驾驶的形式标准，也有可能属于“情节显著轻微危害不大”的情况，应该作出罪处理。如王志祥教授认为，“将情节显著轻微危害不大的‘醉驾’行为予以

① 张永红：《刑法第13条但书的适用范围》，载《黑龙江省政法管理干部学院学报》2006年第6期。

② 参见王尚新：《关于刑法情节显著轻微规定的思考》，载《法学研究》2001年第5期。

出罪后纳入行政制裁的范围，是司法公正的体现"[①]；卢建平教授认为，"对法律无特殊情节要求的行为犯、危险犯如我国刑法中的非法拘禁罪、非法侵入住宅罪，包括危险驾驶罪并非一律定罪，而是仍然要考虑总则的规定，对于情节显著轻微危害不大的，不作为犯罪处理"[②]；刘宪权教授认为，"司法者对于醉驾不能一味强调入罪和处罚，如果确属情节显著轻微危害不大的，理应适用但书条款，不认定为犯罪"[③]。

该部分学者认为对醉驾型危险驾驶罪能够适用但书条款，主要出于以下两个理由：①《刑法》分则与总则的关系。《刑法》总则规定着犯罪和刑罚的抽象原则和一般原理，《刑法》分则规定着各项罪名个别性的、具体化的构成要素，《刑法》分则需要在总则的约束下运行。如认为"刑法总则和刑法分则这种分工决定了刑法个罪的研究不能脱离刑法总则关于犯罪、刑事责任、刑罚的一般原理的规定，否则将难以全面准确地把握个罪的本质。具体到醉酒驾驶型危险驾驶罪亦是如此，在确定是否构成本罪时，依然应当考虑刑法第13条但书的规定"[④]。而且认为但书的规定对犯罪的适用不要求犯罪行为性质和危害程度达到严重程度。对于没有规定任何情节要求的犯罪，当然地受但书规定的约束；对于情节犯即要求成立此种犯罪需要达到某些情节要求如"情节恶劣""情节严重"的，这些要求只是对总则但书条款的具体化，并未与总则产生矛盾。②但书规定同样适用于危险犯。如上所述，醉驾型危险驾驶罪属于抽象危险犯，从生活常识可以得知，行为人的醉酒程度、行驶时间和路程、行驶车速、驾驶地点人流量等情节都会影响醉酒驾驶的危险程度。因此，对醉驾型危险驾驶罪能够适用但书条款。[⑤]

---

① 王志祥、敦宁：《危险驾驶罪探析》，载《中国刑事法杂志》2011年第7期。

② 卢建平：《一个刑法学者关于醉驾入刑的理性审视》，载《法制日报》2011年5月25日，第7版。

③ 刘宪权、周舟：《〈刑法〉第13条"但书"条款司法适用相关问题研究——兼论醉驾应否一律入罪》，载《现代法学》2011年第6期。

④ 王强军：《危险驾驶罪的构成特征及司法适用》，载《学术交流》2011年第11期。

⑤ 参见何荣功、罗继洲：《也论抽象危险犯的构造与刑法"但书"之关系——以危险驾驶罪为引例》，载《法学评论》2013年第5期。

(2)否定说。仅有少部分学者对但书适用于醉驾型危险驾驶罪抱有否定态度。这部分学者表示,立法者在设立危险驾驶罪时就已经考虑了"但书"规定的存在,正是没有将醉驾的行为划定到"情节显著轻微不认为是犯罪"的范围之内,所以才设立了危险驾驶罪。凡是驾驶人血液中酒精浓度超过了 80 毫克/100 毫升,就已经构成危险驾驶罪。如冯军教授认为,"如果根据'情节显著轻微危害不大'这一标准使醉酒驾驶行为出罪,就会使以血液里的酒精含量大于或者等于 80 毫克/100 毫升这一血液酒精含量值为标准来判断醉酒驾驶行为'危害大小'的规定完全失去意义"[①]。又如戴玉忠教授认为:《刑法修正案(八)》明确规定"在道路上醉酒驾驶机动车的"构成犯罪,就是立法认为醉酒驾车不是"情节显著轻微危害不大的"行为。[②] 韩玉胜教授也认为,"情节已经包含在条文的规定当中,因为醉酒状态,按照咱们现在的规定是血液当中的酒精含量达到了 80 毫克/100 毫升以上,就应该认定已经构成了醉酒驾驶的状态,就应该构成犯罪了。至于说其他情节,实际应该是没有达到 80 毫克/100 毫升以上的,认为不构成犯罪,这是情节显著轻微,危害不大,不认为是犯罪。只要达到或者超过了 80 毫克/100 毫升,那么就认为他的行为应该按照犯罪来处理"[③]。

2. 司法实践的态度

就《刑法》第 13 条但书规定能否适用于醉驾型危险驾驶罪的问题,在司法实践中也有争议。在《2023 年醉驾意见》颁行前,公安部和最高人民检察院的态度是,对于行为人饮酒后驾驶机动车的案件,如果驾驶员血液中乙醇含量低于法定值,就不认为是醉酒驾驶机动车,只依照行政法的规定进行行政处罚;如果血液中乙醇含量达到甚至超过 80 毫克/100 毫升的法定标准,就成立危险驾驶,划入刑事范围,按照规定进行刑事立案、侦查

---

① 冯军:《论〈刑法〉第 133 条之 1 的规范目的及其适用》,载《中国法学》2011 年第 5 期。

② 参见戴玉忠:《醉酒驾车犯罪相关法律规定的理解与适用》,载《检察日报》2011 年 6 月 20 日,第 3 版。

③ 《醉驾入刑满月　最高法最高检公安部统一量刑标准》,载搜狐新闻网,http://news.sohu.com/20110527/n308664563.shtml。

和起诉。[①] 但是，法院的态度却不尽相同，在审理中一般采取审慎态度，并没有将所有醉酒驾驶机动车的行为都认定为构成危险驾驶罪。[②]《2023年醉驾意见》确认对醉驾案件能够依据《刑法》第13条但书的规定予以出罪。

（三）对《刑法》第13条但书规定能否适用于醉驾犯罪的应然分析

笔者认为，对醉驾犯罪能够适用《刑法》第13条但书规定。

《刑法》总则是对刑法问题的一般性、原则性的规定，对《刑法》分则有着普遍的指导意义，《刑法》分则是《刑法》总则的应用化，无论罪名情节严重程度和行为性质恶劣程度如何，都应当受到《刑法》总则的指导和约束。[③] 对于没有情节要求的犯罪，《刑法》第13条但书规定具有当然适用性；有情节要求如"情节严重""数额较大"的，只是对"情节显著轻微危害不大"描述的具体化，并没有与但书规定产生矛盾和冲突。在我国刑法理论中，一项犯罪要得以成立，不仅需要在性质上满足质的要求，在情节和程度上也要满足量的需求。因此，就犯罪的成立而言，不仅要看行为是否满足犯罪构成要件的定性要求，也要看是否符合定量要求。《刑法》总则第13条但书规定、《刑法》分则中"情节恶劣""情节严重"等都是成立犯罪在"量"上的要求的体现。虽然就醉驾型危险驾驶罪而言，在《刑法》分则的罪状描述中并没有表示程度要求的文字，但这并不说明凡是醉酒驾驶行为就一定构成相应的危险驾驶罪。即使没有《刑法》分则的明确规

---

① 2011年9月19日公安部发布了《公安机关醉驾案件指导意见》，其中指出公安机关办理醉酒驾驶机动车犯罪案件，要进一步规范立案侦查，从严掌握立案标准。"经检验驾驶人血液酒精含量达到醉酒驾驶机动车标准的，一律以涉嫌危险驾驶罪立案侦查；未达到醉酒驾驶机动车标准的，按照道路交通安全法有关规定给予行政处罚。"参见邢世伟、张媛：《公安部：警方对醉驾一律刑事立案》，载《新京报》2011年5月18日，第A07版。2011年5月23日，最高检新闻发言人、办公厅主任白泉民接受采访时也表示，对于检方来说，醉驾案件只要事实清楚、证据充分一律起诉。参见《最高检：醉驾案证据充分一律起诉　不存在选择性》，载搜狐新闻网，http://news.sohu.com/20110524/n308326946.shtml? pvid = tc_popupnews&a = 3&b = %E6%9F%A5%E7%9C%8B。

② 参见张蔚然：《最高法：并非醉酒驾驶机动车就一律构成刑事犯罪》，https://www.chinanews.com/fz/2011/05-10/3030639.shtml。

③ 参见赵绘宇、纪翔虎：《对于危险驾驶行为适用"但书"条款并无不当》，载《法学》2011年第7期。

定,就醉驾犯罪的成立而言,也应当受《刑法》总则的约束。醉酒驾驶机动车的情况可谓复杂多样。如果只是简单地一刀切,将醉酒驾驶机动车的行为都认定为构成危险驾驶罪,将违背刑法的谦抑性理念,违背宽严相济的刑事政策。因此,对于满足刑法但书条款的醉驾型危险驾驶行为,不应认定为构成犯罪。在此,首先,应该看行为人的醉驾行为是否具有危险性。如果没有危险性,就不满足定性上的要求,当然地不构成危险驾驶罪。即使行为人的醉驾行为具有危险性,也要看此醉驾行为的严重程度是否足以排除但书适用的程度。因此,对于危害程度很轻的醉酒驾驶行为,如行为人血液中酒精含量为 81 毫克/100 毫升,虽然达到醉酒标准,但只在 2 分钟内行驶距离不超过 20m 的情况下在车库挪动了一下车位,被查获时积极配合执法人员工作,态度良好的,就没有必要再作入罪处理。

“情节显著轻微危害不大”中的“危害”指的是社会危害性。对于客观上社会危害性的大小,理论上的观点比较统一,判断的具体指标主要有以下七个:“(1)行为侵害的客体;(2)行为的手段、方法、时间、地点;(3)行为造成的危害结果和危害结果的大小;(4)行为人本身的情况;(5)行为人的主观心理状态;(6)情节;(7)行为实施时的社会形势。因此,司法人员可以参考上述因素对行为的社会危害性进行评估,从而判断是否能适用‘但书’条款。”①

在醉驾型危险驾驶罪的判断中,如果存在以下事实,可以视为“情节显著轻微危害不大”,应当对案件进行出罪处理:(1)醉酒程度很低。如上所述,我国刑法当前采用的醉酒标准为单一量化的数额制,即只要达到法定数额标准 80 毫克/100 毫升,一般就认为成立“醉酒”。但这个数值只是医学标准。就醉酒的根据而言,不能仅限于医学标准或统计学标准,还应考虑到个体差异。每个人对酒精的承受能力不同,对酒精的分解消化能力也不同,这就表现为酒量不同。那么,将此严格的数值要求统一适用于刑法中判断一个人行为的罪与非罪,恐怕有失妥当。有的人对乙醇的承受能力和消化分解能力不佳,即使只是喝了一点酒,就会出现醉酒迹

---

① 刘宪权、周舟:《〈刑法〉第 13 条“但书”条款司法适用相关问题研究——兼论醉驾应否一律入罪》,载《现代法学》2011 年第 6 期。

象,例如意识模糊、吞吐不清、站立不稳等,虽然此时血液中酒精浓度尚在安全范围内,但根据该行为人的实际情况如表达能力、反应能力、行动能力等已经完全不可能进行正常的驾驶行为了,此时就应当以达到“醉酒”标准来处理。而有的人酒量非常好,即使是喝了酒并且也超过了法定醉酒标准,但是该行为人意识非常清楚,表达流畅,逻辑清楚,行动自如,视觉能力、触觉能力、判断能力、反应能力、操作能力、判断路况的敏感力等都与正常人无异或者完全可以达到正常驾驶标准,则不能视为“醉酒”。因此,若行为人醉酒的程度很低,且具备安全驾驶机动车的能力,可以认定为“情节显著轻微危害不大”。(2)在人车流量小的道路上驾驶。根据《刑法》的规定,醉驾型危险驾驶罪只能发生在“道路”上。需要注意的是,刑法意义上的“道路”包括但不限于我们日常生活所指的范围,如日常生活中那些不认为是道路的如停车场、码头等供公众从事社会生活的车辆可以通行的各种场所,也应该包含在本罪所述的“道路”中。按照日常生活经验即可得知,与在偏远僻静的乡村道路驾驶相比,饮酒后在繁华的城市道路上驾驶更具有危险性,在人流量大的道路上驾驶比在人烟稀少的道路上行驶易造成更大的社会危害。因此,人车流量不同,醉酒驾驶行为的社会危害性也就不同。对于血液乙醇浓度尚在法定值以上但在人车流量极小的道路上开车的,应当视作“情节显著轻微危害不大”的情形。(3)醉驾速度极低。众所周知,车辆行驶速度直接关系着驾驶的危险程度,车辆行驶过快时,即使在完全清醒的状态下行为人也未必能处理好紧急状况;车辆速度很慢时,即使行为人意识能力有所下降,遇到紧急情况也不至于发生严重的社会危害。因此,与高速驾驶行为相比,以极低速度驾驶机动车的行为对社会危害性也很低,可视作“情节显著轻微危害不大”的情形。(4)驾驶时间和路程短。按照生活常识和经验即可得知,驾驶机动车行驶的时间越长、路程越远,发生驾驶事故危险的可能性越大,尤其是处于醉酒状态时就更是如此。行为人驾驶机动车的目的不尽相同,有些驾驶人只是短时间、短距离地挪动车的位置,危险性与驾驶几百公里的情形相比自然不可同日而语。由此可以看出,驾驶持续时间和路程的长短对社会危害性的大小有很大影响。如果一律予以入罪,恐怕有失妥当,对此有必要在处理时加以区别。因此,对于行为人虽然醉酒但短时间、短距离地驾驶机动车的行为可以看作"情节显著轻微危害不大"的情形。(5)特殊情况下确实需要醉酒驾驶的。虽然行为的动机不被看作危险驾驶罪的构成要件,但是,现实生活中确实存在特殊情况下需要醉酒驾驶机动车或者醉酒后发生客观情况的变化不得不醉酒驾驶机动车的情形。例如,在行为人处在醉酒状态时,有家人需要紧急送医又没有其他合格驾驶人的,如果不醉酒驾驶将造成病患生命健康危险的,只能选择醉驾。此时,行为人主观上并没有醉酒驾驶机动车的故意,只是被情势所逼,纯属无奈之举,这与醉酒后故意驾驶或者寻求刺激的主观恶性完全不同,可以视为"情节显著轻微危害不大"。

对醉驾型危险驾驶罪适用但书规定,有着重要的价值和意义:(1)有助于实现刑法谦抑性原则。[①] 醉酒驾驶行为情节显著轻微危害不大的,采用行政手段即可发挥效果,此时就没有必要动用刑法,适用《刑法》第13条但书规定作出罪处理,由此可以很好地体现刑法的谦抑性。(2)有助于贯彻宽严相济的刑事政策。"刑事政策是国家针对犯罪而采取的防治策略和措施,是刑事立法与刑事司法的灵魂"[②],这要求我们对待不同性质、不同程度的犯罪,适当采取不同的态度和处理方法。对于行为人主观恶性大、犯罪情节恶劣、危害结果严重的案件,要坚决打击和处理,以警醒世人,强化教育和预防作用;对行为人主观恶性不大、情节显著轻微、危害结果很小的案件要适当宽容,减少粗暴的入罪处理,更多地投入感化教育的力量,实现宽严相济,实现司法公正。所以,针对情节显著轻微危害不大的醉酒驾驶行为可不认为是犯罪。(3)有助于刑法保障人权功能的实现。对于情节显著轻微危害不大的醉驾行为不作入罪处理,是保障行为人合法权益的重要体现。

综上所述,在认定醉驾型危险驾驶罪时,要考虑《刑法》第13条但书的适用空间。即便存在抽象危险,也可以根据《刑法》第13条但书规定对情节和危害结果的要求,对醉驾犯罪的成立范围进行限制。这已得到

---

① 参见李小华:《从刑法的谦抑性和效益、公正价值看醉驾入罪》,载《哈尔滨学院学报》2011年第10期。

② 卢建平:《犯罪分层及其意义》,载《法学研究》2008年第3期。

《2023 年醉驾意见》的确认。

(四)对岳某某"隔夜醉驾"案能否适用《刑法》第 13 条但书问题的具体分析

如上所述,岳某某醉驾行为的具体情况是:其饮酒后经过一夜的休息,在距离最后饮酒时间 9 小时后,血液中酒精浓度为 84 毫克/100 毫升(只超过法定醉酒标准 4 毫克的数值),在交警的要求和指挥下,在新疆哈密市建国路短距离且低速地把车挪到马路对面,全程没有醉酒表现,直到与交警近距离交谈时才被交警发现有酒味,其间没有造成任何实害结果。

由前文讨论可知,从饮酒量和醉酒量来看,以一般人的酒量为标准,饮酒 1 ~ 7 两白酒后经过 9 小时的休息,基本上能恢复正常状态。虽然岳某某的血液酒精含量超过了醉驾的法定最低值,但仅仅超过 4 毫克,醉酒的程度很低,这与未醉酒的状态相差无几,属于显著轻微的醉酒。从饮酒时间来看,岳某某系在驾驶机动车前 9 小时喝的酒,已经经过一夜的休息,时间间隔已经较长,与醉酒后立即开车相比,醉酒驾驶的危险性已经大大降低。从驾驶目的来看,岳某某本来并不具有驾驶目的,是在交警的要求下挪动车位,所以其行为与普通意义上的不顾公共危险和他人安全醉酒后立即开车或者简单地为了寻求刺激的行为性质是完全不同的,危险性自然不可同一而语。从驾驶地点来看,虽然岳某某是在市区街道上驾驶,无论按照"运行说"还是"发动引擎说",都满足了"驾驶"条件,但是岳某某系在交警的指挥下挪车,这完全是安全可控的驾驶行为,与醉酒后在闹市横冲直撞完全不同,因此危险性也大大降低。从驾驶时间、速度和距离来看,岳某某仅以很慢的速度在短时间内将机动车从马路一边开到另一边,可以说其行为系低速、短时间、短距离地挪动车位的行为。由生活常识可知,在这种情形下,驾驶机动车的危险非常低,更不要说具有普遍意义上的醉酒驾驶机动车的危险。从危害结果来看,岳某某在交警处理情况过程中没有任何醉酒的表现,即使是在场的交警也并没有发现其醉酒迹象,在挪动车位的过程中也没有造成任何危害结果,只是当岳某某与交警近距离交谈时才从身上的酒味被发现可能饮酒。因此,岳某某虽然最后的测试结果显示系醉酒,但被查获时精神状态和身体行动完全正常和自如，驾驶能力未受影响，由此造成危害结果的可能性也可以说是极低的。岳某某饮酒后并未直接驾驶机动车，而是在经过一夜的休息，时隔9小时后驾车，且此时也并不知道自己仍然处于醉酒状态，只不过系基于交警的要求而被动开车，主观上并没有醉酒驾驶机动车的故意，没有任何的主观恶性，这属于特殊情况，无奈之举，社会危害性不大。因此，综合以上事实，岳某某醉酒驾车行为完全属于“情节显著轻微危害不大”的情形。

综上所述，岳某某隔夜醉驾案符合“在情节上显著轻微”和“在危害结果上不大”的双重要求，可以适用《刑法》第13条但书的规定，作出罪处理。

六、结语

本专题以岳某某“隔夜醉驾”案为切入点，对其中的三个争议点即岳某某“隔夜醉驾”案的主观罪过问题、岳某某的行为是否具有抽象危险的问题、对岳某某“隔夜醉驾”案能否适用《刑法》第13条但书规定的问题进行了研究。

关于岳某某“隔夜醉驾”案的主观罪过问题，醉驾犯罪的主观罪过形式为故意，其成立要求行为人明知处在醉酒状态。而岳某某在挪车时并不知道自己仍处于醉酒状态，也就是说不具有醉酒驾驶的故意，因此岳某某不存在醉驾犯罪的主观罪过。关于岳某某的行为是否具有抽象危险的问题，醉驾型危险驾驶罪属于抽象危险犯，因此在判断时不需要结合案情具体分析，只需要满足形式上的要求即可，即只要实施了刑法规定的构成要件的行为，就认定具有抽象危险。岳某某“隔夜醉驾”案发生在道路上，血液中酒精浓度超过了80毫克/100毫升，具有未完全受强制的意志自由，实施了驾驶机动车的行为，符合醉驾犯罪的客观要求，具有抽象危险。关于对岳某某“隔夜醉驾”案能否适用《刑法》第13条但书规定的问题，《刑法》总则是对刑法问题的一般性、原则性的规定，分则无论罪名情节严重程度和行为性质恶劣程度如何，都应当受到《刑法》总则的指导和约束。岳某某醉驾的具体情况属于“情节显著轻微危害不大”的情形，对此可以依据《刑法》第13条但书的规定不认定为构成醉驾型危险驾驶罪。

专题十八

唐某某危险驾驶案的法理分析

内容摘要：抽象危险犯是处罚根据意义上的，而非构成要件要素意义上的犯罪类型。在“醉驾型”危险驾驶罪中，通常只要行为人实施了醉酒驾驶的行为，就可以认定该行为造成了对公共安全的抽象危险；但是由于《刑法》第13条但书的存在，对于符合醉驾型危险驾驶罪构成要件具备抽象危险的行为，仍可以因不满足定量因素的要求排除出危险驾驶罪的定罪处罚范围。就醉酒驾驶而言，在行为人故意造成对公共安全的抽象危险时，以危险方法危害公共安全罪的未遂犯不成立。根据“文理规定说”，恰恰说明醉驾型危险驾驶罪的主观罪过不是过失。认为醉驾型危险驾驶罪的罪过形式应规范性地限缩评价为过失的观点，破坏了刑法保障人权和规制行为的功能。将“醉驾型”危险驾驶罪的主观罪过认定为故意，不会影响刑法体系的协调，然而，将“醉驾型”危险驾驶罪认定为过失的抽象危险犯，会造成新的漏洞。所以，“醉驾型”危险驾驶罪的主观罪过形式应为故意。就“醉驾型”危险驾驶罪的主观故意而言，只要行为人认识到自己是在醉酒驾驶后仍实施了醉酒驾驶的行为，就可以认定醉驾型危险驾驶罪的犯罪故意成立，而不需要对抽象危险存在认识或放任、希望。司法机关在对醉酒驾驶行为进行判断时，必须在认定行为不具有显著轻微的情节并且非危害不大的情况下，才能认定构成危险驾驶罪。醉驾型危险驾驶罪的“情节显著轻微危害不大”，主要是指极低的速度醉酒驾驶的，醉酒程度极低时醉酒驾驶的，在车流量极小、人流量极少的道路上醉酒驾驶的，醉酒驾驶时间、路程极短的以及存在客观上的紧急情况导致醉酒驾驶的。

在唐某某危险驾驶案中，就唐某某醉酒后在道路上挪动车位的行为而言，其具有危险驾驶的主观故意和抽象危险，但因“情节显著轻微危害不大”，不构成危险驾驶罪。

一、基本案情及裁判要旨

唐某某，男，出生于1987年7月27日，重庆一家公司的员工。在2012年10月28日21时左右，其与女朋友郑某、朋友赵某等人在重庆市南岸区福利社大河口鱼庄饭店吃完晚饭，准备开车回家。由于在吃饭过程中唐某某喝了一些酒，所以就将汽车钥匙交予女朋友郑某，让女朋友郑某开车送其和朋友赵某回家。但当郑某所驾驶汽车行驶至南坪东路现代女子医院附近时，由于疏忽，与一辆出租车发生了剐蹭。之后，交警赶来，并示意郑某将车开至交巡警平台接受处理。郑某遂将车开至交巡警平台附近的阳光华庭小区，打算将车停好后去交巡警平台接受处理。但郑某将车停下后，民警因为其车挡住了阳光华庭小区的后门车库，而催促其立即挪车。唐某某见出现了这种状况，又觉得郑某开车水平不高，就自己坐到驾驶座位置开始挪车。此时，车上还坐着另外一人。而就在挪动车位的过程中，唐某某所驾驶的车辆撞上了停靠在路边的另一辆汽车。民警见状，立即将唐某某抓获，后经血液酒精含量检验测试显示，唐某某血液中的酒精含量为206.7毫克/100毫升。案发后，唐某某赔偿了其所撞汽车车主车辆维修费用，共计人民币2600余元。

重庆市南岸区人民法院认为，唐某某醉酒后在道路上挪动车位的行为违反了道路交通安全法规，其行为已经构成危险驾驶罪，故依照2011年《刑法》第133条之一第1款、第52条、第53条、第67条第3款的规定，判决其拘役4个月，并处罚金人民币20000元。

重庆市南岸区人民法院对唐某某作出上述判决的理由是，唐某某血液酒精中的含量已经达到206.7毫克/100毫升，是普通醉酒标准80毫克/100 毫升的 2 倍多,因而属于特别严重的醉酒;并且,其是在搭载一人的情况下发生了事故,根据这些情节应酌定予以从重处罚。但是,在案发后,唐某某如实地交代了犯罪事实,且积极主动地向所撞汽车车主进行了赔偿,根据这些情节可酌定予以从轻处罚。最终,在对唐某某危险驾驶案的所有具体情节进行综合考虑后,重庆市南岸区人民法院认为,唐某某不具备适用缓刑的相关条件,对其未适用缓刑。

唐某某及其律师在一审宣判后提出了上诉。他们的上诉理由是:其一,唐某某有自首情节。因为在发生了与小区内停靠的汽车相撞的事故以后,唐某某并未逃跑,还主动配合民警的调查,如实地供述了犯罪事实,这应当认定为自首。其二,唐某某挪动车位的情节轻微,社会危害不大,并且其已经积极地赔偿了所撞汽车车主所遭受的经济损失,取得了对方的谅解。其三,原判量刑过重,罚金数额过高。基于此,他们请求二审改判缓刑并降低罚金数额。

重庆市第五中级人民法院经审理后认为,原判认定事实不清,证据不足,遂依照 2012 年《刑事诉讼法》第 225 条第 1 款第 3 项的规定,裁定撤销重庆市南岸区人民法院(2012)南法刑初字第 1316 号刑事判决,发回重新审判。在发回重庆市南岸区人民法院重新审判之后,重庆市南岸区人民检察院撤回了对唐某某的起诉。①

二、法理问题

在该案中,关于唐某某醉酒后挪动车位的行为是否构成犯罪的问题,存在较大的争议。该案的核心问题是,唐某某的行为是否具备危害公共安全的抽象危险?唐某某是否具有危险驾驶罪的主观故意?对于行为所造成的危险是否需要有认识,是否需要对意志因素进行考察,以及意志因素的内容如何?若认为危害公共安全的抽象危险和主观故意均具备,那么,又是否能够对其适用《刑法》第 13 条但书的规定,对其不予起诉或者判定无罪?

---

① 参见最高人民法院刑事审判第一、二、三、四、五庭主办:《刑事审判参考:办理危险驾驶类犯罪专集》(总第 94 集),法律出版社 2014 年版,第 16 ~ 20 页。

三、法理研究

(一)唐某某危险驾驶案中危险的判断问题

1. 关于危险犯中危险判断的理论争议

醉驾型危险驾驶罪属于抽象危险犯,对于这一点理论上没有争议。所以,对醉驾型危险驾驶罪中的抽象危险,大多数文章都是以理论证成的方式,证明其属于抽象危险犯。但对于行为的抽象危险是否需要判断以及如何判断的问题,则存在争议。

第一种观点认为,抽象危险犯中危险的发生只是立法者立法时的动机,其构成要件要素中不要求发生危险;具体危险犯则是立法者在刑法条文中明确规定其构成要件要素中要求危险的发生。[①] 第二种观点认为,抽象危险犯以法益侵害的抽象危险的发生为条件,而法益侵害的现实的、具体的危险则是具体危险犯必要的条件。[②] 二者的构成要件要素中都要求实质的危险的发生,但具体危险犯和抽象危险犯中危险的区别在于,前者是高度的危险,后者是比较缓和的危险。[③] 第三种观点认为,抽象危险犯的危险是作为行为的危险,具体危险犯的危险则是作为结果的危险。[④] 行为的危险是行为本身所造成的侵害结果发生的可能性;作为结果的危险则是行为所造成的对法益的威胁状态。[⑤] 此外,还有学者认为,如果行为人实施了法律所规定的行为,但是由于具体场合的特殊性,根本不可能发生危险,则不成立犯罪。[⑥]

就醉驾型危险驾驶罪而言,有学者认为,只要行为人实施了醉酒驾驶

---

① 参见[日]山中敬一:《法学院讲义刑法总论》,成文堂 2005 年版,第 80 页。转引自陈家林:《外国刑法:基础理论与研究动向》,华中科技大学出版社 2013 年版,第 59 页。

② 参见[日]前田雅英:《刑法总论讲义》,东京大学出版会 2006 年版,第 102 页。转引自陈家林:《外国刑法:基础理论与研究动向》,华中科技大学出版社 2013 年版,第 59 页。

③ 参见[日]山口厚:《刑法总论》,有斐阁 2007 年版,第 46 页。

④ 参见马克昌主编:《外国刑法学总论(大陆法系)》,中国人民大学出版社 2009 年版,第 109 页。

⑤ 参见张明楷:《刑法学》(第 4 版),法律出版社 2011 年版,第 166 页。

⑥ 参见黎宏:《刑法学》,法律出版社 2012 年版,第 92 页。

行为,就产生了抽象危险。所以,司法机关只需判断行为人是否实施了醉酒驾驶的行为,而无须具体判断行为人的行为是否产生了抽象危险。[①] 而有学者则认为,司法机关在具体案件中应作一般性、类型性判断,但并不需要以行为当时的具体情况为根据作判断。在醉酒驾驶过程中,如果道路上没有车辆与行人,就没有抽象危险;有车辆和行人,则具有抽象危险。[②]

与醉驾型危险驾驶罪中危险的判断相关的,还在于对"在道路上"、"醉酒"和"驾驶"等的理解。关于"道路",有学者认为,"道路"的规范意义要大于日常用语中的普通含义,那些日常生活中没有被称作"道路",而是称为广场、小区、大院、校园、停车场、码头等可供公众或不特定机动车通行的地方,也属于此处的"道路"。[③] 但有学者则认为,对"道路"应作狭义解释,并不是指一切可供车辆、行人通行的地方就属于"道路",只有可以通行社会车辆的地方才属于"道路",因而,封闭的社区、企业和校园不属于此处的"道路",但本身就是城市道路一部分的大型工业园区、厂区除外。[④] 关于"醉酒"的标准,客观说认为,只要行为人达到80毫克/100毫升,就认为其处于"醉酒"状态。[⑤] 主客观统一说则认为应以普通醉酒标准为主,意识和行动能力为辅;其中意识和行动能力的判断,可以参考步行回转试验、单腿直立试验等人体平衡试验的方式。[⑥] 关于"驾驶",一种观点认为将机动车开动或者在机动车已经开动的情况下,完全或至少部分控制机动车,或者不使已经开动的机动车停止下来,属于"驾驶"。[⑦] 另

① 参见冯军:《论〈刑法〉第133条之1的规范目的及其适用》,载《中国法学》2011年第5期。

② 参见张明楷:《危险驾驶罪的基本问题——与冯军教授商榷》,载《政法论坛》2012年第6期。

③ 参见曲新久:《危险驾驶罪的构成要件及其问题》,载《河北学刊》2012年第1期。

④ 参见谢望原、何龙:《"醉驾型"危险驾驶罪若干问题探究》,载《法商研究》2013年第4期。

⑤ 参见申纯:《危险驾驶罪立法解读》,载《时代法学》2011年第5期。

⑥ 参见黄娜、刘东根:《论危险驾驶罪的理解与适用》,载《中国人民公安大学学报(社会科学版)》2011年第3期。

⑦ 参见冯军:《论〈刑法〉第133条之1的规范目的及其适用》,载《中国法学》2011年第5期。

一种观点则指出,不仅要使机动车开动起来,还要形成位置的移动。[①]

2. 关于危险犯中危险判断的理论分析

笔者认为,抽象危险犯是处罚根据意义上的,而非构成要件要素意义上的犯罪类型。在醉驾型危险驾驶罪中,通常只要行为人实施了醉酒驾驶的行为,就可以认定其造成了对公共安全的抽象危险;但是也存在例外,即醉酒驾驶机动车的行为发生在没有车辆和行人的道路上,不可能损害他人生命、身体健康的,不应当认定其醉酒驾驶的行为造成了对公共安全的抽象危险。其理由如下所述。

第一,构成要件要素意义上的抽象危险犯概念存在瑕疵。其一,由于包括危险结果在内的所有危害结果,都是客观存在的、具有时空存在的具体事实,所以,如果比较缓和的抽象危险已经成为现实时,它已经成为具体的危险结果,也就没有理由再将其称为抽象的危险结果,抽象危险犯也就失去了存在的价值。[②] 其二,如果从构成要件要素意义上理解抽象危险犯,则会混淆抽象危险犯与行为犯。因为"在认定'抽象危险犯'时,只考察行为而不过问'抽象危险'的做法只会使立法者对危险犯和行为犯的区分变得毫无意义"[③]。其三,认为抽象危险犯的危险是作为行为的危险的观点,亦存在问题。因为"危险的拟制"的观点违反了责任主义,违背了法益说和结果无价值论。具体来说,将危险动机作为刑罚处罚对象,有对思想进行处罚的嫌疑,可能会扩大刑罚的处罚范围,违背现代法治的原则。[④]结果无价值论否定性评价的对象是行为现实引起的对法益的侵害或者危险,[⑤]造成特定危害结果是危害行为构成犯罪的必要条件,但是若仅根据危害行为,而危害行为连危害结果发生的危险都未造成就认为构成犯罪,显然违背了结果无价值论和责任主义。抽象危险犯和具体危险犯都是以公共安全的法益为承载对象,如果将抽象危险犯中的危险当作行为的危险,那么从这个角度来看,很难区分抽象危险犯和具体危险犯,易导致二

---

① 参见曲新久:《危险驾驶罪的构成要件及其问题》,载《河北学刊》2012 年第 1 期。

② 参见王志祥:《危险犯研究》,中国人民公安大学出版社 2004 年版,第 52 ~ 53 页。

③ 王志祥:《危险犯研究》,中国人民公安大学出版社 2004 年版,第 54 页。

④ 参见李林:《危险犯与风险社会刑事法治》,西南财经大学出版社 2012 年版,第 100 页。

⑤ 参见张明楷:《刑法的基本立场》,中国法制出版社 2002 年版,第 164 页。

者的混淆。而从处罚根据上理解抽象危险犯,则不存在上述瑕疵,因为它是从行为可罚的实质违法性根据角度,解释在犯罪没有造成法益侵害或侵害危险的情况下,为什么能对其定罪处罚。抽象危险犯与具体危险犯的区分,在于前者相较于后者在处罚上更具有必要性。

第二,从处罚根据意义上的抽象危险犯角度出发,对于抽象危险犯的理解,存在形式说和实质说两种不同观点。形式说认为,抽象危险的行为是立法者依据人类通常的社会生活经验以及大量的统计数据资料,进行提炼和归纳,从而类型化地规定在构成要件当中的。换言之,立法者推定,只要行为人实施了抽象危险的行为,就具有了侵害所保护法益的危险。此时,只要司法人员认定该抽象危险的行为符合构成要件中规定的行为,就可以直接认定犯罪成立,而无须再进行具体的判断。实质说认为,仅根据抽象危险的行为符合构成要件的规定,就推定犯罪成立,显然也是说不通的。例如,醉酒驾驶机动车的行为发生在没有车辆和行人的道路上,不可能损害他人生命、身体健康的,如果仍认为构成危险驾驶罪,则很难让人接受。造成这种摇摆于罪与非罪的尴尬局面的原因是,立法者所依据的社会生活经验和统计数据资料具有不可靠性,根据这些经验和资料所推出的一般化、类型化的判断,并不能应对一些特殊的情况。所以,在这种场合下,应当以"有无足以侵害法益的法定行为事实"来间接地判断是否成立抽象危险犯,①并允许被告人反证。② 但实质说所存在的问题是,依照该说所主张的观点,对于是否成立抽象危险犯同样应当对危险进行具体判断,这样一来就违背了创设抽象危险犯这一犯罪类型的初衷,丧失了抽象危险犯的独立意义。抽象危险犯的危险是立法的(推定的)危险,是以生活经验作为判断基础,在立法阶段将具有危险性的行为类型化,使之成为抽象危险犯,认为只要行为人实施规定的行为即推定危险的存在。抽象危险犯与具体危险犯的主要区别在于,后者所要求的危险需要在个案中根据具体案情进行判断,而前者仅需要判断行为是否符合构

---

① 参见黎宏:《论抽象危险犯危险判断的经验法则之构建与适用——以抽象危险犯立法模式与传统法益侵害说的平衡和协调为目标》,载《政治与法律》2013 年第 8 期。

② 参见付立庆:《应否允许抽象危险犯反证问题研究》,载《法商研究》2013 年第 6 期。

成要件,一旦行为符合构成要件即可推定存在抽象危险,成立抽象危险犯。因而,在抽象危险犯的场合下不允许通过反证危险不存在的方式进行出罪,但由于我国《刑法》第 13 条但书规定的存在,对于存在抽象危险的行为仍可以通过不满足定量因素的方式予以出罪。

第三,就醉驾型危险驾驶罪而言,一般情形下,只要行为人实施了醉酒驾驶的行为,就可以认定其造成了对公共安全的抽象危险,危险驾驶罪就得以成立。但是,醉酒驾驶机动车的行为发生在没有车辆和行人的道路上,不可能损害他人生命、健康的,不应当认定其造成了对公共安全的抽象危险,不构成危险驾驶罪。因为,在这种场合,行为人的行为不可能造成对公共安全任何抽象的危险,不可能造成对生命、健康和财产利益任何的损害。因而,醉驾型危险驾驶罪中对抽象危险判断的前提,在于对"在道路上醉酒驾驶机动车"理解。就"道路"而言,《道路交通安全法》第 119 条第 1 项中规定,道路包括公路、城市道路,以及虽在单位管辖范围但允许社会机动车通行的地方。由此可以看出,其对"道路"作狭义上的理解,将特定区域内的"道路"仅限定为允许社会机动车通行的地方,而不是包含一切车辆可通行的地方。这一规定属于我国行政法上的规定,主要是为了维护社会交通秩序。但也正是基于此,其并不能完全作为理解危险驾驶罪"在道路上"这一构成要件要素的参照。因为,危险驾驶罪所保护的法益是不特定多数人的生命、健康和财产安全,而《道路交通安全法》第 119 条第 1 项规定体现的是对交通秩序的维护,前者的保护法益在重要性程度上要大于后者。所以,在认定危险驾驶罪中的"道路"时,不仅要考虑其本身的场所属性,还要考虑该场所的状态。而判定这一状态的要素,即该场所允许通行的车辆、行人以及该场所的封闭性。如果该场所内允许一切车辆、行人通行,就应属于"道路";如果该场所是完全封闭的,也就是不允许一切外来车辆进入,那么一般就不应将其认定为"道路"。根据我国现行认定"醉酒"的客观标准(80 毫克/100 毫升),一旦行为人醉酒驾驶时血液中的酒精含量大于或等于 80 毫克/100 毫升,即构成"醉酒驾驶机动车",这可以更加高效、便捷地对醉酒驾驶的行为进行认定,便于司法操作。而且,基于认定"道路"时同样的法益衡量的理由,对醉驾型危险驾驶罪中"醉酒"的认定,应采取这一客观标准。而主观标准在实践中不便于操作,也容易出现司法适用混乱和过于随意的现象,所以不宜纳入"醉酒"的标准之中。也许会有反对观点认为,如此认定"道路""醉酒"过于严苛,不利于保障人权。但就笔者的立场而言,并不这样认为。首先,从《刑法修正案(八)》增设《刑法》第133条之1的规范目的来看,将危险驾驶入罪的主要目的就是预防现代社会的风险,因而才将对法益的保护予以提前。所以,如此认定"道路""醉酒",符合设立本罪的目的。然后,在通过增设危险驾驶罪实现了一般预防的目的之后,可以通过《刑法》第13条但书规定,在行为符合醉驾型危险驾驶罪构成要件具备抽象危险但不满足成立犯罪定量因素的情形下,将其排除出危险驾驶罪的定罪处罚范围。其中包括两种典型情形:一是从行为人的角度来看,如果行为人由于自身特殊的身体素质而具有超越常人的酒精耐受力,在达到甚至超过醉酒标准后,仍处于能够安全驾驶的状态的;二是从道路环境角度来看,如果该道路是绝无其他机动车和行人驶入和通行的场域,不可能造成他人伤亡的。[①] 另外,"驾驶"意味着不仅要"驾",还要"驶",所以,仅仅将机动车启动并不是"驾驶",还应当存在位置上的移动。

3. 关于唐某某危险驾驶案中危险判断的具体分析

在该案中,唐某某驾驶该车的目的是挪动车位,将挡在小区车库门口的车移走。虽然其动机并不恶劣,也是因觉得郑某驾驶技术水平不高,才在认识到自己醉酒的状态下,亲自驾驶该车。但是,动机并不影响其犯罪的成立,其行为仍然是造成了对公共安全的抽象危险。

首先,唐某某系在道路上驾驶机动车。正如上文所述,"道路"是指允许一切车辆、行人通行,并且不是完全封闭的地方。从案件事实中可以看到,既然郑某能将该外来车辆停至小区车库门口,就说明该小区是允许一切车辆通行,并不是封闭的,因而,该小区的道路属于"醉驾型"危险驾驶罪中的"道路"。

其次,唐某某当时正处于"醉酒"状态。因为血液酒精含量检验测试显示,唐某某血液中的酒精含量为206.7毫克/100毫升,是普通醉酒标准

---

① 参见李川:《抽象危险犯自身谦抑机制研究——以醉驾案件具体危险犯化认定倾向为视角》,载《政治与法律》2013年第12期。

80 毫克/100 毫升的 2 倍多，属于特别严重的醉酒。

再次，唐某某实施了“驾驶”行为。虽然唐某某只是将车挪动了一小段距离，并且是慢速倒车，但是其并不能以驾驶距离较短、速度较慢为由，主张其行为不是“驾驶”行为。因为只要能够使机动车开动起来，并形成位置上的移动，就满足醉驾型危险驾驶罪中的“驾驶”条件。

最后，唐某某驾驶的车辆是典型的“机动车”，不仅是四轮靠动力装置驱动、牵引，而且可供人员乘坐。

综上所述，在该案中，唐某某在道路上醉酒驾驶机动车的行为，应当认定具有危险驾驶的抽象危险。

（二）唐某某危险驾驶案中主观罪过的认定问题

1. 关于危险驾驶罪主观罪过问题的理论争议

我国多数学者认为，危险驾驶罪是故意犯罪，并且，都肯定行为人对于危险驾驶行为本身应存在认识和意志因素。但是，对于行为所造成的危险是否需要有认识，是否需要对其意志因素进行考察，以及意志因素的内容如何，则有不同观点。有学者认为，只要行为人认识到自己是在醉酒驾驶后仍实施了醉酒驾驶的行为，就可以认定醉驾型危险驾驶罪的犯罪故意成立，很难在司法实践中证明行为人认识到抽象的危险。① 还有学者认为，虽然不需要对抽象危险有认识，但应当对抽象危险的发生持放任或希望的态度。因为抽象危险是行为的特征，在对危险驾驶行为有认识的基础上，自然也就表明其对抽象危险的发生最起码包含着放任态度。② 而有学者则指出，抽象危险决定着行为的性质和不法，只有认识到抽象危险，才能认识到其行为是危害行为，从而产生反对动机，进而决定是否能对其予以刑事归责。③ 除此之外，还有学者认为，该罪的主观方面只能是间接故意，即只有在行为人明知醉酒驾车可能发生实际危险，但仍放任此种危险状态发生时，才能成立本罪的主观故意；如果行为人对其行为可能

---

①　参见王志祥、敦宁：《危险驾驶罪探析》，载《中国刑事法杂志》2011 年第 7 期。

②　参见李翔：《危险驾驶罪主观方面新论》，载《法商研究》2013 年第 6 期。

③　参见戴有举：《危险驾驶罪初论——对〈中华人民共和国刑法修正案（八）（草案）〉第 22 条之解读》，载《中国刑事法杂志》2011 年第 1 期。

产生的危险状态或危害后果持直接故意或过失的心理状态，则应根据行为所产生的危害后果、危险状态，以及其他犯罪情节等，依可能构成的其他犯罪定罪处罚。[①]

少数学者则认为，醉驾型危险驾驶罪不是故意犯罪，而是过失犯罪。其理由在于，从《刑法》第133条之一的规范目的出发，《刑法》第114条规定的是故意的具体危险犯，第115条规定的是故意的结果犯和结果加重犯，第133条规定的是过失的实害犯。因而，在行为人醉酒驾驶，故意给公共安全造成了抽象危险，或者虽不具有造成公共危险的故意，也未过失造成生命、人身和财产的重大损失，但给公共安全造成了具体危险或者抽象危险，同时对这种危险的发生存在过失时，无法单独适用上述条款。但是，对于行为人醉酒驾驶，故意给公共安全造成抽象危险的，可以将《刑法》第114条、第23条结合起来，按以危险方法危害公共安全罪的未遂犯定罪处罚。又因为危险驾驶罪是抽象危险犯，所以《刑法修正案（八）》增设《刑法》第133条之一的规范目的仅是将"醉驾型"危险驾驶罪解释为过失的抽象危险犯，以弥补处罚漏洞。概言之，就醉酒驾驶行为而言，行为人主观上应存在故意，但就造成了公共安全的抽象危险而言，行为人主观上应仅为过失。[②] 另有学者从区分存在论的认定和规范论的评价角度分析，认为"醉驾型"危险驾驶罪的罪过形式应规范性地限缩评价为过失。因为虽然在存在论的事实上，行为人醉酒驾驶的行为既可能出于过失，也可能出于故意，甚至还可能出于模糊的意识状态，但从规范论的角度，立法者设立这一罪名的目的主要是打击醉酒驾驶行为，而对其罪过形式的问题并非兴趣所在，也很难说故意醉酒驾驶行为的不法和罪责程度就当然重于过失醉酒驾驶行为。所以，应规范性地统一将醉驾型危险驾驶罪的罪过形式限缩评价为过失，避免因将过失醉酒驾驶行为评价为故意醉酒驾驶行为而不当地提升了过失醉酒驾驶行为的罪责程度，违反责任主

① 参见赵秉志、赵远：《危险驾驶罪研析与思考》，载《政治与法律》2011年第8期。

② 参见冯军：《论〈刑法〉第133条之1的规范目的及其适用》，载《中国法学》2011年第5期。

义原则。[①] 还有学者对醉驾型危险驾驶罪属于过失危险犯的理由进行了补充，认为将醉驾型危险驾驶罪认定为过失犯罪，既符合刑法的谦抑精神、我国《刑法》总论有关过失犯罪的基本规定和传统的罪过理论，也有利于相关法律的适用以及我国刑法体系和法定刑设置的协调。[②]

另外，还有观点认为，醉驾型危险驾驶罪的罪过形式既可以是故意也可以是过失。理由是：其一，根据“文理规定说”，从醉驾型危险驾驶罪的罪状中，无法根据条文用语判断出该罪的罪过形式；而从条款的逻辑关系间可以看出，《刑法》第133条所规定的交通肇事罪中，违反交通运输管理法规的行为可以是故意或者过失的行为，那么，醉酒驾驶行为自然也就可以是故意或过失的行为；而且，根据《刑法》第133条之一第3款的规定，[③] 这里的“其他犯罪”包括故意犯罪和过失犯罪，所以，只有认为醉酒驾驶行为也包括故意或过失的行为才有可能“转化”。[④] 其二，就危险驾驶罪罪过的认定而言，应当以行为人对其醉酒驾驶行为给公共安全造成的抽象危险的态度作为判断基准，因而，该罪的罪过形式可以是故意或过失。[⑤]

2. 关于危险驾驶罪主观罪过问题的理论分析

笔者认为，醉驾型危险驾驶罪的主观罪过应为故意。

首先，在行为人故意造成对公共安全的抽象危险时，以危险方法危害公共安全罪的未遂犯不成立。换言之，增设《刑法》第133条之一，并将其解释为故意的抽象危险犯，不是多余的。这是因为，在大多数情况下，醉酒驾驶行为的危险性与以危险方法危害公共安全罪中规定的放火、爆炸等行为的危险性相比，不具有相当性。也就是说，在大多数场合，醉酒驾驶的行为不能构成故意的具体危险犯。因为，以危险方法危害公共安全罪中的“以其他危险方法”，强调的是手段的危险性，而非结果的危险性。虽然从醉酒驾驶行为可能造成的抽象危险角度来看，其与放火、爆炸等行为所可能造成的抽象危险相当，但是，决不能就此认为，醉酒驾驶行为是

---

① 参见梁根林：《“醉驾”入刑后的定罪困扰与省思》，载《法学》2013年第3期。

② 参见刘宪权、周舟：《危险驾驶罪主观方面的刑法分析》，载《东方法学》2013年第1期。

③ 该款规定：“有前款行为，同时构成其他犯罪的，依照处罚较重的规定定罪处罚。”

④ 参见谢望原、何龙：《“醉驾型”危险驾驶罪若干问题探究》，载《法商研究》2013年第4期。

⑤ 参见谢望原、何龙：《“醉驾型”危险驾驶罪若干问题探究》，载《法商研究》2013年第4期。

与放火、爆炸等行为相当的手段。若认为醉酒驾驶行为产生了与放火、爆炸等行为相似的危险，则是将危害公共安全的判断与“以其他危险方法”的认定相混淆，是从结果的严重性反推行为的严重性。[①] 那么，如果成立故意具体危险犯的未遂犯的前提——故意的具体危险犯不成立，更遑论还能构成其未遂犯。但是，如果将“醉驾型”危险驾驶罪直接解释为故意的抽象危险犯，则并不存在这一问题。

其次，将醉驾型危险驾驶罪认定为过失的抽象危险犯，会造成新的漏洞。在《刑法》中，对于醉酒驾驶行为可能触犯的罪名，已形成“故意的具体危险犯、故意的结果犯和结果加重犯和过失的实害犯”的罪行体系，缺少的是对醉酒驾驶过失造成抽象危险和醉酒驾驶过失造成具体危险等行为的规制。而如果认为醉驾型危险驾驶罪是过失危险犯，那么对于行为人仅故意造成抽象危险，而不故意造成具体危险的行为（以危险方法危害公共安全罪），就不能按以危险方法危害公共安全罪的未遂犯定罪处罚。这不仅未实现《刑法》第133条之一的规范目的，还造成过失的抽象危险犯受处罚，而故意的抽象危险犯无可适用罪名的尴尬局面。除此之外，如果认为醉驾型危险驾驶罪是过失的抽象危险犯，而对于社会危害性更为严重的过失的具体危险犯和故意的抽象危险犯却未规定相应的罪名，这并不符合科学立法的原则。科学的立法，一般应当循序渐进，按照同等保护法益的重要性程度由高到低纳入法律保护的范围。而将醉驾型危险驾驶罪解释为过失的抽象危险犯，显然违背该原则。

再次，根据“文理规定说”，恰恰说明“醉驾型”危险驾驶罪的主观罪过不是过失。因为明文和隐含的规定都是法律规定，并且隐含的规定也必须存在文理的根据。只有条文中明确有表明过失的用语时，如“严重不负责任”等，才能认定为“法律有规定”。而《刑法》第133条之一中并未出现上述词语。[②] 而且，从国外的立法中可以看到，一般对过失抽象危险

---

① 参见劳东燕：《以危险方法危害公共安全罪的解释学研究》，载《政治与法律》2013年第3期。

② 参见张明楷：《危险驾驶罪的基本问题——与冯军教授商榷》，载《政法论坛》2012年第6期。

犯应是明文规定的。例如《德国刑法典》第316条对“交通中酩酊”作出的规定。[①]

复次,将“醉驾型”危险驾驶罪的主观罪过认定为故意,并不会影响刑法体系的协调。因为,我国刑法修正案采用第某条之一、之二的修改方式,并不意味着二者间存在依附性和关联性,立法者只是为了“保持刑法典条文的总数不变,从而稳定刑法典的结构”[②],才将构成要件相似的条文放置在一起。因而,不能因为形式上的协调而否定其自身实质的独立性,进而认为,法条间的主客观构成要件必然存在一致性。此外,过失犯罪的法定刑并不一定就低于故意犯罪的法定刑,如侵犯通信自由罪是故意犯罪,但其法定最高刑只有1年有期徒刑;而工程重大安全事故罪虽是过失犯罪,其法定最高刑却为10年有期徒刑。再者,虽然将醉驾型危险驾驶罪的主观罪过认定为故意可能会导致犯该罪的人不得再从事法官、律师等职业,但造成这一结果的原因,主要在于相关规定自身可能存在的不合理性,而与危险驾驶罪主观罪过的认定无关。若仍坚持这一观点的话,我国《刑法》中所有的轻微故意犯罪对于主观方面的规定将都是不合理的。显然,这是让人难以接受的。

最后,认为“醉驾型”危险驾驶罪的罪过形式应规范性地限缩评价为过失的观点,破坏了刑法保障人权和规制行为的功能。笔者认为,不能因为立法者设立罪名的目的是打击醉酒驾驶行为,就从规范意义上,不确定其具体构成要件,从而导致犯罪处罚范围的扩大。同时,立法者设立的每一个新的罪名,都是为了打击某种侵害法益的行为,而这些行为在存在论上,也都可能既是故意也是过失的,那么,若仅以此为由,就以规范性限缩的方式认定其主观上是过失,还可能造成本应规制的行为未得以有效处

---

① 参见陈兴良:《过失犯的危险犯:以中德立法比较为视角》,载《政治与法律》2014年第5期。《德国刑法典》第316条(酒后驾驶)规定:“一、饮用酒或其他麻醉品,不能安全驾驶交通工具(第315条至第315条d),如其行为未依第315条a或第315条c处罚的,处1年以下自由刑或罚金。二、过失犯本罪的,亦依第1款处罚。”参见《德国刑法典》,徐久生、庄敬华译,中国法制出版社2000年版,第214页。

② 卢勤忠:《我国刑法修正案立法的问题及对策》,载《南京大学学报(哲学·人文科学·社会科学版)》2009年第3期。

罚。这都是不合理的。

由此看出,“醉驾型”危险驾驶罪的主观方面应为故意,而不可能是过失。但是,在明确“醉驾型”危险驾驶罪的主观方面为故意之后,对于行为所造成的危险是否需要有认识,是否需要对意志因素进行考察,以及意志因素的内容如何,仍需要进一步明确。

我国传统故意理论认为,犯罪故意,就是“行为人明知自己的行为会发生危害社会的结果,并且希望或者放任这种结果发生的一种主观心理态度”[①]。由此可以看到,我国刑法中的故意采取的是容认说,以意志因素为核心,以结果为本位,危害结果是意志和认识的对象,危害结果是认识的核心内容。[②] 也就是说,行为人只有在知道自己在干什么,并且知晓此行为将产生什么样的后果时,才构成故意犯罪的明知。[③] 但是,随着风险的扩散化与日常化,尤其是对于法定犯,刑法关注的重心从结果的危害转为了具有风险的行为本身。[④] 因此,对抽象危险是可以存在故意或过失的,这与《刑法》第 14 条并不矛盾。《刑法》第 14 条所规定的“危害社会的结果”并不是指具体的犯罪构成要件结果,而是指抽象意义上的侵害法益的后果,因而,对抽象危险是可以认识并对其希望或放任的。如果不将“危害社会的结果”作抽象化的理解,也就不能合理地解释行为犯是产生了什么样“危害社会的结果”,为什么要对其定罪处罚。另外,传统故意理论将故意整体抽象化,不利于对个案具体地进行分析。

因而,为了更准确地界定醉驾型危险驾驶罪的故意,应以故意过失阶层说为理论基础。故意过失阶层说,即认识到故意与过失间的关系,是回避可能性、责任和刑罚意义上的高低度关系,是一种位阶关系,[⑤]而非对立排斥的关系。按照这一理论,故意与过失之间是由高到低的递减关系,危

---

① 高铭暄、马克昌主编:《刑法学》(第 4 版),高等教育出版社、北京大学出版社 2011 年版,第 114 页。

② 参见劳东燕:《犯罪故意的要素分析模式》,载《比较法研究》2009 年第 1 期。

③ 参见高铭暄主编:《新中国刑法学研究综述(一九四九—一九八五)》,河南人民出版社 1986 年版,第 238 页。

④ 参见劳东燕:《犯罪故意理论的反思与重构》,载《政法论坛》2009 年第 1 期。

⑤ 参见张明楷:《犯罪构成体系与构成要件要素》,北京大学出版社 2010 年版,第 262 页。

险故意则作为递减过程中的重要一环，连接实害故意和犯罪过失，没有危险故意，则很难形成故意与过失间递减的位阶关系。①

因此，行为人只需认识到自己是在醉酒驾驶而为之，就可以认定醉驾型危险驾驶罪的犯罪故意成立，不需要对抽象危险存在认识或放任、希望。这是因为：其一，将危险驾驶罪设立为新罪，就是为了有效遏制醉酒驾驶等行为，而将对法益的保护予以前置。但若是要求对抽象危险存在认识或放任、希望，则将不利于这一规范目的的实现，也会给司法实践中的证明问题造成一定困难。其二，醉驾型危险驾驶罪中关于抽象危险的问题，主要不在于行为人是否应当对抽象危险有认识，并意欲实施，而是在于对抽象危险是否应当进行司法上的判断以及应如何进行判断。这才是醉驾型危险驾驶罪中关于抽象危险问题的关键之所在。其三，我国台湾地区学者也认为，行为人对抽象危险认识与否不影响抽象危险犯故意的成立。② 而且日本通说也认为，就行为人对危险的认识而言，在具体危险犯中必须有明确认识，在抽象危险犯中则并不一定。③

综上所述，就醉驾型危险驾驶罪主观故意的成立而言，只要求行为人认识到自己是在醉酒驾驶而仍为之。

3. 关于唐某某危险驾驶案中主观罪过问题的具体分析

在该案中，从对“道路”“醉酒”“驾驶”“机动车”等概念的社会意义的理解来看，应当认定唐某某具有危险驾驶的主观故意。

如上文所述，“道路”指允许一切车辆、行人通行，并且不是完全封闭的地方。在该案中，唐某某显然已经认识到其倒车行为是发生在道路上。因为从一般人的理解来看，公共车辆可以进入和通行的地方，都会认为是道路，而小区内的道路显然属于道路。很少会有人认为，小区里面的道路不是道路，就像很少有人会认为，自家院子里的路属于道路一样。

认识到“醉酒驾驶”，即要求其认识到当时是处于醉酒状态，并是在实

---

① 参见欧阳本祺：《论危险故意》，载《法学家》2013 年第 1 期。

② 参见陈子平：《刑法总论》，台北，元照出版有限公司 2008 年版，第 184 页。

③ 参见［日］大塚仁：《刑法概说（总论）》（第 3 版），冯军译，中国人民大学出版社 2003 年版，第 180 页；［日］大谷实：《刑法总论》（新版第 2 版），黎宏译，法律出版社 2008 年版，第 158 页。

施驾驶行为。显然,在该案中,从客观的事实可以推断,唐某某已经认识到其是在"醉酒驾驶"。

另外,根据 2011 年修正的《道路交通安全法》对"机动车"的规定,① 唐某某在驾驶该机动车挪动车位时,当然地已经认识到其是在驾驶"机动车",否则,其也不会在出酒店之后就将汽车交由女朋友驾驶。

而唐某某饮酒后让其女朋友驾驶该汽车,表明其已经认识到,在道路上醉酒驾驶机动车具有高度危险性;而且,这也同时表明其明知在醉酒后驾驶是一种违法行为,因为如果其不认为此种行为属于违法行为,就必然不会采取让女朋友驾驶这类避免措施。换言之,一旦采取避免措施,已经能够充分证明其认识到醉酒后驾驶机动车的行为属于违法行为。当然,这也并不意味着,如果不采取避免措施,反而可以证明其并不存在明知,因为若不采取避免措施,只能表明的是,其在意志方面可能存在希望或是放任。也就是说,此时不能因为其未采取避免措施而推定其没有认识到其行为是违法的。

而后,唐某某在其女朋友驾车发生事故,民警要求挪动车位时,误认为其饮酒后的驾驶技术仍好于其女朋友而主动上车驾驶,这反映出其虽然认识到醉酒驾驶行为具有危险性,但仍置这种危险状态于不顾。"醉驾型"危险驾驶罪主观故意的成立,本来只要求行为人认识到自己是在醉酒驾驶而仍为之即可,但在该案中,从客观事实角度推断,唐某某不仅认识到自己是醉酒驾驶,而且对于醉酒驾驶所造成的抽象危险具有认识,所以,认定唐某某具有危险驾驶的主观故意,是毫无疑问的。

综上所述,在该案中,就唐某某在道路上醉酒驾驶机动车的行为而言,应当认定具有危险驾驶的主观故意。

(三)唐某某危险驾驶案中《刑法》第 13 条但书的适用问题

1. 关于《刑法》第 13 条但书适用范围问题的分析

对此,一种观点认为,《刑法》第 13 条但书的适用范围在于"出罪"方面,即在判断行为符合犯罪构成之后,再次依据《刑法》第 13 条中"情节显

---

① 2011 年修正的《道路交通安全法》第 119 条第 3 项规定:"'机动车'是指以动力装置驱动或者牵引,上道路行驶的供人员乘坐或者用于运送物品以及进行工程专项作业的轮式车辆。"

著轻微危害不大"的规定,判断行为是否属于社会危害性不大的行为,只有符合具体犯罪构成又不符合但书规定的行为,才能认定为犯罪。[①] 符合刑法犯罪构成的行为,仍可以直接依据但书宣告无罪。[②] 换言之,认定犯罪应先以犯罪构成为依据作形式判断,再以社会危害性为核心作实质判断。"入罪必须法定,出罪无须法定,这能够更好地保障人权,并不违背罪刑法定原则。"[③]犯罪构成是犯罪成立的必要条件,而不是充分条件。[④] "出罪标准说"是双重标准,第一重标准是作为形式标准和入罪标准的犯罪构成,第二重标准是作为犯罪本质特征和出罪实质标准的社会危害性。[⑤]

另一种观点则认为,《刑法》第13条但书的适用范围在于"限制入罪"方面,即在认定行为是否符合犯罪构成的同时,对于符合但书规定的,应直接认定为不符合犯罪构成。不能认为行为人是在符合犯罪构成的情况下,又直接依据但书规定而被宣告无罪。犯罪概念不是认定犯罪的具体标准,也不能以社会危害性的大小认定犯罪,否则,将违反罪刑法定原则,使犯罪成立条件丧失应有的意义,[⑥]使社会危害性成为司法擅断的借口。[⑦] "入罪限制条件说"认为犯罪构成是认定犯罪的唯一标准,其不仅是入罪标准,也是出罪标准。[⑧]

笔者认为,"入罪限制条件说"更为合理。

首先,《刑法》第13条但书规定与第13条前半段共同构成了犯罪的概念,而非犯罪的概念仅限于前半段,但书规定只是作为例外。我国立法的模式是既定性又定量,这意味着在立法中,不仅规定了什么行为是犯

---

① 参见储槐植:《刑事一体化论要》,北京大学出版社2007年版,第92~112页。

② 参见张波:《刑法学的若干基本理论探讨——对张明楷教授的若干观点的商榷》,载《现代法学》2004年第6期。

③ 方鹏:《出罪事由的体系和理论》,中国人民公安大学出版社2011年版,第280页。

④ 参见王政勋:《论社会危害性的地位》,载《法律科学(西北政法大学学报)》2003年第2期。

⑤ 参见王昭武:《犯罪的本质特征与但书的机能及其适用》,载《法学家》2014年第4期。

⑥ 参见张明楷:《刑法学》(第4版),法律出版社2011年版,第93页。

⑦ 参见李海东:《刑法原理入门(犯罪论基础)》,法律出版社1998年版,第6页。

⑧ 参见王昭武:《犯罪的本质特征与但书的机能及其适用》,载《法学家》2014年第4期。

罪，还在部分条文中规定了达到什么程度的行为才能构成犯罪。定量因素在《刑法》分则中的体现，就是“情节严重”“后果严重”“数额较大”等规定，而在《刑法》总则中的体现就是但书规定。需要指出的是，在《刑法》分则中未作出上述类似规定的，并不就意味着在判断其行为是否构成犯罪时，就不需要考虑量的因素。此时，考虑行为量的因素的依据正是但书的规定。也正是基于此，但书在我国的犯罪概念中有着不可替代的重要作用。

其次，就否定但书作用的观点而言，其错误之处在于，未能准确理解但书在《刑法》第13条中的功能是补充和限制，并且一味地追求犯罪的形式概念，而忽视犯罪概念的实质意义。仅从形式的侧面理解犯罪的概念，不仅不符合我国耦合式的犯罪论体系，而且也不利于罪刑法定原则实质的侧面的实现，尤其是禁止处罚不当罚的行为和禁止不均衡的刑罚的要求。在四要件犯罪论体系中，形式判断与实质判断基本上是同时进行的，而并非像大陆法系阶层式的判断。这样，在我国刑法理论中完全强调犯罪的形式概念，就是不合理的。该案中，如果仅从形式的侧面理解犯罪的概念，就不利于罪刑法定原则实质的侧面的实现。对此，将在下文中予以阐述。

再次，认为行为符合犯罪构成但又可以依据但书宣告无罪的观点，在逻辑上存在巨大的矛盾。认定犯罪的唯一标准是犯罪构成，符合犯罪构成的行为已经成立犯罪，若还不认为是犯罪，则意味着在犯罪构成之外，又允许对犯罪作出判断，由此使得犯罪的成立经过了犯罪构成和社会危害性的双重过滤。这将导致犯罪的认定被人为地复杂化、抽象化和不确定化，会使得法律的权威性遭受严重的损害。另外，若按照此种观点，在我国行政罚和刑罚二元制裁体系下，对于符合犯罪构成但又情节显著轻微危害不大的行为，就可能适用行政处罚。那么，如果真的适用了行政罚，则意味着以行政处罚制裁的行为也可能是符合犯罪构成的行为，而这显然是不合理的。

最后，“入罪限制条件说”既考虑了但书对犯罪概念的补充作用，又避免了在犯罪构成之外另设出罪标准所导致的逻辑错误以及造成的不良影响。“入罪限制条件说”是在判断是否符合犯罪构成之前，就考虑行为是否“情节显著轻微危害不大”，从而判断行为的社会危害性，进而判断行为的刑事违法性，以达到限制犯罪圈的目的。其功能不是直接依据“但书”出罪，而是指导法官在判断行为是否符合犯罪构成前，作出实质的判断。如果行为有显著轻微的情节并且危害不大，则可因不符合犯罪构成而无罪；如果实施了危害社会的行为，并且不是“情节显著轻微危害不大”，应当依法受到刑罚处罚，则可以认定该行为符合犯罪构成而成立犯罪。另外，对“情节显著轻微”的认定应结合《刑法》中“情节较轻”和“情节轻微”的规定。显然，“情节显著轻微”的程度应当轻于“情节较轻”和“情节轻微”，是不同于一般情节的例外性、消极性规定。

2. 关于危险驾驶罪与《刑法》第13条但书关系问题的分析

《刑法》第13条“但书”适用范围问题本身就存在巨大的争议，而醉驾型危险驾驶罪又被规定为故意的抽象危险犯，所以，“醉驾能否一律入刑”就成为一个被空前关注的焦点。

关于危险驾驶行为不作为犯罪处理时，可否依据《刑法》第13条但书规定的问题，有学者认为，《刑法》第13条但书是宣示性条文，其不能指导分则适用，因而，危险驾驶罪也就不能受但书的限制。如果醉酒驾驶的行为符合《刑法》第133条之一的规定，就构成危险驾驶罪，不能再依据《刑法》第13条“但书”的规定宣告无罪。否则，会丧失《刑法》分则规定中犯罪构成要件应有的意义，违背罪刑法定原则。①

有的学者则指出，《刑法》第13条但书在司法中适用，符合罪刑法定原则的宗旨，保证罪与非罪判断的准确性，体现司法者对立法者的尊重，因而，结合危险驾驶罪，应综合考虑醉酒程度极低、极低速度醉酒驾驶等情节，“情节显著轻微危害不大”的，不认定为犯罪。② 不能因为危险驾驶罪中没有设定情节的限制，就突破《刑法》第13条对于犯罪概念的相关规定。《刑法》总则对《刑法》分则所有条文都起着制约作用，醉驾不能一律入罪正是承认《刑法》总则效力的必然结果和应有之义。③

---

① 参见殷磊：《论刑法第13条功能定位——兼论（醉驾型）危险驾驶罪应一律入刑》，载《政治与法律》2012年第2期。

② 参见刘宪权、周舟：《〈刑法〉第13条“但书”条款司法适用相关问题研究——兼论醉驾是否一律入罪》，载《现代法学》2011年第6期。

③ 参见赵秉志、赵远：《危险驾驶罪研析与思考》，载《政治与法律》2011年第8期。

笔者认为,司法机关在对醉酒驾驶行为进行判断时,必须在认定行为不具有显著轻微的情节并且非危害不大的情况下,才能认定构成危险驾驶罪。

首先,正如上文所述,"入罪限制条件说"是在判断是否符合犯罪构成之前,就考虑行为是否具有显著轻微的情节并且危害不大,从而判断行为的社会危害性,进而判断行为的刑事违法性,以达到限制犯罪圈的目的。其功能不是直接依据但书出罪,而是指导法官在判断行为是否符合犯罪构成前,作出实质的判断。所以,在认定醉酒驾驶行为时,不能因为《刑法》第133条之一未对醉驾型危险驾驶罪规定情节限制,就不考虑其是否属于"情节显著轻微危害不大"。如果行为人虽然实施了在道路上醉酒驾驶的行为,造成了对公共安全的抽象危险,但是确实属于"情节显著轻微危害不大"的情形的,就应当判断其行为不符合危险驾驶罪的犯罪构成,不按犯罪处理。

其次,就醉驾型危险驾驶罪中的"情节显著轻微危害不大"而言,一方面,应从行为客观上是否侵犯了刑法所保护法益的角度进行评价,避免其内涵含混和易主观随意的缺陷。另一方面,应以社会相当性为标准,主要考虑行为当时所处情势、行为手段是否相当、行为发生的地点和时间、行为的对象、是否为社会道德所能接受或者容忍以及驾驶人员所驾驶机动车类型、驾驶车辆所载人数等因素。[①] 具体来说,以极低的速度醉酒驾驶的,醉酒程度极低时醉酒驾驶的,在车流量极小、人流量极少的道路上醉酒驾驶的,醉酒驾驶时间、路程极短的以及存在客观上的紧急情况导致醉酒驾驶的,可以认定为"情节显著轻微危害不大"。这些行为相对于那些在道路上以较高速度醉酒驾驶,在车流量较大、人流量较多的道路上醉酒驾驶,以及醉酒驾驶时间、路程不短的行为而言,情节上显著轻微一些。[②] 除此之外,就前文中提及的司法机关判断"有无足以侵害法益的法定行为事实"的情形而言,在不能肯定已经造成对公共安全的抽象危险时,也可

---

① 参见王昭武:《犯罪的本质特征与但书的机能及其适用》,载《法学家》2014年第4期。

② 参见刘宪权、周舟:《〈刑法〉第13条"但书"条款司法适用相关问题研究——兼论醉驾是否一律入罪》,载《现代法学》2011年第6期。

考虑作为“入罪限制条件”。

再次,《刑法》总则对《刑法》分则条文起着制约作用。虽然就《刑法》分则中有的罪名而言,明确规定了犯罪要求“情节严重”或者“数额较大”,而有的罪名并未作出类似规定,但这并不意味着未作出类似规定的犯罪,就不受《刑法》第13条但书的约束。这是因为,在《刑法》分则中作出明文规定的,是照应《刑法》第13条但书,是但书的具体化;而未作出明文规定的,虽未照应但书,但仍受“但书”的限制。不能因为《刑法》第133条之一未对醉驾型危险驾驶罪规定情节限制,就突破《刑法》第13条但书的规定对行为人的行为定罪处罚。

最后,将具有显著轻微的情节并且危害不大的醉酒驾驶行为认定为犯罪,可能使社会民众对被判刑人不但不进行谴责,还容易产生同情,这就会严重地影响到增设《刑法》第133条之一的危险驾驶罪的一般预防目的的实现。同时,由于我国社会对犯罪人相对的标签化,仅因为其实施了“情节显著轻微危害不大”的醉酒驾驶行为,就对其定罪处罚,可能会导致行为人许多资格被剥夺和遭受社会歧视,如法官、律师从业资格的丧失。这将不利于对行为人的改造、矫正和教育,不利于增设《刑法》第133条之一的危险驾驶罪的特殊预防目的的实现。甚至,这还可能导致行为人走上了更严重的犯罪道路。

3. 关于唐某某危险驾驶案中能否适用《刑法》第13条但书的具体分析

在该案中,第一,唐某某从饭店出门时,并无醉酒驾驶机动车的主观故意,因为其在意识到自己已经喝了酒的情况下,主动让郑某开车送其和赵某回家。之后是在郑某驾驶车辆发生了交通事故,又停车挡住了小区后门车库,民警催促其挪车的特殊情况下,才产生醉酒驾驶的故意。所以,从主观恶性的角度来看,与那些主动醉酒驾驶机动车的行为人相比,其主观恶意明显要小。

第二,唐某某并无正当防卫、紧急避险等正当化事由,所以,在此情形下,具有判断其行为是否符合《刑法》第13条但书规定的必要。

第三,从法益侵害的角度来看,唐某某的行为虽然已经造成了与他人车辆碰撞的实害后果,侵犯了他人的财产利益,但是车辆间仅是发生了轻微的碰撞。所以,唐某某行为的法益侵害程度较小,可以认定为“情节显著轻微危害不大”。

第四,从社会相当性的角度来看,案发后唐某某积极赔偿,弥补了所撞汽车车主所遭受的经济损失,取得了对方的谅解。另外,从其行为可能造成的对公共安全的抽象危险来看,由于其当时开车速度很慢,并是在缓慢地倒车,而且开车距离较短,仅是将车挪动较短距离至道路对面的停车位,该行为的危险性与醉酒驾驶机动车高速行驶、长距离行驶的情形相比,明显要小。而且,发生事故时,交警可能就在现场,因而,当时的现场可以说是处于一定的危险控制当中。除此之外,其是在小区车库附近驾车挪动位置,当时已为深夜,其造成的危害显然要小于在车辆和行人较多的道路上醉酒驾驶所造成的危害。所以,这些情节亦可作为认定“情节显著轻微危害不大”的判断根据。

第五,就一般情形而言,判断社会危害性不需要考虑醉酒驾驶的原因。但在司法实践中,确实可能存在醉酒后因发生了紧急情况被迫醉酒驾驶,而行为人本来并没有打算醉酒驾驶的情形。在该案中,唐某某醉酒后在道路上挪动车位的行为是在存在紧急情况下采取的。因为当时郑某要被带至交巡警平台接受处理,而汽车又挡住了小区的后门车库,在交警催促挪车后,如果其不亲自驾驶该车挪动位置,将可能造成其他严重后果,所以,这可作为“情节显著轻微危害不大”的判断根据。当然,若当时车中另一人并未处于醉酒状态,并且具有驾驶能力,则客观上的紧急情况并不存在。

第六,如果将《刑法》第 13 条作形式的理解,则唐某某醉酒驾驶的行为已经符合危险驾驶罪,应当对其定罪量刑。但是,法院应通过但书对其入罪进行限制,因为如果不适用但书,而在其具有诸多显著轻微的情节并且危害不大的情形下判处实刑,可能违背罪刑法定原则。刑罚法规只能将值得科处刑罚的行为规定为犯罪,在危险驾驶罪是抽象危险犯的情况下,不对《刑法》第 13 条作实质的理解,不适用但书的规定,就很容易造成不值得科处的醉酒驾驶行为被定罪处罚,这种将刑罚作为威慑其他人醉酒驾驶的手段可能侵犯公民的人身和财产权利。因而,在唐某某具有诸多“情节显著轻微危害不大”的情形下,应当对其适用《刑法》第 13 条但书的规定。

综上所述，在该案中，可以依据《刑法》第 13 条但书的规定，对唐某某醉酒驾驶的行为不作为犯罪处理。这实际上已得到《2023 年醉驾意见》的支持。依据《2023 年醉驾意见》第 12 条第 1 款第 3 项的规定，在居民小区、停车场等场所因挪车、停车入位等短距离驾驶机动车，没有从重处理情节的，可以认定为情节显著轻微、危害不大。对此，我国司法实务人士指出："关于短距离驾驶中到底多远属于'短距离'，不能一概而论，重要的是按照主客观一致原则，查明驾驶的目的，动机是不是确实是为了挪车、停放车辆、交接车辆等以及实际驾驶的远近。比如，不是为了与代驾人员交接车辆，而是为了节省代驾费用，在距离目的地较远的位置就开始自己驾驶的，不属于情节显著轻微的情形；但有的小区等场所因为空间较大或者没有固定车位，需要驾驶较长距离交接车辆、寻找车位的，也可以认定为情节显著轻微。"①

四、结语

抽象危险犯是处罚根据意义上的，而非构成要件要素意义上的犯罪类型。在醉驾型危险驾驶罪中，通常只要行为人实施了醉酒驾驶的行为，就可以认定该行为造成了对公共安全的抽象危险；但是也存在例外，由于《刑法》第 13 条但书的存在，对于符合醉驾型危险驾驶罪构成要件具备抽象危险的行为，仍可以因不满足定量因素的要求排除出危险驾驶罪的定罪处罚范围。就醉酒驾驶而言，在行为人故意造成对公共安全的抽象危险时，以危险方法危害公共安全罪的未遂犯不成立。根据"文理规定说"，恰恰说明醉驾型危险驾驶罪的主观罪过不是过失。认为醉驾型危险驾驶罪的罪过形式应规范性地限缩评价为过失的观点，破坏了刑法保障人权和规制行为的功能。将醉驾型危险驾驶罪的主观罪过认定为故意，也不会影响刑法体系的协调，然而，将醉驾型危险驾驶罪认定为过失的抽象危险犯，会造成新的漏洞。所以，醉驾型危险驾驶罪的主观罪过形式应为故

---

① 参见曹红虹：《"两高两部"〈关于办理醉酒危险驾驶刑事案件的意见〉的理解与适用》，载《人民检察》2024 年第 3 期。

意。就醉驾型危险驾驶罪的主观故意而言，只要行为人认识到自己是在醉酒驾驶后仍实施了醉酒驾驶的行为，就可以认定醉驾型危险驾驶罪的犯罪故意成立，而不需要对抽象危险存在认识或放任、希望。司法机关在对醉酒驾驶行为进行判断时，必须在认定行为不具有显著轻微的情节并且非危害不大的情况下，才能认定构成危险驾驶罪。醉驾型危险驾驶罪的“情节显著轻微危害不大”，主要是指极低的速度醉酒驾驶的，醉酒程度极低时醉酒驾驶的，在车流量极小、人流量极少的道路上醉酒驾驶的，醉酒驾驶时间、路程极短的以及存在客观上的紧急情况导致醉酒驾驶的。

在唐某某危险驾驶案中，就唐某某醉酒后在道路上挪动车位的行为而言，其具有危险驾驶的主观故意和抽象危险，但因“情节显著轻微危害不大”，不构成危险驾驶罪。